Sonne und Schild 2018

Gott spricht:
Ich will dem Durstigen geben
von der Quelle des lebendigen Wassers
umsonst.

Offb 21,6

EVANGELISCHE VERLAGSANSTALT
Leipzig

Bibliographische Information der Deutschen Nationalbibliothek
Die Deutsche Nationalbibliothek verzeichnet diese Publikation in der Deutschen Nationalbibliographie; detaillierte bibliographische Daten sind im Internet über http://dnb.dnb.de abrufbar.

Printed in Germany

Das Buch wurde auf alterungsbeständigem Papier gedruckt.

Cover: Ulrike Vetter, Leipzig
Coverbild: © Subbotina Anna/Fotolia, multik79/Fotolia und fotofabrika/Fotolia
Satz: verbum Druck- und Verlagsgesellschaft mbH, Berlin
Druck und Binden: BELTZ Bad Langensalza GmbH

ISBN 978-3-374-04893-9
www.eva-leipzig.de

Jahreslosung 2018

Gott spricht: Ich will dem Durstigen geben von der Quelle des lebendigen Wassers umsonst.

Offb 21,6

Liebe Leserinnen, liebe Leser!

Auch 2018 dürfen Sie als Auftakt zum neuen Kalender einige Gedanken zur Jahreslosung erwarten. Doch ein Zugang zu dem Bibelvers fällt mir nicht leicht. Einerseits bietet er nichts, was ich nicht schon vielfach gehört habe, andererseits finde ich den Satz sperrig. Er benutzt ein in der Bibel oft verwendetes Bild, das zumindest bei mir keine unmittelbare Sehnsucht auslöst: Durst können wir in unserem Land schnell selbst löschen, denn Trinkwasser kommt aus dem Wasserhahn oder kann in Flaschen gekauft werden. Quellen sind bei uns in der Regel kartographiert und ihr Wasser wird auf seine Inhaltsstoffe geprüft. Dass sauberes Wasser lebensnotwendig ist, während verunreinigtes Wasser und gar Wassermangel das Leben langfristig zerstören, lernen unsere Kinder schon in der Schule. Und schließlich: umsonst? Was gibt es bei uns denn noch umsonst? Im Gegenteil: Was kostenlos angeboten wird, gilt oft als verdächtig. Wir sollen damit geworben werden. Ein Geschenk verpflichtet. Wir haben keinen Anspruch auf Ersatz, falls sich ein kostenloses Angebot als wertlos entpuppt. – Da wird mir deutlich: Gerade das Wort „umsonst" bietet sich als ein Schlüssel zur Jahreslosung an. Es steht ja schon so sperrig am Satzende. Es tritt unübersehbar an gegen die Erfahrung, dass für alles Wertvolle bezahlt werden muss. Gott verspricht mit dem Wort „umsonst" seine freigiebige Fürsorge, uneingeschränkte Zuwendung und bedingungslose Liebe. Das Versprechen hat er in seinem Sohn Jesus Christus bereits eingelöst. Die Offenbarung des Johannes wiederholt hier seine Zusage: So will Gott zu denen sein, die sich danach sehnen. Solche Sehnsucht werden jene frühen Christen, an die Johannes schreibt, gekannt haben. Es ging ihnen nicht besonders gut. Uns heutigen Christen in unserem Land geht es aber weitgehend gut. Mit Lebensgütern sind wir versorgt. Sind wir krank, greifen wir auf ein funktionierendes Gesundheitswesen zurück. Werden wir gebrechlich, erhalten wir Unterstützung. Sind wir einsam und traurig, finden wir in Kirche und Gesellschaft Menschen, die uns gern zur Seite stehen. Aber haben wir deshalb keinen Durst nach Gottes lebendigem Wasser mehr? Ich denke doch! Auch unsere Sehnsucht nach Lebenssinn, Vergebung, Liebe, Versöhnung und Frieden will Gott an seiner Quelle lebendigen Wassers stillen – umsonst. Dies zu ersehnen und zu erfahren, wünsche ich Ihnen, liebe Leserinnen und Leser, von ganzem Herzen für das Jahr 2018.

Ihre Elisabeth Neijenhuis

Es haben dieses Mal wieder viele Menschen mit ihrem ganz persönlichen Einsatz zu diesem Kalender beigetragen. Dafür danke ich sehr herzlich.

1. Januar

Montag | Neujahrstag

Spruch: Kolosser 3,17
Lied: EG 64 oder 65
Evangelium: Lukas 4,16–21
Epistel: Jakobus 4,13–15
Altes Testament: Josua 1,1–9
Wir lesen Psalm 97

Alte Worte für ein neues Jahr?

Nun ist es so weit – das neue Jahr hat angefangen. Der erste Tag. Ein neuer Andachtskalender. Sie haben ihn rechtzeitig bekommen und nehmen sich an diesem Feiertag Zeit zum Lesen der Andacht. Ich gratuliere! – Nun kommt mir die Frage: Wie relevant kann dieser Kalender für Sie sein? Die Texte sind nicht neu. Diese Andacht wurde schon vor einem Jahr geschrieben. Der Psalm, der ihr zugrunde liegt, ist fast 3000 Jahre alt. Alte Worte für ein neues Jahr – ist das sinnvoll? – Gerade dieses finde ich immer wieder erstaunlich: dass die „alten Worte" neu und relevant in mein Leben sprechen. Natürlich passiert es auch, dass ich eine Andacht lese und mich gar nicht angesprochen fühle. Aber erstaunlich oft sind die Worte genau richtig für mich. Worte, die ein mir unbekannter Mensch vor mehr als einem Jahr über einen uralten Text geschrieben hat, werden zu einer frischen, neuen Botschaft für einen neuen Tag, für ein neues Jahr! Die Erklärung hierzu finde ich in dem Psalm 97. Er kommt aus einer Liturgie, die mir fremd ist, einer Kultur, die längst vergangen ist, aber die Botschaft ist aktuell und relevant: „Der Herr ist König! Den Gerechten muss das Licht immer wieder aufgehen und Freude den frommen Herzen." Die Betonung liegt dabei nicht auf „Gerechten" und „frommen Herzen", sondern auf „Herr", „Licht" und „Freude". Diese alten Worte reden immer wieder mit neuer Kraft und Relevanz, denn es sind die Worte des lebendigen Herrn, der jetzt König ist. Dieser Herr will tatsächlich auch durch 3000 Jahre alte Worte heute zu Ihnen reden! Das ist unfassbar, darüber kann ich nur staunen! – Ich wünsche Ihnen für dieses neue Jahr viele gute Stunden mit seinem Wort, mit den Andachten in diesem Kalender, mit „alten Worten", die neu und frisch zu Ihnen reden. Ich wünsche Ihnen Licht, Freude und Staunen über unseren Gott und König! *Horst Müller*

Wir beten

Herr, diese Worte nehmen uns hinein in ein uraltes und doch ganz neues Bekenntnis: Du bist König, Du bist der Höchste über allen Landen! In dieser Zuversicht wollen wir in das neue Jahr gehen! Amen.

Tag der Beschneidung und Namengebung Jesu | 1484 * Huldreich Zwingli | 1504 * Caspar Cruziger, Professor der Theologie in Wittenberg, Mitarbeiter Luthers | 1863 Emanzipationsproklamation durch Präsident Lincoln | 1899 Evangelische Frauenhilfe gegründet

2. Januar

Dienstag | SA 08:27 SU 16:26 MA 17:15 MU 08:24

Wochenspruch: Johannes 1,14a
Wochenlied: EG 25 oder 34

Wir lesen Johannes 1,19–28

Wer bist du? Die bunten, leuchtenden Sterne am Himmel der Silvesternacht sind verglüht. Verklungen ist die Musik des Neujahrstages. Aufräumen heißt das Gebot der Stunde. Spuren, die die Begrüßung des neuen Jahres hinterlassen haben, sind zu beseitigen. Auf den Straßen und an den Kreuzungen, in den Häusern und in so manchem Kopf. So mancher Vorsatz, mit dem eigenen Leben in der kommenden Zeit ganz anders umzugehen, sieht im Licht des Alltags schon wieder ganz anders aus. Und so manche tiefe Frage nach dem Sinn des Daseins mag der großen Nüchternheit des Tagesgeschäftes weichen. Doch da leuchtet und klingt sie auf, die eine, entscheidende Frage zum Leben. „Wer bist du?" Johannes, der Mann der Anfänge, der Mensch mit dem klaren Blick auf das Fließen der Zeit, das Kind Gottes, das seinen Platz an den Wassern des Jordans gefunden hat und die Schrift kennt, bekommt diese Frage gestellt. Von denen, die beunruhigt sind, weil vielleicht doch nicht alles so bleibt, wie es ist. Weil das Aufräumen der Herzen vor Gott immer mit Konsequenzen verbunden ist. Weil der angekündigte Christus Leben wirklich ändern wird. Und Johannes antwortet. Sein Nein ist ein brennendes Ja zur

Verheißung von Gottes Reich in dieser Welt. Johannes taucht mit seinem Bekenntnis mitten hinein in unser Fragen und Suchen und Zweifeln. „Ebnet den Weg des Herrn!“ Aufgabenbestimmung. Für uns. Mit Gottes Hilfe auch im neuen Jahr. Es hat gerade angefangen. *Barbara Gorgas*

Wir beten Gott, auf dem Weg durchs Leben werden auch wir gefragt, wer wir sind. Wir bitten Dich: Hilf uns, Wegbereiter für Dein Reich zu sein und jeden neuen Tag in Vorfreude auf Deine Verheißung anzunehmen. Amen.

Johann Kaspar Lavater (15.11.1741–2.1.1801)
Er stammte aus Zürich, studierte Theologie und unternahm dann eine Bildungsreise, besuchte z. B. Moses Mendelssohn in Berlin. Aus einem „Aufklärer“ wurde einer, der schon auf Erden durch das Wecken göttlicher Kräfte christusähnlich werden wollte. Vielfältige Interessen von Theologie über Philosophie, Poesie, Pädagogik, Politik und Psychologie bis zur Karikatur (Wie zeigt ein Gesicht das Wesen des Menschen?) schufen einerseits Freundschaften, seine persönlichen Sonderbarkeiten zerstörten sie andererseits wieder (so mit Herder und Goethe). Nach Jahren wurde er Pfarrer in Zürich.
(Ludwig Burmeister)

379 † Basilius d. Gr., Bischof und Mönchsvater in Kappadozien (ev. Gedenktag; Sterbetag: 1.1.) | 1870 * Ernst Barlach, Bildhauer, Dichter, Dramatiker und Graphiker | 1872 † Wilhelm Löhe, Erneuerer der lutherischen Kirche in Bayern

3. Januar

Mittwoch | SA 08:26 SU 16:27 MA 18:29 MU 09:19

Wochenspruch: Johannes 1,14a
Wochenlied: EG 25 oder 34

Wir lesen Johannes 1,29–34

Weitblick

„Ich sehe was, was du nicht siehst." Ewiges Spiel ungezählter Kindheiten. Lachen und raten, den Blick schärfen und lernen, die Dinge beim Namen zu nennen. Schule des Lebens, leicht und weitsichtig. „Siehst du das denn nicht?" Ewige Frage sich sorgender Menschen. Mahnender Versuch, den geliebten Nächsten zu bewahren vor Übel und Gefahr. Schule des Lebens, tränenschwer und sehnsuchtsvoll. „Wenn du mich ansiehst, werd' ich schön." Ewiges Wort der Liebenden. Gedichtet, gesungen, oft genug übersehen im grellen Licht, im schmerzenden Farbrausch einer künstlich bunten Welt. „Siehe, das ist Gottes Lamm." Ewiges Wort der Schrift. Schule des Lebens, wie der Schöpfer sie für uns bereithält. Johannes sieht Jesus. Und er traut seinen Augen, weil er sein Herz sprechen lässt. Jesus, das Menschenkind, ist Gottes Kind. Lernend und lehrend, den Blick lenkend auf die, die im Schatten stehen, sich hinwendend zu denen, die nur noch schwarzsehen in ihrem Leben. Johannes tauft Jesus und die Augen gehen ihm über und die Klarheit des Herrn leuchtet um ihn und in ihm und seine Lebenssicht wird weit wie der Himmel. Im Angesicht des

Ewigen wird mein Leben hell und sichtbar. Es wird getragen vom liebenden Blick, den Gott auf mich hat. Johannes hat das gesehen und weitergesagt. Jesus hat es gelebt bis ins Osterlicht hinein. Leuchtende Schule des Lebens, klar wie der Tau am Morgen, glitzernd wie ein Flussbett im Sommer, tief wie das Meer. „Und siehe, es war sehr gut.“ *Barbara Gorgas*

Wir beten

Guter Gott, Du siehst auf unser Leben und lenkst unseren Blick auf Deine Welt. Gib uns die nötige Weitsicht, Deine Schöpfung zu achten und zu bewahren. Amen.

Gordius, Märtyrer in Kappadozien

Diokletian, von 284 bis 305 römischer Kaiser, erlebte, dass die Zahl der Christen im Reich ständig wuchs. Nachdem er sie fast zwei Jahrzehnte in Ruhe gelassen hatte, begann er mit der blutigsten Verfolgung im römischen Imperium. Im Westen war die Verfolgung bald vorüber, im östlichen Teil des Reiches wütete sie nach Diokletians Rücktritt unvermindert weiter. So auch in Kappadozien im Zentrum der heutigen Türkei, wo Gordius lebte und getötet wurde. Euseb, ein Zeitzeuge, berichtete von dieser schlimmen Verfolgungszeit.

(Ludwig Burmeister)

um 306 † Gordius, Märtyrer in Kappadozien | 1537 Schmalkalische Artikel | 1559 † Matthäus Ratzeberger | 1934 „Freie reformierte Synode“ in Barmen-Gemarke | 1972 † Frans Masareel, flämischer Maler und Graphiker

4. Januar

Donnerstag | SA 08:26 SU 16:28 MA 19:47 MU 10:04

Wochenspruch: Johannes 1,14a
Wochenlied: EG 25 oder 34

Wir lesen Johannes 1,35–51

Wohnungsbesichtigung

Fassade, zwölf Fenster, eine Tür, eine Gedenktafel. Über die Bodenskulptur, die der Künstler Micha Ullmann als Denkmal für Moses Mendelssohn in Berlin geschaffen hat, sind in den vergangenen Monaten tausende Menschen gelaufen. Eilig, schlendernd, sorgenvoll, gleichgültig, wissend, sehend, glaubend. Mit der eigenen Biographie unterwegs auf dem Lebensweg. Es ist ein Ort des Erinnerns, es ist ein Ort, an dem das Leben pulsiert. Unter freiem Himmel, geerdet, Aufklärung und Ehrfurcht vor Bildung und gelebter Gottesbeziehung. Vor langer Zeit und immer neu, wenn wir darauf achtgeben. Und nie aufhören zu fragen. „Wo wohnst du?" So fragen die beiden Jünger in unserer heutigen Lesung. Sie wollen mit Jesus gehen und brauchen den Ort des Gespräches und der Einkehr. Und Jesus antwortet, wie er oft antwortet auf unser Suchen und Zweifeln und unseren Kleinglauben. „Kommt und seht." Macht euch auf den Weg des Vertrauens, ihr Menschenkinder. Seht euch die Herrlichkeit der klaren Gedanken an und lasst euch ein auf Gottes Angebot, das Leben aus seiner Hand anzunehmen. Liebt euer Geschaffensein und findet

Orte, wo die Seele Nahrung findet. Studiert die Schrift und setzt euch unter den Feigenbaum, damit Friede werde. Gottes Friede. Und die Geschichte nimmt ihren Lauf und einer sagt es dem andern. Komm und sieh! Und ich werde den Himmel offen sehen, und ich werde zuhause sein. *Barbara Gorgas*

Wir beten

Ewiger Gott, wir danken Dir, dass Du uns Wohnung finden lässt bei Dir und unseren Weg immer begleitest. Hilf uns, mit unserem Herrn Jesus Christus unsere Schritte auf den Weg des Friedens zu lenken. Amen.

Friedrich von Bodelschwingh der Jüngere

Im eiskalten Januar 1946 nahm meine Großmutter mich 10-Jährigen mit zum Trauergedenken an „Pastor Bodelschwingh", den aufrechten Mann. Am 26.5.1934 war er von den ordentlichen Vertretern aller deutschen Kirchen in das von Hitler gewünschte Amt eines Reichsbischofs gewählt worden. Aber Hitler wollte einen anderen, boykottierte ihn, und er trat im Juli zurück. 1940 machte er mit Bischof Wurm und Pastor Braune (Lobetal) Hitlers Geheimbefehl vom 1.9.1939 bekannt, in Heimen lebende unheilbar Kranke vernichten zu lassen. Indem ein schwerer Streit durchgefochten wurde, konnte dies in kirchlichen Heimen verhindert werden. *(Ludwig Burmeister)*

1786 † Moses Mendelssohn, deutscher jüdischer Philosoph | 1849 Zentralausschuss für Innere Mission gegründet | 1946 † Fritz von Bodelschwingh d. J., Glaubenszeuge in Westfalen

5. Januar

Freitag | SA 08:26 SU 16:28 MA 19:47 MU 10:04

Wochenspruch: Johannes 1,14a
Wochenlied: EG 25 oder 34

Wir lesen Johannes 2,1–12

Jesus, Herr der Freude!

1,2,3,4,7,9,5 zählt meine zweijährige Enkeltochter, die ihren Bruder nachahmt. Haben Sie bemerkt, dass auch der Evangelist nicht zählen kann? Im ersten Kapitel ist dreimal vom nächsten Tag die Rede. Und nun heißt es: am dritten Tag. Hat er nicht aufgepasst? Nicht mitgezählt? Vier Tage waren es doch schon? – Dahinter steckt kein Irrtum! Das Johannesevangelium beginnt mit den gleichen Worten wie der erste Schöpfungsbericht, Genesis 1. Bei beiden werden dann Tage gezählt. Bei Johannes: vier Tage in Kapitel 1. Dann drei weitere Tage – es ist der siebte Tag – der Feiertag! – Das öffentliche Wirken Jesu beginnt bei Johannes mit diesem Feiertag. Der Evangelist zeigt uns damit: Jesus setzt ein, wo der Schöpfungsbericht aufhört. Mit ihm beginnt die neue Schöpfung. Was tut er an diesem Tag? Das Wasser in den Krügen für die Reinigung wird in Wein verwandelt. Es ist bester Wein für das Freudenfest, aber untauglich für den Reinigungsritus! So beginnt Jesus seine neue Schöpfung. Zu Anfang stehen nicht strikte Reinheitsgebote. Er ist der Herr, der Leben und Freude schenkt! – Beim Weiterlesen im

Johannesevangelium werden Sie dieses Thema immer wieder entdecken: Jesus Christus ist Herr der Freude, des Lebens. Am Ende steht dann auch der Wunsch, dass der Leser des Evangeliums in Jesus Christus das Leben finden möge (Joh 20,31) – ein schöner Wunsch! *Horst Müller*

Wir beten

Jesus Christus, Du bist der Herr des Lebens. Schenke mir offene Ohren, Augen und ein Herz, das staunend wahrnimmt: Du schenkst Leben und Freude – auch dort und dann, wenn ich es nicht erwarte! Amen.

Vehettge Tikhuie, 1742 getauft auf Magdalena

Als der Herrnhuter Missionar Georg Schmidt 1744 Südafrika verließ, kümmerte sein Täufling Lena sich um die junge Gemeinde der Khoisan Christen. Sie hielt Gottesdienste, las aus der Bibel vor, unterrichtete die Kinder. Erst 48 Jahre später kamen wieder Missionare nach Genadendal. Sie fanden dort eine kleine Gemeinde, junge Menschen, die aus der Bibel lesen konnten. Fast ein halbes Jahrhundert hatte Lena die Gemeinde geleitet! Sie starb am 3.1.1800 – die erste einheimische Kirchenleiterin im südlichen Afrika!

1547 † Johannes Hess, Reformator Schlesiens | 1828 * Emil Frommel, volkstümlicher Pfarrer an der Berliner Garnisonkirche | 1894 † Feofan, Mönch und Seelsorger in Russland | 1924 † Wilhelm Steinhausen, christlicher Maler

6. Januar

Sonnabend | Epiphanias

Spruch: 1. Johannes 2,8b
Lied: EG 70 oder 71
Evangelium: Matthäus 2,1–12
Epistel: Epheser 3,2–3a.5–6
Altes Testament: Jesaja 60,1–6

Wir lesen Johannes 2,13–25

Gott räumt auf

Gestern lasen wir vom ersten Wunder Jesu, heute von seinem ersten Besuch im Tempel. Auch hier will der Evangelist mehr als nur erzählen. Der Herr erscheint – Epiphanias. Gott kommt in sein Eigentum – und räumt auf! – Was Jesus im Tempelvorraum findet, hat alles mit Ordnung und religiöser Praxis zu tun. Opfertiere mussten strengen Vorschriften entsprechen. Darum war es gut, sie beim Tempel zu verkaufen, wo sie schon von den Priestern untersucht und für geeignet erklärt worden waren. Die Tempelbesucher kamen aus aller Welt. Es war hilfreich, den Geldwechsel an Ort und Stelle möglich zu machen. Somit war der Ritus geschützt, die strengen Ordnungen wurden eingehalten. – Nun kommt, inkognito, der Herr, dem diese Opfer gelten. Er treibt alle aus, obwohl sie das Korrekte garantieren. „Des Vaters Haus wird zum Kaufhaus“, sagt er. Der Hinweis auf Räuberhöhle und Bethaus aus den anderen Evangelien fehlt bei Johannes.

Dem Evangelisten geht es nicht um ungerechten Handel oder Wucher beim Geldwechseln. Der ganze Ritus wird hinterfragt. Bei der Hochzeit zu Kana wurden die Reinigungsgefäße durch den Wein für die Reinigung unbrauchbar. Beim Tempelbesuch macht Jesus deutlich: Der Opferritus hat sein Ziel verfehlt. Gott macht einen neuen Anfang. „In drei Tagen will ich den Tempel neu bauen." Der Weg zum Vater geht nicht mehr über Opfertiere und Ritus. Den Vater finden wir durch Jesus! – Den Jüngern wurde dieses erst nach seiner Auferstehung klar. Als 40 Jahre später der Tempel zerstört wurde, war dies für die Christen keine Krise, denn der Zugang zum Vater war durch Jesus Christus geöffnet – nicht nur in Jerusalem, auch in Judäa und bis an die Enden der Erde! – Kann es sein, dass Ritus, Vorschriften und Ordnungen uns wieder so wichtig geworden sind, dass der Weg zum Vater verbaut ist? Werden wir dem Herrn erlauben, bei uns aufzuräumen?

Horst Müller

Wir beten

Herr, Dein Besuch hat bei vielen Freude und Glauben ausgelöst – bei anderen Verärgerung. Ich möchte Dir erlauben, bei mir aufzuräumen! Dein Ziel ist nicht Kritik, sondern Leben! Amen.

Orthodoxer Feiertag: Heiliger Abend | 1852 † Louis Braille, Erfinder der Blindenschrift | 1919 † Walther Paucker, Märtyrer in Estland | 1977 † Hanns Lilje, Bischof der Evangelisch-Lutherischen Landeskirche Hannovers

7. Januar

Sonntag | 1. Sonntag nach Epiphanias

Wochenspruch: Römer 8,14
Wochenlied: EG 68 oder 441
Evangelium: Matthäus 3,13–17
Epistel: Römer 12,1–3.(4–8)
Altes Testament: Jesaja 42,1–4.(5–9)

Wir lesen Psalm 96

Gott hat seine Hand im Spiel

Die Epiphaniaszeit ist Faschingszeit. Ja, das muss auch sein, denn die Lebensfreude muss manchmal herausplatzen können. Dieses Jahr ist die Faschingszeit kurz. Die Narren müssen sich beeilen. Dabei ist diese Freude nur die Kehrseite unserer kirchlichen Freude über den erkannten Herrn. Christus ist da! Die Könige und die Hirten haben bestimmt auch gesungen und gepfiffen, gejubelt und Gott gepriesen. Er ist da! – Warum tun wir uns so schwer mit dem Loben und Preisen? Im tiefsten Innern geht es um die alte Frage: Wer ist Jesus für mich? Der Sohn des Zimmermanns aus Nazareth? – Na ja. Ein Religionsstifter, ein edler Mensch, ein Märtyrer? – Na dann. Oder ist er doch der Erlöser, der Befreier, der Heiland aller Schäden, der Versöhner aller Zerstrittenen, der Friedensstifter, der Mächtigste aller Geister, der Herr aller Herren, den Gott geschickt hat, Gott selber? – Es war Epiphanias: Ich hatte eine Operation vor mir und hab mich vor der Narkose bewusst in Gottes Hände fallen lassen. Entspannt, locker, gelöst. Was die Fachleute da machten und was darauf folgte, war mir egal: Ich liege in Gottes Hand. Das Erwachen war ein einziges Glücksgefühl. Ich musste mich erst besinnen, in welcher Welt ich war. Ich kam aus Gottes Hand. Er setzte mich wieder auf der Erde ab. Gut so. Halleluja. Jedes Mal, wenn Sie ein Halleluja sagen oder singen – tun Sie es doch öfter mal und bewusst! –, ist für Sie Epiphaniaszeit mit der Erkenntnis, hier hat Gott seine Hand im Spiel. Der Herr ist mir nahe. Diese Freude wird in allen christlichen Konfessionen in der Epiphaniaszeit gelebt. Die einen feiern noch die Geburt Jesu. Die anderen seine Taufe. Die dritten sein Erscheinen als Gottes Sohn. Und wir – sein göttliches Wirken in unserem Leben und in dieser Welt.

Roland Hoffmann

Wir beten

Herr, wir tragen Deinen Namen überall auf der Welt. Gib uns den Jubel ins Herz, dass wir Dir dienen und Deine Botschaft im Wort und in der Liebe verkündigen dürfen. Behüte und stärke Deine Zeugen in aller Welt. Amen.

Orthodoxer Feiertag: Christfest | 303/304 † Die Märtyrer der heiligen Bücher in Nordafrika | 1529 † Peter Vischer, Nürnberger Bildgießer | 1590 † Jakob Andreä, Theologe aus Württemberg | 1692 August Hermann Francke in Halle

8. Januar

Montag | SA 08:25 SU 16:33 MA – MU 11:58

Wochenspruch: Römer 8,14
Wochenlied: EG 68 oder 441

Wir lesen Johannes 3,1–21

Nicht Gericht, sondern Rettung

Ein nächtliches Gespräch zwischen zwei Lehrern Israels: Nikodemus und Jesus. Sie gehen respektvoll miteinander um. Jesus hat es nicht leicht, sein Gegenüber für eine neue Dimension des Verstehens zu öffnen. Jüdische Frömmigkeit ist immer praktisch und ganz dem Leben zugewandt. Deshalb ist es verständlich, dass Nikodemus die Neu- und Wiedergeburt des Menschen ganz biologisch versteht. Jesus spielt hier auf die Taufe an, in der materielle und geistige Wirklichkeit zusammenkommen in Wasser und Geist (Augustinus später: Das Wort, das zum Element hinzutritt, macht das Sakrament). Er verweist auf das Beispiel des Windes, der weht, wo er will. Im zweiten Durchgang des Gesprächs geht es um den Unterschied zwischen irdischen und himmlischen Dingen: die Erhöhung und Wiederkunft des Menschensohns. Jesus findet auch hier einen traditionellen Anknüpfungspunkt: die Erhöhung der Schlange durch Mose in der Wüste zum Sieg über eine tödliche Gefahr. Angesichts des Sterbegeschicks der Menschen geht es um das ewige Leben: nicht um Gericht, sondern um Rettung. Sie geschieht nicht in der Zukunft, sondern ist schon jetzt da: in der Scheidung von Licht und Finsternis, Gut und Böse. Wer die Wahrheit tut, kommt aus dem Gericht ins Licht vor Gottes Angesicht. Jochen Klepper schrieb 1938: „Wer hier dem Sohn vertraute, kommt dort aus dem Gericht" (EG 16,5). *Peter Godzik*

Wir beten

Im Vertrauen auf Deinen Sohn haben wir schon jetzt Anteil an Deiner Güte, Gott. Wir sind herausgenommen aus aller Dunkelheit und hineingestellt in Dein Licht. Der Glaube leitet uns in alle Wahrheit. Amen.

Galileo Galilei

Er war Philosoph, Mathematiker, Ingenieur, Physiker und Astronom. Viele seiner Entdeckungen gelten als bahnbrechend. Er entwickelte die Methode, die Natur durch die Kombination von Experimenten, Messungen und mathematischen Analysen zu erforschen, und wurde damit einer der wichtigsten Begründer der neuzeitlichen exakten Naturwissenschaften. Er hielt eine mit dem kopernikanischen System verträgliche Bibelauslegung für möglich. Berühmt wurde er auch dadurch, dass die katholische Kirche ihn verurteilte, was sie erst 1992 widerrief.

482 † Severin, Glaubensbote in Bayern | 1642 † Galileo Galilei, Naturwissenschaftler

9. Januar

Dienstag | SA 08:24 SU 16:34 MA 00:43 MU 12:21

Wochenspruch: Römer 8,14
Wochenlied: EG 68 oder 441

Wir lesen Johannes 3,22–36

Nicht Reinigung, sondern Rettung

Hat Jesus selber getauft? Joh 4,2 belehrt uns, dass das nicht der Fall war, sondern nur seine Jünger tauften. Im damaligen Verständnis galt das als seine Taufe. Das ist noch heute so: Gott handelt an dem Täufling, nicht wir, auch wenn dazu Berufene die Handlung vollziehen. Im Streit mit den Juden ging es um die Bedeutung der Johannes-Taufe im Unterschied zur Jesus-Taufe, um Reinigung oder Rettung. Reinigung vollzieht die Ansprüche einer Gemeinschaft am Einzelnen, der sich diesen Ansprüchen beugt. Bei Rettung geht es um etwas anderes: Aus Es und Überich soll Ich werden (S. Freud). In der Jesus-Taufe werden die Ansprüche von Sünde und Gesetz überwunden durch ein erwachsenes Leben in der Freiheit der Kinder Gottes, wie es Paulus in Römer 7 und 8 beschreibt. Dieser sachliche Unterschied wird hier verschoben auf das persönliche Verhältnis zwischen Jesus und Johannes, zwischen dem Christus Gottes und seinem Vorläufer. Johannes macht sich selber klein und relativiert seinen Auftrag: Er ist nicht der Bräutigam, sondern der Freund des Bräutigams. Richtig daran ist: Johannes befriedigt noch gesetzliche Ansprüche, erst die recht verstandene Jesus-Taufe führt zu Befreiung, Rettung und Neuwerdung. Es geht in Wahrheit um das richtige Verständnis von Gott, der nicht unseren Gehorsam, sondern (gegen V. 36b) unsere freie, vertrauensvolle Liebe will. *Peter Godzik*

Wir beten

Aus einem jüdischen Reinigungsritual hast Du einen christlichen Akt der Befreiung und Selbstwerdung gemacht. Wir dürfen frei von Sünde und Gesetz Deiner göttlichen Liebe vertrauen – ewig. Amen.

Schwarzes Kreuz Der Verein wurde am 9.1.1925 durch Johannes Muntau, Gefängnisdirektor in Celle und von 1930–1932 Mitglied des Reichstags, gegründet. 1923 begann der Verein als Christliche Gefangenenhilfe mit „Laienhelfern" seine Arbeit, als er Zugang zu den 112 Gefängnissen erhielt, die Muntau unterstellt waren. Im April 1999 wurde der Verein umbenannt in Schwarzes Kreuz Christliche Straffälligenhilfe e. V. Er hat bundesweit rund 460 Mitglieder. Der Verein ist dem Diakonischen Werk angeschlossen und Mitglied in der Ev. Konferenz für Straffälligenhilfe.

529 Kloster auf Monte Cassino durch Benedikt gegründet | 1548 † Matthäus Zell, Reformator in Straßburg | 1560 † Johann Laski, Reformator in Ostfriesland und Polen (ev. Gedenktag; Sterbetag: 8.1.) | 1825 Schwarzes Kreuz gegründet | 1908 † Wilhelm Busch, evangelischer Dichter und Zeichner | 1939 † Hermann Menge, Bibelübersetzer

10. Januar

Mittwoch | SA 08:24 SU 16:36 MA 01:51 MU 12:44

Wochenspruch: Römer 8,14
Wochenlied: EG 68 oder 441

Wir lesen 5. Mose (Deuteronomium) 1,1–18

Unseren Weg im Vertrauen gehen

Das 5. Buch Mose wird weithin auch Deuteronomium genannt. Das ist lediglich die lateinische Bezeichnung für „Zweites Gesetz". Seine Entstehungszeit liegt sehr viel später als die der anderen Mosebücher. Insofern müssen wir uns nicht wundern, wenn viele Begebenheiten, Erlebnisse und Gesetze uns aus den anderen Mosebüchern bereits bekannt sind, Die Erfahrungen, die das Gottesvolk während der weiten Wüstenwanderung machte, waren so wichtig, dass man sie immer wieder ins Gedächtnis rufen musste. Es war ein weiter Weg vom Sinai (Horeb) bis an die Grenzen des verheißenen Landes. Täglich war man neuen Gefahren ausgesetzt gewesen, hatte aber auch täglich Gottes Hilfe erfahren. Es ist bezeichnend für dieses Buch „Deuteronomium", dass Gottes große Taten und nicht die verschiedensten Gesetze an erster Stelle stehen. Ob wir diese Reihenfolge in unserem Leben auch immer beachten? Blicken wir nicht allzu oft auf die Schwierigkeiten im Hinblick auf unsere Kirche? Wenn wir heute unseren Text lesen, können wir nur mit einstimmen in den Dank, dass Gott uns bis zu diesem Tag geleitet hat, manchmal sicher auch durch schwere Zeiten. Wenn wir aber auf Mose blicken, wird uns Mut zugesprochen, auch in unserer Zeit um Hilfe zu bitten, um Entlastung, wenn einer nicht alles tragen kann. Das gilt besonders auch für alle Diensthabenden in unserer Kirche. *Adelheid Burmeister*

Wir beten Herr, unser Gott, wir danken Dir für alle Hilfe, die wir Tag für Tag durch Dich bekommen. Heute bitten wir Dich für alle überlasteten Mitarbeiter in den Gemeinden: Schenke Du ihnen täglich neue Kraft. Amen.

Das Deuteronomium Das 5. Buch Mose wird im Allgemeinen auch Deuteronomium genannt, das bedeutet: 2. Gesetz. Der Verfasser ist unbekannt und hat in sehr viel späterer Zeit eine Zusammenfassung der Gesetze und Überlieferungen aus der Mosezeit geben wollen. Die gesamte Wüstenwanderung des Volkes Israel ist hier noch einmal dargestellt, und die Gesetze werden mit Nachdruck vor Augen geführt. Vieles in diesem Buch liest sich so, als sollte es eine Abschiedsrede des Mose sein, der ja den Einzug in das gelobte Land nicht mehr erlebte. Man bekommt noch einmal einen Einblick in alle Lebensgebiete.

um 165 † Karpus und Papylus, Märtyrer in Kleinasien | 1356 Goldene Bulle | 1514 Neues Testament erstmals vollständig gedruckt | 1531 Reformation in England | 1797 * Annette von Droste-Hülshoff, Dichterin | 1890 † Ignaz (von) Döllinger, Theologe | 1946 erste Vollversammlung der UNO

11. Januar

Donnerstag | SA 08:23 SU 16:37 MA 02:57 MU 13:09

Wochenspruch: Römer 8,14
Wochenlied: EG 68 oder 441

Wir lesen 5. Mose (Deuteronomium) 1,19–33

Fürchte dich nicht!

In unserem heutigen Text treten Unglaube und Zaghaftigkeit des Volkes wieder auf, was besonders auch in den Parallelstellen (4. Mose 13) hervorgehoben wird. Eigentlich kennen wir alle Szenen aus den Berichten der Wüstenwanderung, wo Schwierigkeiten auftreten und Menschen sofort verzagen und Mose alle Schuld zuschieben. Wenn alles nicht so klappt, meinen sie, Gott sein ihnen gram oder habe sie sogar verlassen. Die eigenen Kräfte scheinen wichtiger zu sein, die Versprechungen Gottes treten in den Hintergrund. Sehen wir in dem Verhalten des Volkes nicht auch unsere eigenen Wege? Man kann persönliche Entscheidungen oder das Verhalten der Kirche in der Weltgeschichte anführen, wenn man auf wichtige Ereignisse schaut. Die eigene Klugheit, die eigene Kraft scheinen doch immer wieder in so vielen Dingen an erster Stelle zu stehen! Insofern ist es sicher nicht nur eine Kritik am Volk Israel, wenn wir hier von Kleinglauben sprechen. Gottes Zusage gilt doch auch uns: „Entsetzet euch nicht und fürchtet euch nicht!“ Sicher gibt es auch Rückschläge und schwierige Zeiten für uns und die gesamte Christenheit. Aber die Zusage Gottes, dass er vor uns hergehen wird, gilt auch uns heute und an allen kommenden Tagen. Darauf können wir uns verlassen. *Adelheid Burmeister*

Wir beten

Du, Herr Gott, hast uns bis heute geführt und geleitet. Dafür danken wir Dir und bitten Dich: Sei Du weiterhin mit uns und Deiner Kirche, auch in schwierigen Zeiten überall auf der Welt. Amen.

Die Evangelische Allianz

Die Evangelische Allianz, anfangs auch Evangelischer Bund genannt, ist eine der ältesten ökumenischen Bewegungen. 1845 versammelten sich in Glasgow und Liverpool Teilnehmer aus über 50 evangelischen Gemeinschaften, um über Glaubensfragen zu sprechen. 1846 fand dann die entscheidende Konferenz in London statt, wo Glaubenssätze aller evangelischen Christen auf biblischer Grundlage formuliert wurden. Bei dieser Tagung waren auch Christen aus Deutschland dabei, u. a. der Theologe Tholuck und der Baptist Oncken. Bis in unsere Zeit hinein kommen Christen im Januar vielerorts zur Allianzgebetswoche zusammen.

1546 † Ernst der Bekenner, Förderer der Reformation in Niedersachsen | 1846 erste Allianzgebetswoche angeregt | 1943 † Karl Hesselbacher

12. Januar

Freitag | SA 08:22 SU 16:39 MA 04:01 MU 13:38

Wochenspruch: Römer 8,14
Wochenlied: EG 68 oder 441

Wir lesen 5. Mose (Deuteronomium) 1,34–46

Gesegnete Nachkommen

Der heutige Text lässt uns zunächst erschrecken. Er führt uns vor Augen, dass Gottes Geduld auch Grenzen haben kann. Jedenfalls haben alle Deuter der Geschichte Israels den hier beschriebenen Verlauf so gesehen. Selbst Mose gehört zu denen, die das gelobte Land nicht mehr betreten werden. Nur zwei Männer werden genannt, Kaleb und Josua – alle anderen müssen sich damit trösten, dass erst die nächste Generation das ersehnte Ziel erreichen wird. Wir reden auch in unserer Zeit manchmal von der Gnade der späten Geburt. Kann man im Blick auf Nachkommen von Kriegsopfern oder Verfolgten in der Zeit des 21. Jahrhunderts davon sprechen? Wie oft hört man von Eltern den Satz: Unsere Kinder sollen es einmal besser haben als wir. Ob wir Christen im Gebet und in tätigen Hilfeleistungen dazu beitragen? Aber aus unserem heutigen Text erfahren wir mit großer Deutlichkeit, dass es wesentlich darauf ankommt, dass wir nicht als „Einzelkämpfer“ für die nächste Generation Verantwortung tragen, sondern als Gemeinschaft. Und damit ist auch die weltweite Christenheit gefordert. Erheben wir oft genug unsere Stimme, wo

Unrecht und Gewalt geschehen? Bieten wir Gespräche zur Aussöhnung an? Auf jeden Fall will uns der heutige Text Mut machen, dass wir die Generation nach uns in unserem Gebet nicht vergessen. *Adelheid Burmeister*

Wir beten

Himmlischer Vater, wir danken Dir heute besonders für alle Menschen, die uns und unsere Kinder begleiten. Schenke uns allen Deinen Segen für kommende Zeiten in Frieden und Gerechtigkeit. Amen.

Das Wesen der Kirche

„Kirche ist nach dem Neuen Testament eindeutig begründet und gespeist durch den Geist Gottes, wie er in Jesus Christus in Erscheinung getreten ist und als Geist Christi bei den Glaubenden wirkt. Kirche ist Kirche Christi oder sie verleugnet sich selbst. Christus selber aber ist die Offenbarung Gottes in dieser Welt. Und deshalb ist es unerlässlich, dass wir immer wieder darauf achten, dass das Verhältnis zwischen der Wirklichkeit Gottes und dem Verhalten der Glieder der Kirche Christi in Einklang steht.“ *(Otto Haendler)*

533 † Remigius von Reims, Bischof in Gallien (ev. Gedenktag; Sterbetag: 13.1.) | 1746 * Heinrich Pestalozzi | 1981 † Otto Haendler, evangelischer Theologe und Psychologe | 1928 Lima-Papier

13. Januar

Sonnabend | SA 08:22 SU 16:40 MA 05:02 MU 14:10

Wochenspruch: Römer 8,14
Wochenlied: EG 68 oder 441

Wir lesen 5. Mose (Deuteronomium) 2,1–15
Aber hütet euch ja davor, sie zu bekriegen!
40 Jahre währte die Wüstenwanderung des Volkes Israel. Es ist keinesfalls der direkte Weg über den Sinai in das versprochene Land, was in den Mosebüchern beschrieben wird. Darstellungen in Bibelatlanten zeigen verschlungene Linienführungen verschiedener traditioneller und möglicher Strecken. Richtungsänderungen, Kehrtwendungen und unterschiedliche Darstellungen in den Büchern Numeri und Deuteronomium verwirren den Leser. Volkskundlich ist diese geschichtliche Phase als Zwischenepoche einzuordnen: Das Volk Israel findet nach der ägyptischen Gefangenschaft zurück zu einem Leben als Nomadenvolk, bevor es im verheißenen Land sesshaft wird. – Unser heutiger Bibelabschnitt nimmt uns mit auf die östliche Seite des Gebirges Seir, das sich vom Golf von Akaba bis knapp südlich des Toten Meeres, im Südwesten des heutigen Königreiches Jordanien, erstreckt. Rund 100 Kilometer hat der Treck durch das Land der Edomiter, der Nachkommen Esaus, auf dem Weg nach Norden zurückzulegen. Streng vermahnt Gott sein Volk, die Edomiter nicht anzugreifen, sondern Wasser und Nahrung

von ihnen abzukaufen. Die gleiche Ermahnung gilt für die zweite Etappe durch das Land der Moabiter, der Nachkommen Lots. Nach dem Lager am Bach Sered nähert sich das wandernde Gottesvolk dem Gebiet, das es später besiedeln soll. Die Zeit der Wüstenwanderung geht dem Ende entgegen, die Zeit der Eroberung beginnt. *Thomas Karzek*

Wir beten (mit EG 171)

Bewahre uns, Gott, behüte uns, Gott, sei mit uns auf unsern Wegen. Sei Quelle und Brot in Wüstennot, sei um uns mit Deinem Segen. Amen.

Reformation in Schweden

Der 13.1.1527 gilt als der Beginn der Reformation in Schweden. König Gustav Wasa berief auf dem Schloss von Västerås den Reichstag ein, auf dem unter anderem beschlossen wurde, Kirchenbesitz, der nicht hauptsächlich kirchlichen Zwecken diente, zu Gunsten der schwedischen Krone einzuziehen. Die Bischöfe verloren ihren Sitz im Reichsrat, das Wort Gottes sollte fortan „rein" gepredigt werden. Aber erst 1536 erfolgte der Bruch mit Rom, acht Jahre später wurde die lutherische Lehre verbindlich im Königreich eingeführt.

um 367 † Hilarius von Poitiers, Bischof in Gallien | 1527 Reformation in Schweden | 1823 † Matthias Jorissen, Psalmen- und Liederdichter

14. Januar

Sonntag | 2. Sonntag nach Epiphanias

Wochenspruch: Johannes 1,17
Wochenlied: EG 5 oder 398
Evangelium: Johannes 2,1–11
Epistel: Römer 12,(4–8.)9–16
Altes Testament: 2. Mose 33,17b–23

Wir lesen Psalm 55

Wirf deinen Ärger auf den Herrn

Dieser Psalm ist eine Ethikstunde aus dem Lehrplan im Königreich Davids (um 1000 v Chr.) mit dem Thema: Wie verhalte ich mich, wenn sich mein nächster Nachbar als mein größter Feind entpuppt und mir das Leben zur Hölle macht? Bisher waren wir die besten Freunde. Er war mein vertrauter Kamerad. Wir gingen sogar zusammen in die Kirche. Und plötzlich schreit er herum wie gottlos und streitet völlig ungerecht, sodass ich in Angst und Schrecken lebe. Er bringt es noch fertig und zündet mir meine Hütte über dem Kopf an! Ich zittere vor Angst und habe das Grauen vor mir. – „Hätte ich doch Flügel wie Tauben, dass ich wegfliegen könnte und meine Ruhe hätte" – aber ich bin ortsgebunden und muss aushalten. Nur wie?! – Ich bete: Gott, erhöre mein Gebet. Tu du etwas gegen diese schleimige Fettgusche. Bring sie alle in die Grube und schaff mir wieder Ruhe und Frieden. – Erstaunlich: Der so Geplagte wird nicht aggressiv gegen seinen

Feind. Er denkt nicht an Rache, wehrt sich nicht, haut nicht zu. Das täten wir doch heutzutage sofort. Manche erziehen ihre Kinder so: Lass dir nichts gefallen! Wir würden einen Rechtsanwalt nehmen und gingen vor Gericht. Die Regierenden würden ein Embargo verhängen, den Botschafter zurückziehen, einen Krieg beginnen oder mit Atomwaffen drohen. Nicht so der Beter. Er klagt vor Gott, sucht bei ihm Hilfe und leidet und erträgt die Demütigungen und Gemeinheiten. – Lernziel erreicht! Der Merkvers: „Wirf deinen Ärger auf den Herrn. Er wird dir helfen.“ Gott wird dir Ruhe und Frieden schaffen, nahe bei Jesus. Darauf kannst du dich verlassen.

Roland Hoffmann

Wir beten

Herr, Du kennst das Mobbing, das ich ertragen muss. Steh Du fest neben mir und bewahre mich vor Rache. Gebiete Frieden und führe zur Versöhnung, auch die Völker und ihre Regierungen. Amen.

Orthodoxer Feiertag: Beschneidung des Herrn | 1691 † George Fox, Quäker in England (ev. Gedenktag; Sterbetag: 13.1.) | 1683 * Gottfried Silbermann | 1887 Oberlinhaus Potsdam beginnt die Arbeit an Taubblinden | 1890 † Karl Gerok, religiöser Lyriker | 1892 * Martin Niemöller

15. Januar

Montag | SA 08:20 SU 16:43 MA 06:53 MU 15:32

Wochenspruch: Johannes 1,17
Wochenlied: EG 5 oder 398

Wir lesen 5. Mose (Deuteronomium) 2,16–25

Im Land der Riesen

Durch das Land Moab führt der Weg des wandernden Gottesvolkes östlich des Jordanflusses in die Nähe des Landes der Ammoniter. Auch ihnen sollen die Israeliten keinen Schaden zufügen. Verschiedene Stämme werden aufgezählt, die hier einstmals wohnten. Großgewachsene Menschen, Riesen gehörten dazu. Aber sie und ihre Nachkommen können den Zug nicht aufhalten. In einem kämpferischen Aufruf wendet sich Mose an sein Volk. Mit der Überquerung des Flusses Arnon beginnt die Eroberung des verheißenen Landes. Furcht und Schrecken sollen fortan über alle gegnerischen Völker kommen. – Es sind solche Worte und die in den folgenden Büchern geschilderten kämpferischen Szenen, die vielen biblischen Lesern Unbehagen bereiten. Allerdings halten manche Ausleger diese Geschichten für eine Rückprojektion einer späteren geschichtlichen Epoche Israels, als das Land eine machtpolitische Größe erlangt hatte und nach einer Legitimation seiner Expansionspolitik suchte. Die eigentliche Besiedlung habe friedlich durch das Eindringen kleiner Gruppen stattgefunden. Die vorgefundenen Stadtstaaten haben weiter bestanden. Andere Ausleger sehen in den Siegen Israels während der Landnahme einen Gottesbeweis. Sie sind ein Zeichen seiner Treue und Zusage seiner Verheißung an die Erzväter von Land und Nachkommen. Jahwe erweist sich als stärker als die heidnischen Götter Kanaans. *Thomas Karzek*

Wir beten (mit EG 351)

Ist Gott für mich, so trete gleich alles wider mich; so oft ich ruf und bete, weicht alles hinter sich. Hab ich das Haupt zum Freunde und bin geliebt bei Gott, was kann mir tun der Feinde und Widersacher Rott? Amen.

Martin Luther King

Am 15.1.1929 wurde der schwarze Bürgerrechtler und Baptistenprediger Martin Luther King in Atlanta, Georgia/USA, geboren. Er leitete zahlreiche Aktionen und Proteste gegen die Rassentrennung, wurde mehrmals verhaftet. Er hielt öffentliche Reden und Predigten und verfasste zahlreiche Schriften und Bücher. Seine spektakulärste Demonstration organisierte er 1963 mit einem Marsch auf Washington, wo er seine berühmte Rede „I have a dream" vor 250.000 Bürgerrechtlern hielt. 1964 erhielt er den Friedensnobelpreis. 1968 wurde er in Montgomery, Alabama, heimtückisch ermordet.

1919 † Traugott Hahn, Märtyrer in Estland (ev. Gedenktag; Sterbetag: 14.1.) | 1929 * Martin Luther King | 1949 † Jakob Künzler

16. Januar

Dienstag | SA 08:19 SU 16:45 MA 07:41 MU 16:23

Wochenspruch: Johannes 1,17
Wochenlied: EG 5 oder 398

Wir lesen 5. Mose (Deuteronomium) 3,12–29

Ein Führungswechsel kündigt sich an

Mit der Überquerung des Arnon beginnt die Besiedlung der Gebiete des Ostjordanlandes. Das Land wird verteilt: Erst bekommen die Stämme Ruben, Gad und ein Teil des Stammes Manasse ihre Siedlungsgebiete zugewiesen. Während die Männer dieser Stämme sich dem weiteren Eroberungszug in das Land westlich des Jordan anschließen sollen, sollten Frauen, Kinder und ihr Vieh zurückbleiben. – An dieser Stelle kündigt sich ein Leitungswechsel an. Mose bittet Gott, mit über den Jordan in das verheißene Land einziehen zu dürfen, dies wird ihm jedoch nicht gewährt. Ein Blick vom Gebirge Pisga – erst später wird der Berg Nebo genannt – über den Fluss wird seine Mission abschließen. Josua soll an seine Stelle treten und Gottes Verheißung des Landes zur Erfüllung führen. Der Führungswechsel trägt dem historischen Verlauf der Erzählung Rechnung. 120 Jahre alt soll Mose bei seinem Blick über den Jordan gewesen sein. Eine neue Aufgabe, der Fortgang der Geschichte, braucht neue Kräfte. Josuas Name bedeutet „der Herr ist Rettung". Sein Name ist Programm. Der Auszug aus Ägypten, die Wüstenwanderung und der

Einzug in das verheißene Land sind nicht Verdienst eines einzelnen charismatischen Anführers. Gott führt die Regie. Er ist Retter, Heiland. Dem christlichen Leser fällt auf, dass Jesus der griechische Name für Josua ist. *Thomas Karzek*

Wir beten (mit EG 391)

Jesu, geh voran auf der Lebensbahn! Und wir wollen nicht verweilen, Dir getreulich nachzueilen; führ uns an der Hand bis ins Vaterland. Amen.

George Casalis

Am 16.1.1987 verstarb in Nicaragua der reformierte evangelische Theologe George Casalis. 1917 in Frankreich geboren, studierte er in Paris und Basel Theologie, wo er mit Karl Barth in Kontakt kam, dessen Biograph und Mitstreiter er wurde. Er beteiligte sich an der Résistance gegen die deutsche Besetzung Frankreichs, ging nach dem Krieg nach Berlin, wo er Militärpfarrer, Seelsorger im Spandauer Kriegsverbrechergefängnis und Dozent an der neuen Kirchlichen Hochschule wurde. 1950 wurde er Pfarrer in Straßburg und lehrte nach 1960 in Paris.

1545 † Georg Spalatin, Reformator in Sachsen | 1920 Völkerbund konstituiert | 1987 † George Casalis, französischer evangelischer Theologe

17. Januar

Mittwoch | SA 08:18 SU 16:46 MA 08:22 MU 17:19

Wochenspruch: Johannes 1,17
Wochenlied: EG 5 oder 398

Wir lesen 5. Mose (Deuteronomium) 4,1–14

Verbindliche Orientierung

Der Verfasser setzt eine Schwellensituation voraus: Das Volk Israel steht nach langer Wüstenwanderung am Tor zum gelobten Land. Mose wird es nicht betreten, erteilt aber Anweisungen, wie das Volk sich verhalten soll, um in dem neuen Land leben zu können. Die Zehn Gebote drücken Gottes Willen klar aus. Nichts ist dem hinzuzufügen und nichts davon wegzulassen. Hier finden wir bereits ein Motiv der späteren Bildung des biblischen Kanons: Die Heilige Schrift ist Gottes Wort, das Menschen nicht willkürlich ändern dürfen. Es waren aber immer Menschen, die Gottes Wort empfingen und überlieferten und die in einem langen Prozess den biblischen Kanon festlegten. Auch wenn der Heilige Geist dabei am Werk war und weiter Orientierung gibt, ist es oft schwierig, bei aktuellen Problemen der Bibel direkte Weisungen zu entnehmen. Entscheidend ist, dass wir bereit sind, uns von Gottes Willen leiten zu lassen. Dabei bleiben die Zehn Gebote eine verbindliche Orientierung. Grundlegend ist das erste Gebot, das uns nach Luthers Worten aufruft, Gott mehr als alles andere zu fürchten, zu lieben und ihm zu vertrauen.

Dann dürfen wir hoffen, dass Gottes Geist uns erkennen lässt, was wir zu tun und zu lassen haben. *Eberhard Winkler*

Wir beten (mit Psalm 86,11)

Weise mir Herr, Deinen Weg, dass ich wandle in Deiner Wahrheit; erhalte mein Herz bei dem einen, dass ich Deinen Namen fürchte. Amen.

Weltliche Macht und geistliche Autorität

Theodosius der Große († 395) trug als Herrscher über das oströmische und zuletzt das gesamte römische Reich erheblich zu dessen Christianisierung und zur Stärkung der am Konzil von Nicäa orientierten Kirche bei. Manche Historiker sehen in ihm den Begründer der Staatskirche, weil er das Heidentum in zunehmendem Maß unterdrückte und auch gewaltsam gegen christliche Häretiker vorging. Andererseits akzeptierte er, dass der Bischof Ambrosius ihn der Kirchenzucht unterwarf. Der weltliche Machthaber respektierte die geistliche Autorität.

356 † Antonius, Mönchsvater in Ägypten | 395 † Theodosius, römischer Kaiser (erhob das Christentum zur Reichsreligion und verbot das Heidentum) | 1562 † Toleranzedikt von St. Germain

18. Januar

Donnerstag | SA 08:17 SU 16:48 MA 08:58 MU 18:20

Wochenspruch: Johannes 1,17
Wochenlied: EG 5 oder 398

Wir lesen 5. Mose (Deuteronomium) 4,15–24

Kein Modell von Gott

Gott verbietet seinem Volk nachdrücklich, sich ein Bildnis von ihm zu machen. Das hebräische Wort für ‚Bildnis' bedeutet einen Bauplan oder ein Modell, nach dem ein Produkt gestaltet wird. Der Produzent schafft einen Gegenstand nach seinen Vorstellungen und kann darüber verfügen. Dementsprechend meinte der Philosoph Ludwig Feuerbach († 1872), der Mensch habe sich Gott nach seinen Vorstellungen geschaffen. Der Marxismus übernahm diese These, die starken Einfluss auf das Bewusstsein der Menschen in Europa gewann. Wenn der Mensch sich seinen Gott erschafft, gelten für ihn auch seine eigenen Gesetze. Er lebt unabhängig von den Geboten der Heiligen Schrift und ist stolz auf seine Autonomie. Christen und Juden glauben dagegen, dass Gott unabhängig davon existiert, was Menschen sich vorstellen. Wir können und müssen zwar bildhaft von ihm reden, wie das Bild vom verzehrenden Feuer zeigt. Wir stellen uns Gott lieber als ein wärmendes Feuer vor oder als die Feuersäule, die dem Gottesvolk nachts den Weg erhellte. Solche Bilder erfassen jeweils einen Teil, aber nicht die ganze Wirklichkeit

Gottes. Sie dienen nicht als Modell, nach dem wir unser Gottesbild gestalten könnten. *Eberhard Winkler*

Wir beten

Mein Gott, Du bist größer als meine Wünsche und Vorstellungen. Hilf mir, Dich in Deinen Worten zu erkennen und nach Deinen Geboten zu leben. Amen.

Ein eifernder Gott

1529 erschien Luthers Kleiner Katechismus als einfache Zusammenfassung der wichtigsten Inhalte des christlichen Glaubens und Lebens. Wie eng für Luther Glauben und Handeln zusammengehören, zeigt die große Bedeutung, die er den Zehn Geboten zuweist. Er betont ihren Anspruch, indem er das Wort vom eifernden Gott zitiert, der „die Missetat der Väter heimsucht bis ins dritte und vierte Glied an den Kindern derer, die mich hassen, aber Barmherzigkeit erweist an vielen Tausenden, die mich lieben und meine Gebote halten“ (5. Mose 5,9 f.). Das Maß der Barmherzigkeit übersteigt das der Strafe, aber eine „billige Gnade“ gibt es nicht (Bonhoeffer).

1529 Luthers Kleiner Katechismus | 1871 Gründung des Deutschen Reiches | 1906 Diakonenanstalt Rickling gegründet | 1945 † Siegbert Stehmann, evangelischer Pfarrer und Liederdichter | 1945 † Ludwig Steil, Märtyrer in Westfalen (ev. Gedenktag; Sterbetag: 17.1.) | 1987 † Joachim Beckmann

19. Januar

Freitag | SA 08:16 SU 16:49 MA 09:28 MU 19:24

Wochenspruch: Johannes 1,17
Wochenlied: EG 5 oder 398

Wir lesen 5. Mose (Deuteronomium) 4,25–40

Aus der Geschichte lernen

Jede Geschichtsdeutung geht von Voraussetzungen aus. In unserem Text ist es eine Voraussetzung des Glaubens: Gott belohnt den Gehorsam gegen seine Gebote und bestraft den Ungehorsam. Israel soll das im Rückblick auf seine Geschichte erkennen und künftig entsprechend handeln. Die Heilige Schrift zeigt aber an den Beispielen Hiobs und nicht zuletzt am Weg Jesu, dass der Zusammenhang von Tun und Ergehen sich nicht auf eine einfache Formel bringen lässt. Trotzdem können und müssen wir aus der Geschichte lernen. Wir Deutschen mussten zum Beispiel lernen, dass keineswegs „am deutschen Wesen die Welt genesen" kann. Als Christen haben wir aus den unfassbaren Verbrechen des Holocaust gelernt, die Wurzeln des Antijudaismus und Antisemitismus im Christentum zu erkennen und zu überwinden. Wir haben schätzen gelernt, dass uns mit den glaubenden Juden die Gewissheit verbindet, ‚dass der Herr allein Gott ist und sonst keiner' (V. 35). Die historische Schuld an den Juden darf allerdings nicht das Zeugnis verdunkeln, dass dieser eine Gott sich im Menschen Jesus von Nazareth offenbart, von dem das Heidelberger Bekenntnis sagt, dass er „mit seinem teuren Blut für alle meine Sünden vollkömmlich bezahlt und mich aus aller Gewalt des Teufels erlöst hat“ (Frage 1).

Eberhard Winkler

Wir beten

Führe mich, o Herr, und leite meinen Gang nach Deinem Wort. Sei und bleibe Du auch heute mein Beschützer und mein Hort. Nirgends als von Dir allein kann ich recht bewahret sein. Amen.

Der Heidelberger Katechismus

Er entstand 1563 auf Anregung und mit einem Vorwort des Kurfürsten Friedrich III. von der Pfalz und wurde zur wichtigsten Bekenntnisschrift der Reformierten Kirche. Frage 2 erklärt, dass drei Stücke zu wissen nötig sind, um selig leben und sterben zu können: „erstlich, wie groß meine Sünde und Elend sei; zum andern, wie ich von allen meinen Sünden und Elend erlöset werde; und zum dritten, wie ich Gott für solche Erlösung soll dankbar sein“. Dankbarkeit bewegt dazu, Gottes Willen zu tun, sodass der Glauben Früchte trägt und wir „mit unserem gottseligen Wandel unsere Nächsten auch für Christus gewinnen“ (Frage 86).

Orthodoxer Feiertag: Taufe des Herrn | 1563 Heidelberger Katechismus | 1576 † Hans Sachs, Schuhmacher und Dichter | 1819 † Johann Michael Hahn, Glaubenszeuge in Württemberg (ev. Gedenktag; Sterbetag: 20.1.)

20. Januar

Sonnabend | SA 08:15 SU 16:51 MA 09:55 MU 20:30

Wochenspruch: Johannes 1,17
Wochenlied: EG 5 oder 398

Wir lesen 5. Mose (Deuteronomium) 5,1–22

Zehn Gebote 2.0

Das Volk Israel bekommt hier ein zweites Mal die Zehn Gebote, den Dekalog, gesagt – als Erinnerung und Bekräftigung des Bundes Gottes mit seinem Volk. Doch gelten diese Gebote auch noch für uns Christen? Schon der Apostel Paulus hat erkannt, dass durch das Kommen Jesu Christi dessen Nachfolger nicht mehr die Gesetze des Volkes Israel befolgen müssen, um zu den von Gott Erwählten zu gehören. Das Heil, die Fülle des Lebens, wird allein durch die Gnade Gottes bewirkt und ist in keinster Weise vom Mitwirken des Menschen abhängig. Und doch sind die überlieferten Gebote Gottes in ihrem Kern nicht obsolet, also: nicht veraltet. Zum einen vereint das erste Gebot alle anderen in sich und ist von gleichbleibender Gültigkeit: Es ermahnt uns, unser Leben allein auf die Liebe Gottes aufzubauen. Zum anderen sind wesentliche Gedanken des Dekalogs eingeflossen in unser neuzeitliches Gesetzessystem und bürgen damit weiterhin für ein geordnetes Gemeinschaftsleben, das dem Einzelnen grundlegende Freiheiten zusichert. Und zum Dritten sind wir täglich neu vor die Herausforderung gestellt, je neu zu überlegen, in welchem Verhalten das Gegründet-Sein auf die Liebe Gottes am deutlichsten zum Tragen kommt. Wenn wir „Christus haben“, so sagt Martin Luther, sind wir nicht auf das Befolgen feststehender Regeln angewiesen, sondern können neue Zehn Gebote entwickeln – für unsere Zeit, für unsere Situation. *Jan-Christian Buchwitz*

Wir beten

Heiliger Gott, hilf uns, bei unserem Denken und Wirken nicht nur auf unsere ichbezogenen Belange zu achten, sondern uns von Deinem Geist leiten zu lassen, auf dass Dein guter Wille geschehe. Amen.

Sebastian, Märtyrer in Rom

Dem „inneren Gesetz“, seinem Gewissen, folgte auch der heilige Sebastian: Als römischer Soldat bekannte er sich öffentlich zu seinem christlichen Glauben und setzte sich zudem für Christen in Not ein. Deshalb befahl Kaiser Diokletian im Jahre 288 Sebastians Hinrichtung. Die Erschießung durch Bogenschützen schlug jedoch fehl. Der Überlebende ist durch diese Erfahrung aber nicht etwa vorsichtiger geworden: Erneut bekannte er sich am Kaiserhof zu seinem Glauben. Die zweite Hinrichtung im Circus Maximus machte ihn schließlich zum Märtyrer.

288 † Sebastian, Märtyrer in Rom | 1813 † Christoph Martin Wieland | 1859 † Bettina von Arnim, Dichterin | 1944 † Kurt Reuber

21. Januar

Sonntag | Letzter Sonntag nach Epiphanias

Wochenspruch: Jesaja 60,2
Wochenlied: EG 67
Evangelium: Matthäus 17,1–9
Epistel: 2. Korinther 4,6–10
Altes Testament: 2. Mose 3,1–10.(11–14)

Wir lesen Psalm 54

Gegenwart und Zukunft

Auch wenn der Weihnachtsschmuck schon in Kisten und Kellern wohlverwahrt ist: Die Weihnachtszeit reicht bis 2. Februar und das Epiphaniaslicht scheint heute noch einmal klar auf das, was wir gesehen und gesungen haben: „Siehe, dein König kommt zu dir, ein Gerechter und ein Helfer." Das ist sein Name, den David im Psalm 54 in äußerster Bedrängnis anruft: „Hilf mir Gott, um Deines Namens willen." „Ich bin da" – das ist sein Name seit der Offenbarung an Mose im brennenden Dornbusch. Und der Weg, auf dem Gott uns sein Dasein beweist, hat den Namen Jesus Christus. Darum können wir mit David rufen: „Hilf mir Gott, um deines Namens willen, Joshua, Jesus, du Helfer und Gerechter!" – Hilf mir! Das ist der Ruf aus der Angst. Angst ist ein Gefühl der Zukunft. Ich habe Angst, dass der Verdacht der Krankheit sich bestätigt, ich habe Angst, dass der Populismus das Volk irreführt, ich habe Angst vor dem, was mit dem Fremden auf mich zukommt. Ängste weisen in die Zukunft. David hat Angst vor den Verfolgern des Königs Saul. Er hat Angst, in die Hände der Verfolger zu fallen, die alles mit ihm tun werden, was Jäger an Gejagten, Stolze an Gedemütigten, Mächtige an Ohnmächtigen seit Menschengedenken tun. Und plötzlich hält David mitten im Angstgeschrei inne und sagt, was er sieht: „Siehe, Gott ist bei mir, der Herr erhält mein Leben." Das ist die Wahrnehmung der Gegenwart. Und die ist stärker als alle Angst vor der Zukunft. „Du errettest mich aus aller meiner Not." Mit dieser Gewissheit schließt David sein Gebet, das mit dem Hilfeschrei begann. Mögen wir in unseren Ängsten diesen Augenblick des „Siehe, Gott steht mir bei" erfahren, mögen uns das Epiphaniaslicht des gegenwärtigen Christus leuchten in allem, was uns Angst macht, denn sein Name ist: Ich bin da, ich, Joshua, Jesus. Er ist gerecht, ein Helfer wert. Ihn sehe ich im Augenblick von Enge und Angst, denn er ist da. *Efriede Teresa Begrich*

Wir beten

Du, unser Gott, danke, dass Du da bist, und bitte: Lass uns Dich sehen in Angst und Not und lass uns hören Dein Wort: „Ich bin bei dir. Jetzt und alle Zeit bis an das Tor der Ewigkeit." Amen.

1815 † Matthias Claudius, christlicher Dichter in Hamburg | 1831 † Achim von Arnim, Dichter und Sammler von Volksliedern | 1872 † Franz Grillparzer, Dichter

22. Januar

Montag | SA 08:13 SU 16:54 MA 10:43 MU 22:46

Wochenspruch: Jesaja 60,2
Wochenlied: EG 67

Wir lesen 5. Mose (Deuteronomium) 5,23–33

Gott hören

Die Israeliten wollen Gott nicht hören – nicht etwa, weil sie nichts mit ihm zu tun haben wollen, sondern weil sie in Ehrfurcht an ihn glauben, an seine Macht und Größe. Und wie sieht es heute aus? Die einen wünschen sich vielleicht, einmal direkt von Gott angesprochen zu werden, die anderen wollen von Gott gar nichts hören. Für Israel, das Volk Gottes, war Mose der Mittler, für uns Christen ist es Jesus Christus, der Gott für uns hörbar macht. Die Frage ist nur: Wollen wir Gott überhaupt hören? In unserem Alltag, in unserem Leben, das wir doch selbst in der Hand haben und in dem wir uns nicht von unseren Plänen und Vorstellungen abbringen lassen wollen. – Dietrich Bonhoeffer gibt zu bedenken: „Wir müssen bereit werden, uns von Gott unterbrechen zu lassen." So ratsam es auch ist, die eigenen Gedanken zu Ende zu denken und die eigenen Pläne tatsächlich durchzuführen, so gewiss ist es auch, dass letztlich nicht wir selbst unser Leben in der Hand halten. Und da Jesus Christus uns auch im Mitmenschen begegnet, kann diese „göttliche Unterbrechung" durch das Wort des Nächsten geschehen. Daher formuliert

Bonhoeffer sehr pointiert: „Wer meint, seine Zeit sei zu kostbar, als dass er sie mit Zuhören verbringen dürfte, der wird nie wirklich Zeit haben für Gott und den Bruder, sondern nur immer für sich selbst, für seine eigenen Worte und Pläne."

Jan-Christian Buchwitz

Wir beten

Herr, mache uns frei, auf Dich zu hören, durch wen auch immer Du zu uns sprichst. Herr, mache uns frei von der Verstrickung in uns selbst, dass Deine Verheißung in unserem Leben Blüten treibt. Amen.

Gottes Liebe sichtbar machen

Die zitierten Sätze Bonhoeffers stammen aus der Schrift „Gemeinsames Leben", die der evangelische Theologe und Widerstandskämpfer 1938 verfasst hat. Sie bündeln die Erfahrungen aus dem Predigerseminar in Finkenwalde, wo er wenige Jahre zuvor mit seinen Vikaren ein intensives, geistliches Leben führte. Allerdings werden die dort gewonnenen Einsichten nun für eine Zeit innerer und äußerer Unsicherheit und Anfeindungen geschrieben: Sie rufen zu aktivem Hinhören und Einmischen auf, damit Gottes Liebe auch in dunklen Zeiten sichtbar bleibt.

304 † Vincentius, Märtyrer in Spanien | 1533 † Veit Stoß, Bildhauer | 1536 Hinrichtung der Wiedertäufer in Münster | 1945 † Else Lasker-Schüler, Lyrikerin

23. Januar

Dienstag | SA 08:12 SU 16:56 MA 11:06 MU 23:56

Wochenspruch: Jesaja 60,2
Wochenlied: EG 67

Wir lesen 5. Mose (Deuteronomium) 6,1–9

Das Bekenntnis

Das Glaubensbekenntnis der Juden beginnt mit den Worten „Höre Israel“ und steht im 5. Buch Mose. Es ist das wichtigste Gebet im Judentum. Für viele Gläubige gehört dazu, sich die Hand schützend über die Augen zu legen. Das soll helfen, sich zu konzentrieren. Im Bekenntnis zu Gott bestätigt der Betende sein Festhalten am Glauben. Es bestärkt den Gläubigen in seinem daraus resultierenden Verhalten. Ihm ist bewusst, dass es die Liebe zu seinen Nächsten ist, die Gott von den Menschen erwartet. Mit solcher Liebe im Herzen erfahren wir die Geborgenheit, die nur der Glaube schenkt. Die Liebe zu Gott öffnet uns die Augen für die Nöte und die Bedürfnisse unserer Mitmenschen. Wir halten es für fragwürdig, jemanden aus unserer Umgebung auszuschließen oder ihn für unwürdig zu halten. Dagegen stellen wir den Schatz unserer Erfahrung. Gott begegnet uns da, wo wir es nicht erwarten. Ein Bettler erwidert unsere Gabe mit den Worten: „Gott segne dich!“ Wir finden ihn in dem Moment des freudigen Erstaunens eines Obdachlosen, der dankend den warmen Mantel annimmt. Selbstverständlichkeiten machen uns aus, wie das Begleiten einer alten Dame über die Straße. Dies sind die Prüfsteine, die auf unseren Wegen liegen und uns fordern. Für Vorurteile und Ausgrenzung gibt es da keinen Raum. Geschwisterliche Liebe ist es, die uns nicht von der Wirklichkeit wegführt, sondern mitten in sie hinein.

Marianne Sandkaulen

Wir beten

Gott, unser Vater, bitte nimm uns so an, wie wir sind. Hebe auf, was uns trennt. Lass nicht zu, dass Müdigkeit und Gleichgültigkeit von uns ausgehen. Schenke uns die Kraft, Zeugen Deiner Liebe zu werden. Amen.

Bethel

Pastor Friedrich von Bodelschwingh hatte großen Anteil an der Entwicklung von Bethel. Im Jahr 1872 übernahm er die Leitung der Anstalt bei Bielefeld. Diese existierte bereits seit 1867 zur Pflege von Epileptikern. Eine Erweiterung des Arbeitsfeldes erfolgte auf seine Initiative hin. So kam es 1882 zur Errichtung der Arbeiterkolonie „Wilhelmsdorf". Als Gegengewicht zu den theologischen Fakultäten der Universitäten gründete Friedrich von Bodelschwingh 1905 die erste deutsche „Kirchliche Hochschule" in Bethel.

1561 † Menno Simons, Glaubenszeuge in Friesland | 1579 Utrechter Union | 1872 Bodelschwingh übernimmt Bethel | 1945 † Helmuth James Graf von Moltke

24. Januar

Mittwoch | SA 08:11 SU 16:58 MA 11:30 MU –

Wochenspruch: Jesaja 60,2
Wochenlied: EG 67

Wir lesen 5. Mose (Deuteronomium) 6,10–25

Gehorsam einfordern

Eine vertraute Melodie, die uns in den Ohren klingt: „Tu dies nicht und jenes schon gar nicht!" Der Gehorsam scheint zu den Päckchen zu gehören, die zu tragen uns manchmal grenzwertig erscheint. Schon der Alltag steckt voller Regeln, die uns immer neu fordern. Aber nur so funktioniert das Zusammenleben in einer Gesellschaft, haben wir gelernt. Und dennoch scheint es uns, dass die Gerechtigkeit manchmal auf der Strecke bleibt. „Alle wollen sie nur unser Geld", sagt eine alte Frau, „ich bin aus der Kirche ausgetreten." Der Unternehmer mit seiner kleinen Firma stimmt der Dame zu. Er sagt: „Von mir bekommt die Gemeinde eine Spende, wenn etwas gebraucht wird." Ein junger Mann hörte dem Gespräch aufmerksam zu. Unter seiner Jacke schauen unzählige Tatoos hervor – eigentlich nicht erwähnenswert. Aber Äußerlichkeiten und „Schubladen" sind uns ja so ganz fremd nicht. Daher verblüffte er die Runde mit seiner Aussage: „Ich zahle Kirchensteuer!" Ehrlicherweise behaupte ich nicht von mir, der gläubigste Christ zu sein. Aber dennoch gab es ein Schlüsselerlebnis in meinem Leben. Ich habe in Lobethal gesehen, wie man dort mit behinderten Menschen umgeht. Diese gelebte Nächstenliebe hat mich so beeindruckt, dass ich meinen Teil dazu beitragen möchte. Gott gehorsam zu sein soll also kein Kommando sein. Den anderen in Liebe anzusehen ist das Ziel. *Marianne Sandkaulen*

Wir beten

Herr, wir bitten Dich, hilf allen Menschen, die in Schwermut und Unzufriedenheit zu versinken drohen. Weise ihnen einen Weg heraus aus Angst und Furcht. Stelle ihnen Menschen zur Seite, die ihnen helfen. Amen.

Das Blaue Kreuz

Hierbei handelt es sich um eine Vereinigung zur Rettung alkoholabhängiger Menschen. Gegründet wurde sie 1877 in Genf durch den reformierten Geistlichen Louis-Lucien Rochat. Die Leitworte des Vereins waren Evangelium und Abstinenz. Ein Schweizer Prediger gründete im Jahr 1885 in Hagen den ersten Blaukreuzverein in Deutschland. 1887 besuchte der preußische Offizier Curt von Knobelsdorff Veranstaltungen des Blauen Kreuzes. Er hatte selbst Alkoholprobleme. Durch die Hilfe, die er dort fand, wurde er zum begeisterten Botschafter dieser Bewegung.

1904 † Curt von Knobelsdorff, Botschafter des Blauen Kreuzes | 1943 † Erich Sack, Märtyrer in Ostpreußen

25. Januar

Donnerstag | SA 08:10 SU 17:00 MA 11:56 MU 01:09

Wochenspruch: Jesaja 60,2
Wochenlied: EG 67

Wir lesen 5. Mose (Deuteronomium) 7,1–11

Nein!

Diesen Text habe ich nicht gern gelesen. Er ist mir fremd, er strengt mich an. Vieles an ihm finde ich sogar gefährlich. Ich höre von Zerstörung und Trennung. Das schreckt mich ab. Andere vernichten zu wollen, und sei es im Namen Gottes, hat oft genug Unheil über die Welt gebracht. Ich ahne, dass dieser Abschnitt aus schlimmer Angst entstanden ist. Die Erfahrung, selbst vielfach zerstört und besiegt worden zu sein, lässt die Befürchtung der Israeliten wachsen, dass ein anderes Volk ihnen wiederum grausames Leid zufügen und alles zerstören könnte, was ihnen heilig ist. Sie wollen schützen, was ihnen Sicherheit gibt: ein Königtum, das Wohlstand begründet, und einen Gott, der Land und Zukunft verspricht. Beides war durch die Bindung an andere Menschen und Götter stark beeinträchtigt. Aber Gott schützt sich selbst. Und die größten Feinde sind nicht andere Völker, will ich einwenden. Der Größenwahn, der oftmals neben dem Königsthron Platz nimmt, gefährdet das Volk und den Einzelnen. Also folge ich dem Schluss des Textes und höre seine Mahnung: Nicht du bist es, der sich einen Gott erwählt hat, sondern dich hat Gott erwählt. Hüte dich also, anderen Mächtigen nachzulaufen, auch wenn sie dir Erfolg versprechen. Dies zu beherzigen hindere mich daran, andere Menschen verdrängen oder vernichten zu wollen. Herr des Lebens bleibt Gott allein.

Ulrike Reichardt

Wir beten

Gott, der Glaube an Dich schenkt Frieden. Lass nicht zu, dass Menschen durch Machtgier getrennt werden. Hilf uns, auf Deine Barmherzigkeit zu vertrauen und nach Deinen Geboten zu leben. Amen.

Tu deinen Mund auf für die Stummen

Dietrich Bonhoeffer sah klarer als seine Kirche, wohin das ungeheure Unrecht führte, das im Jahr 1933 in Deutschland begann. Man sprach den Juden ab, zum Volk der Verheißung zu gehören. Sein Rechtsbewusstsein, seine große Mitleidsfähigkeit und der Glaube, dass Gottes Bund mit Israel bis ins tausendste Glied fortbesteht, waren für ihn Grund genug, sich für die Juden einzusetzen. Er erwartete, dass seine Kirche dem NS-Staat gegenüber ihr Wächteramt erfüllt. Dass sie es nicht oder nur unzulänglich tat, hat viel Unheil hervorgebracht.

1366 † Heinrich Seuse, Mystiker am Oberrhein | 1586 † Lukas Cranach d. J., Maler | 1954 † Sarah Chakko, indische christliche Pädagogin

26. Januar

Freitag | SA 08:08 SU 17:01 MA 12:27 MU 02:23

Wochenspruch: Jesaja 60,2
Wochenlied: EG 67

Wir lesen 5. Mose (Deuteronomium) 7,12–26

Mut machen gegen die Angst

Womit habe ich das verdient? Fragt der Mann, der seit dem Schlaganfall ans Bett gefesselt ist. Seinen Betrieb musste er aufgeben. Ein Pflegefall zu sein, zermürbt ihn und führt seine Familie an den Rand der Kräfte und in die Nähe des Ruins. Er erinnert mich an Hiob, dessen Leben unter Gottes Augen zerbrach. – Ich habe immer geglaubt, ich schaffe das alles, sagt der Mann. Aber dann geschieht ohne mein Zutun so etwas Unerwartetes, Schlimmes. Was hat Gott sich dabei gedacht? – Ist sein Segen an Wohlwollen oder an die Erfüllung von Geboten gebunden? Unser Text lässt das auf den ersten Blick fast so erscheinen. Aber gerade das kleine Volk Israel, umgeben von Völkern, die erfolgreicher und siegreicher waren, wusste um die Begrenztheit des eigenen Tuns. Nein, aus eigener Kraft ist nicht alles erreichbar. Es brauchte immer wieder die Ermutigung, dass Gott bei seinem Volk ist. Hier klingt sie fast ein wenig lautstark, als seien die Feinde selbstverständlich zu besiegen. Dabei machte das Volk mehr als einmal die gegenteilige Erfahrung. Aber sie vergewissern sich. Gott schenkt die Freiheit, Gott schenkt das Land, Gott erneuert das Leben. Denn in allem Schweren und in tiefer Verzweiflung dennoch an Gottes Gegenwart zu glauben, ist wertvoller als Gold. Und wie Hiob darauf zu vertrauen, dass mein Erlöser lebt, das gibt Halt und macht Mut gegen die Angst.

Ulrike Reichardt

Wir beten

Gott, ich brauche Deinen Segen, um mein Leben anzunehmen. Gott, ich brauche Deinen Geist, um getrost in die Zukunft zu gehen. Hilf mir, Dir zu vertrauen an diesem Tag wie an jedem Tag. Amen.

Der Herr ist meines Lebens Kraft

Das heißt nun Kraft, dass der Herr nicht ein solcher Ratgeber und Tröster ist, der es allein bleiben lässt bei dem Wort …, sondern auch abhilft, dass es ein Ende habe. Wenn wir in Anfechtung kommen, so gibt er uns seinen treuen Rat und stärket uns mit seinem Wort. Wenn's aber Zeit ist und wir ausgelitten haben, so kommt er mit seiner Kraft, dass wir hindurchkommen und den Sieg behalten. Beides müssen wir haben, den Rat, dass wir in Leiden getröstet … werden, und die Kraft, dass wir hindurchkommen.

(Martin Luther zu Psalm 27,1)

um 97 † Timotheus und Titus, Apostelschüler | 1642 † Johann Matthäus Meyfart, Liederdichter in Thüringen | 1895 † Theodor Kliefoth, Theologe und Kirchenreformer | 1949 Lutherische Generalsynode in Leipzig

27. Januar

Sonnabend | SA 08:07 SU 17:03 MA 13:05 MU 03:39

Wochenspruch: Jesaja 60,2
Wochenlied: EG 67

Wir lesen 5. Mose (Deuteronomium) 8,1–20

Mit Gott auf dem Weg

Wir saßen zusammen in der Moschee und lasen in der Bibel, im Koran und in der Thora. Und wir Christen, Muslime und Juden merkten schnell, wie viel uns verbindet. Eine beglückende Erfahrung! Wir staunten über die unterschiedlichen Wege, die unsere Religionen genommen hatten. Und wir teilten den Zorn über die, die Trennung und Gewalt auf die Erde bringen. Im Gespräch mit anderen erfahre ich, was mir selbst heilig ist, merkte ich. Uns einte die Gewissheit, dass diese Welt und unser Leben ein großes Geschenk Gottes ist. Niemand kann sich selbst das Leben geben. In Jahrtausenden hat Gott die Bedingungen unseres Seins wachsen lassen. Auf langen Wegen hat er den Bund mit seinem Volk erneuert. Wo stehen wir? Plötzlich machte mich wütend, wie bedroht und gefährdet diese Welt und unsere Gemeinschaft ist. Liegt nicht Gottes Zukunft direkt vor unseren Füßen, in der jeder genug Brot zu essen hat und Gott in unserer Mitte wohnt? Gebärden wir uns auf dieser Erde nicht eher wie ein Volk, das zurückläuft in die Wüste, anstatt miteinander den Jordan zu überqueren? Der gemeinsame Blick in die Heiligen Schriften macht dankbar für Gottes Wege mit uns Menschen, auch wenn sie vielfältig und lang sind. Ich nehme den Wunsch mit, die Kinder Abrahams mögen endlich Frieden finden und diese Welt als Gottes Land für uns alle begreifen. Dorthin sind wir unterwegs. *Ulrike Reichardt*

Wir beten

Gott, der Glaube an Dich öffnet mir die Augen für die Schönheit dieser Welt. Du schenkst uns Land und Zukunft. Hilf uns, bewahrend und schützend Wege zu gehen, die uns mit anderen verbinden. Amen.

Scriptural Reasoning

Zu Beginn der 1990er Jahre entstanden die ersten Treffen unter diesem Titel im englischsprachigen Raum. „Scriptural Reasoning" lässt sich mit „schriftgeleitete Reflexion" übersetzen. Im Zentrum steht nicht das „Wissen" über die eigene oder fremde Religion, sondern das gemeinsame Erleben und Sich-Einlassen aufeinander und auf die Texte aus Bibel, Thora und Koran. Christen, Juden und Muslime tauschen sich über Glauben und Leben aus, lernen sich kennen und verstehen, dass sie miteinander Weggemeinschaft sein können.

1852 † Paavo Ruotsalainen, Glaubenszeuge in Finnland | 1914 † Johannes Burckhardt, Gründer des Burckhardthauses | 1945 Befreiung des KZ Auschwitz | 1972 † Mahalia Jackson, amerikanische Gospelsängerin | Tag des Gedenkens an die Opfer des Nationalsozialismus

28. Januar

Sonntag | 3. So. vor der Passionszeit (Septuagesimä)

Wochenspruch: Daniel 9,18
Wochenlied: EG 342 oder 409
Evangelium: Matthäus 20,1–16a
Epistel: 1. Korinther 9,24–27
Altes Testament: Jeremia 9,22–23

Wir lesen Psalm 119,73–80

ABC-Schützen in Gold

Nein, wir werden niemals fertig mit dem ABC in Gold. Auch wenn der Psalm 119, der längst Psalm unter den 150 Psalmgebeten ist, das „güldene ABC" des Wortes Gottes und die Antwort des ABC-Schützen darauf wird nie erschöpfend sein, denn am Ende alles Nachdenkens, Bekennens, Betens, am Ende aller in Worte gesetzter Andachten und ins Bild gebrachter Losungen, am Ende ist das Ziel: „Ich bin noch immer bei Dir." (Psalm 139,18) Wo sonst? „Deine Hand hat mich gemacht, unterweise mich, dass ich deine Gebote lerne." – Gott der Schöpfer ist der große Lehrer, der Katechet, der Unterweiser. Ihn will ich bitten, dass er mich unter seine Weisungen stellt, dass ich in meinem Tun und Entscheiden aufblicke zu den Weisungen, unter denen ich leben will. Dass ich in meinem Erleiden und Erdulden, in meinem Fragen und Nichtverstehen mich immer noch weiß als Gottes geliebtes und erschaffenes Kind, das von ihm selbst gelehrt wird.

Im Einzelunterricht und im Klassenverband. Im Wort, im Lied, im Bild, im Anblick alles Geschaffenen. Seine Unterweisungsfächer heißen: „Von den gerechten Urteilen Gottes" – „Die Lehre von der Gnade und Barmherzigkeit" – „Die Erfahrung des Trostes und der Treue" – „Die Kunst, ein rechtschaffendes Herz zu bekommen"– „Die Freude am Gesetz der Thora". – Ein Unterricht für das Leben, keine Sonderschule, kein Sonderstatus besonders Frommer und Begabter und Erwählter. Und das schönste Lernergebnis wird sein, wenn wir in der Begegnung mit den Stolzen und Überheblichen, mit den Wichtigtuern und Besserwissern, mit den Dialogscheuen und Dogmatikern aufblicken und hinhören auf die Unterweisung im güldenen ABC: Amo, Benedico, Credo. Ich liebe, ich segne, ich glaube. Dann wird geschehen, was geschrieben steht in diesem Psalm im V. 74: „Die dich fürchten, sehen mich und freuen sich; denn ich hoffe auf dein Wort."

Efriede Teresa Begrich

Wir beten

Du, mein Gott, Du, mein Schöpfer, Lehrer und Lenker aller meiner Schritte: Setze meine Füße auf die Wege Deiner Liebe und Gerechtigkeit, dass ich Freude habe an Deinen Geboten und Lust auf Deine Weisungen. Amen.

814 † Karl d. Gr., Kaiser und Förderer des Christentums | 1521 Reichstag in Worms | 1868 † Adalbert Stifter, Schriftsteller | 1953 † Theophil Wurm, Bischof in Württemberg | 2002 † Astrid Lindgren, schwedische Kinderbuchautorin

29. Januar

Montag | SA 08:04 SU 17:06 MA 14:50 MU 06:02

Wochenspruch: Daniel 9,18
Wochenlied: EG 342 oder 409

Wir lesen 5. Mose (Deuteronomium) 9,1–14

Heikle Worte in heikler Zeit

Ab und zu wird die Frage gestellt, warum denn das Volk Israel das auserwählte Volk ist und was dieses Volk so besonders macht gegenüber anderen Völkern. Eine plausible Antwort wäre Kaffeesatz-Lesen! Das, was uns hier als Antwort angedeutet wird, versucht eine Erklärung anzubieten: Es ist Gottes eigener Wille und Gottes eigene Wahl gewesen, genau dieses Volk auszuwählen. Und weil es Gottes Wille ist, dass dieses Volk das gelobte Land erreichen soll und dass es dort leben soll, darum stehen die Israeliten jetzt kurz davor. Mose erinnert sie daran, dass es nicht ihr eigenes Vermögen oder ihre eigene Glaubensstärke gewesen sind, die sie bis hierher gebracht haben. Sondern es ist Gottes bedingungslose Treue zu dem, was er selbst gesagt, verheißen und versprochen hat. – Ob diese Worte und Gedanken in der heutigen komplizierten politischen Situation passen, wage ich nicht abschließend zu beurteilen. Aber in diesen Worten lässt sich ein wichtiger Wesenszug Gottes erkennen: Gott steht zu seinem Wort, zu seinen Versprechen, zu seinen Verheißungen, und er lässt sich auch daran gern erinnern. Der Apostel Paulus wird diese

Gedanken dankbar weiterentwickeln: Bedingungslos nimmt Gott den Sünder an, nicht, weil er besonders fromm oder gottesfürchtig gewesen wäre, sondern weil es Gottes eigener Wille ist, dass allen Menschen geholfen werde und das Heil zur Verfügung steht. *Eckehart Winde*

Wir beten

Herr Gott, wir danken Dir, dass Deine Verheißungen gelten – in bedingungsloser Treue zu Dir selbst. Lass uns daran glauben und darauf vertrauen. Amen.

Rudolf Mauersberger (29.1.1889–22.2.1971)

Vor 129 Jahren in Mauersberg geboren, führte ihn sein Leben über Annaberg, Leipzig, Bad Lausick, Aachen und Eisenach schließlich nach Dresden, wo er 1930 bis 1971 als Kreuzkantor den Dresdner Kreuzchor leitete. Seine christliche und liturgische Ausrichtung des Chores hat diesen durch die Diktaturen gebracht. Die Trauermotette „Wie liegt die Stadt so wüst", entstanden unter dem Eindruck des brennenden Dresdens, gilt als eines seiner bekanntesten Werke. Im Gesangbuch begegnet er uns mit der Melodie zu „Jauchzet, ihr Himmel" (EG 41).

1814 † Johann Gottlieb Fichte | 1860 † Ernst Moritz Arndt | 1889 * Rudolf Mauersberger | 1953 † Theophil Wurm, Bischof in Württemberg (ev. Gedenktag; Sterbetag: 28.1.)

30. Januar

Dienstag | SA 08:03 SU 17:08 MA 15:59 MU 07:02

Wochenspruch: Daniel 9,18
Wochenlied: EG 342 oder 409

Wir lesen 5. Mose (Deuteronomium) 9,15–29

Wie oft ist oft genug?

Wenn man der telegrammstilartigen Aufzählung von Orten des Glaubenszweifels des Volkes Israel folgt, regen sich durchaus Zweifel, warum Gott überhaupt noch etwas mit seinem Volk zu tun haben will. Gottes Unwille gegenüber dem Volk Israel und Gottes Wunsch, aus Mose ein großes Volk zu machen, sind durchaus nachvollziehbar. „Wie oft muss ich meinem Bruder vergeben?“, wird einige hundert Jahre später Petrus Jesus fragen. Ab wann ist die rote Linie überschritten und ab wann kann ich meinen eigenen Trieben freien Lauf lassen? Mose nimmt Gott in die Pflicht. Ein Wesenszug Gottes ist dies, dass er sich von uns Menschen auch gern in die Pflicht nehmen lässt. Und zwar eine Pflicht, dass Gott die eine und einzige verlässliche Instanz in der Welt ist – und bleiben muss. Wenn Gott nicht zu seinem Wort steht, wer könnte es dann überhaupt noch? Wäre dann Gott überhaupt noch Gott, so wie er sich uns offenbart hat als ein gnädiger und liebender Gott? Wo wäre der Unterschied im Konzert mit den anderen willkürlich und nach Gutdünken handelnden Götzen der Umwelt? Wie oft muss Gott zurückstecken? Reicht sieben Mal – wie Petrus fragte? Mose nimmt Gott ernst und erinnert ihn daran: Gott darf an diesem Punkt nicht zählen, sondern er ist und bleibt Gott, wenn er uns Menschen zeigt, was Verlässlichkeit und Treue ist, und wenn er sich gern von uns daran „erinnern" lässt.

Eckehart Winde

Wir beten

Herr Gott, himmlischer Vater, Du vergibst uns aus grenzenloser Gnade. Gib uns den Mut, in Dankbarkeit an Deiner Treue zu uns festzuhalten. Amen.

1018 – Frieden von Bautzen

Der Frieden von Bautzen, der heute vor 1000 Jahren überraschend auf der Ortenburg zu Bautzen auf Drängen Kaiser Heinrichs II. zustande kam, ist ein Friedensvertrag zwischen dem Kaiser des Heiligen Römischen Reiches und dem polnischen Herrscher und späteren ersten König von Polen, Bolesław I. „der Tapfere". Nach diesem Friedensvertrag konnte eine gemeinsame Politik gegen das Byzantinisch-Oströmische Reich in der Konzeption Ottos III. (Restauratio imperii Romanum – Wiederherstellung des römischen Reiches) wiederaufgenommen werden.

1648 Ende des Dreißigjährigen Krieges | 1919 † Xaver Marnitz, Märtyrer in Lettland | 1948 † Mahatma Gandhi, indischer Menschenrechts- und Unabhängigkeitskämpfer

31. Januar

Mittwoch | SA 08:01 SU 17:10 MA 17:15 MU 07:52

Wochenspruch: Daniel 9,18
Wochenlied: EG 342 oder 409

Wir lesen 5. Mose (Deuteronomium) 10,1–9

Ich sag's auch zweimal Manch einer kennt die erzieherische Redeweise: „Ich sag's kein zweites Mal!" Wenn diese Regel bei Gott gelten würde, hätten wir Menschen nicht viel zu lachen. Denn Gott hatte bereits die Zehn Gebote „veröffentlicht". Und mit der Veröffentlichung – noch dazu vom gesamten Volk gehört – brauchte es nach dieser Redeweise keine zweite Veröffentlichung. Aber hier kommt wieder ein Wesenszug Gottes zur Wirkung: Er wirbt immer wieder um sein Volk – letztlich um alle Menschen. Und da sagt er es gern auch ein zweites oder gar ein drittes Mal. Nachdem Mose die erste schriftliche Ausfertigung der Gesetzestafel zerstört hatte – und damit von menschlicher Seite den Bundesschluss im höchsten Maß in Frage gestellt hatte –, soll eine zweite Ausfertigung folgen. Eine Wiederholung und Erneuerung: Vielleicht klappt es dieses Mal, dass sich die Menschen für einen kurzen Moment dafür interessieren und den Versuch starten, sich an diesen Geboten zu orientieren. Gott ist geduldig und wirbt weiter um das Gottesvolk, um alle Menschen. Den Leviten kommt dabei die ehrenvolle Aufgabe zu, dem Bundesschluss zu dienen – sie sollen die Bundeslade tragen und dem Herrn dienen. Und zwar ausschließlich. Deshalb brauchen sie kein Land, um sich zu versorgen, weil sie aus den Erträgen dieses Dienstes versorgt sein sollen. Die ersten „Hauptamtlichen" – hier in der Bibel. *Eckehart Winde*

Wir beten Herr Gott, Dein Werben um uns öffnet uns neue Wege und zweite Chancen. Wir danken Dir, dass Du uns so ein Leben ermöglichst. Amen.

Giovanni Melchiorre Bosco (16.8.1815–31.1.1888)
Nach einem etwas komplizierten Werdegang wurde Don Bosco 1841 zum katholischen Priester geweiht. Er ging nach Turin, um dort vor allem für Jugendliche aus schwierigen Verhältnissen zu wirken. Er gründete mehrere Vereinigungen, pauschal als Salesianer bezeichnet, die sich um arme und benachteiligte Jugendliche kümmerten und bis heute kümmern unter dem Gedanken einer Pädagogik der Vorsorge. Ansätze einer katholischen Sozialbewegung, die sich später an anderen Orten fortsetzen und mit anderen Namen verknüpfen wird, sind bei ihm bereits erkennbar.

Jüdischer Feiertag: Tu B'Shwat (Neujahrstag der Bäume) | 1892 † Charles Spurgeon, Erweckungsprediger in England | 1950 Deutsches Müttergenesungswerk gegründet | 1955 † John R. Mott, Gründer des Christlichen Studenten-Weltbundes | 1967 † Otto Dibelius, Bischof von Berlin und Ratsvorsitzender der EKD | 1994 † Erwin Strittmatter, Schriftsteller

1. Februar

Donnerstag | SA 08:00 SU 17:12 MA 18:35 MU 08:33

Wochenspruch: Daniel 9,18
Wochenlied: EG 342 oder 409

Wir lesen 5. Mose (Deuteronomium) 10,10–22

Forderungen der besonderen Art

Dem Gottesvolk wird viel abverlangt: das Doppelgebot der Liebe und die Zehn Gebote. Ist das nicht genug? „Ja, es ist genug!“, denn auch die eigenen Erfahrungen sagen uns schon, dass man mit diesen „wenigen“ Regeln seine gehörige Mühe haben kann. Und „Nein, es ist nicht genug!“, denn in der Einfachheit stecken genügend Tücken drin, wenn man in den vielfältigen Einzelfällen tatsächlich recht entscheiden will. Mit anderen Worten: Die Auslegung der Gebote wird den besonderen Charakter der gestellten Regeln verdeutlichen. Allgemein gesprochen ist alles ganz einfach. Aber wenn es um das Detail geht, wird es schwierig werden. Was ist das Besondere an den Geboten? Wie sind sie anzuwenden? Wer kann für sich die Einhaltung der Gebote einfordern? Wer darf an den Vorzügen der Rechtssetzung teilhaben? Gilt es nur unter Gleichen, bezüglich Stand, Geschlecht, Volkszugehörigkeit oder Religion? Die passende Auslegung ist bis heute nicht abgeschlossen. Das deutet sich in der Bibel an, wenn Jesus zu verschiedenen Auslegungsmöglichkeiten Stellung bezieht, aber auch, wenn wir uns die interkonfessionellen und interreligiösen Gespräche ansehen: Auslegung ist immer an konkrete Menschen und Zeiten gebunden. Insofern reichen das „nackte" Doppelgebot der Liebe und die Zehn Gebote noch nicht, sondern erst, wenn man sie mit Leben erfüllt, also auslegt und auslebt. *Eckehart Winde*

Wir beten

Herr Gott, allmächtiger Vater, Du gibst uns Regeln für ein gutes Leben ganz in Deinem Sinne. Gib uns die Kraft, dass wir sie mit Leben erfüllen und ausleben. Amen.

Brigitta von Kildare (um 451–1.2.523)

Sie soll einem edlen Geschlecht entstammen und ließ sich von Patrick von Irland taufen. Sie wurde Nonne und gründete 470 in Kildare ein Doppelkloster, dessen Mitglieder nach der Augustinusregel lebten. Unter Heinrich VIII. wurden alle von ihr gegründeten Klöster aufgehoben. 1807 erfolgte die Neugründung ihres Ordens. Ein aus Binsen geflochtenes Kreuz (Brigittenkreuz) symbolisiert ihre Verbundenheit mit der Natur. Es wird alljährlich anlässlich ihres Gedenktages neu geflochten und im Hause aufbewahrt und soll Haus und Tiere vor Schäden schützen.

1855 † Claus Harms, Erneuerer der lutherischen Kirche in Schleswig-Holstein | 1923 † Ernst Troeltsch, Theologe der Religionsgeschichtlichen Schule | 1939 † Josef Gauger | 1943 † Ernst Kasenzer

2. Februar

Freitag | SA 07:58 SU 17:14 MA 19:54 MU 09:06

Darstellung des Herrn (Lichtmess)
Wochenspruch: Daniel 9,18
Wochenlied: EG 342 oder 409

Wir lesen 5. Mose (Deuteronomium) 11,1–12

Offene Augen

„Liebe macht blind“, behauptet der Volksmund. Und für gewisse Phasen des Verliebtseins mag das auch stimmen. Die Schwächen der geliebten Person werden dann vom Liebesglück sozusagen überstrahlt. Das ist zuweilen rührend, gelegentlich aber auch höchst problematisch. Anders ist es, wenn die Liebe in einer gemeinsamen Lebensgeschichte wächst. Diese Liebe macht nicht blind. Im Gegenteil: Wachsende Liebe öffnet immer mehr die Augen füreinander. Zusammen blickt man auf das zurück, woran die Beziehung gereift ist. Und zugleich geht der Blick nach vorn in die gemeinsame Zukunft. In einem vertieften Sinn ist auch die Geschichte Gottes mit seinem Volk eine solche Liebesgeschichte mit offenen Augen. Die Augen Gottes sehen nach vorn auf das Land, das er seinem Volk als Ort der Freiheit verheißen hat. Sie sind wachsam und fürsorglich in die gemeinsame Zukunft gerichtet, die er seinen geliebten Menschen eröffnen will. Und damit diese sich seiner Liebe vergewissern können, wird ihr Blick behutsam in die Vergangenheit gewendet. Sie sollen sich an die großen

Werke ihres Gottes erinnern, die sie mit eigenen Augen gesehen haben. Gott will keine blinde Liebe seiner Geschöpfe. Sondern eine, die hellwach und sehend ist für seine Fürsorge. Denn nur daraus wächst – nun eben nicht blinder, sondern liebender Gehorsam für seine Weisungen. *Volker Spangenberg*

Wir beten Lieber himmlischer Vater, Dank sei Dir dafür, dass Deine Augen liebevoll auf unser Leben gerichtet sind. Richte auch unsere Augen immer wieder auf das, was Du uns Gutes getan hast. Amen.

Alfred Delp, Jesuitenpater Nach seinem Abitur 1926 trat Alfred Delp ins Noviziat der Jesuiten ein und wurde 1937 in München zum Priester geweiht. Seine Tätigkeit als Seelsorger war geprägt von einer kritischen Haltung gegenüber dem Nationalsozialismus. Im Zusammenhang seiner intensiven Beschäftigung mit sozialen Fragen kam Delp in Kontakt mit der Widerstandsgruppe „Kreisauer Kreis“. Nach dem gescheiterten Attentat vom 20.7.1944 wurde er, wiewohl nicht unmittelbar an den Umsturzplänen beteiligt, in Berlin inhaftiert und am 2.2.1945 in Berlin-Plötzensee hingerichtet.

753 † Burkhard von Würzburg, Bischof und Glaubensbote | 962 Hl. Römisches Reich Deutscher Nation gegründet | 1594 † Giovanni Pierluigi da Palestrina, Komponist | 1945 † Alfred Delp, Jesuitenpater | 1948 † Ernst Moderson, Volksmissionar

3. Februar

Sonnabend | SA 07:57 SU 17:15 MA 21:11 MU 09:34

Wochenspruch: Daniel 9,18
Wochenlied: EG 342 oder 409

Wir lesen 5. Mose (Deuteronomium) 11,13–32

Den Segen wählen

Gottes Segen ist etwas, was man nicht „hat". Gottes Segen empfängt man. Auch wenn wir Menschen Gottes Segen an andere weitergeben, so geben wir etwas weiter, worüber wir nicht einfach verfügen. „Gott segne dich", sagen wir daher zu Recht. Dass an diesem Segen Gottes „alles gelegen" ist, wurde sogar sprichwörtlich. Denn der Segen Gottes ist jene Kraft, die Leben schafft, erhält und fördert. Der Glaube an Gott bekennt darum, dass jeder Mensch auf diesen Segen elementar angewiesen ist. Auch dem Volk Gottes wird dies im Angesicht des verheißenen Landes noch einmal vor Augen gestellt. Der lebenswichtige Regen für das Wachstum von Getreide, Wein und Öl: Gottes Segen. Nahrung für das Vieh: Gottes Segen. Landbesitz und sichere Grenzen: Gottes Segen. Für solchen Segen kann man nur dankbar sein. Und genau diese Dankbarkeit ist auch geboten. Eine Dankbarkeit, mit der man Gott liebt. Eine Dankbarkeit, die seiner Weisung folgt und ihm damit dient von ganzem Herzen und von ganzer Seele. Der Kern dieser göttlichen Weisung ist daher stets das erste Gebot: keine anderen Götter. Denn wer sich an die hängt, der verlässt unweigerlich den Segensraum. Der betritt ein Gebiet, in dem das Leben verdorrt: Der Himmel verschließt sich und das Land verödet. Wer jedoch den lebensschaffenden Segen wählt, der geht dem todbringenden Fluch buchstäblich aus dem Wege. *Volker Spangenberg*

Wir beten

Ewiger und barmherziger Gott, wir bitten Dich um Deinen Segen. Davon leben wir auch in diesem Augenblick. Dir allein gilt dafür unser Dank von ganzem Herzen und von ganzer Seele. Amen.

Matthias Desubas, Märtyrer in Frankreich (ev. Gedenktag)

Matthias Desubas wurde um 1720 zur Zeit des Verbots der reformierten Kirche in Frankreich geboren. Seine Ausbildung zum hugenottischen Prediger erfolgte daher heimlich. Noch vor seiner Ordination verhaftet, wurde Desubas schwer bewacht nach Montpellier gebracht. Unterwegs protestierten zahlreiche evangelische Christen gegen seine Verhaftung. Daraufhin kam es durch katholische Bürger und Desubas Bewacher zum sogenannten „Massaker von Vernoux“ mit zahlreichen Toten und Verletzten. Am 2.2.1746 wurde Matthias Desubas in Montpellier erhängt.

865 † Ansgar, Glaubensbote im Norden Europas | 1746 † Matthias Desubas, Märtyrer in Frankreich (ev. Gedenktag; Sterbetag: 2.2.) | 1926 † Johannes Lepsius, Helfer der verfolgten Armenier

4. Februar

Sonntag | 2. Sonntag vor der Passionszeit (Sexagesimä)

Wochenspruch: Hebräer 3,15
Wochenlied: EG 196 oder 280
Evangelium: Lukas 8,4–8.(9–15)
Epistel: Hebräer 4,12–13
Altes Testament: Jesaja 55,(6–9.)10–12a

Wir lesen Psalm 119,81–88

Vom Mut aus diesen Zeichen

Das hebräische Alphabet hat 22 Zeichen. Keine Buchstaben, sondern Zeichen, die auf den hin zeigen, von dem sie kommen, und sein Wort in Schrift zeichnen. Wir sind in diesem langen Psalm beim 10. Buchstaben angekommen, jedem Buchstaben sind acht Psalmverse zugeordnet, mit Alef begonnen und nun beim Kaf angelangt. Das Kaf stellt sich an die Spitze des Wortes kabod „Ehre (Gottes)" im Hebräischen, es zeigt aber auch u. a. den Beginn von „Schmerz" und „Sühne" an. – Unser Psalmbeter hat alle tiefen und hohen Worte der göttlichen Zeichen gelernt, sie sind es, die ihm jetzt Stütze und Hilfe bieten und sein Rufen möglich machen. Brennende Sehnsucht und gellender Schmerz, dunkle Leere (ich bin wie ein Weinschlauch) und die Macht der gegnerischen Lügner bringen ihn an den Rand des Todes, aber nicht dazu, die Weisungen Gottes zu verlassen. Sie sind seit Kindestagen fest in ihm verankert und bewahrt für diese

Zeiten. Ein guter Rabbi lehrt mit jedem neuen Zeichen, wie Schmerz und Angst die Sehnsucht nach Gnade und Trost immer weiter wachsen lassen, denn es ist Gottes Wort, das die Zeichen des Lebens tragen. Jiddische Kinder singen es so:

In der Stube drin wärmt ein Feuerchen, wo der Ofen steht. /
Und der Rabbi lehrt kleine Kinderchen das Alphabet:
Seht nur, Kinder, meine Lieben, wie's geschrieben steht;
sagt es noch einmal und immer wieder, das Alphabet.
Sagt es noch einmal und immer wieder, das Alphabet,
Kinder, später werdet ihr verstehen. Wenn ihr älter seid, /
Wie viel Tränen in Zeichen liegen, wie viel Traurigkeit.
Refr.: Seht nur, Kinder …
Kinder, wenn ihr müde werdet, wenn's euch bitter geht, /
schöpft ihr neuen Mut aus diesen Zeichen, aus dem Alphabet.
Refr.: Seht nur Kinder, … *Efriede Teresa Begrich*

Wir beten

Du unser Gott, wir danken Dir, dass Du Deine Zeichen in alle Sprachen der Welt hineingibst. Lass uns in unseren gesprochenen, geschriebenen, gesungenen und gestalteten Worten Antwort geben auf Dein Wort. Amen.

856 † Hrabanus Maurus, Gelehrter und Bischof von Mainz | 1906 * Dietrich Bonhoeffer

5. Februar

Montag | SA 07:54 SU 17:19 MA 23:36 MU 10:23

Wochenspruch: Hebräer 3,15
Wochenlied: EG 196 oder 280

Wir lesen 5. Mose (Deuteronomium) 12,1–12

Fröhlich glauben

In diesem Text leistet das Wort Gottes Erziehungsarbeit: Das Volk Israel soll zum Glauben an den einen Gott geführt werden. Die Versuchungen waren groß. Der Glaube an den Gott Baal erlebte Hoch-Zeiten. Die Attraktivität dieser Religion entstand dadurch, dass die Israeliten ständig auf heilige Stätten von Baal stießen. Überall war er präsent: auf Bergen und Hügeln, aber auch unter Bäumen. Dieser Gott war greifbar, und der Alltag verführte leicht dazu, ihn zu verehren. Er war ja da. So nicht, sagt aber nun der Gott Israels: Ich will, dass ihr an einer Stätte zu mir kommt, und ich sage euch, wie ihr mir dort euren Glauben an mich zeigen könnt: durch das Einhalten der Opfergebote, die ich euch gebe. Nur ich – niemand anders! Fremde Worte in einer uns fremden, weil längst vergangenen Welt? Nur ich, sagt Gott, der Vater von Jesus Christus, uns heute genauso. Nur ich schenke euch meine Liebe. Verehrt darum nicht den Mammon, diesen überall präsenten Götzen, sondern hört auf meine Stimme. Folgt nicht Ideen, die euch verführen, aber meinem Willen widersprechen, sondern lest mein Wort. Schaut nicht nur auf das

Eure im Umgang mit anderen Menschen, sondern auf das, was euch Jesus von Nazareth vorgelebt hat. Zweimal kommt im Text im Blick auf den Glauben an diesen einen Gott das Wort „fröhlich“ vor. Ja, der Glaube an ihn macht frei und froh!

Beat Motel

Wir beten

Vater im Himmel, Du Gott Israels und unser Gott: Schenke uns den rechten, wachen Glauben, der all das erkennt, was uns von Dir wegbringen will. Du allein bist Gott – auch heute! Amen.

Philipp Jakob Spener

Am 5.2.1705 starb Philipp Jakob Spener. Der 1635 geborene Theologe war mit seiner Schrift „Pia Desideria“ ein entscheidender Vertreter des Pietismus. Er wandte sich gegen eine Abkehr von der Kirche als Institution, wie sie damals von vielen Separatisten gefordert wurde. Der Kern seiner Theologie war der Gedanke der geistlichen Wiedergeburt. Spener hatte einen großen Einfluss auf das damalige kirchliche Leben. Er förderte Seelsorge und Predigtarbeit und setzte sich für die Konfirmation sowie für die Heiden- und Judenmission ein.

1705 † Philipp Jakob Spener, Theologe in Frankfurt und Berlin | 1947 † Friedrich Gillhoff

6. Februar

Dienstag | SA 07:52 SU 17:21 MA – MU 10:47

Wochenspruch: Hebräer 3,15
Wochenlied: EG 196 oder 280

Wir lesen 5. Mose (Deuteronomium) 15,1–11

Alle sieben Jahre ein Schnitt …

… das sollte geschehen im Volk Israel, wenn es weiter Gottes Volk sein und sich den Segen Gottes sichern wollte. Alle sieben Jahre ein Schuldenerlass im Lande, sozusagen alles auf null stellen. Denn jedem musste bewusst werden: Der Glaube an den einen Gott hat konkrete soziale Folgen. Der Glaubende setzt sich ein für Gerechtigkeit, oder er verliert die Zugehörigkeit zu Gottes Volk. Da soll kein Armer mehr unter euch sein! Höre auf zu rechnen, vergiss, was jemand dir schuldet, unterstütze die Bedürftigen! Eine sehr aktuelle Botschaft ist das. In den vergangenen Jahren haben europäische Regierungen tatsächlich armen Ländern ihre Schulden erlassen. Das ist mehr als gerecht, denn die Länder Westeuropas sind auch dadurch reich geworden, weil sie in der Kolonialzeit andere Länder ausgebeutet haben. Keine Armen mehr im Land! Auch wir als Einzelne haben viele Möglichkeiten, Bedürftige mitten unter uns zu unterstützen und ihnen zu helfen. – Jesus von Nazareth, dem wir nachfolgen wollen, ging noch einen wichtigen Schritt weiter als die Gebote im heutigen Text: Für ihn spielte die Herkunft eines Menschen keine Rolle. Es gab für ihn keine „Fremden". Er half da, wo Not war, und wandte sich auch Menschen zu, die nicht zum Volk Israel gehörten. Jeder konnte für ihn zum Nächsten werden, wenn er Hilfe brauchte. *Beat Motel*

Wir beten

Vater im Himmel, danke für das, was wir haben. Öffne uns die Augen für die Menschen in der Nähe und in der Ferne, die unsere Hilfe brauchen. Wehre unserer Trägheit und lass uns da helfen, wo Not ist. Amen.

Dorothea zu Cäsarea

Sie starb unter Kaiser Diokletian am 6.2.287 durch Enthauptung, weil sie sich zu ihrem christlichen Glauben bekannte. Vor ihrem Tod wurde sie verhöhnt und schwer gefoltert. Der Legende nach brachte ihr ein Knabe trotz des Winters auf ihr Gebet hin Äpfel und Rosen. Seither ist ihr Attribut ein Korb mit Äpfeln und Rosen; so wurde sie auf dem Altarbild in der Galerie zu Augsburg von Hans Holbein dem Älteren dargestellt. Sie ist Patronin der Gärtner und unter anderem auch der Advokate und Wöchnerinnen.

287 † Dorothea zu Cäsarea, legendäre Märtyrerin | 679 † Amandus, Missionar und Bischof in Flandern | 2014 † Dorothea Steigerwald, Diakonisse, Kindergärtnerin und Künstlerin

7. Februar

Mittwoch | SA 07:50 SU 17:23 MA 00:44 MU 11:12

Wochenspruch: Hebräer 3,15
Wochenlied: EG 196 oder 280

Wir lesen 5. Mose (Deuteronomium) 15,12–18

Anspruch auf Recht und Anerkennung

Im Volk Israel bestanden große soziale Unterschiede; sie waren schärfer als bei uns heute. Sklaven gab es da aus den eigenen Reihen und Tagelöhner. Aber ähnlich wie beim Schuldenerlass durfte es sich der Sklavenbesitzer nicht bequem machen und es bei diesem Zustand belassen. Denn die Sklaven und Tagelöhner galten nicht einfach als Besitz wie später die Versklavten in der von Europa ausgehenden Sklaverei. In Israel waren die Menschen, die offenbar keine andere Wahl hatten, als „sich zu verkaufen", keine Objekte, mit denen man nach Belieben umgehen konnte. In Gottes Volk hatten auch sie als seine Geschöpfe Anspruch auf Recht und Anerkennung. Deshalb waren Sklaven im siebten Jahr freizulassen und mit einer materiellen Starthilfe zu versehen. – Sklaven gibt es seit der ersten Hälfte des 19. Jahrhunderts in Europa und seinen früheren Kolonien nicht mehr. Christen haben in England das System der Sklaverei als Sünde gegen Gott angeprangert und damit die Abschaffung der Sklaverei eingeleitet und erwirkt. Mag das, was in unserem Textabschnitt geschildert wird, lange zurückliegen: Auch wir sind gehalten, überall da einzuschreiten, wo Menschen ihrer Würde beraubt werden, indem sie von oben herab und als Objekte behandelt werden, mit denen nach Belieben umgesprungen werden kann. Auch Flüchtlinge und Asylsuchende sind Gottes Geschöpfe. *Beat Motel*

Wir beten

Vater im Himmel, auch bei uns gibt es Menschen, die benachteiligt sind und sich nicht entfalten können, weil sie daran gehindert werden. Lass uns das Mögliche tun, ihnen zu helfen. Amen.

Reformation in Bern

Der 7.2.1528 gilt als der Tag der Reformation in Bern. Die Obrigkeit hatte im Januar 1528 zu einer Disputation von reformatorisch gesinnten und traditionell eingestellten Theologen eingeladen. Schon seit 1525 wurde im Berner Münster protestantisch gepredigt. Das Ergebnis der Konferenz, an der 300 Geistliche und die Regierung teilnahmen, waren die Berner Zehn Thesen, mit denen die Messe, die Bilderverehrung und die Jurisdiktion der Bischöfe abgeschafft wurden. Die Thesen verhalfen der Reformation in der Schweiz zum Durchbruch.

1528 Reformation in Bern | 1604 † Cyriakus Spangenberg, Liederdichter | 1801 † Daniel Chodowiecki, hugenottischer Zeichner und Kupferstecher aus Berlin

8. Februar

Donnerstag | SA 07:48 SU 17:25 MA 01:50 MU 11:40

Wochenspruch: Hebräer 3,15
Wochenlied: EG 196 oder 280

Wir lesen 5. Mose (Deuteronomium) 16,1–17

Feste soll man feiern

Gott hat den Israeliten geboten, dreimal im Jahr ein Fest zu feiern. Dies kommt schon im 23. Kapitel des Buches Exodus zum Ausdruck: „Dreimal im Jahr sollt ihr mir ein Fest feiern" (V. 14). Es geht um den Dank für die Ernte und um die Erinnerung an den Auszug aus Ägypten. In großer Treue hat das Volk Israel diese Feste in seiner Geschichte bis heute gefeiert und begeht sie auch weiterhin. Daran können wir als Christen uns ein Beispiel nehmen. Unsere Feste sind wertvoll und sollten voller Freude begangen werden. Zu Weihnachten geschieht das durch einen starken Besuch der Christvespern am Heiligen Abend. Neben dem Christfest sind Ostern als das Fest der Auferstehung unseres Herrn und Pfingsten als das Fest der Ausgießung des Heiligen Geistes ebenso wichtig. Feste soll man feiern und dies mit Intensität und innerer Besinnung tun. Die Israelitischen Religionsgemeinden in unseren Städten sind da ein gutes Vorbild, genau wie die vielen jüdischen Menschen, die selbst in der Bedrohung ihre Feste gefeiert und damit ihren Dank vor Gott gebracht haben. Die Dankbarkeit sollte auch für uns im Mittelpunkt unserer

Beziehung zu Gott stehen. Er hat die Schöpfung in Gang gesetzt und uns das Leben geschenkt. Das Erntedankfest ist die gute Gelegenheit, Gott zu danken, dass wir genug Nahrung und unser Auskommen haben. Die Hauptfeste der jüdischen Gemeinschaft sind ebenfalls Erntefeste aus der Kulturlandtradition und erinnern uns daran, dass Gott dankbar zu sein angemessen und wichtig ist. *Peter Amberg*

Wir beten

Großer Gott, wir danken Dir für die Feste und das viele Gute, das Du uns schenkst. Wir bitten Dich: Gib uns immer wieder die Konzentration auf das Wesentliche und hilf uns, Deine Gaben gut zu verteilen. Amen.

Ein Leben für die Kunst

Der Maler und Grafiker Max Liebermann wurde am 20.7.1847 geboren. Er war ein bedeutender Vertreter des Impressionismus. Seine Familie gehörte einer israelitischen Reformgemeinde in Berlin an. Liebermann unterstützte intensiv jüdische Hilfsorganisationen. Die Nationalsozialisten verachteten sein Werk und isolierten ihn. Er starb am 8.2.1935 und wurde auf dem jüdischen Friedhof Schönhauser Allee bestattet.

1220 † Wolfram von Eschenbach, Minnesänger | 1527 † Georg Wagner, Märtyrer in Österreich | 1529 Reformation in Basel | 1920 † Richard Dehmel, Dichter | 1935 † Max Liebermann, Maler

9. Februar

Freitag | SA 07:47 SU 17:26 MA 02:53 MU 12:11

Wochenspruch: Hebräer 3,15
Wochenlied: EG 196 oder 280

Wir lesen 5. Mose (Deuteronomium) 16,18–20

Ordnung ist nötig

Es erfolgt die Aufforderung, Richter und Amtleute in den Städten zu bestellen, die Gott dem Volk Israel geben wird, und in jedem der zwölf Stämme. Damals wie heute ist es besonders wichtig, dass sie ehrlich und unabhängig agieren. Es soll die Person nicht angesehen werden, nicht danach geurteilt werden, welche vermeintliche Wichtigkeit jemand hat. Auch sollen keine Geschenke angenommen werden. Das Problem, sich durch Geldleistungen bzw. Geschenke beeinflussen zu lassen, ist in vielen Teilen der Welt bis heute vorhanden. Wir können sehr dankbar und glücklich sein, in einem Land zu leben, in dem Korruption sehr gering bzw. nicht vorhanden ist. Das Ansehen der Person kann jedoch immer wieder zu schwierigen Situationen führen. „Kleider machen Leute" ist ein geflügeltes Wort, und der erste äußere Eindruck weckt nicht selten Vorurteile. Doch vor Gott haben alle Menschen ihre ungeteilte und nicht in Frage zu stellende Würde. Deshalb darf niemand wegen seiner Kleidung, seines Ansehens und seines Einflusses bevorzugt werden. Wenn Bevorzugung geschieht, dann ist sie nicht nach Gottes Willen. Hier im

5. Buch Mose wird deutlich zum Ausdruck gebracht, dass die Rechtsprechung unparteiisch und ohne persönliche Rücksichtnahme erfolgen soll. Die Mächtigen darf der Richter nicht scheuen, denn er steht in seinem Amt an der Stelle Gottes, des gleichsam obersten Gerichtsherrn. Der Fremdling bekam damals in Israel – was nicht selbstverständlich war – dasselbe Recht wie der Israelit. *Peter Amberg*

Wir beten Großer Gott, wir danken Dir, dass vor Dir alle Menschen gleich viel wert sind. Wir bitten Dich: Stärke alle, die sich für Benachteiligte und Schwache einsetzen. Gib ihnen Deine Zuwendung und Kraft für ihr Wirken. Amen.

Verkündigung in Bildern Der römisch-katholische Priester und Künstler Sieger Köder wurde am 3.1.1925 in Wasseraalfingen geboren. Er studierte Malerei in Stuttgart und Theologie in Tübingen. Er war Pfarrer in Hohenberg und Rosenberg. Köder gehört zu den bekanntesten deutschen Malern christlicher Kunst. Er galt als ein kraftvoller Verkündiger mit Bildern. Am 9.2.2015 ist Sieger Köder in Ellwangen gestorben.

1555 † John Hooper, Bischof und Märtyrer in England | 1740 † Vincent Lübeck, Komponist | 1881 † Fjodor M. Dostojewski, russischer Dichter | 1905 † Adolph von Menzel, ev. Maler und Grafiker | 1974 † Wilhelm Groß, evangelischer Bildhauer und Grafiker | 2015 † Sieger Köder, katholischer Priester und Künstler

10. Februar

Sonnabend | SA 07:45 SU 17:28 MA 03:52 MU 12:47

Wochenspruch: Hebräer 3,15
Wochenlied: EG 196 oder 280

Wir lesen 5. Mose (Deuteronomium) 17,14–20

Der von Gott erwählte König

Als das Volk Israel im Land Kanaan sesshaft wurde, sollte es auch einen König bekommen, ein Oberhaupt. Es sollte derjenige König werden, „den der Herr, dein Gott erwählen wird". Somit hatte der neue Herrscher nicht nur viel Macht, sondern auch eine von der Religion her bestimmte Position der Würde. Die Worte dieser Verse stellen gleichsam ein Königsgesetz dar, welches die Bedingungen formuliert, unter denen die Einführung eines Königtums mit dem Glauben des Volkes Israel vereinbar ist. Der König soll für sein Volk Vorbild sein, er darf nicht auf die freien Menschen Israels herabsehen und sie nicht als Söldner nach Ägypten verkaufen. Hier wird deutlich: Gott möchte, dass sein Volk immer in einer guten Verbindung mit ihm lebt, dass es die Gebote einhält und dass seine Anführer friedliebend und gerecht agieren. In unserer heutigen Zeit werden diejenigen, die der Gesellschaft in staatlichen Leitungsämtern dienen, in freien und geheimen Wahlen bestimmt. Es ist ein Segen, dass wir in einer pluralistischen Demokratie leben und dass durch Wahlen Änderungen möglich sind. Die Wählerinnen und Wähler können und sollten dabei immer darauf sehen, welche Kandidatinnen und Kandidaten dem Allgemeinwohl entsprechen und wem unter ihnen die Zehn Gebote besonders wichtig sind.

Peter Amberg

Wir beten

Guter Gott, wir danken Dir für die vielen Möglichkeiten, die eine freie Gesellschaft bereithält. Wir bitten Dich: Schenke denen, die sich beruflich oder ehrenamtlich engagieren, gute Gedanken und Prinzipienfestigkeit. Amen.

Ein württembergischer Theologe

Der Pfarrer und Vertreter des Pietismus Friedrich Christoph Oetinger wurde am 2.5.1702 in Göppingen geboren. Er studierte in Tübingen Theologie und wirkte als Pfarrer in Hiersau, Schnaitheim und Winsberg sowie als Spezialsuperintendent in Herrenberg. Bestimmend für ihn war eine aufklärungskritische Haltung. Zuletzt war Oetinger Stadtpfarrer in Murrhardt und starb dort am 10.2.1782.

1782 † Friedrich Christoph Oetinger, Theologe in Württemberg | 1947 Entdeckung der Höhlen in Qumran am Toten Meer

11. Februar

Sonntag | Sonntag vor der Passionszeit (Estomihi)

Wochenspruch: Lukas 18,31
Wochenlied: EG 413 oder 384
Evangelium: Markus 8,31–38
Epistel: 1. Korinther 13,1–13
Altes Testament: Amos 5,21–24

Wir lesen Psalm 31

Gelebte Passion

Es ist der Psalm, in dem mein Name vorkommt: Peter, Fels. Ich heiße so, bin es aber nicht. Nur Gott ist so ein fester Halt und eine Burg, wie Teresa von Ávila wusste. Gott leitet und führt mich durch mein Leben: Meine Zeit steht in seinen Händen. Er rettet mich aus Angst, Not und Enge: Er stellt meine Füße auf weiten Raum. In diesem „Weiten" und „Entängstigen" steckt ein besonderer Name: „Jehoschua", „Jesus" – voller Erbarmen rettet er uns. An der Lebensgeschichte Jesu ist die Tiefe dieses Psalms abzulesen, ja, er hat mit seinem Leben, Sterben und Auferstehen diesen Psalm wahrgemacht. In seiner tiefen Not am Kreuz hat er diesen Psalm gebetet: „In deine Hände befehle ich meinen Geist; du hast mich erlöst, Herr, du treuer Gott." Und er hat alles damit gemeint, jeden einzelnen Vers. Denn der ganze Psalm liest sich wie seine Passionsgeschichte – mit einer Ausnahme: Den Vers 11 musste er nicht so beten, weil er ein Mensch war wie wir – doch ohne

Sünde (Hebräer 4,15). Sein Leben war nicht hingeschwunden in Kummer und seine Jahre in Seufzen. Vielmehr: Er freute sich und war fröhlich über Gottes Güte. Seine Kraft war nicht verfallen durch seine Missetat und seine Gebeine verschmachtet, wie ich das in meinem Alter zu bekennen habe. Aber Gott lässt auch mich nicht zuschanden werden, wenn ich ihn anrufe, und er neigt seine Ohren zu mir. Er lässt sein Angesicht leuchten über mir, wie mir im aaronitischen Segen am Ende des Gottesdienstes zugesichert wird: Er hilft mir durch seine Güte! Und noch etwas ist bei diesem Jesus von Nazareth nicht denkbar: die Hass- und Fluchworte über die Feinde, die hier und da in diesem Psalm vorkommen (V. 7a.18b–19.24b). Er hat stattdessen gebetet: „Vater, vergib ihnen, denn sie wissen nicht, was sie tun“ (Lukas 23,34). Was für ein wunderbarer Psalm, der das ganze Evangelium enthält! *Peter Godzik*

Wir beten

Danke, Gott, dass wir in Deinen Händen geborgen sein dürfen. Du lässt uns nicht zugrunde gehen in Not und Angst, sondern birgst uns in Deiner Güte. Du stellst unsere Füße auf weiten Raum. Amen.

1141 † Hugo von St. Victor, Kirchenlehrer in Frankreich | 1531 Reformation in England | 1650 † René Descartes, Philosoph | 1737 † Benjamin Schmolck, Liederdichter in Schlesien (ev. Gedenktag; Sterbetag: 12.2.) | 1889 Japan gewährt Religionsfreiheit | 2017 † Kurt Marti, Schweizer Pfarrer und Schriftsteller

12. Februar

Montag | SA 07:41 SU 17:32 MA 05:37 MU 14:17

Rosenmontag

Wochenspruch: Lukas 18,31
Wochenlied: EG 413 oder 384

Wir lesen 5. Mose (Deuteronomium) 18,9–22

Wahr-Sager

„Der Narr, die Närrin ist bereit,/in der tollen Faschingszeit/ die Büttenrede frei zu schwingen,/auch zu sonst oft verschmähten Dingen." (Tusch!) – Heute ist Rosenmontag. Büttenreden inklusive: In den Zentren des Karnevals wird nicht nur geschunkelt, gesungen und „jebützt", sondern auch geredet. Die Narrenrede gehört zu den tollen Tagen. Seit jeher. Unter der Narrenkappe konnte gesagt werden, was sonst verboten war. Bissig oder ironisch verpackt: die Wahrheit. Propheten sind auch „Wahr-Sager". Müssen Propheten um der Wahrheit willen nun zu Narren werden? Unser Abschnitt ist Teil eines Verfassungsentwurfes für Israel. In den Kapiteln 16 bis 18 werden Rechte verschiedener Amtsträger festgelegt: Richter, Könige, Priester und eben Propheten. Diese Verfassung sieht also Gewaltenteilung vor. Niemand hat absolute Macht! Das Amt der Propheten ist geschützt. Sie sollen die Wahrheit sagen. Das ist ihr Auftrag. Daher ist es für sie nicht nötig, sich zum Narren zu machen. Aber es gibt „Vermessenheit". Wenn Propheten von der Wahrheit abweichen zu Vermutungen und Gerüchten, dann verfehlen sie ihre Aufgabe. Maßstab ist Mose. Er wirkte mit Fürbitte und konstruktiven Vorschlägen zur Versöhnung. Er erweckte nie bissig mit dem Satz „Das wird man ja wohl noch sagen dürfen" den Eindruck, die Wahrheit stünde nicht unter Gottes Schutz. *Martin Burmeister*

Wir beten

Christus, Du kamst in die Welt, um die Wahrheit zu bezeugen. Sie will versöhnen, Leid mit tragen, Angst nehmen, Mut machen, Frieden stiften. Hilf uns heute, Deiner Wahrheit nachzufolgen. Amen.

Rosenmontag

Der Rosenmontag ist erst seit 1823 der Höhepunkt des Karnevals rheinischen Stils. Davor lag auch dort der Schwerpunkt auf dem Faschingsdienstag oder dem Sonntag Estomihi. Da Napoleon wie auch den Preußen als Besatzern des Rheinlands das närrische Treiben ungemütlich war, wich der Karneval in Vereine aus. Hinter der Narrenmaske ließ sich politische Kritik äußern. Die „jecke" Zahl ELF gilt auch als Parole der demokratischen Revolution: „E" für Egalité (Gleichheit), „L" für Liberté (Freiheit) und „F" für Fraternité (Brüderlichkeit).

1749 † Valentin Ernst Löscher, Theologe in Sachsen | 1804 † Immanuel Kant | 1834 † Friedrich Schleiermacher, Theologe in Berlin

13. Februar

Dienstag | SA 07:39 SU 17:34 MA 06:21 MU 15:11

Fastnacht

Wochenspruch: Lukas 18,31
Wochenlied: EG 413 oder 384

Wir lesen 5. Mose (Deuteronomium) 19,1–13

Asyl

„Fast alle großen Veränderungen in unserer Gesellschaft spiegeln sich in Strafprozessen wider", sagt der Berliner Strafverteidiger Ferdinand von Schirach. In seinen Novellen geht er dem erzählend nach. Er macht deutlich: „Die Würde des Menschen ist unantastbar." Das ist nicht naturgegeben. Artikel 1 des Grundgesetzes ist Produkt einer langen Entwicklung. Anfänge dieser Entwicklung zeigt uns der Abschnitt über Asylstädte. Waren die Kapitel 16 bis 18 ein Verfassungsentwurf, lesen wir nun Zivil- und Strafrechtstexte. Sie regeln Israels Alltag. Mit Bezug auf frühere Texte (2. Mose 21) wird Recht nun ausgelegt. Es bleibt so lebendig. So war noch offen, was mit einem Totschläger passieren wird. Kann man (böse) Tat und (unschuldigen) Täter trennen? Das alte Recht sagte: „Nein!" Zu abstrakt. Die Familie eines Getöteten muss durch Blutrache am Täter Recht bekommen. Selbst wenn daraus eine blutige Endlosschleife wird. Die Tat hing am Täter. Selbst wenn es nur ein Unfall war! Das neue Asylrecht beginnt nun, im Namen Gottes zu trennen. Ein Totschläger darf zur Freistatt fliehen. Das Ziel ist ausdrücklich, die „Hitze des Zorns" zu bremsen. Blutrache wird vermieden: Das Asyl „bremst" so neues Unrecht. Deshalb soll Asyl überall verfügbar sein. Gottes heiliger Schutz muss in öffentlichen Freistätten leicht erreichbar sein. Das gilt bis heute.

Martin Burmeister

Wir beten

Gott, Du schaust uns an wie Dein Ebenbild. Du rechnest uns nicht unsere bösen Taten zu, sondern schenkst uns durch Christus die Gnade des neuen Anfangs. Hilf uns, das weiterzureichen an andere. Amen.

Asylorte

Ursprünglich ist jeder Altar Asylort. Doch als sich im Königreich Juda der Gottesdienst am Jerusalemer Tempel konzentriert, werden bewusst „normale" öffentliche Orte als Zuflucht geöffnet. Konkret sind sechs Asylstädte benannt, die alles Land abdecken. Drei östlich des Jordans: Golan in Baschan, Ramot in Gilead und Bezer (wohl in der jordanischen Hochebene). Später kommen drei weitere westlich des Jordans hinzu: Kedesch in Naftali, Sichem im Gebirge Ephraim und Kirjat-Arba (Hebron) im Gebirge Juda (vgl. 5. Mose 4,41–43; Josua 20,7.8).

1798 † Christian Friedrich Schwartz, Missionar in Indien | 1798 † Wilhelm Heinrich Wackenroder, Schriftsteller | 1869 † Gertrud Reichardt, erste Diakonisse in Kaiserswerth | 1945 Zerstörung Dresdens

14. Februar

Mittwoch | SA 07:38 SU 17:35 MA 06:58 MU 16:11

Aschermittwoch

Wochenspruch: Lukas 18,31
Wochenlied: EG 413 oder 384

Wir lesen 5. Mose (Deuteronomium) 21,1–9

Tatort

„Wer war's denn nun?" Sehr rar sind Fälle, in denen ein TV-Krimi am Ende diese Frage nicht beantwortet: Der „Tatort" ohne Täter, ein Mord ohne Aufklärung – das irritiert. Am Sonntagabend wollen die Zuschauer befriedigt ins Bett. Dies Bedürfnis ist mehr als reine Neugierde an der Lösung. Zum Beginn der neuen Arbeitswoche wollen wir Recht und Ordnung durch Thiel, Boerne & Co. wiederhergestellt wissen. So läuft eben das Ritual des TV-Krimis. Es soll uns beruhigen. Ungeklärtes haben wir genug im Leben. – Unser Abschnitt handelt auch von einem ungeklärten Mord. Die Leiche wird auf der Feldflur gefunden. Ein Täter nicht ermittelt. Das beunruhigt. Denn ohne Täter lastet die Schuld anonym auf allen. Die Regelung für Israel sieht vor, dass es nun keine Grauzone geben darf. Verantwortung kann nicht ins Anonyme abgeschoben werden. Zuständig sind jeweils die, die am dichtesten zum Tatort leben. Rein rechtlich sind sie nicht verantwortlich, aber auf einer zweiten Ebene durchaus. Denn durch böse Taten werden alle infiziert; auch wird Gott verletzt. Deswegen muss jemand Verantwortung übernehmen und zwei Dinge tun: fürbitten und Schuld öffentlich bearbeiten. So kann die Gesellschaft entgiftet werden. Wir können das auch. Wie oft wird gesagt: „Was geht's mich an? Ich hab doch keine Schuld!" Dann gilt der Ruf uns: Bete und handele öffentlich. *Martin Burmeister*

Wir beten Christus, am Aschermittwoch beginnen wir, an Dein Leiden zu erinnern. Du übernahmst Schuld, damit wir leben können. Hilf uns, zusammen mit Dir Hass, Schuld, Gewalt aus der Welt zu schaffen. Amen.

Aschermittwoch Warum beginnt die Passionszeit eigentlich mitten in der Woche? Das Fasten als Zeit der Besinnung orientiert sich am 40-tägigen Fasten von Jesus in der Wüste (Mk 1,12–13 und Parallelen). Ursprünglich umfasste es 40 Kalendertage, beginnend am Sonntag Invokavit bis zum Gründonnerstag. Doch im 5. Jh. wurde richtig entschieden, sonntags nicht zu fasten. Sonntage sind ja doch „kleine Ostern"! Also musste das Fasten um die Zahl der Passionssonntage ausgeweitet werden: nach hinten bis zum Stillen Sonnabend – und nach vorne bis Aschermittwoch.

869/885 † Cyrillus und Methodius, Glaubensboten in Böhmen | 1546 Luthers letzte Predigt in Eisleben | 1826 † Johann Daniel Falk, Pädagoge in Thüringen | 1945 † Hans Buttersack, Rechtsanwalt der Bekennenden Kirche

15. Februar

Donnerstag | SA 07:36 SU 17:37 MA 07:31 MU 17:14

Wochenspruch: Lukas 18,31
Wochenlied: EG 413 oder 384

Wir lesen 5. Mose (Deuteronomium) 24,6–22

Über Gesetze hinaus

Das Haus liegt zentral, ideale Lage. Mit dem grünen Innenhof ist es wie geschaffen für familienfreundliche Wohnungen. Aber es steht leer und verrottet. Der Eigentümer spekuliert auf steigende Preise in der Innenstadt. So wirft es am Ende viel mehr ab als die lächerlichen Mieten. Peanuts! Öffentliche Einsprüche gegen den Leerstand angesichts des angespannten Wohnungsmarktes ließ der Eigentümer durch seine Anwälte erfolgreich vor Gericht abweisen. Es war sein Haus, es durfte so lange leerstehen, wie er es wollte: Das war sein gutes Recht. Der Markt bestimmt eben den Preis. Was kann der Eigentümer dafür? – Recht und Gerechtigkeit: Sind sie deckungsgleich? Oder hat Verantwortung jenseits der Gesetze ein Daseinsrecht? Unser Abschnitt besteht aus Rechtstexten und darüber hinausgehenden sittlichen Weckrufen. Rechtstexte nennen ja am Ende eine Konsequenz, eine Strafe bei Verstoß. Hier aber steht am Ende etwas völlig anderes: eine historische Erinnerung und Gottes Ruf an das Gewissen: „Du warst Sklave in Ägypten." Das heißt: Es gibt jenseits der Gesetze eine soziale Verantwortung, eine Moral.

Denn die Schwachen brauchen Schutz. Damals wie heute. Ein „Markt“ ist sozial völlig blind. Gott weitet den Schutz der Schwachen über die „eigenen Leute“ hinaus auf alle aus. Sogar auf fremde Schutzbedürftige. Damals wie heute.

Martin Burmeister

Wir beten

Gott, wir müssen unser Gewissen trainieren. Erinnerungen an Gutes, das uns widerfuhr, helfen uns dabei. Hilf uns, uns heute auf so etwas Gutes zu besinnen, von dem wir nun abgeben können. Amen.

Georg Maus

Der Weltkriegs-Freiwillige wird Lehrer. In der Schule zitiert er 1944: „Liebet eure Feinde! Tut Gutes denen, die euch hassen.“ (Lk 6,27) Eine Schülerin fragt, ob das gelte. „Ja, unter allen Umständen.“ Sie: „Müssen wir dann, um rechte Christen zu sein, etwa die Engländer lieben, die jetzt die deutschen Städte bombardieren?“ – „Ja. So steht es da.“ – „Aber Dr. Goebbels hat gesagt, wir müssen diese Engländer hassen!“ Maus: „Auch Dr. Goebbels kann das Gebot Jesu nicht aufheben.“ Maus verdurstet bei Plauen (Vogtland) im KZ-Transportzug.

Orthodoxer Feiertag: Christi Darstellung im Tempel | 1571 * / 1621 † Michael Praetorius, Komponist | 1781 † Gotthold Ephraim Lessing | 1945 † Georg Maus, Märtyrer im Rheinland (ev. Gedenktag; Sterbetag: 14.2.) | 1966 † Camilo Torres, kolumbianischer katholischer Theologe

16. Februar

Freitag | SA 07:34 SU 17:39 MA 07:59 MU 18:21

Wochenspruch: Lukas 18,31
Wochenlied: EG 413 oder 384

Wir lesen 5. Mose (Deuteronomium) 25,1–16

Zur Ruhe finden

Unser Bibelabschnitt ist überschrieben mit „Weitere Schutzbestimmungen". Vieles scheint fremd und ohne Beziehung zueinander. Es geht um eine Begrenzung der Prügelstrafe; die Schwagerehe wird verhandelt. Es geht um Streitfälle innerhalb der Gemeinde und um das rechte Maß beim Wiegen. Der Abschnitt endet mit einer Mahnung und Erinnerung an den Kampf auf Leben und Tod, den Mose und Josua mit den Amalekitern geführt hatten (2. Mose 17). Dann heißt es, dass der Mensch zur „Ruhe im Lande" kommen soll, die Gott ihm gibt (V. 19). Wie findet der Mensch Ruhe? Doch nur, wenn er weiß, was Recht und was Unrecht ist. Das findet er nicht allein. Im 5. Buch Mose finden wir viele Regeln und Rechtsnormen, die in Beziehung gebracht werden mit Gott. Letztlich geht es darum, geordnet zusammenzuleben, auf Gottes Wort zu hören und Halt zu finden – und damit zur „Ruhe" zu kommen. Die gibt es aber nicht einfach so und aus sich heraus. Wenn es in der Bibel um Recht und Rechtsbestimmungen geht, geht es immer um die Stärkung der Gemeinschaft zwischen Gott und seinem Volk. Sie muss geschützt werden. Die Bibel weiß, dass der Mensch von sich aus nicht unterscheiden kann, was Recht und was Unrecht ist. Er braucht den Dialog mit Gott, seinem Schöpfer, der ihm Orientierung gibt. Da geht es um einen festen Grund, der Halt gibt. Den braucht es, wenn wir in „Ruhe" zusammenleben wollen – in Familie, Dorf, Stadt und Volk. *Enno Haaks*

Wir beten

Herr, mein Gott, schenke mir innere und äußere Ruhe! Schenke mir Gelassenheit in meinem Alltag und lehre mich, das Rechte zu tun zur richtigen Zeit. Amen.

Gegenreformation und Aufstand der Niederlande

Als der spanische König Philipp II. 1555 die Herrschaft übernahm, führte er in den Niederlanden die Gegenreformation brutal fort. Am 16.2.1568 ließ er durch die Inquisition faktisch drei Millionen Niederländer wegen Häresie zum Tode verurteilen. Es begann der 80-Jährige Krieg. Die Niederlande erlangten darin ihre Unabhängigkeit. Der nördliche Teil schied aus dem Verband des Hl. Römischen Reichs aus. Der südliche Teil blieb dagegen bei Spanien; im 19. Jahrhundert ging daraus Belgien hervor. Im Westfälischen Frieden erkannte Spanien die Unabhängigkeit der nördlichen Niederlande an.

1885 † Theodor Harms, Gründer des Missionsseminars Hermannsburg | 1924 † Wilhelm Schmidt, Glaubenszeuge in Mitteldeutschland

17. Februar

Sonnabend | SA 07:32 SU 17:41 MA 08:25 MU 19:28

Wochenspruch: Lukas 18,31
Wochenlied: EG 413 oder 384

Wir lesen 5. Mose (Deuteronomium) 26,1–15

Vergiss Gott nicht

Ohne Beziehung kann der Mensch nicht leben. Ohne Gott kann er nicht leben. Daran muss er immer wieder erinnert werden und sich vergegenwärtigen, woher er kommt, wozu er lebt und wo er wieder hingeht. „Mein Vater war ein umherirrender Aramäer, dem Umkommen nahe …“, so heißt es. Das Leben war bedroht und gefährdet. Das wird es immer sein. Wer denkt, dass das Leben immer so bleibt, wie es ist, der wird erfahren, dass dem nicht so ist. Der Mensch wird daran erinnert, dass er fremd war und ist in dieser Welt. Nichts ist selbstverständlich. Wie soll es weitergehen, wenn man alles verliert? Woher kommt Hilfe? Das Volk Israel rief zum Herrn in der Not. Er führte es in das Land, da Milch und Honig fließt. Gott rettet. Das gehört zur Grunderfahrung des Glaubens. Daran wird der Mensch erinnert, als er sich eingerichtet hat in seinem Leben. Vergiss Gott nicht! – Der Mensch wird ermahnt, nicht zu vergessen. Wenn der Mensch sich eingerichtet hat und genügend besitzt – was dann? Erinnert er sich? Weiß er, wozu er berufen ist, nämlich Barmherzigkeit zu leben und zu tun: Fremde aufzunehmen, Witwen und Waisen abzugeben? Das ist ein Geschenk des Glaubens. Vergiss Gott nicht, danke ihm und lerne zu teilen. Letztlich ist es dieser Gott, der gerettet hat, der das Leben erhält und zu dem es wieder geht – und dort wird dann sein „Milch und Honig“ in Fülle. *Enno Haaks*

Wir beten

Gott des Lebens, lehre mich, nicht zu vergessen, dass mein Leben in Deinen Händen geborgen ist. Du rettest. Du schenkst mir, was ich zum Leben brauche. Gib mir Kraft und Glaubensstärke, dass ich teilen lerne. Amen.

Richard Schlier († 17.2.1968 in Kassel)

Er war Pfarrer und von 1953 bis 1963 Generalsekretär des Gustav-Adolf-Werks, des Diasporawerkes der EKD in Kassel. Von 1930 bis 1934 war er als Studieninspektor des Franz-Rendtorff-Wohnheims in Leipzig für die Theologiestudenten aus der Diaspora verantwortlich. Von 1934 bis 1953 übernahm er das Pfarramt der Reformierten Gemeinde in Leipzig, dann wurde er nach Kassel berufen. Inzwischen war das GAW durch die Teilung des deutschen Staates ebenfalls getrennt. Er musste nun die Notgemeinschaft der Gustav-Adolf-Hauptvereine in Westdeutschland aufbauen. In Leipzig blieb das GAW-Ost.

1647 † Johann Heermann, Liederdichter in Schlesien | 1827 † Johann Heinrich Pestalozzi, Pädagoge

18. Februar

Sonntag | 1. Sonntag der Passionszeit (Invokavit)

Wochenspruch: 1. Johannes 3,8b
Wochenlied: EG 362 oder 347
Evangelium: Matthäus 4,1–11
Epistel: Hebräer 4,14–16
Altes Testament: 1. Mose 3,1–19.(20–24)

Wir lesen Psalm 91

Unter Gottes Schutz

In den Worten von Psalm 91 können wir unsere Sehnsucht nach einem bewahrten und behüteten Leben bergen und wachhalten. Vielen ist er ein wichtiger Begleiter an Lebensübergängen. Aber auch in Angst und Not können wir uns an ihn klammern. Im Stundengebet der Kirche hat er seinen Platz in der Komplet, im Nachtgebet, an der Schwelle zur Nacht. Vielleicht haben wir auch Klänge im Ohr, wenn wir ihn hören, lesen oder sprechen: Mendelssohns „Denn er hat seinen Engeln befohlen", manch neues christliche Lied oder die alten gregorianischen Gesänge aus dem 9. Jahrhundert. Gerne werden aus diesem Psalm auch Tauf-, Konfirmations- und Trausprüche gewählt. Er weckt aber auch Widerspruch: Da wird etwas schöngeredet, die Realität sieht doch ganz anders aus. Es wäre traumhaft, wenn uns kein Unheil treffen würde. Doch wir sind Bedrohungen ausgeliefert, Krankheiten treffen uns und Gefährlichkeiten gehören zum Leben. Trotzdem dürfen wir unseren großen Wunsch nach Sicherheit und Behütetwerden vor Gott aussprechen. Manchmal sagen Menschen, wenn sie eine gefährliche Situation überstanden haben: „Da habe ich einen Schutzengel gehabt." Manche Bewahrung nehmen wir wahr. Aber wie oft werden wir in unserem Leben bewahrt, ohne dass wir es wissen, täglich von Neuem. Oft wird uns das erst in Notsituationen bewusst. Leider verschwindet diese Erkenntnis im Alltag erfahrungsgemäß wieder schnell. In den letzten drei Versen wendet sich der Stil – Gott spricht von mir, von Ihnen ganz persönlich. Oft liest man über das Ende schnell hinweg. Es lohnt aber, an dieser Stelle einmal zu verweilen, die Worte zu verkosten und zu vertiefen. Setzen Sie doch einmal ihren eigenen Namen ein. Wie hört sich das an? Für mich gehört dieser Psalm zur „eisernen Ration". Deshalb könnte ich mir vornehmen, ihn in der Passionszeit auswendig zu lernen. Jeden Tag einen Vers oder auch nur einen Halbsatz. „Wer unter dem Schirm des Höchsten sitzt …" *Petra Müller*

Wir beten (mit Worten von D. Bonhoeffer)

Von guten Mächten wunderbar geborgen, erwarten wir getrost was kommen mag. Gott ist mit uns am Abend und am Morgen und ganz gewiss an jedem neuen Tag. Amen.

1546 † Martin Luther | 1564 † Michelangelo | 1700 Gregorianischer Kalender in evangelischen Ländern eingeführt | 1993 † Willi Marxsen, Theologe

19. Februar

Montag | SA 07:28 SU 17:45 MA 09:11 MU 21:48

Wochenspruch: 1. Johannes 3,8b
Wochenlied: EG 362 oder 347

Wir lesen 5. Mose (Deuteronomium) 27,1–10

… dem Herrn, deinem Gott

Sehr dringlich wiederholt sich variationsweise das „dem Herrn, deinem Gott“. Moses Rede klingt wie das Einschwören auf eine Glaubenshaltung, die, wenn der Mensch sie nicht einnimmt, völlige Hoffnungslosigkeit bedeutete. Darum fordert er (typisch für das Buch Deuteronomium, das in einer Zeit geschrieben wurde, in der die Juden zu schwerer Stunde – im Exil – an ihre frühere enge Gottesbeziehung und damit verbundenes Lebensglück erinnert werden): „Höre, Israel!“, und man könnte fortsetzen: Nimm mein (Gottes) Wort ernst, denn nur so bist du (Israel) mein Volk, das auf mich zählen und bei mir Sicherheit finden kann. – Worin aber bestand diese Sicherheit? Im Vertrauen auf Gott, der seine Leute trotz Schwierigkeiten ins gelobte Land geführt hat. Das Deuteronomium blickt auf diese Zeit zurück und lässt Mose, den Bürgen der Gottesnähe, sein Testament machen und das Gesetz als neuen Bürgen der Gottesnähe in den Mittelpunkt rücken. „Gesetz“ war Weisung zum Leben. Gott als Gesetzgeber garantierte segensreiches Leben für Menschen, die sich daran hielten. Darum wird so vehement auf dem „dem Herrn, deinem Gott“ bestanden. – Was geschrieben ist, kann reflektiert werden. Es als Gottes Wort aufzufassen, heißt, es nicht zu verachten oder einfach links liegen zu lassen, sondern als Lebens- und Entscheidungshilfe entdeckt zu haben. Jeder von uns wird Situationen kennen, die er nur durchgestanden hat, weil er Gott an seiner Seite wusste. Und erfahren hat er davon durch das geschriebene Wort, das diesen Gott repräsentiert.

Susanna Arnold-Geißendörfer

Wir beten

Gott, lass uns festhalten an Deinem Wort und mit der Tradition so umgehen, dass Auslegung möglich bleibt. Mach uns verantwortungsvoll und barmherzig. Hilf uns zu einem andauernden Vertrauen. Amen.

Dem Leben dienlich

Jeder von uns wird Situationen kennen, die er nur durchgestanden hat, weil er Gott an seiner Seite wusste. Und erfahren hat er davon durch das geschriebene Wort, das diesen Gott repräsentiert. Folglich bleibt das „Gesetz“ ein Segen, schätzen Christen die Zehn Gebote hoch und nimmt Luther sie in seinen Kleinen Katechismus als lernwürdig für den christlichen Glauben auf. Wir haben gemeinsame Wurzeln und Traditionen – Juden wie Christen, ja, sogar Muslime. Sie zu verstehen versuchen und auszulegen, heißt, sie ernst zu nehmen und dem Leben dienlich einzusetzen.

1545 † Peter Brullius, Märtyrer in Flandern | 1946 † Esther von Kirchbach

20. Februar

Dienstag | SA 07:26 SU 17:46 MA 09:35 MU 22:59

Wochenspruch: 1. Johannes 3,8b
Wochenlied: EG 362 oder 347

Wir lesen 5. Mose (Deuteronomium) 27,11–26

Nicht einfach dahingesagt

Was für die Sätze unmittelbar zuvor galt – Beachte das Gesetz, Israel, auf dass du mit Recht Volk Gottes heißt –, ist zwar nicht auf einmal obsolet geworden, aber wir sind an einem Punkt angekommen, an dem die Übertretung des Gesetzes nicht mehr bestraft werden kann. Weil sie nicht offensichtlich geschehen ist, sondern weil der Nächste heimlich beschädigt wurde. Hier greift nichts anderes als ein starkes moralisches, das Gewissen berührendes Druckmittel. Als ein solches sah das alte Israel den Fluch an. Ein Fluch war kein weltliches, sondern ein religiöses Instrument der Gewissensbeeinflussung und hatte für den Betroffenen das quälende Gefühl zur Folge, aus der Gemeinschaft des Volkes Gottes ausgeschlossen zu sein. Der Fluch war darum nicht Reaktion auf eine strafwürdige Tat, sondern Vorsorgemaßnahme. – Welcher moderne Mensch lässt sich durch einen Fluch erschrecken? Wer unter uns nicht an eine magische Wirksamkeit von Worten glaubt, der wird hier unbeeindruckt bleiben. Und doch steckt in den meisten von uns eine Sensibilität für die besondere Atmosphäre des Fluches. Es ist im kollektiven moralischen Gedächtnis geblieben, dass es unter die Haut gehen muss, wenn jemand durch einen Fluch getroffen wird, dass ein Fluch nicht einfach so dahingesagt werden sollte. Man weiß oder ahnt wenigstens noch: Ein Fluch kommt nicht aus dem säkularen Bereich, sondern hat mit göttlicher Macht zu tun. *Susanna Arnold-Geißendörfer*

Wir beten

Gott, gib mir Demut, damit ich meine Worte abwäge. Gib mir Barmherzigkeit, damit ich nachsichtig werde. Gib mir ein Gedächtnis für Deine Worte, damit ich das Vertrauen zu Dir behalte. Amen.

Worte wirken

Worte können heilen, sie können einen kaltlassen und sie können verletzen. Ein Wort hat keine Schneide wie ein Messer, und doch kann es schneidende Wirkung haben. Es kann quälen, es kann zerstörerische Wirkung haben. Darum ist es so wichtig, nicht unbedacht zu reden, sondern auf seine Worte zu achten. Kein Mensch sollte sich anmaßen, zu scharfe Worte zu wählen, selbst dann nicht, wenn sie so prophylaktisch gemeint sein wollen wie ein Fluch.

1937 † Friedrich Weißler, Märtyrer in Preußen (ev. Gedenktag; Sterbetag: 19.2.) | 1942 † Julius Bursche, polnischer evangelischer Bischof | 1959 † Otto Bartning, Architekt der „Notkirchen" | 1974 † Christine Bourbeck, evangelische Theologin

21. Februar

Mittwoch | SA 07:24 SU 17:48 MA 10:00 MU –

Wochenspruch: 1. Johannes 3,8b
Wochenlied: EG 362 oder 347

Wir lesen 5. Mose (Deuteronomium) 30,11–20

Gott dringt ins Herz ein

Hier wiederholt sich in etwa, was sich einmal so anhörte: „Ich bin der Herr, dein Gott, du sollst keine anderen Götter neben mir haben. Du sollst den Feiertag heiligen. Du sollst Vater und Mutter ehren …“ usw. usf. Das „Du sollst“ ist gebieterisch und der Mensch, auf den es trifft, fühlt sich klein und angewiesen. Doch seine Welt ist in Ordnung, wenn er befolgt, was ihm in wenigen apodiktischen Befehlen zu tun aufgetragen wird. – Eine andere, fast poetische Tonart klingt im Buch Deuteronomium an. Und auch ein anderer Mose wird hier präsentiert als im Buch Exodus. Er benutzt keine Steintafeln und braucht keinen Aaron mehr, um sein Wort an Menschen zu richten; er redet selbst, und zwar umfänglich. Folglich ist das Weltbild, das sich hier offenbart, ein anderes als das von Nomadenfamilien zu Zeiten des Einzugs ins Land Kanaan. Und auch Gott ist nicht mehr nur persönlicher Gott einiger weniger, nein, er hat Macht über Himmel und Erde. Wenn es heißt: „Das ist's, was ich dir heute gebiete: dass du den Herrn, deinen Gott, liebst und wandelst in seinen Wegen und seine Gebote, Gesetze und Rechte hältst, so wirst du leben …“, werden wir an Propheten wie den späten Jesaja oder Jeremia erinnert. Gott setzt nicht mehr nur auf Mittelspersonen oder auf äußere Zeichen und Wunder, sondern dringt dort ein, wo jeder Einzelne empfänglich ist für ihn. Und das ist das menschliche Herz. *Susanna Arnold-Geißendörfer*

Wir beten

Gott, hilf uns ernst zu nehmen, was wir von Dir erfahren können. Gib uns Geist in Herz und Verstand. Lass uns nicht nachlassen im Vertrauen. Amen.

Was das Herz berührt

Das menschliche Herz ist Anknüpfungspunkt der Gefühle, auch religiöser Gefühle. Gott nutzt das Herz, um an und in uns zu wirken. Natürlich gelingt das nicht ohne rationale Vermittlungsinstanz. Es geht nicht ohne Menschen und es geht nicht ohne das tradierte, geschriebene Wort. Es geht auch nicht ohne sinnvolle Zeugnisse von Gottes Wirken in der Welt. Wir müssen schon erfahren von Gott, der sich Himmel und Erde zu Zeugen nehmen kann. Ohne das wird unser Herz nicht berührt. Denn auch der Geist, der weht, wo er will, nutzt diesen Weg.

1677 † Baruch Spinoza, jüdischer Philosoph | 1861 † Lars Levi Laestadius, Glaubenszeuge in Lappland | 1861 † Ernst Rietschel, Bildhauer

22. Februar

Donnerstag | SA 07:22 SU 17:50 MA 10:29 MU 00:12

Wochenspruch: 1. Johannes 3,8b
Wochenlied: EG 362 oder 347

Wir lesen 5. Mose (Deuteronomium) 31,1–8

Auf dem Berg Nebo

Unsere Rundreise durch Jordanien nähert sich einem Höhepunkt, nicht nur im übertragenen Sinn. Wir waren an der Quelle Aarons, haben in Moab kurz Station gemacht, nun fährt der Bus mit unserer Gemeindegruppe die vielen Kehren empor zum Berg Nebo. 802 Meter ist er hoch, erzählt der Reiseleiter, doch als wir von oben nach Westen blicken, erscheint uns alles viel höher. Vor uns geht es steil hinab zum Jordan und zum Toten Meer. Leider haben wir nicht so eine gute Aussicht an diesem trüben Tag, wie sie Mose dem biblischen Bericht nach gehabt haben muss, doch können wir in der Ferne die Häuser von Jerusalem erkennen. Natürlich sind wir nicht alleine dort, zahlreiche Busse sind mit uns auf den Berg gekommen. Trotzdem gelingt es mir, unsere Gruppe an einer Stelle zu sammeln, von wo wir weit in das Land blicken können und doch ungestört sind. Hier lese ich einige Abschnitte aus den letzten Kapiteln der fünf Bücher Mose. Eine große Aufmerksamkeit herrscht, als ich vorlese, wie Mose nach langem Leben und Wirken und dem langen Zug durch die Wüste mit den vielen Gefahren bis auf diesen Berg geführt wird. Hier soll sich sein Leben vollenden. Wir spüren, dass uns allen nur eine bestimmte Zeit gegeben wird, dann wird die nächste Generation die Verantwortung übernehmen. Sie soll gehen mit dem Segen Gottes.

Hans-Jürgen Sievers

Wir beten

Herr unser Gott, die Zeit unseres Lebens ist begrenzt. Dankbar sind wir für die Jahre, die Du uns geschenkt hast. Wir haben uns bemüht, verantwortlich zu leben. Deine Hand halte uns fest. Amen.

Das Begräbnis Luthers

Justus Jonas, Freund und Mitarbeiter Luthers, berichtete über dessen Begräbnis. Am Montag, dem 22.2.1546 gelangte der aus Eisleben über Halle kommende Trauerzug durch das Elstertor in die Stadt Wittenberg. Angeführt wird er auf seinem Weg durch die Stadt hin zur Schlosskirche von 65 Reitern der Grafen von Mansfeld. Auf einem Wagen hinter dem Verstorbenen befinden sich seine Frau, seine drei Söhne und andere Verwandte. In der Schlosskirche sprechen Bugenhagen und Melanchthon vor tausenden Menschen. Mitglieder der Universität senken den Sarg in das Grab.

1546 Luthers Begräbnis | 1719 † Bartholomäus Ziegenbalg, Missionar in Indien (ev. Gedenktag; Sterbetag: 23.2.) | 1942 † Stefan Zweig, Schriftsteller | 1943 † Hans und Sophie Scholl | 1971 † Rudolf Mauersberger, Kreuzkantor

23. Februar

Freitag | SA 07:20 SU 17:52 MA 11:03 MU 01:25

Wochenspruch: 1. Johannes 3,8b
Wochenlied: EG 362 oder 347

Wir lesen 5. Mose (Deuteronomium) 33,1–5.26–29

Getrost und unverzagt

Wir sollten beim Lesen einen Stift in die Hand nehmen, um einige Stellen in diesen biblischen Texten zu unterstreichen. Haben Sie gemerkt, wie oft wir ermuntert werden, fest und unentwegt, getrost und unverzagt zu sein? Lesen wir in den letzten drei Kapiteln der fünf Bücher Mose, lesen wir weiter im ersten Kapitel des Buches Josua, finden wir immerzu etwas zum Unterstreichen. Dabei muss uns bewusst sein: Nicht Mose, dessen Ableben angekündigt wird, soll ermuntert und gestärkt werden, wie wir es erwarten könnten. Nein, er stärkt die anderen, die nun ohne ihn weiterziehen werden. Besonders eindrücklich in dem heute genannten Kapitel: Alle Stämme Israels werden genannt und für jeden dieser Stämme hat Mose ein besonderes Segenswort. Es ist so, als ob heute einer, dessen Tage sich neigen, noch einmal allen in der Familie etwas Tröstliches sagen möchte. Wie wichtig ist diese Aufforderung, getrost zu sein! Wir alle kennen Menschen, die uns ständig einreden, gerade die kommenden Zeiten würden schwer und gefährlich werden, großes Unheil würde auf uns alle warten und wir müssten besondere Angst vor der Zukunft haben. Ihnen wollen wir sagen: Wir vertrauen unserem Gott, der uns durch unser Leben geführt hat. Wir wollen auch auf unserem weiteren Lebensweg getrost und unverzagt sein.

Hans-Jürgen Sievers

Wir beten

Himmlischer Vater, wir danken für die Worte des Trostes und der Zuversicht. Die vielen Ankündigungen von kommendem Unheil sollen uns nicht beunruhigen, denn wir wissen uns in Deiner Hand. Amen.

Ein Zeichen für deine Gegenwart

Du weißt es, Herr. Der Arzt weiß es. Meine Angehörigen wissen es. Und nun weiß ich es auch. Ich muss sterben. Nicht heute und nicht morgen, aber in kurzer Zeit. Ich möchte so gern, dass die Menschen, die um mich sind, etwas von der Getrostheit spüren, die Du mir schenkst. Lass doch mein Sterben zu einem Zeichen für Deine Gegenwart werden, für Deine Treue und Dein Erbarmen. Herr, hab Erbarmen mit uns allen. *(Manfred Hausmann)*

155 † Polykarpus, Bischof und Märtyrer in Kleinasien | 1662 † Johann Crüger, Kirchenmusiker | 1980 † Erich Müller-Gangloff

24. Februar

Sonnabend | SA 07:18 SU 17:53 MA 11:44 MU 02:38

Wochenspruch: 1. Johannes 3,8b
Wochenlied: EG 362 oder 347

Wir lesen 5. Mose (Deuteronomium) 34,1–12

Mein Berg Nebo

Nun habe ich es doch getan! An jedem Haltepunkt bei unserer Rundreise durch Jordanien standen Händler und boten uns ihre Waren an. Überall habe ich tapfer widerstanden – bis jetzt. Nur hier, oben auf dem Berg Nebo, bin ich schwach geworden und habe mir einen kleinen Teppich gekauft. Dass er mir gefallen hatte, war nicht der einzige Grund. Ich wollte mir persönlich gerne etwas von der Ausstrahlung dieses Ortes bewahren. Seinen Platz hat der Teppich heute auf der Liege in meinem Arbeitszimmer gefunden. Will ich neue Kräfte schöpfen, will ich etwas gründlich durchdenken, lege ich mich gerne einen Moment hin. In der letzten Zeit sind diese Ruhemomente auf diesem Teppich häufiger und nötiger geworden. Wie einst Mose blicke ich zurück. Was habe ich alles erleben dürfen in meiner Lebenszeit: die große Befreiung aus der geistigen Einschnürung, die Öffnung der Grenzen, die Welt wurde weit. Was würde ich noch gerne alles unternehmen. Ich blicke in ein weites Land, doch ich weiß, die meisten Ziele werde ich nicht mehr erreichen. Ich falte meine Hände. „Seid getrost und unverzagt“, sagte Mose einst bei seinem

Abschied all denen, die ihm anvertraut waren. Jetzt nehme ich diese Worte ganz persönlich und bitte für mich, dass auch ich getrost und unverzagt bleiben werde auf dem Weg, den Gott mich führt. *Hans-Jürgen Sievers*

Wir beten

Herr unser Gott, wir danken für die Lebenszeit, die wir aus Deiner Hand genommen haben, für das Gute und auch für das Schwere, das wir erlebt haben. Getrost blicken wir in die Zukunft. Amen.

Er hat mich auf den Berg geführt

Wie jedermann, so würde auch ich gerne ein langes Leben haben. Lange zu leben ist schon etwas. Doch das berührt mich im Augenblick wenig. Ich möchte den Willen Gottes erfüllen. Er hat mich auf den Berg geführt, und ich habe umhergeblickt, und ich habe das gelobte Land gesehen. Mag sein, dass ich nicht zusammen mit euch dahin gelange, aber heute Abend will ich euch sagen, dass wir als ein Volk das gelobte Land erreichen werden.

(Martin Luther King in Memphis in seiner Rede am Abend vor seiner Ermordung 1968)

303 Diokletians erstes Edikt gegen die Christen | 1880 † Johann Christoph Blumhardt, Glaubenszeuge in Württemberg (ev. Gedenktag; Sterbetag: 25.2.)

25. Februar

Sonntag | 2. Sonntag der Passionszeit (Reminiszere)

Wochenspruch: Römer 5,8
Wochenlied: EG 366
Evangelium: Markus 12,1–12
Epistel: Römer 5,1–5.(6–11)
Altes Testament: Jesaja 5,1–7

Wir lesen Psalm 35,1–16

Rachegefühle

In den Psalmen spiegelt sich das menschliche Leben in allen Facetten: Freude und Dankbarkeit, Angst und Verzweiflung, Enttäuschung und Wut. In diesem Psalm begegnen wir dem Rachegefühl. Da fühlt sich der Beter verfolgt und verleumdet. Wir können solche Gefühle nachvollziehen. Wir wissen zwar: Wir sollen freundlich und friedlich sein und sogar unsere Feinde lieben. Aber wir wissen auch: Manchmal kommen in unserer Seele durchaus bittere Gedanken und Rachewünsche hoch, wenn uns jemand durch ein böses Wort verletzt oder Schaden zugefügt hat. Wie geht man mit solchen Gefühlen um? – Wenn man den Psalm liest, gewinnt man den Eindruck: Der Betende ist so tief von einem Konflikt betroffen, dass er in seinen Rachegefühlen versinkt und nichts anderes mehr wahrnimmt. Aber er bringt seine bösen Erfahrungen und seinen Wunsch nach Rache im Gebet vor Gott, ja, er bittet Gott sogar, selber Rache an den Feinden zu üben. Manchmal hilft es schon, wenn man seine ganze Wut herausschreien kann, auch im Zwiegespräch mit Gott. Der Beter in dem Psalm hat offenbar so großes Gottvertrauen, dass er weiß: Vor Gott muss ich mich auch mit meinen bösen Gedanken nicht verstecken; ich kann aussprechen, was mich bewegt. Und dann kann sich im Gebet auch der Blickwinkel ändern. Acht Verse lang hat der Betende seinen Zorn herausgeschrien, und plötzlich nimmt das Gebet im neunten Vers eine überraschende Wendung: Der Blick auf Gott ändert die Gefühlslage. Freude über den heilenden und helfenden Gott kommt auf. Der Beter spürt: Es gibt Größeres als diesen Streit mit den Widersachern: „Herr, wer ist Dir gleich?" Der Ärger ist dadurch nicht weg, aber man versinkt nicht mehr in den chaotischen und destruktiven Gefühlen von Zorn und Rache. *Karl-Heinrich Lütcke*

Wir beten

Mein Gott, auch ich habe manchmal bittere und böse Gedanken über Mitmenschen, die mir das Leben schwermachen. Steh Du mir bei, damit mich diese Gedanken nicht beherrschen. Amen.

779 † Walburga, Äbtissin in Franken | 1686 † Abraham Calov, Theologe der lutherischen Orthodoxie | 1803 Reichsdeputationshauptschluss | 1886 Deutsche Evangelische Seemannsmission gegründet

26. Februar

Montag | SA 07:14 SU 17:57 MA 13:38 MU 04:48

Wochenspruch: Römer 5,8
Wochenlied: EG 366

Wir lesen Johannes 11,1–16

Den Du lieb hast, der liegt krank

Die Großmutter war ganz plötzlich gestorben. Und wir hatten uns immer wieder darüber gefreut, wie gesund die beiden Alten noch waren. Und die Enkelkinder waren so gern bei Oma. Nun war so plötzlich alles anders. Der Opa war jetzt allein. Aber die sieben Kinder waren zur Stelle. So viel war nun zu bedenken und zu erledigen. Da hält einer der erwachsenen Jungen inne und spricht es aus: „Ach, ist das gut, wenn man Geschwister hat!“ Hier bei Johannes sind es drei Geschwister, die zusammenleben, zwei Schwestern und ein Bruder. Und nun überkommt die Schwestern die Angst und Sorge um den Bruder. Er liegt im Sterben, der Lazarus. Da senden die beiden Schwestern einen Boten zu Jesus. „Den Du lieb hast, der liegt krank“, hört Jesus. „Jesus aber hatte Martha lieb und die Schwester Maria und den Bruder Lazarus.“ Und dennoch blieb er noch zwei Tage an dem Ort, wo er gerade war. „Diese Krankheit führt nicht zum Tode, sondern dient der Verherrlichung Gottes“, sagt Jesus zu seinen Jüngern. Und dann gibt es dieses seltsame Gespräch. Na, wenn es noch Zeit ist mit dem Kranken, dann lassen wir ihn doch schlafen. Die Jünger verstanden noch nicht, dass Jesus schon vom Tod des Lazarus redete. Er ist schon entschlafen, hätten wir gesagt. Und das heißt, er ist schon in Gottes Frieden, sagt Jesus.

Peter Freybe

Wir beten

Jesus Christus, Du unser Freund und Bruder, wo immer wir traurig werden um den Tod unserer Lieben, komm zu uns mit Deinem Wort von Glaube, Liebe und Hoffnung. Amen.

Wehklagen des Herzens

Kurz nach dem Tod seiner geliebten Tochter schreibt Martin Luther an einen Freund: „Ich vermute, dass die Nachricht zu dir gelangt ist, dass meine von Herzen geliebte Tochter Magdalene wiedergeboren ist zum ewigen Reich Christi. Und obwohl ich und meine Frau nur froh und dankbar sein sollten über ihren so glücklichen Heimgang und ihr seliges Ende … so ist doch die Macht der Liebe so groß, dass wir es ohne Schluchzen und Wehklagen des Herzens, ja ohne Absterben nicht vermögen …"

1285 † Mechthild von Magdeburg, Mystikerin in Sachsen | 1944 † Gustav von Bodelschwingh

27. Februar

Dienstag | SA 07:11 SU 17:59 MA 14:49 MU 05:41

Wochenspruch: Römer 5,8
Wochenlied: EG 366

Wir lesen Johannes 11,17–31

Das Wort am Grab

Wir waren in Bethanien, nahe bei Jerusalem. Eine kleine Höhle erinnert an die Grabkammer des Lazarus. Ein junger Mann, ein Muslim, erzählt uns von Lazarus. Und wie sie hier im Dorf gemeinsam diese Grabstätte in Ehren halten, die Christen und die Muslime. Denn mit der Hoffnung auf Auferstehung aus dem Tod leben sie alle. – Johannes erzählt seine Geschichte von Tod und Auferweckung des Lazarus in Bethanien. Die Schwestern hatten in Sorge um ihren Bruder Jesus zur Hilfe gerufen. Aber der ließ sich Zeit. „Lazarus, unser Freund schläft; aber ich gehe hin, dass ich ihn aufwecke", sagt er zu seinen Jüngern. Und dann kommen sie an in Bethanien – und der Lazarus ist schon tot, entschlafen. „Ach, Herr, wärest du rechtzeitig hier gewesen, mein Bruder wäre nicht gestorben", sagt Martha. Aber noch ist Hoffnung lebendig. „Ja, dein Bruder wird auferstehen", sagt Jesus zu ihr. „Ja, ich weiß wohl, dass er auferstehen wird in der Auferstehung am Jüngsten Tage", bekräftigt Martha das Ja Jesu. Jesus verweist auf das Hier und Jetzt. „Ich bin die Auferstehung und das Leben", ich bin doch hier vor dir und mit dir. – „Wer an mich glaubt, der wird leben, ob er gleich stürbe; und wer da lebt und glaubt an mich, der wird nimmermehr sterben." Martha – „glaubst du das?" Mitten im Leben der Tod. Mitten im Tod das Leben. So bleiben die Geschwister vereint in der Liebe Gottes. *Peter Freybe*

Wir beten

Du, unser Gott, lehre uns bedenken, dass wir sterben müssen. Sei bei uns, wenn der Todesschmerz und die Trauer über uns kommen. Lass Menschen an unserer Seite bleiben, die uns ihre Hand reichen. Amen.

Gewissheit des Herzens

„... Denn tief im Herzen haftet ihr Blick, die Worte und Gebärden der lebenden und sterbenden und gehorsamen und rücksichtsvollen Tochter, dass nicht einmal der Tod Christi ... dies ganz vertreiben kann, wie es doch sein sollte. Sage du darum Gott Dank an unserer Statt! Sie war, (wie du weißt) von sanftem und freundlichen Wesen und allen lieb. Gelobt sei der Herr Jesus Christus, der sie berufen hat, erwählt und verherrlicht. Ach dass doch mir und allen Meinen und all den Unsern ein solcher Tod zuteil würde, viel mehr ein solches Leben." *Martin Luther (zum Tod von Magdalena)*

1526 Torgauer Bund | 1528 † Patrick Hamiliton, Märtyrer in Schottland (ev. Gedenktag; Sterbetag: 28.2.) | 1531 Schmalkaldischer Bund | 1854 Wilhelm Löhe gründet Neuendettelsau | 1956 † Günther Ramin, Thomaskantor

28. Februar

Mittwoch | SA 07:09 SU 18:01 MA 16:05 MU 06:25

Wochenspruch: Römer 5,8
Wochenlied: EG 366

Wir lesen Johannes 11,32–45

Wärest du doch hier gewesen

Nun kommt die andere Schwester, Maria. Angesichts von Schmerz und Trauer entfährt es auch ihr: „Ach Herr, wärest du doch hier gewesen, mein Bruder wäre nicht gestorben." Auch Jesus ist ergriffen von dem Geschehen. In seinem Mitleid kommen auch ihm die Tränen. Der nahe Bruder und Freund ist tot und die Trauergemeinde vor der Grabeshöhle sucht nach Hilfe in ihrer Verwirrung. Ach – hätte, wäre, wenn und warum? Anderen, einem Blinden z. B., hatte er doch auch geholfen. Warum kann er denn hier nicht helfen? „Wenn du glaubtest, so würdest du die Herrlichkeit Gottes sehen." Aber wie sollten sie denn hier in Tod und Trauer Gottes Herrlichkeit sehen? Dann ist es wie ein Mirakel, was Johannes hier erzählt von der Grabeshöhle in Bethanien. Jesus ruft seinen Vater im Himmel um Hilfe an. Und den Lazarus ruft er mit lauter Stimme: „Lazarus, komm heraus!" Und der Verstorbene steht auf und kommt heraus. Sein Schweißtuch nehmen sie ihm auf Jesu Geheiß ab: „Löst die Binden und lasst ihn gehen." Seltsam, nichts weiter wird erzählt über diese neue, gelöste Freiheit. Aber „viele von den Menschen, die zu Maria gekommen waren und sahen, was Jesus getan hatte, glaubten an Jesus." Als dann bald nach Ostern der Jünger Thomas nicht glauben konnte, dass Jesus von den Toten auferstanden war, da durfte der ungläubige Thomas seine Hand in die wunde Seite von Jesus legen und ihn leibhaftig berühren. Nun konnte auch er glauben und staunen. „Mein Herr und mein Gott!" Dennoch musste er sich noch sagen lassen von Jesus: „Selig sind, die nicht sehen und doch glauben." (Joh 20,29)

Peter Freybe

Wir beten

Du, unser Gott. Wir möchten glauben, was wir nicht verstehen. Ich glaube, hilf meinem Unglauben. Hätten wir Glauben, das Wasser hat uns noch immer getragen. So möchten wir Dir vertrauen im Leben und im Sterben. Amen.

Trennung

Je schöner und voller die Erinnerung, desto schwerer ist die Trennung. Aber die Dankbarkeit verwandelt die Qual der Erinnerung in stille Freude. Man trägt das vergangene Schöne Nicht wie einen Stachel, sondern wie ein kostbares Geschenk in sich.

Dietrich Bonhoeffer

Jüdischer Feiertag: Ta'anit Esther (Fasten Esther) | 380 Christentum zur römischen Staatsreligion erklärt | 1551 † Martin Bucer, Reformator in Straßburg und England | 1986 † Olof Palme

1. März

Donnerstag | SA 07:07 SU 18:02 MA 17:24 MU 07:01

Wochenspruch: Römer 5,8
Wochenlied: EG 366

Wir lesen Johannes 11,46–57

Einer für alle

Was war das für eine große Freude im Haus von Maria und Martha und Lazarus. Die Nachbarn und Freunde, die das alles miterlebt hatten, glaubten an diesen Jesus. Aber so viele andere hatten das alles anders gesehen. Schon gar nicht konnten und wollten sie an diesen Jesus mit seinen wunderlichen Zeichen für neues Leben glauben. Vielmehr war dieser Jesus für sie höchstgefährlich. Die Oberen, die das Sagen hatten, bekamen Angst um ihre Autorität und Macht. Die römische Besatzungsmacht könnte diese Volkserhebung in Bethanien ja als eine Aufstandsbewegung deuten und vielleicht noch militärisch eingreifen. So rufen sie öffentlich zur Anzeige gegen den Unruhestifter Jesus auf. Der Beschluss, diesen Jesus zu töten, ist schon gefasst. Der Hohepriester Kaiphas weiß gar nicht, was er da sagt: „Es ist euch besser, ein Mensch sterbe für das Volk, als dass das ganze Volk verderbe." Oder steht hinter seiner List, ihm selbst völlig unbewusst, die alte Weissagung: dass „Jesus sollte sterben nicht nur für das Volk allein, sondern dass er auch die Kinder Gottes, die zerstreut waren, zusammenbrächte!" Es war aber nahe bei Ostern. Die Leute pilgerten hinauf zum Tempel nach Jerusalem. Unterwegs fragten sich die Leute neugierig: „Wird er wohl kommen auf das Fest?“ Ja, er wird kommen zu Karfreitag und zu Ostern, zur Auferstehung zum Leben. Der aufgestandene Lazarus musste wieder sterben. Jesus aber ist auferstanden zum ewigen Leben. *Peter Freybe*

Wir beten

Du, unser Gott, wir glauben, hilf unserem Unglauben. Immer wieder nagt der Zweifel. Und Menschen streiten hier und da über Gott und die Welt. Lass unser Vertrauen zu Deinem Weg mit uns wachsen. Amen.

Lebenskraft für den Alltag

Höre nur Gottes Wort, bete fleißig, glaube, arbeite treulich und sei nicht viel alleine, so wird dich Gott vom Teufel wohl erlösen und erhalten … Wer mit Traurigkeit, Verzweiflung und anderem Herzeleid geplagt wird und einen Wurm im Gewissen hat, derselbe halte sich erstlich an den Trost des göttlichen Wortes, danach so esse und trinke er und trachte nach Gesellschaft und Gespräch gottseliger und christlicher Leute, so wird es besser mit ihm werden. *Martin Luther*

Jüdischer Feiertag: Purim (Losfest) | 713 † Suitbert, Glaubensbote am Niederrhein | 1457 Böhmische Brüdergemeine gegründet | 1522 Luther verlässt die Wartburg | 1606 † Martin Moller, Liederdichter in Schlesien (ev. Gedenktag; Sterbetag: 2.3.) | 1710 Cansteinsche Bibelanstalt gegründet

2. März

Freitag | SA 07:05 SU 18:04 MA 18:43 MU 07:32

Weltgebetstag

Wochenspruch: Römer 5,8
Wochenlied: EG 366

Wir lesen Johannes 12,1–11

Erfrischung

Es gibt einen Geruch, den ich mit Beerdigungen verbinde. Es ist der Duft jener Blumenarrangements, die auf allen amerikanischen Beerdigungen verwendet werden. Wenn ich am Tage der Beerdigung in eine Friedhofskapelle gehe und diesen Geruch wahrnehme, werde ich mehr als 30 Jahre zurückversetzt zur Bestattung meines eigenen Großvaters. Diese Blumengestecke riechen immer gleich. Seit damals kenne ich diesen Duftstoff. Ich verbinde ihn mit dem Tod. – Die Szene heute lässt uns auch einen Duft riechen: Maria salbt mit einem ganzen Pfund „kostbaren Salböls" Jesu Füße. „Das Haus aber wurde erfüllt vom Duft des Öls." Die folgende Diskussion ergibt, dass Jesus dieses Salböl auf seine eigene Beerdigung bezieht. War das Haus mit einem Geruch erfüllt, der an den Tod erinnert, wie es die heutigen Blumenarrangements tun? Nein, der Geruch wandelte sich durch Marias Zuwendung. Sie salbte Jesu Füße mit dem Parfum aufgrund ihrer Verehrung für den Mann, der ihren Bruder Lazarus so sehr liebte, dass er ihn wieder zurück ins Leben rief. So wird der Duftstoff des Todes verwandelt in den Duft der Zuwendung und in den Duft der Liebe einer Jüngerin. So, wie später das Kreuz vom Symbol des Todes in das Symbol des Lebens verwandelt wird. Marias liebevolles Handeln zeigt, wie ein zugewandtes Herz ein ganzes Haus mit den Aromen des neuen Lebens erfrischen kann. *Dwight C. Hein*

Wir beten

Gnädiger Gott, hilf, mit unserer Hingabe zu Dir zugleich auch den ganzen Raum unseres Lebens mit dem Duft der Liebe zu erfüllen: unser Heim, unsere Gemeinschaft, unsere Welt. Amen.

John Wesley († 2.3.1791)

Am 24.5.1738 um 20:45 Uhr erlebte der anglikanische Priester John Wesley in der Kapelle der Herrnhuter Brüdergemeinde, Aldersgate Street, London/England unter dem Eindruck von Martin Luthers „Vorrede zum Römerbrief" ein persönliches Bekehrungserlebnis. Es inspirierte Wesley zu jener Bewegung, die dann an der amerikanischen Ostküste viele kleine Gemeinden begründete: die Methodistische Kirche. Ihre Prediger zogen zu Pferd über Land und versorgten kirchlich völlig unterversorgte Gegenden. Heute ist sie die größte Mainline-Kirche den USA.

1791 † John Wesley, Erweckungsprediger in England

3. März

Sonnabend | SA 07:03 SU 18:06 MA 20:00 MU 07:58

Wochenspruch: Römer 5,8
Wochenlied: EG 366

Wir lesen Johannes 12,12–19

Paraden

Sie gab dem „Palmsonntag“ den Namen: die triumphale Prozession von Jesus, hinein nach Jerusalem. In jedem der vier Evangelien eröffnet dieser Einzug die Erzählungen der Karwoche. Aber war das die einzige Prozession oder Parade an diesem Tag in Jerusalem? Einige amerikanische Forscher vermuten, dass am selben Tag eine weitere Parade auf der westlichen Seite der Stadt vollzogen wurde. Pontius Pilatus und sein römisches Gefolge seien zum exakt gleichen Datum angereist, um in Jerusalem den Festfrieden zu sichern. Denn es strömten ja Tausende von Pilgern zum Passahfest in die Heilige Stadt. Die Prozession der Römer wäre dann eine Machtdemonstration gewesen; eine Einschüchterungsgeste der Besatzer gegenüber der besetzten Stadt, mit marschierenden Soldaten und Leibwachen, die Pontius Pilatus flankierten. Welch ein starker Kontrast zur spontanen und sanftmütigen Art des Einzugs Jesu, selbst wenn die Menge Jesus zum „König von Israel“ ausruft. Dieser Jesus-König wird in der Tat sehr bald dem „König“ der anderen Parade gegenüberstehen. Jesus wird gegenüber Pilatus verkünden, dass sein Königreich nicht von dieser Welt ist. Schon bald wird der Auferstandene offenbaren, dass sein Reich jenseits aller Vorstellungen ist, die Pilatus oder die Menge haben könnten. Jesus wird wahrer König des Lebens, eines Lebens im Überfluss – des ewigen Lebens. *Dwight C. Hein*

Wir beten

Christus, unser Retter, hilf uns, Dich als König unseres Lebens zu empfangen, indem wir zuerst vor allem anderen nach Deinem Reich suchen und Deinen Menschen geschwisterlich dienen. Amen.

Ein Tag für alle

Europäische Sprachen bewahrten, dass die Wochentage einst Namen der Himmelskörper trugen. franz.: Lundi (Mon[d]tag), Mardi (Marstag), Mercredi (Merkurstag), Jeudi (Jupitertag), Vendredi (Venustag), engl.: Saturday (Saturntag), sowie „Sonntag". Sieben antike Götter, sieben Tage. Keiner herausgehoben. Keiner arbeitsfrei. Das machten nur Juden, nicht freie Römer. Erholung? Man hatte doch Sklaven! Als Kaiser Konstantin die Christen toleriert, gilt die biblische Idee der Ruhe allen: Das Edikt von 321 lässt sonntags alle Arbeit ruhen. Der Sonntag ist Feiertag für alle.

321 Sonntag wird staatlicher Feiertag | 1554 † Johann Friedrich der Großmütige, Förderer der Reformation in Sachsen-Weimar | 1706 † Johann Pachelbel, Musiker

4. März

Sonntag | 3. Sonntag der Passionszeit (Okuli)

Wochenspruch: Lukas 9,62
Wochenlied: EG 82 oder 96
Evangelium: Lukas 9,57–62
Epistel: Epheser 5,1–8a
Altes Testament: 1. Könige 19,1–8.(9–13a)

Wir lesen Psalm 35,17–28

Hoffen auf Gerechtigkeit

„Das ist ungerecht!" Schon Kinder haben ein starkes Gefühl für Gerechtigkeit und beschweren sich, wenn etwa der Bruder mehr von den Süßigkeiten abbekommt. „Das ist ungerecht!", empfindet auch die Tochter. Regelmäßig besucht sie ihre Mutter im Pflegeheim, während ihr Bruder sich nur ganz selten blicken lässt. Aber wenn der Bruder mal kommt, dann ist die Mutter ganz Feuer und Flamme für ihn, und sie steht enttäuscht daneben. Mit solchen scheinbaren oder auch tatsächlichen Ungerechtigkeiten müssen wir leben. Das fällt nicht immer leicht. Ich kenne Menschen, die schwer unter einer Kränkung leiden oder sich gemobbt fühlen. Auch der Beter des Psalms leidet unter Mobbing; wie „junge Löwen" versuchen seine Gegner, ihn fertigzumachen. Sie erfinden „falsche Anklagen" und sehen hohnlachend zu, wenn es ihm schlecht geht. Möglicherweise verspotten sie in ihrem Hochmut ihn, den „Stillen im Lande", auch wegen seiner

Frömmigkeit. Eindringlich bittet er Gott darum, ihm Recht zu schaffen. In den schweren Konflikten mit seinen Feinden möchte er „Recht behalten“. Wir kennen diese Situation nur aus seiner Perspektive und entwickeln Sympathie mit ihm. Wir wissen aber auch, dass viele Konflikte deswegen so schwer zu lösen sind, weil sich beide Seiten im Recht fühlen und Recht behalten wollen. Da kann es hilfreich sein, Gott als den Hüter der Gerechtigkeit anzurufen. Der Psalm schließt mit dem Lob der Gerechtigkeit Gottes. Ein solcher Blick auf Gott und seine Gerechtigkeit hilft mir, die Lage mit anderen Augen zu sehen und die Kränkungen besser zu ertragen: Ich kann entdecken, an welcher Stelle ich selber zu dem Konflikt beigetragen habe; ich kann dankbar entdecken, dass ich in meinem Leben auch Besseres erlebe und Freunde habe, die es gut mit mir meinen. Und ich kann darauf vertrauen, dass Gott mir wohl will und mich stärkt. *Karl-Heinrich Lütcke*

Wir beten

Du Gott des Trostes, steh mir bei, wenn ich schwere Zeiten erlebe und Kränkungen erfahre. Gib mir die Kraft, damit fertig zu werden, ohne bitter zu werden und zu hassen. Amen.

1852 † Nikolai Gogol, russischer Schriftsteller | 1948 † Elsa Brändström, Glaubenszeugin, „Engel von Sibirien“

5. März

Montag | SA 06:59 SU 18:09 MA 22:25 MU 08:47

Wochenspruch: Lukas 9,62
Wochenlied: EG 82 oder 96

Wir lesen Johannes 12,20–26

Frucht

Eine kleine griechische Dorfkirche steht mir vor Augen. Die weißen Innenwände sind mit Bildern bedeckt. Unter den großen Christusaugen drängen sich Gestalten des Alten und Neuen Testaments. Auch Märtyrerinnen und Märtyrer der Christenheit sind da. Sie gaben ihr Leben für unseren Herrn. Wir lasen: „Wo ich bin, da soll mein Diener auch sein." Aber auch der Machtmensch Kaiser Konstantin ist zu sehen, und seine Mutter Helena. Sie reiste als Pilgerin nach Jerusalem und kam wie eine Touristin, die Souvenirs gekauft hat, mit Reliquien zurück. Diese Erinnerungsstücke an Blutzeugen, selbst solche an Jesus wie „das wiedergefundene Kreuz", sollten sie an Stelle eines eigenen Martyriums mit Christus verbinden, um das Leben nicht zu verlieren und doch das ewige Leben zu gewinnen. „Wer sein Leben lieb hat, der wird's verlieren", haben wir gelesen. Sein Wort vom „Hassen des Lebens" zeigt noch dazu, dass wir über unser Leben keinerlei Verfügung besitzen. Das sehen wir sofort ein. Wenn es aber mit uns nicht wie bei Blutzeugen zum Äußersten kommt, werden wir dann trotzdem wie die anderen bei ihm sein und bleiben? Das war Helenas Sorge. „Wer mir dienen wird, den wird mein Vater ehren." Es liegt am Herrn, was er uns dabei auferlegt oder erspart. Ein Leben in absichtlichem Leiden wird nicht gefordert. Markus sagt dazu „sein Kreuz auf sich nehmen". Christus ist es, der die Frucht bringt – auch uns.

Ludwig Burmeister

Wir beten

Herr, wir wissen, dass wir nicht über unser Leben verfügen. Aber wir vertrauen darauf, dass Du uns nichts auferlegst, was unmöglich ist. Lass auch unser Leben Früchte bringen. Amen.

Ernst von Harnack (15.5.1888–5.3.1945)

Er war ein Sohn des berühmten Theologen und Historikers Adolf von Harnack, ein Cousin von Arvid Harnack („Rote Kapelle") und mit der Familie Bonhoeffer verwandt. Seine Frau und er hatten fünf Kinder. Als Jurist wurde er Regierungspräsident in Merseburg, als Sozialdemokrat und Bundesmitglied religiöser Sozialisten redete er und schrieb gegen den Nationalsozialismus und die „Deutschen Christen". 1933 kurz verhaftet, vertrat er vor Gericht Sozialisten und Gewerkschafter. Nach dem 20.7.1944 wieder in Haft; es folgte das Todesurteil; in Plötzensee wurde er ermordet.

1875 † Hermann Friedrich Kohlbrügge, Prediger im Rheinland | 1895 † Nikolai Leskow, russischer Schriftsteller | 1945 † Ernst von Harnack, Widerstandskämpfer

6. März

Dienstag | SA 06:56 SU 18:11 MA 23:34 MU 09:12

Wochenspruch: Lukas 9,62
Wochenlied: EG 82 oder 96

Wir lesen Johannes 12,27–36

Ich will alle zu mir ziehen

In den ältesten christlichen Versammlungsräumen fehlte etwas, das wir uns aus unseren Kirchen gar nicht wegdenken können: ein Kreuz. Solange es im römischen Imperium noch die Kreuzigung als offizielle Strafe gab, war es den Gemeinden wohl unmöglich, dieses Zeichen – noch dazu mit Christus daran – über den Altar zu hängen. Wer würde in den USA eine Darstellung des elektrischen Stuhls in einen Kirchenraum stellen? Wer in Frankreich eine Guillotine? Erst 315 schaffte Kaiser Konstantin die furchtbare Hinrichtungsart Kreuzigung ab. Aber es dauerte noch, bis auch Jesus am Kreuz dargestellt wurde. In der italienischen Stadt Monza werden 16 Silberfläschchen aus dem 5. Jahrhundert aufbewahrt. Pilger haben darin Öl aus den Lampen der Grabeskirche oder Jordanwasser mitgebracht. Auf einer sind zwar die beiden Schächer vor Pfählen stehend mit ausgebreiteten Armen eingeprägt, aber von Jesus nur das Haupt mit Heiligenschein über einem Kreuz aus Blättern wie einem Lebensbaum. So vorsichtig ist das ausgeführt, wie Jesus im heutigen Text von der Kreuzigung spricht: „Wenn ich erhöht werde von der Erde, will ich alle zu mir ziehen." Das ist die Verherrlichung Christi, in die er auch uns mit hineinzieht. Die Stimme Gottes spricht über diese Verherrlichung Jesu. Das ist – sagt Jesus – nicht um meinetwillen geschehen, sondern um euretwillen. *Ludwig Burmeister*

Wir beten

Herr, lass uns nicht erschrecken darüber, dass uns so wie Dir Schweres auferlegt werden kann, was wir nicht wollen. Stärke uns in solcher Zeit und hilf uns hindurch, der Du den Tod überwunden hast. Amen.

Chrodegang von Metz, Bischof in Lothringen († 766)

Karl der Große förderte die Bildung des Klerus. Er richtete Kloster- und Domschulen ein und verlangte ein Mindestmaß an theologischen Kenntnissen. Chrodegang, der Bischof von Metz, stellte dafür eine Ordnung auf und setzte sie an seiner Kathedrale vorbildlich um. An den Bischofskirchen (Kathedralen) lebten die Priester ähnlich wie Mönche im Kloster gemeinsam. Der Bischof war ihr Vorsteher. An „Kollegiatskirchen" (Pfarrkirchen mit Seelsorge) lebten bis zu 12 Priester unter der Leitung eines Propstes gemeinsam.

766 † Chrodegang von Metz, Bischof in Lothringen | 1522 Luthers Rückkehr nach Wittenberg | 1867 † Peter von Cornelius, deutscher Maler | 1953 † Sergeij Prokofjew, russischer Komponist | 1984 † Martin Niemöller, Theologe der Bekennenden Kirche, Widerstandskämpfer

7. März

Mittwoch | SA 06:54 SU 18:13 MA – MU 09:39

Wochenspruch: Lukas 9,62
Wochenlied: EG 82 oder 96

Wir lesen Johannes 12,37–50

Sein Gebot ist das ewige Leben

Besorgtes Erschrecken und Freude liegen für uns Leser in diesem Text beieinander. „Er hat ihre Augen verblendet und ihre Herzen verstockt", wird am Anfang aus dem Buch Jesaja zitiert. Der Seher hat in einem gewaltigen Traum den Herrn vor sich gesehen. Allein sein Mantelsaum füllte den Tempel. Seraphen als Diener verherrlichen ihn, wie hier Gott Jesus verherrlicht. Aber es wird nicht möglich, die Gottesworte dem Volk Israel zu übermitteln. Sie sind „vernagelt", hören und sehen nicht, was ihnen vorgetragen wird. Tief erschrocken fragt Jesaja: „Wie lange?" Bis sie in der fremden Ferne sind und Jerusalem nicht mehr wiederzuerkennen ist. Das ist auch für die Jesusworte so: Sie werden nicht gehört. Er spricht an Gottes Stelle. Und doch ist etwas anders. „Ich bin in die Welt gekommen als ein Licht, damit, wer an mich glaubt, nicht in der Finsternis bleibt." Und: „Ich bin nicht gekommen, dass ich die Welt richte, sondern dass ich die Welt rette." Das ist endlich ein Lichtblick in diesem Zusammenhang, der uns erschreckt hat. Aber eine Ablehnung der Einladung Jesu hat Folgen bis in alle Ewigkeit für jeden Menschen. „Das wird ihn richten am Jüngsten Tage.“ Doch Jesus ist unser Retter. Wir können an Christus glauben und durch ihn an Gott. Er schenkt uns solchen Glauben. Wir dürfen ihn darum bitten. Von alleine geht es ja nicht. *Ludwig Burmeister*

Wir beten

Herr, Du schenkst uns unseren Glauben. Bitte stärke ihn immer wieder. Wenn das Dunkel anfängt uns zu umgeben, dann sei Du das Licht, das uns wieder aufleben lässt. Gib uns Kraft für uns und für andere. Amen.

Perpetua und Felicitas

Die beiden jungen Nordafrikanerinnen aus der Nähe von Karthago starben als Christinnen den Märtyrertod. Es gibt ein Gefängnistagebuch Perpetuas, in dem ihr Verhör und vier Visionen beschrieben sind. Ein Ungenannter hat es kurz nach ihrem Tod veröffentlicht, dazu eine Vision ihres Lehrers, auch aus dem Gefängnis, und einen Bericht über das Martyrium der beiden und ihrer Gemeindegruppe. Die Visionen stellen ihr Verhör und ihr Familienleben dar. Es ist ergreifend zu lesen, wie der tiefe Eindruck ihres ersten Abendmahls sie befähigt, mutig das Martyrium zu erwarten.

202/203 † Perpetua und Felicitas, Märtyrerinnen in Karthago | 1804 Britische und Ausländische Bibelgesellschaft gegründet | 1937 † Rudolf Otto, evangelischer Philosoph und Theologe

8. März

Donnerstag | SA 06:52 SU 18:14 MA 00:40 MU 10:09

Wochenspruch: Lukas 9,62
Wochenlied: EG 82 oder 96

Wir lesen Johannes 13,1–11

Teilhabe

Es ist so weit. Jesus ist sich seines nahenden Endes bewusst. Beim Passamahl spürt er, wie sehr er den ihm Vertrauten verbunden ist. Dass diese Liebe bleiben wird. Dass alle dazugehören. Nein, es ist keine Gemeinschaft von Heiligen. Das Sterben folgt unausweichlich auf dem Weg des Sohnes zurück zum Vater. Sendung und Heimkehr in Vollmacht. Jesus fügt sich. Er gibt sich hin wie das Lamm, dessen Blut den Israeliten den Weg in die Freiheit geöffnet hat. Eigentlich gehört die Fußwaschung vor die Mahlzeit. Eine Aufgabe der Bediensteten, niemals die des Hausherrn. Nach dem Mahl legt Jesus sein Gewand ab – Vorzeichen seines Sterbens? Lässt das Leintuch an die Salbung denken? Die erfahrene und die kommende? Petrus versteht das alles nicht. Und wir? Der Dialog der beiden liest sich wie ein Drehbuch. Auf die erste, hinhaltende Antwort Jesu kommen die klaren Ansagen: Es muss so sein. Und so ist es genug. Die Fußwaschung stiftet die Verbindung über den Tod hinaus. Das Band der Liebe. Zu allen. Geschenktes Rein-Sein. Als Sakrament. Wie die Taufe. Der Vergleich berührt mich. Weil diese Waschung uns hält. Wir haben teil an Jesus

Christus. Ich habe teil an Jesus Christus. Auch teil an seiner Souveränität? Es hilft mir, so an das Sterben zu denken: von Gott geboren sein und zu ihm hinüberzugehen, zu unserem Vater im Himmel. Gehalten vom Band der Liebe. Zugehörig in allem, was kommen wird. *Ulrike Schilling*

Wir beten

Gott, ich danke Dir für diese Deutung des Todes Jesu. Wie sie Johannes wichtig war. Die wie eine Folie auch über meinem Sterben liegen mag. Ja, Du bist meines Herzens Trost und bist mein Teil. Amen.

Thomas von Aquin (1225–1274)

Unter den Theologen des Mittelalters nimmt der Dominikaner aus Aquin eine herausragende Stellung ein. Sein Hauptwerk, die „Summa Theologiae", fasst die gesamte Lehre der Kirche in einer systematischen Darstellung zusammen. Thomas lieferte u. a. auch die theologischen Argumente für das 1264 eingeführte Fronleichnamsfest. In der Sequenz „Lauda Sion Salvatorem" gab er eine poetische Darstellung der Transsubstantiationslehre. 1357 wurde er heilig gesprochen und 1567 in den Rang eines Kirchenlehrers erhoben. Seine Wirkung in Philosophie, Theologie und Kirche reicht bis in die Gegenwart.

1274 † Thomas von Aquin, Kirchenlehrer in Italien (ev. Gedenktag; Sterbetag: 7.3.) | 1840 Pilgermission in St. Chrischona gegründet | 1934 † Margarete von Oertzen | 1975 † Hans Bardtke, Theologe

9. März

Freitag | SA 06:50 SU 18:16 MA 01:42 MU 10:44

Wochenspruch: Lukas 9,62
Wochenlied: EG 82 oder 96

Wir lesen Johannes 13,12–20

Übergabe

Jedes Jahr muss ich mich neu durch den Tod Jesu durchbuchstabieren. Für mich selbst und als eine, die zu anderen darüber sprechen wird. „Wisst ihr, was ich euch getan habe?" Jesu Frage nimmt die Irritation auf, die im Raum liegt. „Ja, ich bin's. Euer Lehrer und Herr." Und ich werde es bleiben. In dem, was kommen wird. In der neuen Rolle, die diesen beiden zur Seite gestellt wird, der des dienenden Sklaven oder Knechts. Nein, keine Umbewertung; der Sklave ist nicht größer als sein Herr; sie stehen nebeneinander, und die Rollen wirken ineinander. Diese neue Rolle sollen sie fassen, begreifen und danach tun. Füße waschen, dienen. Von denselben Füßen werden auch sie getreten werden können. Sie haben sein Beispiel, ein Wort, in dem in den wenigen anderen Kontexten, die es gibt, auch Tod mitschwingt, Zeuge, Märtyrer sein. Sie sollen wissen, es geht weiter. Und es muss so sein. Jesus gibt ab und bleibt gerade darin wirksam, als Sendender, wie er gesandt worden ist. Machtübergabe, Dienstübergabe. Selig seid ihr, wenn ihr's tut. Sie sollen vorher wissen oder ahnen, dass er auch im Sterben und gerade im Sterben der bleibt, der er war: Ich bin's. Die Irritation wird groß genug sein. Und bleiben. Jesus: Herr und Lehrer und Diener. Im engen, Liebe-vollen Kontakt mit denen, die folgen und weitermachen. In einer Vollmacht, die dem Tod ins Auge sehen kann – und durch ihn hindurch. *Ulrike Schilling*

Wir beten

Gott, der wissende Jesus des Johannes hilft mir. Hilft mir weiter. Ich spüre seine Macht, seine Vollmacht, die mich einbindet in sein Leben und Sterben. Die mich überleitet in den Raum seiner Auferstehung. Danke. Amen.

Berliner Stadtmission (gegründet 1877)

„Suchet der Stadt Bestes und betet für sie zum Herrn" (Jer 29,7). Unter diesem Leitwort gründete der Hof- und Domprediger Adolf Stoecker (1835–1909) am 9.3.1877 den Verein für Berliner Stadtmission. Mit Sonntagsschulen, Besuchsdiensten, Männer- und Frauenvereinen, Armenpflege und Straffälligenhilfe sollte der Glaubensentfremdung und der sozialen Verelendung in der Stadt entgegengewirkt werden. In zahlreichen Arbeitsfeldern von Mission und Diakonie ist die Berliner Stadtmission in ihren Gemeinden und für die Gesellschaft bis heute tätig.

um 344 † Pusei, Märtyrer in Persien | 1009 † Bruno von Querfurt, Bischof in Polen | 1877 Berliner Stadtmission gegründet | 1913 † Eberhard Nestle, Bearbeiter des griechischen Neuen Testaments

10. März

Sonnabend | SA 06:48 SU 18:18 MA 02:40 MU 11:23

Wochenspruch: Lukas 9,62
Wochenlied: EG 82 oder 96

Wir lesen Johannes 13,21–30

Erschütterung

Jesu Bestürzung trifft mich. Das Entsetzen, das ihn packt. Wie die Nähe des Todes sein Innerstes durchfährt. Und dass er dann noch auszusprechen vermag: Einer von euch wird mich dem Tod ausliefern. Die Jünger wirft es aus der Fassung. Und dann ist da mit einem Mal dieser Jünger an Jesu Brust. Den Jesus liebhat. Petrus ist nicht mehr der Vertraute Jesu. Das muss kränken. Der wird nun der Bote für Petrus' Frage. Und Jesus antwortet mit Wort und Zeichen. Wieder Psalm 41,10, wie schon in Joh 13,18. Gastgeber-Geste. Ein Liebesbissen. Jesus bleibt der, der handelt. Der Judas mit seinem Wissen konfrontiert. Ihn losschickt. Wie kann es sein, dass die anderen so gar nicht verstehen, was hier abgeht? Müssen sie sich zurechtlegen, was sonst zu ungeheuerlich wäre, als dass es wahr sein könnte? Natürlich weist ihr Missverstehen auf ihre Unschuld, aber was sich hier abspielt, bleibt gespenstisch. Bilder der Szene fallen mir ein; ich sehe sie alle sitzen, am Tisch, Jesus mit dem ihm am Herzen Liegenden, Judas, den Beutel hinter sich haltend, Petrus und die anderen fragend voll inneren Aufruhrs. Ist Judas der Einzige, der den Bissen bekommt und nimmt? Hält er die

Situation nicht mehr aus? Nein, er ist nicht bei sich, nicht mehr er selbst, sondern in einem anderen Film, fremdgesteuert. Er läuft los. Hinein in die Nacht. In seine Nacht. In Jesu Nacht. Jesu letzte Nacht. *Ulrike Schilling*

Wir beten

Gott, was musste da geschehen? Was ist da geschehen, in diesem Raum, am letzten Abend im Leben Deines Sohnes? So schwer zu fassen. Die Erschütterung bleibt. Auch wenn Jesus die Situation hält und aushält. Amen.

Die 40 Ritter von Sebaste (hingerichtet am 9. März zw. 320 u. 323)

Die 40 Märtyrer, Soldaten der 12. römischen Legion, wurden während der Verfolgungen unter Kaiser Licinius in Sebaste, heute Sivas/Türkei, als Christen getötet. Weil sie den Götterkult verweigerten, mussten sie, der Legende nach, eine Nacht, ein warmes Badehaus im Blick, nackt auf einem zugefrorenen See verbringen. Nur einer betrat das Badehaus und fiel tot um. Ein Wachsoldat bekehrte sich. Den am Morgen noch Lebenden wurden die Glieder gebrochen und ihre Leichen verbrannt. Ihre Asche wurde als Reliquie in der gesamten Kirche verbreitet. Ein Elfenbeinrelief der Szene (10. Jh.) befindet sich im Bode-Museum, Berlin.

320 † Die vierzig Ritter von Sebaste, Märtyrer in Armenien | 1872 Erste evangelische Gemeinde in Japan gegründet | 1924 † Marie Schmalenbach, Dichterin

11. März

Sonntag | 4. Sonntag der Passionszeit (Lätare)

Wochenspruch: Johannes 12,24
Wochenlied: EG 98 oder 396
Evangelium: Johannes 12,20–26
Epistel: 2. Korinther 1,3–7
Altes Testament: Jesaja 54,7–10

Wir lesen Psalm 57

Schutzraum Gott

Zu meinen frühesten Erinnerungen gehören die vielen Stunden, die wir in meiner Kindheit im Luftschutzbunker verbracht haben. Geblieben ist auch die Erinnerung, dass diejenigen ruhiger und gelassener waren, die beten konnten. Sie wussten sich in Gottes Hand – im Leben und im Tod. – Auch in den Psalmen rufen Menschen zu Gott und suchen bei ihm Schutz und Zuflucht. So auch in Psalm 57. Wir wissen nicht, von welchen Gefahren der Beter bedroht war. Er spricht von feindlich gesinnten Menschen und schildert mit drastischen Bildern, wie bedrohlich die Lage ist. Mit Löwen werden sie verglichen und mit verzehrenden Flammen, ihre Zähne mit Speeren und Pfeilen und ihre Zungen mit scharfen Schwertern (V. 5). Der Psalmist spricht in Bildern, damit auch andere sich damit identifizieren können und das, was sie an Feindschaft, Mobbing oder bedrohlichen Situationen erleiden, in sein Gebet hineinlegen können. – Aber es bleibt nicht bei der Schilderung der Not. Der Beter sucht Schutz und Zuflucht bei Gott. Auch hier machen Bilder anschaulich, was die erfahren, die sich Gott anvertrauen. Der „Schatten deiner Flügel“ (V. 2) erinnert an die Vogelmutter, die ihre Küken unter ihre Flügel nimmt und sie schützt und wärmt – vielleicht aber auch an die Cheruben, die als Sinnbild der Gegenwart Gottes im Allerheiligsten im Tempel standen. Bei Gott ist Zuflucht, er selbst ist der Raum, der uns schützt. – Wie aber erleben wir das? „Nachtherbergen für Wegwunde“, so hat die Dichterin Nelly Sachs die Psalmen Davids genannt. Das Lied wird zum Schutzraum, in dem wir Gott erfahren. Darum ruft der Psalmist zum Lob auf (V. 9). Nicht nur, weil die Feinde inzwischen über ihre eigene Bosheit gestolpert sind (V. 7), sondern weil er gewiss ist: Gott ist auch in der Not bei mir. Gottes Güte und Treue sind größer als alle irdischen Gefahren (V. 11). *Walter Klaiber*

Wir beten

Herr, Deine Güte reicht, so weit der Himmel ist, und Deine Wahrheit, so weit die Wolken gehen. Dafür danke ich Dir und deshalb vertraue ich Dir. Bei Dir ist mein Leben in guten Händen. Amen.

250 † Pionius, Märtyrer in Kleinasien (ev. Gedenktag; Sterbetag: 12.3.) | 1575 † Matthias Flacius, Theologe | 1812 Gleichberechtigung der Juden in Preußen

12. März

Montag | SA 06:43 SU 18:21 MA 04:17 MU 13:01

Wochenspruch: Johannes 12,24
Wochenlied: EG 98 oder 396

Wir lesen Johannes 13,31–38

Überbrückung

Nun sind sie allein. Miteinander in vertrauter Runde. Nur die Freunde. Jesus fängt an zu sprechen. Literarisch nimmt der Evangelist Johannes die Tradition der Abschiedsrede auf. Dazu gehört die Ankündigung des nahen Todes und der kommenden Ereignisse. Mit Rückblick und Wegweisung für die Weiterlebenden. Jesus selbst tritt hier als Interpret seines bevorstehenden Todes auf. Sein Weggang soll nicht als Verlust, sondern als Gewinn verstanden werden. Der Tod als fortgesetzter Akt göttlicher Verherrlichung. Mit der Zukunft des Gekreuzigten bei Gott. Logisch und doch auch schwierig. „Ihr werdet mich suchen." In diesen Worten ist das Schrecklichste zusammengedrängt: Der Anblick des Kreuzes, den die Jünger nicht aushalten werden und der sie weglaufen lässt, der Verlust und der Riss ins Herz: Er ist nicht mehr da. Zielloses Umherirren, ein schwarzes Loch. Verlassensein. Nein, das neue Gebot können sie noch nicht begreifen als einen ersten Weg, Jesu Abwesenheit einen Sinn zu geben. Als eine Brücke in die Zukunft. Über den Abgrund des Todes. Nein, ihr könnt mir nicht folgen. Nicht so wie bisher. Auch du nicht,

Petrus. Nicht jetzt. – Aber wir sollen es schon jetzt verstehen: dass Jesus, sich hingebend, die Liebe vollendet. Dass dadurch die Liebe der Nachfolgenden möglich wird. Dass genau darin die Zukunft liegt. Die neue Nähe. Sich liebend den Nächsten zuzuwenden. *Ulrike Schilling*

Wir beten

Gott, ich sehe den Bogen der Verherrlichung Jesu über dem Abgrund seines Todes. Ich höre den Auftrag zur Liebe. Ich denke daran, wie viele ihm, Jesus, gefolgt sind und folgen, liebend, bis in den Tod. Amen.

Gregor der Große (um 540 – 12.3.604)

Aus der römischen Oberschicht stammend, schlug Gregor zunächst die Laufbahn eines Politikers ein. 575 wurde er Mönch und machte die elterliche Villa auf dem Monte Celio zu einem Kloster. 590 wurde er zum Papst gewählt und bezeichnete sich in diesem Amt als „Diener der Diener Gottes“. Er verfasste u. a. die erste Lebensbeschreibung Benedikts von Nursia. Sein Wirken in der Mission führte langfristig zu einer Rom-orientierten Kirche. 1295 wurde er durch Papst Bonifaz VIII. heiliggesprochen. Er zählt neben Augustin, Hieronymus und Ambrosius zu den Lehrern der westlichen Kirche.

604 † Gregor d. Gr., Bischof in Rom | 1916 † Marie von Ebner-Eschenbach, Schriftstellerin

13. März

Dienstag | SA 06:41 SU 18:23 MA 04:57 MU 13:59

Wochenspruch: Johannes 12,24
Wochenlied: EG 98 oder 396

Wir lesen Johannes 14,1–14

Zu Gott? Durch Jesus!

Die drei Grundfragen des Menschen nennt Jesus hier: Wohin geht's mit mir? Was bleibt nach allem Hinterfragen und Erleben? Was erspart mir das drohende Ende? An den Antworten versuchten sich in der Weltgeschichte viele Ratgeber und „Erlöser". Sie behaupteten: Ich habe für euch begehbare Wege. Ich kenne die Wahrheit des Lebens. Ich weiß, wie man länger und besser lebt. All diese Menschen aber schöpfen bei ihren Antworten nur aus eigenen Vorräten an Wissen, Kraft und an Intelligenz. Deshalb scheiterten sie auch genauso oft und zuweilen auch sehr bitter, und zwar für alle. Denn diese selbsternannten Erlöser schaffen mit ihren Kräften immer nur einen Vergleich zu den Grundfragen, ein „wie", eine Annäherung, eine Ähnlichkeit mit dem Ersehnten, aber sie treffen, sie erreichen nie das Wesen. Jesus dagegen ist das Wesen und kann deshalb sagen: Ich bin …! Ich bin das alles selbst! Ich bin der Weg, ich bin die Wahrheit, ich bin das Leben, weil ich mit Gott eins bin! – Mit Christus habe ich deshalb keine Annäherung mehr an meine Grundfragen, ich habe die Quelle selbst. Indem ich Jesus Christus in mich einlasse, werde ich

Teil des Weges, der Wahrheit und des Lebens. Keine Weiterbildung im Wegefinden oder Wahrheiterkennen oder Lebenerhalten ist das, sondern wenn ich Jesus Christus in mich einlasse, dann wird dieser Weg, diese Wahrheit und dieses Leben in mir wirken. *Christoph Wiesener*

Wir beten

Herr Jesus Christus, lass mich erkennen, dass es beim Glauben nicht um einfaches Nachmachen geht, sondern dass Du in mir Wohnung nimmst mit dem Weg, der Wahrheit und dem Leben. Amen.

Paul Le Seur (1866–1963)

Paul Le Seur, geboren 1866 in Berlin, wurde zunächst Pfarrer und dann im Auftrag des Missionsdirektors Adolf Stöcker zum Evangelisten der Berliner Stadtmission berufen. Diese Aufgabe versah er von 1905 an insgesamt 20 Jahre lang, einschließlich der Kriegsjahre 1914–1918. Im Anschluss daran leitete er von 1925 bis 1933 die Jugendhochschule auf dem Hainstein in Eisenach. Nach dem Zweiten Weltkrieg zog er sich aus der Öffentlichkeit zurück und wirkte ab 1945 als pastoraltheologischer Schriftsteller.

1559 † Georg von Ghese, Märtyrer in Norditalien | 1895 † Luise Otto-Peters, Frauenrechtlerin | 1963 † Paul Le Seur, Evangelist | 1975 † Ruth Schaumann, Dichterin

14. März

Mittwoch | SA 06:39 SU 18:25 MA 05:31 MU 15:01

Wochenspruch: Johannes 12,24
Wochenlied: EG 98 oder 396

Wir lesen Johannes 14,15–26

Das Geschenk der Sehnsucht

Das ist dumm. Das sind wir nicht gewöhnt, wo in dieser Welt doch alles irgendwie zu haben ist – preisabhängig natürlich. Und hier wird uns erzählt: Der Geist Gottes ist nicht zu erwerben! Kein Geld der Welt, kein Forschen und Fragen, kein Wohlverhalten kann ihn abgelten. Dabei ist der Geist Gottes doch das Höchste, das dem Menschen zu eigen werden kann. Der Geist Gottes ist der Tröster unserer Seelen, der Festiger unserer Herzen und der Halt unserer Hoffnung, aber eben ein Geschenk. Wenn wir ihn bekommen, dann wird der Geist Gottes in uns gesetzt, von Gott allein und wir können nichts dazu tun – nichts. Und mit Gottes Geist werden uns Gottes Augen, Gottes Herz und Gottes Liebe geschenkt, damit wir seinem Ebenbild gerecht werden können, nämlich gottgleich zu handeln. Durch Gottes Geist kommt uns Gott in seiner Kraft, Liebe und die Barmherzigkeit zu – und: Es wird uns die Selbstverständlichkeit und Freude daran geschenkt. Und wie kommen wir dann zu Gottes Geist? Es bleibt dem Menschen, Gott herbeizusehnen. Wir können Gott sehnsuchtsvoll um sein Kommen und Dasein bitten. Dieser Sehnsuchtsruf nach Gott, der aus dem Vertrauen erwächst, dass Gott mein Leben wandelt, dass durch Gott alles zurechtkommt, was durch mich einfach nicht zurechtkommen will, ist der Zugang zu seinem Geist. *Christoph Wiesener*

Wir beten

Herr, großer Gott, großherziger Spender Deines Geistes, lass in uns das Vertrauen in Dich wachsen, damit unsere Sehnsucht groß werde, von Deinem Geist regiert zu werden. Amen.

„Sancta mater"

Königin Mathilde war die Urururenkelin des Sachsenherzogs Widukind, die erste Königin des ottonischen Reiches und Mutter Kaiser Ottos. Sehr gebildet, wurde sie mit 14 Jahren die Frau Heinrichs I., des ersten Königs des fränkisch-sächsischen Reiches. Ihre Ehe galt als vorbildlich. Eines ihrer fünf Kinder war Otto, der später der erste Kaiser des Heiligen Römischen Reiches Deutscher Nation wurde. Wahrscheinlich am 14. März 968 starb die „sancta mater" der Ottonen, wie sie später genannt wurde, denn die Römisch-Katholische Kirche sprach sie heilig.

968 † Mathilde, Königin, Gemahlin Heinrichs I. | 1415 Kirchenbann über Jan Hus | 1791 † Johann Salomo Semler, Theologe der Aufklärung | 1803 † Friedrich Gottlieb Klopstock, Dichter in Hamburg

15. März

Donnerstag | SA 06:36 SU 18:26 MA 06:01 MU 16:07

Wochenspruch: Johannes 12,24
Wochenlied: EG 98 oder 396

Wir lesen Johannes 14,27–31

Jesus gibt nicht nur Frieden, er ist unser Friede

Absoluter Gehorsam, das wird mein Weg sein, kündigt Jesus an. Ich werde mich einem unterwerfen, der eigentlich keine Macht über mich hat, dem „Fürst dieser Welt“, dem Tod. Und diesen Weg gehe ich, damit alle Menschen sehen, was geschieht, wenn man Gott über alles liebt und ihm vertraut und darum sogar das tut, was zunächst unnötig, was widersinnig, ja sogar katastrophal anmutet. Denn nur so können die Menschen verfolgen, wie auch ein irritierender Wille Gottes von Gott selbst verwandelt werden kann in Zukunft, Leben und Sinn. Ja, ihr sollt sehen: Was in Gottes Namen geschieht, und scheint es noch so unnötig, widersinnig oder katastrophal, das ist oftmals gerade im tiefsten sinnstiftend und lebensfördernd. Diesen Weg, der uns in unserem Glauben immer wieder so sehr irritiert, diesen Weg geht Jesus einmal ganz konsequent. Damit wir nicht an den scheinbaren Schwächen und Widersinnigkeiten des Glaubens scheitern, sondern erkennen, dass das oftmals gerade die Stärke des Glaubens ist, und diesen Weg getrost auf uns nehmen. Mit dieser Erkenntnis gibt Jesus Christus uns einen Frieden mit in den Glaubensalltag, der nicht von dieser Welt ist; einen Frieden, der die Versöhnung zwischen Gott und seinem Geschöpf besiegelt und der durch alles hindurch erhalten bleibt, durch Verrat, Verzweiflung, Einsamkeit, ja Gottlosigkeit und Tod hindurch. *Christoph Wiesener*

Wir beten

Lass mich an Dich glauben, wie Jesus Christ es tat. Was kann dem geschehen, der solchen Glauben hat? Hilf uns, Herr, dass die Worte dieses Vertrauensliedes uns stark machen, damit wir in Dir erwachen und in Dir zur Ruhe finden. Tag für Tag, vom ersten bis zum letzten. Amen.

Verfasser des Heidelberger Katechismus

Kaspar Olevianus, Theologe in der Pfalz, hatte 1558 Johannes Calvin kennengelernt und predigte in der Folge auf der Grundlage der reformierten Theologie. Er wurde von Friedrich III. von der Pfalz „der Fromme" genannt, 1560 zum Lehrer für kirchliche Dogmatik an der Universität Heidelberg berufen und zum Leiter des dortigen Predigerseminars gemacht. Er schuf eine Gottesdienstordnung nach reformierten Grundsätzen, aber sein bedeutendstes Werk ist der „Heidelberger Katechismus", den er im Auftrag von Friedrich III. gemeinsam mit Professor Zacharias Ursinus verfasste.

1587 † Kaspar Olevianus, Theologe in der Pfalz | 1933 † Theodor von Zahn, Theologe

16. März

Freitag | SA 06:34 SU 18:28 MA 06:28 MU 17:15

Wochenspruch: Johannes 12,24
Wochenlied: EG 98 oder 396

Wir lesen Johannes 15,1–8

Volle, süße Früchte

Die Worte vom Weinstock und den Reben, vom Fruchtbringen und In-Jesus-Bleiben – oft gehört und viel zitiert! Wenn ich durch das alte Kirchenbuch meiner Gemeinde blättere, sehe ich, wie häufig diese Worte als Konfirmationsspruch gewählt wurden: Ansage fürs Leben; Zusage, die trägt. Immer wieder spricht Jesus vom „Fruchtbringen". Die Reben am Weinstock, mit dem Jesus sich vergleicht, bringen Frucht. Eines fällt auf: Frucht zu bringen geschieht durch Wachstum und Reife. Mit der Zeit – bei genügend Sonnenlicht und Regenwasser – bringen die Reben Frucht hervor. Es scheint ein langsamer, fast passiver Prozess zu sein; ähnlich, wie es in einem Kirchenlied heißt: „Lass mich so, still und froh, deine Strahlen fassen und dich wirken lassen." (EG 165) Nur eines ist sehr aktiv: „Bleibt in mir!" (V. 4) Nur dazu fordert Jesus seine Jünger auf, immer wieder: „Bleibt in mir!" Und das ist auch stimmig: Liebe, eine lebendige Beziehung wächst und reift im Beieinander-Bleiben. Miteinander reden. Zeit zusammen verbringen. Vertrauen aufbauen. Das ist die Art der Beziehung, die Jesus sich von uns wünscht. – Nehmen wir uns die Zeit, täglich und im Alltäglichen, damit die Lebensfrüchte reifen können. Ich stelle mir diese Früchte bildlich vor: pralle, süße Trauben, gereift in der Sonne, bis hin zur Vollendung. Tauperlen glitzern darauf. Volle, süße Früchte. Wie reich ist ein Leben, das in der Verbundenheit zu Jesus gelebt wird.

Bettina Morkel

Wir beten

Jesus, Du bist gekommen, damit wir das Leben in Fülle finden. Volle Genüge zu haben, selbst wenn es ein dürres Jahr ist, versprichst Du uns. In der Verbundenheit zu Dir werde ich dieses Leben finden. Hilf mir auf diesem Weg, Herr. Amen.

Die Abschiedsreden Jesu im Johannesevangelium (Joh 13,31–16,33)

An seinem letzten Abend mit den Jüngern, dem Gründonnerstag, bereitet Jesus sie auf die Zeit vor, wenn er nicht mehr sichtbar bei ihnen sein wird. Es ist eine wichtige Rede – auch für uns heute, die wir auch so leben: im Glauben, nicht im Schauen. Jesus ermahnt seine Jünger, in ihm zu bleiben. Wer Jesu Gebote hält, bleibt in seiner Liebe. Jesus ermutigt seine Jünger und verspricht ihnen den Heiligen Geist als den Tröster. Und Jesus verheißt Leben in Fülle und Freude für die, die mit ihm unterwegs sind.

1021 † Heribert von Köln, Bischof | 1738 † George Bähr, sächsischer Kirchenbaumeister | 1940 † Selma Lagerlöf, schwedische Schriftstellerin

17. März

Sonnabend | SA 06:32 SU 18:30 MA 06:52 MU 18:25

Wochenspruch: Johannes 12,24
Wochenlied: EG 98 oder 396

Wir lesen Johannes 15,9–17
Früchte des Lebens – Früchte der Liebe Wieder redet Jesus eindringlich mit seinen Jüngern. Sie sollen auch dann, wenn er nicht mehr sichtbar bei ihnen sein wird, in seiner Liebe bleiben. Die Früchte eines Lebens, das sich der Liebe hingibt, hat Jesus eindrücklich sichtbar gemacht: Die Menschen suchten seine Nähe, denn er ist ihnen gütig und freundlich entgegengekommen. Was Treue ist, hat er gezeigt, als er Petrus wiederum mit offenen Armen entgegentrat, obwohl dieser ihn in seiner schwächsten Stunde verleugnet hatte. Er hat mit seinem Leben gezeigt, was Liebe ist. „Ein Beispiel habe ich euch gegeben“, sagt Jesus. Er ist der Mann Gottes, der seinen Jüngern die Füße gewaschen hat – und nicht den Kopf, wie wir es einander so gerne tun. „Bleibt in meiner Liebe!“, ermahnt Jesus die Seinen eindringlich – dann wird euer Leben Früchte tragen. Ich stelle es mir bildlich vor, wie Jesus, ins Gespräch vertieft, inmitten der reichen Olivenhaine steht und die Blicke der Jünger dabei über die reifen, würzigen Olivenfrüchte schweifen. Früchte des Lebens. – Von unsichtbarer Hand gelenkt und beschenkt, bringt jede Pflanze ihre Frucht zu ihrer Zeit. Auch uns Menschen segnet Gottes

unsichtbare Hand mit allem, was wir zum Leben und Blühen brauchen, um uns zu unserer Bestimmung zu bringen. Auch wir sind berufen, zur Blüte zu kommen und Frucht zu tragen. Die schönste Frucht ist die, die Gottes Geist in uns wachsen lässt – die Gesinnung Christi: Liebe und Friede, Geduld und Güte, Sanftmut und Treue. Welch vielversprechenden Klang tragen die verheißungsvollen Worte Jesu (V. 11): „Das sage ich euch, damit meine Freude in euch bleibe und eure Freude vollkommen werde.“ *Bettina Morkel*

Wir beten Guter Gott, lass mich lernen, ganz aus Dir zu leben. In Dir! Mit Dir, in Verbundenheit und Gehorsam. Gib, dass die Menschen etwas von Dir in mir sehen. Schenke, dass die Frucht Deines Geistes in mir reift: Liebe für andere Menschen, innerer Friede, Treue und Geduld. Dir sei die Ehre. Amen.

Theologe/Ausbilder der Bekennenden Kirche: Günther Dehn (18.4.1882–17.3.1970) Im erstarkenden Nationalsozialismus wurde das Sterben im Krieg als christliche Pflicht mit den Worten Jesu gerechtfertigt: „Niemand hat größere Liebe als die, dass er sein Leben lässt für seine Freunde.“ Dehn hielt dagegen: Der Gefallene habe zuvor selber töten wollen. Ein Vergleich mit dem Tod Jesu sei daher unmöglich! Dehn galt nun als Vaterlandsverräter. In der Folge wurden 1933 seine Bücher verbrannt und er verlor seine Professur an der Universität Halle. Erst 1946, mit 64 Jahren, bekam er eine Professur in Bonn.

18. März

Sonntag | 5. Sonntag der Passionszeit (Judika)

Wochenspruch: Matthäus 20,28
Wochenlied: EG 76
Evangelium: Markus 10,35–45
Epistel: Hebräer 5,7–9
Altes Testament: 1. Mose 22,1–13

Wir lesen Psalm 43

Gott wieder loben

„Wo ist nun dein Gott?“ Ob uns das auch schon passiert ist, dass Freunde so fragen, weil uns Unglück oder Krankheit getroffen haben? Im alten Israel sind Menschen, die in dieser Situation waren, oft nicht auf Mitleid gestoßen, sondern auf die Frage: Was hast du denn Böses getan, dass dich Gott so straft? Psalm 43 ist die dritte Strophe eines Klagelieds, das um diese Frage kreist (vgl. 42,4). In ihr wendet sich der Beter mit seinen Bitten und Fragen direkt an Gott: „Warum hast du mich verstoßen?“ (V. 2) – Die Bitte „Schaffe mir Recht“ (V. 1) hat also nicht nur das Ziel, gegenüber den Anklagen von Feinden Recht zu behalten. Es ist zugleich die Bitte an Gott: Lass mich und andere wissen, dass ich weiter zu dir gehöre! Diese Gewissheit erhofft sich der Beter nicht von einer Gerichtsverhandlung. Er sucht eine andere Begegnung mit Gott. „Sende dein Licht und deine Wahrheit“, bittet er. Er sehnt sich nach einem Zeichen von Gott, das Licht in das

Dunkel seiner schwierigen Situation bringt. Und er möchte die Wahrheit der Verheißung Gottes, seine verlässliche Treue zu den Seinen spüren. Das aber soll ihm den Weg zum Tempel in Jerusalem, „zu deinem heiligen Berg und zu deiner Wohnung“ (V. 4) bahnen. Dorthin möchte er kommen, um Gott wieder loben zu können. – Wo können wir heute Gott neu begegnen? Wo lernen wir, Gott wieder zu loben – auch aus der Tiefe? Sind es Kirchentage, Glaubenskonferenzen, Einkehrtage oder auch ein ganz „normaler“ Gottesdienst, in dem wir erleben: „Gott ist da!“? Gott hat viele Wege, uns das Licht seiner Liebe und Zeichen seiner Treue zu senden. Ein gutes Wort und eine hilfreiche Geste können uns in die Gemeinschaft von Menschen führen, mit denen wir Gott wieder neu loben können, weil wir spüren: Er hat uns nicht aufgegeben, auch wenn es uns schlecht geht. Darum: Gib nicht auf! Harre auf Gott! *Walter Klaiber*

Wir beten

Herr, es gibt so viele offene Fragen. Warum müssen Menschen, die sich zu Dir halten, oft so schwere Wege gehen? Lass mich Dir und Deiner Wahrheit begegnen, dass ich weiß: Du bist da. Amen.

386 † Cyrillus von Jerusalem, Bischof und Kirchenlehrer | 1876 † Ferdinand Freiligrath, Dichter | 1919 † Marie Schlieps, Märtyrerin in Lettland | 1976 † Werner de Boor

19. März

Montag | SA 06:27 SU 18:33 MA 07:39 MU 20:49

Wochenspruch: Matthäus 20,28
Wochenlied: EG 76

Wir lesen Johannes 15,18–16,4

Trost und Hoffnung – jede Woche neu Jesus weiß, welchen Weg er geht. Er weiß, welches Ende er nehmen wird. Und er spürt, dass sein Ende kurz bevorsteht. Nun muss er seine Jünger darauf vorbereiten. – Wie erklärt man Unbegreifliches? Und wie kommt man selbst damit klar? Jesus zitiert Psalm 69,5: „Sie hassen mich ohne Grund." Es ist eine bittere Erfahrung: Treue zu leben und betrogen zu werden. Liebe zu verschenken und aus Neid dafür gehasst zu werden. Unrecht beim Namen zu nennen und verspottet zu werden. Immer wieder behalten Hass und Gewalt die Oberhand. Wie erklärt man Unbegreifliches? – Jeden Samstag, wenn wir die Blumen auf dem Altar für den Sonntagsgottesdienst herrichten, ist der dreijährige Sohn meiner Freundin dabei. „Warum hängt der da?", fragt er, jede Woche, wenn er Jesus mit der Dornenkrone am Kreuz hängen sieht. Entblößt. Lebensgroß. Und dann gibt es nichts mehr zu beschönigen: Jesus hat Gutes getan, erzähle ich, geholfen, geheilt, Liebe geschenkt. Manche Menschen waren so neidisch und so böse darüber, dass sie es nicht mehr ertragen konnten und ihn getötet haben. „Aber, stell dir vor", beeile ich mich dann zu sagen, bevor die Tränen kullern, „Gott wollte, dass das Gute und die Liebe siegt. Deshalb hat er Jesus von den Toten auferweckt. Und immer, wenn es bei uns mal ganz dunkel und traurig ist, dürfen wir wissen: Zuletzt siegt doch die Liebe und das Leben.“ Staunende Augen. Jede Woche wieder. Ich bin so froh darüber. *Bettina Morkel*

Wir beten Lieber Herr Jesus, begreifen können wir es nicht und ertragen schon gar nicht. Wieso gibt es so viel Böses und so viel Hass? Lass uns nicht aus den Augen verlieren, welches Wunder Gott an Dir getan hat. Und gib uns Kraft, den Weg der Liebe unbeirrt weiterzugehen. Amen.

Kreuzweg-Erfahrungen: auf dem Weg durch die Passionszeit In der Kirche ist Ostern das Fest des Jahres. Auf vielerlei Weise wird des Leidens und der Auferstehung Jesu gedacht – so auch durch das Beten und Gehen eines Kreuzweges. Die Leiden Jesu werden betrachtet: der Verrat an ihm, seine grundlose Verurteilung, der erschöpfte Zusammenbruch unter dem Kreuz, die Verleugnung durch einen seiner engsten Freunde. In all dem finden wir unsere eigenen Erfahrungen „durchkreuzten Lebens“ wieder. Und in der Begegnung Jesu im Leid geschieht Heilung und Erlösung – wie es Jes 53,4 f. ausdrückt: „Er trug unsere Krankheit und lud auf sich unsere Schmerzen, … und durch seine Wunden sind wir geheilt.“

1534 † Michael Weiße, Priester und Liederdichter in Böhmen | 1656 † Georg Calixt, Theologe | 1906 Hessischer Diakonieverein gegründet | 1932 † Georg Dehio, Kunstwissenschaftler

20. März

Dienstag | SA 06:25 SU 18:35 MA 08:03 MU 22:02

Wochenspruch: Matthäus 20,28
Wochenlied: EG 76

Wir lesen Johannes 16,5–15

Ihr werdet nicht allein sein

„Jeder Abschied ist ein kleines Sterben“, sagt der Volksmund. Nirgends scheint das mehr zuzutreffen als auf unseren heutigen Bibelabschnitt, der zu den Abschiedsreden Jesu gehört. Wir verstehen das Befremden der Jünger, ihre Angst vor dem, was da wohl kommen mag. Jesus kündigt ihnen seinen Weggang an. Für die Jünger muss dies einen kaum zu begreifenden Einschnitt bedeuten. Schließlich hängen sie an ihrem Meister. Ihm gilt doch nicht nur all ihre Liebe, sondern auch ihr Hoffen auf das nahende Reich Gottes. Das schmerzt, und den Jüngern gehören unsere Sympathien. Sie spüren den radikalen Umbruch, der vor ihnen liegt. Sie haben sich das alles anders vorgestellt mit ihrem Herrn. – Aber so? Jesus möchte sie auch nicht allein lassen, spricht vom Tröster, dem Geist Gottes, der kommen wird und der Welt die Augen öffnet. „Ich habe euch noch viel zu sagen“; das bedeutet: Ihr gemeinsamer Weg ist hier keineswegs zu Ende. Die Sache Jesu, einmal in Gang gesetzt, geht weiter. Die Jünger und die, die ihnen nachfolgen, werden das erkennen und spüren. Denen, die in der Nachfolge oft einen Leidensweg gehen, widerfährt Gerechtigkeit, weil Jesus bei

Gott für sie eintreten kann. Noch heute versucht so mancher den Glauben aus der Welt und dem Leben herauszudrängen. Der Tröster – der Geist Gottes – aber wird und will uns nahe sein, so wie Jesus den Jüngern nahe war. *Carsten Rostalsky*

Wir beten

Herr, Du weißt um unsere Zweifel und um unsere Traurigkeiten. Öffne Du uns für Deinen Geist, damit der Glaube uns auch durch schwere Zeiten und tiefe Täler hindurch trägt. Amen.

Albrecht von Preußen

Geboren wurde er am 17.5.1490 in Ansbach. Über viele Jahre seines Lebens trieb er die Reformation voran und trug erheblich zum Ende des Ordensstaates in Preußen bei. Insbesondere förderte Albrecht das Schulwesen, gründete Lateinschulen, 1544 dann die Universität in Königsberg (Albertina). Außerdem ließ er Schulbücher auf eigene Kosten drucken. Von ihm stammt der Text der ersten drei Strophen des Kirchenliedes „Was mein Gott will, gescheh allzeit“ (EG 364). Heute vor 450 Jahren starb Albrecht von Preußen auf der Burg Tapiau.

Frühlingsanfang | 1239 † Hermann von Salza, Hochmeister des Deutschen Ordens | 1568 † Albrecht von Preußen, Förderer der Reformation | 1708 † Samuel Rodigast, Liederdichter | 1889 † Albrecht Ritschl, Theologe | 1906 Diakonissenhaus Salem in Berlin gegründet

21. März

Mittwoch | SA 06:23 SU 18:37 MA 08:31 MU 23:17

Wochenspruch: Matthäus 20,28
Wochenlied: EG 76

Wir lesen Johannes 16,16–24

Noch eine kleine Weile

Zwischen „Nicht mehr sehen“ und „Wiedersehen“, zwischen „Traurigkeit“ und „Hoffnung“ ist unser heutiger Abschnitt angesiedelt. Jesus ist kurz davor, seine Jünger zu verlassen. Er kündigt ihnen an, was passieren wird – ohne Wenn und Aber. Ohne billiges Vertrösten bleibt er aber dennoch ganz dicht bei seinen Jüngern. „Ihr werdet traurig sein“, aber dieses Traurigsein „soll in Freude verwandelt werden“. So wie Jesus sein Leben hingibt, so wird der Heilige Geist Anteil geben am neuen Leben. Ein Bild – buchstäblich aus dem Leben – soll diesen Gedanken verständlich machen: Eine in den Wehen befindliche Frau wird nach der Entbindung ihres Kindes alle Schmerzen und Strapazen vergessen und ganz von der Freude über dieses neue Leben erfüllt sein. So gesehen ist der Glaube ein neues Leben, eine neue Wirklichkeit. – Weil Jesus daran liegt, dass unser Leben Orientierung bekommt, kann er auch die Erfüllung unserer Gebete zusagen. „Bittet, so werdet ihr nehmen, dass eure Freude vollkommen sei.“ Das heißt, wir dürfen uns in Liebe geborgen fühlen. Zwischen Geborgenheit und Geborenwerden besteht ein tiefer Sinnzusammenhang, der durch die Abschiedsrede Jesu sichtbar wird. Wie ein Kind bei seiner Mutter sind wir in Gott geborgen in einer lebendigen Hoffnung durch die Auferstehung Jesu Christi von den Toten. *Carsten Rostalsky*

Wir beten

Herr, wir sehen oft wenig von der Kraft des Lebens, die stärker ist als der Tod. Lass uns zu jener vollkommenen Freude gelangen, die Du allein geben kannst. So können wir im Glauben wachsen und bleiben. Amen.

Aus dem Japanischen Schuldbekenntnis von Sendai

Vor Gott und den Menschen bekennen wir, dass es unsere Sünden gegen Gott sind, die zu dieser nuklearen Katastrophe geführt haben. Wir alle, die wir in der modernen Welt leben, haben diese Sünden absichtlich oder unabsichtlich, individuell und gemeinschaftlich begangen. Diese Sünden zu bekennen und Buße zu tun ist, so glauben wir, was Gott jetzt von uns verlangt. Wir glauben auch, dass wir nur so, mit Gottes Gnade, einen neuen Weg in die Zukunft finden.

(Vereinigte Kirche Christi in Japan [UCCJ], März 2014)

547 † Benedikt von Nursia, Mönch und Ordensgründer | 1487 † Nikolaus von Flüe, Friedensstifter in der Schweiz | 1906 † Caroline Wichern | 2011 Erdbeben und Beginn der Nuklearkatastrophe in Fukushima

22. März

Donnerstag | SA 06:21 SU 18:38 MA 09:03 MU –

Wochenspruch: Matthäus 20,28
Wochenlied: EG 76

Wir lesen Johannes 16,25–33

Der Vater hat euch lieb

Wieder so ein Wechselbad der Gefühle. Eben noch bekennen die Jünger, sie hätten Jesus verstanden – und nun das. Jesus sagt: „Jetzt glaubt ihr? Siehe, es kommt die Stunde und sie ist schon gekommen, dass ihr zerstreut werdet, ein jeder in das Seine, und mich allein lasst." Der Meister kündigt an, dass ihn alle Weggefährten bei seiner Festnahme verlassen werden. Eben noch das starke Bekennen der Jünger zum Glauben und nun berichtet der Evangelist Johannes von der Versuchung, die alles wieder in Frage stellt. Ängste scheinen offenbar Begleiter in unserem Leben zu sein. Nicht ständig werden wir ihrer gewahr, oft treten sie in den Hintergrund. Jesus weiß das. Er geht mit seinen Ängsten um; spricht darüber auch mit den Jüngern. Gleichzeitig spricht er ihnen Mut zu: „In der Welt habt ihr Angst, aber seid getrost, ich habe die Welt überwunden." Er gibt seinen Jüngern zu verstehen: Auch wenn ihr mich vor lauter Furcht allein lasst – ich bin es nicht, denn „der Vater ist bei mir". Die Gemeinschaft mit dem Vater wird kein Ende haben, auch nicht in der Verlassenheit des Todes. So deutet Johannes das Kreuz Jesu von der

Auferstehung her. Diese Gemeinschaft von Vater und Sohn gilt auch für die Glaubenden. Der Vater hat euch lieb, ihr seid mit dem Vater und mir verbunden, ihr gehört zu unserer Gemeinschaft. So spricht Jesus, auch zu uns.

Carsten Rostalsky

Wir beten

Herr, unser Glaube ist oft angefochten durch Gewalt und Unrecht in unserer Welt. Aber Du bist der Herr, in Deiner Liebe können wir stark sein zu gutem Tun. Tröste und stärke uns. Amen.

August Schreiber (1839–1903)

Geboren wurde er in Bielefeld als drittes Kind eines angesehenen Juristen und Politikers. Nach dem Studium der Medizin und der Theologie wurde er von der Rheinischen Mission im Sommer 1865 zu den Batak nach Sumatra gesandt. Nach sieben Jahren Missionstätigkeit kehrte Schreiber mit seiner kranken Frau nach Deutschland zurück. Er wurde Lehrer am Missionsseminar, später Erster Inspektor. In der Heimat sorgten seine fesselnden Berichte für einen steigenden Zustrom an ausgebildeten Missionaren und eine große Spendenbereitschaft.

1663 * August Hermann Francke | 1832 † Johann Wolfgang von Goethe, Dichter in Weimar | 1903 * Jochen Klepper | 1903 † August Schreiber, Missionar auf Sumatra

23. März

Freitag | SA 06:18 SU 18:40 MA 09:42 MU 00:30

Wochenspruch: Matthäus 20,28
Wochenlied: EG 76

Wir lesen Johannes 17,1–11a

Auftrag erfüllt

In einer Woche ist Karfreitag, der Todestag von Jesus. In seinem Abschiedsgebet kommt auch das Kreuz in den Blick. Doch nicht als Mal der Schande, sondern des Triumphes. Eine ungewöhnliche Perspektive. Mich erinnert sie an den Film über Dietrich Bonhoeffer. Auf dem Weg zum Galgen sagt er zu den ihn Umgebenden: „Das ist das Ende, für mich der Beginn eines neuen Lebens." Wer so reden kann, der weiß, dass unser Leben von Gott kommt und zu ihm zurückkehren wird. Jesus hat am Kreuz diesen Weg geebnet. Was wie Scheitern und Niederlage aussieht, ist in Wirklichkeit ein großer Sieg. Jesus spricht von Verherrlichung. Es sind ungewöhnliche Worte für das Kreuz. Sie sind Ausdruck dafür, dass Jesus seine Mission erfüllt hat. So wie er eins mit dem Vater ist, können auch wir durch Jesus eins werden mit diesem Gott. Jesus hat aus dem einst unnahbaren Gott nun einen himmlischen Vater gemacht. Eine wunderbare Botschaft für Menschen, die mit Angst und Sorge in die Zukunft blicken. Du bist nicht vergessen. Du bist nicht allein in dieser Welt. Jesus hat dich und dein Leben im Blick. In der Augsburger

St. Moritzkirche fand ich diesen Gedanken auf wunderbare Weise ausgedrückt. Die sehr alte Kirche wurde neugestaltet. Der englische Künstler John Pawson stellte in den Altarraum eine lebensgroße Christusfigur, die mit ausgebreiteten Armen auf mich zukommt. *Reinhard Pappai*

Wir beten

Herr, ich danke Dir, dass Du die Deinen nicht aus dem Blick verlierst. So sei Du heute an meiner Seite und bei allen Menschen, die Dir vertrauen. Führe uns auf dem Weg zum himmlischen Vater. Amen.

Das hohepriesterliche Gebet

Seit der Reformationszeit ist diese Bezeichnung für Joh 17 bekannt. Auch Luther hat sie verwendet. Der Hohepriester war eine herausragende Person im Alten Testament. Er wird für Gott aus der übrigen Priesterschaft ausgesondert. Nur er darf am jährlichen Versöhnungstag das Allerheiligste im Tempel betreten und Gott für alle um Vergebung bitten. Im Hebräerbrief und im Johannesevangelium wird darauf Bezug genommen. Nun ist Christus der „Hohepriester", der das einmalige und endgültige Opfer bringt und den Weg zu Gott für uns Menschen freimacht.

1566 † Wolfgang zu Anhalt, Förderer der Reformation | 1900 † Christian Jensen | 1948 † Nikolaij Berdjajew, russischer Religionsphilosoph

24. März

Sonnabend | SA 06:16 SU 18:42 MA 10:30 MU 01:40

Tag der Ankündigung der Geburt des Herrn (Mariä Verkündigung)

Wochenspruch: Matthäus 20,28
Wochenlied: EG 76

Wir lesen Johannes 17,11b–26

Das Einssein der Verschiedenen Mein Gotteshaus in Bautzen, die St.-Petri-Kirche, ist seit der Reformation geteilt. Bis in die 1950er Jahre trennte ein 4,5 m hohes Gitter den katholischen und evangelischen Teil der Kirche. Bei der Renovierung nach dem 2. Weltkrieg baute man das Gitter auf eine Höhe von 1 m zurück und setzte eine Tür ein. Heute, nach der Innenrenovierung von 2013–2015, hat das Gitter zwei große Öffnungen. Auf dem Handlauf des Gitters stehen die Worte aus Joh 17,22.23 in deutscher und sorbischer Sprache. Das Trenngitter erinnert also daran, dass wir Gläubigen an dem Einssein von Gott Vater und Gott Sohn teilhaben. Aber es ist zugleich der Wille und die Fürbitte unseres Herrn, dass wir diese Einheit als Christen auch leben. Dabei geht es nicht vorrangig um die Vereinigung von Organisationen. Wir sollen vielmehr die göttliche Einigkeit auf Erden so leben, dass wir uns als Christen aus den verschiedenen Kirchen, Freikirchen und Gemeinden in gegenseitiger Liebe, Achtung und in Respekt begegnen. Noch besser, wenn wir regelmäßig zum gemeinsamen Gebet zusammenkommen. Und wenn dabei Trennendes kleiner wird oder gar wegfällt, was Christen Jahrhunderte getrennt hat, dann umso besser. Das gelebte Einssein so verschiedener Christen verlängert die himmlische Herrlichkeit auf die Erde und bezeugt so Jesus Christus als den von Gott in die Welt Gesandten. *Reinhard Pappai*

Wir beten Herr, ich danke Dir, dass Du uns in Deinem Gebet auch heute nahe bist. Bitte hilf mir, mich mit Christen aus anderen Kirchen und Gemeinden eins zu wissen und diese Einheit im Alltag zu leben. Amen.

Bertel Thorvaldsen Der 1770 geborene dänische Bildhauer starb am 24.3.1844. Er war evangelischer Christ, dennoch zog es ihn immer wieder nach Rom, wo ihn die Figuren aus der Antike begeisterten. In Kopenhagen befindet sich das großartige Thorvaldsen-Museum, in dem viele seiner Werke ausgestellt sind. Auch sein Grab ist dort. Mich beeindruckt vor allem die Figur des segnenden Christus. Eine Kopie steht in der Zittauer Johanneskirche. Unter dieser Figur wurde ich einmal ordiniert. Und ich darf bis heute den Segen von Christus in meinem Leben wahrnehmen.

1549 † Veit Dietrich, Theologe in Nürnberg (ev. Gedenktag; Sterbetag: 25.3.) | 1654 † Samuel Scheidt, Kirchenmusiker | 1844 † Berthel Thorvaldsen, dänischer Bildhauer | 1980 † Oscar Arnulfo Romero, Erzbischof in El Salvador

25. März

Sonntag | 6. Sonntag der Passionszeit (Palmarum)

Wochenspruch: Johannes 3,14b.15
Wochenlied: EG 87
Evangelium: Johannes 12,12–19
Epistel: Philipper 2,5–11
Altes Testament: Jesaja 50,4–9

Wir lesen Psalm 92
„Guten Morgen, liebe Sorgen …
… seid ihr auch schon wach?“– so fängt mancher Tag für uns an. Der Psalmist möchte den Tag anders beginnen. Er will am Morgen von der Gnade Gottes singen, mit Lob und Dank in den Tag gehen. Auch in der Nacht, wenn – wie es im Lied heißt – die Sorgen um das Lager her stehen, möchte er Gottes Wahrheit und Treue verkünden und sich und anderen sagen: Auf Gott kann ich mich verlassen, auch wenn es dunkel ist. – Zweierlei motiviert ihn zu diesem Lob: Einerseits macht er sich klar, dass Gottes Handeln das, was wir begreifen können, weit übertrifft: „Herr, wie sind deine Werke so groß! Deine Gedanken sind sehr tief!“ (V. 6) Andrerseits erinnert er sich an das, was Gott schon für ihn und sein Volk getan hat. Davon kann er fröhlich singen (V. 5), auch wenn es in der Gegenwart Probleme gibt. Diese Probleme sieht er in Personen verkörpert: Gottlose nennt er sie und Übeltäter. Sie sind Gottes Feinde und darum auch seine

Feinde. Vermutlich leiden die meisten von uns weniger unter persönlichen Feinden. Aber dass es Menschen, die die Rechte anderer mit Füßen treten und sie mit Lug und Trug ausbeuten, oft so gut geht, das ficht auch uns an. Wenn der Psalmist feststellt, dass sie „vertilgt werden für immer" (V. 8), ist das nicht Ausdruck persönlicher Rachsucht, sondern dankbare Feststellung: Von Gott aus gesehen hat dieses Verhalten keine Zukunft. – Zukunft haben die, die sich an Gott halten und auf sein Wort hören. Der Psalmist vergleicht sie mit Palmen und Zedern, Bäumen also, die hoch aufwachsen und alt werden. Selbst im Alter werden sie blühen, fruchtbar und frisch sein (V. 13–15). Das mag uns ein wenig übertrieben erscheinen. Auch fromme Menschen werden gebrechlich und sterben. Aber das, was Gottes Gnade in ihrem Leben bewirkt hat, das bleibt und spricht weiter als Zeugnis für andere (V. 16).

Walter Klaiber

Wir beten

Herr, es ist schön, Dich zu loben. Aber es gelingt mir nicht immer. Lass mich nicht vergessen, was Du Gutes getan hast, und erkennen, wie groß Deine Güte ist. Das macht mein Leben reich. Amen.

1675 † Ernst der Fromme, Landesherr in Sachsen (ev. Gedenktag; Sterbetag: 26.3.) | 1801 † Friedrich von Hardenberg (Novalis), Dichter | 1954 † Gertrud Bäumer, Dichterin

26. März

Montag | SA 07:11 SU 19:45 MA 13:33 MU 04:37

Wochenspruch: Johannes 3,14b.15
Wochenlied: EG 87

Wir lesen Johannes 18,1–11
Was bewirkt Glaube?
Nach seinem Gebet für alle, die an ihn glauben, geht Jesus nun entschlossen im Gehorsam seines Auftrages seinen vom Vater vorherbestimmten Weg zu Ende. Er erfüllt sich mit Jesu Worten am Kreuz: „Es ist vollbracht!" Dass sich jemand selbst ausliefert und nicht ängstlich zu fliehen sucht, ist den Soldaten unheimlich. Die innere Stärke, die von diesem Menschen ausgeht, wirft sie um. Jesus muss sie dazu ermuntern, ihn gefangen zu nehmen. Indem er sich selbst ausliefert, schenkt er den Jüngern die Freiheit. So erfüllt sich sein Gebet um Bewahrung der Menschen, die ihm anvertraut sind. Petrus, der ihn als Einziger zu schützen versucht, wird von Jesus zurechtgewiesen. Statt den Mut des Petrus zu loben, wird er ermahnt, sich ihm und seinem Auftrag nicht in den Weg zu stellen. Jesus ist ganz Herr der Lage. Wir lesen von keinem Gebet, das von Ängsten und Zweifel, Todesnot und Anfechtung spricht. Hier handelt nicht der Mensch Jesus, sondern der Christus. Jesus wurde in der Passionserzählung fast aller menschlichen Züge entkleidet. Der geglaubte Christus hat den Menschen Jesus von Nazareth in sich aufgenommen und

damit verwandelt. Wichtig ist allein der Glaube an den Christus, der in Jesus in der Welt war. Auch wir Christen sollen uns verwandeln lassen und den neuen Menschen anziehen, der im Vertrauen auf Christus seinen Weg in der Welt geht.

Heinz Meixner

Wir beten

Jesus, ich kann mich von Dir verwandeln lassen und mit meiner kleinen Kraft Deine Liebe in die Welt tragen. So werde ich Dir ähnlich und verändere ein Stück dieser Welt. Dazu hilf mir. Amen.

Karl Schlau

In Riga 1851 geboren, war er lutherischer Pfarrer in Lettland. Er versuchte zwischen Letten und Deutschen zu vermitteln. Nationalistischer Hass und Mordversuche begleiteten seine Arbeit. Von der Russisch-Orthodoxen Kirche angefeindet und wegen Amtshandlungen an Mitgliedern dieser Kirche angeklagt, wurde er seines Amtes für einige Zeit enthoben. Als die Bolschewiki an die Macht kamen, wurde er verhaftet und erschossen. Nach der Eroberung Rigas durch die Baltische Landeswehr wurde sein Leichnam exhumiert und auf dem Jakobi-Friedhof bestattet.

809 † Liudger, Glaubensbote und Bischof in Westfalen | 1918 † Claude Debussy, französischer Komponist | 1919 † Karl Schlau, Märtyrer in Lettland

27. März

Dienstag | SA 07:09 SU 19:47 MA 14:46 MU 05:22

Wochenspruch: Johannes 3,14b.15
Wochenlied: EG 87

Wir lesen Johannes 18,12–27

Bin ich Petrus?

Dem unerschrockenen Auftreten des göttlichen Christus wird die menschliche Angst des Petrus gegenübergestellt. Jesus knickt nicht ein vor dem Hohenpriester. Ihm liegt nichts an einem wohlfeilen Verhalten. Er bettelt nicht um sein Leben. Sein Tod ist ja schon beschlossene Sache (V. 14). Der Christus bekennt sich zu seinem Auftrag, seiner Lehre und damit zu dem Weg an das Kreuz. Petrus verleugnet seinen Lehrer und verrät damit seinen eigenen hohen Anspruch, das Leben für ihn zu geben (Joh 13,37). Der Schreiber des Evangeliums zeigt in Petrus das menschliche Versagen, für den Glauben einzustehen angesichts von Gefahr für Leib und Leben. Wärme und Nähe zu den Menschen ist für Petrus nur zu haben, wenn er die Nähe zu Jesus, dem Christus, abstreitet. Jeder weiß, wie die Geschichte weitergeht, nachdem der Hahn Petrus an sein Versagen erinnert. Sie braucht nicht mehr erzählt zu werden. Sie ist unwichtig geworden. Jeder soll für sich aus der Geschichte Schlüsse für das eigene Leben ziehen. Der Gemeinde, die sicher auch unter Anfeindung und Verfolgung zu leiden hatte, wird ein Beispiel gegeben. In unserer Zeit sterben noch immer Menschen um ihres Glaubens willen. Viele fliehen auch vor der Gefahr, um sich und ihre Familie vor dem Tod zu bewahren. Würde ich mein Leben für meinen Glauben aufs Spiel setzen? In Petrus begegnen wir uns selbst. *Heinz Meixner*

Wir beten

Jesus, ich lebe in einer Gesellschaft, in der ich meinen Glauben gefahrlos leben kann. Dafür bin ich dankbar. Aber ich kann die Angst des Petrus verstehen. Auch ich bin nicht immer mutig. Amen.

Traudel Junge

Traudel Junge, die Sekretärin Hitlers, berichtet in ihren Lebenserinnerungen: „Ich muss damals schon oft an der Gedenktafel von Sophie Scholl … vorbeigegangen sein, ohne sie zu bemerken. Eines Tages fiel sie mir auf und als ich mir vergegenwärtigte, dass sie 1943 hingerichtet wurde, als mein Leben erst so richtig begann, war ich zutiefst schockiert. Sophie Scholl war … ein Jahr jünger als ich, und sie hatte sehr wohl erkannt, dass sie es mit einem Verbrecherregime zu tun hatte. Mit einem Mal kam mir die Entschuldigung abhanden."

(Zitat aus Traudel Junge, Bis zur letzten Stunde, List Verlag 2003, 261)

1328 † Meister Eckhart, Mystiker in Straßburg und Köln (ev. Gedenktag; das Sterbedatum – vor dem 30.4.1328 – ist nicht genau bekannt)

28. März

Mittwoch | SA 07:07 SU 19:48 MA 16:02 MU 06:00

Wochenspruch: Johannes 3,14b.15
Wochenlied: EG 87

Wir lesen Johannes 18,28–40

Was ist meine Wahrheit?

Nach den Verhören durch die Hohenpriester geht es zu Pilatus. Jesu Herrschaftsanspruch wird vor Pilatus bewusst politisch gedeutet. Das bedeutete Hochverrat und Tod. Der römische Statthalter musste das Todesurteil fällen, das sie diesem Jesus wünschten. Die Ankläger haben leichtes Spiel. Beim Verhör treffen der politische Hoheitsanspruch des Pilatus und der religiöse Hoheitsanspruch des Christus aufeinander. Was ist Wahrheit und wer hat sie? Die Frage des Pilatus hat durch die Zeiten manchen Schriftsteller bewegt. Ist Wahrheit, wenn der eine Recht und der andere Unrecht hat? Wahrheit ist da, wo die Macht ist! So beantwortet Pilatus seine eigene Frage. Wahrheit nach dem Johannesevangelium ist, dass Gott sich in Jesus offenbart hat. Durch Jesu Tun und Reden hören wir die Stimme Gottes. Die Antwort auf die Frage nach der Wahrheit ist das persönliche Bekenntnis zu dem Christus. Das ist keine objektive, sondern eine persönliche Wahrheit. Jeder Versuch, die eigene Religion als die einzige Wahrheit zu behaupten und evtl. auch zu politischen Zwecken zu missbrauchen, ist Irrglaube. Wenn das Königtum des Christus nicht von dieser Welt ist, kann es auch nicht auf der Erde errichtet werden. Dieser Jesus, der da vor Pilatus steht, steht auch uns gegenüber und fragt uns, ob wir seine Wahrheit, die Liebe, wirklich wahrhaben, d. h. leben wollen. *Heinz Meixner*

Wir beten Jesus, ich möchte, dass Du mein Leben bestimmst. Das ist meine Wahrheit. Sie will ich bezeugen, wenn ich danach gefragt werde. Hilf mir aber, die Wahrheit der Menschen neben mir zu achten. Amen.

„Ist es miteinander vereinbar … … mit rückhaltloser Hingabe an den eigenen Glauben zu leben und zugleich andere Religionen als legitim zu akzeptieren? Ist aus der Sicht eines gläubigen Menschen, der sich stark und tief seiner eigenen Glaubenstradition verbunden weiß, religiöser Pluralismus möglich?“, fragt der Dalai Lama und antwortet: „In unserer heutigen globalisierten Welt, in der … unser aller Schicksal miteinander verwoben ist, wird es um des Friedens und des Glücks der Menschen willen besonders wichtig, dass man das Vorhandensein anderer Glaubensvorstellungen akzeptiert.“ *(Dalai Lama, Das Herz der Religionen, Herder 2012, 205 u. 209)*

718 † Rupert, Bischof und Glaubensbote in Salzburg (ev. Gedenktag; Sterbetag: 27.3.) | 1896 Studentenbund für Mission gegründet | 1905 Anstalten Hoffnungstal bei Bernau gegründet | 1990 † Kurt Scharf, Präses der Bekennenden Kirche, Bischof von Berlin

29. März

Donnerstag | Gründonnerstag

Spruch: Psalm 111,4
Lied: EG 223
Evangelium: Johannes 13,1–15.(34–35)
Epistel: 1. Korinther 11,23–26
Altes Testament: 2. Mose 12,1.3–4.6–7.11–14

Wir lesen Johannes 19,1–16a

„Kreuzige! Kreuzige!"

Nicht immer darf die Stimme der Mehrheit die Richtung vorgeben. Das Recht ist ein Bollwerk gegen das Machtstreben des Populismus. Juden wie Römer waren stolz auf ihr Gesetz. Alle Menschen sind verpflichtet, das Recht anzuwenden, sogar wenn die Mehrheit etwas anderes verlangt. – Die öffentliche Meinung hatte von Jesus viel erwartet und gehofft. Nach wunderhaften Erfahrungen wollte das Volk in Galiläa Jesus zum König machen (6,18). Noch wenige Tage zuvor, beim Einzug Jesu in Jerusalem, jubelte man ihm als „König von Israel" (12,13) zu. Aber Jesus lehnt die Verehrung als weltlicher Herrscher ab. Das neue Gebot ist die Liebe und die erfordert manchmal die Selbstzurücknahme, Dienst für die anderen, Aufgabe der eigenen Interessen. Aber das Volk wünscht keinen König, der das Recht der anderen achtet. Es will einen König, der stark genug ist, die eigenen Interessen durchzusetzen, gegebenenfalls auch gegen die Römer. Diesen merkwürdigen König mit der Liebesbotschaft lässt das Volk fallen wie eine heiße Kartoffel. – Auch die römischen Soldaten verspotten diesen gewaltlosen König, dessen Reich nicht von dieser Welt ist. Pilatus weiß aber, dass dieser Mann unschuldig ist. In Verantwortung des Rechtes wäre der römische Statthalter verpflichtet gewesen, Jesus freizusprechen. Aber er vermag dem Ruf der Massen: „Kreuzige! Kreuzige!" nicht standzuhalten. Dem Volk zu Gefallen tut er etwas, was er in seinem Herzen verabscheut. Er verurteilt Jesus unschuldig zum Tode. Jesus ist nicht das erste Opfer populistischer Willkür und er wird nicht das letzte bleiben. Aber Jesus weiß, „eine Macht von oben" verfolgt noch ganz andere Pläne. Sogar in und durch offensichtliches Unrecht führen Gottes Pläne zu seinem Ziel. Am Ende siegt die Liebe, für die Jesus bereit gewesen ist, auf Macht und weltliche Herrschaft zu verzichten.

Hans-Jürgen Abromeit

Wir beten

Herr, unser Gott, wir danken Dir für das Recht, das Leben schützt. Wir bitten Dich für alle Opfer der Willkür. Schaffe ihnen Gerechtigkeit. Danke, dass Du den Weg der Liebe gegangen bist, für uns. Amen.

1788 † Charles Wesley, Liederdichter | 1824 † Hans Nielsen Hauge, Glaubenszeuge in Norwegen | 1896 Bethel-Mission gegründet

30. März

Freitag | Karfreitag

Spruch: Johannes 3,16
Lied: EG 83 oder 92
Evangelium: Johannes 19,16–30
Epistel: 2. Korinther 5,(14b–18.)19–21
Altes Testament: Jesaja (52,13–15;) 53,1–12

Wir lesen Johannes 19,16b–30

„Es ist vollbracht!"

Am Ende seines Lebens hängt Jesus, der Sohn Gottes, der den Gotteswillen neu verkündet hat, ausgespannt zwischen Himmel und Erde. Sein Werk ist vollbracht. Er hat alles getan, was zu tun nötig war. Aber was ist das Werk Jesu? Was ist vollbracht? Das Johannesevangelium schildert uns den Weg Gottes in diese Welt hinein. Am Anfang, im 1. Kapitel, sagt es uns, dass das von Gott kommende Wort, Gott selbst, Fleisch, Mensch geworden ist. Hier am Kreuz stirbt nicht irgendein Mensch, sondern Gott in Person. Damit ist die Erlösung ans Ziel gekommen. Wenn ein Mensch für uns Menschen gestorben wäre, wäre nichts gewonnen. Da aber Gott selbst sich so tief hinabgelassen hat, dass er Mensch wurde, so birgt das Sterben Jesu die Erlösung für uns. Nur Gott selbst kann die Verneinung des geschöpflichen Menschseins durch die Sünde aufheben. – In Kapitel 1,29 bezeichnet Johannes Jesus als Gottes Lamm. Der da am Kreuz stirbt, stirbt wie damals im Tempel die Opferlämmer als Sühnopfer. So stirbt er für die Schuld einer ganzen Menschheit. Jesus stirbt nicht einfach nur seinen eigenen Tod, sondern er stirbt für andere, für uns. Jesus stirbt in Schuldstellvertretung für alle, damit Schuld und Sünde vergeben werden können. Durch den Tod Jesu gibt es für diejenigen, die ihr Leben für verwirkt hielten, einen Neuanfang. – Ist aber nicht jeder für sich selbst verantwortlich? Kann Jesus unsere Schuld auf sich nehmen? Ja, jeder ist für sich selbst verantwortlich. Gott macht unsere Person stark. Aber wir dürfen, wenn wir das wollen, die Vergebung, die Jesus uns durch seinen Kreuzestod anbietet, annehmen. – Das ist vollbracht: Es ist vollbracht, dass wir offenen Zugang zu Gott haben und uns in der Gemeinschaft mit Jesus Christus ein ewiges Leben in Herrlichkeit erwartet. Gott stärkt uns, indem er Vergebung ermöglicht. Am Kreuz auf Golgatha ist es vollbracht. *Hans-Jürgen Abromeit*

Wir beten

Lieber Herr Jesus Christus, ich danke Dir, dass Du mir Vergebung ermöglichst. Ich habe mein Leben nicht verwirkt, obwohl ich so oft anderen geschadet und meinen eigenen Vorteil gesucht habe. Du vergibst mir meine Schuld und machst mich als Person stark. Danke, dass Du es so gut mit mir meinst. Amen.

1858 † Johannes Evangelista Goßner, Theologe in Bayern und Preußen

31. März

Sonnabend | Karsonnabend

Spruch: Johannes 3,16
Lied: EG 79
Evangelium: Matthäus 27,(57–61.)62–66
Epistel: 1. Petrus 3,18–22
Altes Testament: Hesekiel 37,1–14

Wir lesen Johannes 19,31–42

Die heimlichen Jünger Jesu

Gegen 18 Uhr beginnt der Sabbat und Festtag. Vorher, noch am späten Karfreitagnachmittag, ist geschehen, was der heutige Bibeltext berichtet. Es muss sich alles in einer ziemlichen Hektik ereignet haben. Um 15 Uhr war Jesus gestorben. Folter und Kreuzigung hatten ihm so zugesetzt, dass er unerwartet schnell am Kreuz verstorben war. So bleibt ihm das Brechen der Beine erspart, das seine Mitgekreuzigten erleiden müssen. Dieses ganze Geschehen beobachtet der Jünger, „den Jesus lieb hatte" (V. 26) und auf den das Evangelium zurückgeht. Er hatte mit der Mutter Jesu und einigen Frauen bei Jesus in seinem Sterben ausgeharrt. Nun steht er vor dem toten Jesus. Dieser ergreifende Moment fordert ihn zu einer Stellungnahme heraus. Er hat das alles mitgeteilt: „damit auch ihr glaubt" (V. 35). Alles ist geschehen, damit der Glaube an Jesus von weiteren Menschen als Lebensgrundlage angenommen wird. Auch wir sind angesprochen. Der Evangelist hat das Evangelium und besonders den Tod Jesu nicht aufgeschrieben, damit wir lediglich darum wissen, sondern damit wir unser Leben darauf bauen. In diesen letzten Stunden am Freitagnachmittag sieht es aber nicht danach aus, dass der christliche Glaube zu einer Weltreligion wird. Es stellt sich die praktische Frage, wo und von wem Jesus jetzt innerhalb von ein bis zwei Stunden begraben werden kann. Da ergreifen zwei heimliche Jünger Jesu die Initiative. Beide sind nicht unvermögend. Joseph von Arimathäa stellt sein eigenes Grab zur Verfügung, das in der Nähe der Hinrichtungsstätte Jesu liegt. Und Nikodemus taucht wieder auf, der Pharisäer und „Oberster der Juden" (3,1), um Jesus die nach jüdischer Sitte notwendige Bereitung des Leichnams zu ermöglichen. Am Ende des Tages zeigt sich, dass Jesus noch weitere Jünger hat, die bisher noch nicht in Erscheinung getreten waren.

Hans-Jürgen Abromeit

Wir beten

Herr Jesus Christus, habe Dank dafür, dass Deine Gemeinde immer größer ist als die, die ich kenne und die mir vor Augen steht. Schenke Du mir das feste Vertrauen zu Dir, damit ich auch dazugehöre. Amen.

Jüdischer Feiertag: Pessach (1. Tag) | um 260 † Akazius von Melitene, Bischof in Armenien | 1869 Diakonissenanstalt Sarepta in Bethel gegründet | 1924 † Eduard Graf Pückler | 1945 † Anne Frank im KZ Bergen-Belsen

1. April

Sonntag | Ostersonntag

Wochenspruch: Offenbarung 1,18
Wochenlied: EG 101 oder 106
Evangelium: Markus 16,1–8
Epistel: 1. Korinther 15,1–11
Altes Testament: 1. Samuel 2,1–2.6–8a

Wir lesen Johannes 20,1–10

Alles wird anders

Ostern beginnt mit Maria Magdalena. Sie kam verzweifelt an das Grab, ohne Glauben, denn Jesus war am Kreuz von Golgatha gestorben, zu jung noch, ein Gewaltopfer. Sie und viele andere hatte er in seinen Bann geschlagen, durch seine Worte von Liebe und Versöhnung, die Hoffnung stifteten, und durch seine Taten, in denen sie den Anbruch des Gottesreiches erkannt hatten. Das war vorbei, und nichts war geblieben als Enttäuschung und Trauer. Maria Magdalena kam als eine, die ihm den letzten Liebesdienst erweisen wollte, den Leichnam mit Kräutern und Salben behandeln. Von der Zukunft wird sie nichts erwartet haben, allenfalls dass die Zeit Wunden heilen kann. – Darin stimmen alle Berichte der Heiligen Schrift überein: Bevor es Ostern wurde, hatten die Jüngerinnen und Jünger abgeschlossen, sie waren auf dem Weg zurück in ihren Alltag, aus dem sie mit dem Nazarener aufgebrochen waren, was sonst hätten sie auch tun sollen, alles andere wäre ja ganz undenkbar gewesen. Als sie zum Grab ging, konnte Maria Magdalena nicht anders, als auf die Stimme ihres Verstands zu hören, der sagte: Es ist vorbei. – Ostern wurde es erst durch ein unerwartetes Geschehen, verändert wurde die Situation ganz unverhofft: Das Grab war leer. Zuerst die Frauen, dann die Jünger, dann der Apostel Paulus begegneten dem Auferstandenen, und die Evangelien atmen das Staunen über dieses wunderbare Geschehen und seine alles verändernde Kraft. Niemand hatte diese Begegnungen erwartet, nicht einmal gehofft, dass es so kommen könnte – es ist das Ostergeschehen etwas vollständig Fremdes, Unverfügbares, der Einbruch eines ganz und gar Neuen in das Leben der Auferstehungszeugen. Ostern kam unverhofft. Der Auferstandene macht den Unterschied, alles wird anders durch ihn, am dritten Tag wurde aus Trauer und Resignation Glaube – der Glaube, der die Welt verändert.

Jochen Bohl

Wir beten

Vater, ich danke Dir die Auferstehung Christi, auf die ich vertraue in allem; es sei schwer oder leicht. Amen.

1859 † Amalie Sieveking, Wohltäterin in Hamburg | 1901 Hessisches Brüderhaus gegründet | 1957 Innere Mission und Evangelisches Hilfswerk zum Diakonischen Werk der EKD vereinigt | 2014 † Rolf Rendtorff, Theologe

2. April

Montag | Ostermontag

Wochenspruch: Offenbarung 1,18
Wochenlied: EG 101 oder 105
Evangelium: Lukas 24,13–35
Epistel: 1. Korinther 15,12–20
Altes Testament: Jesaja 25,8–9

Wir lesen Johannes 20,11–18

Hoffnung, die dem Leben dient

Ein Geschenk wurde den verzweifelten Jüngern an Ostern gemacht, das größte überhaupt – vertrauen zu dürfen auf die Zukunft Gottes. Es veränderte ihr Leben und ihre Haltung, aus Trauer und Verzweiflung wurden Zuversicht und Mut. Unverhofft, gerade noch in Tränen, begegnet Maria Magdalena dem Auferstandenen, sie lässt sich darauf ein, ist offen für das Unerwartete: Vertrauensvoll begegnet sie Gott. Und damit begann ein Aufbruch, in den wir mit der ganzen Christenheit hineingenommen werden, es wuchs der Glaube, dessen Kraft bis heute Menschen in Bewegung setzt. Christus blieb nicht im Tod, sondern lebt, er lebt für uns und mit uns. Der Herr ist auferstanden, er ist wahrhaftig auferstanden! Die Evangelisten sind voll des Staunens über das Geschehen, und ihre Berichte atmen die Freude, dass es anders gekommen war, als alle gedacht und erwartet hatten, dass die Sache Jesu nicht zu Ende war, sondern neu begann. Am dritten

Tag und mit den ersten Christen kam eine Hoffnung in die Welt, die dem Leben dient und die ängstliche Sorge überwindet. Die Osterbotschaft begründet den Glauben und stärkt unsere Hoffnung. Wir Christenmenschen hängen nicht an Vergangenem – wir vertrauen den neuen Wegen, denn mit Christus an unserer Seite durchwandern wir die Zeit; wir brechen auf aus Hoffnung. – Diese Botschaft wird gebraucht in diesen Tagen, in denen wir von Krisen umstellt sind und viele furchtsam nur wünschen, es möchte nicht schlechter werden, als es heute ist, und sich kleinmütig an Vergangenes klammern. Aber die Zukunft ist offen; und bestimmt ist es so, dass der Sorgenvolle, zögerlich stets und immer auf Sicherheit Bedachte sie verlieren wird; derjenige aber sie bestehen und gestalten kann, der ihr in einer Haltung des Vertrauens begegnet. Uns, die wir auf Christus hoffen, stehen die Tore offen, das Land ist hell und weit. *Jochen Bohl*

Wir beten

Vater, stärke in mir die Hoffnung, zu der ich durch Deine Gnade berufen bin in Christus. Amen.

1640 † Paul Fleming | 1817 † Johann Heinrich Jung-Stilling, Arzt und Schriftsteller | 1910 † Friedrich von Bodelschwingh d. Ä., Wohltäter in Bethel

3. April

Dienstag | SA 06:53 SU 19:58 MA 23:23 MU 08:38

Wochenspruch: Offenbarung 1,18
Wochenlied: EG 101 oder 105

Wir lesen Johannes 20,19–23

Aufatmen und leben

Die Freunde Jesu sind versammelt. Die Tür ist zu. Die Angst sitzt ihnen im Nacken. Für das Leben in der Liebe und Weite Gottes, das sie bei Jesus erlebt hatten, war auf dieser Erde kein Platz. Deswegen war Jesus ja tot – und sie hatten ihn allein gelassen. Ob man sie auch bald abholen würde? Vor Angst können sie kaum atmen. Auf einmal steht Jesus im Raum – unfassbar, aber er ist es. Friede sei mit euch, sagt er, und sie werden erfüllt von seinem Frieden. Nehmet hin den Heiligen Geist, sagt er, ich gebe euch meinen Lebensatem. Wie Gott einst Adam im Paradies den Lebensodem einblies, so geschieht es ihnen jetzt. Sie können aufatmen und leben! Ihnen ist verziehen. Sein Tod geschah aus Liebe, auch zu den Versagern. Schuld und Tod haben nicht das letzte Wort, das Leben in der Liebe und Weite Gottes ist stärker. Es gibt ein neues Leben – mitten im alten. Es gibt den göttlichen Lebensatem – mitten in der stickigen Luft von Kranken- und Sterbezimmern. Es gibt den befreienden Frieden, der seine Kraft in Konflikten und Gegensätzlichkeiten erweist. Es gibt die Vergebung als göttliche Wirklichkeit in Versagen und Schuld. Es gibt die neue

Gemeinschaft; sie besteht nicht aus Lebenshelden, sondern aus Versagern und Sündern, die wissen: Uns ist vergeben. Es gibt ein neues Leben, weil ich lebe, sagt Christus. Und du kannst dieses neue Leben, diesen befreienden Atem, diese Vergebung in Anspruch nehmen. *Christian Schmidt*

Wir beten

Himmlischer Vater, Du hast Jesus auferweckt, und eine neue Schöpfung hat begonnen. Erfülle uns mit dem Atem des neuen Lebens. Nimm uns die Angst und Traurigkeit. Schenke uns die Freude, die uns niemand nehmen kann, durch Christus, unsern Herrn. Amen.

Gerhard Tersteegen (25.11.1697–3.4.1769)

Er ist von einer tiefen Sehnsucht nach Gott erfüllt. Bei einem gesundheitlichen Zusammenbruch hat er eine intensive Gotteserfahrung und verschreibt sich mit seinem Blut seinem „einigen Heiland Jesus Christus zum völligen und ewigen Eigentum". Dadurch öffnet sich sein Inneres, er beginnt zu dichten, zu predigen, sich als Seelsorger vieler Menschen anzunehmen. Den katholischen Mystikern fühlt er sich nah. Er lebt aus dem inneren Gebet und der Gegenwart Gottes, die ‚allein vergnügt'. Seine Wirkung geht weit über seine Heimat hinaus, und seine Lieder gehören zu den schönsten im Gesangbuch.

1769 † Gerhard Tersteegen, Liederdichter und Glaubenszeuge im Rheinland | 1897 † Johannes Brahms, Komponist

4. April

Mittwoch | SA 06:51 SU 20:00 MA – MU 09:06

Wochenspruch: Offenbarung 1,18
Wochenlied: EG 101 oder 105

Wir lesen Johannes 20,24–31

Mein Herr und mein Gott

Als Jesus seinen verängstigten Jüngern erscheint, ist Thomas nicht dabei. Als sie begeistert von ihrer Begegnung mit dem Auferstandenen berichten, kann er es nicht glauben. Mit Jesu Tod am Kreuz ist für ihn alles zusammengebrochen. Nun fehlt ihm die entscheidende Erfahrung. Er müsste den Herrn selber sehen und berühren, wenn er glauben sollte, dass er lebt. Acht Tage später sind sie wieder beisammen, und Thomas ist dabei. Wieder steht der Auferstandene trotz der verschlossenen Tür auf einmal mitten unter ihnen und grüßt sie mit den Worten: „Friede sei mit euch." Dann lässt er Thomas seine Hände und seine Seitenwunde berühren. Überwältigt sagt Thomas: „Mein Herr und mein Gott", und damit ist alles gesagt. Der Gekreuzigte lebt! Er ist Sieger geblieben über Lieblosigkeit und Gottlosigkeit, über Lüge, Hass und Tod. „Mein Herr und mein Gott" – der Zweifler Thomas ist der Einzige, der im Neuen Testament Jesus als Gott bezeichnet. Er sagt damit nicht nur, wer Jesus wirklich ist, seine Worte sind auch ein Gebet. Das erste Gebet, das ein Mensch an Jesus richtet. Aber nicht das letzte. Weil er wahrhaftig Herr und Gott ist, kann ich mich an ihn wenden. Ich kann ihm vertrauen, auch wenn ich ihn nicht sehe.

Christian Schmidt

Wir beten

Herr Jesus Christus, Du nennst uns Deine Freunde und liebst uns bis zum Tod. Du bist vom Tod erstanden, Du bist der Weg, die Wahrheit und das Leben. Nimm uns mit auf Deinen Weg und lass uns bei Dir das Leben finden, hier und in Ewigkeit. Amen.

Martin Luther King (* 15.1.1929)

Heute vor 50 Jahren wurde er in Memphis ermordet. Der Baptistenpastor war der bekannteste Sprecher der amerikanischen Bürgerrechtsbewegung, unermüdlich kämpfte er mit den Mitteln des zivilen Ungehorsams gegen Unterdrückung und soziale Ungerechtigkeit. Schließlich erreichte er die gesetzliche Aufhebung der Rassentrennung. Wer kennt sie nicht, die Rede, die er am 28.8.1963 in Washington D.C. vor 250.000 Menschen hielt: „Ich habe einen Traum …, dass eines Tages auf den roten Hügeln von Georgia die Söhne früherer Sklaven und die Söhne früherer Sklavenhalter miteinander am Tisch der Brüderlichkeit sitzen können … Ich habe heute einen Traum!“

397 † Ambrosius von Mailand, Bischof und Kirchenlehrer | 1968 † Martin Luther King, Sozialreformer in den USA | 1991 † Max Frisch, Schriftsteller

5. April

Donnerstag | SA 06:49 SU 20:01 MA 00:29 MU 09:39

Wochenspruch: Offenbarung 1,18
Wochenlied: EG 101 oder 105

Wir lesen Johannes 21,1–14

Von Menschen und Fischen

Gerade hieß es noch: Von jetzt an gilt glauben, ohne zu sehen, da beweist sich der Auferstandene hier noch einmal mit einem Wunder, nachdem Simon Petrus und seine Gefährten die ganze Nacht lang keine Fische fangen konnten. Dafür kehrt Jesus an eine seiner wichtigsten Wirkungsstätten zurück. Der See Tiberias in Galiläa ist der Ort der wundersamen Speisung der 5.000 und des anschließenden Seewandels Jesu. Seine Jünger erkennen ihn zunächst nicht und er redet sie als Kinder an. Er sorgt sich um ihr (leibliches) Wohlergehen und verhilft ihnen zu einem großen Fischfang. Als der Lieblingsjünger Jesus identifiziert, stürzt sich Petrus Hals über Kopf ins Wasser. Er ist es auch, der allein das prallgefüllte Netz an Land zieht. Petrus, der Fels, auf dem die Kirche stehen soll, zeigt sich hier wieder einmal von seiner sehr anschlussfähigen menschlichen Seite. Jesus hat jedoch inzwischen bereits Fische und Brote zubereitet und teilt das Essen aus, wie schon bei der Speisung der 5.000. Es zeigt sich also, dass der Fang gar nicht dazu gedacht war, den Hunger der Jünger zu stillen. Er hat einen symbolischen Sinn: Die Jünger fischen nun nicht mehr wie vor ihrer Berufung für sich und ihren Lebensunterhalt, sondern als Menschenfischer. Das prallgefüllte Netz, das nicht zerreißt, ist ein Hinweis auf den großen Erfolg, der ihrem Tun bestimmt ist. *Tobias Crins*

Wir beten

Herr Jesus Christus, danke für Deine Gemeinschaft. Weil Du reichlich gibst, leiden wir keinen Mangel, sondern dürfen guten Mutes weitergeben, woran Du uns Anteil haben lässt. Petri Dank. Amen.

Das Nachtragskapitel

Es besteht ein breiter wissenschaftlicher Konsens darüber, dass es sich bei Kapitel 21 um einen späteren Zusatz handelt. Viele für das Evangelium sonst untypische Begriffe tauchen hier auf und es sind Abhängigkeiten zu voranstehenden Texten zu erkennen. Am deutlichsten aber ist der Bruch zu Kapitel 20, das bereits einen würdigen Buchschluss gefunden hat und von dessen V. 29 an gilt: glauben, ohne zu sehen. Das wird in Kapitel 21 durch die nachträgliche Erscheinung Jesu außer Acht gelassen.

1553 † Anton Corvinus (Rabe), Reformator in Niedersachsen | 1693 † Christian Scriver, Liederdichter in Sachsen | 1922 † Pandita Ramabai, Glaubensbotin in Indien | 1937 † Adolf Deißmann, Theologe

6. April

Freitag | SA 06:47 SU 20:03 MA 01:29 MU 10:17

Wochenspruch: Offenbarung 1,18
Wochenlied: EG 101 oder 105

Wir lesen Johannes 21,15–19

Von der Nachfolge

Nachfolge ist ein seltenes Wort geworden. Beim Onlinedienst Twitter wird es noch gebraucht. Follower, zu Deutsch Nachfolger, heißen dort Leute, die die Texte einer bestimmten Person verfolgen und so zeigen, dass sie sich mit ihrer Botschaft identifizieren. Auch Jesus Christus ruft Menschen zur Nachfolge auf – mit gigantischem Erfolg: Über zwei Milliarden Menschen identifizieren sich heute mit seiner frohen Botschaft. Doch trotz dieser gewaltigen Zahl scheint es im Vergleich zu manchem Twitter-Promi oft an Begeisterung für das Evangelium zu mangeln. Werden wir der Anforderung, Nachfolger Christi zu sein, so noch gerecht? Nachfolge ist Beziehung und die hat ihre Höhen und Tiefen. Das bekommt auch Petrus zu spüren. Aus Angst um sein Leben hat er Jesus vor dessen Kreuzigung dreifach verleugnet, obwohl er für ihn immer der Fels in der Brandung sein wollte. Als der Auferstandene nun das Gespräch mit ihm sucht, hat Petrus sein Versagen nicht vergessen. Aus dem einst eifrigen Nachfolger ist ein gebrochener Mann geworden. Doch Jesus bereitet ihm einen Weg durch die Schuld hindurch zur Versöhnung. Dazu soll Petrus seine Liebe zu ihm bekennen, einmal für jedes Mal, das er ihn verleugnet hat. Danach ist die Kluft zwischen ihnen überwunden. Jesus stellt Petrus wieder in seine Nachfolge. Nachfolge, die aus der Gnade Christi lebt, hat Bestand.

Tobias Crins

Wir beten

Gott, guter Hirte unseres Lebens, in der Auferstehung Jesu Christi hast Du uns Hoffnung und Zukunft geschenkt. Danke, dass Du uns vergibst und in die Nachfolge rufst. Weise uns Deinen Weg. Amen.

Internationaler Tag des Sports für Entwicklung und Frieden

Der Gedenktag wurde 2013 von der Generalversammlung der Vereinten Nationen eingeführt. Das Datum des 6. April verweist auf die Eröffnung der ersten Olympischen Sommerspiele der Neuzeit 1896 in Athen. In Zeiten der Kommerzialisierung und Verschärfung des Wettkampfes will dieser Tag wieder auf die positiven Dimensionen des Sports aufmerksam machen. Sportliche Werte wie Toleranz, Fairness, Zusammenarbeit und Respekt gelten weltweit. Ihrer zu gedenken, soll der Förderung eines friedlichen Zusammenlebens und gegenseitiger Solidarität dienen.

Jüdischer Feiertag: Pessach (7. Tag) | 912 † Notker der Stammler, Mönch und Hymnendichter in St. Gallen | 1958 † Reinhold Schneider, christlicher Dichter

7. April

Sonnabend | SA 06:45 SU 20:05 MA 02:24 MU 11:01

Wochenspruch: Offenbarung 1,18
Wochenlied: EG 101 oder 105

Wir lesen Johannes 21,20–25

Was geht es dich an?

Der Lieblingsjünger Jesu ist die absolute Ausnahme von der Regel. Das wird zum Schluss des Johannesevangeliums noch einmal deutlich. Während wir in Petrus immer wieder Anknüpfungspunkte für uns selbst und unseren Glauben finden, im Auf und Ab, im Vertrauen und Zweifeln, im Leugnen und Bekennen, ist dieser vorbildliche Musterknabe der Ausnahmejünger schlechthin. Auf mittelalterlichen Gemälden sitzt er als Jüngling träumend im Schoße Jesu. Eine besondere Beziehung scheint beide miteinander zu verbinden. Die griechische Charakterisierung dieses Jüngers als „agapan" meint: „liebevoll annehmen" oder „wertschätzen". Am Karfreitag ist er der einzige Mann unter mehreren Frauen, der am Kreuz nicht von der Seite Jesu weicht. Dort weist Jesus ihm einen speziellen Auftrag zu, der ihn abermals von der Gruppe der Apostel abhebt: Der Lieblingsjünger soll sich um Maria, die Mutter Jesu, kümmern. Was ihm darüber hinaus für eine Zukunft bestimmt ist, bleibt unklar. „Was geht es dich an", weist Jesus Petrus' Nachfrage ab. Er hat seinen eigenen Auftrag in der Nachfolge zu erfüllen. Das Schicksal des Lieblingsjüngers geht ihn nichts an. Dieser außergewöhnliche Jünger soll schließlich Verfasser des gesamten Evangeliums sein. Seine Treue und Nähe zu Jesus unterstreichen seine Glaubwürdigkeit, doch seine wahre Identität bleibt bis heute ein Rätsel.

Tobias Crins

Wir beten

Guter Gott, Du hast uns mit vielen Begabungen gesegnet. Hilf, dass wir sie in Deiner Nachfolge einsetzen, damit die Menschen auch an uns erkennen, dass das Zeugnis des Evangeliums wahr ist. Amen.

Johannes bei Albrecht Dürer

Auf dem Reichstag in Augsburg machte Albrecht Dürer 1518 Bekanntschaft mit den Schriften Martin Luthers, die er regelrecht verschlang. Für Luther galt das Johannesevangelium als „Kern und Mark unter den Büchern". Auf Dürers Doppelgemälde der „vier Apostel" von 1526 rückt auch er auf der linken Tafel einen hoffnungsvoll und tatkräftig wirkenden Johannes in den Vordergrund, während Petrus nahezu verdeckt über seine Schulter schaut und mit ihm in der Bibel den Johannesprolog liest. Der 7. April ist evangelischer Gedenktag des 1528 verstorbenen Malers.

1528 † Albrecht Dürer, Maler in Nürnberg (ev. Gedenktag; Sterbetag: 6.4.) | 1881 † Johann Hinrich Wichern, Vater der Inneren Mission | 1918 † Albert Hauck, Kirchenhistoriker

8. April

Sonntag | 1. Sonntag nach Ostern (Quasimodogeniti)

Wochenspruch: 1. Petrus 1,3
Wochenlied: EG 102
Evangelium: Johannes 20,19–29
Epistel: 1. Petrus 1,3–9
Altes Testament: Jesaja 40,26–31

Wir lesen Psalm 84

Gott ist Sonne und Schild

Seit vielen Jahren gibt es den gern gelesenen Tageskalender „Sonne und Schild“. Der Titel ist dem Vers 12 dieses Psalms entnommen. Gott ist mit den Bildworten „Sonne“ und „Schild“ als Licht und Schutz für alle Menschen beschrieben. Dieser Gott, der uns Gnade und Ehre schenkt, ist der Gott der Karfreitags- und der Osterbotschaft, die wir erneut vor einer Woche vernommen haben. So menschlich ist Gott, dass der Psalmbeter von Gottes Wohnungen unter uns auf Erden spricht. Der Beter hat eine so große Sehnsucht nach dieser Wohnung Gottes, dass alles andere nebensächlich wird. Eine solche Sehnsucht nach einem Zuhause ist denen unter uns besonders bekannt, die eine Wohnung verloren haben – sei es durch Krieg und Katastrophe oder durch eine zerbrochene Beziehung. Das Zuhause, das Gott uns verspricht, ist jedoch nicht eine bestimmte Wohnung an einem bestimmten Ort in einem bestimmten Land, sondern Menschen erleben überall

Gott ganz in ihrer Nähe, wo immer sie gerade wohnen. Selbst die Welt der Tiere wird in diese Geborgenheit Gottes in der Schöpfung mit einbezogen: Vögel und Schwalben fühlen sich so wohl, dass sie bei Gott auf Erden Nester für ihre Jungen bauen. Sonne und Schutz für alle in der Schöpfung ist dieser Gott, der nicht irgendwo über uns im himmlischen Weltall thront. Vielmehr ist er hier der Quellgrund besonders für die, die auf ihrem Lebensweg ein dürres Tal durchschreiten und von einer Kraft zur anderen getragen werden. Wenn wir Menschen Gott suchen, finden wir ihn als Licht und Schutz an der Türschwelle von weltlichen Wohnungen; nicht jedoch in Räumen von Gottlosen und Gotteslästerern. Zum Vertrauen auf die Nähe Gottes gehört auf unserer Seite eine Distanzierung von Andersglaubenden. Segen und Gebetserhörung finden wir bei dem Gott, dem wir von Herzen nachwandeln und den wir mit Dankeslob preisen.

Klaus Wollenweber

Wir beten

Gott, Du bist für uns Sonne und Schild. Schenk uns immer wieder neu die Zuversicht, dass Du in unserer Nähe eine Wohnung hast und uns bei dem Auf und Ab unseres langen Lebenswegs begleitest. Amen.

Orthodoxer Feiertag: Ostern | 1586 † Martin Chemnitz, Theologe in Niedersachsen | 1835 † Wilhelm von Humboldt, Wissenschaftler, Mitbegründer der Berliner Universität | 1973 † Pablo Picasso, spanischer Künstler

9. April

Montag | SA 06:40 SU 20:08 MA 03:55 MU 12:46

Wochenspruch: 1. Petrus 1,3
Wochenlied: EG 102

Wir lesen Epheser 1,1–10

Segen aus dem E-Mail-Postfach

Heute ist Montag. Die Osterferien sind zu Ende. Der erste Arbeitstag beginnt. Ich fahre den Computer im Büro hoch und öffne das E-Mail-Postfach. Dutzende ungelesene E-Mails. Ich öffne die erste E-Mail. Ich lese meinen Namen in der Anredezeile. „Sehr geehrter Herr …" Und gleich kommt die Absenderin in der ersten Textzeile auf ihr Anliegen zu sprechen. Vorinformiert bin ich durch die Betreff-Zeile. Das Wesentliche zu Inhalt, Ort und Termin steht da bereits schon drin. – Der Bibeltext für die heutige Andacht ist auch ein Brief. Er beginnt so: „Paulus, Apostel Christi Jesu durch den Willen Gottes, an die Heiligen in Ephesus, die an Christus Jesus glauben: Gnade sei mit euch und Friede von Gott, unserm Vater, und dem Herrn Jesus Christus!" (Eph 1,1 f.). – Der Absender stellt sich zuerst selbst vor. Dann werden die Adressaten angesprochen. Und als Drittes folgen Segenswünsche. Von Gnade und von Frieden ist die Rede. Das gefällt mir. Ich möchte es mit meinen E-Mails ebenso halten. Heute werde ich allen E-Mail-Empfängern fröhliche, österliche Segenswünsche senden. Und in die Betreff-Zeile werde ich schreiben: „Der Herr ist auferstanden, er ist wahrhaftig auferstanden. Halleluja." Vielleicht gelingt es mir, diese Form über den ersten Arbeitstag hinaus beizubehalten. Bevor ich von meinem Anliegen schreibe, werde ich meine Wertschätzung des Adressaten zum Ausdruck bringen.

Erik A. Panzig

Wir beten

Lieber Vater im Himmel, ich bitte Dich im Namen unseres auferstandenen Herrn Jesus Christus: Gib mir heute viele schöne Worte in die Gedanken, auf die Zunge und in die Hände, damit ich Frieden und Freude schenke. Amen.

Todestag von Rudolf Koch (Grafiker)

Am 9.4.1934 starb der Schriftkünstler Rudolf Koch in Offenbach am Main. Von ihm stammt die Offenbacher Schrift. Anders als Ludwig Sütterlin, der zeitgleich eine leicht les- und lernbare Schrift für Schulkinder entwickelte, hat Rudolf Koch eine ausdrucksstarke Charakterschrift geschaffen, welche auch die kirchliche Grafik bis in die 1960er-Jahre prägte. Außerdem entwarf Rudolf Koch Leuchter, Paramente, Abendmahlsgeräte und andere Objekte für Kirchenausstattungen.

1934 † Rudolf Koch, christlicher Grafiker | 1945 † Dietrich Bonhoeffer; Märtyrer in Berlin

10. April

Dienstag | SA 06:38 SU 20:10 MA 04:31 MU 13:46

Wochenspruch: 1. Petrus 1,3
Wochenlied: EG 102

Wir lesen Epheser 1,11–14

Mein Leben sei ein Lob Gottes

Der Brief an die Epheser stammt sehr wahrscheinlich nicht von Paulus. In wichtigen alten Handschriften fehlen die Angaben zum Absender sowie die konkrete Bezeichnung der Adressaten. Für die tägliche Andacht ist diese Information nebensächlich. Der Wahrheitsgehalt des Briefes ändert sich dadurch nicht. – Der Epheserbrief spricht von Erwähltsein, von Vorherbestimmtsein, von Eingeweihtsein und von Versiegeltsein. Im scheußlichen Angesicht von religiös motiviertem Fanatismus hören sich diese eigenschaftlichen Zuschreibungen unangenehm an. Christsein als religiöse Elite oder sogar als alleinige Erben der göttlichen Verheißung? So verstehe ich den heutigen Bibeltext nicht. Christsein bedeutet, verantwortlich zu sein für sich selbst und für andere. Wir leben nicht einfach nur so vor uns hin. Denn wir verantworten uns Gott gegenüber mit unserem Leben. – Im vierten Vers heißte es, „dass wir heilig und untadelig vor ihm sein sollten". Das ist an menschlichen Maßstäben gemessen unerreichbar. Kein Mensch kann für sich selbst in Anspruch nehmen, fehlerfrei durchs Leben zu gehen. Das ist allen erfahrenen

Menschen bewusst. Auch Gott ist das bewusst. Er hat seine eigenen Erfahrungen mit jedem einzelnen Menschen gemacht. Und Gott ist selbst Mensch geworden, damit er uns das Heilige am Menschsein zeigen kann. Gelobt sei Gott!

Erik A. Panzig

Wir beten

Lieber Vater im Himmel, ich bitte Dich im Namen unseres auferstandenen Herrn Jesus Christus: Gib mir an diesem Tag lobende Worte in die Gedanken, auf die Zunge und in die Hände, mit denen ich Deinem Namen vor den Menschen und in der Welt Ehre erweise. Amen.

Uraufführung des Deutschen Requiems

Vor genau 150 Jahren, am 10.4.1868, wurde Johannes Brahms' Deutsches Requiem im Bremer Dom uraufgeführt. Die Totenmesse in ihrer heutigen Gestalt erlebte aber erst ein knappes Jahr später, am 18.2.1869, ihre Erstaufführung im Leipziger Gewandhaus. Neben Bachs h-Moll-Messe, Beethovens Missa solemnis und Mozarts Requiem gehört Brahms Requiem zu den „großen Vier" (Messen). Das Werk stellte den Durchbruch für den gerade 33-jährigen Komponisten dar und sollte eines seiner populärsten werden.

1727 † Thomas von Westen, Glaubensbote in Lappland (ev. Gedenktag; Sterbetag: 9.4.)

11. April

Mittwoch | SA 06:36 SU 20:11 MA 05:02 MU 14:50

Wochenspruch: 1. Petrus 1,3
Wochenlied: EG 102

Wir lesen Epheser 1,15–23

Für wen und wofür soll ich beten?

In Gottesdiensten wird zuweilen während der Fürbitten dazu aufgefordert, für Menschen zu beten, die uns besonders am Herzen liegen. Dann gehe ich in Gedanken die Namen einzelner Familienmitglieder und Freunde durch. Vor meinem inneren Auge leuchtet ihr Bild auf. Dann denke ich an sie und an das, was uns miteinander verbindet. Viele Kirchen bieten Kerzen an, die für lebende und verstorbene Angehörige als sichtbares Zeichen der Fürbitte entzündet werden können. Und manche fromme Menschen haben Listen mit Namen von bekannten und unbekannten Menschen, für die sie regelmäßig beten. – Der Verfasser des Epheserbriefes betet auch. Er betet für die Christen in Ephesus. Seine Gebetsanliegen sind klar formuliert: Er dankt Gott für deren starken Glauben an Jesus sowie für ihre Liebe zu den Heiligen. Und er bittet für sie um den Geist der Weisheit sowie um erleuchtete Augen des Herzens. – Meine Gebetsanliegen sind schlicht. Ich danke Gott für gelungene familiäre Ereignisse und berufliche Erfolge. Ich bitte Gott um ausreichende Gesundheit und um Segen auf Reisen. – Jesus sagt an einer anderen Stelle der Bibel, dass Gott schon zuvor weiß, was wir Menschen brauchen, noch bevor wir ihn darum bitten (Mt 6,8). Warum sagt Jesus das? Die Antwort unseres heutigen Bibelabschnittes lautet, dass sich in Christus für uns Menschen die Allwissenheit Gottes ereignet, die alles Vergangene noch, alles Gegenwärtige immer und alles Zukünftige schon weiß und kennt.

Erik A. Panzig

Wir beten

„Darum sollt ihr so beten: Vater unser im Himmel …"
(Mt 6,9–13)

Enzyklika „Pacem in terris" veröffentlicht

Vor 55 Jahren, am 11.4.1963, veröffentlichte Papst Johannes XXIII. (Angelo Giuseppe Roncalli) die Enzyklika „Pacem in terris". Mitten im Kalten Krieg und wenige Wochen vor seinem Tod legte er in seinem päpstlichen Rundschreiben dar, dass Konflikte nicht durch Waffengewalt, sondern nur durch Verträge und Verhandlungen beigelegt werden können. Erstmals wandte sich ein Papst damit nicht nur an die Katholiken, sondern an alle Menschen guten Willens.

1648 † Matthäus Apelles von Löwenstern, Liederdichter in Schlesien | 1894 Zehlendorfer Evangelischer Diakonieverein gegründet | 1955 † Pierre Teilhard de Chardin, französischer Philosoph, Naturwissenschaftler, Theologe | 1964 † Hans Franck, Schriftsteller

12. April

Donnerstag | SA 06:34 SU 20:13 MA 05:30 MU 15:57

Wochenspruch: 1. Petrus 1,3
Wochenlied: EG 102

Wir lesen Epheser 2,1–10

Auf Erden schon himmlisch sein

Wir tragen ein Stück Himmel in uns: Aus ewiger Quelle sind wir beschenkt mit Barmherzigkeit und Liebe. Sosehr Krisen, Leid, Krankheit oder Verlust auch immer wieder daran zweifeln lassen, eine Vergänglichkeit lang diese Erde und alles, was auf ihr ist, erleben zu dürfen – ein unglaubliches Geschenk! Da hat einst eine Mutter zu uns Ja gesagt. Da begegnen andere Menschen uns mit Liebe, Anteilnahme oder Fürsorge – mitunter ein Leben lang – all das ist ein Geschenk des Himmels. Lebendig und selig können Christen sein, wenn sie wissen, dass sie ganz schön arm dastehen vor Gott, wenn sie ihr Leid tragen im Vertrauen, dass ihnen Trost gewiss ist, wenn sie Gewaltlosigkeit üben, wenn sie hungern und dürsten nach Gerechtigkeit, wenn sie Frieden schaffen. Mit Christus sind wir auferweckt und eingesetzt im Himmel, noch mit jeder Faser irdisch, aber doch nicht mehr nur von dieser Welt. Unser Verdienst ist das nicht. Nicht unser eigenes Tun macht uns zu Himmelswesen, sondern was Christus für uns getan hat. Nicht aus guten Werken, zu guten Werken sind wir geschaffen. Mehr noch: Die guten Werke sind uns von Gott schon bereitgestellt. Auch wenn wir immer wieder in die verkehrte Richtung gehen – die können wir jederzeit korrigieren. Die guten Werke warten auf uns. Gottes Zukunft kommt uns entgegen. Wir müssen nur zugreifen. Seien wir so frei! *Dieter Sablotny*

Wir beten

Gnädiger Gott, lass Deinen Geist wirksam werden unter uns. Hilf uns, die Möglichkeiten, die auf uns warten, zu erkennen und zu nutzen. Es geht um unser Heil – und um Deine Ehre! Amen.

Jüdischer Holocaust-Gedenktag

Der Yom HaSchoah, Tag des Gedenkens an die Opfer des nationalsozialistischen Rassenwahns, wird in Israel alljährlich am 27. Nisan begangen, beginnend gestern in der Gedenkstätte Yad Vashem. Dabei entzünden 6 Überlebende des Holocaust 6 Kerzen, stellvertretend für die 6 Millionen Opfer. Heute rufen in Israel um 10 Uhr Sirenen zwei Minuten lang zum Innehalten auf; in dieser Zeit ruht der Verkehr, wird nicht gearbeitet, verharren die Menschen in Schweigen. In Deutschland wird der Schoah am 27. Januar gedacht, dem Tag der Befreiung des KZ Auschwitz.

Jüdischer Feiertag: Yom HaSchoah (Holocaust-Gedenktag) | um 1217 † Petrus Waldus, Glaubenszeuge in Italien | 1709 Englische Missionsgesellschaft gegründet | 1961 Erster bemannter Weltraumflug (J. A. Gagarin)

13. April

Freitag | SA 06:31 SU 20:15 MA 05:54 MU 17:06

Wochenspruch: 1. Petrus 1,3
Wochenlied: EG 102

Wir lesen Epheser 2,11–22

Gemeinde – Wohnung für alle

Die Christen, an die der Apostel schreibt, waren zumeist Zugezogene und blieben das im Alltag wohl auch. Anders in der Gemeinde: Da erleben sie sich als normale Gemeindeglieder. „In Christus", also im Gottesdienst, in der Gemeinde, da sind sie Menschen, die bei Gott zuhause sind! Da erhalten sie Wohn- und Bleiberecht, ohne werden zu müssen wie die Einheimischen. „Christus", der Eckstein, gibt dem Bau Richtung und Halt. Bei ihm, der von einer jüdischen Mutter geboren wurde und der von sich sagte: „Ich war fremd und ihr habt mich aufgenommen", der Grenzen überschritt und dem ein Afrikaner sein Kreuz trug, bei ihm finden die Fremden eine neue Heimat. Und nicht nur damals vor 2000 Jahren. Auch die 12 Millionen Flüchtlinge des Zweiten Weltkriegs konnten Geschichten davon erzählen, was es heißt, fremd zu sein: verlacht werden wegen eines anderen Dialektes, gemieden, weil man arm war, Angst zu haben und dem Vorwurf zu begegnen, andern etwas wegzunehmen. Fast alle erzählten aber auch: dass es Menschen gab, die halfen, die Möbel organisierten, eine Wohnung vermittelten oder gar einen Arbeitsplatz. Ich wünsche mir, dass unsere Gemeinden Orte bleiben, wo egal wer nicht nur Gast ist und Fremder, sondern, mit allem, was er mitbringt, bleiben kann und werden, wozu wir alle bestimmt sind: lebendige Steine in dem Bau, dessen Halt Christus ist. *Dieter Sablotny*

Wir beten

Christus, Du lädst uns ein in Dein Haus und an Deinen Tisch. Du begegnest uns in Deinem Wort und in den Menschen, die Du uns schickst. Hilf, dass wir die Zeichen Deiner Nähe nicht übersehen. Amen.

Das Edikt von Nantes

Um den achten und längsten der Hugenottenkriege in Frankreich zu beenden, erließ Heinrich IV. 1598 das Edikt von Nantes, welches das Zusammenleben von Katholiken und Hugenotten regelte, Gewissens- und Religionsfreiheit garantierte und „die Einrichtung eines guten Friedens" schaffen sollte. Seine Aufhebung 1685 entzog den Protestanten alle zuvor gewährten religiösen und bürgerlichen Rechte und führte zur Massenflucht von mehreren Hunderttausend Hugenotten aus Frankreich. Ein Teil von ihnen fand in Preußen Zuflucht und eine neue Heimat.

1577 † Konrad Hubert, Liederdichter in Straßburg | 1598 Edikt von Nantes, Duldung der Protestanten in Frankreich | 1894 † Philipp Spitta, Liederdichter | 1956 † Emil Nolde, Maler und Grafiker | 1994 † Kurt Aland, neutestamentlicher Textforscher

14. April

Sonnabend | SA 06:29 SU 20:16 MA 06:18 MU 18:18

Wochenspruch: 1. Petrus 1,3
Wochenlied: EG 102

Wir lesen Epheser 3,1–13

Es gibt Miterben!

Schlechte Nachricht bei der Testamentseröffnung: Es gibt Miterben! Da hat der Vater also noch andere mitbedacht, auch für würdig erachtet, etwas abzubekommen, und je mehr es davon gibt, desto kleiner der Anteil. Manches Geheimnis kommt da ans Licht: Geschwister, von denen man nicht wusste, Fremde, die man nicht kennt. Und manchmal erbt einer, obwohl er vom Erblasser gar nichts wusste – allein, weil der das so verfügt hat. Wer sich mit Erbsachen auskennt, weiß: Danach geht es erst richtig los. Da wird gestritten und getrickst. Jeder pocht auf sein Recht. Und am Ende gibt es nur Verlierer. Das Erbe, von dem der Apostel spricht, ist von anderer Art, ein Geheimnis, das gelüftet werden, das Licht bringen will in die Dunkelheit und die todbringenden Verstrickungen der Welt. Alle Menschen sind durch Christus zu Miterben geworden. Eine Wahrheit für alle! Keine exklusive und vertrauliche Mitteilung. Die ganze Welt soll das erfahren: Wir alle sind Miterben. Jeder Mensch ist von Gott mitbedacht. Unabhängig von unserer sozialen und kulturellen Prägung dürfen und sollen wir miteinander dieses Erbe teilen und seinem Geheimnis vertrauen in einer Welt, die an allen Enden immer wieder so erbittert im Streit liegt. Das hat er ein für alle Mal uns anvertraut: dass wir glauben, lieben und hoffen und nicht müde werden, seinen Frieden in die Welt zu tragen. *Dieter Sablotny*

Wir beten

Gott, unser Vater, grenzenlos ist Deine Liebe und allen Menschen gilt Dein Heil. Hilf uns, Deine Güte nicht zu klein zu denken und gute Sachwalter all dessen zu sein, was Du uns anvertraust. Amen.

Simon Dach

Am 29.7.1605 in Memel geboren, war Simon Dach seit 1639 Professor der Poesie an der Universität in Königsberg. Mehr als 1000 Gedichte stammen aus seiner Feder. Dichten war für ihn höchster Ausdruck des Glaubens. Die Poesie vermittelt einen Vorgeschmack auf das, was sich am Ende der Zeit offenbaren wird. Freude an der Schöpfung, barocke Lebensbejahung und Weltzugewandtheit drücken sich in Dachs Lyrik aus und machen ihn als Autor weltlicher und geistlicher Lieder bekannt. Ob er auch Verfasser des „Ännchen von Tharau“ ist, ist ungewiss.

1659 † Simon Dach, Liederdichter in Ostpreußen (ev. Gedenktag; Sterbetag: 15.4.) | 1759 † Georg Friedrich Händel, Musiker | 1843 Evangelisches Diakoniewerk Königin Elisabeth Berlin gegründet | 1945 † Friedrich von Rabenau | 1956 † Johannes Busch, Jugendpfarrer

15. April

Sonntag | 2. Sonntag n. Ostern (Miserikordias Domini)

Wochenspruch: Johannes 10,11a.27–28a
Wochenlied: EG 274
Evangelium: Johannes 10,11–16.(27–30)
Epistel: 1. Petrus 2,21b–25
Altes Testament: Hes 34,1–2.(3–9.)10–16.31

Wir lesen Psalm 87

Zion – ein Bild für Gottes Wirken

Dieser Psalm gehört zu der Gruppe der Zionslieder. „Zion“ ist im Verständnis des glaubenden Israeliten das Heiligtum in Jerusalem, der Tempel; im weiteren Sinne meint das Wort die ganze Stadt Jerusalem, die Stadt Davids, und im universalen Verständnis ist „Zion“ das Zentrum des israelischen Volkes Gottes auf Erden. Die Christen können in der übertragenen Bedeutung sagen: „Zion“ ist die Kirche Jesu Christi, wo immer sich Gemeindeglieder in der Einheit des dreieinigen Gottes versammeln. So ist Zion für Christen die Stadt des Wirkens Gottes, gleichsam der Ursprung des Heiligen Geistes für alle Menschen, die sich zu Christus bekennen und sich in Verbindung mit seinem Namen als „Christen“ bezeichnen. Zion ist das Zuhause der Christen. In der lutherischen Bibelübersetzung hat dieser Psalm die Überschrift: „Zion, die Mutter der Völker“. Denn der jüdische Psalmsänger überträgt auf Zion die Glaubensaussage, dass ein jeder Israelit dort geboren ist. Insofern ist „Zion“ die Mutter aller Israeliten, egal, wo sie auf der Erde leben – ob in Jerusalem und in Israel oder irgendwo anders. Denn von Geburt her ist jeder ein Jude oder eine Jüdin, der oder die eine jüdische Frau zur Mutter hat. Dieses Glaubensverständnis vom Zion ist auch nach der Zerstörung des Tempels in Jerusalem im Jahre 70 nach Christus durch die Römer nicht erloschen. Deshalb gibt es bis heute den sehnlichen Wunsch der frommen Israeliten nach der Neugründung des Staates Israel nach dem Zweiten Weltkrieg, den inzwischen längst muslimischen Zionsberg in Jerusalem wieder in israelischen Besitz zu bekommen. Für die Israeliten bleibt im Gesang des Psalmbeters bestehen, dass die Quellen des Lebens und Glaubens in Zion zu finden sind. So, wie wir Christen daran festhalten, dass Jesus Christus die Quelle des Lebens ist und Zion eine Quelle des Weltfriedens werden möge. *Klaus Wollenweber*

Wir beten

Herr, wir vertrauen darauf, dass Du in jedem Menschen Wohnung nimmst und mit Deinem Geist unseren Lebensweg begleitest und formst. Wir danken, dass Dein „Zion“ für die Christen überall ist. Amen.

1892 † Karoline Fliedner, Mutter der Diakonissen im Rheinland | 1980 † Jean Paul Sartre, französischer Philosoph

16. April

Montag | SA 06:25 SU 20:20 MA 07:05 MU 20:46

Wochenspruch: Johannes 10,11a.27–28a
Wochenlied: EG 274

Wir lesen Epheser 3,14–21

Christus in meinem Herze

Ich sehe ihn vor mir, wie er da kniet, tief ins Gebet versunken. Er betet für seine Gemeinde. Um Lebenskraft bittet er, darum, dass seine Leute stark werden und – im gleichen Atemzug – dass Christus in ihren Herzen wohne. Wer oder was wohnt in meinem Herzen? Nicht selten reagieren wir ja bloß – auf Unrecht zum Beispiel. Wir wehren uns doch bloß gegen Intrigen und Gemeinheit, sagen wir. Das Schlimme daran: Genau so ziehen Unrecht, Intrigen und Gemeinheit in unsere Herzen ein und können sich da bestens einrichten. Wie einst die Dämonen, die sich in den Menschen des Neuen Testaments eingenistet haben. „Christus möge in euren Herzen wohnen!" Das heißt dann: Die bösen Geister müssen raus! Sie müssen erkannt und benannt und dann herausbefohlen oder herausgebetet, herausgesungen oder herausmeditiert werden. Das Herz muss „rein" werden – vom Neid zum Beispiel, der die Seele zerfrisst, oder vom Wunsch nach Rache, die nur neues Unrecht schafft. Dann kann Christus in meinem Herzen wohnen. Und ich kann Kraft schöpfen aus der Tiefe seiner Liebe. Ich bekomme eine Ahnung vom großen

Zusammenhang, in dem ich aufgehoben bin, davon, was mich unbedingt angeht und worauf es ankommt. In Worte ist das kaum zu fassen und doch eigentlich ganz einfach: Erfüllung nennt es unser Beter auf seinen Knien: „damit ihr erfüllt werdet mit der ganzen Gottesfülle." *Dieter Sablotny*

Wir beten

Gott, wir rufen Dich, wir versuchen mit Dir zu reden wie schon so viele vor uns. Schenke uns einen Mund, der Dich anspricht, ein Ohr, das auf Dich hört, und einen Geist, der Dich versteht. Amen.

Im Innersten Gott nahekommen

Wenn Gott in meiner Seele wohnt, meint die Mystikerin Theresa von Avila, dann nur in einem Teil. Ohne sie ganz auszufüllen. Wie in der Mitte einer Burg mit vielen Wohnungen. Stille und Gebet sind Tore, diese auf der Suche nach Gott zu betreten. Ich begegne mir, erlebe Ängste und Schwächen, setze mich mit meiner Umwelt auseinander. Aber dann kann es sein, dass ich das Innerste der Burg betrete und Gott nahekomme. Nicht durch mein Bemühen, nein, allein weil er mir die Begegnung schenkt. Wer das erfährt, ist voll tiefer Liebe, die ausstrahlt.

1530 Luther auf der Coburg | 1929 † Sundar Singh, Glaubensbote in Indien

17. April

Dienstag | SA 06:23 SU 20:21 MA 07:32 MU 22:03

Wochenspruch: Johannes 10,11a.27–28a
Wochenlied: EG 274

Wir lesen Epheser 4,1–6

Die Einigkeit bewahren

Paulus schreibt als Gefangener, vielleicht sogar aus Rom, wo er hingerichtet werden wird. Dann sind diese Worte ein Vermächtnis. Ich höre eher aufmunternde Worte als Mahnungen. Wir sollen uns der Berufung durch Christus als würdig erweisen: einerseits im Umgang mit anderen Menschen – auch, aber nicht nur – innerhalb der Kirche und, wenn es um die Bewahrung der Einigkeit in Gemeinde und Kirche geht. Demut und Sanftmut sollen Grundfesten des Zusammenlebens sein. Demut meint, sich zuweilen selbst zurücknehmen. Das hat etwas mit Achtung und Anstand zu tun. Sanftmut meint eine Beharrlichkeit, die mit Furchtlosigkeit und Leidensbereitschaft einhergeht. Mit unserem Denken und Handeln sind wir in die Nachfolge Jesu gerufen, der Vorbild in Demut und Beharrlichkeit ist. Ziel ist es, die Einigkeit zu bewahren – nicht herzustellen. Gottes Geist hat diese Einigkeit geschaffen, die sich siebenfach festmachen lässt: ein Leib, ein Geist, ein Herr, ein Glaube, eine Taufe, ein Gott und Vater aller. Interessant ist, was alles nicht genannt ist. Da ist nicht die Rede vom Abendmahl, vom Schriftverständnis, von Ämtern und Amtsinhabern. Eigentlich von kaum etwas, was uns heute allzu oft in unseren Gemeinden und Kirchen entzweit. Da tun wir gut, uns von Paulus ermuntern zu lassen, auf das zu schauen, was uns verbindet, und Einigkeit mit Demut und Sanftmut zu bewahren. *Jenny Caiza-Andresen*

Wir beten

Gott, zur Einigkeit hast Du uns berufen. Diese zu bewahren, ist unsere Aufgabe. Hilf uns, in Demut und Sanftmut wegzusehen von dem scheinbar Trennenden, hin auf das, was uns eint. Amen.

„Hier stehe ich und kann nicht anders"

Zwar werden diese Worte Martin Luther nur in den Mund gelegt, doch beschreiben sie seine Haltung vor dem Kaiser. Nach Worms zitiert, um seine Lehren zu widerrufen, wird schon der Weg zum Reichstag zu einem Triumph für Luther. Vielerorts wird er jubelnd empfangen, hält sogar Predigten. Seine Lehren könne und wolle er nicht widerrufen, wenn er „nicht durch Zeugnisse der Schrift und klare Vernunftgründe überzeugt werde". Von zahlreichen Anwesenden begleitet, verlässt Luther unter Jubel und Anfeindung den Reichstag. Die reformatorische Bewegung nimmt ihren Lauf.

1521 Luther vor dem Reichstag zu Worms | 1529 † Ludwig von Berquin, Märtyrer in Frankreich | 1944 † Max Joseph Metzger, Märtyrer in Bayern

18. April

Mittwoch | SA 06:21 SU 20:23 MA 08:03 MU 23:19

Wochenspruch: Johannes 10,11a.27–28a
Wochenlied: EG 27

Wir lesen Epheser 4,7–16

Der neue Bund

Von Gnadengaben ist hier die Rede. Eine alte Bundesvorstellung steht dahinter: Gottes Bund mit Israel. Gott verspricht, das zerstreute Volk Israel zu befreien und zu sammeln. David wird verheißen, einer seiner Nachkommen werde die Herrschaft wiederherstellen, sie sogar vollenden. Durch die Gabe des Heiligen Geistes wird ein neuer Bund geschlossen. Diesen Geist gibt ebenjener Nachkomme Davids, der die Erfüllung des alten Bundes ist. Durch diesen neuen Bund sollen alle die Gelegenheit haben, zu Gott zu kommen. Mit einem Schriftverweis will Paulus klarstellen, dass Jesus derjenige Nachkomme Davids ist, der diesen neuen ewigen Bund beschlossen hat. Er ist der versprochene Messias oder – wie es griechisch heißt, der Christus. Er ist aufgefahren in den Himmel, dorthin, wo er hergekommen ist. Sein Tod am Kreuz und seine Auferstehung sind Zeichen seines Abstieges und Auffahrens. So erwirkt er das Heil für die Menschen. Um alle Menschen zu diesem Heil einzuladen und im Glauben an Jesus Christus zu halten, bedarf es Menschen, die es verkündigen. Manche Menschen werden besonders mit dieser Aufgabe betraut und mit entsprechenden Gaben ausgestattet. Apostel, Propheten, Evangelisten, Hirten und Lehrer nennt Paulus. Doch wie alle Gaben Gottes sind auch diese zum Bau der Gemeinde Christ gedacht. Niemals sind sie Selbstzweck oder zur Machtvergrößerung des Einzelnen oder einer Gruppe gedacht.

Jenny Caiza-Andresen

Wir beten

Gott, wir bitten Dich: Schenke uns Deinen Geist der Weisheit und der Erkenntnis, um mit den uns geschenkten Gaben am Bau Deiner alle Grenzen überschreitenden Gemeinde mitzutun. Amen.

Albert Einstein (* 1879)

Er konnte, was viele Menschen heute nicht wollen: Gott und naturwissenschaftliche Erkenntnisse zusammendenken. Sich selbst als „religiösen Ungläubigen" bezeichnend, glaubte er an einen sich in der Natur offenbarenden Gott: „Wissenschaft ohne Religion ist lahm, Religion ohne Wissenschaft blind." Wo der Glaube an Gott als planvollen Schöpfer nicht naturwissenschaftliche Erkenntnisse bestreitet oder ablehnt, wo nicht auf wörtliche Richtigkeit der biblischen Schöpfungsberichte gepocht wird, da wird Gott für viele Menschen glaubwürdiger.

184/85 † Apollonius, Märtyrer | 1955 † Albert Einstein, Physiker | 1960 † Heinrich Rendtorff, Theologe

19. April

Donnerstag | SA 06:19 SU 20:25 MA 08:40 MU –

Wochenspruch: Johannes 10,11a.27–28a
Wochenlied: EG 274

Wir lesen Epheser 4,17–24

Ein neuer Mensch

Paulus fordert ganz schön viel. Da soll etwas wiederhergestellt werden. Der Mensch soll wieder zu dem werden, als das er geschaffen ist. Er soll werden wie die ersten Menschen, die nach dem Bilde Gottes geschaffen sind. Nicht dem Aussehen nach, sondern dem Auftrag nach, Gott zu vertreten in seiner Sorge um die Schöpfung. Mit der Vertreibung aus dem Paradies ist das schwer geworden. Zu gern drängt sich das eigene Ich in den Vordergrund. Richtet sich, wie Paulus schreibt, durch trügerische Begierden zugrunde. Von Anfang an. Da ist Eva – Leben, bedeutet ihr Name –, die von der Frucht isst, weil ihr die Schlange verspricht, dass sie dann mehr sein wird, als sie ist. Da ist Adam – der Mensch, heißt das –, der sich von dem Genuss, den die Frucht verspricht, verlocken lässt. Sie denken nicht nach über die Folgen. So ist das manchmal. Da verlockt jemand oder etwas und ich vergesse mich. Vergesse das, was richtig und wichtig ist. Ihr wisst doch, was richtig ist, schreibt Paulus, ihr kennt doch Christus. Legt ab den alten Adam, dessen Blick auf sich selbst gerichtet ist. Zieht an den neuen Menschen. Mensch – Adam. Da ist ein neuer Adam. Ein neuer Mensch, der ganz von sich absah. Den Menschen zuliebe. Aus Gottes Liebe. Jesus Christus, den neuen Adam, den neuen Mensch, gilt es anzuziehen: quasi in ihn hineinkriechen. Mit seinen Augen sehen, mit seinem Herzen fühlen, seine Botschaft verkündigen, seine Hände sein – seine Liebe leben. *Jenny Caiza-Andresen*

Wir beten

Unser Herr Jesus Christus, richte unseren Blick fort von uns selbst. Lass uns mit Deinen Augen sehen und Deinen Willen tun. Amen.

Yom HaAtzma'ut, der Nationalfeiertag Israels

Dieser Tag gedenkt der Proklamation eines unabhängigen Staates Israel am 14.5.1948 durch Premierminister David Ben Gurion. Theodor Herzl förderte Ende des 19. Jahrhunderts die Idee eines modernen jüdischen Staates. Die Verbrechen der Nazi-Herrschaft machten solche Forderungen laut. 1947 beschloss die UN-Generalversammlung die Beendigung des britischen Mandates und die Teilung Palästinas. Jerusalem sollte aufgrund seiner Bedeutung für Juden, Christen und Muslime neutral bleiben. Während Yom HaAtzma'ut für viele Israelis ein fröhlicher Tag ist, begehen viele Araber diesen Tag als Trauertag.

Jüdischer Feiertag: Yom HaAtzma'ut (Unabhängigkeitstag) | 1552 † Olaus Peterson, nordischer Reformator | 1560 † Philipp Melanchthon, Kirchenlehrer in Wittenberg | 1882 † Charles Darwin

20. April

Freitag | SA 06:16 SU 20:26 MA 09:25 MU 00:32

Wochenspruch: Johannes 10,11a.27–28a
Wochenlied: EG 274

Wir lesen Epheser 4,25–32

Versiegelt

Wir sind versiegelt, schreibt Paulus. Drei Gedanken kommen mir dabei: Erstens: Ein Siegel ist ein Zertifikat für etwas Wertvolles. Zweitens: Ein Siegel macht einen Vertrag rechtsgültig. Drittens: Ein Siegel ist Zeugnis und Beweis von Echtheit. Auf einem Brief zum Beispiel. Wir sind versiegelt für den Tag der Erlösung. So wertvoll für Gott, dass er uns Erlösung schenken will. Diesen unendlichen Wert, den der Mensch vor Gott hat, beweist er, indem er Mensch wird. In Jesus Christus zeigt sich die unbedingte Liebe Gottes zu den Menschen, auch zu den schuldigen, auch zu den zweifelnden und irrenden, selbst zu den scheinbar verlorenen, auch zu uns. Versiegelt zu sein für den Tag der Erlösung bedeutet, von Gott gefunden zu sein. Seiner Vergebung gewiss sein zu dürfen. Zu wissen, Gott will uns für sich. Wir sind versiegelt mit dem Heiligen Geist, schreibt Paulus. Wir sind mit der Kraft Gottes versehen, die stark macht im Glauben und Mut macht zu handeln. So gerüstet können wir auf den Tag der Erlösung zugehen. Jesu Auferstehung ist Beweis der Echtheit der Liebe, unbedingter, wahrer Liebe, die selbst die letzte

Trennung aufhebt; die nicht nur im Leben gilt, sondern erst recht im Tod – und darüber hinaus. Dieses Siegel des Heiligen Geistes ist das Versprechen der bleibenden Liebe Gottes zu uns bis zu dem Tag, an dem wir auferstehen werden.

Jenny Caiza-Andresen

Wir beten

Gott, Du hast uns zu den Deinen gemacht und zur Erlösung bestimmt. Lass uns Kraft zuwachsen aus dieser Erwählung, Deine gute Botschaft weiterzuerzählen und andere für Dich zu gewinnen. Amen.

Märtyrer Ewald Dittmann (geb. 1877)

„Wir werden den Pastor ins Jenseits befördern." Dieser Satz der SS-Leute aus dem Arbeitslager Kiel-Russee ist überliefert. Sie zwingen Dittmann sich auszuziehen und treiben ihn in einen kalten See. Am 20.4.1945 stirbt er an den Folgen. Warum? Weil er laut dafür eintrat, dass der einzig wahre „Führer" nicht Adolf Hitler, sondern Jesus Christus ist. Menschlichkeit wird von ihm erinnert, gepaart mit Mut zur Wahrheit. So bestattete er auf Wunsch der Witwe einen verunglückten SA-Mann – doch nicht, ohne an seinem Grab auf die Gräuel des SA hinzuweisen.

1558 † Johannes Bugenhagen, Reformator in Norddeutschland | 1945 † Ewald Dittmann, Pastor, gestorben im „Arbeitserziehungslager Nordmark"

21. April

Sonnabend | SA 06:14 SU 20:28 MA 10:20 MU 01:39

Wochenspruch: Johannes 10,11a.27–28a
Wochenlied: EG 274

Wir lesen Epheser 5,1–14

Eine Frage des Vorbilds

Mit gutem Beispiel vorangehen, das ist die beste Erziehungsmethode. Denn Kinder machen nach, was ihnen vorgelebt wird. Aber auch Erwachsene orientieren sich bewusst oder unbewusst an anderen Menschen. Hier grenzen wir uns ab, dort tun wir dieses oder jenes, weil alle es so machen. Christen sollen Nachahmer Gottes sein und so leben, wie es seiner Liebe und Hingabe uns gegenüber entspricht. Das wird immer wieder betont. Ist es denn etwa nicht selbstverständlich? Theoretisch vielleicht schon, in der Praxis aber ist die Sache komplizierter. Da sind wir zahlreichen Versuchungen ausgesetzt, oder es fehlt uns einfach das nötige Bewusstsein. Was heißt das konkret: als Kinder des Lichts leben? Der Epheserbrief nennt Güte, Gerechtigkeit und Wahrheit als eine Art Faustformel. Das ist der Maßstab, an dem wir unser Denken, Reden und Tun ausrichten und messen sollen – und zwar am besten immer zuerst das eigene! Eine andere Regel ist die Frage, wie etwas, das im Verborgenen geschieht, sich darstellt, wenn es ans Licht kommt. Im Schutz der Anonymität tendieren die Hemmschwellen gerne gegen Null. Aus all dem ergeben sich Schlussfolgerungen, die beispielsweise unseren Umgang mit Sexualität, unser Verhältnis zu materiellen Gütern oder unsere Haltung zu hasserfüllten Äußerungen und Kommentaren betreffen. Nur tote Fische schwimmen hier mit dem Strom! *Kay Weißflog*

Wir beten

Wie eine gute Mutter und ein guter Vater bist Du zu mir, Gott. Ich danke Dir für Deine Liebe und Hingabe. Auf meinen Wegen sollen sie der Kompass sein. Daran will ich mich halten. Amen.

Ernst Jakob Christoffel (1876–1955)

Die „Christoffel Blindenmission" ist heute eine große international tätige und anerkannte Organisation im Bereich der Entwicklungshilfe. Ihr Ziel: in den ärmsten Ländern der Erde die Lebenssituation von Menschen mit Behinderung verbessern. Den Grundstein für diese Arbeit legte der aus dem Rheinland stammende evangelische Pfarrer Ernst Jakob Christoffel. In der Türkei, im Iran und später auch in Deutschland gründete er Heime für blinde und anders behinderte Menschen, für Waisen und Kriegsversehrte.

1109 † Anselm von Canterbury, Kirchenlehrer in England | 1142 † Pierre Abaelard, Mönch und Philosoph | 1955 † Ernst J. Christoffel, Namensgeber der Christoffel-Blindenmission

22. April

Sonntag | 3. Sonntag nach Ostern (Jubilate)

Wochenspruch: 2. Korinther 5,17
Wochenlied: EG 108
Evangelium: Johannes 15,1–8
Epistel: 1. Johannes 5,1–4
Altes Testam.: 1. Mose 1,1–4a.26–31a; 2,1–4a

Wir lesen Psalm 66

Gott hilft und rettet

Gott für sein Handeln mit uns Menschen loben – das ist nicht immer einfach, wenn es einem schlecht geht. Natürlich kann man in die lobpreisenden Lieder aus dem Gesangbuch mit einstimmen, auch wenn einem im eigenen Lebensumfeld zum Beispiel nach einer Katastrophe gar nicht nach einem Lobpreis des Schöpfergottes zumute ist. In den medialen Nachrichten vergeht kaum ein Tag ohne Schreckensbilder von terroristischen Anschlägen, von tödlichen Unglücken und von dem, was Menschen anderen Menschen antun. Der Psalmsänger fordert zwar auf: „Kommt her und sehet an die Werke Gottes, der so wunderbar ist in seinem Tun an den Menschenkindern", aber er bekennt auch zugleich: „Gott, du hast uns in den Turm werfen lassen, du hast auf unsern Rücken eine Last gelegt." In dem Leben und Sterben Jesu Christi sind uns diese beiden Blickrichtungen lebendig und unverkennbar vor Augen geführt. Gott zeigt ungeschminkt den erfahrbaren Lebensweg. Er hört die menschlichen Klagen und Bitten und wendet sich voll und ganz seinen Geschöpfen zu. Die Freuden und Mühsale des eigenen Lebens sind damit nicht weggewischt. Aber Gott möchte uns immer neu spüren lassen, dass wir nicht allein gelassen sind mit unseren Sorgen und Mühen und mit unserer Freude und Dankbarkeit. Was Menschen anderen Menschen antun, dies steht in der Verantwortung der Lebenden; aber Gott ist auch in kriegerischen Situationen und auf der Flucht an unserer Seite. Die Aufforderung zum Jauchzen, zum Lobpreisen und Rühmen Gottes umfasst nicht nur die schönen Seiten des Lebens, sondern alles, was wir mit Mund und Herzen und Händen und Füßen vor Gott tun und verantworten. Gott verwirft kein Gebet und wendet seine Güte niemals von uns ab, singt der Psalmbeter. Deshalb können wir auf alles, was Gott uns an Gaben und Fähigkeiten schenkt, nur lebenslang antworten: Gott sei Dank! *Klaus Wollenweber*

Wir beten

Gott, hilf, dass wir Gedanken der Abneigung gegen andere Menschen und Andersgläubige überwinden. Lass uns Dankbarkeit zum Ausdruck bringen, weil wir in unserem Leben genug Grund dafür haben. Amen.

1945 † Käthe Kollwitz, Künstlerin | 1945 † Friedrich Justus Perels, Märtyrer in Preußen (ev. Gedenktag; Sterbetag 23.4.)

23. April

Montag | SA 06:10 SU 20:31 MA 12:35 MU 03:24

Wochenspruch: 2. Korinther 5,17
Wochenlied: EG 108

Wir lesen Epheser 5,15–20

Zeit für Gott

Kauft die Zeit aus! Schon immer hat man sich gefragt, wie dieser rätselhafte Satz wohl gemeint sein mag und zu verstehen ist. Vielleicht denkt der Schreiber des Epheserbriefes hier an einen klugen Menschen auf dem Markt, der zugreift, wenn er in einer riesigen Menge an Waren von minderer Qualität plötzlich die wertvollen Stücke findet und sie erwirbt. Ein erfahrener Käufer beurteilt das Angebot. Er ist in der Lage, zwischen der Spreu und dem Weizen zu unterscheiden. Er konzentriert sich auf das, was gut und schön ist. So sollen es die Gläubigen mit der Gegenwart, in der sie leben, auch halten. Die Tage, heißt es wörtlich, sind schlecht. Aber es ist eben immer jeweils genau diese Gegenwart, in der sich die Beziehung zwischen uns und Gott abspielt. Auch die böse Zeit ist Heilszeit. Weil die Möglichkeit, Gott zu begegnen, jederzeit besteht. Darum wird hier nicht gejammert und lamentiert, dass alles schlecht ist. Und es wird sich auch nicht betrunken, um durch die Betäubung der Sinne und des Verstandes der vermeintlich trostlosen Wirklichkeit zu entfliehen. Die Sicht auf das Jetzt und Hier fällt negativ aus. Doch der empfohlene Umgang mit der Zeit, die uns zur Verfügung steht, ist überraschend positiv: wachsam und nüchtern fragen, was in diesem Augenblick gerade dran ist, und von Gottes Geist erfüllt fröhlich singen und musizieren. *Kay Weißflog*

Wir beten

Herr der Zeit, wir leben in Deiner Gegenwart und erwarten Deine Zukunft. Lass nicht zu, dass wir abstumpfen oder resignieren. Schenke uns Deinen Geist und heitere Gelassenheit. Amen.

Luthers Großer Katechismus (1529)

Ein Katechismus ist ursprünglich ein Lehrbuch zur Unterweisung im christlichen Glauben, eine Zusammenstellung und Erläuterung grundlegender Elemente des Glaubens. Martin Luther erkannte im Verlauf der Reformation, wie notwendig ein solches Kompendium für die Bildung der Gläubigen in den Gemeinden war. Sein Großer Katechismus und der ebenfalls 1529 erschienene Kleine Katechismus behandeln jeweils die Zehn Gebote, das apostolische Glaubensbekenntnis, das Vaterunser, die Taufe, das Abendmahl und die Beichte.

um 303 † Georg, Märtyrer in Dalmatien | 997 † Adalbert von Prag, Bischof und Märtyrer in Preußen | 1529 Luthers Großer Katechismus erschienen | 1846 Missionsanstalt Neuendettelsau gegründet

24. April

Dienstag | SA 06:08 SU 20:33 MA 13:49 MU 04:03

Wochenspruch: 2. Korinther 5,17
Wochenlied: EG 108

Wir lesen Epheser 5,21–33

Frauen und Männer

Was der Epheserbrief zum Verhältnis von Mann und Frau in der Ehe sagt, dürfte auf Widerspruch stoßen. Ich versuche diesen Abschnitt aus der Perspektive einer Frau zu lesen und frage mich: Was unterscheidet die Frau eigentlich als Mensch von einem Mann, sodass von vornherein sie diejenige ist, die sich unterordnen soll? Immerhin werden die Männer sehr eindringlich und ausführlich ermahnt, ihre Frau zu lieben wie sich selbst. Dieser Appell scheint notwendig zu sein. Das Gefälle bleibt trotzdem: Nach Christus kommt erst der Mann und dann die Frau. Möglicherweise spielt hier auch die Paradieserzählung am Anfang der Bibel eine Rolle, wo die Frau zeitlich nach dem Mann und aus dem Mann geschaffen wird. Und am Ende, als die beiden den Garten Eden für immer verlassen müssen, heißt es, dass der Mann der Herr der Frau sein soll. Man könnte das für die Beschreibung der guten und von Gott gewollten Ordnung der Schöpfung halten. In Wahrheit ist es das Gegenteil: Es handelt sich um einen Fluch und nicht um ein Segenswort. Da wird kein Idealzustand beschrieben. Ist die traditionelle Rollenverteilung zwischen Mann und

Frau also eher Ausdruck einer gestörten Beziehung? Leider geht auch der Epheserbrief kaum über das hinaus, was in der antiken Gesellschaft gang und gäbe war. Höchste Zeit, dass Menschen nicht mehr über ihr Geschlecht definiert werden!

Kay Weißflog

Wir beten

Du, Gott, hast uns Menschen geschaffen und Mann und Frau die gleiche Würde verliehen. Wir sind Dein Ebenbild. Hilf, dass wir nicht dort Unterschiede machen, wo es keine gibt. Amen.

Toyohiko Kagawa (1888–1960)

Frauen und Männer außerhalb Europas, die aus christlicher Überzeugung heraus in besonderer Weise gewirkt haben, sind bei uns kaum bekannt. Das trifft sicher auch auf Toyohiko Kagawa zu. Als evangelischer Geistlicher lebte und arbeitete Kagawa zunächst in den Elendsvierteln seiner japanischen Heimatstadt Kobe. Weil der Glaube für ihn das Verbessern gesellschaftlicher Verhältnisse einschloss, initiierte er später zahlreiche soziale Projekte und Reformen in seinem Land. Auch das Wahlrecht für Frauen gehörte dazu.

1570 † Johann Walter, Kantor in Sachsen | 1769 † Philipp Friedrich Hiller, Liederdichter in Württemberg | 1915 Verfolgung der Armenier in der Türkei | 1945 † Hans Koch, Jurist der Bekennenden Kirche | 1960 † Toyohiko Kagawa, Glaubenszeuge in Japan (ev. Gedenktag; Sterbetag: 23.4.)

25. April

Mittwoch | SA 06:06 SU 20:35 MA 15:04 MU 04:35

Wochenspruch: 2. Korinther 5,17
Wochenlied: EG 108

Wir lesen Epheser 6,1–4

Kindererziehung

Auf der Autobahn fuhr ich einem Wohnmobil hinterher. Hinten klebte ein Aufkleber drauf: „Wir verjubeln das Erbe unserer Kinder." Ein spannender Satz, der ganz in unsere heutige Zeit passt. Bei aller Mühe des Aufbauens und Besitzanhäufens stellt sich immer wieder die Frage, was habe ich davon und wann werde ich die Früchte all meiner Mühen ernten? Und man ist sehr schnell versucht, diesen Satz gutzuheißen, gern zu zitieren und letztlich sich gar selbst zu eigen zu machen. Sollen doch die nachfolgenden Generationen sehen, wie sie mit allem fertig werden, jetzt lebe ich und zwar ordentlich! Ein anderer Satz steht seltener auf einem Wohnmobil, aber wird auch gern einmal zitiert: „Sei lieb zu deinen Kindern, denn sie suchen dein Altersheim aus." Man hat den Eindruck, dass dieser Satz das ganze Gegenteil von dem beschreibt, was auf dem Wohnmobil stand. Aber letztlich wird auch hier die Spannung deutlich, die im Umgang der verschiedenen Generationen miteinander entstehen kann. Generationskonflikte sind aber keine neuzeitliche Erscheinung, sondern schon seit Menschengedenken vorhanden:

Wie gehen wir miteinander um? Dass bereits die Zehn Gebote auf den Generationenkonflikt eingehen, deutet dies an. Erhellend ist die Beobachtung des Paulus: Es ist ein Gebot, das eine Verheißung hat. Kindererziehung mit Verheißung – na, das lohnt sich doch mal. *Eckehart Winde*

Wir beten

Herr Gott, das Verständnis zwischen den Generationen ist nicht immer leicht hergestellt, auch nicht in einer Familie. Gib uns die Kraft, einander zu dienen. Amen.

Tag des Evangelisten Markus

Er wurde als Levit Johannes Markus geboren. Unter dem Einfluss von Petrus wurde er bekehrt und wirkte als dessen Dolmetscher. Paulus und seinen Vetter Barnabas begleitete er ein Stück auf deren erster Missionsreise und begegnete ihnen später verschiedentlich. Er soll auf Grundlage von Petrus' Predigten das nach ihm benannte Evangelium in Rom geschrieben haben. Um 65 soll er nach Alexandria gezogen sein. Er gründete die Koptische Kirche. Als deren Bischof wurde er überfallen und zu Tode geschleift. Sein Zeichen ist der Löwe.

1769 † Philipp Friedrich Hiller, Liederdichter in Württemberg (ev. Gedenktag; Sterbetag: 24.4.) | 1858 Johannesstift in Berlin-Spandau gegründet | 1901 † Fritz Fliedner

26. April

Donnerstag | SA 06:04 SU 20:36 MA 16:19 MU 05:02

Wochenspruch: 2. Korinther 5,17
Wochenlied: EG 108

Wir lesen Epheser 6,5–9

Revolution?!

Wie funktioniert eine Gesellschaft? Es gibt viele Ideen und Theorien dazu, einige davon leben wir sogar aus. Welche Strukturen brauchen wir, damit es „funktioniert"? Eine Demokratie oder eine Diktatur? Eine Republik oder eine Monarchie? Und wie wird bei all den verschiedenen Systemen für eine soziale Gerechtigkeit gesorgt? Über Jahrhunderte oder gar Jahrtausende gehörten Sklaven oder Diener zur Tagesordnung. Und dabei wollen wir uns nicht die Perversion des Sklavenstandes im römischen Reich vorstellen, die unsere Vorstellungen von Sklaven nachhaltig geprägt hat und Sklaverei oftmals als Phänomen der Geschichte abhakt. Heute reden wir ungern über Sklaven in unserer Gesellschaft. Das ist gut so, denn schon der Apostel weist uns zu Recht darauf hin, dass gerade im Angesicht Gottes kein Ansehen der Person oder des Standes gilt. Aber wenn wir unsere Gesellschaft ansehen, dürfen wir durchaus die Frage stellen, wie heutige Sklaverei aussieht. Was ist mit den Menschen im Niedriglohnsektor? Was ist mit den Menschen in einer Arbeitsgelegenheit mit Mehraufwandsentschädigung? – Und da sprechen wir gerade erst von den Menschen in finanziell angespannten Lebensverhältnissen. Wie ist das erst, wenn wir die übrigen sozialen, gesellschaftlichen oder psychischen Abhängigkeiten ins Spiel bringen? Ist das nicht auch eine moderne Form der Sklaverei? *Eckehart Winde*

Wir beten

Herr Gott, vor Dir ist kein Ansehen der Person. Öffne unsere Herzen, dass auch wir unseren Nächsten unvoreingenommen begegnen und sie nicht in Abhängigkeiten verstricken. Amen.

1518: Heidelberger Disputation

Vor 500 Jahren leitete Martin Luther in der Heidelberger Universität ein wissenschaftliches Streitgespräch, eine Disputation. In ihr sollte Luther seine Thesen zum Ablass erläutern. Er rückte allerdings die Werkgerechtigkeit und die Kreuzestheologie in den Mittelpunkt, die völlige Abhängigkeit des Menschen von der Gnade Gottes. Bei den beteiligten Professoren fand er keine Zustimmung, wohl aber unter den Studenten und Magistern. Für die Ausbreitung seiner reformatorischen Lehre im südwestdeutschen Raum war diese Disputation von großer Bedeutung.

nach 220 † Tertullian, Kirchenlehrer in Nordafrika | 1518 Heidelberger Disputation | 1847 Gründung der Missouri-Synode in USA | 1986 Atomreaktorkatastrophe in Tschernobyl

27. April

Freitag | SA 06:02 SU 20:38 MA 17:33 MU 05:27

Wochenspruch: 2. Korinther 5,17
Wochenlied: EG 108

Wir lesen Epheser 6,10–17

Zu den Waffen!

Für viele verbinden sich biblische Geschichten mit Bildern von Paula Jordan. Warum? Weil viele mit einer „Kinderbibel" von Jörg Erb aufgewachsen sind, die von ihr illustriert wurde und den meisten unter dem eigenwilligen Titel bekannt ist: „Schilddesglaubens". Ja, ein Wort! Denn als Kind konnte ich mir wenig darunter vorstellen, was dieser Titel überhaupt zu bedeuten hätte. Beim Apostel Paulus hat aber dieser Titel seinen Ursprung, wenn er hier „zu den Waffen" ruft. Es ist ein interessantes Waffenarsenal, was uns beschrieben wird. Sind es doch überwiegend „Waffen" zur Verteidigung. Nur eine „Angriffswaffe" wird genannt. Noch dazu eine ausgesprochen „harmlose" Waffe: das Schwert, das mit dem Wort Gottes gleichgesetzt wird. Das soll nicht heißen, dass das Wort Gottes „harmlos" wäre. Keineswegs! Aber unser Alltag lebt uns leider viel zu oft vor, dass gerade „Worte" häufig als sehr kraftlos erlebt werden. Jede politische Konfliktbewältigung auf der Weltbühne zeigt uns, wie kraftlos unsere Worte oftmals sind. Das soll nun unsere einzige „Angriffswaffe" sein! Alle anderen Waffen, die uns zur Verfügung gestellt werden, dienen der

Verteidigung. Vor allem der „Schild des Glaubens"! Dabei ist zunächst an das grenzenlose Vertrauen auf Gott gedacht, das aber sehr wohl durch das gleichnamige Buch genährt und gewachsen sein kann. *Eckehart Winde*

Wir beten

Herr Gott, Du machst uns stark, wo wir schwach sind, Du rüstest uns aus, wo es uns mangelt. Stärke uns, dass wir den Anfechtungen im Glaubensleben gewachsen sind. Amen.

Karl Straube (6.1.1873–27.4.1950)

Er zählt als elfter Nachfolger von Johann Sebastian Bach im Amte des Thomaskantors. Er wurde in Berlin geboren. Von 1903 bis zu seiner Berufung zum Thomaskantor und Leiter des Thomanerchores 1918 war er bereits als Thomasorganist tätig. Er komponierte nicht selbst, baute aber nach dem Ersten Weltkrieg den Chor faktisch neu auf und studierte nach und nach sämtliche Kantaten Johann Sebastian Bachs ein. Ihm ist es zu verdanken, dass die bisherige Hauptprobe am Freitag zur zweiten Motette umgestaltet wurde. 1939 trat er vom Amt des Thomaskantors zurück.

um 254 † Origenes, Kirchenlehrer in Cäsarea | 1506 Universität Frankfurt/Oder gegründet | 1902 Deutsche Zeltmission gegründet | 1950 † Karl Straube, Thomaskantor

28. April

Sonnabend | SA 06:00 SU 20:40 MA 18:46 MU 05:50

Wochenspruch: 2. Korinther 5,17
Wochenlied: EG 108

Wir lesen Epheser 6,18–24

Die Abkündigungen

„Der Gemeinde ist noch Folgendes bekanntzugeben …" Sie kennen solche Einleitungen für einen nicht ganz unwichtigen Teil im Gottesdienst: die Abkündigungen. Ein Abschnitt im Ablauf, der den üblichen, wohlüberlegten und „durchkomponierten" Gottesdienst zu stören scheint und in regelmäßigen Abständen dazu führt, über eine sinnvolle Position der Abkündigungen im Gottesdienstablauf nachzudenken. Sie sind wichtig, denn wir erfahren etwas über verschiedene Aktivitäten, über die nächsten Gottesdienste, über freudige und traurige Momente im Gemeindeleben, und nicht zu selten geht es auch ums liebe Geld. Alles wichtige Dinge, und doch hat manch einer das Gefühl, dass es sich bei solchen Informationen um zutiefst irdische Angelegenheiten handelt, die in einen Gottesdienst, der doch etwas so viel Höherem dient, so gar nicht hineinpassen. Bei allen Kompromissvorschlägen ist immer wieder zu spüren, dass trotz allem guten Willen eine wirkliche Einigung in einem ganz unterschiedlich erlebten „Konflikt" kaum möglich ist. Sicher, den idealen und perfekten Gottesdienst werden wir erst mit und bei Gott feiern.

Bis dahin dürfen wir uns mit unserer irdischen Unzulänglichkeit begnügen und uns damit trösten, dass auch der Apostel Paulus bei allem Geistlichen und Theologischen auch ganz harmlose „Abkündigungen“ in seine Briefe einfach einbaut.

Eckehart Winde

Wir beten

Herr Gott, wir sind in dieser Welt von vielen irdischen Dingen geprägt. Schenke uns Deinen Segen, dass wir ein Segen für die Welt sein können. Amen.

Johann Gramann (5.7.1487–29.4.1541)

Aus Neustadt an der Aisch stammend, hat der Verlauf seines Lebens Gramann (genannt Poliander) nach Leipzig geführt, wo er als Rektor der Thomasschule tätig war und als Schreiber von Johannes Eck an der Leipziger Disputation 1519 teilnahm. Er schloss sich der Reformation an. Nach einigen Stationen in Würzburg und Nürnberg wurde er über verschlungene Wege schließlich Pfarrer der Altstädtischen Kirche in Königsberg. Das Gesangbuchlied: „Nun lob, mein Seel, den Herren“ (EG 289) ist im Wesentlichen von ihm gedichtet worden. Heute ist sein Gedenktag.

1528 Reformation in Hamburg | 1541 † Johann Gramann, Liederdichter in Preußen (ev. Gedenktag; Sterbetag: 29.4.)

29. April

Sonntag | 4. Sonntag nach Ostern (Kantate)

Wochenspruch: Psalm 98,1
Wochenlied: EG 243 oder 341
Evangelium: Matthäus 11,25–30
Epistel: Kolosser 3,12–17
Altes Testament: Jesaja 12,1–6

Wir lesen Psalm 98

Das neue Lied zum Lob Gottes

Herrlich, was man alles besingen kann! Einzigartig, wie der Psalmbeter Bildworte verwendet, die eigentlich für unsere Wahrnehmung unmöglich sind: Ströme sollen in die Hände klatschen, Berge seien fröhlich vor dem Herrn! Das Händeklatschen ist bis heute ein Ausdruck begeisterter Freude und Dankbarkeit. Der Psalmsänger hat die Vorstellung, dass die ganze Schöpfung mittendrin ist in dem Lobpreis Gottes. Denn die ganze Welt sieht das Heil Gottes, seine Gerechtigkeit. Als menschliche Reaktion gibt es nichts anderes als jauchzen, singen, rühmen und loben. Und dies alles mit Harfen und Saitenspiel, mit Posaunen und Trompeten. Wir erinnern uns, dass erst Martin Luther den Lobgesang von Liedern in den Gemeindegottesdienst gebracht hat; er hat selbst Lieder gedichtet und Melodien geschrieben. Denn nach seiner Erkenntnis ist der Gottesdienst kein Privileg des Priesters, der stellvertretend für die Gemeinde singt und Gott preist.

Für Luther gilt das Priestertum aller Getauften, sodass alle im Gottesdienst gemeinsam singen und beten, hören und sprechen, den Schöpfergott loben und preisen. Alle Instrumente der Musik sollen bei diesem Gesang helfen; ja, es gibt nichts auf der Welt, was nicht dem Lob des Schöpfergottes dient. Der Lobpreis ist wie ein Weckruf an die Welt und Menschen: nicht Krieg und Totschlag! Nein! Lobgesang! Wir Christen singen von dem Sieg Jesu über den Tod, von seiner neuen Nähe zu uns nach dem Ostergeschehen, von der Hoffnung auf den Tag, an dem uns die Augen geöffnet werden: Wir sind schon geborgen bei Gott! Das ist das Wundergeschehen Gottes, das neue Lied: Er ist trotz aller menschlichen Widerwärtigkeiten am Werk und bleibt am Werk mit uns. Seine Liebe zu uns können wir beantworten, indem wir aus vollem Herzen und mit allen Sinnen in das Lied des Lobpreises Gottes mit einstimmen: Singt dem Herrn! *Klaus Wollenweber*

Wir beten

Gott, wir danken für das neue Lied mit Jesus Christus, dass Deine Liebe zu uns kein Ende findet; lass uns mit Deinem Sohn aus dem Volk Israel singen, dass wir gemeinsam von Dir erwählt sind. Amen.

1380 † Katharina von Siena, Bußpredigerin in Italien | 1732 Empfang der Salzburger in Potsdam | 1919 Völkerbund gegründet

30. April

Montag | SA 05:57 SU 20:43 MA 21:07 MU 06:38

Wochenspruch: Psalm 98,1
Wochenlied: EG 243 oder 341

Wir lesen Hebräer 1,1–4

Wortgewalt braucht Nachfragen

Als Mitleser seines Briefes beginnt der Autor den Hebräerbrief. Was zu sagen ist, weiterzugeben und zu lehren, ist so gewichtig, dass es nicht anmoderiert werden muss, sondern für sich selber stehen kann. Und so sind die ersten vier Verse ein knappes Glaubensbekenntnis: Gott hat seinen Sohn in die Welt geschickt, der hat seine Aufgabe erfüllt und sitzt nun zur Rechten des Vaters. Das ist kurz und klar und doch sperrig und schwer anzunehmen, weil der Verstand nicht nur glauben will, sondern verstehen. Und dazu braucht man Vorkenntnisse, die helfen einzuordnen, Gemeintes und Absichten nachzuvollziehen, um schließlich eine eigene Meinung zu bilden. Dann ist es ganz einfach mit dem Glauben an die Liebe Gottes zu allen Menschen, von Gott selber geschaffen und durch Jesus Geschwister seines Sohnes. Doch der Brief steigt direkt ein und wendet sich in Formeln und Lehrsätzen an alle. Die angewandten Wortkombinationen und Formulierungen brauchen Hintergrundwissen. Wer das hat, kann verstehen. Wer einfach nur zuhört, spürt ihre Macht und Bedeutung. Sie bleiben beeindruckend, eingängig, aber eben auch missverständlich. Auch wir werden immer häufiger so direkt angesprochen, mit einfachen Behauptungen, hinter denen schwierige Zusammenhänge stehen. Mit Formeln, die bei aller Bedeutungsschwere dennoch Nachfragen aushalten müssen und Erklärungen brauchen. *Karin Bertheau*

Wir beten
Gott, gib uns Mut zum Fragen, wenn wir nicht verstehen. Gib uns Freude zu glauben an Dich und Deine Liebe, mit der Du bei uns bist in Deinem Sohn, unserem Bruder, auf unserem Weg durch den Tag. Amen.

Walburga Um die Walpurgisnacht vor dem Heiligentag der Heiligen Walburga ranken sich viele Bräuche und Riten wie das Aufstellen eines Maibaumes oder der Tanz in den Mai. In einigen Gegenden werden Maifeuer entzündet, zur Reinigung, zum Fernhalten „böser Geister“ und Hexen. Walburga selber war eine der ersten Missionarinnen, die im 8. Jahrhundert das Christentum aus England zurück nach Deutschland brachten. Die Königstochter und Nichte des Bonifatius wurde Nonne und später Äbtissin. Als Heilige hilft sie u. a. Bauern und schützt vor Hunger, Missernten und Sturm.

1790 † Samuel Heinicke, „Vater der Taubstummen“ | 1873 † David Livingstone, Glaubensbote in Afrika (ev. Gedenktag; Sterbetag: 1.5.) | 1877 Diakonenanstalt Nazareth in Bethel gegründet | 1943 Deutschen Juden wird die Staatsbürgerschaft entzogen

1. Mai

Dienstag | SA 05:55 SU 20:44 MA 22:14 MU 07:05

Tag der Arbeit

Wochenspruch: Psalm 98,1
Wochenlied: EG 243 oder 341

Wir lesen Hebräer 1,5–14

Engelsgleich

So ist das mit der Mode: Manchmal sind Engel „in", manchmal auch nicht. Mal sind sie dienstbare Geister und himmlische Helfer oder aber sie sind Schattengestalten zwischen Himmel und Erde. Wir sehen in ihnen Boten Gottes, Schutzengel, die auf uns achten, oder ein Übergangsstadium von der Erde in den Himmel. Im evangelischen Alltag spielen sie keine große Rolle. Und doch glauben viele Menschen gerne an Engel, weil sie uns näher zu sein scheinen als Gott und Christus. Im Text dienen sie als Illustration, als Bebilderung dessen, was bleibt, wenn Himmel und Erde aus der Mode gekommen sind. Wenn Gott seine Schöpfung beenden wird, sie zusammenrollt und wie einen alten Mantel auswechselt (V. 12). Was für ein Bild in dieser Zusammenstellung aus Psalmversen, die das Zusammenwirken Gottes mit seinen dienstbaren Geistern schildern! Was wird bleiben? Gott wird bleiben und Christus und die Engel. Und wir? Um uns geht es zunächst nicht, sondern um die Rolle des Auferstandenen, der uns Gott nahebringt. In dem Gott zu uns kommt und

Gott uns zu sich mitnimmt. Über alle Zeiten hinweg, zeitlos und unabhängig von Trend und Moden. Durch Gottes Sohn werden wir so den Engeln ähnlich oder, wie Martin Luther in einem Liedvers schrieb: „Er ist auf Erden kommen arm, dass er unser sich erbarm'. Uns in dem Himmel mache reich und seinen lieben Engeln gleich" (EG 23,6). *Karin Bertheau*

Wir beten

Wir suchen Deine Nähe, Gott, doch Du bist in Christus schon längst zu uns gekommen. Bei Dir, in Deinem Reich sind wir zuhause. Dort werden wir bleiben und ewig leben, Dir nahe, engelsgleich. Amen.

Antonin Dvořák, 114. Todestag

Auch Antonin Dvořák betete in seiner Musik mit Psalmen. Einige hat er vertont, besondere Lieder der Bibel, die Beistand versprechen und Gottes Nähe, die die Seele ruhig machen sollen und so trösten können. Einige dieser biblischen Lieder schrieb er in der Trauer einer Lebenskrise. Es entstanden himmlische Melodien für die Stimme, sparsam begleitet durch ein Instrument. Die biblischen Worte singen sich so direkt ins Herz, deutlich und meditativ zugleich. Langsam und eindringlich bleiben die Worte im Vordergrund und entfalten ihre Bedeutung.

1561 † Nikolaus Herman, Liederdichter in Böhmen (ev. Gedenktag; Sterbetag: 3.5.) | 1872 Brüderhaus Moritzburg gegründet | 1904 † Antonin Dvořák, tschechischer Komponist

2. Mai

Mittwoch | SA 05:53 SU 20:46 MA 23:18 MU 07:36

Wochenspruch: Psalm 98,1
Wochenlied: EG 243 oder 341

Wir lesen Hebräer 2,1–10

Zielsuche im Meer des Lebens

Der Weg unseres Lebens und Glaubens gleicht mitunter einer Fahrt über das scheinbar endlose Meer. Stürmische Zeiten und orientierungsloses Umhertreiben sind nichts Neues. Was prasselt nicht alles auf uns ein, welche Wellen reißen uns mit und fort, wie leicht können wir an unserem Ziel „vorbeitreiben"? Erwartungen anderer, die öffentliche Meinung, wir mit überzogenen Ansprüchen an uns selber tragen dazu bei. Da ist es nicht leicht, Kurs zu halten. Die Gefahr, den eigentlich gut sichtbaren Anleger zu verpassen, ist groß. Wo und wie orientieren in der Weite des Lebensmeeres? Sicheren Hafen bietet Gottes Wort, in der Torah gegeben und durch Jesus Christus neu in die Welt gesprochen. Und wenn der Himmel von Zweifeln bewölkt, Sonne und Sterne nicht sichtbar sind? Dann hat Gott – sagt der Hebräerbrief – sozusagen zur Bekräftigung „Zeichen und Wunder" hinzugegeben – als sicheren Kompass und strahlendes Leuchtfeuer. Seezeichen und Kurshilfen können aber, falsch interpretiert, auch zum Fallstrick werden. Und Gottes Spuren in unserer Welt festzustellen ist nicht einfach, weil sie so oft unseren

Alltagserwartungen widersprechen. Wer setzt denn schon auf ein leidendes und sterbendes Opfer als Sieger und Herrn der Welt? Der Hebräerbrief hat Recht: Solch einen Felsgrund kann man leicht übersehen. Wer aber seinen Anker daran festmacht, bekommt einen starken Halt für sein ganzes Leben. *Hillard Heimann*

Wir beten

Du, unser Gott, wie oft erleben wir uns hilflos und überfordert?! Dein Wort kann uns Orientierung und Lebenshilfe geben. Hilf uns, dass wir uns immer wieder daran festmachen und aufrichten! Amen.

Wolfgang Borchert – ein heller Leuchtturm

Ein Seezeichen in der schweren Nachkriegszeit war das Werk des Schriftstellers Wolfgang Borchert. Er selber schreibt von sich: „Ich möchte Leuchtturm sein / in Nacht und Wind – / für Dorsch und Stint, / für jedes Boot – / und ich bin doch selbst / ein Schiff in Not." Vielleicht gerade deshalb ist Borcherts Stimme, sein Theaterstück „Draußen vor der Tür" und viele seiner expressiven Kurzgeschichten, bis heute ein ergreifendes Wort – und auch ein Zeugnis von Gottes manchmal so „ganz anderen" Zeichen und Wundern in unserer Welt.

373 † Athanasius, Kirchenlehrer in Alexandrien | 1519 † Leonardo da Vinci, Universalgenie | 1887 Wittekindshof, diakonische Einrichtung für Behinderte, gegründet | 1960 † Hans Joachim Iwand, Theologe

3. Mai

Donnerstag | SA 05:51 SU 20:48 MA – MU 08:11

Wochenspruch: Psalm 98,1
Wochenlied: EG 243 oder 341

Wir lesen Hebräer 2,11–18

In allem gleich gemacht

„Mach dich doch nicht denen gleich." Ich habe die Worte noch im Ohr. Nein, so wie „die von gegenüber" wollte ich wirklich nicht werden. Wie die sich anzogen, wie sie hausten, und all die abstoßenden Angewohnheiten! Nein, da blieb ich lieber auf Distanz. – Hätte Gott genauso gedacht, gäbe es für uns jenseits von dem, was uns täglich umgibt, wohl keine Perspektive. Der ewige, allmächtige, unsterbliche Gott macht sich uns Menschen aber auch in allem gleich. Nimmt in Jesus verletzliches Fleisch und Blut an. Nennt uns oft so armselige und dürftige Gestalten seine Geschwister. Von denen wird er zugleich verlästert, geschlagen und schließlich getötet. Befreit uns so von der tiefsten Angst, der vor dem Tod. Ja, er umgeht nicht einmal die Versuchung, lässt sich zur Absage gegenüber Gott herausfordern. Gerade weil er das von innen kennt, Um-, Ab- und Irrwege geführt zu werden, kann er uns in allen Lagen mitfühlend helfen. Deshalb ist er uns, gerade wenn wir meinen, besonders fern von ihm zu sein, besonders nah. Alles Trennende nimmt er auf sich und sühnt es als „ein treuer Hohepriester": ganz dicht bei Gott und ganz dicht bei uns. – Das gibt mir Freiheit und Kraft, vielleicht doch noch einmal nach „gegenüber“ zu gehen, meine Vorurteile zu überwinden, in den ungeliebten Nachbarn „Abrahams Kinder“, Jesu und meine Brüder und Schwestern zu erkennen.

Hillard Heimann

Wir beten

Du, unser Gott, leicht erhebe ich mich über andere, halte mich insgeheim für besser als sie. Sei mir in solch versucherischen Gedanken nahe; hilf mir, wie Jesus wahrhaft menschlich zu werden. Amen.

Der Hebräerbrief und das Alte Testament

Auch im heutigen Abschnitt sehen wir wieder, wie intensiv der Hebräerbrief das Alte Testament liest und interpretiert. In langen „Katenen“ (= Schriftketten) werden Zitate ausgewählt und gedeutet. Wenn auch die Art der Auslegung uns manchmal befremdlich oder gar willkürlich erscheint, wird doch deutlich, dass der Brief – wie das gesamte Neue Testament – ohne diesen Hintergrund völlig unverständlich bleibt. Unbegreiflich daher die bis in unsere Tage geführte Diskussion, ob das Alte Testament noch Teil unserer Bibel sein sollte. Wer das Alte Testament verwirft, verliert unweigerlich auch das Neue.

1728 Beginn der Losungen in Herrnhut | 1846 Beginn der Männerarbeit der Evangelischen Kirche

4. Mai

Freitag | SA 05:49 SU 20:49 MA 00:16 MU 08:53

Wochenspruch: Psalm 98,1
Wochenlied: EG 243 oder 341

Wir lesen Hebräer 3,1–6

„In deinem Haus, Vater …“ Willkommen in Gottes Haus! Hier bist du immer gern gesehen. Nicht weil du dich verdient gemacht hast, sondern weil der, der dich gemacht hat, an dir seine Freude hat. Weil du sein Ruhm bist. Deshalb bist du ein wichtiger Baustein in diesem Haus. Genau wie die anderen Bewohnerinnen und Bewohner. Uns eint – außer unserer gemeinsamen Herkunft aus dem Willen Gottes – der Versuch, in den gegenwärtigen Zeitläuften an der Hoffnung unseres Glaubens festzuhalten. Das ist nicht immer leicht, es spricht so viel dagegen: die Katastrophen der Gegenwart; der Zeitgeist, der immer fragt: ‚Was hab ich davon?‘; der deshalb das Evangelium bestenfalls als Ansporn für neue Leistungen gebrauchen kann. In Gottes Haus geht es anders zu: Leistung spielt keine Rolle, Oben und Unten auch nicht; da ist der Diener dem Sohn gleich geachtet. Beide zeichnen sich durch ihre Treue aus. Nur, dass der Sohn der Träger der göttlichen Hoffnung ist. Als Apostel vertritt er Gottes Sache bei uns, als Hoherpriester unsere Sache bei Gott (J. A. Bengel). So macht er schon jetzt deutlich, worin unsere „himmlische Berufung“ besteht: dass wir uns im Leben und im Sterben nicht zu fürchten brauchen. Im Gegenteil, wir sind gewürdigt, frei (V. 6) und offen unsere Hoffnung zu bezeugen. Durch die himmlische Verankerung unserer Hoffnung bekommen wir Hausbewohner Orientierung, Kraft und Zuversicht über den Tag hinaus. *Hillard Heimann*

Wir beten Du, unser Gott, wir freuen uns, dass wir in Deinem Hause wohnen dürfen. Etwas Besseres kann es nicht geben. Hilf uns, dass wir uns trauen, uns immer wieder ganz frei und fröhlich zu unserer himmlischen Berufung zu bekennen. Amen.

Mose und Jesus – einmal anders Von manchen neutestamentlichen Texten meinen wir zu wissen, dass Jesus von Mose leuchtend abgehoben und Mose dabei eher abgewertet wird. Unsere eigene, besonders die lutherische Auslegungsgeschichte hat das Gefälle zwischen Gesetz und Evangelium noch verschärft. Wer unseren Text genau liest, wird davon bestenfalls Anklänge wahrnehmen; ein Gegensatz wird hier aber nicht konstruiert – im Gegenteil: Mose wird als treuer Diener des Hauses nicht herabgesetzt, sondern als der, der auf den Kommenden hinweist, ins Recht gesetzt und bleibend gewürdigt.

1521 Luthers Ankunft auf der Wartburg | 1673 † Michael Schirmer, Liederdichter in Berlin | 1888 Evangelisch-Kirchlicher Hilfsverein gegründet | 1899 Evangelische Frauenhilfe gegründet | 1949 Kirchliche Hochschule in Hamburg gegründet

5. Mai

Sonnabend | SA 05:48 SU 20:51 MA 01:08 MU 09:40

Wochenspruch: Psalm 98,1
Wochenlied: EG 243 oder 341

Wir lesen Hebräer 3,7–19

Heute? Heute!

„Worauf noch warten? Warum nicht starten? Lass alles andre stehn!“ So hat der Liedermacher Manfred Siebald gedichtet. Das klingt ein bisschen gehetzt. Jetzt oder nie. „Heute“, sagt auch der Hebräerbrief mit Worten des 95. Psalms. Und schärft uns das so nachdrücklich ein, wie es Gott nach dem 5. Buch Mose den Israeliten gegenüber am Berg Horeb tut. Heute den Ruf Gottes nicht verpassen! – Warum diese Hast? Müsste die Ruhe der Zukunft nicht in der Gelassenheit der Gegenwart erkennbar werden? Denn was früher war, kann nicht mehr geändert werden. Was kommt, weiß keiner. Aber hat uns Gott einmal berührt, hat uns das Feuer der Botschaft einmal erfasst, sollen wir es nicht einfach wieder verlöschen lassen. Das muss nicht in atemlosen Stress ausarten. Wie kann „sich Gott überlassen“ anstrengend werden, ist es doch eher etwas Passives, eine Haltung! Gottes Ruf lässt sich durch meine Angespanntheit nicht erzwingen. „Heute“ vernommen, kann er morgen – scheinbar – im Nichts verhallen. Oft ist auch einfach gar nichts zu hören. Wüstenerfahrungen gehören zum Glauben, und es kann so schwer sein, in der Öde und Leere der Tage an der „ersten Gewissheit“ des Glaubens festzuhalten. Dann versuchen, dem noch einmal nachzuspüren: wie das war, als mich Gott ergriffen hat. Abwarten – und Geduld! War da nicht eben was? Vielleicht wird zwischen all den Geräuschen, Ober-, Unter- und Zwischentönen des Alltags auf einmal Gottes leise Melodie hörbar. Versuchen wir es – heute! *Hillard Heimann*

Wir beten

Vater im Himmel, manchmal hören wir Deinen Ruf, manchmal hören wir nichts. Halte unsere Sinne und unser Herz heute offen für Dein gutes Wort! Amen.

„Betrachtung der Zeit“ von Andreas Gryphius (1616–1664)

Mein sind die Jahre nicht,
die mir die Zeit genommen.
Mein sind die Jahre nicht,
die etwa möchten kommen.
Der Augenblick ist mein –
und nehm’ ich den in acht,
so ist der mein,
der Jahr und Ewigkeit gemacht.

1038 † Godehard, Bischof in Hildesheim | 1553 † Erasmus Alber, Mitkämpfer Luthers

6. Mai

Sonntag | 5. Sonntag nach Ostern (Rogate)

Wochenspruch: Psalm 66,20
Wochenlied: EG 133 oder 344
Evangelium: Joh 16,23b–28.(29–32.)33
Epistel: 1. Timotheus 2,1–6a
Altes Testament: 2. Mose 32,7–14

Wir lesen Psalm 95

Jeder Mensch betet

Er war ein kräftiger Mensch. Beten, sagte er, einfach so ins Nichts hinein reden? Da käm ich mir vor, als hätte ich nicht alle Tassen im Schrank. – Und doch reden wir oft ins Nichts, entgegne ich ihm. – Ich doch nicht, widerspricht er. – Fluchen Sie denn gar nicht? – Wieso, sagt er, was hat das mit Beten zu tun? – Wissen Sie noch, wann Sie kürzlich geflucht haben? – Na klar, sagt er, als mein Wagen nicht ansprang und ich unbedingt zu einem Termin musste. – Wem fluchen Sie da? Na, meinem Wagen natürlich. – Quatsch, man kann doch nicht mit seinem Auto reden. – Na ja, ich schimpfte über die dämliche Situation. Der Anlasser war hin. – Sie haben also über Ihr Pech geschimpft, mit dem Schicksal gehadert. Aber in Wirklichkeit haben Sie auf Gott geschimpft. Jeder Mensch redet in irgendeiner Weise mit Gott. Wenn's ihm gut geht oder ihm etwas glückt, müsste er sich eigentlich bedanken. Aber das tut man selten. Wenn's uns gegen den Strich geht, dann schimpfen wir. – Ein langes Gespräch. Die Hauptfrage wurde: Wie steht das Schicksal, wie steht Gott zu mir? Wenn wir immer wieder durchkommen, dann ist Gott der liebe Gott. Wenn's schlecht läuft, verstehen wir ihn nicht oder vergessen ihn lieber. – Der 95. Psalm leitet uns an, unser Leben, den Himmel, die Erde nicht einfach stumpf hinzunehmen. Unser Leben, unser Sein in dieser Welt ist ein unglaubliches Geschenk. Wenn wir Unglück haben, entgleitet uns diese Einsicht. Oft bleibt auch Gottes Handeln zutiefst rätselhaft. Der Psalm sagt: Hört auf Gottes Stimme und verstockt euer Herz nicht, schaltet nicht ab. Achte darauf, was Gott dir sagen könnte. Die Abwege des Volkes Israel sollen auch uns, die wir als Christenmenschen diesen Psalm nachbeten, eine Warnung sein. Allerdings haben wir in Jesu Leiden am Kreuz das Bild dafür, dass Gott für uns auch da ist, wenn er uns offensichtlich zu verlassen scheint. *Horst Hirschler*

Wir beten

Allmächtiger, barmherziger Gott, in Jesus Christus erfahren wir Deine Liebe. Gib, dass ich auf Dich höre, von meinen Irrwegen ablasse und in Dir Heimat finde. Amen.

1525 Friedrich der Weise, Förderer der Reformation in Sachsen (ev. Gedenktag; Sterbetag: 5.5.) | 1859 † Alexander von Humboldt, Naturwissenschaftler | 1866 Diakonissenhaus Niesky gegründet | 1869 Stephansstift Hannover gegründet | 1886 Oberlinhaus Potsdam beginnt Behindertenpflege

7. Mai

Montag | SA 05:44 SU 20:54 MA 02:31 MU 11:32

Wochenspruch: Psalm 66,20
Wochenlied: EG 133 oder 344

Wir lesen Hebräer 4,1–13

Lebendig und kräftig und schärfer

2007 stand der evangelische Kirchentag in Köln unter diesem Motto. Ich erinnere mich noch, wie beeindruckt ich von der Stimmung war. Ich war mit Jugendlichen dort und wir hatten uns als sogenannte Helfer verdingt. Das bedeutete, acht Stunden am Tag als Ordner in einer großen Halle zu arbeiten und dann durch das üppige Geschehen des Kirchentages zu treiben. Mir stehen noch immer deutlich die Worte vor Augen – mit breitem Pinselstrich orange auf schwarzen Grund gemalt: „lebendig und kräftig und schärfer". Diese Losung traf alle mitten ins Herz, die ganze Kirche nahm sich ein Herz, aufzubrechen, sich einzumischen und deutlich allen unser selbstbewusstes, evangelisches Profil zu zeigen. Es waren tolle fünf Tage! – Aber über unserem Text steht doch die Zwischenüberschrift: „die verheißene Gottesruhe". Wie passt das zum Trubel eines Kirchentages? Für mich ist gleich der erste Vers wichtig: „achtet darauf, dass keiner zurückbleibe". Und dazu kommt das schöne Psalm-Zitat: „heute, wenn ihr Gottes Stimme hört, verstockt eure Herzen nicht". Ich meine, auf den Kirchentagen ist immer sehr stark die

Gemeinschaft zu spüren und auch das Bestreben, Gott so zur Sprache kommen zu lassen, dass eben keiner zurückbleibt. Obwohl auch Raum für Experimente bleibt, bildet das große Ganze eine Geborgenheit ab, in der die Seele eben einmal zur Ruhe finden kann. *Sebastian Sievers*

Wir beten

Gott, Du Schöpfer und Vollender unseres Lebens, schenke uns immer wieder Momente der Ruhe, aber auch aufrüttelnde Zeiten, in denen wir ermuntert werden, Dir zur Ehre, Dein Lob in Rat und Tat zu verkündigen. Amen.

Die Wise Guys

Die Wise Guys waren, leider 2016 aufgelöst, eine erfolgreiche „vocal-pop“ Gruppe. Sie haben mehrere Lieder für Kirchentagslosungen komponiert und sind dort auch regelmäßig vor tausenden begeisterten Zuschauern aufgetreten: „Zusammen erleben, was das Leben ist … lebendig und kräftig und schärfer. / Und spüren, dass du nicht alleine bist – lebendig und kräftig und schärfer. / Man fühlt sich oft auf sich allein gestellt. / Oft fehlt die Kraft, dass man dagegenhält. / Wir wachen auf aus dieser Lethargie / und zeigen, dass wir so lebendig sind wie nie.“

973 † Otto d. Gr., Kaiser des römischen Reiches | 1523 † Franz von Sickingen, Freund der Reformation | 1840 † Caspar David Friedrich, Maler | 1946 † Hans Löscher, evangelischer Schriftsteller

8. Mai

Dienstag | SA 05:42 SU 20:56 MA 03:04 MU 12:34

Wochenspruch: Psalm 66,20
Wochenlied: EG 133 oder 344

Wir lesen Hebräer 4,14–5,10

Einer ist menschlich und göttlich zugleich

Die Vorstellung eines Hohenpriesters ist uns fremd. Oder doch nicht? Können wir Hohepriester in unserer Zeit finden? Menschen, ausgesondert für etwas Besonderes für uns? Es ist ein kompliziertes Unterfangen. Wenn wir welche ausmachen, rücken wir sie eher gleich ganz ins Überirdische und Unerreichbare. Sie sind Unberührbare, und wenn sie sich dann etwas zuschulden kommen lassen, fallen sie tief, sehr tief. Auch hat der Ruf nach dem starken Mann nie etwas Gutes gebracht. Es bleibt uns nur, uns an den wirklichen König, nämlich Gott, zu richten, für alle anderen bleibt nur die immer gleiche Kategorie – Mensch. Leider werden auch Pfarrerinnen und Pfarrer oft auf einen Sockel gehoben, wo sie nicht hingehören. Und die Enttäuschung der Gemeindeglieder ist groß, wenn dann die berufenen Verkündigerinnen des Wortes nicht das sagen und tun, was von ihnen erwartet wird. Auch sie sind „normale" Menschen! – Ich bin fasziniert von dem Gedanken unseres Textes, der gerade auch Jesu Hohepriesterlichkeit an menschlichen Kategorien gewinnt. Versuchung, Leiden, Schwachheit, Bitten, Flehen. Jesus bekommt einen Auftrag von Gott: „opfern für die Sünde“. Was meint das? Es kann doch nur sein, dass er sich der Sünde entgegenstellt. Indem er dies vorbildlich tut, indem er Gottes Willen gegenüber gehorsam ist, wird er zum Hohenpriester für uns. Übrigens denke ich, diesen Auftrag haben wir gleichermaßen erhalten, oder nicht? Das Besondere an Jesus ist dann wohl, dass er alle Himmel durchschritten hat und das ganze irdische Reich. Auch ist ihm dieser Weg in vorbildlicher Weise gelungen. Wir hoffen darauf, nachdem wir uns hier redlich gemüht haben, dann auch die wunderbaren Himmel besichtigen zu dürfen.

Sebastian Sievers

Wir beten

Unser Herr und Gott, wir versuchen hier Deinem Wort und Vorbild gemäß zu leben. Unterstütze uns dabei, sei und bleibe bei uns, mit Rat und Tat und Kraft, mit Deinem Heiligen Geist. Amen.

Gnadenstuhl

Der „Gnadenstuhl“ ist ein altes, christliches, ikonographisches Motiv und stellt die Trinität auf besondere Weise dar. Gott Vater sitzt auf einem Thron und hält und präsentiert Gott Sohn der Welt. Dieser, ans Kreuz geheftet, hat seinen Platz auf dem Schoß des Vaters, und darüber schwebt Gott Heiliger Geist als Taube. Echt „hinzutreten“ kann man im Dom zu Fritzlar, dort steht eine lebensgroße Plastik. Und das Besondere daran ist, das Gott Vater zwar größer als Gott Sohn ist, aber ähnlichen Alters und mit den gleichen Gesichtszügen.

9. Mai

Mittwoch | SA 05:41 SU 20:57 MA 03:32 MU 13:39

Wochenspruch: Psalm 66,20
Wochenlied: EG 133 oder 344

Wir lesen Hebräer 5,11–6,8

In Milch getränktes hartes Brot

Die lutherische Zwischenüberschrift heißt zwar „Haltet fest an der Verheißung", wir haben heute aber nur den Abschnitt der Ermahnung vor uns. Tja, so wollen wir uns ganz der Einleitung dieses Textstückchens widmen. Sie hat eine gewisse Berühmtheit, diese Beschreibung, Milch bekommen zu müssen statt fester Speise. Und viele der biblischen Texte sind mittlerweile so alt und sperrig, dass wir froh sind über jeden, der da Licht ins Dunkel bringt. Ja und weiter, wir alle sollen Lehrer in Glaubensdingen sein und brauchen doch selbst Lehrer. Nun gut, der Briefschreiber belehrt uns, dass wir schon längst erleuchtet wurden und himmlische Gaben geschmeckt haben. Das verweist uns weg von dem trockenen Text hin zu einem ganz lebendigen, nämlich unserem eigenen Leben. So dürfen wir auf die Suche gehen nach den erleuchteten Momenten. Dabei werden auch die anderen Momente auftauchen. Ich kann die Drohung des letzten Verses nicht so ernst nehmen. Hat nicht unser Gott dem Adam genau solche Felder verheißen? Mühsal ist im Leben verheißen, weil der Boden eh nur Dornen und Disteln trägt. Aber auf solch einer Folie können die schönen Momente doch umso heller strahlen. Die müssen wir also picken. Die guten Zeiten, die waren – von denen sollen wir sprechen. Die sind das Angeld für unsere Reise in das verheißene Land, wo Milch und Honig fließen. *Sebastian Sievers*

Wir beten

Großer Gott, lass uns immer wieder Blumen zwischen den Disteln und Dornen finden. Wir wollen sie symbolisch pflücken und an viele andere Menschen verteilen. Amen.

Biographie-Arbeit

In vielen pädagogischen und therapeutischen Kontexten wird Biographie-Arbeit gemacht. Man kann darauf viel Zeit verwenden, zurückzublicken und zu überlegen: Was war alles in meinem Leben und wie hat sich, so eine christliche Frage, Gott darin gezeigt? Entscheidend ist für mich, wie ich letztlich mein Leben erzähle. Als Schelmenstück, als Trauerspiel, als ewiges Drama, als Lobeshymne? Wählen Sie Ihr Lieblingsgenre und erzählen Sie. Bitte sprechen Sie dabei freundlich mehr über die geglückten denn über die missratenen Momente Ihres Lebens.

1707 † Dietrich Buxtehude, Organist und Komponist in Lübeck | 1760 † Nikolaus Ludwig Graf von Zinzendorf, Brüderbischof in Herrnhut | 1805 † Friedrich Schiller, Dichter in Weimar | 1854 Diakonissenhaus Neuendettelsau gegründet | 1971 † Gottfried Noth, Bischof in Sachsen

10. Mai

Donnerstag | Christi Himmelfahrt

Spruch: Johannes 12,32
Lied: EG 121
Evangelium: Lukas 24,(44–49.)50–53
Epistel: Apostelgeschichte 1,3–4.(5–7.)8–11
Altes Testament: 1. Könige 8,22–24.26–28

Wir lesen Psalm 68,1–19

Christus meine Zuversicht

In der lutherischen Kirche in Sorquitten/Polen ist über dem Altar der gen Himmel auffahrende Christus zu sehen. Der untere Teil seines Gewandes und die nackten Füße ragen aus der Decke heraus. Himmelfahrt! Lustig anzusehen. – Wenn ich nachts unter dem Sternenhimmel stehe, wenn ich gar mein Handy Richtung Sterne halte und darauf ihre Namen, Größe und Entfernung lese, weiß ich, dass der gen Himmel fahrende Christus nicht in kosmischen Weiten verschwunden ist. – Was mit der Himmelfahrt Christi gemeint ist, veranschaulicht der Psalm auf elementare Weise. Es geht um die Frage: Wer hat die Macht über mein Leben in einer schwierigen Welt? Es liest sich allerdings nicht besonders lieblich, was der Psalmist über die Feinde Gottes betet. Wir kennen das alles, bis in diese Tage hinein. Die einen haben aus religiösen Gründen Recht und die anderen müssen den Kürzeren ziehen. Ich möchte mich betend nicht in diese Schwarz-Weiß-Malerei begeben. – Der Psalm zeigt freilich auch, welch ein Trost es ist, wenn mein Gottvertrauen den Sieg davonträgt. Christi Himmelfahrt besagt, dass er zur Rechten Gottes sitzt. Das bedeutet: Alles, was künftig geschieht, ist durch den Gott, den wir durch Christus kennen, bestimmt. Noch einmal: Das hat nichts mit einer Weltraumfahrt zu tun. Der Psalm lehrt: Wer Gott an seiner Seite hat, ist den anderen über. Wenn das jedoch von Jesus Christus gesagt wird, ist alles neu geworden! Jesus Christus spricht: Liebet eure Feinde. Er selbst ist den Weg des Leidens geführt worden und gegangen und ist ein Symbol der Kraft der Machtlosigkeit. Wenn also Christus im Bild von der Himmelfahrt gepriesen wird als derjenige, der uns Gottes Antlitz zeigt, dann ist das immer das Antlitz der Nächstenliebe und der Gemeinschaft mit den Leidenden. Dann besteht die wirkliche Macht in unserer Welt im Durchbruch der Liebe. *Horst Hirschler*

Wir beten

Allmächtiger Vater, danke, dass wir Dich durch Jesus Christus kennen. Immer wieder halten wir äußere Macht für wesentlich. Gib, dass wir auf die Macht der Liebe setzen. Amen.

1521 † Sebastian Brant, Dichter | 1527 † Johann Hügelin, Märtyrer am Bodensee | 1919 Universität Hamburg gegründet

11. Mai

Freitag | SA 05:37 SU 21:00 MA 04:20 MU 15:56

Wochenspruch: Psalm 66,20
Wochenlied: EG 133 oder 344

Wir lesen Hebräer 6,9–20

Standhalten

„Ihr Lieben!“ oder auch „Geliebte!“ ist die Anrede, die über dem heutigen Tag steht. Gemeint sind die Brüder und Schwestern im Glauben. Damit sind auch wir, Sie ganz persönlich, angesprochen, insofern wir uns mit den Christen des 1. Jahrhunderts in einer Glaubenslinie stehend sehen. Versichert werden wir der unbedingt gewissen Heilszusage Gottes, der sich für seine Verheißung sogar mit einem Eid verbürgt. Weil wir aber die „Erben der Verheißung“ sind, ruft Gott uns zum unbedingten Einsatz für den Glauben. Das Standhalten in und vor der Welt, unser Eintreten für Gott und die Mitmenschen, ist nicht Voraussetzung für Gottes Gnade, aber ihre notwendige und Not wendende Folge. Es geht um gelebtes Bekenntnis, das Werke der Liebe einschließt. Diese Liebeswerke werden Gott dargebracht. Sie kommen aber den Menschen zugute, im Hebräerbrief zuvörderst den „Heiligen“, mit denen alle Gläubigen gemeint sind. Das Festhalten an der von Gott angebotenen Hoffnung ist der „Anker unserer Seele“, der „hineinreicht in das Innere hinter dem Vorhang“, in unserem Text konkret in das Allerheiligste des

Tempels – also in den Bereich Gottes. In dieser Verankerung spricht Gott uns, spricht Gott Sie als Heilige an, in der Nachfolge Jesu, der uns zu Gott vorausgegangen ist.

Annette Weidhas

Wir beten

Großer und barmherziger Gott! Wir danken Dir für die Gewissheit, dass unser Lebensschiff in allen neuen Stürmen, die unsere Welt bedrohen, in Dir festgemacht ist und dass Du uns bergen wirst, wenn wir Schiffbruch erleiden. Lass uns den Glauben daran nicht verlieren, sondern Dir allein die Ehre geben. Amen.

Max Reger (1873–1916) – Komponist, Organist, Pianist, Dirigent

Johann Baptist Joseph Maximilian Reger war der Sohn eines Dorfschullehrers aus der Oberpfalz. Er studierte Musik, wurde 1911 neben seiner intensiven Kompositions- und Konzerttätigkeit Hofkapellmeister bei der Meininger Hofkapelle und hatte Lehraufträge in Leipzig inne. Berühmt wurde Reger insbesondere durch seine Orgelkompositionen, bei denen der von Haus aus strikt katholische Christ eine besondere Affinität für protestantische Choräle entwickelte.

1621 † Johann Arndt, Glaubenszeuge in Niedersachsen | 1903 † Arnold Bovet, Gründer des Blauen Kreuzes | 1916 † Max Reger, Komponist

12. Mai

Sonnabend | SA 05:36 SU 21:02 MA 04:43 MU 17:08

Wochenspruch: Psalm 66,20
Wochenlied: EG 133 oder 344

Wir lesen Hebräer 7,1–10

Das Alte im Neuen

Die Welt besteht, indem sie sich verändert. Alles Neue aber muss eingebunden werden in Bekanntes, soll es verstanden werden. Andernfalls verlieren die Menschen den Zusammenhalt und Gemeinschaft zerbricht. Das gilt für die ganz frühe Christenheit ebenso wie für uns. Die judenchristlichen Urgemeinden hatten durch Jesu Botschaft eine grundstürzend neue Erfahrung gemacht. War der alte Glaube damit ganz und gar zerstört worden? Nein! Die Alte Kirche übernahm zentrale Glaubenszusammenhänge des Judentums, die wir bis heute in unserem biblischen Kanon finden. – Im Hebräerbrief ist die Bemühung um die Wahrung der Glaubenskontinuität in besonderer Weise sichtbar. Sein Autor zeigt Jesus Christus als den neuen Hohepriester. Dafür nimmt er die alttestamentliche Melchisedek-Tradition auf. „Melchisedek" heißt „König der Gerechtigkeit", er wird aber auch „König von Salem" genannt – „König des Friedens". Abraham und das levitische Priestertum bleiben wichtige Bezugsgrößen, werden aber dem mythischen, dem eigentlichen Hohepriester Melchisedek unterworfen, der mit Christus identifiziert wird. So wurde den

„Altgläubigen" ermöglicht, Christus als den Messias anzuerkennen. Der Hebräerbrief stellt das Neue Testament in einen besonderen Zusammenhang mit dem Alten. Lassen Sie uns diese Tradition auch in Zukunft ehren! *Annette Weidhas*

Wir beten

Großer und barmherziger Gott! Wir danken Dir dafür, dass Du Deine in Christus aller Welt sichtbar gemachte Gnade über die alttestamentlichen Propheten bis zu den Glaubenszeugnissen der Gegenwart offenbarst. Lass uns die achten, die vor uns anders glaubten, ebenso wie die, die mit uns anders glauben. Vor Dir gehören wir zusammen. Lob sei Dir in Ewigkeit. Amen.

August Wilhelm Schlegel (1767–1845)

Der Literaturhistoriker, Dichter, Übersetzer, Altphilologe und Indologe war der Sohn eines aus Sachsen stammenden lutherischen Pfarrers in Hannover. Er studierte Theologie, wurde dann aber Philologe. Nach Lehraufträgen in Jena und Berlin wurde er 1818 erster Inhaber eines Lehrstuhls für Indologie in Deutschland. Zusammen mit seiner Frau Caroline, seinem Bruder Friedrich und dessen Frau Dorothea sowie Fichte, Tieck und Novalis prägte er die neue „romantische Schule", in Blick auf seine sprachphilosophischen Überlegungen wird er in einem Atemzug mit Wilhelm von Humboldt genannt.

um 304 † Pankratius, Märtyrer in Rom | 1845 † August Wilhelm Schlegel, Dichter

13. Mai

Sonntag | 6. Sonntag nach Ostern (Exaudi)

Wochenspruch: Johannes 12,32
Wochenlied: EG 128
Evangelium: Johannes 15,26–16,4
Epistel: Epheser 3,14–21
Altes Testament: Jeremia 31,31–34

Wir lesen Psalm 68,20–36

Der Geist der Liebe

Jüngst sah ich wieder einmal eine Dokumentation über Heinrich Himmler, die ausgemergelten Gestalten in den Konzentrationslagern, die Kinder mit dem Judenstern. Gott wird den Kopf seiner Feinde zerschmettern, singt der Psalmist. Zerstreue, Herr, die Völker, die gerne Krieg führen. Ich könnte auch von dem IS reden. Der Herr hat gesagt, aus der Tiefe des Meeres will ich sie wieder holen. Aber Vergaste bleiben vergast und Enthauptete enthauptet. – Nun aber will ich auf die anderen Töne des Psalmes hören. „Gott legt uns eine Last auf, aber er hilft uns auch. Wir haben einen Gott, der da hilft, und einen Herrn, der vom Tode errettet." Das ist unser Trost. Auch diejenigen, die aus schrecklichen Zeiten noch einmal davongekommen sind, haben Grund zu danken. Solcher Dank aber behält auch diejenigen, die auf der Strecke geblieben sind, in der Erinnerung. Das Lob Gottes wird immer auch vom Schrei der Verlorenen begleitet.

– Exaudi nun ist der Sonntag vor Pfingsten. Wir warten auf den Heiligen Geist. Wir warten auch darauf, dass jene, die von Hass und Abneigung verzehrt werden, vom Geist Gottes erfasst werden. Wir beten darum. Wir suchen nach Wegen, die dazu verhelfen. Der große ehrenamtliche Einsatz für die Flüchtlinge in unserem Land ist ein gutes Zeichen. Es geht Pfingsten jedoch nicht zuerst um das, was wir tun müssen. Wir feiern Pfingsten Gottes Geist, der uns geschenkt wird. Dieser Geist gibt Glaubenszuversicht, befähigt zum Ertragen der Last, die Gott uns auferlegt, und befreit zum mutigen Handeln. – Martin Luther hat gesagt: „Glaube ist eine lebendige, verwegene Zuversicht auf Gottes Gnade, so gewiss, dass er tausendmal dafür sterben würde. Und solche Zuversicht und Erkenntnis göttlicher Gnade macht fröhlich, trotzig und lustig gegen Gott und alle Kreaturen, das wirkt der Heilige Geist im Glauben.“ *Horst Hirschler*

Wir beten

Du ewiger Gott des Trostes, wir verzagen oft, wenn wir die Leiden sehen, die Du uns und anderen zumutest. Gib Deinen Geist, dass wir in allem Deine Nähe finden. Amen.

1843 † Hans Ernst von Kottwitz, Glaubenszeuge in Berlin | 1930 † Fridtjof Nansen

14. Mai

Montag | SA 05:33 SU 21:05 MA 05:31 MU 19:40

Wochenspruch: Johannes 12,32
Wochenlied: EG 128

Wir lesen Hebräer 7,11–22

Der ewigliche Priester

Viele Prediger haben sich darüber Gedanken gemacht, wo Jesus schon im Alten Testament erwähnt wird. Womöglich wird sich mancher von uns auch schon Gedanken gemacht haben, weil wir ja im Johannesevangelium lesen (8,58), dass Jesus von sich sagt: „ehe Abraham war, bin ich". Doch wo man sucht im Alten Testament, wo genau ist davon etwas zu finden? – Unser Schriftwort heute sagt es uns recht deutlich. Jesus ist nicht nur in der Gestalt des Melchisedek zu finden, sondern z. B. auch bei einem der drei Männer, die Abraham besuchen; und in dem Fels, aus dem Mose Trinkwasser für das wandernde Gottesvolk bekommt. In dem Schriftwort vom Sonnabend wurde das schon hinreichend erklärt. Nun geht es um das neue Priestertum Jesu, das sich von dem der Leviten unterscheidet. Das Gesetz des Mose hatte seine Bedeutung gehabt, aber jetzt ist es der neue Bund, der die Hoffnung stärken soll und uns näher zu Gott bringen wird (V. 19). Die Gemeinde, an die dieser Brief gerichtet ist, soll sich neu orientieren. Die alten Gesetze hatten nur begrenzte Wirkung. Durch Jesus ist alles neu geworden. Das lesen wir auch in den Zitaten aus den Psalmen, die nun durch Jesus erst verständlich werden. Das soll uns zur Lektüre des Alten Testamentes ermutigen. Ich bin ganz sicher, dass wir noch mehr an Verheißungen und Hinweisen finden, die von Jesus Zeugnis geben. *Max-Friedrich Hahn*

Wir beten

Lieber himmlischer Vater, wir danken Dir, dass wir wieder erfahren: Durch Jesus machst Du alles neu auch in unserem Leben. Wir bitten Dich, lass uns so leben und handeln, dass wir anderen Deine Nähe bezeugen können. Amen.

Priestertum

In Israel war es nur dem Hohenpriester erlaubt, das Allerheiligste zu betreten. Es wird sogar berichtet, dass er einen Strick umhatte, der nach „draußen“ führte. Falls der Hohepriester ohnmächtig wurde, konnte man ihn herausziehen, weil ja sonst niemand hineindurfte. Das ändert sich durch Jesus. Es geht nicht mehr um den Tempel, sondern, wie es in der Offenbarung 5,10 heißt, er hat uns zu Königen und Priestern gemacht. Im 1. Petrusbrief 2,5 heißt es: „bauet euch auf zum geistlichen Hause und zur heiligen Priesterschaft“. Wir alle sind gemeint!

1565 † Nikolaus von Amsdorf, Bischof in Sachsen | 1948 Proklamation des Staates Israel | 1973 † Gerhard Brennecke, Missionsdirektor in Berlin

15. Mai

Dienstag | SA 05:31 SU 21:06 MA 06:00 MU 20:58

Wochenspruch: Johannes 12,32
Wochenlied: EG 128

Wir lesen Hebräer 7,23–28

Unvergängliches Priestertum

Den Lesern des Hebräerbriefes ist das Priesteramt wohl unmittelbar bekannt gewesen. Sie konnten sich genau vorstellen, was er zu tun hatte. Daran knüpft nun der Brief an und erklärt den Empfängern, was der Herr Jesus für sie – für uns – getan hat. Allerdings gibt es den großen Unterschied zu den vielen Priestern, die es gegeben hat. Sie sind gestorben, und immer neue Priester kamen. Jesus als Priester für die Ewigkeit nach der Beschaffenheit des Melchisedek (so wörtlich in Psalm 110) ist immer da. Darum kann er auch für immer diejenigen retten, denen er hilft, zu Gott zu kommen. Wir haben in turbulenten Zeiten erlebt, was die vermeintlich Mächtigen schon alles versprochen haben, welche paradiesischen Verhältnisse aufgebaut werden sollten. Wo sind sie geblieben? Gott hat ihre Tage gezählt und ihre Bäume nicht in den Himmel wachsen lassen. In unserem Schriftwort haben wir die Verheißung, die gilt, auch wenn wir manches Beschwerliche erleben müssen. Viele Menschen bezeugen das mit ihrem Leben. Über Hans Ernst von Kottwitz (1757–1843) ist leider zu wenig zu hören. Er hatte versucht, den Webern in

Schlesien zu helfen, indem er deren Arbeit gut bezahlte, und ging dadurch mit seiner Firma in Konkurs. In Berlin organisierte er die Armenspeisung. Seine Bibelstunden waren immer gut besucht. J. H. Wichern erhielt bei ihm den entscheidenden Impuls für seine Arbeit. *Max-Friedrich Hahn*

Wir beten

Lieber Herr Jesus, wir danken Dir, dass Du immer für uns da bist. Lass uns Deine Gegenwart spüren, wenn uns bedürftige Menschen begegnen, damit wir Dir dienen können. Amen.

Hoherpriester

In unserem Schriftwort wird uns geschildert, welcher Prozedur jeder Hohepriester unterworfen ist, um sich immer wieder für den Dienst zu reinigen, wie es Gesetze verlangten, die im Laufe der Geschichte dazugekommen sind. Dass es einen Hohenpriester gibt, ist erst nach dem babylonischen Exil nachweisbar. Wir lesen es beim Propheten Haggai 1,1.12, ebenso bei Nehemia 3,1.20. In dieser Zeit nach der Rückkehr der Israeliten aus dem Exil und dem Bau des zweiten Tempels ist der Hohepriester die angesehenste Persönlichkeit, weil es keine Könige mehr gibt.

346 † Pachomios, Vater des Mönchtums in Ägypten (ev. Gedenktag; Sterbetag: 14.5.) | 1548 Augsburger Interim, Reichsgesetz zur vorläufigen Lösung der Religionsfrage | Internationaler Tag der Kriegsdienstverweigerung (seit 1986)

16. Mai

Mittwoch | SA 05:30 SU 21:08 MA 06:35 MU 22:15

Wochenspruch: Johannes 12,32
Wochenlied: EG 128

Wir lesen Hebräer 8,1–13

Der verheißene neue Bund

In unserem heutigen Text wird der Prophet Jeremia zitiert. Es geht um die Verheißung des neuen Bundes. Der Briefschreiber bemüht sich sehr, den Unterschied zu früherer Zeit mit ihren Gesetzes- und Glaubenstraditionen deutlich zu machen. Priestertum ja – aber ein ewiges, ebenso ein Hoherpriester – aber ein ewiger nach dem Maß und der Beschaffenheit des Melchisedek. Es ist der Herr Jesus, der aber zu Abrahams Zeit noch nicht erkannt werden konnte. Nun ist seine Zeit gekommen, offenbar zu werden. Das wird hier bezeugt und die Gemeinde soll es auch bezeugen. Die Stiftshütte ist neu, sie ist im Himmel und nicht mehr von Menschenhand gemacht. Alles in allem: ein besserer Bund (V. 6). Das hat der Gemeinde damals sicher sehr geholfen, die frohe Botschaft zu verstehen. Wir sehen, wie der Briefschreiber auf die Gemeinde und deren Tradition Rücksicht nimmt und alles erklärt. Auch wir werden hier gefragt, wie wir z. B. unseren Nachbarn oder Kollegen, wenn diese mit ganz anderen Traditionen und Gedanken vertraut sind, die biblische Botschaft erklären. Uns wird einige Mühe abverlangt, besonders dann, wenn wir mit Menschen aus anderen Ländern zu tun haben. Wir werden geradezu aufgefordert, auf andere Menschen zuzugehen und nach ihrem Leben, ihrer Familie und ihren Traditionen zu fragen. Dann erst ist es möglich, in rechter Weise von der frohen Botschaft zu sprechen.

Max-Friedrich Hahn

Wir beten

Lieber himmlischer Vater, wir danken Dir, dass Du uns den neuen Bund durch Jesus gegeben hast. Schreibe Dein Gesetz in unseren Sinn und unser Herz, damit wir nach Deinem Willen leben. Amen.

Erster und neuer Bund

Viele Male wird im Neuen Testament das Alte Testament zitiert, eingeleitet mit „denn es steht geschrieben". So wird die geistliche Verbindung mit der Geschichte des Gottesvolkes aufgezeigt. Das bedeutet keineswegs eine Abwertung des ersten Bundes. Wie liebevoll wird dieser geschildert, wenn Gott durch den Propheten sagt: „als ich ihre Hand ergriff, sie auszuführen aus Ägyptenland". Aber waren sie dankbar? Wohl nur „ein heiliger Rest". So bezeugen die Propheten, dass Gott seine Zuwendung nicht nur zu seinem Volke erneuern wird.

1553 Die fünf Märtyrer von Lyon | 1941 † Johannes Kuhlo, Posaunenwart

17. Mai

Donnerstag | SA 05:28 SU 21:09 MA 07:17 MU 23:28

Wochenspruch: Johannes 12,32
Wochenlied: EG 128

Wir lesen Hebräer 9,1–10

Reines Gewissen

Die hier beschriebene Ordnung des Opfers ist zwar von Gott gegeben, aber sie gilt nur vorläufig, betont der Verfasser des Hebräerbriefes. Und sie bezieht sich auf äußerliche Dinge wie Speise, Trank und Waschungen. Letztlich führen die regelmäßigen kultischen Handlungen der Priester nicht dazu, dass das Gewissen der Menschen gereinigt wird – nicht einmal das jährlich am Versöhnungstag stattfindende Blutopfer im Allerheiligsten durch den Hohepriester. – Sein Gewissen reinigen muss der, der ein schlechtes Gewissen hat. Wir kennen das. Wir wissen, dass unser Handeln falsch ist, und tun es doch, gegen unser Gewissen, gegen Gottes Gebot. Gewissensbisse plagen uns, Schuldgefühle lähmen, durch Selbstvorwürfe geraten wir unter Druck. Mit Schuld will und kann keiner leben. Schuld trennt uns von Gott. Was tun wir, um das schlechte Gewissen loszuwerden? Zugeben, was geschehen ist, Verantwortung übernehmen, mit demjenigen reden, dem Unrecht geschah, wiedergutmachen, was uns passiert ist. Sind Opfer für uns eine Lösung? Manche Menschen möchten wohl gerne selbst das Maß ihrer Verfehlung bestimmen. Sie reden ihre

Schuld klein, wenn sie sagen „dumm gelaufen“ anstatt: „Da habe ich versagt.“ Wir können uns nicht selbst ent-schuldigen, uns nicht selbst Vergebung zu-sprechen. Das kann nur ein anderer. Aber im Gebet können wir Gott unser schlechtes Gewissen anvertrauen. Der barmherzige Gott allein vergibt Schuld. Ihn können wir um Vergebung bitten.

Adelheid Schnelle

Wir beten

Barmherziger Gott, immer wieder schaust Du gnädig auf mich. Du nimmst mich an, auch wenn es mir oft nicht gelingt, nach Deinem Willen zu leben. Lass mich heute Deine Liebe und Nähe spüren. Amen.

Ein „gefällig“ Opfer

Lass in Furcht mich vor dich treten, heilige du Leib und Geist,
dass mein Singen und mein Beten ein gefällig Opfer heißt.
Heilige du Mund und Ohr, zieh das Herze ganz empor.
Rede, Herr, so will ich hören, und dein Wille werd erfüllt,
nichts lass meine Andacht stören, wenn der Brunn des Lebens quillt;
speise mich mit Himmelsbrot, tröste mich in aller Not.

(EG 166,3 u. 6)

Orthodoxer Feiertag: Himmelfahrt | 1627 † Valerius Herberger, Liederdichter in Schlesien (ev. Gedenktag; Sterbetag: 18.5.) | 1662 † Wilhelm II. von Sachsen

18. Mai

Freitag | SA 05:27 SU 21:11 MA 08:10 MU –

Wochenspruch: Johannes 12,32
Wochenlied: EG 128

Wir lesen Hebräer 9,11–15

Jesu Dienst an uns

Vor dem Hintergrund des kultischen Opferdienstes wird hier deutlich, worin das Besondere liegt, das Christus für uns getan hat. Er öffnete die Tür zu Gott. Mit Jesus beginnt etwas völlig Neues. Kein Gesetz, keine Ordnung hindert die Glaubenden mehr, Gott nahezukommen, denn Jesus selbst hat den Weg zu Gott freigemacht. Jesus, der neue Hohepriester. Durch sein Blut und Sterben am Kreuz nahm Jesus die Sünden von uns. Er nahm weg, was die Menschen von Gott trennt. Jesu Priesterdienst an uns macht alle bisherigen religiösen Handlungen überflüssig. Denn Jesu Blut hat eine unvergleichlich stärkere Wirkung als das vom Hohepriester geopferte Tierblut. Jetzt gibt es die wahre Reinigung unseres Gewissens, nichts muss uns mehr belasten und unruhig machen. Der Hohepriester ging einmal jährlich in das Allerheiligste, aber Jesus ist ein für allemal eingegangen in Gottes Heiligtum und Herrlichkeit. Gott hat seine Heilszusage Wirklichkeit werden lassen, ein neuer Bund ist wirksam. Als Mittler des neuen Bundes nimmt Jesus die Glaubenden mit. Die Menschen sind erlöst von ihren Sünden und Übertretungen und frei, dem lebendigen Gott zu dienen in Dankbarkeit, mit Lob und in brüderlicher und schwesterlicher Liebe. Jesus ist nicht nur ein Gesandter Gottes, wie manche in unserer Zeit meinen, sondern er ist als der Sohn Gottes der wahre Retter, der uns heil macht. *Adelheid Schnelle*

Wir beten

Herr, hilf uns, dass wir in allen Situationen unseres Lebens auf dem Weg zu Dir bleiben. Lass uns auch in schweren Zeiten auf Deine Güte und Hilfe vertrauen. Wir danken Dir für Deine vergebende Liebe. Amen.

Bruder- und Schwesternschaft Wittekindshof

Nach einer Zeit der Zweckentfremdung des Wittekindshofes in Bad Oeynhausen in Westfalen begann dort 1949 der Neuanfang. Als Bestandteil der Stiftung Wittekindshof wurde die Bruderschaft Wittekindshof gegründet. Hintergrund war die Überzeugung, dass der Dienst an den überwiegend geistig Behinderten in der Anstalt nur getan werden kann „in der Bindung an Gottes Wort und die Kraft seines Geistes". Die Brüder und auch Schwestern bringen Spiritualität, Seelsorge, Begegnung und Ausbildung in die alltägliche Arbeit des Wittekindshofes ein.

1860 † Christian Heinrich Zeller, Pädagoge in Basel | 1949 Gründung der Bruderschaft Wittekindshof

19. Mai

Sonnabend | SA 05:26 SU 21:12 MA 09:12 MU 00:31

Wochenspruch: Johannes 12,32
Wochenlied: EG 128

Wir lesen Hebräer 9,16–28

Jesus nimmt unsere Schuld auf sich

Ist ihnen etwas misslungen, dann können Menschen sehr erfinderisch sein, eine Erklärung dafür zu finden. Manche versuchen ihre Schuld einem anderen zuzuschieben. Kinder wie Erwachsene sagen: „Ich war es nicht!", wenn sie Strafe fürchten. Sich rechtfertigen, leugnen, einen Sündenbock suchen, das macht uns nicht unschuldig. Die Schuld bleibt bestehen und sie belastet uns – immer wieder. Am Karfreitag und bei jeder Feier des Abendmahls bedenken wir, dass Jesus gestorben ist für unsere Sünden. Jesus hat etwas getan, was nur er konnte: „für uns". Wir können das „für uns" direkt auf uns beziehen: für unser Versagen, Unterlassen, unsere Lügen, unsere Bosheit. Wir brauchen Erlösung aus unserer Unzulänglichkeit. Jesus nimmt alles, was uns belastet, von uns weg und hat es sich selbst als Last aufgeladen. Er hat es nicht weggewischt wie eine Kreideschuld auf dem Tisch, er hat nicht gesagt: „Macht nichts, ist schon o. k.", sondern er hat dafür gelitten. Es war ihm ernst. Stellvertretend übernahm er die Verantwortung, damit wir frei und unbelastet leben können. „Ohne Blutvergießen geschieht keine Vergebung" (V. 22), haben wir gelesen. Gemäß der Tradition des Blutopfers des alten Bundes musste auch der neue Bund mit Blut besiegelt werden, aber nicht mit Tierblut, sondern mit Jesu Blut. Und nicht immer wieder neu, sondern einmalig und endgültig. Jesu Tod war notwendig, damit sein Vermächtnis deutlich wird: die uneingeschränkte vergebende Liebe Gottes zu uns. *Adelheid Schnelle*

Wir beten

Guter Gott, nimm von uns, was uns von Dir trennt, und schenke uns einen neuen Anfang. Gib uns die Kraft und den Mut, uns zu versöhnen, damit wir in Frieden leben. Wir nehmen diesen Tag aus Deiner Hand und danken Dir. Amen.

Adolf Schlatter, Schweizer Theologe (* 16.8.1852)

Vor 80 Jahren starb Adolf Schlatter. 1923 schrieb er: „Ziele musste ich nicht erst suchen, Probleme nicht aufstöbern; sie umschlossen mich wie eine steile Bergwand, seit ich zu beobachten vermochte, was vor meinem Blick geschah und mich berührte. Hätte ich mir meine Ziele selber gewählt und meine Probleme entdeckt, erfunden und ergrübelt, so würde ich sie gottlos und phantastisch schelten. Denn jedes mit Jesus verbundene Leben hat darin seine Merkmale, dass es unter einer Notwendigkeit steht, die kein Ausweichen zulässt."

(aus: Religionswissenschaft in Selbstdarstellungen)

804 † Alkuin, Abt und Lehrer in Franken | 1844 Diakonissenanstalt Dresden gegründet | 1938 † Adolf Schlatter, Theologe

20. Mai

Sonntag | Pfingstsonntag

Wochenspruch: Sacharja 4,6
Wochenlied: EG 125
Evangelium: Johannes 14,23–27
Epistel: Apostelgeschichte 2,1–18
Altes Testam.: 4. Mose 11,11–12.14–17.24–25

Wir lesen Psalm 99

Mit Freude Gott loben

An diesem Pfingstsonntag nimmt uns der Beter des 99. Psalms mit hinein in einen Gottesdienst. Ein Hymnus, dessen Worte die Größe und Heiligkeit Gottes bekennen, spannt einen weiten Bogen. Zuerst ist die ganze Völkerwelt im Blick. Dann geht der Ruf an das Gottesvolk, das eine so besondere Geschichte mit seinem Herrn gehabt hat. Aus der Erfahrung der vielen Jahre wächst das, was von diesem auf dem Thron sitzenden Herrn bekannt wird. Zu ihm gibt es keine harmlose Vertraulichkeit. Gottes Liebe kann, ja, darf nicht mit gutmütiger, harmloser Schwäche verwechselt werden, die nichts mehr weiß von seiner furchtbaren Majestät. Der Beter wird nicht müde, die Weltüberlegenheit Gottes zu preisen. Der Heilige wird er genannt. Mit einem gewaltigen Bild wird dies beschrieben. Die Erde ist der Schauplatz, auf dem er seine Macht erweist. Zu den Erfahrungen mit diesem heiligen Gott gehört auch, dass sein Volk keinen tyrannischen Missbrauch der Macht durch ihn erlebt hat. Sein Tun ist gerecht, denn er ist der Ursprung des Rechtes. Entgegen aller magischen Vorstellungen anderer Völker erlebt das Gottesvolk den Heiligen auch als den, der Menschen zu gerechtem Tun auffordert. Nicht bedrückt und ängstlich spricht der Psalmbeter davon, sondern mit spürbarer Freude. Im Gottesdienst vor dem „Schemel seiner Füße" wird dies lebendig. Drei Gestalten aus der Geschichte des Gottesvolkes – Mose, Aaron und Samuel – sind Beispiele, wie ihre Gebete erhört wurden, wie sie aber auch die richtende Strenge erfahren haben. Mose durfte das Land der Verheißung nicht betreten. Sie erleben, dass Erwähltsein nicht parteiliche Begünstigung ist, sondern erhöhte Verantwortung auferlegt. Wir blicken auf die Reihe derer, die wie der Psalmist gebetet haben, und bekennen mit ihnen, wie „heilig" der gnädige Herr ist und bleibt. *Hermann Beste*

Wir beten

Herr, unser Gott, Dein heiliger Geist macht uns die Geschichte Deines Volkes lebendig, dass wir Deine Güte und Fürsorge erkennen. Nimm unser Loben und Danken für Deine Barmherzigkeit gnädig an. Amen.

Jüdischer Feiertag: Schawout (Fest der Thoragebung) | 325 Konzil von Nicäa (bis zum 25.7.325) | 1832 † Michael Sailer, Bischof in Regensburg, Mystiker | 1868 † Samuel Hebich, Glaubensbote in Indien und Äthiopien (ev. Gedenktag; Sterbetag: 21.5.) | 1934 † Ernst von Dobschütz, Theologe

21. Mai

Montag | Pfingstmontag

Wochenspruch: Sacharja 4,6
Wochenlied: EG 125 oder 129
Evangelium: Matthäus 16,13–19
Epistel: 1. Korinther 12,4–11
Altes Testament: 1. Mose 11,1–9

Wir lesen Psalm 81

Kein Leben ohne Glaubenskrise

Ein großartiger Lobpreis Gottes, der das Geschehen der Schöpfung und die Zusage des Heils mit vielen Bildern beschreibt, endet in einer erschütternden Klage. Aus dem Beschreiben des großen Tuns wird eine direkte Anrede. Der Psalmist macht sich zum Sprecher aller, die das Tun Gottes in der Gegenwart nicht begreifen können. Kann es eine bessere Vorlage für uns geben? In diesem Psalm finden wir uns mit all unseren Vorfahren, die die „großen Taten Gottes" gerühmt und besungen haben, wieder. Aber wir sind auch mit denen verbunden, die wie wir die Lage der Gemeinde in der Gegenwart erleben: Niederlage, Schande und das Ausgeliefertsein an die Spötter verzehren alle Lebenskraft. Hier ist das Vertrauen in die Treue Gottes erloschen. Das Gottesvolk steckt in einer tiefen Glaubenskrise. Es gibt keine Erklärung, wie die gegebene Verheißung und die negativen Erfahrungen zusammenpassen. Aber der so tief gesunkene Beter wendet sich nicht ab, sein Lobpreis verliert nicht sein Gewicht. Er behält den Mut, seine Klage, dass sein Glaube im Zerbrechen sei, an Gott zu richten. Er wehrt sich gegen den Gedanken, dass Gott sich endgültig verborgen hat. Es bleibt ein Funke Hoffnung, dass das, was als schweres Gericht erlebt ist, nicht das letzte Wort sein wird. Die unbegreifliche Fülle dessen, was uns von Gottes Tun gesagt ist, umschließt auch, dass in dem, was als Gericht erfahren wird, die Barmherzigkeit nicht verloren geht. Mit ihr nimmt sich Gott der Schwachheit und Ohnmacht, ja auch des Kleinglaubens an. Eine Antwort auf sein Flehen und Klagen hat der Psalmist nicht sofort erhalten. Aber wir wissen, dass Gott seine Antwort nicht schuldig bleibt. Die gehäuften Bitten unserer Pfingstlieder erfüllen sich immer wieder und erlauben auch uns den Lobpreis: „Du wirst dein herrlich Werk vollenden, der du der Welten Heil und Richter bist …“ *Hermann Beste*

Wir beten

Barmherziger Gott, alle Not, in die unser Glaube so oft gerät, bringen wir zu Dir. Wir halten Dir Deine Verheißungen vor und vertrauen auf Deine Treue. Gib unserem Glauben neue Kraft. Amen.

337 † Konstantin d. Gr., Kaiser und Förderer des Christentums im römischen Reich (ev. Gedenktag; Sterbetag: 22.5.) | 1945 † Paul Humburg, Theologe | 1981 † Wilhelm Dantine, österreichischer Theologe

22. Mai

Dienstag | SA 05:22 SU 21:16 MA 12:54 MU 02:40

Wochenspruch: Sacharja 4,6
Wochenlied: EG 125 oder 129

Wir lesen Hebräer 10,1–18

Ein Gott, der keine Opfer will

Gerne spielt der Schreiber auf die hebräische Bibel an. Psalm 40 und Jeremia 31 werden ausdrücklich zitiert. Auch der markante Satz Gottes „Eure Brandopfer und Speisopfer sind mir zuwider“ (Amos 5,22) ist mit im Blick. Bereits zu Zeiten des Alten Testaments konnte sich kein Mensch vor Gott mit Opfern reinwaschen. Sie konnten und sollten Gott und Mensch erinnern, gingen aber immer schon in die Leere, wenn die Opfernden nicht wirklich „Buße tun“ (= umkehren und neu anfangen) wollten. In manchen Religionen opfern Menschen bis heute, um ihren Gott gnädig zu stimmen. Der Gott Israels und Vater Jesu Christi ist, wenn er Vergebung gewährt, allein aus Liebe gnädig – ein Gott also, der keine Opfer braucht, sondern in Jesus selber zum Opfer wird. Um Christus geht es dem Schreiber zutiefst – auch wenn er hier nicht genannt wird. Nebenbei: Ein urreformatorisches Prinzip der Bibelauslegung lautet „Bibel legt Bibel aus“. Wer in der Bibel liest, kann sie demnach auch auslegen, ohne etliche Semester Theologie studiert zu haben. Längs- und Quererinnerungen werden lebendig, wenn ich frage: „Wo kommt das noch in diesem biblischen Buch vor? Und woher kenne ich das sonst noch in der Bibel – dieses Wort, ein ähnliches Geschehen?" Der Hebräerbrief bietet sich an, sich darin zu üben. Denn gerne erinnert der Schreiber an Passagen aus der hebräischen Bibel, unserem „Alten Testament". *Guido Kohlenberg*

Wir beten

Jesus, öffne mir die Augen für das, was Du am Kreuz getan hast und was Du heute tun willst – auch durch die Begegnungen mit Menschen, die von mir geplant sind, und jene, die mich überraschen! Amen.

Die Konstantinische Wende als Chance und Versuchung

337, vor 1681 Jahren, starb Kaiser Konstantin, der das Christentum zur Staatsreligion erklärte, was die Verfolgungen in Europa weitgehend beendete. Dankbar dafür zu sein und bewusst an die zu denken, die als Christinnen und Christen verfolgt werden, schließt nicht aus, auch die Grenzen und Versuchungen des „Volkskirchentums" in unserem Land anzuschauen.

1688 † Johann Andreas Quenstedt, Theologe | 1919 † Marion von Klot, Märtyrerin in Lettland | 1935 † Hedwig von Redern, Liederdichterin

23. Mai

Mittwoch | SA 05:20 SU 21:18 MA 14:09 MU 03:08

Wochenspruch: Sacharja 4,6
Wochenlied: EG 125 oder 129

Wir lesen Hebräer 10,19–25

Ein Fest der offenen Tür

Wann haben Sie zum letzten Mal einen „Tag der offenen Tür" besucht? Woran können Sie sich erinnern? Für mich ist der Gedanke damit verbunden: „Ich darf jetzt etwas sehen und erleben, was normalerweise nicht möglich, nicht erlaubt ist!" Ähnlich müssen es die ersten Leser unseres Abschnittes empfunden haben, wenn der Schreiber den Vorhang zum Allerheiligsten des Jerusalemer Tempels noch einmal „zur Seite zieht". Der Bibelabschnitt beginnt mit der Erinnerung an die Tat Christi (für manche heute „viel zu blutig"), vergleicht dann auf unnachahmliche Weise Golgatha mit dem Jerusalemer Tempel des Alten Bundes („Besprengen", „Hoherpriester" und „Vorhang" sind Bilder, die damals jeder fromme Jude sofort vor Augen hatte) und ermuntert schließlich zu dreierlei: Bleibt standhaft, weil Gott treu bleibt! Helft einander auf zu guten Taten! Geht regelmäßig zu den christlichen Treffen! Wie kann das geschehen? – Auf die erstaunte Aussage eines Kunden im hiesigen REWE-Markt: „Ihre Mitarbeitenden sind alle immer so freundlich. Geben Sie das vor?", antwortet der Filialleiter: „Nicht das Vorgeben, sondern das Vorleben ist uns wichtig!“ – Im ersten der drei „Kohortative“ (also „Aufforderungsformeln“) der V. 22, 23 und 24 geht es laut Otto Michel unmissverständlich „um die Nähe Gottes selbst“. Zu ihm darf ich Tag für Tag im Gebet „hinzutreten“. Eine unglaubliche und heilige Selbstverständlichkeit!

Guido Kohlenberg

Wir beten

Jesus, Du hast es ermöglicht, dass ich heute zum himmlischen Vater hinzutreten darf. Hab Dank dafür! Und übersetze Du, Heiliger Geist, mein menschliches Stammeln, sodass Gott es hören und erhören kann! Amen.

Denken und denken lassen – oder Ähnliches

1618: Heute vor 400 Jahren wurden zwei (römisch-katholische) kaiserliche Ratsherren beim sogenannten „2. Prager Fenstersturz“ durch (evangelische) Vertreter der Stände aus dem Fenster der Hofkanzlei geworfen, weil man ihnen die Verletzung der Konfessionsfreiheit vorwarf – der Auftakt zum leidvollen Dreißigjährigen Krieg. In diesen Jahren entstanden gleichwohl so wunderbare Lieder wie „Jesus ist kommen“ von Paul Gerhardt.

1498 † Girolamo Savonarola, Bußprediger in Florenz | 1618 Beginn des Dreißigjährigen Krieges | 1918 † Ludwig Nommensen, Glaubensbote auf Sumatra | 1949 Grundgesetz der BRD verkündet

24. Mai

Donnerstag | SA 05:19 SU 21:19 MA 15:22 MU 03:33

Wochenspruch: Sacharja 4,6
Wochenlied: EG 125 oder 129

Wir lesen Hebräer 10,26–31

Ein Gericht, das mutwillige Sünder vernichtet?

Ein Abschnitt, der Anlass zu unzähligen Auslegungen und theologischen Streitigkeiten gegeben und zu gewagten Vermutungen und Verwerfungen geführt hat – entzündet an der Frage: „Was ist hier unter ‚mutwilliger Sünde', ‚Fußtritt für den Sohn Gottes' und ‚Verunreinigung des Bundesblutes' zu verstehen?" – Mir sagte vor Jahren jemand auf meine unbedachte Wessi-Äußerung: „Das konnte man ja in der ehemaligen DDR nicht machen!": „Doch! Das konnte man schon! Nur hatte das Konsequenzen!" Von der heiligen Konsequenz des gerechten und liebevollen Gottes sprechen nicht nur viele alttestamentliche Texte, sondern auch der Schreiber des Hebräerbriefes. Die von Dietrich Bonhoeffer sogenannte „billige Gnade" ist dann keine Option mehr! – Ich möchte mich und andere gerne ehrlich fragen (lassen): „Hast du jemals mutwillig, absichtlich also, gegen Gott und sein Gebot gehandelt?" – Es gilt, die Spannung zwischen allversöhnlicher Deutung als „Läuterungsgericht" und menschlicher Wertung und Aburteilung bestimmten Verhaltens im Sinne von „Das war's dann wohl mit dem Heil!" auszuhalten und mich in diesem

Zwischenraum (wie auch in der „Zwischenzeit", in der wir leben) an Gott allein zu wenden und ihn immer wieder neu zu fragen, was heute dran ist. – Übrigens: Auch vor menschlichen Gerichten hören Menschen manchmal die Botschaft und das Urteil: „Du bist frei!" *Guido Kohlenberg*

Wir beten

Herr Jesus, Du Liebhaber des Lebens, Heiland und Richter der Welt: Was willst Du, dass ich heute tun und lassen soll? Dir liefere ich mich aus! Mein ganzes Leben gebe ich Dir, Herr! Amen.

Gedenken gemeinsam in West und in Ost

Heute wäre Bärbel Bohley 73 Jahre alt geworden. Die Bürgerrechtlerin, Malerin und Mitbegründerin des „Neuen Forums" wurde aber nur 65 Jahre alt. Heute vor 29 Jahren hielt Bundespräsident Richard von Weizsäcker eine wegweisende Rede zum 40. Jahrestag des Grundgesetzes. Unter anderem sagte er: „(Es) schufen die Länder und der Parlamentarische Rat trotz ihrer Vorbehalte, die sie ehren, den neuen Bundesstaat. Sie verstanden ihn nicht als Absage an das ganze Deutschland, sondern, wie Theodor Heuss ihn nannte, als Transitorium."

1543 † Nikolaus Kopernikus, Astronom | 1592 † Nikolaus Selnecker, Theologe in Sachsen | 1848 † Annette von Droste-Hülshoff, Dichterin | 1872 † Julius Schnorr von Carolsfeld, Maler

25. Mai

Freitag | SA 05:18 SU 21:20 MA 16:34 MU 03:56

Wochenspruch: Sacharja 4,6
Wochenlied: EG 125 oder 129

Wir lesen Hebräer 10,32–39

Ein Kampf des Vertrauens, oder: Das Beste kommt noch

Ein alter Kapitän bittet seinen langjährigen Seelsorger zu sich und trägt ihm auf, ihm, wenn er zu Grabe getragen wird, eine kleine Kuchengabel in die Reverstasche seines „besten und letzten Anzugs" zu stecken. Den fragenden Blick des Pfarrers beantwortet er etwa folgendermaßen: „Ich bin lange zur See gefahren, Herr Pfarrer! Und oftmals waren wir in Lebensgefahr und hatten Todesangst. Hungern mussten wir auch schon mal. Aber manchmal lagen auf unseren Plätzen neben dem Teller kleine Kuchengabeln auf dem Tisch – meistens war das sonntags so. Und dann wussten wir alle: ‚Das Beste kommt noch!' und freuten uns miteinander nach der Hauptspeise auf den Nachtisch. Das sollen die Menschen wissen, die um mich trauern und sich von mir verabschieden: ‚Der wusste: Das Beste kommt noch!'" – Das wussten wohl auch der Hebräerbriefschreiber und seine Adressaten inmitten von Leid, das sich Christinnen und Christen im Mittel- und Westeuropa unserer heutigen Zeit kaum ausmalen können. Natürlich geht es nun nicht um Leidenssehnsucht. Es geht darum, das Jetzt in seiner Vorläufigkeit anzunehmen und im

Sinne des Psalmisten zu beten: „Herr, lehre uns bedenken, dass auch wir einmal sterben müssen, damit wir klug werden!" Das heißt: Lernen als „Einprägen von Verhaltensmustern" und „Einüben von Fähigkeiten, die das Leben erst lebenswert machen". (D. Schneider) Es geht darum zu bezeugen: „Das Beste kommt noch!" *Guido Kohlenberg*

Wir beten

Dreieiniger Gott, habe Dank für eine Perspektive, die über mein und unser Heute weit hinausreicht, und gib mir und uns die Klarheit, wie das Heute im Blick auf das Übermorgen zu gestalten ist! Amen.

Alt und glaubenssatt gestorben

1865, heute vor 153 Jahren wurde John Raleigh Mott geboren. Der US-amerikanische Theologe war Mitgründer des „Christlichen Studentenweltbunds", Präsident des „Christlichen Vereins Junger Männer" (YMCA) und Träger des Friedensnobelpreises. Sein Überleben durch die Ablehnung der Mitfahrt auf der Titanic kommentierte er: „Der Herr scheint noch viel Arbeit für uns zu haben." Er verstarb 89-jährig.

735 † Beda der Ehrwürdige, Kirchenlehrer in England | 1539 Reformation in Leipzig | 1867 † Wilhelm von Kügelgen, Maler | 1922 Deutscher Evangelischer Kirchenbund in Wittenberg gegründet

26. Mai

Sonnabend | SA 05:17 SU 21:22 MA 17:45 MU 04:19

Wochenspruch: Sacharja 4,6
Wochenlied: EG 125 oder 129

Wir lesen Hebräer 11,1–7

Überführt sein

„Du musst." Diese zwei Wörter begleiten den Alltag. Dazu gehört meist noch ein „sonst": „Du musst Hausschuhe anziehen, sonst erkältest du dich." „Du musst Hausaufgaben machen, Mathe üben, sonst bekommst du schlechte Noten." Das hören Kinder. „Du musst pünktlich sein und vorbereitet, sonst verlierst du deine Position." „Du musst ein gutes Zeitmanagement haben, sonst schaffst du deine Arbeit nicht." Das hören die Erwachsenen in den Stimmen von außen und innen. Sogar in Bezug auf den Glauben legt uns der Autor des Hebräerbriefes nun nahe: Du musst glauben, wenn du zu Gott kommen willst. Geht das denn: „Glauben müssen"? Wer von uns ist denn wie Abraham, Kain und Henoch? Es gab doch die Figur des Zweiflers – Thomas. Zweifel sind aber laut Hebräerbrief ausgeschlossen. Die berühmte „Definition" des Glaubens als „feste Zuversicht" und „Nichtzweifeln" meint aber im Original ein „Überführtsein" von Dingen, die man nicht sieht. Damit liegt der Glaube eben doch nicht in unserer Hand, indem „Du musst". Sondern es geht um eine Dynamik, eine Bewegung von Gott her, in der ich über mich selbst hinausgeführt werde, gewissermaßen überführt in Gottes Welt. Der Mensch ist darin passiv, solange er sich „führen“ lässt. Eine solche Haltung muss meine Sicht auf die Welt und meinen Alltag verändern. Dafür stehen Henoch und Noah.

Ulrich Schöntube

Wir beten

Leitender Gott, eigene Wege gehe ich im Alltag. Führe und leite mich in Deinem Sinn, dass ich mehr sehe als das, was vor Augen ist. Amen.

Johann Friedrich Ruopp, Kirchenliederdichter

Die Erneuerung des Herzens war eines der Lebensthemen des Liederdichters Johann Friedrich Ruopp (1672–1708). Davon zeugt das heute noch bekannte Lied „Erneure mich, o ewigs Licht“. Er hatte in Jena studiert und sich dem Pietismus zugewandt. Wegen jener Gesinnung wurde er aus seiner Pfarrstelle in Goxwiller vertrieben. Er wandte sich nach Halle und wurde Inspektor des Wohnheims für arme Studenten bei den Franckeschen Stiftungen. Seine kleine Bibliothek wurde als erste in die bibliographischen Sammlungen der Stiftung integriert.

604 † Augustin von Canterbury, Glaubensbote in England | 1708 † Johann Friedrich Ruopp, Kirchenliederdichter | 1976 † Martin Heidegger, Philosoph

27. Mai

Sonntag | Trinitatis

Wochenspruch: Jesaja 6,3
Wochenlied: EG 126 oder 139
Evangelium: Johannes 3,1–8.(9–15)
Epistel: Römer 11,(32.)33–36
Altes Testament: Jesaja 6,1–13

Wir lesen Psalm 145

„Gott loben, zieht nach oben"

„Loben zieht nach oben", so heißt es in einer alten Volksweisheit. „Gott loben, zieht nach oben", so klingt es vielleicht in unserem ganz persönlichen Leben. Dahinter steht dann die Erfahrung: Auch wenn die Not noch so groß ist, trägt uns das Lob Gottes hindurch. Nicht wenige Menschen singen bewusst in diesen Situationen die wohlvertrauten Lob- und Danklieder des Gesangbuches und spüren auf diese Weise, wie sie getröstet werden. Ob „Lobe den Herren", „Nun danket alle Gott" oder „Großer Gott, wir loben dich" – Gott loben hebt unser Herz in die Höhe. Das gelingt uns nicht immer mit eigenen Worten, oftmals sind es gerade die formulierten Sätze, die Generationen vor uns gestärkt haben. Der Psalter eignet sich hervorragend dafür. Wenn wir Psalm 145 beten, dann begegnet uns nicht nur eine Zusammenfassung des Lobes Gottes, sondern eine richtige Komposition, denn hier wird das Lob Gottes tatsächlich durchbuchstabiert. Im hebräischen Urtext ergeben die Anfangsbuchstaben der Verse, untereinander geschrieben, das ganze hebräische Alphabet. Der heutige Sonntag Trinitatis lenkt unsere Aufmerksamkeit ebenso auf etwas Ganzes, etwas Gesamtes. Die Dreieinigkeit Gottes. Gott begegnet uns als Vater, Sohn und Heiliger Geist. Das bedeutet, dass wir ihn auf unterschiedliche Weise erfahren dürfen. Der eine Gott offenbart sich in verschiedener Form. Machen wir unsere Herzen weit, etwas von dieser Unermesslichkeit Gottes zu erahnen, tauschen wir uns darüber aus, denn so umschreibt es der Psalmbeter: „Gnädig und barmherzig ist der Herr, geduldig und von großer Güte." (V. 8) Wenn das kein Grund zum Loben und Danken ist! Bedenken wir heute: Wofür können wir Gott loben? Was hindert uns daran, ihn zu loben? Auch wenn es uns manchmal schwerfällt, probieren wir es aus: „Gott loben, zieht nach oben."

Carsten Rentzing

Wir beten

Herr, unser Gott, wir loben und preisen Dich für Deine Größe, die wir in der Schöpfung bestaunen dürfen; für Deine Barmherzigkeit, die uns in Jesus Christus begegnet, und für Deine Kraft, mit der uns Dein Heiliger Geist beschenkt. Amen.

Orthodoxer Feiertag: Pfingsten | 1525 † Thomas Müntzer, Theologe und Revolutionär | 1564 † Johannes Calvin, Reformator in Genf | 1676 † Paul Gerhardt, Liederdichter in Berlin und Sachsen | 1832 Hambacher Fest

28. Mai

Montag | SA 05:15 SU 21:24 MA 20:02 MU 05:07

Wochenspruch: Jesaja 6,3
Wochenlied: EG 126 oder 139

Wir lesen Hebräer 11,8–22

Weg ins Ungewisse

Wie kann das Leben gelingen? Diese Frage stellen wir an Wegkreuzungen, an denen ungewiss ist, wie es weitergeht. Der Autor des Hebräerbriefes gibt eine klare und kühne Antwort: Mit Glauben gelingt Leben. In der Mitte der Argumentation steht Abraham. Er war „unterwegs" im Leben und er „wusste nicht, wo er hinkäme". Selbst als er nach einiger Zeit der Lebenswanderschaft in das verheißene Land Kanaan kommt, muss er feststellen: In dem verheißenen Land gibt es schon andere Bewohner und sein Gott wird dort auch nicht verehrt. Es ist keine Heimat für ihn. Er war ein Fremdling, als er auszog, und er bleibt es auch, als er ankommt. Seine Religion ist die einer Minderheit. Seine Heimat ist in der „künftigen Stadt auf festem Grund". Weil er seine Heimat bei Gott sieht, kann er hier keine Heimat verlieren oder sich „überfremdet" fühlen. Abraham vertraut so fest auf die künftige „Stadt auf festem Grund", dass er sogar bereit ist, als Prüfung seines Glaubens seinen Sohn Isaak zu opfern. Wer könnte das? Spätestens jetzt wird klar, wie sehr es bei Abraham in dieser Deutung um ein Lebenskonzept für den

Glauben geht. Es ist die Grundfrage: Wie sehr suchst du Heimat und Sicherheit hier – wie sehr vertraust du auf den Weg ins Ungewisse? Bei diesem Weg aber geht Gott mit und öffnet dein Leben in die Weite seines Horizontes. So kann das Leben gelingen. *Ulrich Schöntube*

Wir beten

Barmherziger Gott, wie Abraham möchte ich glauben und vertrauen auf Deinen Weg mit mir. Lass mich Deine Zukunft im Sinn haben. Amen.

Carl Mez, Glaubenszeuge in Baden

Carl Mez (1808–1877) erwarb eine Seidenraupenzucht in Italien und gründete eine Nähseidenfirma in Freiburg. Er beschäftigte über 1200 Mitarbeiter und stellte die soziale Verantwortung über den wirtschaftlichen Gewinn. Er regelte für seine Arbeiter die Krankenversorgung, Fortbildungen und richtete unter anderem ein Stift zur Altenpflege ein. Er vertrat demokratische Grundsätze und war Mitglied im badischen Landtag. Aktuell bis heute ist seine Mahnung: „Groß ist die Kluft zwischen Armen und Reichen, und täglich wird sie noch größer. Durch den Übermut der einen wächst stündlich das Elend der andern."

1877 † Karl Mez, Glaubenszeuge in Baden

29. Mai

Dienstag | SA 05:14 SU 21:25 MA 21:07 MU 05:36

Wochenspruch: Jesaja 6,3
Wochenlied: EG 126 oder 139

Wir lesen Hebräer 11,23–31

Ein gecoverter Song

Wissen Sie, was eine „Coverversion" ist? Ein längst bekannter Song wird neu interpretiert, neu eingespielt. Manchmal ist die Coverversion sogar berühmter als das Original. Zum Beispiel coverte Peter Maffay „Über sieben Brücken musst du gehen" von der DDR-Band Karat. Durch die Kopie entsteht ein neues Kunstwerk, in dem neue Farben aufleuchten. So ähnlich ist es mit der Geschichte des Mose in dem großen Glaubenskapitel des Hebräerbriefes. Zu jedem Passahfest wurde an die Befreiung aus Ägypten durch Mose erinnert. Das Lied der Freiheit aus der Knechtschaft dieser Welt, das Lied von Mose und dem Exodus, wird bis heute gern gesungen. Denn unfrei macht uns die Totalität der Gegenwart mit ihren Forderungen, unfrei machen uns Selbstbilder und Erwartungen an andere. Der Autor des Hebräerbriefes stimmt das Lied der Freiheit von Mose neu an. Dabei fügt er dem Text eine neue melodische Wendung zu: Mose bezog seine Gewissheit, den Weg in die Freiheit zu gehen, von der „Schmach Christi". Den konnte doch aber Mose rein zeitlich gar nicht gekannt haben? Das wird der neue Sänger jedoch auch gewusst haben. Was will er also sagen mit seinem gecoverten Lied? Die Freiheit des Volkes Israel ist durch Christus auch deine und meine Freiheit geworden. Denn Christus ist hinabgestiegen in die Unfreiheiten und Knechtschaften dieser Welt, damit niemand dort verloren geht. *Ulrich Schöntube*

Wir beten

Befreiender Gott, die alte Geschichte der Freiheit des Volkes Israel gilt auch mir. Lass mich vertrauen auf die Gegenwart Christi im Abgrund meines „Schilfmeers". Amen.

Hieronymus von Prag, Märtyrer in Böhmen

Schlagfertig, gelehrt, humorvoll, beliebt – so beschreiben Zeitgenossen den Theologen Hieronymus von Prag (1379–1416). Nach seinem Studium in Prag ging er 1399 nach Oxford, traf Wycliff, übersetzte dessen Schriften. Dann reiste er nach Jerusalem. Er lehrte an den Universitäten Paris, Köln, Heidelberg, Buda und Wien. Er trat für eine Reform der Kirche nach biblischen Grundsätzen ein. Unter anderem forderte er den Laienkelch. Zehn Monate nach der Hinrichtung von Jan Hus wurde er auf dem Konzil zu Konstanz als Ketzer verurteilt.

1416 † Hieronymus von Prag, Märtyrer in Böhmen (ev. Gedenktag; Sterbetag: 30.5.) | 1882 Evangelischer Arbeiterverein gegründet | 1934 erste evangelische Bekenntnissynode in Barmen eröffnet

30. Mai

Mittwoch | SA 05:13 SU 21:26 MA 22:08 MU 06:09

Wochenspruch: Jesaja 6,3
Wochenlied: EG 126 oder 139

Wir lesen Hebräer 11,32–40

Splitter der Geschichte

Kürzlich zerbrach in unserer Küche eine runde Teekanne aus Glas. Ich kehrte einige große Einzelsplitter zusammen und probierte, sie zusammenzusetzen. Ich überlegte: Man könnte sie kleben. Aber wie sieht das aus? Die Fragmente sind jederzeit sichtbar – es ist Glas –, und die Kanne so zu nutzen, wäre keine Freude. Auch der Autor des Hebräerbriefes lässt es einfach sein, uns noch weitere Fragmente der Geschichte Gottes vorzuhalten. Zu jedem einzelnen Teil, jedem Glassplitter der Geschichte, wäre viel zu sagen. Die ganze Geschichte Gottes spiegelt sich wider in jedem Splitter der Geschichte, den Richtern Gideon, Simson und Jephta, Samuel und in den Propheten. Alle diese einzelnen Fragmente sind schön zu betrachten. Wie bei unserer runden Teekanne weist aber ihre bruchstückhafte Gestalt auf das Ganze hin: auf die Vollendung bei Gott. Sie kommt. „Nicht ohne uns!“ Das sind die größten Worte in diesem Text. Denn sie verheißen: Was unabgeschlossen bleibt in meinem Leben, was nicht vollendet wird, was zu Bruch gegangen ist, wird bei Gott am Ende der Tage vollendet werden. Diese tröstende Zusage gilt nicht nur mir, sondern allen, die ihren Weg mit Gott vorangegangen sind, und allen, die mit mir diesen Weg verstrickt in Schuld gehen und gehen werden. *Ulrich Schöntube*

Wir beten

Gott der Zeiten, wir gehen unserer Vollendung entgegen. Lass mich darauf vertrauen und gelassen sein, wenn mir mein Leben nicht perfekt erscheint. Amen.

Martin Noth, Theologe

Sein akademischer Werdegang war durch den Zweiten Weltkrieg sehr beeinträchtigt. Obwohl er bereits einen Lehrstuhl in Königsberg innehatte, wurde er zweimal als Soldat einberufen. Er verlor in diesen dunklen Jahren seine gesamte wissenschaftliche Bibliothek und seine Aufzeichnungen. Dennoch werden seine Thesen bis heute diskutiert. Unangefochten ist bspw. die Theorie des Deuteronomistischen Geschichtswerkes. Demnach habe ein Historiker im Alten Israel die Bücher Richter, Josua, Samuel und Könige im Geiste des 5. Buch Mose überarbeitet.

1431 † Jeanne d'Arc | 1640 † Peter Paul Rubens, Maler | 1714 † Gottfried Arnold, Theologe in Sachsen | 1968 † Martin Noth, Theologe

31. Mai

Donnerstag | SA 05:12 SU 21:28 MA 23:02 MU 06:48

Wochenspruch: Jesaja 6,3
Wochenlied: EG 126 oder 139

Wir lesen Hebräer 12,1–11

Die Wolke christlicher Zeugen

Das Gedächtnis der christlichen Zeugen wandert mit den Christen seit Jahrhunderten mit, begleitet die nach Vorbildern suchenden Gläubigen im Gebet und in verschiedenen Lebenslagen. Als Wolke der Zeugen ist auf protestantischer Seite der Evangelische Namenskalender im 20. Jh. entstanden und so im Gegenüber zum Heiligenkalender und Martyrologium der römisch-katholischen Kirche bezeichnet worden. Aus der Vielzahl der Namen von Glaubenszeugen werden täglich Märtyrer und Bekenner, Kleriker, also Theologen und Bischöfe sowie christliche Künstler, Dichter oder Komponisten, erwähnt. Für den heutigen Tag ist als Zeuge des Evangeliums der Dichter-Komponist Joachim Neander vorgesehen, der wohl den bis heute bekanntesten evangelischen Choral verfasst hat, „Lobe den Herren, den mächtigen König der Ehren". Erinnert wird ja auch oft, vielleicht allzu häufig in Predigt und Unterricht an „sogenannte evangelische Heilige", wie etwa an Dietrich Bonhoeffer, Albert Schweitzer oder Martin Luther. Die Glaubens- und Lebenszeugnisse dieser mit Christus besonders innig verbundenen Vorbilder sollen das Glauben, Hoffen und Lieben der Christenheit stärken. Gott hat in ihnen Wohnung bezogen, sie besonders begnadet. Auf der Wolke der Zeugen kann in gut lutherischem Verständnis jeder Christenmensch mitleben und im Bekenntnis formulieren: Ich glaube an die Gemeinschaft der Heiligen.

Heiner Wajemann

Wir beten Du mächtiger König der Ehren, Du willst mich sicher wie auf Adlers Fittichen führen und unter Deinen Fittichen schützen: Deshalb soll meine geliebte Seele und alles, was Odem hat, Deinen Namen loben, immerdar. Amen.

Joachim Neander 1680 stirbt Joachim Neumann in Bremen, der, wie es in jener Zeit üblich war, seinen deutschen Namen gräzisiert hatte, sodass er als Joachim Neander in die evangelische Frömmigkeitsgeschichte einging und als solcher auch seine „Bundes-Lieder und Dank-Psalmen" veröffentlichte. Neben Texten schrieb er selbst solistische Melodien; in dieser Kombination wurde er bahnbrechend für die pietistischen Gesangbücher in der reformierten und lutherischen Kirche. Nach ihm ist auch bei Düsseldorf das Neanderthal und daraus folgend der Neanderthaler benannt.

Röm.-kath. Feiertag: Fronleichnam | 1680 † Joachim Neander, Liederdichter in Bremen | 1797 † Johann Friedrich Flattich, Theologe in Württemberg (ev. Gedenktag; Sterbetag: 1.6.) | 1809 † Joseph Haydn, Komponist | 1934 Theologische Erklärung von Barmen

1. Juni

Freitag | SA 05:12 SU 21:29 MA 23:50 MU 07:33

Wochenspruch: Jesaja 6,3
Wochenlied: EG 126 oder 139

Wir lesen Hebräer 12,12–17

Unendlichkeit in Computern

Die Wolke der Zeugen ist für den christlichen Glauben nützlich, sowohl für das spirituelle Innenleben als auch für sozial und ethisch verantwortetes Handeln. Neben solch einer frommen Wolke existiert in unserer Zeit außerdem die hochtechnisierte Cloud im IT-Bereich. In den Weiten des Internets kann man im Ökumenischen Heiligenlexikon auf Heilige und Heiliges stoßen. Wer will, begibt sich per Surfen auf Wolke Sieben, ins Netz und in Nebel von Clouds. Das Versinken in Clouds und im Computer wird heute stark und überdurchschnittlich von den nachwachsenden Generationen gepflegt. Man war oder ist im Internet und sagt: „Das war göttlich, weil unbegrenzt!" Viele Menschen suchen Gott eben nicht mehr in Kirche oder Gottesdienst, sondern im Computer. Und diese Religion lässt sich auch definieren: „Ich will die Unendlichkeit erleben." Das Internet vermittelt ja mehr als jeder andere menschengemachte Raum diesen Eindruck, mehr etwa als ein Kirchengebäude. Auf der Suche nach Heiligkeit kann man real in die Kirche gehen, das auch; aber viele internethörige Menschen gehen lieber ins Netz. Man kommt dort nie an Grenzen: Das Unendliche ist präsent. Der Heilige Geist weht also nicht nur um die Wolke der Zeugen oder im Himmel, sondern ganz stark auch in der Inspirationsquelle von Cloud Computing. Bleibt zu fragen: Wo kommt in diesen unbeschränkten Netzwerken das religiöse Gemeinschaftserlebnis vor, der gemeinsam zu kommunizierende Friede in Christus? *Heiner Wajemann*

Wir beten

Guter Gott, lass mich Deine Liebe und Gnade spüren, damit ich in einer Computerwelt-Welt der Hassbotschaften von Deiner Barmherzigkeit und von Deinem Frieden in einer aus den Fugen geratenen Welt künden kann. Amen.

Justin, Märtyrer in Rom

Um 165 n. Chr. stirbt in Rom Justin der Märtyrer. Er gilt als der älteste Kirchenvater und adressierte seine Apologie an die römischen Kaiser Antonius Pius und Marc Aurel. Er stammte aus Sichem, aus Flavia Neapolis in Samarien; trat, nachdem er sich verschiedenen philosophischen Systemen und zuletzt Platon zugewandt hatte, zum Christentum über und suchte nunmehr das Christentum als die vollkommenste Philosophie zu erweisen.

um 165 † Justin, Märtyrer in Rom | 1797 † Johann Friedrich Flattich, Theologe in Württemberg

2. Juni

Sonnabend | SA 05:11 SU 21:30 MA – MU 08:24

Wochenspruch: Jesaja 6,3
Wochenlied: EG 126 oder 139

Wir lesen Hebräer 12,18–24

Sehnsuchts- und Erlösungsort Jerusalem

Jerusalem ist und bleibt ein Sehnsuchtsort. Juden und Christen beanspruchen diesen heiligen Ort in gleicher Weise, in vergangenen Zeiten genauso wie heute, sodass auch immer reichlich Konfliktstoff in der und über der Stadt schwebt. Viele religiöse Menschen behaupten, dass sie Gott an keinem anderen Platz der Erde so nahe sind wie hier. Sakrale Kunst und Architektur und entsprechende spirituelle und anbetende Menschen weisen seit Jahrhunderten auf die Choreographien des Pilgerns und der Heilssuche hin. Unter die vielen monotheistischen Gottessucher reihte sich der Prophet Mohammed ein, der auf seinem Zauberpferd Buraq (der Blitz) auf einer Nachtreise nach Jerusalem ritt. Diese uralte heilige Stadt liebte er deshalb, weil er seine Botschaft in Kontinuität mit dem Judentum und dem Christentum sah. Während das politische Zentrum für Mohammed in Mekka lag, war das religiöse Zentrum Jerusalem, dort der seit Menschengedenken heilige Berg Moriah, heute unter der Goldkuppel des Felsendoms. Die Nachtreise, die Himmelfahrt nach Sure 17,1 ist deshalb auch die einzige über Mohammed berichtete

Wundergeschichte. Schon damals existierte die Aussage aus dem Hebräerbrief: „Ihr seid zum Berg Zion gekommen, zur Stadt des lebendigen Gottes, zum himmlischen Jerusalem, zur Festversammlung mit den vielen tausend Engeln, zum Mittler des neuen Bundes, Jesus!" Jedenfalls war und bleibt das diesseitige und jenseitige Jerusalem ein Sehnsuchts- und Erlösungsort für viele. *Heiner Wajemann*

Wir beten

Guter Gott, von guten Mächten wunderbar geborgen, willst Du uns zum Erlösungsort Deiner nahen Gegenwart bringen, zum Zion, wo Du sprichst: Siehe, ich mache alles neu! Amen.

Gründung des Halleschen Waisenhauses

1694 wird das berühmte Hallesche Waisenhaus durch August Hermann Francke (1663–1727) mit Hilfe von freiwilligen Beiträgen gegründet; Francke will aus pietistischer Intention in der Waisen- und Armenpflege tätig werden.

177 † Blandina, Märtyrerin in Lyon | 1694 Hallesches Waisenhaus gegründet | 1826 † Johann Friedrich Oberlin, Pfarrer und Wohltäter im Elsass (ev. Gedenktag; Sterbetag: 1.6.) | 1826 Unionsagende in Preußen | 1890 Diakonenanstalt in Nürnberg gegründet (ab 1905 in Rummelsberg) | 1944 † Hildegard Jacoby, Märtyrerin der evangelischen Kirche

3. Juni

Sonntag | 1. Sonntag nach Trinitatis

Wochenspruch: Lukas 10,16
Wochenlied: EG 124
Evangelium: Lukas 16,19–31
Epistel: 1. Johannes 4,16b–21
Altes Testament: 5. Mose 6,4–9

Wir lesen Psalm 76

Ein furchtbarer Gott

Im Konfirmandenunterricht galt es beim Einstieg ins Thema „Gott" einige Bilder auszuwählen: Wie stellst du dir Gott vor und warum? Dabei ergaben sich interessante Betrachtungsweisen. Aus welchem Grund haben wir dieses oder jenes Bild von Gott im Kopf? In einem zweiten Schritt wurden dann Bibelstellen herausgesucht, die Gott mit einer bestimmten Eigenschaft versehen. Der Psalter ist voll davon: Gott als der gute Hirte, als Sonne und Schild, als Quelle sind dabei wohl die bekanntesten Umschreibungen. Gott als Richter, der endlich in der ungerechten Welt aufräumt und wirkliche Gerechtigkeit bringt, ist wohl auch ein gängiger Vergleich und eine befreiende Vorstellung, aber Gott als furchtbarer Richter? Der Urteile spricht, die nicht nur die Menschen, sondern das ganze Erdreich erschüttern, der mit Geschenken besänftigt werden möchte? Der Psalmbeter spricht genau das aus: „Furchtbar bist du!" (V. 8). Der gesamte Psalm 76 atmet diese Atmosphäre und passt damit so gar nicht zu dem liebevollen Gott, der unseren Vorstellungen viel näher liegt. Wenn wir allerdings den Beginn des Psalms lesen, erkennen wir, dass es hier darum geht, dass Gott Wohnung in Zion nimmt, seinen Platz als Herrscher einnimmt und somit seine gesamte Macht umschrieben werden soll. Nicht wir sollen in Angst und Schrecken versinken, sondern Gottes Mächtigkeit und Majestät sollen hervorgehoben werden. Diese alttestamentliche Sichtweise wiederum lässt uns darüber nachdenken, wie viel wir Gott wirklich zutrauen und dass Gott nicht immer nur der „liebe Gott" in unserer Vorstellungswelt ist. Das Wort „furchtbar" fordert von uns dann als Antwort, dass wir Gott mit Ehrfurcht begegnen. Wir können von ihm nur in Bildern reden, die biblischen Bilder zeigen auch diese Seite Gottes.

Carsten Rentzing

Wir beten

Herr, unser Gott, wir danken Dir, dass Du allmächtig und gerecht bist. Lass uns Deiner Allmacht und Barmherzigkeit jeden Tag von Neuem vertrauen und daraus Stärke gewinnen, unsere Welt zu verändern. Amen.

1773 † Johann Ludwig Konrad Allendorf, Liederdichter | 1905 † Hudson Taylor, Glaubensbote in China | 1924 † Franz Kafka, Schriftsteller

4. Juni

Montag | SA 05:09 SU 21:32 MA 01:06 MU 10:21

Wochenspruch: Lukas 10,16
Wochenlied: EG 124

Wir lesen Hebräer 12,25–29

Starke Existenzerschütterungen

Per aspera ad astra – über raue, steinige und unwegsame Pfade zu den Sternen! Oder frei übertragen: Durch Widerstände und Widerwärtigkeiten gelangt man zum glanzvollen Ziel! Das gilt auch für den Glauben. Aus dem irdischen Jammertal heraus kann man zum Paradies oder in den Himmel kommen. Im Hebräerbrief wird von der Erschütterung gesprochen, vom Tremendum. Solch ein Zittern und Zagen kann die Grundfesten der Existenz bedrohen, etwa in dem Bewusstsein: Ich bin überflüssig und unwichtig. Ich bin belanglos und tauge zu nichts. Oder in der höchsten erschütternden Formulierung des Minderwertigkeitskomplexes: Mich müsste es nicht so geben, wie ich bin! Aber der Erschütterte und das Erschütterte sollen verwandelt werden, wie es im Text heißt. Es wird für solch eine Krise eine Lösung angeboten, eine Erlösung aus der Notsituation, nämlich: Lasst uns dankbar sein und so dem Leben und dem lebendigen Gott dienen! Es geht um das dankbare Wahrnehmen dessen, was schon erreicht ist. Der vom Himmel her redet, will Gnade schaffen. Und Christus will nicht abgewiesen werden, sondern im Glauben und im

Glaubenden empfangen werden. Dann ist es zumindest möglich, dass Zustände tiefer Erschöpfung im Zeitalter von Stress und Informationsüberangebot überwunden werden können. Zuerst kommt die Krise und dann die Veränderung. Erst geschieht die Erschütterung und dann die Metamorphose: Per aspera ad astra, damit ich ein Asterix, also ein hellglänzender Stern am und im Himmel vor Gott werden kann!

Heiner Wajemann

Wir beten

Lieber himmlischer Vater, wenn mir die täglichen und alltäglichen Sorgen über den Kopf wachsen, dann sei Du mit Deiner Gnade bei mir: Du willst mich trösten und verwandeln durch Deine Nähe. Amen.

Eduard Mörike

1875 stirbt Eduard Mörike (* 1804), Lyriker, Literaturlehrer, Theologe, der sein ganzes Leben in der schwäbischen Heimat bleibt. Das leidige Amt als Geistlicher gibt er schon 1843 auf. Seine vollendet klassische Lyrik ist geprägt durch stille Innerlichkeit, romantische Phantasie, Stimmungszauber, Anschaulichkeit, durch das geheimnisvolle Weben der Natur, durch Frömmigkeit und tiefes Gefühl.

1115 † Morandus, Glaubensbote im Sundgau (ev. Gedenktag; Sterbetag: 3.6.) | 1875 † Eduard Mörike, Lyriker | 1935 Bekenntnissynode in Augsburg

5. Juni

Dienstag | SA 05:09 SU 21:33 MA 01:35 MU 11:25

Wochenspruch: Lukas 10,16
Wochenlied: EG 124

Wir lesen Hebräer 13,1–14

Nachfolge im Vertrauen

„Gedenkt an eure Lehrer, die euch das Wort Gottes gesagt haben; ihr Ende schaut an und folgt ihrem Glauben nach." (V. 7); „Jesus Christus gestern und heute und derselbe auch in Ewigkeit." (V. 8). – In den letzten Jahren sind einige meiner kostbaren Lehrer der Theologie heimgerufen worden. Und ich denke an ihre Vollendung. Das heißt: Wie haben sie ihren Glauben gehalten und wie sind sie gestorben? Das Lehren des Wortes Gottes ist das eine, das Sich-selber-tragen-Lassen ist dann das andere. Und doch liegt hier der größte Trost. Auch zwei Väter, Schwiegervater und Vater, gingen in den letzten Wochen und Jahren durch das Sterben hindurch in Gottes ewige Heimat. In allem Leiden, in allen Ängsten und Nöten war diese Gewissheit spürbar, nämlich: auf dem Heimweg zu sein, von Jesus Christus durchgebracht zu werden durch das Tal der Todesschatten, das letzte größte Geschenk an uns Trauernde, an die Zurückgelassenen. Sie sind vorangegangen, nicht verloren gegangen. So verstehe ich die Aufforderung des Schreibers des Briefes: Schaut ihre Vollendung an und folgt ihrem Glauben nach. Es ist gut, diesem Herrn Jesus, der eine gnädige Sterbestunde bereitet hat, auch im Leben zu vertrauen. Wem denn sonst? Christus ist ja nicht allein gestern, sondern auch heute bei uns. Bleiben wir in dieser Hoffnung unterwegs! „Denn es ist ein köstlich Ding, dass das Herz fest werde.“ (V. 9) *Anne Helbig*

Wir beten

Großer Gott, wir sind traurig, wenn Hoffnungsträger heimgehen. Wir wollen uns nicht allein durch ihre Worte, sondern auch durch ihr Leben und Sterben in das Vertrauen an Dich hineinnehmen lassen. Amen.

Es ist ein köstlich Ding, dass das Herz fest werde …

… welches geschieht durch Gnade. – „Herz“ meint das Zentrum unserer Persönlichkeit. Unser Herz kann wankelmütig sein. Nicht selten sind es gerade Zeiten des Leidens, wann der Heilige Geist unser Herz stärkt. Denken wir nur, wie oft wir Freunde anrufen, um Gebet nachfragen, wenn wir in Leiden stecken, überfordert sind. Und wann tun wir dies, wenn wir frohe Erfahrungen machen und uns ausgiebig geholfen worden ist? Gibt es dann auch eine Kette der Dankgebete und Anrufe? So ist es eben gerade leider die Not, welche die Beter auf den Plan ruft. Und darum wird darin auch unser Herz gestärkt.

754 † Bonifatius, Glaubensbote in Deutschland | 1890 † Max Frommel, Prediger und Schriftsteller | 1907 † Heinrich Adolf Köstlin, Theologe

6. Juni

Mittwoch | SA 05:08 SU 21:34 MA 02:01 MU 12:30

Wochenspruch: Lukas 10,16
Wochenlied: EG 124

Wir lesen Hebräer 13,15–25

Gott des Friedens

„Der Gott des Friedens aber, der den großen Hirten der Schafe, unseren Herrn Jesus, von den Toten heraufgeführt hat, der mache euch tüchtig in allem Guten, zu tun seinen Willen, und schaffe in uns, was ihm gefällt, durch Jesus Christus, welchem sei Ehre von Ewigkeit zu Ewigkeit." (V. 20 f.)
Wir haben es mit einem Gott zu tun, der den Tod besiegt hat. Um unseretwillen hat er das getan. Durch das unschuldige Leiden und durch das gewaltsame Sterben seines geliebten Sohnes Jesus. Und jetzt heißt es, dass er etwas schaffen kann in uns, was ihm gefällt. Wir schaffen es eben nicht. Wie oft haben Sie sich schon vorgenommen, sich zu ändern, langsamer zum Zorn zu sein und geduldiger im Hinhören und Verstehen? Aber dann tappe ich immer wieder in dieselbe Falle. Und es kommt zum Dammbruch in einer Beziehung. Das Dunkle und der ganze Schlamm des Lebensflusses scheinen in Minuten durchzubrechen und viel Vertrauen zu zerstören. Wieder ist es vollkommen schiefgegangen. „Der Gott des Friedens aber …" Dieser ist noch nicht am Ende mit dir und mir und uns. Er kann in uns schaffen, was ihm gefällt. Er

kann es wirklich. Wir müssen uns ihm ganz überlassen und es zugeben: Mir ist die Sache und das Vorhaben wieder schiefgegangen. Ich stehe mir selbst im Wege. Gott kann trotzdem noch ans Ziel kommen. Es gibt kein „zu spät“, wenn wir zu Jesus umkehren. *Anne Helbig*

Wir beten

Unser Herr Jesus Christus. Wir schaffen es nicht, was wir so gerne Gutes für Dich und die Menschen tun möchten. Aber Du schaffst es in uns und durch uns. Darum bitten wir Dich heute. Amen.

Dammbruch

Wir Menschen bauen gute Dämme entlang den friedlich aussehenden Flüssen, weil wir wissen, dass es das reißende Hochwasser geben kann. Unsere Familien brauchen diese Schutzmauern auch. Treue und Wahrheit, Verlässlichkeit und Achtung sind diese Wälle an unserem Lebensfluss. Aber wenn aus einem anfangs kleinen Streit ein Dammbruch entsteht, so kommen der Ärger des ganzen Lebens sowie schon vergebene Schuld wieder hoch und rütteln in Minuten zerstörend an unserm Lebenshaus. Jesu Vergebung ist hier das Einhalten. In ihm finden wir die Kraft zu neuem Vertrauen.

1134 † Norbert von Xanten, Bischof und Ordensgründer in Sachsen | 1883 † Heinrich Schröder, Märtyrer in Südafrika | 1884 Christlicher Verein Junger Männer gegründet | 1973 † Franz Lau, Theologe

7. Juni

Donnerstag | SA 05:08 SU 21:34 MA 02:24 MU 13:37

Wochenspruch: Lukas 10,16
Wochenlied: EG 124

Wir lesen Amos 1,1–2; 3,3–8

Rettende Worte

Im Alten Testament offenbart Gott sich seinen Knechten, den Propheten. Sie erfahren seinen Ratschluss im Zusehen und Zuhören. Gott handelt nicht stumm und willkürlich an den Menschen, sondern äußert sich zuvor: Er lässt sich hören, er warnt und sucht heim. Als von Gott berufener Seher redet Amos im 8. Jahrhundert vor Christus das jüdische Volk an. Es geht ihm um die Beziehung zwischen Gott und Volk, wie seine Beispiele zeigen: Im Wandern, Brüllen, Schreien, Fallen und Aufspringen kommen Beziehungen zum Vorschein – es geht um Ursache und Wirkung, um Tun und Ergehen. Der Prophet reagiert auf die Anrede Gottes, er hört und sieht. Er hofft auf die Reaktion des Volkes: dass sie Gottes Stimme vernehmen, erschrecken, sich fürchten, umkehren, sich besinnen und sich zurechtbringen lassen. Es geht um das Nordreich und das Südreich Israels, um Jerusalem und den Karmel. Es steht viel auf dem Spiel, wenn Gott seine Stimme so laut erheben muss – damals wie heute. Wie taub müssen wir sein, wie verstockt in unserem Herzen, wenn wir Gottes Anruf nicht vernehmen wollen? Einer hört, einer sieht – und er spricht uns an, damit wir endlich aufwachen und wahrnehmen, was los ist. Eindringlich ringt der Prophet um unsere Aufmerksamkeit. Es ist Gott, der durch ihn zu uns spricht. Wollen wir hören, was er uns zu sagen hat? Um welches „Erdbeben" geht es heute? *Peter Godzik*

Wir beten

Erschütterungen mancher Art rütteln auch heute wieder an den Grundfesten unserer Gesellschaften. Lass uns aufmerksam die Zeichen der Zeit erkennen und handeln nach Deinen Weisungen, Gott. Amen.

Friedrich Hölderlin

„Nah ist Und schwer zu fassen der Gott. Wo aber Gefahr ist, wächst Das Rettende auch. Im Finstern wohnen Die Adler und furchtlos gehen Die Söhne der Alpen über den Abgrund weg Auf leichtgebaueten Brücken. Drum, da gehäuft sind rings Die Gipfel der Zeit, und die Liebsten Nah wohnen, ermattend auf Getrenntesten Bergen, So gib unschuldig Wasser, O Fittiche gib uns, treuesten Sinns Hinüberzugehn und wiederzukehren" (aus: Patmos. Dem Landgrafen von Homburg). Hölderlins Poesie gilt heute unbestritten als ein Höhepunkt der deutschen und abendländischen Literatur.

1843 † Friedrich Hölderlin, Dichter | 1876 Paul-Gerhard-Stift Berlin gegründet | 1933 † Ludwig Ihmels, Bischof in Sachsen

8. Juni

Freitag | SA 05:07 SU 21:35 MA 02:46 MU 14:47

Wochenspruch: Lukas 10,16
Wochenlied: EG 124

Wir lesen Amos 3,1–2.9–15

Zornige Widerworte

Widerworte! Wer hört schon gern auf solche Kritik! Beliebt war er nicht, der Prophet Amos, besonders nicht bei den einflussreichen Leuten. Ein Wutbürger damaliger Zeit meldet sich zu Wort und zieht unbarmherzig vom Leder. Er redet vom Bedrängen, Niederreißen und Plündern; vom Herausreißen, Heimsuchen und Abhauen; vom Zerschlagen, Zugrundegehen und Vernichten – vor allem im Passiv: Das Volk wird das alles so erleiden: bedrängt, niedergerissen und geplündert; herausgerissen, heimgesucht und abgehauen; zerschlagen, zugrunde gegangen und vernichtet. Können wir das hören angesichts der vielen Pogrome am jüdischen Volk im Laufe der Geschichte? Sie waren doch befreit aus Ägypten, geliebt und auserwählt unter allen Völkern auf Erden – und dann diese Heimsuchung? Der Zorn Gottes über den Liebesverrat seines Volkes machte weder halt vor Wohnhäusern noch vor Palästen oder Altären. Welche Kraft steckt in solcher Selbstkritik? Nur mit dem Finger zeigen auf andere dürfen wir dabei nicht! Es müsste ja sonst der Turm von Siloah auf uns selber fallen! Also gelten Jesu Worte auch für uns: „Meint ihr, dass die achtzehn, auf die der Turm in Siloah fiel und erschlug sie, schuldiger gewesen sind als alle andern Menschen, die in Jerusalem wohnen? Ich sage euch: Nein; sondern wenn ihr nicht Buße tut, werdet ihr alle auch so umkommen.“ (Lukas 13,4–5)

Peter Godzik

Wir beten

Hilf uns verstehen, dass Deine Berufung auch Verpflichtung bedeutet. Dein Wort der Liebe und Fürsorge erheischt unsere Antwort in der Liebe zum Nächsten. Bewahre uns vor Zorn und Gericht! Amen.

August Hermann Francke

Die Franckeschen Stiftungen in Halle stellen sein eigentliches Lebenswerk dar. Im Laufe der Zeit entstanden Schul- und Wohngebäude, Werkstätten, Gärten und eine Apotheke sowie ein Krankenhausneubau. Es wuchs eine Schulstadt heran, in der bis zu 2.500 Menschen lebten und an der Konzeption einer christlich inspirierten Gesellschaftsreform arbeiteten. In all dem sah Francke einen Anfang für eine weltweite „Generalreformation“, die er insbesondere durch die Dänisch-Hallesche Mission und die Cansteinsche Bibelanstalt zu fördern suchte.

Röm.-kath. Feiertag: Herz-Jesu-Fest | 1727 † August Hermann Francke, Theologe in Halle | 1917 † Hermann Bezzel, Theologe in Bayern

9. Juni

Sonnabend | SA 05:07 SU 21:36 MA 03:08 MU 15:58

Wochenspruch: Lukas 10,16
Wochenlied: EG 124

Wir lesen Amos 4,1–13

Zerstörende Selbstgerechtigkeit

Übermut und Bigotterie werden hier streng verurteilt und ein Strafgericht wird angedroht mit fatalen Folgen: heraus aus Mauern und Wagenburg, hinein in Verbannung und Elend! Gott lässt sich nicht spotten. Er meint es ernst mit der Heiligkeit seines Namens! Amos erinnert an fünf Plagen, die wie die zehn ägyptischen über das eigene Volk kamen, um es zur Umkehr zu bewegen: Mangel an Brot, vorenthaltener Regen, Getreidebrand und Heuschrecken, Pest wie in Ägypten und Zerstörung wie in Sodom und Gomorra. Nicht über andere kommt dieses Strafgericht, sondern über das eigene Volk! Es hat keinen Zweck, mit ausgestreckten Fingern auf andere zu zeigen – drei von fünfen weisen auf einen selbst zurück! All das dient der Mahnung, zu Gott umzukehren und Buße zu tun für Gewalt und Unrecht an Armen und Geringen – an Flüchtlingen und Schutzsuchenden, so müssen wir heute ergänzen. Niemand schindet ohne Tatfolgen die Elenden und spricht zu seinesgleichen: „Lasst uns saufen und unseren Wohlstand und unsere Zeit auskosten! Wir sind das Volk! Wir kommen zuerst!“ Solches Verhalten fällt auf einen selbst zurück, zerstört Frieden und Wohlfahrt einer Gesellschaft und bewirkt den Zerfall von Sicherheit und Solidarität. Zu Beginn des Sommers scheint ein ernster Adventstext auf: Gott kommt – er kommt mit Macht zum Gericht. Wir müssen uns bereitmachen, ihm zu begegnen! *Peter Godzik*

Wir beten
Lass uns nicht so verstockt reagieren, Gott, dass wir all Deine Warnungen in den Wind schlagen! Befreie uns von allem Egoismus! Mach uns bereit, Dir zu begegnen in den Geringsten unter uns. Amen.

Ephräm, der Syrer
Dieser Nachfolger der Apostel, Vorbild für Eremiten, lebte „ohne Tasche, ohne Stock, hatte weder Silber noch Gold; seine Nahrung war Haferbrot und Gemüse, sein Getränk bestand aus bloßem Wasser; sein Leib glich einem Skelett aus Ton“ (Gregor von Nyssa). Ephräm beschrieb als Zusammenhang von Altem und Neuem Testament: Adam vor dem Sündenfall ist erwählt und rein und trägt ein Lichtgewand, weil er das Ebenbild Gottes ist. Diese Ebenbildlichkeit geht im Sündenfall verloren und wird in Christus sowie im paradiesischen Endzustand wiederhergestellt.

373 † Ephräm der Syrer, Hymnendichter in Edessa | 1572 † Jeanne d’Albret, Schützerin der Hugenotten

10. Juni

Sonntag | 2. Sonntag nach Trinitatis

Wochenspruch: Matthäus 11,28
Wochenlied: EG 250 oder 363
Evangelium: Lukas 14,(15.)16–24
Epistel: Epheser 2,17–22
Altes Testament: Jesaja 55,1–3b.(3c–5)

Wir lesen Psalm 36

Wohlstand und Überfluss

Der Mittelteil des Psalms gehört für mich zu den schönsten Lobgesängen der Bibel. Die unerforschbare Weite des Himmels, die gewaltige Höhe der Berge und die unergründliche Tiefe des Meeres werden zu Bildern für Gottes Güte. Er versorgt Menschen und Tiere und ist der Ursprung von Licht und Leben. Der Psalm beschreibt ein Leben in Überfluss und Geborgenheit, wie es das so für Menschen zur Zeit des Alten Testaments kaum je gegeben haben dürfte. Der Jubel über Gottes Gaben und seine Fürsorge klingt so, als seien dem Beter Leid, Schmerz und Unrecht völlig unbekannt. Dabei wird im ersten Teil des Psalms ein Mensch beschrieben, der Böses sinnt und tut. Beide Abschnitte stehen beziehungslos nebeneinander. Nüchtern, ohne wirklich zu klagen, wird am Anfang beschrieben, dass es betrügerische Menschen gibt. Sie werden eines Tages ihre Strafe empfangen. Vielleicht macht ihn diese Gewissheit so gelassen. Solche Leute gibt es eben.

So ist das. Er weiß sich dagegen unter Gottes Liebe und Fürsorge geborgen. Dankbar singt er dafür das Loblied im Mittelteil des Psalms. So werden zwei Lebensweisen einander gegenübergestellt. Ich muss das unterschiedliche Verhalten nicht unbedingt auf zwei Menschen verteilen. Mein Herz kennt beides, das Verlangen, dieses oder jenes zu besitzen, aus Angst, im Leben zu kurz zu kommen, und die fröhliche Dankbarkeit, Gelassenheit und Großzügigkeit. Der Psalm erinnert mich an das Gute, das mir zuteilwurde, und fordert mich auf, darüber froh und hoffnungsvoll zu werden. Der Schluss klingt wie der Versuch, die beiden ersten Teile des Psalms miteinander zu verbinden. Vielleicht waren sie ursprünglich selbständig und gerieten erst beim Abschreiben auf ein Blatt. Gottes Güte, die er im letzten Abschnitt erbittet, hat er zuvor gepriesen, und die Übeltäter haben inzwischen ihre Strafe erhalten. *Leopold Esselbach*

Wir beten

Lieber Gott, Du hast Himmel und Erde erschaffen, die Berge und das Meer. Ich danke Dir, dass ich bei Dir geborgen bin und täglich mehr erhalte, als sich der Beter des Psalms vorstellen konnte. Amen.

1877 † Friedrich August Tholuck, Theologe in Halle | 1914 Universität Frankfurt/Main gegründet | 1930 † Adolf von Harnack, Kirchenhistoriker | 1962 † Rudolf Hermann, Theologe | 1969 Bund Evangelischer Kirchen in der DDR gegründet

11. Juni

Montag | SA 05:06 SU 21:38 MA 03:58 MU 18:31

Wochenspruch: Matthäus 11,28
Wochenlied: EG 250 oder 363

Wir lesen Amos 5,1–17

Was dem Leben dient

Wir könnten uns ja beruhigen mit der Erkenntnis, dass diese Worte 2800 Jahre alt sind und uns gar nicht betreffen. Sie sind als Klagelied gerichtet gegen das „Haus Israel". Was haben wir damit zu schaffen? Arme werden unterdrückt, das Recht mit Füßen getreten. Kritik an diesen Zuständen wird nicht vertragen, Zurechtweisung nicht angenommen. So kommt es, wie es kommen muss: Gott lässt sich nicht spotten. Er wird dreinfahren und untergehen lassen, was sich so heillos verhält. Die inneren und äußeren Konflikte führen zur nationalen Katastrophe. In regelmäßigen Abständen wiederholt sich solche Zuspitzung in der Geschichte der Menschheit. Kluge Berater warnen davor und erinnern an leitende Werte. So heißt es in zwei Bildplatten der ottonischen Reichskrone: „Die Ehre des Königs liebt das Recht" und „Fürchte Gott und steh ab vom Bösen". Aber wer unter den Mächtigen hält sich schon daran? So kommt es wieder, wie es kommen muss: Wer nicht hören will, muss fühlen. Die Stimme des Propheten Amos erklingt zur Warnung noch heute. Sie ist nicht populär, aber nötig. Sie begnügt sich nicht mit populistischer Kritik, sondern richtet

Maßstäbe auf und bietet Lösungen an: „Suchet das Gute und nicht das Böse, so werdet ihr leben; richtet das Recht auf im Tor." Nicht Wut auf verkehrte Verhältnisse, sondern Wahrheit und Rechtsstaatlichkeit eröffnen Zukunft. *Peter Godzik*

Wir beten

Gott, bewahre uns davor, überheblich und übermütig zu werden in unserem Reichtum und Wohlergehen. Hilf uns, dass wir teilen lernen und Recht schaffen denen, die auf unsere Hilfe warten. Lass uns Abstand nehmen von allem Bösen. Amen.

Johann Andreas Cramer

Er stammte aus dem sächsischen Erzgebirge und starb in Kiel. Der Aufklärer stand als Gelehrter, Prediger und Dichter in hohem Ansehen. Seine Predigten wurden in mehr als 20 Bänden veröffentlicht. 1780 redigierte er das schleswig-holsteinische Gesangbuch, 1785 erschien sein Katechismus. Cramer dichtete über 400 geistliche Lieder, die zu seiner Zeit in großer Zahl in den Gesangbüchern zu finden waren. Das heutige Evangelische Gesangbuch enthält nur noch das (umgearbeitete) Abendmahlslied „Das sollt ihr, Jesu Jünger, nie vergessen." *(EG 221)*

um 70 † Barnabas, Apostelschüler | 1190 † Friedrich I., gen. Barbarossa | 1294 † Roger Bacon, Philosoph und Physiker | 1788 † Johann Andreas Cramer, Theologe und Dichter

12. Juni

Dienstag | SA 05:06 SU 21:38 MA 04:29 MU 19:49

Wochenspruch: Matthäus 11,28
Wochenlied: EG 250 oder 363

Wir lesen Amos 5,18–24

Gerechtigkeit als Grundlage

In der radikalen Kritik des Propheten Amos klingt das alles noch nach einer absoluten Alternative: Feste, Opfer und Lieder auf der einen, Recht und Gerechtigkeit auf der anderen Seite. Als wären wir gezwungen, beständig das Eine gegen das Andere auszuspielen. Dem ist aber nicht so! Die alte Kirche hat früh gelernt, die vier wichtigsten Kennzeichen ihrer Existenz miteinander zu verbinden: Zeugnis und Dienst, Gemeinschaft und Feier. So können wir uns in rechter Weise versammeln und unsere Feste feiern (koinonia); Zeugnis ablegen von der Menschenfreundlichkeit Gottes und unsere Kraft dafür einbringen (martyria); geistliche Lieder singen und unsere Instrumente zum Klingen bringen (leiturgia), weil unser Gottesdienst getragen ist von unserem sozialen Engagement. Darin zeigen wir, dass wir verstanden haben, wie Gott sich dienen lassen will: in der liebevollen Hingabe an den bedürftigen Nächsten (diakonia). Christlicher Glaube praktiziert damit ein umgekehrtes Islam-Konzept: nicht Hingabe an Gott ist das, was einen frommen Menschen ausmacht, sondern seine Hingabe und sein Dienst am Nächsten.

Vielleicht formulierte Amos deshalb so streng, weil zu seiner Zeit ganz andere Schwerpunkte der Frömmigkeit im Mittelpunkt standen, die das Wichtigste vergaßen: Recht und Gerechtigkeit für die Mitmenschen. An ihnen bewahrheitet sich unsere Gottesliebe. *Peter Godzik*

Wir beten

Befreie uns von einem Gottesdienst, der vom bedürftigen Nächsten absieht und unsere frommen Bedürfnisse in den Vordergrund stellt. Lass uns verstehen, dass Du uns im anderen Menschen begegnest. Amen.

Isaak Le Febvre

Als 1685 die Hugenotten für vogelfrei erklärt wurden, versuchte er zu fliehen, wurde verhaftet und zu lebenslanger Galeerenstrafe verurteilt. Weil er für die Arbeit zu schwach war, wurde er in Marseille eingekerkert, wo er 15 Jahre in einem feuchten unterirdischen Gewölbe lebte. Hier schrieb er ein Buch über die Notwendigkeit des Leidens. Le Febvres Schicksal bewog mehrere Staaten und ihre Herrscher, sich für ihn einzusetzen. Das führte aber nur dazu, dass er keine Nachrichten mehr geben und empfangen durfte. Er starb völlig verlassen.

816 † Papst Leo III. | 1702 † Isaak Le Febvre, Glaubenszeuge in Frankreich (ev. Gedenktag; Sterbetag: 13.6.)

13. Juni

Mittwoch | SA 05:06 SU 21:39 MA 05:07 MU 21:06

Wochenspruch: Matthäus 11,28
Wochenlied: EG 250 oder 363

Wir lesen Amos 6,1–14

Reuelos genießen? Das ist lange her!

Was eigentlich, meinst du, zeichnet dich vor allen anderen Menschen aus? Wieso meinst du, sollte Gott dich mehr lieben als alle anderen Geschöpfe, die diese Erde außer dir noch besiedeln? Nenne mir einen Grund! Mit solchen oder ähnlichen Worten könnte diese bedrängend direkte Anfrage des kleinen Propheten Amos an die Israeliten auch formuliert werden. Und wir? Sind wir nicht schon ausreichend durch Gerichts- und Geschichtserfahrungen gegangen, die unsere Eltern und Großeltern die Schrecken eines stolzen und hochmütigen Volkes bis zur Neige auskosten ließen und die uns deshalb vor solchen Unbeirrbarkeiten warnen müssten? Und sind wir nicht schon wieder in der Situation, dass wir wegsehen und uns in Ignoranz üben gegenüber der Weltentwicklung und dem Schicksal so vieler Armer, Verzweifelter und Hoffnungsloser, die auch unser Konsum, auch unsere Anspruchshaltung mitverantworten? Vergällt uns das nicht erneut die Ruhe auf den edlen Dreizonenschaummatratzen, den Genuss des Billigchampagners und des feisten Festtagsbratens? Ist das siegreiche Hochgefühl, diesen Status erreicht zu haben, nicht schon längst dem vagen Gefühl gewichen, dass hier etwas nicht stimmen kann, dass das nicht gerecht sein kann? Dass ein anderer Lebensstil hermuss, früher oder später, und wenn wir es nicht angehen, er uns sogar aufgezwungen werden wird? Gottes Warnung steht!

Christoph Wiesener

Wir beten

Allmächtiger, bewahre uns vor der Selbstüberschätzung, als ginge uns alles außer unserer eigenen kleinen Identität nichts an. Hilf uns sehen, was es bedeutet, dass Du unser Gott und Schöpfer der ganzen Welt bist. Amen.

Martin Buber

Geboren 1878 als Sohn großbürgerlicher Juden in Wien, studiert Martin Buber Philosophie, Psychiatrie und Germanistik. Er wird Delegierter der ersten Zionistenkongresse und versucht in immer neuen Anläufen, einem neuen Staat Israel intellektuell den Weg zu bereiten. Als Herausgeber wissenschaftlicher Zeitschriften, als Schriftsteller und Autor von z. B. „Die Geschichten des Rabbi Nachman", „Die Legenden des Baalschem" (1908), mit seiner Grundschrift „Ich und Du" und gemeinsam mit Franz Rosenzweig als Bibel-Übersetzer macht er sich einen großen Namen.

1760 † Antoine Court, Glaubenszeuge in Frankreich | 1965 † Martin Buber, jüdischer Theologe und Philosoph

14. Juni

Donnerstag | SA 05:05 SU 21:39 MA 05:55 MU 22:16

Wochenspruch: Matthäus 11,28
Wochenlied: EG 250 oder 363

Wir lesen Amos 7,1–9

Der Mensch ohne Gott? – Ein Alptraum!

Amos, der das Volk nicht umstimmen kann, versucht Gott umzustimmen, wie schon Mose, und hält Fürbitte. Gott soll von seinem Volk ablassen. Wie soll es seinen Zorn überleben? Es ist ja doch so klein!, argumentiert er. Und Gott lässt mit sich reden. Zwei vorgesehene Gerichte verwirft er. Dann aber hat er offensichtlich genug von der Feilscherei. Er straft nicht, aber er überlässt die Menschen sich selbst. Er, Gott, wird nicht mehr unter ihnen wandeln, es wird keine Gottesdienste, keine Gottesbegegnungen mehr geben. Gott wird weder im Guten noch im Bösen auf den Menschen einwirken. Der Mensch ohne Gott. So, wie er es sich im Stillen doch immer wünscht. „Etsi deus non daretur", als ob es Gott nicht gäbe, so lebt der Mensch doch nur allzu gerne. Und Gott meint, dann soll es jetzt so sein. Nicht mein Zorn wird euch richten, aber es wird euch auch keine Lehre und Orientierung und keine Güte zurückhalten. Ihr werdet die Wahl haben, was ihr mit dem vorhandenen Zinn macht – Geschirr oder Waffen, und ihr werdet euch für Waffen entscheiden, so wie immer. Und mit diesen selbstgewählten Waffen und nach eigenem Willen werdet ihr aufeinander losgehen. So wird es sein – ohne Gott –, prophezeit Gott. Es wird schrecklicher sein, als wenn ich Gericht übte, sagt Gott damit. Der Mensch ohne Gott – ein Alptraum. *Christoph Wiesener*

Wir beten

Lass uns Dein sein und bleiben, Du treuer Gott und Herr. Von Dir lass uns nichts treiben, halt uns bei Deiner Lehr. Herr, lass uns nur nicht wanken, gib uns Beständigkeit, dafür woll'n wir Dir danken in alle Ewigkeit. Amen.

Gottschalk

Als unliebsamer Thronkonkurrent musste Gottschalk nach England ins Exil. 1043 gelang ihm die Rückkehr; sein Hauptsitz wurde Mecklenburg, von wo aus er ein großes Reich der Wenden schuf. Politisch verbündet mit dem dänischen Königshaus und dem Herzogtum Sachsen, betrieb er die Rechristianisierung seines Volkes, unterstützt durch Erzbischof Adalbert von Hamburg-Bremen; mit ihm gründete er die Bistümer Mecklenburg, Oldenburg und Ratzeburg. 1066 brach ein neuer heidnischer Aufstand aus. Gottschalk wurde ermordet, das christliche Kirchenwesen abermals vernichtet.

1066 † Gottschalk der Wende, Märtyrer in Norddeutschland | 1910 Weltmissionskonferenz in Edinburgh

15. Juni

Freitag | SA 05:05 SU 21:40 MA 06:55 MU 23:15

Wochenspruch: Matthäus 11,28
Wochenlied: EG 250 oder 363

Wir lesen Amos 7,10–17

Menschenmund spricht Gotteswort

Gott lässt mit sich handeln, aber er diskutiert nicht. Diese klare Grenze göttlicher Kompromissbereitschaft hatte Amos erfahren. Dahinter steckt die Frage, was uns Gottes Wort wert ist. Segen, Frieden, Trost und Gnade nehmen wir gerne an. Aber was ist uns Gottes unbequemes Wort wert? Was, wenn es uns so gar nicht in den Kram passt? Ist es dann wie immer, dass der Prophet im eigenen Lande nichts gilt? Dass er verfolgt, ausgewiesen und mundtot gemacht wird? Das bekommt Amos unverhohlen von seinem König zu spüren. Dabei ist es ja nicht Amos, dem das alles nicht passt, sondern Gott. Aber der König drängt Gott mit einem einfachen Trick aus allem heraus, um ihm nicht gehorchen zu müssen. Für den König ist der Bote identisch mit dem Absender. Bevor wir uns jedoch vorschnell empören, möchte ich fragen: Wer von uns hört gerne unbequeme Predigten, und wie schnell wird dann nicht der Prediger vom Boten zum Absender? Wer hätte nicht auch gerne schon einmal die Kirche verlassen, weil Gottes Wort kein liebes Wort mehr war? Viele bemängeln, die Kirche sei zu seicht geworden, weil sie nicht mehr klar genug Stellung beziehe. Das gilt aber oftmals nur so lange, wie ich nicht selbst zu dieser Gruppe zähle. Lasse ich mir von Gott noch etwas sagen? Oder darf Gott mich nur bestätigen? Eine Frage, die Amos uns heute wieder einmal auf den Tisch legt. *Christoph Wiesener*

Wir beten

Herr, großer Gott, gib uns den Mut, aus Deinem Mund auch die unbequemen Dinge zu hören und sie anzunehmen, damit wir immer bei der Wahrheit bleiben – bei Deiner Wahrheit. Amen.

Theodor Oehler (1850–1915)

Theodor Oehler war der fünfte Direktor der Evangelischen Missionsgesellschaft in Basel, die 1815 gegründet wurde. Bereits ein Jahr später wurde das Missionsseminar eröffnet und 1821 sandte man die ersten Seminaristen in den Kaukasus, dann nach Ghana, Indien und China aus. Von diesen Missionaren kamen 259 aus der Schweiz, und aus Deutschland, vor allem aus Württemberg, kamen 948 Missionare. Wie alle Direktoren war auch Theodor Oehler ein in Tübingen ausgebildeter württembergischer Theologe. Er arbeitete von 1884 bis 1914 bei der Basler Mission und von 1905 bis 1909 als deren Direktor.

1588 † Georg Israel, Prediger in Polen | 1915 † Theodor Oehler, Leiter der Basler Mission

16. Juni

Sonnabend | SA 05:05 SU 21:40 MA 08:04 MU –

Wochenspruch: Matthäus 11,28
Wochenlied: EG 250 oder 363

Wir lesen Amos 8,1–10

Ende und Anfang

Ich fahre mit dem Auto durch die Stadt. Mich wundert, warum es bei wolkenlosem Himmel dunkel wird. Etwas Beklemmendes liegt in der Luft. Da erinnere ich mich: Gestern habe ich etwas von einer Sonnenfinsternis in der Zeitung gelesen. Ich halte an, laufe in einen Park, es wird zunehmend dunkel, ein kühler Wind erhebt sich. Mir fällt auf: Die Vögel singen nicht mehr. Es ist Mittag. Und ich sehe zum Himmel, die Sonne ist teilweise bedeckt, die Sonnenfinsternis beginnt. Beklemmung überall. Ich sitze fröstelnd auf einer Bank, suche nach einer Decke, Wärme wäre jetzt gut. Die Sonne ist zum größten Teil bedeckt. Wird es bald wieder hell, warm, Sommer? Bedrückende Stille liegt über dem Park mitten in der Großstadt. Wir haben das Jahr 1999. Und ich ahne, wie es Menschen im Jahr 763 v. Chr. gegangen ist, als eine Sonnenfinsternis das Land Israel bedeckte. So haben wir uns Amos und seine Zeitgenossen im Israel des Königs Jerobeam vorzustellen: das Königshaus in Dunkel und Kälte verborgen, die Menschen in Angst und Schrecken, das Ende der Zeit und des ganzen Lebens befürchtend. Wehklagen, kahlgeschorene

Köpfe, Säcke als Kleidung, kein Brot zu essen, keine Wärme. So sieht nach Amos' Bildern die Ernte aus, Gott kommt zur Erntezeit. Die Frage wird laut, ob das denn alles ist, was uns zu sagen bleibt, wenn die religiösen, sozialen und politischen Beziehungen durcheinandergeraten sind. Finden wir einen Ausweg? *Christoph Schuppan*

Wir beten

Gütiger Gott, schenke uns Mut, unser Tun und Lassen zu überdenken und neu anzufangen, wenn wir mit alten Antworten und bisherigen Lösungen nicht weiterkommen. Amen.

Hector Pieterson, † 1976

Das Bild des erschossenen 12-jährigen Jungen Hector ging durch die Weltpresse. Die Polizei des Apartheid-Regimes in Südafrika hatte eine friedliche Demonstration aufgelöst. Die Demonstranten forderten nur, dass die Unterrichtssprache an den Schulen nicht geändert würde. Der Aufstand, der sich anschloss, dauerte sechs Monate und forderte mehr als 550 Tote. Am 26. Todestag von Hector wurde in Soweto von Nelson Mandela ein Museum eröffnet, das an die Opfer der Apartheid erinnert und für Frieden und Versöhnung wirbt.

1361 † Johannes Tauler, Mystiker am Oberrhein | 1804 † Johann Adam Hiller, Komponist

17. Juni

Sonntag | 3. Sonntag nach Trinitatis

Wochenspruch: Lukas 19,10
Wochenlied: EG 232 oder 353
Evangelium: Lukas 15,1–3.11b–32
Epistel: 1. Timotheus 1,12–17
Altes Testament: Hes 18,1–4.21–24.30–32

Wir lesen Psalm 139

Gottes Allmacht

Der Gott, der alles weiß und alles sieht, kann bedrohlich sein, nicht nur für Kinder. Auch der Beter des Psalms spricht von Gottes Einzigartigkeit mehr verwundert als jubelnd. Gottes Allmacht bedeutet für ihn, dass er Gott nicht entkommen kann, weder im Himmel noch an den Enden der Erde, auch nicht in der Dunkelheit der Nacht, wenn man die Hand vor Augen nicht mehr sieht – und damals hatte man keine Möglichkeit, irgendein Licht zu entzünden. „Selbst bei den Toten würde er mich finden." Angesichts der Größe Gottes wird ihm seine eigene Begrenztheit schmerzlich bewusst. Er kann jedoch angstfrei darüber reden, weil er nicht für sich nachdenkt und grübelt, sondern zu Gott spricht. So wird die Rede zu einem Gebet voller Staunen. Da wird ihm bewusst, dass er selbst ein Wunderwerk Gottes ist. Wir teilen die Verwunderung darüber, wie aus einer befruchteten Eizelle ein Mensch entsteht. – Unvermittelt wendet er sich gegen die

Frevler. Blutgierig werden sie genannt, ohne dass erkennbar wird, worin ihr Fehlverhalten besteht. Weil sie Gottes Gegner sind, sind sie auch seine Feinde. Ihr Dasein ist für ihn eine offenbar unerträgliche Anfechtung, weil sie seinen Glauben in Frage stellen. Wenn Gott allmächtig und gütig ist, dann muss doch seine Schöpfung vollkommen sein. Frevler stören das Bild und sollten verschwinden. Als Christen werden wir anderen Menschen kein Unheil wünschen, selbst wenn es sich um Verbrecher handelt. Wir bitten stattdessen, dass sie auf einen besseren Weg finden. Auch wissen wir etwas von Gottes Ohnmacht. In Jesus hat er auf Macht verzichtet und ist ein hilfloser Mensch geworden wie wir. Gerade so ist er uns nahe. Als sei er selbst erschrocken über seinen Hassausbruch, stellt der Beter abschließend sich selbst in Frage und bittet um Gottes Geleit, weg vom bösen, hin zum ewigen, unvergänglichen Wege. *Leopold Esselbach*

Wir beten

Großer Gott, uns bedrückt, dass es neben zahllosen Wundern viel Schlimmes gibt. Wir hoffen auf Dein Reich, in dem es überwunden sein wird. Schenke uns Geduld und lass uns nie ohne Hoffnung. Amen.

1722 Ansiedlung Herrnhuts begonnen | 1882 † August Hermann Werner, Sozialreformer in Württemberg (ev. Gedenktag; Sterbetag: 18.6.) | 1897 † Sebastian Kneipp, katholischer Pfarrer und Naturheilkundler | 1953 Volksaufstand in der DDR

18. Juni

Montag | SA 05:05 SU 21:41 MA 10:39 MU 00:42

Wochenspruch: Lukas 19,10
Wochenlied: EG 232 oder 353

Wir lesen Amos 8,11–14

Nachrichtensperre?

Es ist noch sehr deutlich in Erinnerung, dass vor einiger Zeit in Deutschland das Netz eines großen Kommunikationsanbieters gestört war – Totalausfall, keine Verbindung mehr, niemand erreichbar, ein völliger Blackout, wie man das heute nennt. Wenn das längere Zeit geschieht, droht unserer modernen Gesellschaft ein Zusammenbruch. Wir sind so auf das Miteinander ausgerichtet, selbst die Grundversorgung mit Essen und Trinken, Sicherheit, Verkehr, alles droht im Chaos zu versinken bei solch einer völligen Störung der Kommunikation. Wir merken dann, wie sehr wir auf das Miteinander angewiesen sind. Ohne die Verbindung zu anderen Menschen geht es uns schlecht. – Nun geht es um die Ursachen: Einen technischen Fehler muss man suchen, finden und beheben. Wenn aber der Fehler an anderer Stelle liegt, wenn Partner nicht mehr miteinander reden, sich nicht mehr wahrnehmen können oder wollen, sich aus dem Weg gehen, einander ignorieren, was dann? Mühselig und steinig ist der Weg der Erforschung. Leicht ist es, den Fehler an anderer Stelle zu suchen, beim Partner, bei den anderen, in der Gesellschaft, in den Umständen, bei Gott. Aber manchmal geht es erst weiter, wenn wir gründlich hingefallen sind und am Boden zerstört. Erst in dem Augenblick, in dem ich mir eingestehe, es geht nicht mehr, ich kann nicht mehr, ich weiß nicht mehr weiter, erst dann kann im Scheitern Stärke entstehen.

Christoph Schuppan

Wir beten

Großer Gott, wir bitten Dich, schenke uns die Kraft, an Dir festzuhalten und dem Glauben einen Weg zu bahnen, denn Du bist unsere Zukunft. Amen.

Johann Franck (1.6.1618–18.6.1677)

Nach dem Studium der Rechte in Königsberg hat er in seiner Heimatstadt Guben als Rechtsanwalt und Ratsherr, als Bürgermeister und Dichter gelebt. Während des Studiums in Königsberg war er mit dem Dichterkreis um Simon Dach zusammengekommen, danach trat er mehrfach als Dichter im Stil seiner Zeit öffentlich in Erscheinung mit weltlichen und geistlichen Dichtungen. Eine moderne Nachdichtung seines Liedes „Jesu meine Freude“ von Gerhard Schöne endet: „Und wenn ich ganz unten bin, weiß ich dich an meiner Seite, Jesu meine Freude“.

1677 † Johann Franck, Kirchenliederdichter | 1864 † Albert Knapp, Pfarrer und Liederdichter in Württemberg

19. Juni

Dienstag | SA 05:05 SU 21:41 MA 11:56 MU 01:13

Wochenspruch: Lukas 19,10
Wochenlied: EG 232 oder 353

Wir lesen Amos 9,1–10

Zerstört und zerschlagen

Nichts ist fester als ein Stein, und ein Haus, das aus Stein gebaut wird und auf Felsen gegründet ist, überdauert alle Stürme. So dachten wir als Kinder, wenn wir draußen unsere Abenteuer spielten und miteinander erlebten. Das Haus, in dem wir wohnten, war aus Steinen gemauert, und wir sahen den Bauleuten zu, die an vielen Stellen in der Stadt neue Häuser mauerten: Stein auf Stein, Stein auf Stein, das Häuschen wird bald fertig sein. Später mussten wir Bilder von zerstörten Häusern ansehen, schreckliche Erdbeben bekamen Namen und ein Trümmer-Gesicht – Aschchabad, Agadir, Skopje. Schon in der Bronzezeit gab es Häuser, die erdbebenfest gebaut wurden. Aber was ist schon fest, wenn das Allerfesteste bebt, die Erde! Das, woran sich alle halten, gerät ins Wanken, denn der sicher geglaubte Hort, Gott selbst, bringt alles zum Einsturz. Niemand kann sich der Unsicherheit entziehen, denn keiner kann sagen, dass das Unglück ihm nicht so nahe kommt und ihm nicht begegnet. Denn nicht aus der Geschichte kommt die Errettung, keine Sicherheit lässt sich aus dem eigenen Herkommen ableiten, nein, der Mensch selbst ist verantwortlich für sein Ergehen, das ihm aus seinen Taten erwächst, die ihn von Gott entfernt haben. Könnte das ein erster Schritt zur Rettung aus der selbstverschuldeten Not sein? Gibt es einen Weg zurück zur Nähe Gottes?

Christoph Schuppan

Wir beten

Herr, unser Gott, wir bekennen, dass wir uns weit von Dir entfernt haben. Zeige uns, wie wir wieder lernen können, in Deiner Nähe zu leben. Amen.

Friedrich-Wilhelm Krummacher

1927 schloss er sein Theologiestudium mit einer Dissertation über die Erweckungsbewegung am Niederrhein ab. Er wurde Militärpfarrer und geriet 1943 in sowjetische Gefangenschaft. Dort gründete er mit anderen Offizieren das „Nationalkomitee Freies Deutschland" und war in den ersten Jahren der DDR einer der führenden Geistlichen. In seiner Funktion als Bischof der pommerschen Kirche in Greifswald war er einer der Wortführer für die Einheit der Evangelischen Kirche in Deutschland gegen Bestrebungen, in der DDR eine eigene Kirchengemeinschaft zu begründen.

325 Nizänum verkündet | 1865 Lazarus-Diakonissenhaus in Berlin gegründet | 1884 † Ludwig Richter, Maler in Sachsen | 1974 † Friedrich-Wilhelm Krummacher, Prediger

20. Juni

Mittwoch | SA 05:05 SU 21:42 MA 13:12 MU 01:40

Wochenspruch: Lukas 19,10
Wochenlied: EG 232 oder 353

Wir lesen Amos 9,11–15

Zerstört und wieder aufgebaut

Die Katastrophe, die Amos vorausgesehen hat, ist eingetreten – das Land wurde verwüstet, die Städte erobert, die Menschen deportiert. Kein Stein ist auf dem anderen geblieben. Kein Brunnen gab mehr Wasser, kein Weinstock ließ Reben und Blätter wachsen, Trauben wurden nicht reif, Wein wurde nicht mehr gekeltert und getrunken, Oliven nicht mehr geerntet, Öl nicht mehr gepresst, Gärten wucherten zu. In den Ruinen wuchsen Disteln und Dornen. Könige wurden verjagt, Israel und Juda von Assyrern und Babyloniern zerstört. Mehr als 200 Jahre lag das Land verödet, die Ödnis wuchs über die Grenzen des Nordreichs ins Südreich hinein, auch dort lag das Land darnieder. Wir können uns die Zerstörung nicht groß genug vorstellen. – Aber mitten in dieser Ödnis erhebt sich die Erinnerung an den Gott, der die Gefangenschaft und alle Schrecken beenden wird. Denn Gott hat das Land versprochen, er hat versprochen, Leben und Fülle dort möglich zu machen. Ein Wunder ist es eher nicht, wenn aus Ruinen neues Leben entsteht, aber es ist ein Wunder, dass Menschen mitten in Zerstörung und Ruinen Hoffnung und Mut fassen.

Gott hat uns Menschen die Hoffnung auf ein Leben in Fülle ins Herz gelegt. Jeden Morgen wird diese Hoffnung mit unserem Erwachen neu. Jeden Morgen scheint sie auf mitten in weglosem Grauen und lässt das Leben in neuem Licht leuchten. *Christoph Schuppan*

Wir beten

Herr, unser Gott, wir bekennen, Deine Nähe schenkt uns Mut. Zeige uns, wie jeder Tag in Deiner Nähe ein ganz neues Leben schenkt. Amen.

Johann Georg Hamann

„Bei mir ist von Sturmwinden die Rede, die man sausen hört", sagte er von sich selbst. 1746 in Königsberg geboren, bekannt mit Immanuel Kant, dem Aufklärer, mit Herder, dem Nachdenker deutscher Sprache, selbst als Kaufmann durch Europa reisend, als Schreiber in einer Kanzlei oder als Hofmeister unterrichtend tätig, beschrieb er rastlos die Welt als einen Raum der Sprache, die uns Gott zur Erkenntnis gegeben hat. Als Wegbereiter deutscher Romantik war er immer unterwegs, Gott in Natur und Wort, in der Bibel und im Reden zu entdecken. Das ist sein bleibendes Vermächtnis.

1520 Luthers Brief an den christlichen Adel Deutscher Nation | 1788 † Johann Georg Hamann, Theologe in Ostpreußen (ev. Gedenktag; Sterbetag: 21.6.) | 1877 † Philipp Wackernagel, Hymnologe | 1966 † Wilhelm Busch, Prediger

21. Juni

Donnerstag | SA 05:06 SU 21:42 MA 14:25 MU 02:03

Wochenspruch: Lukas 19,10
Wochenlied: EG 232 oder 353

Wir lesen Hosea 1,1–9

Namensgebung

Wenn die Stimmung besonders aufgeheizt ist, dann helfen oft Worte der Vernunft nicht mehr, um Verdächtigungen abzuwehren, Falschaussagen zu widerlegen, Beleidigungen zurückzuweisen. Im Taumel lässt sich mit der Stimme der Vernunft niemand überzeugen. Bei solch aufgeheizter Stimmung braucht es deutlichere Zeichen, um die Öffentlichkeit zum Nachdenken zu bringen. Der Prophet Hosea bringt die Öffentlichkeit des Nordreiches von Israel zum Staunen, weil er eine Frau heiratet, die als Prostituierte gearbeitet hat. Den drei Kindern gibt er sprechende Namen, die eines zum Ausdruck bringen: Gott wird sein Volk Israel nicht mehr unterstützen. Der Untergang des Königtums steht bevor. – Wir lassen die Frage beiseite, ob Hoseas Familie mit diesen Kindernamen einverstanden war. Auch die Frage, ob Hoseas Frau diese Art von Bloßstellung gefallen hat, wollen wir nicht behandeln. Hoseas eigener Name übrigens bedeutet: Gott wird retten. – Dem Propheten geht es darum, ein deutliches politisches und theologisches Ausrufezeichen zu setzen. Gott sagt: So geht es nicht weiter. Ihr missbraucht eure Macht.

Ihr seid nicht mehr mein Volk. Die Kindernamen des Hosea bringen das so plakativ wie nur möglich zum Ausdruck. Trotzdem: Allein schon die Tatsache, dass die Zeichenhandlung den Untergang vorher ankündigt, zeigt, dass das letzte Wort Gottes noch nicht gesprochen ist. *Wolfgang Vögele*

Wir beten

Barmherziger Gott, besänftige Deinen Zorn. So vieles in dieser Welt geht durcheinander, ziehe Deine Gnade nicht zurück. Lass uns zurückfinden auf den Weg des Heils, das Du uns zugesagt hast. Amen.

Bertha von Suttner

Am 21.6.1914 starb in Wien Bertha von Suttner. Den Ersten Weltkrieg, vor dem sie gewarnt hatte, sollte sie nicht mehr erleben. Suttner wurde 1843 in Prag geboren. Als Journalistin machte sie sich früh mit pazifistischen Schriften einen Namen. Daneben setzte sie sich für Frauenrechte und gegen Tierversuche ein. Im Jahr 1905 wurde sie mit dem Friedensnobelpreis ausgezeichnet. In ihrer Dankesrede schlug sie einen Völkerbund und internationale Schiedsgerichtshöfe vor.

Sommeranfang | 1852 † Friedrich Fröbel, Pädagoge | 1914 † Bertha von Suttner, Pazifistin | 1920 Brüderhaus Lutherstift Rothenburg/Hannover gegründet | 1930 † Eva von Tiele-Winkler, Glaubenszeugin in Schlesien | 1940 † Hermann Stöhr, Pazifist und Widerstandskämpfer gegen den Nationalsozialismus

22. Juni

Freitag | SA 05:06 SU 21:42 MA 15:36 MU 02:26

Wochenspruch: Lukas 19,10
Wochenlied: EG 232 oder 353

Wir lesen Hosea 2,1–3

Gegen Schönredner und Schwarzmaler

Abraham und Sara, Hanna und Samuel, Elisabeth und Zacharias, alle diese biblischen Figuren haben die große Sehnsucht, Kinder, Nachkommen zu bekommen. Die Paare danken Gott, wenn die Frau in hohem Alter noch schwanger wird. Abraham lebt von der Verheißung, dass seine Nachkommen so zahlreich wie der Staub auf der Erde (1. Mose 13,16) werden. Das klingt auch bei Hosea an. Er redet vom Sand am Meeresstrand. – Übergangslos stellt Hosea dem Unheil das Heil entgegen. Und die bösen Namen, die Hosea seinen Kindern gegeben hat, verwandeln sich. Alle Israeliten werden zu „Kindern des lebendigen Gottes“. Die Gegenwart des Unheils verwandelt sich in die Zukunft der Wiedervereinigung, die niemand für möglich gehalten hätte: Nordreich und Südreich kommen wieder zusammen. Der letzte Rest Hoffnung, der im Angesicht der gegenwärtigen Misere geblieben ist, speist sich ein in eine große Verheißung Gottes: Der Tag des Herrn wird kommen. Und die Kindernamen klingen dann freundlicher, gnädiger. Es ist das Spannende am Propheten Hosea, wie er die Benennung des Unheils und die Hoffnung auf die

Erneuerung des Bundes mit Gott verschränkt. Wer nur den Untergang sieht, wird zum Schwarzmaler. Wer nur das Heil sieht, wird zum Schönredner. Beides wird der Wirklichkeit nicht gerecht. Hosea verknüpft das Unheil der Gegenwart und die Zukunft der Gnade Gottes. *Wolfgang Vögele*

Wir beten

Gott, wir bitten Dich für alle Paare mit unerfülltem Kinderwunsch, stärke Du sie auf ihrem Weg. Wir bitten Dich für die Familien und ihr Zusammenleben. Lass Deine Gnade über ihnen walten. Amen.

Norbert Elias

Am 22.6.1897 wurde in Breslau der Kulturhistoriker Norbert Elias geboren. Er studierte unter anderem in Heidelberg. Vor dem Abschluss des Habilitationsverfahrens emigrierte er 1933 nach Großbritannien und lehrte in der Folgezeit in Leicester und später in Amsterdam. Er begründete eine Prozess-Soziologie, welche die Gesellschaft zugleich aus der Perspektive des Einzelnen wie auch des größeren Ganzen betrachtete. Elias starb 1990 in Amsterdam.

431 † Paulinus von Nola, Bischof und Wohltäter in Kampanien | 1388 Universität Köln gegründet | 1740 Toleranzedikt Friedrichs d. Gr.

23. Juni

Sonnabend | SA 05:06 SU 21:42 MA 16:45 MU 02:48

Wochenspruch: Lukas 19,10
Wochenlied: EG 232 oder 353

Wir lesen Hosea 2,4–15

Bloßgestellt

In einer berühmten antiken Geschichte wird die Prostituierte Phryne wegen schamlosen Verhaltens in der Öffentlichkeit angeklagt. Vor der Versammlung der Geschworenen verteidigt sie ihr Rechtsanwalt Hyperides. Als Höhepunkt reißt er ihr die Kleider vom Leib, sie steht nackt vor dem Gericht. Und er fragt: Wollt ihr diese Frau verurteilen? Das hat viele Maler zu Bildern inspiriert. – Hosea stellt seine Frau nicht nackt in der Öffentlichkeit dar, aber er stellt sie mit Worten bloß. Sie ist gebrandmarkt mit den Zeichen von Prostitution und Ehebruch. Die Zeichenhandlungen in der Familie des Propheten setzen sich fort. In der Prostituierten steht das ganze Volk nackt da. Alles Schützende ist weggefallen. Wer nackt ist, kann sich nicht mehr in Ausreden flüchten. Die Anklage lautet auf Ehebruch, Abfall von Gott, Undankbarkeit für reiche Ernten, Verehrung von unwirksamen Götzen. Das geht so auf keinen Fall weiter. Die Szene wirkt in der Vorstellung der Leser drastisch nach und ist darum schwer erträglich. – Hosea will den Machthabern des Nordreiches Israel ihre Verfehlungen so klar wie möglich vor Augen führen. Er versucht die

Menschen zur Umkehr zu bewegen, weil selbst die Macht der erdrückenden Fakten nicht mehr ausreicht. Hosea will lethargische, träge gewordene Menschen aufrütteln, die das Schreckliche für normal halten. *Wolfgang Vögele*

Wir beten

Barmherziger Gott, jeder fürchtet sich vor Demütigung. Schütze uns davor. Lass uns zu einem Zusammenleben in Dankbarkeit und Würde finden. Lass uns im Licht Deiner Gnade leben. Amen.

Giambattista Vico

Am 23.6.1668 wurde Giambattista Vico in Neapel geboren. Vico war Autodidakt und erarbeitete sich philosophische Schriften im Selbststudium. Sein Hauptwerk trägt den Titel „Scienza Nuova". Darin begründete er eine neue Wahrheitstheorie, die über die Scholastik hinauswies. Er stellte sich der Frage nach dem Aufstieg und Untergang von Zivilisationen. Vico starb im Jahr 1744, ebenfalls in Neapel. Erst nach seinem Tod wurde die philosophische Bedeutung seines Werkes erkannt.

1568 † Argula von Grumbach, Glaubenszeugin in Bayern | 1864 † Christian Ludwig Brehm, Zoologe

24. Juni

Sonntag | 4. Sonntag nach Trinitatis / Johannis

Wochenspruch: Galater 6,2
Wochenlied: EG 428 oder 495
Evangelium: Lukas 6,36–42
Epistel: Römer 14,10–13
Altes Testament: 1. Mose 50,15–21

Wir lesen Psalm 58

Aufruf zur Rache?

Den Psalm sollten Sie wirklich vorher lesen, denn er ist ein „Hammer"! Darf man als Christ überhaupt so beten? Ist das nicht für uns eine unangemessene Sprache? Manche sagen: So beten die Juden. Wir Christen beten anders, gewaltfreier. Doch das halte ich für falsch. Auch das Alte Testament kennt durchaus die Sprache der Liebe, kennt Frieden und Versöhnung. Und das Neue Testament, zum Beispiel die Offenbarung, hat mitunter eine gewaltbetonte Sprache. Wie können wir dem Psalm näher kommen? Indem wir uns überlegen, wer so sprechen und beten könnte. Ich denke an Christen im Irak und in Syrien. Sie werden verfolgt, unterdrückt, zur Flucht oder zum Glaubenswechsel gezwungen, Frauen und Mädchen vergewaltigt und in Zwangsehen gesteckt. Sie müssen nicht so beten, aber sie könnten es. Wenn das Unrecht unerträglich geworden ist, wenn sie mit ihrer Kraft am Ende sind, wenn kein staatliches Recht ihnen Gerechtigkeit bringt, wer wollte ihnen verdenken, wenn sie mit solchen drastischen Worten beten. Es ist nicht vordergründig Rache, die sie antreibt. Es ist vielmehr das große Grundvertrauen, das sie so zu Gott beten lässt. Er erträgt das. Er versteht das. Ihm darf man wirklich alles sagen. Und Gott ist der letzte, der gerechte Richter. Er hört die Notschreie der Gefolterten, Gedemütigten, der Unterdrückten. Wir leben in einem Rechtsstaat. Richter sprechen Recht nach Gesetz und Ordnung. Dennoch wissen wir, dass nicht mit jedem Urteil Gerechtigkeit erlangt wird. Vielleicht kennen Sie in Ihrem Umfeld Menschen, die vieles im Leben ungerecht empfinden. Sie können auch zu einer drastischen Sprache tendieren. Und der Psalm weckt Verständnis für sie. Er macht uns sensibel für Menschen, die Unrecht erleiden und darunter zu zerbrechen drohen. Ihre Sprache, ihre Anliegen vor Gott zu bringen, das ist im Sinne dieses Psalms. *Reinhard Pappai*

Wir beten

Gott, Du Richter der Welt, wir denken heute an Johannes den Täufer. Er hat die Menschen zur Umkehr gerufen. Lass auch mich heute umkehren auf dem Weg zum Frieden und zur Gerechtigkeit. Amen.

1878 Stephanus-Stiftung in Berlin gegründet | 1908 * Hugo Distler, evangelischer Komponist

25. Juni

Montag | SA 05:07 SU 21:42 MA 18:58 MU 03:39

Wochenspruch: Galater 6,2
Wochenlied: EG 428 oder 495

Wir lesen Hosea 2,16–25

Würmer und Weizen als Trauzeugen

Bei Hosea wechseln sich Unheil und Heil ab wie Loopings und Anstiege bei der Achterbahnfahrt. Jetzt geht es zurück in die Vergangenheit. Die Erinnerung an den Auszug aus Ägypten ist noch wach. Damals war das Volk Israel froh, endlich die Sklavenarbeit in Ägypten zurücklassen zu können. Die Erinnerung an die Wüste wird erneuert. Und das geht einher mit Umbenennungen. Wer einen unheilverkündenden Namen trug wie die Kinder Hoseas, der erhält jetzt einen neuen Namen. – Eine neue Hochzeit findet statt, aber die hat es in sich. Sie findet sozusagen im Angesicht der ganzen Schöpfung statt. Die Tiere auf dem Feld, die Vögel und das „Gewürm des Erdbodens" sind eingeladen. Alle werden in den neuen Bund Gottes mit Israel einbezogen. Die neue Hochzeit ist ein Gespräch zwischen Himmel und Erde. Und die Erde antwortet auf Gottes Verheißung mit Korn, Wein und Öl. Gott wird einen Bund mit Israel schließen, und darin wird deutlich: Er wird die Schöpfung bewahren. – Der Nacktheit der Prostituierten, die Hosea seinen Zuhörern drastisch vor Augen geführt hat, widerspricht plötzlich die Fülle des Lebens auf der Erde. Die Schöpfung atmet auf. Mit Israel kehrt sie zurück in die Bundesgemeinschaft mit dem wahren Gott. Es gilt: Gott und die Menschen arbeiten zusammen. Weinreben, Vögel, Olivenbäume, Würmer, Weizenhalme, Schafe und Lämmer – sie alle helfen dabei. *Wolfgang Vögele*

Wir beten

Gott, wir bitten für alle Menschen, die einander in Liebe zugetan sind, für die, die sich gerade verliebt haben, und für die, die in Liebe alt geworden sind. Schenke Du ihnen Deine Barmherzigkeit. Amen.

Georg Philipp Telemann

Am 25.6.1767 starb der Komponist Georg Philipp Telemann in Hamburg. Geboren wurde er 1681 in Magdeburg. Nach Studienjahren in Leipzig kam er über Frankfurt nach Hamburg, wo er das Amt des städtischen Musikdirektors bekleidete. Er gehört zu den produktivsten Komponisten der Musikgeschichte, was ihm in ganz Europa die Anerkennung seiner Zeitgenossen einbrachte. Die historische Aufführungspraxis hat dafür gesorgt, dass diese Bedeutung fortbesteht.

Gedenktag der Augsburgischen Konfession 1530 | um 463 † Prosper von Aquitanien, Theologe in Rom | 1580 Konkordienbuch | 1767 † Georg Philipp Telemann, Komponist

26. Juni

Dienstag | SA 05:07 SU 21:42 MA 20:00 MU 04:10

Wochenspruch: Galater 6,2
Wochenlied: EG 428 oder 495

Wir lesen Hosea 3,1–5

Kein Sex ist auch keine Lösung

Hoseas Ausdauer und Gottes Hartnäckigkeit nötigen Bewunderung ab. Es hört nicht auf. Hosea soll ein zweites Mal heiraten, dieses Mal die Frau eines Freundes, zugleich eine Frau, die die Ehe gebrochen hat. Das geschieht, und der Kaufpreis wird abgesprochen. Und Hosea kündigt der Frau sofort eine längere Periode sexueller Enthaltsamkeit an. Denn für ihn gibt es eine Beziehung zwischen Sexualität und Frömmigkeit. Treue zu Gott und Treue in der Ehe stehen zueinander in einem Entsprechungsverhältnis, ebenso wie Götzendienst und Ehebruch. Hoseas Erzählungen beantworten nicht die Frage: Wie können wir als Paar eine glückliche Ehe führen? Sie beantworten die Frage: Was erwartet der Gott der Bibel von den Menschen in Israel, die sich von ihm abgewandt haben? – Die falschen Götter führen in die Irre, das sind nur fromme Spielereien, die den Menschen nicht helfen. Das Nordreich wird ohne Könige und ohne politische Führung auskommen müssen. Erst danach wird Gottes Barmherzigkeit sich wieder Raum verschaffen. Dann erst findet die heilige Hochzeit statt. – Die Zeichenhandlungen Hoseas sind nicht frei von den patriarchalen Konnotationen seiner Zeit. Glaubende denken heute anders über Liebe, Ehe und Partnerschaft. Hosea war kein Familienethiker. Er wollte aufrütteln und für Gottes kommende Gnade werben.

Wolfgang Vögele

Wir beten

Gnädiger Gott, hilf uns, die falschen Götter zu erkennen, denen wir nachlaufen. Leite uns zurück auf den Weg Deiner Barmherzigkeit. Hilf uns, auf Dein Heil zu vertrauen. Amen.

Die Charta der Vereinten Nationen

Am 26.6.1945 unterzeichneten 50 Staaten in San Francisco die Charta der Vereinten Nationen. Nach dem Ende des Zweiten Weltkriegs wollte man einen Staatenbund gründen, der Aufgaben der Friedensbewahrung und der Konfliktregelung übernahm. Drei Jahre später sollte die Allgemeine Erklärung der Menschenrechte unterzeichnet werden, der eine Reihe von weiteren Erklärungen folgte. Heute gehören den Vereinten Nationen beinahe 200 Staaten als Mitglieder an.

400 † Vigilius, Bischof und Märtyrer in Trient | 1905 † Franz Overbeck, Theologe | 1918 † Peter Rosegger, Schriftsteller | 1945 UNO gegründet

27. Juni

Mittwoch | SA 05:08 SU 21:42 MA 20:57 MU 04:46

Wochenspruch: Galater 6,2
Wochenlied: EG 428 oder 495

Wir lesen Hosea 4,1–14

Prophetische Erläuterungen

Plakative Kritik führt nicht weiter. Was Hosea in drastischen Zeichenhandlungen angeprangert hat, samt Prostituierten, Ehefrau und Kindern, das erläutert er nun. Er entfaltet seine Kritik am Verhalten des Volkes Israels. Und diese Kritik zielt auf das Verhältnis der Menschen zu Gott. Mit der Erinnerung an den Auszug aus Ägypten und besonders an den Bund, den Gott mit Israel geschlossen hat, steht und fällt der Glaube. An ihm entscheidet sich alles, Treue und Untreue, Gnade und Ungnade. Die Israeliten dachten, sie seien mit Gnade unterversorgt. Deswegen haben sie sich bei anderen Göttern, den Götzen und den Baalsfiguren bedient. – An Hoseas Kritik fällt zweierlei auf. Sie zielt erstens besonders auf die Priester. Denn sie müssten es eigentlich wissen. Sie kennen in besonderer Weise Gottes Gebote und haben sich darauf verpflichtet. Zum Zweiten werden die Töchter und Schwiegertöchter ausdrücklich von Strafen verschont. Nach all den Zeichenhandlungen mit Ehebrecherinnen und Prostituierten, nach den schrecklichen Namen für die Kinder scheint das ein erstes familienfreundliches Wort Hoseas zu sein. Aber die Frauen stehen auch in dieser erklärenden Rede nicht im Mittelpunkt. Hosea geht es um den Glauben.

Wolfgang Vögele

Wir beten

Gott, hilf uns, im Glauben die Treue zu bewahren, die Du uns gewährst. Stärke unseren Glauben, damit wir anderen helfen und von diesem Glauben erzählen können. Amen.

Johann Valentin Andreä

Am 27.6.1654 starb in Stuttgart der Theologe Johann Valentin Andreä. Geboren wurde er 1586 in Herrenberg. Wegen eines Studentenstreichs musste er die Universität Tübingen verlassen und konnte nicht Pfarrer werden. Er arbeitete als Hauslehrer und lernte in Genf die reformierte Kirche kennen. Später wurde er doch noch promoviert und in Stuttgart zum Oberkonsistorialrat ernannt. Nach dem Dreißigjährigen Krieg machte er sich einen Namen als kirchlicher und bildungspolitischer Reformer.

250 † Sieben Märtyrer in Ephesus (Siebenschläfer) | 1519 Disputation Luther/Eck in Leipzig | 1654 † Johann Valentin Andreä, Theologe in Württemberg | 1860 Henriettenstift Hannover gegründet | 1991 Wiedervereinigung der EKD

28. Juni

Donnerstag | SA 05:08 SU 21:42 MA 21:48 MU 05:29

Wochenspruch: Galater 6,2
Wochenlied: EG 428 oder 495

Wir lesen Hosea 5,8–15

Gott hat Geduld

Ich schreibe meine Texte in den bewegten Tagen amerikanischer Politik. Besorgnis über den Regierungsstil des neuen Präsidenten steht auf der Tagesordnung. Unsere Wachsamkeit als Christenmenschen ist gefragt. Wir können nicht abseits stehen und zuschauen, wie ein Weltsystem aus Egoismus und Narzismus in die Dunkelheit geführt wird. Wir sollten auf die prophetischen Warnungen eines Hosea hören. Auch wenn der Zeitabstand bald 3000 Jahre ist, bleiben die Lockrufe zum Leben mit Gott auch heute von Bedeutung: „… die die Grenze verrücken … zertreten ist das Recht … es gefiel, dem Nichtigen nachzulaufen." – Der Alttestamentler H. W. Wolf gibt dem Abschnitt ab Kapitel 5,8 die Überschrift „Umkehr im Zusammenbruch". Zum Krieg wird geblasen. Falsche Bündnispartner werden gesucht. Da ist wenig Einsicht. Am Horizont sind Zeichen der drohenden Katastrophe zu bemerken. In aller Zerrissenheit und Bedrohung durch die Fremdvölker steht Gott zu seinem Versprechen. Er hat Geduld mit seinem Volk damals – und auch heute! Er setzt sich eine Grenze, „bis sie ihre

Schuld erkennen und mein Angesicht suchen; wenn's ihnen übel ergeht, so werden sie mich suchen". Noch haben wir Hoffnung, dass die wichtigen Themen der Welt – Frieden zwischen den Völkern, Bewahrung der Schöpfung, Gerechtigkeit für alle Menschen – nicht als „alternative Fakten", als Unwahrheiten übergangen werden. *Claus Marcus*

Wir beten

Stärke unsere Wachsamkeit, dem wirklichen Leben auf der Spur zu bleiben. Bewahre uns vor Müdigkeit und Desinteresse. Mit Dir können wir über Mauern springen. Rufe uns zurück, wenn wir in die Irre zu gehen drohen. Amen.

Irenäus

Irenäus ist einer der ersten Kirchenlehrer in Lyon im 2. Jh. Seine wichtigsten Texte sind in den fünf Büchern „Gegen die Häresien" überliefert. Kern seines Glaubens bildet die Überzeugung, dass der unsichtbare, der unbekannte Gott, Schöpfer aller Dinge, die Menschheit so geliebt hat, dass er Mensch wurde wie wir. Irenäus ist der Urheber jenes oft zitierten bemerkenswerten Satzes: „Das Leben im Menschen ist die Herrlichkeit Gottes, das Leben des Menschen ist die Schau Gottes."

um 202 † Irenäus, Kirchenlehrer in Lyon | 1914 Thronfolger Franz Ferdinand von Österreich in Sarajewo ermordet

29. Juni

Freitag | SA 05:09 SU 21:42 MA 22:31 MU 06:18

Wochenspruch: Galater 6,2
Wochenlied: EG 428 oder 495

Wir lesen Hosea 6,1–6

Große Hoffnung

Ein Bußlied von besonderer Art. „Kommt, wir wollen wieder zum Herrn!" Da ist große Hoffnung auf Gottes Heilshandeln. Er wird sein Volk wieder dem wirklichen Leben zuführen. Die neutestamentliche Urgemeinde hat V. 2 im Sinne der Auferstehung Jesu verstehen wollen: „uns am dritten Tage aufrichten". Es ist aber niemals ein Schriftbeweis geführt worden, das geschah erst bei dem Kirchenvater Tertullian (150–220 n. Chr.). Es scheint damals eine Redensart gewesen zu sein. Wir kennen „Das ist in null Komma nichts wieder klar". – Dieses alte Bußlied spricht die Hoffnung aus, dass der gequälte Volkskörper von Gott selbst der Heilung zugeführt wird. Mit lyrischen Sprachbildern bringt der Prophet das zum Ausdruck: Gott „wird hervorbrechen wie die schöne Morgenröte und wird zu uns kommen wie ein Regen, wie ein Spätregen, der das Land feuchte". Dieses prophetische Bußlied gipfelt in der Aussage, dass Gott „Lust an der Liebe und nicht am Opfer, an der Erkenntnis Gottes und nicht am Brandopfer" hat. Deutliche Kritik am Opferkult wird geübt. Liebe und Gotteserkenntnis sind die Säulen rechter

Gottesverehrung. Das hat deutliche Konsequenzen bis zu unserem Lebensstil! Diese Willenserklärung Gottes will im Alltag in der Begegnung mit dem Fremden, dem Unbekannten, dem Migranten verwirklicht werden. *Claus Marcus*

Wir beten (mit EG 449)

Lasset uns singen, dem Schöpfer bringen Güter und Gaben, was wir nur haben, alles sei Gotte zum Opfer gesetzt. Die besten Güter sind unsre Gemüter, dankbare Lieder sind Weihrauch und Widder, an welchen er sich am meisten ergötzt. Amen.

Primus Truber

Er stammte aus Slowenien und war ein protestantischer Prediger. Er gilt als Begründer des slowenischen Schrifttums und der evangelischen Kirche in Slowenien und wird auch „Mitvater der slowenischen Sprache genannt". Er hat die Bibel ins Slowenische übersetzt, ebenso hat er mehrere Katechismen verfasst. Ihm ging es weniger um die Theologie als um das Seelsorgerliche. In den Wirren der Reformation wirkte er als Pfarrer in verschiedenen Städten in Süddeutschland. Schließlich lebte er von 1567 bis zu seinem Tod 1586 in Derendingen/Tübingen.

1586 † Primus Truber, Reformator in Slowenien | 1831 † Freiherr vom und zum Stein

30. Juni

Sonnabend | SA 05:09 SU 21:42 MA 23:08 MU 07:12

Wochenspruch: Galater 6,2
Wochenlied: EG 428 oder 495

Wir lesen Hosea 8,1–14

Steht Gott im Zentrum?

Dieses Kapitel fordert unsere Aufmerksamkeit. Es stellt einen Höhepunkt des Kampfes des Propheten Hosea gegen den falschen Gottesdienst dar. Die Existenz von Israel und Juda steht auf dem Spiel. Trotz gegenteiliger Beteuerungen geschieht massiver Bundesbruch. Beim Thronwechsel wird nicht mehr nach Gottes Willen gefragt. Eine Unzahl von Götzenbildern wird gefertigt – die Verehrung selbstgemachter Jungstiere tritt an die Stelle der Verehrung Gottes. Reges Opferwesen herrscht, ebenso Ausbau der Städte, wobei der Schöpfer Israels vergessen wird. – In gewisser Weise lässt sich diese Beschreibung auch auf unsere Zeit übertragen. Wo wird in unserer Gesellschaft noch nach Gott gefragt? Wo wird ehrlicher Gottesdienst gefeiert? Wo finden Gottes Gebote Beachtung im Spiel der Gesellschaft? Die Reihe der Fragen lässt sich vermehren. Der Mensch mit seinem Egoismus steht im Zentrum. Die Freiheit des anderen Menschen wird mit Füßen getreten. Der Fremde findet kein Gehör mit seinen Nöten im Chor der Mächtigen. Ein gerade aktuelles Beispiel scheinen für mich die Vereinigten Staaten zu sein. Der neue

Präsident hat seinen Eid auf Gott geschworen, mit seiner Hand auf der Bibel – doch seine Praxis ruft Widerspruch hervor. – Vielleicht müssen wir aber gar nicht so weit in die Ferne blicken. Die Gefahren extremer Gruppierungen bei uns fordern unsere Wachsamkeit. Dem drohenden Populismus müssen wir entgegentreten. *Claus Marcus*

Wir beten (mit EG 262)

Lass uns Deine Herrlichkeit sehen auch in dieser Zeit und mit unsrer kleinen Kraft suchen, was den Frieden schafft. Erbarm Dich, Herr. Amen.

Johannes Reuchlin

Er war ein deutscher Philosoph, Humanist, Jurist und Diplomat. Als erster christlicher Gelehrter des Mittelalters widmete er sich dem Studium der hebräischen Sprache und lehrte sie neben dem Griechischen an deutschen Universitäten. Er gehört zu den Wegbereitern der Reformation. Philipp Melanchthon war sein Großneffe. In der Begegnung mit Vertretern der italienischen Renaissance entwickelt er sich zu einem bedeutenden humanistischen Schriftsteller.

64 † Märtyrer unter Nero | 1139 † Otto von Bamberg, Bischof und Glaubensbote in Pommern | 1522 † Johannes Reuchlin, Humanist | 1901 Hoffbauer-Stiftung Potsdam-Hermannswerder gegründet

1. Juli

Sonntag | 5. Sonntag nach Trinitatis

Wochenspruch: Epheser 2,8
Wochenlied: EG 245 oder 241
Evangelium: Lukas 5,1–11
Epistel: 1. Korinther 1,18–25
Altes Testament: 1. Mose 12,1–4a

Wir lesen Psalm 73

Dennoch

Gleich im ersten Vers leuchtet das „Dennoch“. Vor einer scharfsinnigen Zeitanalyse steht die eigene Standortbestimmung. Fast trotzig klingt sie: dennoch. Ich nehme wahr, so sagt der Beter, dass Menschen, die ohne den lebendigen Gott ihren Alltag gestalten, scheinbar besser leben. Ja, dass Menschen scheinbar auf der Sonnenseite leben. Sie können das Blaue vom Himmel erzählen und haben trotzdem Anhänger. Da muss sich die Frage aufdrängen, wozu der liebe Gott eigentlich gebraucht wird. Warum zeigt er sich nicht inmitten der Not und des Kriegselends? Übersetzt ist dies heute die Frage nach der Kirche, nach ihrer Bedeutung, ihrem Sinn und Nutzen, nach ihrem Ort in der Gesellschaft. Sie hilft mir nicht – also brauche ich sie auch nicht. Nur was ich sehe und was mir nützt, hat für mich Bedeutung. So sagt der Volksmund. Aber dann steht hier, fast am Ende aller Beschreibungen, wieder dieses: dennoch. „Dennoch bleibe ich stets an Dir.“ Aller Realität zum

Trotz: Ja, ich halte an dem Bekenntnis zu dem dreieinigen Gott fest. Ist diese Haltung ein Bekenntnis? Ist es späte Einsicht oder Folge einer Gottesbegegnung? Ich denke, es ist Gewissheit. Die Gewissheit, von der Paulus später sagen wird, dass ihn nichts, aber auch gar nichts trennen kann von der Liebe Gottes, die in Christus Jesus lebendig ist. Ein letzter Anstoß, so erzählt es der Beter, war sein Weg in das Heiligtum Gottes. Dieser Weg öffnet Herzenstüren. Immer dann, wenn Unglücke oder Katastrophen oder Verbrechen besonders grausamer Art passieren, werden Kirchentüren geöffnet. Menschen sind eingeladen, ihre Sprachlosigkeit mit anderen zu teilen. Sie hoffen auf Antworten oder auch auf Trost. Da ist dann zu spüren, dass dieses „Dennoch“ nicht unbegründet ist. Es lohnt das Festhalten an dem, was Generationen vor uns wichtig war. Es lohnt, in jahrhundertealten Kirchenräumen Gott eine Chance zu geben, wieder zur Sprache zu kommen. *Martin-Michael Passauer*

Wir beten

Treuer Gott, ich danke Dir, dass Du an uns Menschen festhältst. Auch an mir. Wenn mich Zweifel und Fragen umtreiben, rufe mir dieses Dennoch zu. Das gibt mir Kraft, an Dir festzuhalten. Amen.

Jüdischer Feiertag: Tzom Tammuz (Fasten) | 1523 † Heinrich Voes und Jan van Esch, Märtyrer in den Niederlanden | 1784 † Wilhelm Friedemann Bach, Musiker | 1891 Diakonissenmutterhaus Eisenach gegründet

2. Juli

Montag | SA 05:11 SU 21:41 MA – MU 09:14

Wochenspruch: Epheser 2,8
Wochenlied: EG 245 oder 241

Wir lesen Hosea 9,10–17

Verflogene Herrlichkeit?

Im Hosea-Kommentar des Alttestamentlers H. W. Wolf trägt dieser Abschnitt die Überschrift: „Verflogene Herrlichkeit". Diese Rede beginnt rückblickend voller Zuversicht. Der Prophet findet Israel „wie Trauben in der Wüste", ihre Väter „wie die ersten Feigen am Feigenbaum". Dann aber wird die Schuld Israels in der Geschichte zurückverfolgt und an die erste Begegnung mit dem Heiligtum des Baal Peor erinnert. Die Geschichte des Abfalls wird aufgedeckt und die gegenwärtige Schuld weist auf das Gericht hin als Beendigung der Liebe Jahwes. Der Abfall von Jahwe hat keine Zukunft. Den Schluss dieser Rede bildet das Bild Israels, das rastlos in der Völkerwelt umherirrt. – Wo finden wir uns in diesem Text wieder? Lesen und hören wir ihn als die Warnung, nicht abzuweichen von Gottes Wegen, die Gebote und die spätere Bergpredigt als die entscheidende Handreichung für ein gelingendes Leben immer wieder zu bedenken und in die Auseinandersetzung unserer Tage einzubringen, gleichsam als Folie zur Prüfung unseres Handelns. Das fällt uns schwer, gleichsam das 1. Gebot als die Maxime unseres Handelns zu nehmen. Auch heute wirbt Gott um sein Volk. Wir haben es nicht nötig, fremden Göttern nachzulaufen. Der Liebeszuspruch „Ich bin der Herr, dein Gott“ setzt gute, neue Maßstäbe. Unsere Lebensherrlichkeit muss nicht im Winde verfliegen. Wir haben festen Boden unter unseren Füßen!

Claus Marcus

Wir beten

Herr, wir danken Dir, dass Du uns festen Boden unter den Füßen gibst. Das macht uns frei, nach Deinem Willen zu fragen und danach zu leben. Amen.

Thomas Selle

Das Leben und Wirken von Thomas Selle fällt in die Blütezeit des Kantorentums mitten im Dreißigjährigen Krieg. Er führte die Kirchenmusik in Hamburg zu ihrem Höhepunkt. Ab 1637 war er Kantor des Johanneums und Musikdirektor an den vier Hamburger Hauptkirchen. Der Vorgänger von Georg Philipp Telemann und Carl Philipp Emanuel Bach lernte um 1630 Johann Rist kennen, den er zeitlebens zu seinen engsten Freunden zählte und dessen Dichtungen er vertonte, z. B. das Lied „Auf, auf, ihr Christen alle“. Selle begründete auch die Gattung der oratorischen Passion.

Tag der Heimsuchung Mariä | 1663 † Thomas Selle, Kirchenmusiker | 1893 † Georg Daniel Teutsch, Bischof in Siebenbürgen

3. Juli

Dienstag | SA 05:11 SU 21:41 MA 00:06 MU 10:18

Wochenspruch: Epheser 2,8
Wochenlied: EG 245 oder 241

Wir lesen Hosea 10,1–15

Höre ich die Mahnung?

Hosea leidet. Israel ist wie ein üppiger Weinstock. Doch die Menschen danken nicht Jahwe, sondern verehren Baal. Das kann nicht gutgehen. Schon stehen die Assyrer vor Samaria. Der König hat sich ergeben. Allerdings würde der ihnen auch nichts nützen, denn sie beugen weiter das Recht. Anstatt zu bereuen und sich Jahwe zuzuwenden, sorgen sie sich um das Kalb von Beth-Awen. Das zeigt nur, dass sie nicht umkehren wollen. Tief sitzt die Schuld, denn schon zu Zeiten der Richter wurde das Gesetz Jahwes missachtet (vgl. Ri 19). Da ist es kein Wunder, dass Gott sie straft. Dort, wo Unrecht getan wird, kann keine Gerechtigkeit entstehen. Sie verlassen sich auf sich, ihren Weg und ihre eigene Stärke und das führt in den Untergang. Doch mehr als mahnen kann Hosea nicht. – Manchmal bin ich wie das Volk Israel. Ich nehme mir etwas vor, habe eine Vorstellung, wie es sein soll. Die verfolge ich stur. Schaue nicht rechts und links und wundere mich dann, dass ich mir den Kopf blutig schlage und alles schiefgeht. Hosea mahnt mich, zu hören, zu schauen, darauf zu achten, was Gott mit mir vorhat. Sein Weg mit mir ist oft anders, als ich mir das vorstelle. Wenn ich ihm vertraue, führt er mich zu einem guten Ziel. Doch bis ich an diesem Punkt bin, braucht es manch schmerzliche Erfahrungen und manchmal auch grandioses Scheitern, wie es Israel erlebt hat.

Hiltrud Schneider-Cimbal

Wir beten

Danke, barmherziger Gott, dass mich Dein Wort aufmerksam macht zu sehen, zu schauen und darauf zu achten, was Du mit mir vorhast. Hilf mir, Dir zu vertrauen und mich Dir anzuvertrauen. Amen.

Florence Alshorn, englische Missionarin

1887 in Sheffield geboren, war sie mit drei Jahren Waise. Sie studierte Kunst und Hauswirtschaft, verzichtete auf eine Karriere als Künstlerin und ging 1920 nach Uganda. Dort unterrichtete sie in einer Mädchenschule. 1925 erkrankte sie an Tuberkulose und beendet ihre Tätigkeit in Uganda. 1927 übernahm sie für die Church Missionary Society die Ausbildung weiblicher Missionare. Sie legte Wert auf spirituelles und gemeinschaftliches Leben. Sie gründete die St. Julians Community in Coolham, West Sussex, ein Gästehaus besonders für CMS-Missionarinnen.

1570 † Aonio Paleario, Märtyrer in Norditalien | 1950 † Florence Alshorn, englische Missionarin

4. Juli

Mittwoch | SA 05:12 SU 21:40 MA 00:29 MU 11:24

Wochenspruch: Epheser 2,8
Wochenlied: EG 245 oder 241

Wir lesen Hosea 11,1–11

Gott versucht es immer wieder mit uns

Ein anrührender Text. Gott erzählt zunächst wie ein liebender Vater von den Anfangszeiten mit Israel. Seine Liebe und Zuneigung ist spürbar. Spürbar ist auch die Enttäuschung über die Entwicklung. Gott entschließt sich, Israel den Assyrern preiszugeben, um im selben Moment doch wieder zu zögern. Die Liebe des Anfangs ist noch vorhanden. Gott ringt um einen sinnvollen Weg. Er schwankt zwischen Hoffnung und Entmutigung. – Ein erstaunlicher Text. Er entspricht so gar nicht unserem Gottesbild von dem starken, allwissenden und allmächtigen Gott. Wir würden erwarten, dass Gott eingreift und die Dinge richtet. Doch das tut er nicht. Er wirbt um Israel. Er will seine freie Entscheidung für ihn, den liebenden Gott. Seine Barmherzigkeit überwiegt seine Enttäuschung. Er gibt die Chance zu einem neuen Anfang. – Gott versucht es immer wieder mit uns. Er hat sogar seinen Sohn in die Welt gesandt, damit wir ihn und seine Liebe sehen und verstehen. Jesus hat immer wieder von dieser Liebe und Barmherzigkeit geredet. Er hat Gleichnisse erzählt, die deutlich machen, dass wir jederzeit zu Gott kommen können und dass er bereit ist, neu mit uns anzufangen. Letztlich ist Jesus am Kreuz gestorben, um uns Gottes Liebe, die bis zum Äußersten geht, deutlich zu machen. Mit seiner Auferstehung hat er uns gezeigt, dass nichts uns von der Liebe Gottes trennen kann. *Hiltrud Schneider-Cimbal*

Wir beten

Deine Liebe zu spüren, Gott, rührt mich an. Ich merke, wie oft ich sie missachte und mich verrenne. Wie gut, dass Deine Liebe so groß ist und dass Du bereit bist, mir eine neue Chance zu geben. Amen.

Wilhelm Adolf Visser't Hooft

Er war der führende ökumenische Theologe der Niederlande. 1924 wurde er Sekretär des Weltbundes des CVJM, 1931 Generalsekretär des christlichen Studentenweltbundes. Er unterstützte die Bekennende Kirche. 1948–1966 war er der erste Generalsekretär des Ökumenischen Rates der Kirchen. Er war ein bedeutender Verfechter der ökumenischen Bewegung. Die Einheit der Christen auf der Basis der Heiligen Schrift war ihm wichtig. Unermüdlich erklärte er die Notwendigkeit des Zusammenwirkens der Kirchen. 1966 erhielt er den Friedenspreis des Deutschen Buchhandels.

973 † Ulrich von Augsburg, Bischof | 1920 † Max Klinger, Maler und Bildhauer | 1922 † Johannes Seitz, Prediger | 1934 † Marie Curie, Physikerin | 1985 † Wilhelm Adolf Visser't Hooft, Ökumeniker

5. Juli

Donnerstag | SA 05:13 SU 21:40 MA 00:51 MU 12:31

Wochenspruch: Epheser 2,8
Wochenlied: EG 245 oder 241

Wir lesen Hosea 12,1–11

Seinen Werten treu bleiben

Das Nordreich Israel gelangte unter seinem König Jerobeam zu wirtschaftlicher Blüte. Um seine Selbständigkeit gegenüber Juda zu behaupten, wurden eigene Heiligtümer geschaffen. Das Volk sollte nicht mehr nach Jerusalem pilgern, um dort Jahwe anzubeten, und so Devisen in das Nachbarreich schaffen. Was man hat, möchte man nicht mit anderen teilen. Um politisch zu überleben, sucht das kleine Königreich am Mittelmeer seine Zuflucht in Bündnissen mit den damaligen Weltmächten. Je nach Weltlage wendet sich Israel Assur oder Ägypten zu. Diese wankelmütige Politik ist auf Sand gebaut. Ein König löst den anderen ab. Im Land herrschen Unrecht, Bestechung und Mord. Den Abfall von Recht und Nächstenliebe beklagt der Prophet im Namen Gottes. Die Geschichte mit Jakob wird Hosea zum Gleichnis für das falsche Verhalten des Volkes, aber auch für seine mögliche Rettung. Wie Jakob und Esau im Mutterleib, streiten beide Reiche um die religiöse Vorherrschaft. Hosea ruft zur Umkehr. Wenn Mahnungen und gute Worte nicht helfen, hat dieses Volk, das sich in Sicherheit wiegt, keine Zukunft. Es würde auf seine Anfänge in der Wüste zurückgeworfen. Der Glaube an den Gott der Väter und an seine Gebote kann dem Volk Sicherheit geben. Das Volk braucht ein verlässliches Ethos. Nächstenliebe und Recht und nicht allein Wohlstand sind die Pfeiler einer Gesellschaft. *Heinz Meixner*

Wir beten Vater, wir brauchen Geld, um die Familie zu ernähren, aber auch eine Gesellschaft, in der wir angenommen sind. Deine Weisungen wollen dazu helfen. Sie schaffen Recht und Gerechtigkeit unter uns. Amen.

1947 – Weltmissionskonferenz in Witby Die vierte Weltmissionskonferenz 1947 stand unter dem Leitspruch „Partnerschaft im Gehorsam“. Sie leitete eine Wende in der Missionstheologie ein. Sie gab die Begriffe „christliche“ und „nicht-christliche“ Länder auf. Das kolonialistische Konzept von den westlichen Werten für die „Heiden“ war erschüttert. Zwei Weltkriege waren von christlichen Ländern ausgegangen. In der Folge kam es zu der Vorstellung von der missio Dei (Gottes Mission). Gott selbst ist das Subjekt der Mission, nicht die Kirche. Seine Mission umschließt die ganze Schöpfung.

1582 † Lukas Lossius, Mitreformator in Lüneburg | 1758 † Johann Andreas Rothe, Liederdichter in Sachsen (ev. Gedenktag; Sterbetag: 6.7.) | 1887 † Karl Gottfried Pfannschmidt, Maler und Bildhauer | 1947 Weltmissionskonferenz in Witby | 1969 † Walter Gropius, Architekt

6. Juli

Freitag | SA 05:14 SU 21:39 MA 01:13 MU 13:40

Wochenspruch: Epheser 2,8
Wochenlied: EG 245 oder 241

Wir lesen Hosea 13,1–14

Eine enttäuschte Liebe

Seine wirtschaftliche Kraft hat dem kleinen Königreich Israel zu Ansehen verholfen. Geld beruhigt, aber es gibt keine Sicherheit. In Beth-El, Haus Gottes, lässt König Jerobeam darum ein neues Heiligtum für Jahwe bauen. Es ist der Versuch, die Einheit des Landes herzustellen. In Beth-El hatte schon Jakob Gott verehrt. An diesem geschichtsträchtigen Ort symbolisiert ein Stier Gottes Kraft. Das Land geht damit in Konfrontation zu Juda. Als jüdisches Zentralheiligtum einte der Tempel in Jerusalem das Volk über die Grenzen hinweg. Die Priester verlieren an Macht. Das ruft Demagogen und Kritiker auf den Plan. Abfall von Gott, werfen sie König und Volk vor, Rückkehr zu den Götterbildern des Baal. Gottes Liebe und Zuwendung wird mit Füßen getreten. Von dem Propheten wird darum der Stier verächtlich als Kalb bezeichnet. Die Vergangenheit wird beschworen, die Rettung aus ägyptischer Sklaverei. Gott selbst wird dieses abtrünnige Volk heimsuchen und vernichten, wenn es nicht umkehrt. Verletzte Macht kann leicht in Zorn umschlagen und Enttäuschung in Wut. Krieg und Unterwerfung des Landes Israel werden als Strafe für den Abfall von Gott angedroht. Weltgeschichtliche Ereignisse als Strafe für fehlenden oder falschen Glauben zu interpretieren, hat eine lange Tradition. Wer an den Säulen der Macht rüttelt, muss achtgeben, dass sie ihn nicht erschlagen. *Heinz Meixner*

Wir beten

Vater, im Miteinander gibt es nicht immer einfache und schnelle Lösungen. Probleme müssen besprochen und gangbare Wege gesucht werden. Schenke uns dazu Verständnis und einen klaren Verstand. Amen.

Jan Hus

Hus war Reformator Tschechiens. Er übersetzte die Bibel, predigte und hielt Gottesdienste in tschechischer Sprache, kritisierte die Verweltlichung der Kirche und den Ablasshandel. Da er seine Lehren auf dem Konzil zu Konstanz nicht widerrief, wurde er samt seinen Schriften verbrannt. „Das aber erfüllt mich mit Freude, dass sie meine Bücher doch haben lesen müssen, worin ihre Bosheit geoffenbart wird. Ich weiß auch, dass sie meine Schriften fleißiger gelesen haben als die Heilige Schrift, weil sie in ihnen Irrlehren zu finden wünschten.“ *(aus seinem Abschiedsbrief)*

1415 † Jan Hus, Reformator und Märtyrer in Prag | 1535 † Thomas Morus, Staatsmann und Humanist | 1971 † Louis Armstrong, Musiker

7. Juli

Sonnabend | SA 05:15 SU 21:39 MA 01:34 MU 14:52

Wochenspruch: Epheser 2,8
Wochenlied: EG 245 oder 241

Wir lesen Hosea 14,2–10

Zurück in Gottes Gemeinschaft

Hosea versteht sich als Mahner und Warner. So weit soll es nicht kommen, dass Volk und Land vernichtet werden. Locken und verlocken will der Prophet. In üppigen Bildern malt er die Zukunft. Das Paradies auf Erden schafft Gott für sein Volk. Ist die Gegenwart auch düster, weil das Volk dem Tempel und damit Gott fernbleibt, wird die Zukunft mit ihm hell und licht. Doch es gibt dafür eine Bedingung: die Anerkennung der Schuld, den Pfad des rechten Glaubens verlassen zu haben, und die Bitte um Vergebung. Wie ein großmütiger Herrscher vergibt dann Gott dem fehlgeleiteten Volk. Es darf in Frieden leben und die Früchte seiner Arbeit genießen. Wie ein liebender Ehemann wird Gott die Untreue verzeihen. Seine Liebe schafft Zukunft. Sind die Versprechungen von blühenden Landschaften der Versuch, das seit Jahren zerfallene jüdische Großreich wieder zu kitten? Hoffen die Jerusalemer Priester nur auf die Wiederherstellung von Macht und Ansehen? Gerne werden Heilsversprechungen gemacht, wenn es darum geht, die eigene Macht zu sichern. Gegenseitige Barmherzigkeit im Namen Gottes könnte die zerstrittenen Königreiche wieder einen, hofft Hosea. Wir wissen nicht, wie die Geschichte ausgegangen wäre, hätte Israel seinen politischen Kurs geändert. Wir wissen nur, dass das Land von der harten Realität eingeholt und von Assyrien 722 v. Chr. erobert wurde. *Heinz Meixner*

Wir beten

Vater, es ist verlockend, sich den Versprechungen einer Tradition anzupassen. Doch wir dürfen mit Dir unsere eigenen Wege suchen und finden, auch abseits der herrschenden Meinung. Amen.

Tilman Riemenschneider

Riemenschneider zählt zu den bedeutendsten Künstlern seiner Zeit. Er brachte es zu Wohlstand und Ansehen als Ratsherr und Bürgermeister der Stadt Würzburg. 1525 sammelten sich aufständische Bauern vor der Stadt. Die Bürger verbündeten sich mit ihnen gegen den Bischof. Die Festung Marienberg hielt den Angriffen stand. Die Anführer des Aufstands, unter ihnen Riemenschneider, kamen in Kerkerhaft. Erst gegen Zahlung der Hälfte seines Vermögens wurde er freigelassen. Es gibt keine Beweise, dass dem Künstler im Kerker die Hände gebrochen wurden.

1531 † Tilman Riemenschneider, Bildhauer in Franken | 1954 Deutscher Evangelischer Kirchentag in Leipzig | 1976 † Gustav Heinemann

8. Juli

Sonntag | 6. Sonntag nach Trinitatis

Wochenspruch: Jesaja 43,1
Wochenlied: EG 200
Evangelium: Matthäus 28,16–20
Epistel: Römer 6,3–8.(9–11)
Altes Testament: Jesaja 43,1–7

Wir lesen Psalm 51

Lob und Dank

Die Psalmen lassen uns nie ratlos zurück. Auch wenn die Beschreibungen düster sind und über den Beter wenig Gutes gesagt wird, steht am Ende das Lob. Mir hat schon als Kind gefallen, wenn der Prediger am Beginn der Predigt laut gebetet hat, dass doch sein Mund den Ruhm Gottes verkündigen möge. Wenn dies das Ziel ist, so buchstabierte meine Kinderseele, kann es auch mit mir vor Gott nicht so schlimm kommen. Wenn Gott es immer gut mit uns meint, lässt sich auch mit dem eigenen Versagen leben. Damit bekommt die Alltagsfrage, was denn gewesen wäre, wenn, eine andere Blickrichtung. Wir können nicht sagen, was anders wäre, wenn es z. B. die Wiedervereinigung nicht gegeben hätte. Aber sagen können wir, dass Gott uns offensichtlich auf unseren Wegen immer begleitet und es gut mit uns gemeint hat. Als Dank für gute Erfahrung haben die Israeliten gerne geopfert. Am liebsten kräftige Stiere. Aber mit der Zeit hat sich die Erkenntnis durchgesetzt, dass

Gott nicht wirklich Gefallen hat an dieser Art der Opfer. Es ist für uns Opfer genug, wenn wir statt klagende lobende und dankende Menschen werden. Andere Opfer braucht es nicht. Denn nun wird die Frage wirklich interessant, was denn wäre, wenn wir alle tagtäglich in dieses Lob einstimmen würden. Was wäre wohl, wenn am Ende des Tages oder auch am Ende einer Begegnung ausschließlich das Lob und die Dankbarkeit stehen würden? Unser Land, eine lobende und dankende Gemeinschaft – was für ein schönes Bild. Auch bei dieser Haltung kann, wenn wir dem Beter folgen, die Beschreibung dessen, was ist, nicht eindeutig genug sein. Er spart nicht mit drastischen Bildern über seinen Alltag. Aber der Empfänger dieser Rede ist nicht das Volk, sondern Gott. Er kann sich getrost anhören, was uns so alles auf der Seele liegt und wie verzweifelt wir über manche Entwicklungen sind. Das Befreiende aber ist und bleibt, dass wir alles in seine Hand legen können. Lob und Dank sei Gott dem Herrn. *Martin-Michael Passauer*

Wir beten

Guter Gott, um einen neuen und gewissen Geist darf ich bitten. Dazu um ein reines Herz. Gib mir die Kraft, festzuhalten an der Hoffnung, dass beides meine und unsere Welt verändert. Amen.

689 † Kilian, Glaubensbote und Märtyrer am Main | 1911 Luise-Henrietten-Stift in Lehnin gegründet | 1936 † Heinrich Coerper, Gründer der Liebenzeller Mission | 1948 VELKD in Eisenach gegründet

9. Juli

Montag | SA 05:17 SU 21:37 MA 02:26 MU 17:22

Wochenspruch: Jesaja 43,1
Wochenlied: EG 200

Wir lesen Johannes 4,1–14

Eine wichtige Begegnung

Jesus ist auf dem Weg von Jerusalem in seine Heimat Galiläa. Der kürzeste Weg führt über die Berge von Samaria. Er ist aber auch gefährlich, denn Jesus muss durch Feindesland. Die Völker Samarias und Judäas trennen jahrhundertealte Streitigkeiten: Wer hat den rechten Glauben? – Auf diesem Weg Jesu kommt es zu einer folgenreichen Begegnung. Er trifft eine Frau, die Wasser vom Brunnen holen muss. Er hat Durst und bittet um Wasser, verständlich bei der Hitze des Tages. Die Frau ist verwundert über die Bitte des für sie feindlichen Fremden. Aber diese Begegnung lässt aufhorchen, nachdenken, bringt Veränderungen im Denken und Handeln mit sich. Sie ist eine bedeutsame Begegnung für beide Seiten, auch wenn es erst einmal Verständnisschwierigkeiten gibt. Es klingt fast ein wenig hochmütig: Wenn du wüsstest, wer dich um Wasser bittet, dann würdest du mich bitten und nicht ich dich, denn mein Wasser ist mehr als ein Durstlöscher, es ist lebendiges Wasser. Jesus kann etwas anbieten, das erfülltes Leben verspricht. Sein lebendiges Wasser ist die Zuwendung, die Anerkennung, die Zusage, die Liebe Gottes, die durch ihn weitergegeben wird an die Frau, obwohl sie zu den sogenannten Feinden gehört. Das macht sie nachdenklich. Wer ist dieser Mann, der das in ihr auslöst? Noch versteht sie nicht alles, aber es lässt sie aufhorchen. Wer möchte nicht von so einem Wasser leben? *Karin Elmer*

Wir beten Gott, wir danken Dir für viele Begegnungen in unserem Leben. Lass uns dabei offen sein, aufeinander zugehen, einander wahrnehmen. Lass uns Dein lebendiges Wasser spüren und es in uns wirken. Amen.

Bartholomäus Ziegenbalg (1682–1719) Er war der erste evangelische Missionar, der von Deutschland aus zu den „Heiden" gesandt wurde. Nach dem Studium der Theologie in Halle wurde er in die dänische Kolonie Tranquebar in Südostindien geschickt. Er erlernte die tamilische Sprache, übersetzte das Neue Testament und teilweise das Alte Testament sowie den Kleinen Katechismus Martin Luthers und gab ein Gesangbuch heraus. Vor allem die Arbeit in der Schule und die soziale Arbeit lagen ihm am Herzen. Aus dieser segensreichen Arbeit ist die heutige Evangelisch-Lutherische Tamilkirche hervorgegangen. In der Kirche in Tranquebar liegt er begraben.

1681 † Georg Neumark, Liederdichter in Thüringen (ev. Gedenktag; Sterbetag: 8.7.) | 1706 Bartholomäus Ziegenbalg landet in Indien | 1888 Naemi-Wilke-Stift in Guben gegründet

10. Juli

Dienstag | SA 05:18 SU 21:36 MA 02:59 MU 18:39

Wochenspruch: Jesaja 43,1
Wochenlied: EG 200

Wir lesen Johannes 4,15–26

Die Kraft einer gelungenen Beziehung

Das Gespräch ist noch nicht beendet. Die Frau muss erfahren, dass Jesus viel von ihrem Leben weiß. Das ist ihr unheimlich. Er weiß um ihre etwas komplizierte und verworrene Lebensführung. Was so harmlos mit einer Bitte um Wasser begann, entwickelt sich zu einem Gespräch – zuerst mit Missverständnissen. Man redet aneinander vorbei. Grenzen des Verstehens können den Zugang zueinander erschweren. Jesus aber bleibt hartnäckig, er diskutiert mit ihr sogar theologische Fragen. Sie spürt, er nimmt sie ernst. Das ist keine Selbstverständlichkeit. Sie weiß um den Messias und dass er kommen wird. Sie spürt die Besonderheit dieses Fremden. Ist er etwa der Messias? Und Jesus gibt sich zu erkennen. Ja, ich bin es. Was mag da in ihr vorgegangen sein. Der Brunnen als Begegnungsstätte, an der sie den Geist Gottes spürt. Nun versteht sie, was mit dem lebendigen Wasser gemeint ist: die Kraft Gottes, die ihr hilft zu leben, die in dieser Beziehung Jesu zu ihr Wirklichkeit wird. Sie spürt die Kraft, ihr Leben zu überdenken, es zu ordnen und selbstbewusst ihren Weg zu finden. Wo sind unsere Begegnungsorte, wo wir andere

Menschen treffen, Beziehungen knüpfen können? Vielleicht in der Gemeinde, am Arbeitsplatz, am Urlaubsort oder im Supermarkt? Es muss nicht gleich eine enge Beziehung sein. Das lebendige Wasser kann schon durch ein Wort, ein Lächeln, eine helfende Hand fließen. *Karin Elmer*

Wir beten

Gott, wir bitten Dich um Offenheit für Begegnungen, wo immer sie auch stattfinden. Schenke uns offene Ohren und Herzen und die Bereitschaft, unserem Gegenüber mit Respekt zu begegnen. Amen.

Karl Richard Lepsius (1810–1884)

Nach seinem Studium der Philologie und vergleichenden Sprachwissenschaft in Göttingen und Berlin wandte er sich dem Studium der ägyptischen Sprache und ihrer methodischen Erforschung zu. Als Leiter einer preußischen Expedition forschte er vor allem in Memphis und Luxor in Ägypten. Der dortige Regent erlaubte ihm, Stücke für die königlichen Museen mit nach Deutschland zu nehmen. Wir können sie heute im Neuen Museum in Berlin bewundern. Er entwickelte das Lepsius-Alphabet, eine Umschrift für fremde Sprachen. So wurde er zum Begründer der Ägyptologie im deutschsprachigen Raum.

1509 * Johannes Calvin, Reformator in Genf | 1584 † Wilhelm von Oranien, Förderer der Reformation in den Niederlanden | 1884 † Karl Richard Lepsius, Ägyptologe

11. Juli

Mittwoch | SA 05:19 SU 21:36 MA 03:41 MU 19:52

Wochenspruch: Jesaja 43,1
Wochenlied: EG 200

Wir lesen Johannes 4,27–42

Jesus bringt Menschen in Bewegung

Nachdem sich Jesus am Brunnen offenbart hat, beginnt dort ein reges Treiben. Die Jünger kommen zurück und wundern sich, dass Jesus mit einer Frau spricht. Diese Frau aber ist so erfüllt von dem, was sie erlebt hat, dass sie sogar ihren Krug einfach stehen lässt und losrennt, um den Menschen in ihrer Stadt von dieser Begegnung zu erzählen. Sie muss das so engagiert getan haben, dass viele mit ihr zum Brunnen zurückkehren. Das lebendige Wasser, von dem Jesus sprach, beginnt schon zu fließen. Sie möchte alle mit hineinnehmen in ihre Freude und weitergeben von dem, was sie erfüllt. So gibt es nun am Brunnen ein ziemliches Gewusel. Jesus spricht zu allen, zu den Samaritern und zu seinen eigenen Leuten. Auch jetzt klingen seine Worte erst einmal wieder wie Rätsel. Ging es vorher um das Wasser, geht es nun um die Speise. Beides braucht der Mensch zum Leben, er braucht es für seine körperliche Gesundheit und auch für seine Seele. Jesus weist auf den hin, in dessen Namen er mitten unter ihnen ist. Viele haben vor ihm sein Kommen angekündigt, nun ist er da. – Die Menschen am Brunnen haben es begriffen: Nicht nur um schöner Worte willen glauben sie, sondern weil sie selbst die Kraft des lebendigen Wassers und der göttlichen Speise durch ihn erfahren. Das steckt an, das möchte weitergegeben werden. Lassen auch wir uns in diese Bewegung mit hineinnehmen. *Karin Elmer*

Wir beten

Gott, wir bitten Dich um Dein Wort als Speise für unser Leben. Lass es uns hören und verstehen. Lass es in unsere Herzen dringen, uns stärken im Alltag, uns Freude schenken zum Leben und Kraft zum Weitersagen. Amen.

Renata von Ferrara (1510–1575)

Sie war die Tochter des französischen Königs Ludwig XII. und heiratete 1528 den Herzog von Ferrara. Sie wurde eine Förderin der Reformation und hielt mit vielen Reformatoren Kontakt. Es wurde versucht, das zu verhindern, man sperrte sie ein, ihr eigener Sohn belagerte sie. Ihre Bücher wurden verbrannt. Wider Erwarten aber stellte der Papst sie unter seinen Schutz, was ihr letztlich das Leben rettete. Sie setzte sich für den Frieden zwischen den Konfessionen ein und rettete 1572 nach der Bartholomäusnacht vielen Hugenotten das Leben. Sie kehrte nicht mehr zum Katholizismus zurück.

547 † Benedikt von Nursia, Mönchsvater in Italien | 1575 † Renata von Ferrara, Förderin der Reformation in Frankreich (ev. Gedenktag; Sterbetag: 12.7.) | 1725 † Salomo Franck, Lieder- und Kantatendichter | 1899 * Hans-Joachim Iwand, Theologe

12. Juli

Donnerstag | SA 05:20 SU 21:35 MA 04:34 MU 20:58

Wochenspruch: Jesaja 43,1
Wochenlied: EG 200

Wir lesen Johannes 4,43–54

Welche(s) Wunder brauchen wir?

Es gibt viele Missverständnisse bei dieser sensationellen Heilung. Auch Jesus selbst wirkt unzufrieden mit sich und den Menschen. Denn die, die ihn eigentlich kennen müssten, glauben ihm nicht; und die, die ihn noch nicht kennen, wollen Wunder als Beweise. Und der Evangelist Johannes vergrößert die Probleme noch durch die Art und Weise, wie er dieses Heilungswunder darstellt: Da wird ganz genau erzählt, wann was wie und wo geschehen sein soll. Das soll vermutlich authentisch und realistisch wirken – und produziert damit doch nur erneut das, woran Jesus leidet: nämlich eine Gläubigkeit, die sich an Wunderbeweise klammert. Übrigens: Solche und noch tollere Wundererzählungen wurden damals nicht nur über Jesus erzählt, sondern auch über andere sogenannte „Gottes-Männer", die längst vergessen sind. – Dabei hatte beides doch eigentlich so viel besser angefangen: sowohl das Evangelium des Johannes als auch Jesu Auftreten. Der Anfang des Johannesevangeliums entwirft eine großartige Welt-Vision, und die Taufe Jesu holt den Himmel auf die Erde. Ähnlich grundsätzlich und symbolisch endet das Johannesevangelium dann auch in der Begegnung von Thomas und Jesus mit den Worten: „Selig sind, die nicht sehen und doch glauben.“ Dagegen wirkt der Bericht von der Heilung des Beamtensohnes zu behördenmäßig penibel – und passt deshalb nicht zu Jesus. *Helmut Siebert*

Wir beten

Gott, wir wollen Dir glauben, und geraten immer wieder in Zweifel. Dann suchen wir Beweise für Deine Wahrheit und für Deine Liebe. Lass uns geduldig abwarten, bis wir Dich selbst sehen. Amen.

Finale der Fußball-Weltmeisterschaft

Der „Fußball-Gott“ erfährt in diesen Tagen wieder viel Verehrung: Viele Spieler bekreuzigen sich, und an vielen Bildschirmen wird gebetet und geflucht. Nun steht fest, wer am Wochenende um den Titel spielt. Aber gibt es ihn denn: den „Fußball-Gott“? Nein und ja, glaube ich. Nein, es gibt keinen Fußball-Gott – denn Gott ist nie parteiisch und daher auch nicht nur katholisch oder evangelisch oder christlich. Doch auch Fußball gehört zu Gottes Schöpfung und kann als Hinweis auf Gottes Spielfreude genossen werden – oder wie alle Schöpfung ernsthaft missbraucht werden.

1536 † Erasmus von Rotterdam, Humanist | 1681 † Sigmund von Birken, Liederdichter | 1931 † Nathan Söderblom, schwedischer Erzbischof

13. Juli

Freitag | SA 05:21 SU 21:34 MA 05:39 MU 21:53

Wochenspruch: Jesaja 43,1
Wochenlied: EG 200

Wir lesen Johannes 5,1–9a

Was willst du?

„Willst du gesund werden?“ Was für eine blöde Frage an einen Gelähmten, der seit 38 Jahren an einer Heilquelle liegt, könnte man meinen – oder ist diese Jesus-Frage in Wahrheit wieder einmal gar nicht blöde, sondern weise? Oder was würden wir auf diese Jesus-Frage antworten – denn eigentlich geht es uns doch wie dem schon so lange Gelähmten: Wir beklagen schon lange die Mängel bei Frieden, Gerechtigkeit und Bewahrung der Schöpfung und in unseren persönlichen Lebensbereichen noch dazu – aber wollen wir gesund werden? Seit rund 2000 Jahren haben wir Jesus Christus vor Augen – und die Zehn Gebote noch erheblich länger –, aber wir jammern wie der Gelähmte, dass sich einfach nichts bewegt – oder jedenfalls nicht schnell genug. Aber wollen wir denn wirklich Veränderung? Oder haben wir uns ganz gut eingerichtet zwischen unseren Sorgen und Problemen und zwar in Sichtweite der Lösungsmöglichkeiten – aber eben doch weit genug weg, damit alles so bleiben kann, wie es ist? Es ist bemerkenswert, dass der Gelähmte die Jesus-Frage nicht beantwortet, sondern stattdessen weiter klagt und jammert.

Es ist auch bemerkenswert, dass Jesus auf dieses Klagen und Jammern nicht eingeht, sondern den Gelähmten wegschickt – und siehe da: Da kann der Gelähmte gehen! Da ist er selbständig – und kann sogar seine Matte wegtragen! Wollen wir das auch: selbständig sein und unser Leben in die Hand nehmen? *Helmut Siebert*

Wir beten

Gott, eigentlich weiß ich ja, was Du von mir und für mich willst. Und eigentlich weiß ich auch, wie schön mein Leben dann wäre. Aber ich traue mich nicht – und traue Dir nicht. Vergib mir! Amen.

1948 Grundordnung der EKD verabschiedet

Je mehr Menschen etwas zusammen machen wollen, desto mehr Regeln und Ordnungen scheinen dazu nötig. Das ist bei der Fußball-Weltmeisterschaft nicht anders als in der Kirche. Allerdings beruft sich die Kirche nicht auf Sportsgeist, sondern auf Jesus Christus – und der war tatsächlich außerordentlich regelkritisch. In seiner Bergpredigt reduziert er alles Zusammenleben auf die „Goldene Regel" der Nächsten-, Gottes- und Selbstliebe. Mehr ist nicht nötig – also eigentlich auch keine kirchliche Grundordnung. Oder war Jesus etwa zu naiv und optimistisch für unsere Kirche?

1024 † Heinrich II., Kaiser | 1033 † Kunigunde, Kaiserin | 1948 Grundordnung der EKD verabschiedet | 1954 † Frida Kahlo, Malerin

14. Juli

Sonnabend | SA 05:22 SU 21:33 MA 06:54 MU 22:37

Wochenspruch: Jesaja 43,1
Wochenlied: EG 200

Wir lesen Johannes 5,9b–18

Du darfst dein Bett nicht tragen

Religiöse Konflikte entzünden sich oft am Verhalten, bevor es um die Lehren geht. Mit der Schöpfungsgeschichte begründet die jüdische Frömmigkeit, dass am Sabbat alle Arbeit verboten ist. Wer eine Last trägt, und sei es ein Bett, bricht das Feiertagsgesetz. Die Glaubenswächter reagieren sofort. Als sie erfahren, dass Jesus den Geheilten dazu aufgefordert hat, stellen sie den Anstifter zur Rede. Sie erhalten eine erstaunliche Antwort: Arbeitet etwa Gott nicht am Sabbat? Meint ihr, Gott sei heute nicht bei uns? Auch ich arbeite in der Vollmacht Gottes, meines Vaters. Die Glaubenswächter sind entsetzt. Jesu hat ja nicht nur das Sabbatgesetz gebrochen, er hat sich Gott gleichgemacht. Eine solche Gotteslästerung ist todeswürdig. Immer wieder geschieht es: Glaubensregeln werden wichtiger als Gottes Nähe. Wer ernst nimmt, was eine Glaubensgemeinschaft verlangt, vergisst manchmal, sich für Zeichen der Gegenwart Gottes offenzuhalten. Unsere Glaubenspraxis kann uns dann so abdichten, dass Gottes wirkender Geist nicht mehr durchdringt. Dann dauert es oft nicht mehr lange, bis das Interesse daran wächst, ob andere richtig glauben. Es wird verglichen und geurteilt. Die Lust, Recht zu haben, mischt sich ein. Andere stimmen zu, ohne zu prüfen, ob die Verdächtigungen stimmen. Konsequenzen werden gefordert, aber Gott bleibt fern. *Siegfried Bräuer*

Wir beten

Herr, unser Gott, wir möchten gern richtig glauben, sind aber unsicher, ob wir wirklich offen sind für Deine Nähe. Lass die Kraft Deines Geistes an uns wirken, heute und immer wieder neu. Amen.

Französische Revolution 1789

Nach zwiespältigen Reaktionen auf den revolutionären Umbruch in Frankreich erhoben sich in Sachsen im Frühjahr und Sommer 1790 zahlreiche Bauerndörfer gegen ihre Grundherren. Eine wichtige Rolle spielten dabei die Freiheits-Forderungen des Seilers Christian Gottfried Geißler in Liebstadt. Als siebten Punkt verlangte er für die Kirche eine eigene Verfassung, „welche der Ehre Gottes gemäßer und unserer geheiligten christlichen evangelischen Lehre heilsamer" sei. Als Narr erklärt, zu 15 Jahren Haft verurteilt, wurde er von der Kirche totgeschwiegen.

1789 Französische Revolution | 1850 † August Neander | 1929 † Karolina Utriainen, Laienpredigerin in Finnland | 1941 † Martin Gauger

15. Juli

Sonntag | 7. Sonntag nach Trinitatis

Wochenspruch: Epheser 2,19
Wochenlied: EG 221 oder 326
Evangelium: Johannes 6,1–15
Epistel: Apostelgeschichte 2,41a.42–47
Altes Testament: 2. Mose 16,2–3.11–18

Wir lesen Psalm 53

Gott sagen, was mich bewegt

Manchmal entsteht der Eindruck, als ob keiner mehr nach Gott fragt. Jeder denkt nur an seinen Vorteil. Gutes zu tun, wird belächelt. Manchmal haben wir den Eindruck, „es ist kein Gott". Es scheint, als ob alle unsere Gebete nur bis zur Zimmerdecke gingen. Manchmal scheint die Welt aus den Angeln gehoben. Die Katastrophenmeldungen überbieten sich. Eine Krise folgt der anderen. Furcht kommt auf, Resignation, Mutlosigkeit. Das sind schwierige Zeiten. – Die Zeit der assyrischen und babylonischen Kriege und der anschließenden Gefangenschaft war eine solche Zeit. In dieser Zeit hat einer sein Empfinden ausgesprochen. Das erleichtert. Doch er ist nicht dabei geblieben. Am Ende steht ein Seufzer: „Ach." Eine zaghafte Bitte an Gott zu helfen. Sie ist verbunden mit der Vorstellung, was dann sein wird: Freude und Erleichterung, Lachen und Fröhlichkeit. Die bedrückende Stimmung weicht. Ein Lichtfunke wird sichtbar. In solchen düsteren Zeiten im Gebet auszusprechen, wie es mir geht, und ein Bild zu zeichnen, wie ich mich fühle, wenn es anders wird, gibt Kraft und neue Zuversicht. – Meine Sorgen, Ängste und Zweifel kann ich Gott nennen. Die bedrückenden Gedanken kommen aus mir heraus. Es entsteht Raum dafür, wie es auch sein kann. Möglichkeiten eröffnen sich. Was mich belastet, Gott zu sagen, befreit. Es ihm ohne konkrete Vorstellungen zu sagen, schafft Raum für viele Möglichkeiten, denn ich lege Gott nicht mit etwas ganz Konkretem fest. Das ist wohl das Schwierigste beim Beten, Veränderung zu benennen und dennoch offen zu bleiben für Gottes Weg. Indem ich Gefühle benenne, die ich mir wünsche, wenn sich die Dinge gewandelt haben, eröffnet sich Raum für verschiedene Lösungen. Ich lege weder mich noch Gott auf eine bestimmte Lösung fest, sondern bitte um eine Veränderung, die mir das Lebensgefühl schenkt, das ich mir wünsche. *Hiltrud Schneider-Cimbal*

Wir beten

Dir kann ich meine Ängste, meine Sorgen, meine Zweifel nennen, Vater im Himmel. Danke! Es tut gut, sie vor Dir auszubreiten und Dir zu sagen, dass ich gerne frei wäre, freudig und gelassen. Amen.

1099 Jerusalem durch Kreuzfahrer erobert | 1274 † Johannes Bonaventura, Kirchenlehrer in Italien | 1904 † Anton Tschechow, Dichter | 1929 † Hugo von Hofmannsthal, Dichter

16. Juli

Montag | SA 05:24 SU 21:31 MA 09:36 MU 23:42

Wochenspruch: Epheser 2,19
Wochenlied: EG 221 oder 326

Wir lesen Johannes 5,19–23

Wer den Sohn nicht ehrt, ehrt den Vater nicht

Mit einer offiziellen Verlautbarung (amen, amen) antwortet Jesus den Gegnern. Er nimmt zwei menschliche Worte in Anspruch, die eine natürliche und immer gültige enge Beziehung zum Ausdruck bringen: Vater und Sohn. Wenn das Verhältnis gut ist, weiß der Sohn, was er am Vater hat und von ihm noch bekommen soll. Wenn Gott Vater genannt wird, dann wird vorausgesetzt, dass er sich uns zuwendet, und zwar durch seinen Sohn. Der ist mitten unter Menschen aufgewachsen und sagt, was wichtig ist im Urteil Gottes und was gilt. Den Gegnern wird sogar angedeutet, dass Gott dem Sohn noch mehr zeigen wird und dass ihm die Vollmacht erteilt wird, die Grenze des Todes aufzuheben und das letzte Urteil zu sprechen. Am Ende heißt es, der Weg zum Vater wird nur durch den Sohn freigegeben. Ohne Jesus ist also auch Gott nicht zu haben. Das Evangelium lässt hier nichts unklar. Wer Gott kennenlernen, wer mit Gott Verbindung haben will, kommt an Jesu nicht vorbei. Eigenes Grübeln reicht da nicht. Naturerlebnisse oder Erkundungen bei anderen Religionen und Weltlehren sind kein Ersatz. Gottesgewissheit erhält ein Christ, der sich nach dem Evangelium richtet, nur, wenn er den Sohn ehrt, wenn er Jesu Botschaft vertraut und im täglichen Leben der Spur Jesu folgt. Selbst wenn er abgeirrt ist, kann ihn diese Botschaft wieder auf den verbürgten Weg bringen. *Siegfried Bräuer*

Wir beten

Herr, unser Gott, halte uns auf, wenn unsere Gedanken und Sehnsüchte nach neuen Einsichten suchen und Jesus dabei mehr in den Hintergrund rückt. Führe uns wieder neu zu ihm. Amen.

Anna Askew, Märtyrerin in England

Um 1521 wurde sie als Adlige geboren und erhielt eine gute Ausbildung. Durch Bibellesen und Kontakte zu Gleichgesinnten kam sie zum reformatorischen Glauben. Auch die Zwangsverheiratung mit einem katholischen Mann änderte nichts. Als sie um des Glaubens willen ihre Familie verließ, geriet sie in Gefahr. König Heinrich VIII. hatte sich vom Papst getrennt und sich selbst zum Oberhaupt der englischen Kirche erklärt. Viele traditionelle Lehren blieben in Kraft. Anna wurde als Ketzerin verhaftet und mehrfach hart gefoltert. Sie blieb standhaft bei ihrem biblischen Verständnis der Messe und wurde verbrannt.

1054 Trennung zwischen den morgen- und abendländischen Kirchen (Rom und Byzanz) | 1546 † Anna Askew, Märtyrerin in England | 1664 † Andreas Gryphius, Dichter | 1985 † Heinrich Böll, Schriftsteller

17. Juli

Dienstag | SA 05:26 SU 21:30 MA 10:55 MU –

Wochenspruch: Epheser 2,19
Wochenlied: EG 221 oder 326

Wir lesen Johannes 5,24–30

Wer mein Wort hört

Gleich zweimal folgt der Achtungsruf (amen, amen), weil es wichtig ist, was Jesus zu sagen hat. Vorher hat er die Zukunft nur angedeutet, jetzt deckt er sie auf. Es geht um die Zukunft des Menschen mit oder ohne Gott. Damit steht auf dem Spiel, ob am Ende der Tod seine Beute in Empfang nimmt oder ob sich die Schranken zum ganz anderen Leben Gottes öffnen. Das entscheidet sich an dem Wort, das Jesus zu sagen hat. Nicht die vielen einprägsamen Sätze sind hier gemeint, die es bis ins Sprichwort-Lexikon geschafft haben, wie zum Beispiel „Niemand kann zwei Herren dienen". Hier ist vielmehr vom Wort Gottes die Rede, das Jesus mit seiner ganzen Person verkörpert, vom Evangelium. Es will denen, die es hören, Anteil geben an Gottes Leben. Jetzt schon geschieht es für diejenigen, die es nicht bloß wie andere Nachrichten hören, sondern die sich dieser Botschaft aufmerksam öffnen. Die sich von ihr treffen und überwältigen lassen. Sie sind dann keine toten Seelen mehr, sie wechseln vielmehr in den Lebensbereich Gottes über. Vertrauen sie sich dieser Zusage Jesu an und lassen sie sich von ihr Tag für Tag leiten, können sie gewiss sein, sie bleiben in dieser Lebensspur, auch wenn sie sich nicht viel von anderen unterscheiden. Diese bewegen sich ebenfalls jetzt schon im Todesbereich, selbst wenn sie es nicht ahnen. Von Übergängen zwischen beiden Bereichen sagt Jesus nichts. *Siegfried Bräuer*

Wir beten

Herr, unser Gott, oft ist uns nicht bewusst, dass uns schon jetzt Dein Leben umgibt, wenn uns Jesu Wort erreicht. Lass uns Deine Kraft spüren. Halte Deine Zusage in uns wach, wenn es schwierig wird. Amen.

Märtyrer von Scili in Nordafrika

Der frühe Kirchenlehrer Tertullian hat im 2. Jahrhundert das Wort vom Blut der Christen als ein Same der Kirche geprägt. 180 versuchte der römische Beamte im nordafrikanischen Scili, sieben Männern und fünf Frauen Brücken zu bauen, um ihr Leben zu retten. Sie hatten das Opfer für den gottgleichen Kaiser verweigert und damit ihr Todesurteil erwirkt. Sie lehnten es ab, Hintertüren zu nutzen, und waren bereit, im festen Vertrauen auf Jesus auch seinem Kreuzweg nachzufolgen. Als Erbauungsschrift verbreitet, haben ihre im Verhör gesprochenen Bekenntnisse eine größere Anzahl von Märtyrern anderer Gemeinden gestärkt.

180 † Märtyrer von Scili, Märtyrer in Nordafrika | 1925 † Lovis Corinth, Maler und Grafiker

18. Juli

Mittwoch | SA 05:27 SU 21:29 MA 12:11 MU 00:08

Wochenspruch: Epheser 2,19
Wochenlied: EG 221 oder 326

Wir lesen Johannes 5,31–47

Ich aber habe ein größeres Zeugnis

Ein Zeuge ist kein Zeuge – dieser uralte Rechtsgrundsatz ist schon im Alten Testament zu finden. Er ist für alle Lebensbereiche gültig, nur nicht für die Gotteserfahrung. Allein Gott tritt für sich selbst ein: „Ich bin, der ich bin." Daran knüpft Jesus an, wenn er sich auf den Vater als Zeugen für sein Wort und seine Werke beruft. Er könnte die prophetischen Ankündigungen für sich in Anspruch nehmen oder auf das Zeugnis Johannes des Täufers verweisen. Das Zwielicht, das alle menschlichen Zeugnisse umgibt, verschwindet damit nicht. Beweise, die jeder gelten lassen muss, sind das nicht. Jesus beharrt auf dem ungleich größeren Zeugnis für seine Vollmacht, das er schon angedeutet hat. Das Zeugnis Gottes ist für ihn maßgeblich, und sonst nichts. Übliche Beweismittel hat er nicht vorzubringen. Nur seine ganze Person und sein Wirken kann er in die Waagschale werfen. Wer sich ihm anvertraut, wird die Vollmacht erfahren, durch die Gott für Menschen erreichbar ist. Wer ihn aber als den wahren Gesandten Gottes nicht gelten lässt, wird unweigerlich anderen Autoritäten zum Opfer fallen, die im eigenen Namen letzte Wahrheiten verkünden. Gottes Leben aber verfehlen alle, auch wenn sie religiöse Ziele versprechen. Mit seinem Anspruch stellte Jesus die Johannesgemeinde vor eine Schicksalsentscheidung. Der Gemeinde heute wird sie ebenfalls nicht erspart.

Siegfried Bräuer

Wir beten

Herr, unser Gott, wir wissen, dass wir nur durch Christus mit Dir in Verbindung sind. Lass uns Tag für Tag erspüren, wie das unser Leben trägt. Nimm weg, was uns unsicher macht. Befestige unser Vertrauen auf Dich. Amen.

Gottfried von Bouillon, Herrscher von Jerusalem

Nach Fasten und Prozession eroberte der lothringische Herzog Gottfried von Bouillon am 15.7.1099 mit seinem Kreuzzugsheer Jerusalem. Der Siegesrausch und religiöse Fanatismus endete in einem Blutbad. Fast kein Bewohner entkam. Als Gottfried zum Herrscher gewählt war, wurde ein christlicher Kreuzfahrerstaat aufgebaut. Die muslimische Welt hat das Massaker nicht vergessen. Für Christen ist der Einsatz von Gewalt im Dienst für Gott ebenfalls ein belastendes Erbe. Das historische Urteil über die Kreuzzüge ist zwiespältig. Im christlichen Kalender steht Gottfried als Warnung.

1100 † Gottfried von Bouillon, Teilnehmer am 1. Kreuzzug | 1639 † Bernhard von Weimar, Mitstreiter Gustav Adolfs | 1939 † Paul Schneider, Märtyrer im Rheinland

19. Juli

Donnerstag | SA 05:28 SU 21:28 MA 13:24 MU 00:31

Wochenspruch: Epheser 2,19
Wochenlied: EG 221 oder 326

Wir lesen Johannes 6,1–15

Das eigentliche Brotwunder

Jesus sättigt wirklich – davon zeugt dieser Text. Nur – was heißt satt sein, wirklich satt sein? „Der Mensch lebt nicht vom Brot allein. Er stirbt sogar am Brot allein." (Dorothee Sölle) Wirklich zufrieden kann der Mensch nicht sein, wenn sich sein Sattsein auf das Äußere beschränkt, auf das Materielle. Eigentlich will er dann immer mehr. Kein Wunder, dass die Menschen Jesus zum König machen wollen, der dann hoffentlich immer dafür sorgt, dass sie genügend haben, dass sie immer satt werden. Und dann …? – Diese Erwartungen kann Jesus nicht erfüllen. Er will sie nicht erfüllen. Deshalb entzieht er sich. Er ist kein irdischer Befreier. Er ist mehr. Er ist Brot des Lebens. Das wäre das eigentliche Brotwunder, wenn der Mensch begreift, dass er zum Leben mehr braucht als „Brot allein". Er braucht die Ausrichtung und Orientierung zu dem, der wahres Leben gibt. Jesu wahre Bedeutung für unser tägliches Leben lässt sich nicht verstehen, wenn man nicht begreift, dass in ihm der Himmel die Erde berührt. Jesus ist kein nationaler Befreier. Er ist der Sohn Gottes. Er ist das Brot des Lebens, das den Glaubenden ewiges Leben gewährt. Zufrieden wird der Mensch erst wirklich, wenn sein Leben an Tiefe gewinnt, wenn es in Gott gegründet ist. Das lasst uns begreifen. *Enno Haaks*

Wir beten

Jesus – Du bist das wahre Leben für uns. Befreie uns von der Gier nach immer mehr. Mach Du uns wirklich satt, dass wir zufrieden und in Frieden leben, weil wir Dir ganz vertrauen. Amen.

Dessauer Bund

Am 19.7.1525 wurde in Dessau ein anti-reformatorischer Bund geschlossen. Ihm gehörten katholische Landesherren in Norddeutschland an, die Aufstände gemeinsam zurückschlagen und die Weiterverbreitung der Lehre Martin Luthers verhindern wollten. Das Bündnis kam wenige Wochen nach der Schlacht bei Frankenhausen zustande, wo rebellierende Bauern niedergekämpft wurden. Der Bund wollte nun energisch gegen den Zulauf zum Protestantismus vorgehen. Doch er beschränkte sich innerhalb Anhalts auf das Fürstentum Dessau-Anhalt und war nur von kurzer Dauer.

64 Brand Roms unter Kaiser Nero | 352 erstes Frauenkloster von Makrina gegründet | um 1740 † Johann Mateilhe, Glaubenszeuge in Frankreich

20. Juli

Freitag | SA 05:29 SU 21:27 MA 14:35 MU 00:54

Wochenspruch: Epheser 2,19
Wochenlied: EG 221 oder 326

Wir lesen Johannes 6,16–21

Fürchtet euch nicht!

Das Meer ist aufgewühlt. Wie sollen die Jünger da keine Angst haben? Das aufgewühlte Meer – ein Bild der Angst, der großen Sorge. Die Friedenspreisträgerin des Deutschen Buchhandels 2016 Carolin Emcke schildert in ihrem Buch „Gegen den Hass", was Angst und Sorge bei Menschen anrichten. Sie bezieht sich auf Goethes Faust, Teil II: Dem alternden Faust nähern sich „vier graue Weiber": Mangel, Not, Schuld und Sorge. Die Tür ist verschlossen. Nur die Sorge schleicht sich durchs Schlüsselloch. Faust versucht sie abzuwehren. Er weiß um ihre gefährliche Macht, wie sie alles Glück als nichtig erscheinen lässt. Doch es gelingt ihm nicht, sie zu vertreiben. Bevor die Sorge schließlich geht, haucht sie ihn an – und er erblindet. Die Sorge, die Angst, raubt den Blick auf das Leben. Sie lässt blind werden für das reale Leben. Sie ergreift Besitz vom Menschen. Er sieht nur noch diese Macht, die nach ihm greift. Er droht im Meer der Angst und Sorge zu ertrinken – wie die Jünger in ihrem Boot auf dem Meer. Wann wird der Blick frei für den, der die Angst nehmen kann? Er spricht: „Fürchtet euch nicht!" Wann beginnt dieses Wort die Hoffnung zu nähren, dass das Leben schön ist? Plötzlich – in der Begegnung mit Jesus befinden sie sich wieder mitten im Leben. Hier sind sie gefordert, Hoffnung zu stiften und keine Angst vor den Herausforderungen des Lebens zu haben. *Enno Haaks*

Wir beten

Gott – sprich Du dieses Wort in unser Herz: Fürchte dich nicht! Richte uns auf, damit wir in unseren Sorgen nicht erblinden für die Schönheit des Lebens, das Du uns geschenkt hast. Amen.

Das Gustav-Adolf-Werk

Das GAW – Diasporawerk der EKD – trägt seit seiner Gründung 1832 den Namen des Schwedenkönigs Gustav II. Adolf. Er hatte sich schützend vor Protestanten gestellt, als sie in Deutschland schwer bedrängt wurden. Es ging bei der Namensgebung nie um eine Verehrung des Schwedenkönigs, sondern eher um die Inspiration, mit bedrängten und benachteiligten Evangelischen solidarisch zu sein gemäß dem Bibelwort aus Galater 6: „Lasst uns Gutes tun an jedermann, allermeist an des Glaubens Genossen." Wir übernehmen als Evangelische Verantwortung auch füreinander.

um 307 † Margareta, Märtyrerin in Kleinasien | 1899 Lepraheim Memel gegründet | 1944 Attentat auf Hitler | 1944 † Claus Graf Schenk von Stauffenberg | 1969 erste Landung von Menschen auf dem Mond

21. Juli

Sonnabend | SA 05:31 SU 21:25 MA 15:44 MU 01:18

Wochenspruch: Epheser 2,19
Wochenlied: EG 221 oder 326

Wir lesen Johannes 6,22–27

Was ist wirklich wichtig?

Die Menschen, die das Brotwunder erlebt hatten, machen sich auf den Weg, um Jesus zu suchen. Eine große Suchaktion beginnt. Dort, wo das Speisungswunder stattgefunden hat, ist er nicht. Schließlich finden sie ihn in Kapernaum. Sie sind verblüfft darüber, doch ihre Freude, Jesus endlich gefunden zu haben, muss groß gewesen sein. Wie aber hat Jesus auf ihre Anfrage reagiert? „Ihr sucht mich nicht, weil ihr Zeichen gesehen habt, sondern weil ihr von dem Brot gegessen habt und satt geworden seid." Jesus kannte ihr Anliegen. Waren sie wirklich an ihm interessiert, oder wollten sie auch in Zukunft ihre knurrenden Mägen stillen? Was war das eigentliche Ziel ihrer Suche? Worum geht es ihnen? Das ist die Frage hinter den Worten Jesu. Das ist die Frage an uns. Was ist unser Begehren? Was ist uns wirklich wichtig? Worum geht es uns bei der Frage nach dem eigentlichen Sinn unseres Lebens? Denn letztlich prägt das eigentliche Ziel eines Menschen seinen gesamten Lebenswandel, seine Beziehungen, seine Gemeinschaftsfähigkeit. Jesu will uns von falschen Zielen abbringen. Brot steht für alle Wege und Ziele in dieser Welt – und kann doch vom Wesentlichen abbringen. Wenn Jesus unser Brot des Lebens wird, dann verändert sich auch unsere Suche nach dem wahren Ziel des Lebens. Und das ist: Gerechtigkeit, Frieden und Bewahrung unserer Schöpfung. *Enno Haaks*

Wir beten

Jesus – Du bist das wahre Brot des Lebens. Lass uns bei der Suche nach dem wahren Sinn und der Tiefe unseres Lebens Dich finden. Amen.

Der „Gustav-Adolf-Bote"

Vor 175 Jahren – 1843 – erschien zum ersten Mal der sogenannte „Gustav-Adolf-Bote". Elf Jahre nach der Gründung des Gustav-Adolf-Vereins entstand mit dieser Publikation das erste Mal eine Möglichkeit, umfassender über die weltweite evangelische Diaspora zu informieren und damit den Auftrag zu stärken, die evangelische Solidarität zu leben und zu fördern. Bis heute informiert das GAW – Diasporawerk der Evangelischen Kirche in Deutschland über das Leben und die Herausforderungen in der weltweiten evangelischen Diaspora. Heute heißt das GAW-Magazin „Evangelisch weltweit".

1690 † John Eliot, Glaubensbote bei den Indianern | 1875 Reformierter Weltbund gegründet | 1967 † Albert J. Luthuli, südafrikanischer Freiheitskämpfer

22. Juli

Sonntag | 8. Sonntag nach Trinitatis

Wochenspruch: Epheser 5,8b.9
Wochenlied: EG 318
Evangelium: Matthäus 5,13–16
Epistel: Epheser 5,8b–14
Altes Testament: Jesaja 2,1–5

Wir lesen Psalm 48

„Gott loben, das ist unser Amt"

Diese Zeile des Gesangbuchliedes (EG 288,5) könnte auch Überschrift über Psalm 48 sein. Hymnisch wird die Größe Gottes gepriesen und beschrieben. Der Herr thront auf dem höchsten Berg. Mit den topographischen Gegebenheiten Jerusalems hat diese Beschreibung nur wenig zu tun. Der Zion ist in dieser Schilderung nicht der relativ kleine Hügel in Jerusalem, sondern wird eins mit dem gewaltigen Götterberg im Norden. – Alles, was die kanaanäische Umwelt mit ihren Göttern verbindet, wird auf den Gott Israels übertragen. Er allein ist der Garant dafür, dass der Gottesstadt nichts geschehen kann (V. 5–8). Die Chaosmächte können gegen Gott nichts ausrichten. Die Feinde stürmen vergeblich gegen die festen Mauern Jerusalems. Die Stadt Gottes „wird dennoch fein lustig bleiben" (Ps 43,5). – In zwei aus nachexilischer Zeit stammenden Reflexionseinschüben, die den ursprünglichen Psalmtext mit seinen kriegerischen Beschreibungen unterbrechen (V. 9 und V. 10–12), richtet sich der Blick von der äußeren Stärke auf das „Innere“. Die eigentliche Macht Gottes besteht in seiner Güte, in seiner Treue. Ausdruck dieser Güte ist die Gerechtigkeit, mit der sich der königliche Richter weltweit „bis an die Enden der Erde“ durchsetzt. Das Recht Gottes erfüllt die Erde und bezwingt so die Feinde. Darin besteht die eigentliche „Entmachtung“ der chaotischen Mächte. – In den Schlussversen (V. 13–15) werden die Geretteten aufgerufen, sich nach dem Abzug der Feinde selbst ein Bild zu machen. Beim Gang über die Mauern und durch die Paläste erkennen sie, dass die Stadt in jeder Hinsicht unbeschädigt geblieben ist. So werden sie in ihrem Glauben bestärkt und bekennen vor der Welt und der Gemeinde mit ihrem Lied über die Zeiten und Generationen hinweg: „Dieser ist Gott, unser Gott für immer und ewig. Er ist's, der uns führet.“ *Gabriele Wulz*

Wir beten

Herr, unser Gott, Dein Recht und Deine Gerechtigkeit bewahren mich vor dem Bösen. In den Kämpfen und Auseinandersetzungen bist Du allein meine Hoffnung und meine Kraft. Lass mich Dir vertrauen und bewahre mich in Deinem Frieden. Amen.

Jüdischer Feiertag: Tisch'a B'Av (Fasten, Erinnerung an Tempelzerstörung) | 1431 Konzil in Basel | 1860 † Moritz Bräuninger, Märtyrer in Nordamerika

23. Juli

Montag | SA 05:33 SU 21:23 MA 17:53 MU 02:13

Wochenspruch: Epheser 5,8b.9
Wochenlied: EG 318

Wir lesen Johannes 6,28–40

Volles Risiko?

Es ist sicher kein Zufall, dass die Speisung des wandernden Gottesvolkes in der Wüste als Beispiel dient; es ist ein Urbild für das Leben aus Gottes gnädiger Hand, für eine Existenz, die sich ganz der Zuwendung Gottes verdankt und darin um ihren Ursprung und ihr Ziel weiß. Die Menschen damals wollten gerne Vorräte sammeln, die Zuhörer Jesu in unserem Abschnitt aus dem Johannesevangelium wollen allezeit das Brot, das vom Himmel kommt. Wir wollen ankommen, festhalten, Hütten bauen, Vorräte sammeln. Doch wir sollen glauben, vertrauen – ganz aus der Gnade leben. Für Menschen immer wieder eine Zumutung. Allein aus Gnade, voller Glauben. Volles Risiko? Ja und nein. Ein Leben, welches das Wagnis des Glaubens eingeht, verzichtet auf mancherlei vordergründige Absicherung. Ein solches Leben kommt zu seinem eigentlichen Ziel, ist mehr als bloße Existenz. „Das ist aber der Wille dessen, der mich gesandt hat, dass ich nichts verliere von allem, was er mir gegeben hat, sondern dass ich's auferwecke am Jüngsten Tage." Das Risiko wird von einem anderen getragen. Der Glaube an den, den der Vater gesandt hat, rettet uns. Unser Hunger, unser Durst nach Leben wird von ihm gestillt – nicht nur für den Augenblick. Jesu Worte sind ein Versprechen für die Ewigkeit. Ein Versprechen, mit dem ich das Wagnis des Glaubens immer wieder neu eingehen kann.

Martin Söffing

Wir beten

Herr, ich spüre diesen Hunger nach Leben, den Durst nach Sinn und nach Heil. Bei Dir, Herr, kann ich zur Ruhe kommen – Du schenkst mir, was ich brauche. Hab dafür Dank, Herr. Amen.

Birgitta von Schweden

Sie gilt als eine der Patroninnen Europas und hatte schon in jungen Jahren ihre erste Vision, in der sie satanische Mächte durch das Kreuz verbannen konnte. Sie setzte sich für Bedürftige und Benachteiligte ein und wollte, einer Vision folgend, ein Kloster in Schweden gründen. Die Gründung des Birgittenordens vollendete ihre Tochter Katharina; sie setzte sich auch erfolgreich für die Heiligsprechung Birgittas ein, die durch Papst Bonifatius IX. im Jahre 1391 erfolgte. Seit 1396 ist sie offiziell die Schutzheilige Schwedens.

1373 Birgitta von Schweden, Mystikerin | 1532 Nürnberger Religionsfrieden | 1562 † Götz von Berlichingen, Reichsritter

24. Juli

Dienstag | SA 05:35 SU 21:21 MA 18:52 MU 02:47

Wochenspruch: Epheser 5,8b.9
Wochenlied: EG 318

Wir lesen Johannes 6,41–59

Wie ist es um meinen Glauben bestellt?

Die Lebensbrotrede Jesu lässt sich wie eine Missionspredigt lesen, die den Zuhörern die Entscheidung vor Augen stellt: ewiges Leben oder Tod. Es ist ein Moment der Entscheidung: Können wir den hören, der vom Vater gesandt ist, lassen wir uns von Gott zu ihm ziehen? Wir sind gut beraten, diesen Ruf zur Entscheidung zuerst selbst zu vernehmen. Bekehrung des eigenen Herzens, Hinwendung zum himmlischen Vater, der uns das lebendige Brot vom Himmel gesandt hat, auf dass wir leben. Das bedeutet freilich auch, dass die Gemeinschaft der Glaubenden nicht abstrakt bleibt, die Verbindung zu ihr nicht von meiner eigenen Stimmung oder Bequemlichkeit abhängt. Gelebter Glaube braucht Gemeinschaft, in der Feier des Gottesdienstes, im gemeinsamen Singen und Beten, in der Feier des Abendmahls. Gelebter Glaube ist mehr als eine Haltung, die mir gewiss ist; es lohnt sich, nach einer Gemeinde, in der ich mit Freude das Evangelium höre, zu suchen. Die Lebensbrotrede Jesu ist voller Zumutungen, damals wie heute. Es ist nicht nur „göttliche Rede", die dort begegnet, sondern auch die göttliche Person. Beides voneinander zu trennen bedeutet, dem Lebensbrot Fleisch und Blut zu nehmen. Bei Johannes wird deutlich, dass Jesus nicht nur als Lehrer, als ethisches Vorbild oder dem Schein nach als Sohn Gottes gekommen ist. Er ist das wahre Lebensbrot für uns. *Martin Söffing*

Wir beten

Herr, schenke mir Dein lebendiges Wort, damit ich zu Dir komme. Lass mich Gemeinschaft mit Dir und anderen haben, damit ich eine neue Heimat finde. Durch Dich, Herr, will ich leben. Amen.

Johann Heinrich Volkening (1796–1877)

Er wurde als „Papst von Westfalen“ und „Pietistengeneral“ bezeichnet und war eine der prägenden Persönlichkeiten der Minden-Ravensberger Erweckungsbewegung. Er organisierte zahllose Missionsfeste im Wissen, dass „Glaubensfreunde“ so auch zu „Missionsfreunden“ werden. Mission verstand er nach innen als Weckruf an müde Christen und nach außen durch missionarische und diakonische Arbeit. Beides war im Sinne Volkenings nicht voneinander zu trennen, war für ihn doch unzweifelhaft: „Gerettetsein gibt Rettersinn.“

um 250 † Christophorus, Märtyrer auf Samos | 1655 † Friedrich von Logau, Dichter | 1877 † Johann Heinrich Volkening, Glaubenszeuge in Westfalen (ev. Gedenktag; Sterbetag: 25.7.)

25. Juli

Mittwoch | SA 05:36 SU 21:20 MA 19:44 MU 03:27

Wochenspruch: Epheser 5,8b.9
Wochenlied: EG 318

Wir lesen Johannes 6,60–71

Einfältiges Hören und neue Frömmigkeit

Die harten Worte der Lebensbrotrede Jesu führen zu einer Scheidung der Jünger; einige konnten die Rede nicht hören, ihre Anstößigkeit ließ sie Abstand nehmen. Klare Worte bleiben oft nicht folgenlos. Eine jede Trennung in Gemeinden, jede Spaltung unter Glaubenden gibt Grund zur Trauer. Jede Predigt bewegt sich irgendwo zwischen Ausgewogenheit, die manchen zu beliebig erscheint, und profilierter Eindeutigkeit, die auch Widerspruch erregt. Simon Petrus kann Jesus schlicht und klar erwidern: „Du hast Worte des ewigen Lebens; und wir haben geglaubt und erkannt: Du bist der Heilige Gottes." Oft genug mangelt es an solch klarer Eindeutigkeit. Und zugleich lesen wir, dass Gott es ist, der diese klare Eindeutigkeit und Gewissheit im Glauben und Bekennen schenkt. Thomas von Kempen, Mönch und Mystiker, hat in seinem Leben und durch seine gleichnamige Schrift die Nachfolge Christi angestrebt und zu ihr ermuntern wollen. In der Klarheit, die ihm geschenkt ist, kann er dort schreiben: „Zwei Flügel erheben den Menschen über das Irdische: Einfalt und Lauterkeit; Einfalt in der Absicht,

Lauterkeit in der Liebe. Die Einfalt sucht Gott, die Lauterkeit findet ihn." In einfältiger Suche können wir in der Bibel fündig werden, im Gebet Antwort finden. Die Lauterkeit, von der Thomas von Kempen spricht, will erbeten sein, Gott wird sie uns schenken. *Martin Söffing*

Wir beten

Herr, ich will einfältig vor Dir werden und still – nicht ich will reden, sondern Du mögest sprechen; auf Dich, Herr, will ich hören. Du allein sollst mein Herr sein. Amen.

Thomas Hemerken

Er wird um 1380 in Kempen geboren. Nach seiner Schulzeit findet er im Kloster Agnetenberg bei Zwolle seine Heimat und lebt dort bis zu seinem Tode am 25.7.1471. Seine Schrift „Von der Nachfolge Christi" ist ein Hauptwerk der Devotio Moderna („neue Frömmigkeit"), die Ende des 14. Jahrhunderts in den Niederlanden entstand. Wesentlich sind für diese Frömmigkeitsform die innere Besinnung auf den Gekreuzigten, die persönliche Gottes- und Christusbeziehung und das Streben nach einem Leben im Geist der Bergpredigt.

1471 † Thomas von Kempen, Glaubenszeuge in den Niederlanden

26. Juli

Donnerstag | SA 05:37 SU 21:19 MA 20:30 MU 04:14

Wochenspruch: Epheser 5,8b.9
Wochenlied: EG 318

Wir lesen Johannes 7,1–13

Gottes Zeit und Gottes Ehre (I) Vier Mal ist in unserem Text von „den Juden" die Rede, zwei Mal von „Judäa", dem Land, in dem sie wohnen. Hier müsste man eigentlich „Judäer" übersetzen, denn gerade bei Johannes spielt der Gegensatz zwischen „Judäern" und „Galiläern" eine Rolle. Dann würde klar: Es geht jedenfalls nicht um den uns geläufigen Gegensatz zwischen „Juden" und „Christen". Am Ende des Textes ist außerdem die Rede von der „Furcht vor den Juden", aber diejenigen, die diese Furcht haben, sind ja selber welche. Gemeint ist wohl: vor den Oberen, den Autoritäten. Dann könnte man übertragen: „aus Furcht vor den judäischen Autoritäten". Auf eine andere Spur führt Jesu Rede von der „Welt", die ihn hasst. Im Johannesevangelium repräsentieren nämlich „die Juden" häufig auch „die Welt", und von der „Welt" gilt nach Joh 3,16, dass Gott sie „geliebt" hat. Auch von hier aus führt deshalb kein Weg vom Johannesevangelium zum Jahrhunderte währenden christlichen Judenhass. Freilich ist der Konflikt von äußerster Schärfe: In Judäa trachtet man dem Galiläer Jesus nach dem Leben, und selbst seine eigenen Brüder verstehen ihn nicht. Sie verstehen nicht, dass er auf seine von Gott gesetzte „Zeit“ warten muss. „Eure Zeit ist immer da“, hält er ihnen vor, wahrlich kein besonderes Verhalten „der Juden“, sondern ein „Allerweltsverhalten“: Gedankenlos tun und lassen, was man will. Ist Jesus am Ende auch für uns ein Ärgernis, weil er stets nach dem Willen des Vaters fragt, wir aber so oft nicht? *Manuel Vogel*

Wir beten Herr, unser Gott, Du liebst Deine Weltkinder, liebst auch uns. Deine Liebe gilt uns auch dann, wenn wir unverständig sind wie Jesu Brüder, wenn wir unsere Zeit vertun, die wir für grenzenlos halten und für unseren Besitz. Gib uns Verständnis, auf Jesus zu hören, den Du gesandt hast. Amen.

1833 Abschaffung der Sklaverei durch das englische Parlament Ein wichtiger Faktor im Kampf gegen die Sklaverei war die christliche Auffassung, dass alle Menschen Kinder Gottes sind. Die „Gesellschaft zur Abschaffung der Sklaverei“ war maßgeblich eine Initiative von Quäkern. Die Aktionen des ehemaligen Sklaven Olaudah Equiano (1745–1797) wurden u. a. durch den evangelikalen Abgeordneten William Wilberforce unterstützt. Im Jahr 1833 wurde das Gesetz zur Abschaffung der Sklaverei verabschiedet, mit dem alle Sklaven im britischen Kolonialreich für frei erklärt wurden.

1625 † Johannes Piscator, Theologe | 1833 Abschaffung der Sklaverei durch das englische Parlament | 1837 † Luise Scheppler, Wohltäterin im Elsass (ev. Gedenktag; Sterbetag: 25.7.)

27. Juli

Freitag | SA 05:39 SU 21:17 MA 21:09 MU 05:06

Wochenspruch: Epheser 5,8b.9
Wochenlied: EG 318

Wir lesen Johannes 7,14–24

Gottes Zeit und Gottes Ehre (II)

Und wie ist das mit der Ehre? Jesus tut nicht, was er selbst will, sondern, was der Vater will, und er sucht auch nicht seine eigene Ehre, sondern die Ehre dessen, der ihn gesandt hat. Das macht seine Lehre vertrauenswürdig, obwohl er nicht auf eine schriftgelehrte Ausbildung verweisen kann. Das ist wie eine allgemeine Satzwahrheit formuliert: „Wer aus sich selbst redet, der sucht seine eigene Ehre; wer aber die Ehre dessen sucht, der ihn gesandt hat, der ist wahrhaftig, und keine Ungerechtigkeit ist in ihm." Hier liegt ein Problem: Wenn man die eigene Ehre sucht, wird alles irgendwie unwahrhaftig, krumm und ungenießbar, bei aller Expertise und Kunstfertigkeit, zumal wenn von Gott die Rede ist, da schadet die Eitelkeit am meisten. Das Problem besteht darin, dass man die eigene Eitelkeit nicht einfach ablegen kann wie einen Hut, dass man aber nur dann wirklich urteilsfähig ist. Erst ein Scharfsinn, der gar nicht an sich selbst, sondern nur an der Sache interessiert ist, hat seinen Namen wirklich verdient. Erst solcher Scharfsinn ist auch für Unrecht und Unwahrhaftigkeit wirklich gefährlich. Jesus gibt eine Probe davon, wenn er anschließend seinen Gegnern den Nachweis führt, dass sie sich zwar auf das Gesetz des Mose berufen, dass sie es aber selbst dauernd übertreten und dass sie ihn wegen der zurückliegenden Krankenheilung am Sabbat (5,1–18) zu Unrecht angreifen. *Manuel Vogel*

Wir beten

Herr, unser Gott, wie können wir glauben, wenn wir Ehre voneinander nehmen, aber die Ehre, die von Dir kommt, nicht suchen? Gib doch, dass wir einander verschonen mit unserer Selbstbezogenheit, Dir zur Ehre. Amen.

Angelus Merula, Märtyrer in den Niederlanden

Angelus Merula (1482–1557) war ein evangelischer Märtyrer und Reformator. Er erwarb 1508 den Grad des Magisters an der Sorbonne und wurde 1511 zum Priester geweiht. Studien des griechischen Neuen Testaments und der Einfluss des Erasmus von Rotterdam formten seine evangelische Überzeugung. Obwohl er ein stiller Gelehrter war und sich von der römischen Kirche nicht trennen wollte, wurde er von der Inquisition der Ketzerei beschuldigt und zum Tode verurteilt.

1557 † Angelus Merula, Märtyrer in den Niederlanden (ev. Gedenktag; Sterbetag: 26.7.) | 1656 † Salomon Glassius, Theologe in Thüringen | 1662 † Valentin Thilo, Dichter | 1878 † Gustav Knak, Erweckungsprediger in Pommern und Berlin | 1962 † Josef Hegenbarth, Grafiker

28. Juli

Sonnabend | SA 05:40 SU 21:16 MA 21:42 MU 06:04

Wochenspruch: Epheser 5,8b.9
Wochenlied: EG 318

Wir lesen Johannes 7,25–39

Unsere Erkenntnis hat Grenzen

Jesus, als Person, gibt schon den Zeitgenossen Rätsel auf. Ist er der Gesuchte, oder nicht? Hat es möglicherweise ein Einsehen bei seinen Verfolgern gegeben? Diejenigen, die seine Herkunft kennen, warten vielmehr auf eine geheimnisvolle Erscheinung. Jesus gibt eine Erklärung zum eigenen Sendungsbewusstsein ab: Meine irdische Herkunft ist bekannt, aber meinen Auftraggeber kennt ihr nicht. Es ist die Wahrheit Gottes, mit der ich eins bin. Aber ihr könnt die göttliche Wahrheit nicht erkennen. Nun kommt es zum Tumult. Sie wollen wissen, woran sie sind, die Antworten sind unannehmbar. Am liebsten würden sie ihn auf offener Szene lynchen. Doch vorerst geschieht nichts. – Die Pharisäer werden einbezogen. Haftbefehl. Ergreifung. Jesus kündigt das Ende seiner körperlichen Gegenwart an. Er verweist nochmals auf seinen Auftraggeber. Zu ihm kehrt er zurück. Er wird dann unauffindbar sein in der vollkommenen Einheit mit Gott, die den Menschen verwehrt bleibt. – Die Zeitgenossen deuten Jesu Vision ganz rational. Sie verstehen sie als Hinweis auf Flucht. Wohin könnte er gehen? Wo ist der nächstliegende sichere Ort? Schnell über die Grenze, zu Freunden, die bei den Griechen untergetaucht sind. Jetzt sind wir in der Gegenwart angekommen. Bei schnellen Urteilen, Todesstrafen, Flüchtlingen, und dem Irrtum, die Wahrheit Gottes erkennen zu können. *Dorothea Frey*

Wir beten

Herr, unser Gott, um Deine Wahrheit führt die Welt furchtbare Kriege. Die Völker sind vor der Gewalt auf der Flucht. Wir suchen nach der Liebe Christi, die uns zu Deiner Wahrheit führt. Amen.

Wir erinnern an …

… Johann Sebastian Bach, * 21. März 1685 in Eisenach, † 28. Juli 1750 in Leipzig. Er war ein deutscher Komponist sowie Orgel- und Klaviervirtuose des Barock. Er ist der prominenteste Vertreter der Musikerfamilie Bach und gilt heute als der bedeutendste Musiker überhaupt. Von 1723 bis 1750 hatte er das Amt des Thomaskantors in Leipzig inne. Seine Frömmigkeit zeigt sich in dem Kürzel „SDG" (Soli Deo Gloria = Gott allein die Ehre) unter vielen Handschriften. Mendelssohn-Bartholdy bewahrte ihn 1829 mit der Aufführung der Matthäus-Passion vor dem Vergessen-Werden.

1750 † Johann Sebastian Bach, Kirchenmusiker in Leipzig

29. Juli

Sonntag | 9. Sonntag nach Trinitatis

Wochenspruch: Lukas 12,48
Wochenlied: EG 497
Evangelium: Matthäus 25,14–30
Epistel: Philipper 3,7–11.(12–14)
Altes Testament: Jeremia 1,4–10

Wir lesen Psalm 42

„Ich werde ihm noch danken …"

Die verzweifelte Seele schreit nach Gott. In Todesangst. Die Not ist elementar und beherrscht den ganzen Menschen, den Leib und die Seele. – Als einziger der Psalmen beginnt Psalm 42 mit einem Vergleich: Wie der Hirsch, der in den ausgedörrten, glühend heißen Wadis nach Wasser sucht, so schreit die Seele – das, was den Menschen in seinem Lebenswillen ausmacht – nach Gott. Wenn der Hirsch nicht bald Wasser findet, wird er elendiglich sterben. So auch die Seele, die Gott verloren hat und sich nach ihm sehnt. Sie geht zugrunde. Gottesferne ist tödlich. In Psalm 42 werden wir in das Gebet eines Menschen hineingenommen, der existentiell sucht und – wie der Hirsch – Stein um Stein in seinem Leben umdreht, um wieder in Kontakt mit Gott zu kommen. Gott hat sich verflüchtigt. Aufgelöst. So scheint es zumindest. „Wo ist nun dein Gott?" Der Spott seiner Umwelt raubt dem Beter die letzte Kraft und macht ihn mürbe. Aber dann erinnert sich der

Beter. Er denkt zurück an die Gemeinschaft im Gottesdienst. Er versetzt sich in seinen Gedanken in den Tempel und spürt im Erinnern selbst in der Gottesferne die Nähe Gottes. Auch in der zweiten Strophe dieses Psalms (V. 7–11) ist ebendieses Erinnern und Gedenken fester Halt angesichts chaotischer Zustände, die den Beter buchstäblich überschwemmen. Gehalten und getragen ist die verzweifelte Suche nach Gott von einem Refrain, der Psalm 42 mit Psalm 43 verbindet. In der direkten Anrede an die unruhige und aufgescheuchte Seele blitzt Hoffnung auf. Die Seele muss nicht ihren elementaren Bedürfnissen folgen, sie kann Geduld lernen und gelassen werden. So wird die Gegenwart erträglich. So wird Zukunft denkbar. So steht am Ende die Gewissheit: „Ich werde ihm noch danken, dass er meines Angesichts Hilfe und mein Gott ist.“

Gabriele Wulz

Wir beten

Herr, mein Gott, ich suche nach Dir. Angst steigt in mir auf. Meine Unruhe ist nicht zu bändigen. Hilf mir, ruhig zu werden. Hilf mir, auf Dich zu vertrauen. Hilf mir, Ruhe zu finden in Dir. Amen.

1030 † Olaf der „Heilige“ (Norwegen)

30. Juli

Montag | SA 05:43 SU 21:13 MA 22:35 MU 08:10

Wochenspruch: Lukas 12,48
Wochenlied: EG 497

Wir lesen Johannes 7,40–52

Uneinigkeit macht angreifbar

Es ist Hochsommer, doch der Text führt uns noch einmal ins Passionsgeschehen. Leichter vorstellbar ist im Juli das Klima in Judäa. Also widmen wir uns nochmals dem Bericht über die gespaltenen Ansichten des Volkes. Einige sehen Jesus ganz klar als Prophet. Andere überlegen: Kommt der wahre Christus aus Galiläa oder Bethlehem? Letzterer Ort wird in den Schriften schwarz auf weiß benannt. Schon wieder entbrennt Streit und die Knechte der Hohenpriester wollen den Verursacher des Streites ergreifen. Noch trauen sie sich nicht, Jesus Gewalt anzutun. Sie sind von Jesu Worten ebenso beeindruckt wie viele andere. Die Pharisäer werten die Parteinahme als schäbiges Verführtsein. – Nur das ungebildete Volk lässt sich beeindrucken, weil es die Gesetze nicht kennt. Nikodemus fordert Gerechtigkeit: Hört ihn an, ehe ihr ihn verurteilt. Sofort kommt die gefährliche Rückfrage: Kommst du auch aus Galiläa? Gehörst du zu den Sympathisanten? Dann informiere dich und du wirst sehen, dass von dort keine Propheten kommen. Die mächtigen Hohenpriester und Pharisäer kennen die Schriften sehr genau, kein Laie würde wagen, ihnen zu widersprechen. Ende der Diskussion. Alle gehen nach Hause. So ist es bis heute. Wer die ungeteilte Macht hat, deutet Recht und Gesetz zu seinen Zwecken aus, diktiert, was gedacht und gesagt werden darf, und setzt dies mit Gewalt durch. *Dorothea Frey*

Wir beten

Herr, unser Gott, wir suchen nach Gewissheiten in unseren Gesetzen und finden Vorteilnahme und Unrecht. Vereine uns im Vertrauen auf Deine Gerechtigkeit, die weiter reicht als unsere Vernunft. Amen.

Wir erinnern an …

… Rudolf Bultmann, * 20. August 1884, † 30. Juli 1976. Er war evangelischer Theologe und Professor für Neues Testament in Marburg. Bekannt wurde er durch sein Programm der Entmythologisierung der neutestamentlichen Verkündigung. Seine Auffassungen wurden von der Systematischen Theologie und der Philosophie aufgegriffen. Er unterscheidet zwischen dem „Sein außerhalb des Glaubens" (materielle Welt mit ihrer Vergänglichkeit, mit der Sünde, dem Fleisch und den Sorgen) und dem „Sein im Glauben" (ein Leben aus dem Unsichtbaren und Unverfügbaren).

1718 † William Penn, Vater der Quäker in England | 1868 † August Vilmar, Theologe in Hessen | 1976 † Rudolf Bultmann, Theologe in Marburg

31. Juli

Dienstag | SA 05:45 SU 21:11 MA 22:57 MU 09:15

Wochenspruch: Lukas 12,48
Wochenlied: EG 497

Wir lesen Johannes 7,53–8,11

Die zweite Chance

Bevor nun Jesus verurteilt wird, berichtet das Johannesevangelium noch von Wundern und Gleichnissen, weiteren Selbsterklärungen und beispielhaftem Handeln. Nach allem Streit um die Glaubwürdigkeit Jesu kommen die Schriftgelehrten und Priester mit einer moralischen Frage zu ihm. Ehebruch ist unentschuldbar. Was wird er dazu sagen? Vielleicht kann man ihm aus seinem Urteil einen Strick drehen. Wird er, der jegliche Gewalt ablehnt, nicht der Steinigung zustimmen müssen und sich damit selbst widersprechen? – Jesus wird hier als fast apathisch beschrieben. Er malt wie ein Kind mit dem Finger im Sand. Er entzieht sich damit der aufgereizten Szene und nimmt sich Zeit für die Antwort. Er klärt die Straffrage mit einer Gegenfrage: „Wer ohne Schuld ist, der werfe den ersten Stein!“ Danach schenkt er den Anwesenden keine Beachtung mehr. Für dieses Mal sind alle betroffen und fühlen ihr eigenes Schuldigsein. Die Frau ist gerettet. Jesus ist es nicht einmal bewusst, ob noch jemand der Frau gedroht hat. „Nein, keiner hat mich verdammt.“ Dieser einhelligen Begnadigung schließt Jesus sich in aller Demut an. Er sagt nicht: „Da kannst du mir aber dankbar sein.“ Er fügt nur abschließend an: „Tu es nicht wieder!“ In der Zauberflöte heißt es: In diesen heil’gen Hallen kennt man die Rache nicht. Und ist ein Mensch gefallen, führt Liebe ihn zur Pflicht.

Dorothea Frey

Wir beten

Herr, unser Gott, wir urteilen schnell und hart. Wir denken nicht an unsere Verfehlungen. Schenke uns Besonnenheit, damit wir uns erkennen, und mach uns bereit, unserem Nächsten zu verzeihen. Amen.

Wir erinnern an …

… Ignatius von Loyola, * 31. Mai 1491, † 1556. Er war der wichtigste Mitbegründer und Gestalter der später auch als Jesuitenorden bezeichneten Gesellschaft Jesu (lat. Societas Jesu, SJ). Die Gesellschaft Jesu wurde 1540 durch Papst Paul III. genehmigt mit der Beschränkung auf 60 Mitglieder. Der Orden war maßgeblicher Träger der Gegenreformation und zählte 1556 bereits 1000 Mitglieder. 1541 wurde Ignatius von Loyola zum Ordensgeneral ernannt. 1622 wurde er von Papst Gregor XV. heiliggesprochen. Er gilt als Schutzpatron der Exerzitien.

1556 † Ignatius von Loyola, Gründer des Jesuitenordens | 1566 † Bartholomé Las Casas, Vater der Indios in Südamerika | 1886 † Franz Liszt, Komponist

1. August

Mittwoch | SA 05:46 SU 21:09 MA 23:18 MU 10:22

Wochenspruch: Lukas 12,48
Wochenlied: EG 497

Wir lesen Johannes 8,12–20

Licht der Welt

Das ist wohl eines der am häufigsten gesprochenen Worte in unseren Gottesdiensten. Jedes Mal beim Überreichen der Taufkerze hören es Getaufte, Eltern, Paten und die Gemeinde. Jesus Christus sagt: Ich bin das Licht der Welt, wer mir nachfolgt, wird nicht wandeln in der Finsternis, sondern wird das Licht des Lebens haben. Wir verbinden mit diesem Symbol den Gedanken, dass immer, wenn die Taufkerze angezündet wird, dieses gute Wort erinnert wird und die hoffnungsvolle Verheißung anklingt. In diesem Licht können wir den Weg erkennen und erfahren, worauf es ankommt. Wer diesem Licht folgt, muss nicht im Dunklen pfeifen, um sich selbst Mut zu machen, vielmehr werden wir ermutigt, denn wir gewinnen das Leben, wir kommen ans Ziel. Gerade weil wir das Gefühl haben, dass es immer aufgeregter zugeht in unserer Zeit, brauchen wir Orientierung. Klarheit tut uns gut, die Konzentration auf das Licht, das uns in Jesus begegnet, lässt uns zur Ruhe finden, aus der heraus wir handeln können. Ich kann gar nicht anders, ich muss darauf antworten mit einem Vers aus dem längsten Psalm der Bibel: dein Wort ist meines Fußes Leuchte und ein Licht auf meinem Wege (Ps 119,105). In 176 Versen wird die Freude über die Weisungen Gottes zum Ausdruck gebracht und das Lob des Wortes Gottes gesungen. In Jesus Christus hat dieses Wort für uns Gestalt angenommen. *Martina Schmidt*

Wir beten (mit Psalm 36,6.10)

Herr, Deine Güte reicht, so weit der Himmel ist, und Deine Wahrheit, so weit die Wolken gehen. Denn bei Dir ist die Quelle des Lebens, und in Deinem Lichte sehen wir das Licht. Amen.

Erste Ausgabe der gesamten Luther-Bibel

Am 1.8.1534 liegt die erste Gesamtausgabe der Lutherbibel vor. Das große Werk, diese gewaltige Gemeinschaftsarbeit, angefangen mit der Übersetzung des griechischen Teils der Bibel während Luthers unfreiwilliger Zurückgezogenheit auf der Wartburg (1521/22), ist geschafft. Aus der Quelle geschöpft, aus den Ursprachen übertragen in die Sprache der Zeit, soll nun endlich Licht in die Köpfe kommen, damit sich die Menschen nicht mehr beirren lassen von denen, die das Wort verdunkeln und für ihre Zwecke missbrauchen.

1534 erste Ausgabe der gesamten Luther-Bibel | 1887 † Gustav Werner, Wohltäter in Württemberg (ev. Gedenktag; Sterbetag: 2.8.) | 1890 Deutsche Christliche Studentenvereinigung gegründet | 1914 Beginn des Ersten Weltkrieges | 1975 Unterzeichnung der KSZE-Schlussakte

2. August

Donnerstag | SA 05:48 SU 21:08 MA 23:39 MU 11:29

Wochenspruch: Lukas 12,48
Wochenlied: EG 497

Wir lesen Johannes 8,21–29

Die Erhöhung

Eine Ankündigung des Leidens Jesu. Ich gehe hinweg und ihr werdet mich suchen und werdet in eurer Sünde sterben. Johannes erzählt, im Unterschied zu den anderen Evangelien, nicht von der Trauer der Jünger und ihren verzweifelten, aber letztlich gescheiterten Versuchen, Jesus von seinem Weg abzubringen. Das ist für Johannes nicht wichtig, darüber ist er schon lange hinaus. Er und die Gemeinde seiner Zeit, die sich unter dem Kreuz versammeln, leben in einer Welt, die nicht verstehen kann und will, was Jesus und sein Tod bedeuten. Dieses Unverständnis führt zu Ablehnung und Spott und mündet in absurde Aussagen, mit denen er sich hier auseinandersetzt. Bei dieser Auseinandersetzung gibt es für ihn nur Entweder – Oder, Licht oder Dunkelheit; er kennt kein Dazwischen, keine Abstufungen. Die Welt kann Jesus nicht verstehen, er ist für sie so etwas wie ein Fremdkörper, den sie abstoßen will. Dabei nimmt sie dessen gewaltsamen Tod in Kauf, sich selbst zum Gericht. Nur wer sich von seiner Ablehnung zum Erkennen, zum Glauben kehrt, kann diesem Schicksal entgehen. Denn nur im Glauben kann erkannt werden, was das Kreuz bedeutet. Es ist eben nicht Ausdruck des Sieges der Welt über Jesus. Da oben am Kreuz erhöht sie ihn wider Willen. Es ist vollbracht. Mit diesem letzten Wort vor seinem Tod ruft Johannes Jesus damit zum Sieger über die Welt aus. *Martina Schmidt*

Wir beten
Aus Deinem vermeintlichen Scheitern, Gott, wächst neues Leben und Veränderung. Du richtest auf, was niedergeschlagen ist, mein Mund soll Dein Lob verkündigen und Deinen Namen ehren. Amen.

Zeichen der Erhöhung
Das Kreuz Jesu wird bei Johannes zu einem Zeichen der Erhöhung. Menschen haben zwangsläufig ihren Anteil daran, sie haben ihn gerichtet und sie haben das Kreuz aufgerichtet. Es ist nicht ihr Verdienst, die ganze Welt macht sich schuldig und bleibt in ihrem Dunkel und erkennt nicht. Sie hat ihn getötet, kann ihm aber nicht das Leben nehmen. Sie hat ihn gerichtet und setzt sich selbst dem Gericht aus. Es gibt am Ende kein einziges Bekenntnis eines Menschen, der dieses Sterben mit angesehen hat. Das letzte Wort bleibt Jesus vorbehalten.

1919 † Christoph Blumhardt, Glaubenszeuge in Württemberg | 1945 Potsdamer Abkommen

3. August

Freitag | SA 05:49 SU 21:06 MA – MU 12:38

Wochenspruch: Lukas 12,48
Wochenlied: EG 497

Wir lesen Johannes 8,30–36

Geschenkte Freiheit

Bei Jesus stimmen Worte und Taten überein. Viele seiner Zuhörer sind davon beeindruckt und glauben an ihn. Es genügt, die Zusagen Jesu anzunehmen und ihnen zu vertrauen. Allerdings wird der Glaube auch immer wieder geprüft. Er ist täglich angefochten. Doch gerade so kann er wachsen und sich als Lebenshilfe bewähren. Die Zuhörer Jesu stehen damit erst am Anfang. Deshalb ermutigt sie Jesus: „Wenn ihr bleiben werdet an meinem Wort, so seid ihr wahrhaftig meine Jünger und werdet die Wahrheit erkennen, und die Wahrheit wird euch frei machen.“ (V. 31 f.) Die Leute um Jesus können diese Verheißungen nicht verstehen. Sie sind mit sich selbst sehr zufrieden und erkennen deshalb keinen Handlungsbedarf. Ihnen genügt die menschliche Abstammung von Abraham, dem Urvater des Glaubens. Jesus verweist sie darauf, dass dies zu wenig ist und am eigentlichen Problem vorbeigeht: „Wer Sünde tut, der ist der Sünde Knecht.“ (V. 34) Menschen werden zu Sklaven ihres falschen Verhaltens und verlieren damit das Wohnrecht im Hause des himmlischen Vaters. Wirkliche Freiheit besteht darin, sein geliebtes Kind zu sein.

Auch heute noch bezeugen Menschen, wie sie durch Jesu Hilfe von Suchtkrankheiten oder anderen Gebundenheiten befreit wurden. Das Bildwort Jesu zeigt: Er will nicht nur in besonderen Nöten helfen, sondern eine neue Beziehung zu Gott schenken. Sie macht zuversichtlich und schenkt eine ewige Perspektive. *Bernd Frauenlob*

Wir beten

Herr Jesus, danke, dass Du mir die Freiheit schenkst, ein Kind Gottes zu sein. Mache mich bereit, Dein Wort immer wieder neu anzunehmen, zu befolgen und es zu bewahren. Amen.

Von der Freiheit eines Christenmenschen

Der Titel gehört zu einer der Hauptschriften Luthers, welche 1520 erschien. Sie beschreibt die Summe des christlichen Lebens. Berühmt wurde die Doppelthese zu Beginn des Traktates:

„Ein Christenmensch ist ein freier Herr über alle Dinge und niemand untertan.
Ein Christenmensch ist ein dienstbarer Knecht aller Dinge und jedermann untertan."

1632 † Josua Stegmann, Liederdichter in Schaumburg | 1809 Universität Berlin (heutige Humboldt-Universität) gegründet

4. August

Sonnabend | SA 05:51 SU 21:04 MA 00:02 MU 13:49

Wochenspruch: Lukas 12,48
Wochenlied: EG 497

Wir lesen Johannes 8,37–45

Abrahams wahre Kinder

Jesus ist verständnisvoll und bestätigt seinen Zuhörern, dass sie Kinder Abrahams sind. Er nimmt ihnen allerdings die Illusion, dass sie dies auch im geistlichen Sinne wären. Dann müssten sie die Dinge tun, die Abraham getan hat: auf Gottes Stimme hören, seinem Wort vertrauen, ihm gehorsam sein und die Verantwortung für anvertraute Mitmenschen wahrnehmen. Es sind Maßstäbe, die auch für uns heute noch gelten. Menschen können aber auch das Gegenteil tun. In dieser Gefahr standen die Gesprächspartner Jesu. Weil er den Anspruch erhob, von Gott ausgegangen zu sein, wollten sie ihn töten. Es ist ihnen nicht bewusst, dass sie unter dem Einfluss einer gottfeindlichen Macht stehen. Diese Macht wird im Johannesevangelium als Teufel bezeichnet. Er ist der Vater der Lüge und Mörder von Anfang an. Jesus will vor ihm keine Angst machen, doch auch wir sollen uns fragen: Wer ist unser geistiger Vater? Welchem Herrn dienen wir? Jesus macht deutlich: Wer ihn liebt und sich seinem Wort anvertraut, der hat Gott zum Vater. Auf diese Zusage dürfen wir uns verlassen, denn Jesus hat offenbart, was er beim himmlischen Vaters gesehen und gehört hat. Weil er ihm gehorsam war, ist er ein glaubwürdiger Zeuge. Wenn Jesus in uns wirkt, hat der Vater der Lüge keine Macht über uns. Der lebendige Gott ist unser wahrer Vater. Er schenkt ein sinnerfülltes Leben und ewiges Heil. *Bernd Frauenlob*

Wir beten

Barmherziger Gott, Du zeigst uns den Weg, den wir gehen sollen. Gib, dass wir Deinen Willen für unser tägliches Leben erkennen und dann auch mutige Schritte tun. Schenke uns dazu den Geist Jesu Christi. Amen.

Das Werk lobt den Meister

Die Orgeln Gottfried Silbermanns erfreuen mit ihrer Klangschönheit auch heute noch viele Menschen. Er erlernte die Kunst des Orgelbauens bei seinem Bruder Andreas in Straßburg. Im Alter von 27 Jahren kehrte er in seine sächsische Heimat zurück. Es gelang ihm, die besten Traditionen des französischen und mitteldeutschen Orgelbaus zu verbinden. Dabei achtete er auf höchste Qualität, denn er schuf seine Instrumente zur Ehre Gottes.

1753 † Gottfried Silbermann, Orgelbauer | 1859 † Johannes Maria Vianney, Seelsorger in Frankreich | 1875 † Hans Christian Andersen, dänischer Dichter | 1883 Guttemplerorden gegründet | 1942 † Ernst Berendt | 1977 † Ernst Bloch, Philosoph

5. August

Sonntag | 10. Sonntag nach Trinitatis

Wochenspruch: Psalm 33,12
Wochenlied: EG 138 oder 146
Evangelium: Lukas 19,41–48
Epistel: Römer 9,1–8.14–16
Altes Testament: 2. Mose 19,1–6

Wir lesen Psalm 59

Bitte um Gottes Schutz

Heute begehen wir in unseren Kirchen den Israelsonntag. Er erinnert an die Zerstörung Jerusalems im Jahr 70 n. Chr. und stellt die bleibende Verbindung zwischen Juden und Christen heraus. Die Abwertung und Verfolgung von Juden galt jahrhundertelang als selbstverständlicher Teil christlicher Identität. Die Feinde, die der Psalmbeter beklagt, waren im Laufe der späteren Geschichte oft genug Christen, die Angst und Schrecken unter den Juden verbreiteten. „Sie lauern mir auf" (V. 4), das war furchtbare Realität auch in unserem Land. Noch heute kommt keine Synagoge ohne Polizeischutz aus; viele jüdische Gemeinden berichten davon, wie regelmäßig Hassparolen von ihren Gebäuden entfernt werden müssen. – „Errette mich, mein Gott, von meinen Feinden und schütze mich vor meinen Widersachern!" (V. 2) Offen bleibt, in welcher konkreten Situation diese Worte das erste Mal gesprochen oder wohl eher gerufen worden sind. Die später hinzugekommene Überschrift verweist auf die Verfolgung des jungen David durch König Saul (1. Sam 19,11). Doch man könnte auch an die Flucht eines unschuldig Verfolgten in den Jerusalemer Tempel denken; dort erfährt er „Schutz und Zuflucht" in der Not (V. 17). – Die Psalmen als das Gebetbuch Jesu und aller Juden sind auch für uns Christen eine Schule des Gebets. Manchmal fehlen die eigenen Worte; gerade dann ist es gut, sich die Worte eines Psalms für das Beten leihen zu dürfen. Voller Vertrauen wendet sich der Beter in seiner Bedrängnis an Gott und schreit um Hilfe. Von ihm – und nur von ihm – erwartet er Schutz und Errettung. – Angst, Hass, Zuversicht, Rachegelüste und Hoffnung finden sich in diesem Psalm. Mich berührt diese Ehrlichkeit. Es ist kein wohlabgewogenes Gebet. Hier ruft ein Mensch aus tiefer Not zu seinem Gott. Und kann am Ende dankbar sagen: „Gott ist mein Schutz, mein gnädiger Gott."

Christoph Meyns

Wir beten

Bei Dir, Gott, finde ich Schutz und Halt. Hilf mir, wo ich nicht weiterweiß. Sei Du meine Stärke, wenn ich schwach bin. Beschütze mich und alle, die mir am Herzen liegen. Ich danke Dir. Amen.

Israelsonntag | 1874 † Franz Härter, Diakonissenvater in Straßburg

6. August

Montag | SA 05:54 SU 21:01 MA 00:56 MU 16:16

Wochenspruch: Psalm 33,12
Wochenlied: EG 138 oder 146

Wir lesen Johannes 8,46–59

Im Blickpunkt: Gottes Ehre

Jesus bemüht sich noch einmal um die Herzen seiner Zuhörer, damit sie ihn als den Gesandten Gottes erkennen. Deshalb fragt er: „Wer von euch kann mich einer Sünde zeihen? Wenn ich aber die Wahrheit sage, warum glaubt ihr mir nicht?“ (V. 46) Doch sie öffnen sich nicht, weil sie mit Gott nichts zu tun haben wollen und Jesus sogar für besessen halten. Dennoch nutzt Jesus die verbleibende Zeit, um entscheidende Dinge seiner Sendung zu bezeugen: Er sucht nicht seine Ehre, sondern ehrt den Vater im Himmel. Wer sein Wort hält, darf auf ewiges Leben hoffen. Damit lenkt Jesus das Gespräch auf die Ebene Gottes. Er ist es, „der sucht und richtet“ (V. 50). Der Unglaube kann auf Dauer vor ihm nicht bestehen. Deshalb können sich die zuhörenden Juden ein ewiges Leben nicht vorstellen. Selbst Abraham und die Propheten sind aus ihrer Sicht der Macht des Todes unterworfen. Doch gerade Abraham war ein Zeuge Christi. Im Heiligen Geist sah er seinen Tag voraus und jubelte über die Herrlichkeit Jesu bereits in dessen irdischem Wirken. Zum Schluss gibt Jesus einen klaren Hinweis auf seine göttliche

Herkunft: Er existierte schon vor Abraham; er kam von Gott und hat selbst göttliche Gestalt. So endet das Gespräch mit einer tiefen Selbstbezeugung Jesu – aber auch mit einer schmerzlichen Ablehnung. An der Haltung zu ihm scheiden sich auch heute noch die Geister. *Bernd Frauenlob*

Wir beten

Guter Vater im Himmel, Du hast uns Jesus als Deinen lieben Sohn gezeigt. Gib, dass wir seine Herrlichkeit erkennen und auf seine Stimme hören. Amen.

Vertrieben und aufgenommen

1728 verschärfte der Erzbischof von Salzburg die Unterdrückung seiner evangelischen Untertanen. Wer sich den Rekatholisierungsmaßnahmen widersetzte, wurde hart bedrängt, viele wurden verhaftet. Die Evangelischen schlossen sich daraufhin zusammen und gründeten einen Bund. Bald darauf wurden sie wegen ihres Glaubens brutal aus ihrer Heimat vertrieben. Die meisten von ihnen fanden in Ostpreußen für lange Zeit eine neue Heimat.

Röm.-kath. Feiertag: Verklärung des Herrn | 1548 † Georg Rhau, Komponist, Schriftsteller, Verleger | 1731 Bund der evangelischen Salzburger, Glaubenszeugen | 1945 Abwurf der Atombombe auf Hiroshima

7. August

Dienstag | SA 05:55 SU 20:59 MA 01:33 MU 17:30

Wochenspruch: Psalm 33,12
Wochenlied: EG 138 oder 146

Wir lesen Johannes 9,1–12

Unschuldig im Sinne der Anklage!

So genau will der Leser das Heilungsrezept gar nicht wissen: Spucke mit Staub und Steinen vermischen, einen Brei anrühren und dann im Teich waschen. Diese Therapie überschreitet die Grenzen des bürgerlichen Geschmacks. Jesus fordert seine Zuseher durch ganz anderes heraus: Er lehnt die Frage nach den Ursachen ab! Die Frage lässt er nicht zu, ob der Blinde selbst oder seine Eltern gesündigt haben. Damit fällt die Unterstellung, Blindheit sei eine Strafe für Handlungen, derer sich der Betroffene in der Vergangenheit schuldig gemacht hat. Behinderung ist keine Strafe. Und das lässt sich verallgemeinern: Die Welt, wie sie ist, zeigt nicht die Fehler der Vergangenheit. Sie ist das globale Handlungsfeld, auf dem sich Gottes Gnade bewährt. – Jesus von Nazareth fängt damit an. Er entscheidet sich für das Spucke-Rezept und überlässt den Blinden sich selbst. Einmal Waschen im Teich genügt. Jesus verschwindet, und der sehend gewordene Blinde muss sich den kritischen Fragen der Passanten stellen, denn es könnte sich ja um einen frommen Skandal handeln: Wer hat dich geheilt? – So macht sich Gottes Gnade Bahn in der

Welt, in der so vieles schief und quer liegt. Glaube bewegt etwas. Gottes Reich kommt einen Lichtstrahl näher, überall, wo Heilung, Trost und Liebe sich ereignen. Der Blick auf Jesus öffnet selbst einem Blinden die Augen für den Glauben.

Wolfgang Vögele

Wir beten

Lieber Gott, uns dürstet nach Gnade, wir haben Hunger nach Barmherzigkeit. Richte unsere Blicke auf die Spuren, die Deine Gnade in der Welt hinterlässt. Lass uns Deine Gegenwart an Orten und in Menschen entdecken, wo wir das nicht erwartet haben. Amen.

Rabindranath Tagore

Am 7.8.1941 starb der indische Dichter Rabindranath Tagore. Er wurde 1861 in Kalkutta geboren und erhielt im Jahr 1913 den Literaturnobelpreis. Bekannt wurde er für seine Gedichte, Romane und Dramen, auch für seine kulturphilosophischen und pädagogischen Schriften. In vielen Vorträgen in Europa und den USA bemühte er sich um eine Synthese zwischen östlichem und westlichem Denken, die überall auf große Aufmerksamkeit stieß.

304 † Afra, Märtyrerin in Augsburg | 1615 † Melchior Vulpius, Lehrer und Kantor in Schleusingen | 1941 † Rabindranath Tagore, indischer Dichter und Philosoph

8. August

Mittwoch | SA 05:57 SU 20:57 MA 02:19 MU 18:38

Wochenspruch: Psalm 33,12
Wochenlied: EG 138 oder 146

Wir lesen Johannes 9,13–23

Leuchtturm

Wer sich die Schulter gebrochen hat, muss nach der Operation einige Zeit in der Reha verbringen, um die Bewegungsabläufe wieder einzuüben. Der Blinde, der geheilt wurde, muss zum Verhör. Die Fragen der Pharisäer verraten zweierlei. Das alles passt nicht zu den Regeln, mit deren Hilfe man versucht, Gottes Handeln zu verstehen. Und sie nehmen den geheilten Blinden nicht ernst. Nach dem ersten Verhör bestellen die Pharisäer zusätzlich die Eltern ein. Die Eltern aber können stolz auf sich sein, weil sie ihren erwachsenen Sohn nicht mehr bevormunden müssen: Er kann für sich selbst reden. Alt und klug genug ist er. – Der Geheilte lässt sich von postfaktischen Unterstellungen nicht aus der Ruhe bringen. Er sagt: Ich weiß, was ich erlebt und gespürt habe. Das wird mir niemand nehmen. Ein schönes Beispiel für das Selbstbewusstsein des Glaubens, völlig frei von spiritueller Übertreibung. Ich stehe zu dem, der mich geheilt hat. Ein aufrechter Sohn von aufrechten Eltern. Mit seinem Glauben springt er aus jeder Zwickmühle, in die ihn die Fragenden treiben wollen. Glaube öffnet die Augen. Und er zeigt Mut zur Wahrheit. Der nun

Sehende muss keiner noch so unbequemen Frage ausweichen. Der, der blind war, wird zum Leuchtturm des Glaubens. Er hat – im wahren Sinn des Wortes – ein-gesehen, welcher Heiland ihm geholfen hat. *Wolfgang Vögele*

Wir beten

Gott, stärke unsere Aufrichtigkeit und Wahrheitsliebe. Mach uns Mut, die Stimme zu erheben, wo wir Angst haben. Hilf unserem Glauben und lass uns auf Dich vertrauen. Überwinde damit unsere Angst. Amen.

Jacob Burckhardt

Am 8.8.1897 starb der Schweizer Kulturhistoriker Jacob Burckhardt in Basel. In dieser Stadt verbrachte er die meiste Zeit seines Lebens. Burckhardt studierte Theologie, verlegte sich dann aber auf Kunst- und Kulturgeschichte. Als sein Hauptwerk gilt „Die Kultur der Renaissance in Italien". Er sah in der Renaissance eine kulturgeschichtliche Epoche, in der sich zum ersten Mal ein Verständnis des Menschen als freies, verantwortliches und kreatives Individuum ausbildete.

1221 † Dominikus, Gründer des Dominikanerordens | 1523 † Jean Vallière, Märtyrer in Frankreich | 1708 † Heinrich Arnold Stockfleth, Liederdichter | 1897 † Jacob Burckhardt, Altertumsforscher | 1910 † Heinrich Julius Holtzmann, Theologe

9. August

Donnerstag | SA 05:58 SU 20:56 MA 03:16 MU 19:38

Wochenspruch: Psalm 33,12
Wochenlied: EG 138 oder 146

Wir lesen Johannes 9,24–34

Missverständnisse über den Glauben

Das Verhör erzeugt ein Missverständnis nach dem andern. Die Ordnung der Schubladen ist durcheinandergeraten, und es werden Äpfel und Birnen miteinander verglichen. Was nicht passt, wird passend gemacht. Und es kann nicht sein, was nicht sein darf. Blinde können nicht geheilt werden, sagen die Pharisäer. Und der Geheilte antwortet: Ich kann nur sagen, dass ich blind geboren wurde und nun wieder sehe. Das könnte auf einen Streit um Wahrheit und Naturwissenschaft hinauslaufen. Aber damit würde man den Charakter der Wundererzählung verfehlen. Das Wunder Jesu lässt sich nicht einfach wiederholen. Eher sollte man in die Richtung denken, dass das Geschenk des Glaubens neue Möglichkeiten eröffnet. Die Perspektive des Reiches Gottes weist den Weg zu etwas, was man sonst vielleicht nicht für möglich gehalten hätte. Mindestens lernt man sehen – im übertragenen Sinn. Wer glaubt, sieht Gottes Gnade am Werk. Glaube stärkt den Sinn für das Unmögliche, für alles, was dem nüchternen und pragmatischen Realismus verschlossen bleibt. Und am Ende des Lebens geht der Glaube an die Auferstehung über den

Tod hinaus. Der Glaubende sieht, dass Gott sich mit dem Tod nicht abfindet. *Wolfgang Vögele*

Wir beten

Gnädiger Gott, öffne uns die Augen für das Ungewöhnliche. Stärke die Kraft der Phantasie, die auch zum Glauben gehört. Sie hilft uns, von Dir das Unerwartete, Deine Gnade, zu erhoffen. Du schenkst sie uns. Amen.

Edith Stein

Am 9.8.1942 wurde Edith Stein in Auschwitz ermordet. Sie war Schülerin und Assistentin des Philosophen Edmund Husserl. Die Habilitation wurde ihr verweigert, weil sie eine Frau war. Sie konvertierte zum katholischen Glauben und trat in den Karmeliterorden ein. 1942 wurde sie wegen ihrer jüdischen Herkunft in einem Kloster in den Niederlanden verhaftet und deportiert. 1998 hat Papst Johannes Paul II. sie heiliggesprochen.

1563 oder 1582 † Adam Reusner, Liederdichter in Schwaben | 1851 † Karl Gützlaff, Missionar in China | 1929 † Heinrich Zille, Maler | 1942 † Edith Stein, Märtyrerin aus Breslau | 1962 † Hermann Hesse, Schriftsteller

10. August

Freitag | SA 06:00 SU 20:54 MA 04:26 MU 20:27

Wochenspruch: Psalm 33,12
Wochenlied: EG 138 oder 146

Wir lesen Johannes 9,35–41

Gnade sehen

Sehen und Blindsein, geöffnete und geschlossene Augen, das Heil sehen oder nicht sehen, alles geht kunterbunt durcheinander. Johannes gilt als der Philosoph unter den vier Evangelisten, und es gelingt ihm schnell, das begriffliche Durcheinander wieder zu ordnen. Dafür tritt Jesus von Nazareth ein weiteres Mal auf. Das Verhör verwandelt sich in ein freundlicheres Gespräch. – Mich erinnert der Blindgeborene an den englischen Theologen John Hull, der durch eine Krankheit erblindete und darüber ein Buch schrieb. Hull fällt auf, wie sehr unsere ganze Sprache auf visuelle Wahrnehmung ausgerichtet ist. Wir sagen: Was ist Ihre Ansicht?, wenn wir nach der Meinung des anderen fragen. Wenn ich jemanden wiedertreffe, den ich aus den Augen verloren habe, sage ich: Schön, dich wiederzusehen. Wir reden in Bildern des Sehens, und die Blinden sind davon ausgeschlossen. Hull beschreibt einen sehr engen Zusammenhang zwischen Sehen und Wissen. – Das führt zurück zu Jesu Antwort. Es besteht auch ein enger Zusammenhang zwischen Sehen und Glauben. Wer zum Gott der Gnade gefunden hat, der sieht die Welt mit anderen Augen, selbst wenn er sein Augenlicht verloren hat. Es kommt darauf an, um Gottes willen in der Welt mehr zu sehen, als es den Anschein hat. Wer blind ist, sieht den Sünder. Wer glaubt, sieht den Menschen, dem sich Gott in Gnade zuwendet. *Wolfgang Vögele*

Wir beten

Barmherziger Gott, hilf uns, wenn wir Deine Gnade aus den Augen verloren haben. Leite uns zurück in den Glauben und stärke unser Vertrauen, dass Du Deine Verheißungen erfüllen willst. Amen.

Caspar Olevian

Am 10.8.1536 wurde in Trier der reformierte Theologe Caspar Olevian geboren. Er studierte zuerst Jura in Frankreich, nach einem gefährlichen Unfall aber wandte er sich dem Theologiestudium zu. In Heidelberg gehörte er der theologischen Fakultät an. Als Pfarrer und Mitglied des Kirchenrats war er an der Abfassung des Heidelberger Katechismus von 1563 beteiligt. Nach dem Tod Friedrichs III. musste Olevian Heidelberg verlassen. Er starb 1587 in Herborn.

70 Zerstörung Jerusalems | 258 † Laurentius, Märtyrer in Rom | 1848 † Friedrich Hofacker, Pfarrer in Württemberg | 1914 Sächsische Hauptbibelgesellschaft gegründet

11. August

Sonnabend | SA 05:44 SU 21:07 MA 06:50 MU 19:46

Wochenspruch: Psalm 33,12
Wochenlied: EG 138 oder 146

Wir lesen Johannes 10,1–10

Eine Tür

Keine und keiner steht gern vor verschlossener Tür. Jedenfalls nicht, wenn man hindurchwill. Und ähnlich unangenehm ist es, hineinzuwollen und die richtige Tür nicht zu finden. Da streunt man dann unruhig um das Haus, putzt da und dort eine Klinke, doch die richtige Tür will sich nicht öffnen. Oder es öffnet sich irgendeine, aber man kommt nur in den Vorraum, die Küche, den Lagerraum oder die Werkstatt – der Saal aber bleibt verschlossen. – So oder ähnlich könnte man aus christlicher Sicht die geistliche Situation in unserer Zeit und Gesellschaft charakterisieren. Menschen suchen da und dort oft zeitlich begrenzt einen Raum in dieser und jener spirituellen Herberge, verweilen kurz und klinken dann an der nächsten Tür. Ein wenig meditieren bei Minimalmusik, ein Schluck belebtes Wasser, eine energetische Reinigung auf basischer Basis, ein bisschen Tai Chi und ein bisschen Qi Gong, ein Leben zwischen Jing und Jang und ein elfengleicher Engel baumelt am Rückspiegel. Macht das selig? – Auch in unserer Zeit gilt der zeitlose Ruf des Zeitenlenkers: Ich bin die Tür. Du wirst selig durch mich, wenn du hindurchgehst durch mich.

Dieser Anspruch setzt sich ab von der Idee, alles wäre irgendwie gleichgültig und gleich gültig. Dieser Zuspruch gibt uns die Gewissheit: Wer's glaubt, wird selig. Wer an Jesus glaubt, zumal. Was gäbe es Schöneres. *Tobias Petzoldt*

Wir beten Herr, sende uns im Gewirr der Botschaften, im Krach der Tage, in der Hektik der Zeit Deinen klaren, guten Geist. Mach uns in einer entgrenzten Welt sensibel für Deine Zeichen und Botschaften für uns. Amen.

Klara von Sciffi, auch Klara von Assisi, Ordensgründerin in Italien Franz von Assisi ist den meisten Menschen ein Begriff, Klara von Sciffi weniger. Dabei wurde sie, Tochter eines Adligen aus Assisi, als Anhängerin des Franziskus selbst eine wichtige Person in der Kirchengeschichte. Sie entzog sich dem klassischen Lebensweg von Heirat und Familie und fand in der Ausrichtung auf den „armen Christus" ihr Lebensziel. Im Kloster San Damiano hat Klara mit anderen Schwestern radikal und asketisch Jesusnachfolge gelebt. Sie prägte die Regeln des neu entstandenen Frauenordens der Klarissen mit dem Ziel, das Evangelium konsequent zu leben.

1253 † Klara von Sciffi, Ordensgründerin in Italien | 1464 † Nikolaus von Kues, Kirchenmann und Universalgelehrter | 1494 † Hans Memling, Maler | 1558 † Justus Menius, Prediger, Schriftsteller | 1722 † Johann Joseph Winckler, Kirchenliederdichter

12. August

Sonntag | 11. Sonntag nach Trinitatis

Wochenspruch: 1. Petrus 5,5b
Wochenlied: EG 299
Evangelium: Lukas 18,9–14
Epistel: Epheser 2,4–10
Altes Testament: 2. Samuel 12,1–10.13–15a

Wir lesen Psalm 148

In das Lob einstimmen

Kennen Sie das Phänomen des schiefen Dachziegels? Wir bemerken nicht, dass Hunderte von Dachziegeln ordentlich auf dem Dach liegen. Dagegen fällt uns sofort auf, wenn auch nur ein einziger Ziegel schief hängt. Wie bei den Dachziegeln verhalten wir uns auch sonst oft: Was gut ist und gelingt, nehmen wir kaum wahr. Wo aber etwas oder jemand unserer Meinung nach unvollkommen ist, ist unsere Aufmerksamkeit hoch. – Klagen klappt von selbst. Loben nicht unbedingt. Der Psalm 148 hebt darum hervor, dass Gottes so unterschiedliche Werke doch in einem übereinstimmen: Sie verdanken sich ihrem Schöpfer und haben allen Grund, ihn zu loben. In immer neuen Anläufen fordert der Psalm den ganzen Kosmos auf, den Gott Israels zu preisen. Dabei wird zwischen den himmlischen (V. 1–6) und den irdischen Werken Gottes (V. 7–14) unterschieden. In detailreicher Aufzählung wird alles, was es zwischen Himmel und Erde an

Wesen und Naturkräften gibt, in die eine Aufforderung mit eingeschlossen: Lobet den Herrn! Denn nur diesem Einen gebührt das Lob der Schöpfung: Er hat alles weise geordnet (V. 6) und zeigt seine Herrlichkeit im Himmel und auf Erden (V. 13). Die Anklänge an die Schöpfungsgeschichte aus 1. Mose 1 sind hier sehr deutlich. – Wer ist es eigentlich, der mit diesen großartigen Worten die ganze Schöpfung zum Jubeln bringen möchte? Vermutlich ist der Psalm ein Loblied der singenden Gemeinde im Gottesdienst. So wie Joachim Neander in seinem Lied „Wunderbarer König" ebenfalls dichten konnte: „Himmel, lobe prächtig deines Schöpfers Taten … Lobet gern, Mond und Stern, seid bereit zu ehren einen solchen Herren" (EG 327,2). – Wir sind aufgefordert, mit einzustimmen in das große Gotteslob der Schöpfung. Mit unserem Gebet und mit unseren Liedern preisen wir den, der alles Leben erschaffen hat und erhält. Halleluja!

Christoph Meyns

Wir beten

Großer Gott, ich bin Teil Deiner wunderbaren Schöpfung. Ich danke Dir für mein Leben und für alles, womit Du mich täglich beschenkst. Von Herzen lobe ich Dich, meinen Schöpfer und Erlöser. Amen.

1551 † Paul Speratus, Bischof und Liederdichter in Preußen | 1955 † Thomas Mann, Schriftsteller

13. August

Montag | SA 06:05 SU 20:48 MA 08:29 MU 22:08

Wochenspruch: 1. Petrus 5,5b
Wochenlied: EG 299

Wir lesen Johannes 10,11–21

Herdenhütehirte

Das ist ein seltsamer Vergleich, der Vergleich mit den Schafen. Auch wenn dieses Bild in der Bibel immer wieder vorkommt, so ist es doch recht gewöhnungsbedürftig: Wir emanzipierten und individualisierten Leute, denen unsere Einzigartigkeit nicht nur bewusst, sondern auch wichtig ist, finden uns als Schafe willenlos in einer Herde wieder? Wollweich, alle in die gleiche Richtung starrend, herdentriebgesteuert trabend und dabei stoisch alles kauend, was uns vorgesetzt wird? Und dann ist da noch ein Hirte, der uns zeigt, wo's langgeht? – Da regt sich Widerspruch. Da möchte man lieber ausscheren, statt sich über einen Kamm scheren zu lassen. Da schaut man erst skeptisch drein, dann zornig weg – und schließlich neidisch hin. Denn da ist ein guter Hirte! Einer, der Wege kennt und Wege weist. Einer, der für die ihm Anvertrauten sorgt. Einer, der Schutz bietet und sich aufopfert bis zum Letzten. Wünschen wir uns das nicht auch, dass da einer die Richtung zeigt, den Weg weist und uns führt zu einem gelingenden Leben? Gerade in einer Zeit der Orientierungslosigkeit, der fehlenden Vorbilder, des Möglichen von allem Möglichen? – Jesus zeigt uns im Bibeltext klar, wer er ist. Für die Welt, für andere, für uns ganz persönlich. Er allein ist die Tür zu Gott, der Taktgeber im Alltag, der Wegweiser ins Leben – im irdischen und weit darüber hinaus.

Tobias Petzoldt

Wir beten

Unser Gott, schenke uns Demut. Hilf uns, nicht allein unsere eitlen Bedürfnisse im Blick zu haben, sondern den Blick auf Dich zu richten. Schenke uns Vertrauen in Dich und Deine Wege für und mit uns. Amen.

Die Flut

Als die Stürme kamen und das Wasser stieg
und mitriss Zäune und Brücken, Wege und Wegweiser,
Markierungen und Leitplanken, waren wir glücklich.

Jetzt, nach der Flut, sind wir ein wenig unsicher:
Wohin sollen wir gehen? Wie erreichen wir das Ziel?
Und tragen unsere Schritte auf weichem Grund?

(Aus: Tobias Petzoldt: Ein für alle Mal. Düsseldorf, tvd, 2012)

587 † Radegundis, Wohltäterin in Frankreich | 1163 † Gerold von Lübeck, Bischof in Holstein | 1727 erstes Abendmahl in der Brüdergemeine in Berthelsdorf | 1942 † Paul Richter, Märtyrer in Sachsen | 1961 Mauerbau in Berlin

14. August

Dienstag | SA 06:06 SU 20:46 MA 09:49 MU 22:33

Wochenspruch: 1. Petrus 5,5b
Wochenlied: EG 299

Wir lesen Johannes 10,22–30

Ich gebe ihnen das ewige Leben

„Es war damals das Fest der Tempelweihe in Jerusalem." Chanukka, das jüdische Lichterfest, wurde gefeiert. 165 v. Chr. hatte Judas Makkabäus den Tempel wieder für Gott erneuert, den die Assyrer entweiht hatten. Die jüdische Gemeinde war stolz und glücklich. Jetzt glaubten sie wieder, dass Gott ihnen nahe sei. „Und Jesus ging umher in der Halle Salomos." Sie war bei der Zerstörung des Tempels stehen geblieben. Später war sie für kurze Zeit der Versammlungsort der Urgemeinde (Apg 5,12). „Und es war Winter." Es fröstelt uns selbst im Sommer, wenn wir bedenken, dass der Tempel schon 40 Jahre später endgültig zerstört war. Aber „Winter" weist hin auf die Festzeit. Chanukka wird um die Wintersonnenwende gefeiert. Nun fängt neues Licht an. „Licht, das in die Welt gekommen, Sonne voller Glanz und Pracht, Morgenstern aus Gott entglommen, treib hinweg die alte Nacht" – die kalte Nacht: Jesus ist da. Im zweiten Textteil wird er bohrend aufgefordert: „Bist du der Christus, so sage es frei heraus." Ausforschen kann ihn niemand. Aber in Bildern lässt der Evangelist ihn sich immer wieder offenbaren: Ich bin das Brot des Lebens; ich bin das Licht der Welt; ich bin der gute Hirte. Er tut alles, damit wir leben. Die es hören und glauben, erfahren hier: „Ich gebe ihnen das ewige Leben, und sie werden nimmermehr umkommen.“ Wir sind immer bei Gott, schon jetzt, ganz anders als in jedem von Zerstörung bedrohten Gotteshaus. *Ludwig Burmeister*

Wir beten

Wir danken Dir, Herr, für alles Licht, das Du in unser Leben schon gebracht hast: Freuden, Lebendigkeit, gute Gemeinschaft. Wir bitten Dich für Menschen im Dunkel von Schmerz und Kriegen. Amen.

Jesus und Chanukka

Vater, der immer daran denkt, für unsere Ablenkung und gleichzeitig Fortbildung zu sorgen, hat den Prospekt eines Institutes kommen lassen, das Fernunterricht erteilt. – Damit auch ich etwas Neues lernen kann, hat Vater Koophuis gebeten, eine Kinderbibel zu besorgen, damit ich auch das Neue Testament kennen lerne. „Willst du Anne eine Bibel zu Chanukka schenken?“, fragte Margot erstaunt. „Ja, … e…, ich denke, St. Nikolaus ist eine bessere Gelegenheit, Jesus passt nicht zu Chanukka“, war Vaters Antwort.

(Aus dem Tagebuch der Anne Frank, 3.11.1943)

1629 † Georg Balthasar, Märtyrer in Böhmen | 1910 † Florence Nightingale, Wohltäterin in England (ev. Gedenktag; Sterbetag: 13.8.15) | 1941 † Maximilian Kolbe

15. August

Mittwoch | SA 06:08 SU 20:44 MA 11:06 MU 22:57

Wochenspruch: 1. Petrus 5,5b
Wochenlied: EG 299

Wir lesen Johannes 10,31–42

Die Juden?

„Da entstand Zwietracht unter den Juden. Viele sprachen: Er hat einen bösen Geist … Andere sprachen: Das sind nicht Worte eines Besessenen … Da umringten ihn die Juden." (V. 19.21.24) – Es gibt Leser, die Bibeltexte wie die für gestern und heute antisemitisch finden und deshalb für ungeeignet als Grundlage einer Andacht halten. Anderen waren sie gerade deshalb Wasser auf ihre Mühlen. Beiden erscheint Johannes hier schroff antijüdisch. Ist er das? Er schreibt allerdings in einer Zeit der Auseinandersetzung zwischen jüdischer und frühchristlicher Gemeinde. Aber sehen wir genauer hin auf die „Zwietracht". Im Hin und Her erscheint die bekannte Ablehnung und Zuneigung, wie sie Jesus immer begegnete. Heute ist das nicht anders. Um „Isa" (Jesus im Koran) wird gestritten – von völliger Leugnung der Kreuzigung bis zu ehrender Anerkennung, die allerdings nie Verehrung ist. Um die aber geht es im Bibelabschnitt. Das Stück Koranauslegung ist ein später Nachhall frühchristlich-jüdischen Streites. „Auf der anderen Seite" als alle Zweifler, Streitenden und Ablehnenden „kamen viele zu ihm" und „es glaubten viele an ihn". Der Riss zwischen Ablehnen und Glauben ist heute überall genauso da. Aber Jesus lockt geradezu zum Glauben: Sie sollen doch den Taten glauben, die er durch den Vater tut, „wenn ihr mir nicht glauben wollt". Er wendet sich an alle Menschen. Die Überschrift sollte also wohl besser heißen: „Alle Menschen". Ebenso, wie alle zur Ablehnung geneigt sind, lädt er uns alle zum Glauben ein. *Ludwig Burmeister*

Wir beten

Herr, wir danken Dir dafür, dass Du Menschen auch heute zum Glauben einlädst und gewinnst, wo wir vor Ängstlichkeit nur Ablehnung befürchten. Amen.

Hermann von Wied (14.1.1477–15.8.1552)

Unter ihm als Kölner Erzbischof wurden die beiden Evangelischen Adolf Clarenbach und Peter Fliesteden (ein hochgebildeter Papstkritiker und ein antiklerikaler Laie) am 28.9.1529 als Ketzer verbrannt. Aber ab 1543 arbeitete von Wied selbst an der Reformation Kölns. Martin Bucer und Philipp Melanchthon rief er zur Hilfe. Aber die verhängnisvolle Doppelehe des Landesherrn Philipp von Hessen und ihre Entdeckung machten diesen erpressbar gegenüber dem Kaiser. Er untersagte Köln jede reformatorische Bemühung. Von Wied wurde verdrängt, er starb als Evangelischer.

Röm.-kath. Feiertag: Mariä Himmelfahrt | 1552 † Hermann von Wied, Erzbischof in Köln

16. August

Donnerstag | SA 06:09 SU 20:42 MA 12:20 MU 23:21

Wochenspruch: 1. Petrus 5,5b
Wochenlied: EG 299

Wir lesen 1. Johannes 1,1–4

Grundlage christlicher Gemeinschaft In der Regel besitzt ein Brief Adresse, Ortsangabe, Datum, Gruß und Absender. Das ist beim 1. Johannesbrief nicht der Fall. Der Verfasser gibt sich als Augen- und Ohrenzeuge des Lebens und Wirkens Jesu und der Kirchengeschichte des 1. Jahrhunderts zu erkennen. Er erweist sich in seiner Sprache und seiner Auffassung des christlichen Lebens dem Verfasser des vierten Evangeliums so ähnlich, dass man in ihm dieselbe Person annehmen kann. Die Schrift ist an eine bestimmte Gemeinde oder an einen begrenzten Kreis gerichtet, der durch eine falsche Lehre bedroht ist. Den Irrlehrern wurde die Gemeinschaft bereits aufgekündigt, sie wollen jedoch Christen sein, bestreiten aber, dass der Gottessohn ein wirklicher Mensch von Fleisch und Blut war. Die Wirklichkeit über die Gemeinschaft Gottes mit den Menschen ist, wie im vierten Evangelium, in Verbindung mit dem Leben und Wirken Jesu Christi dargestellt. Sie ist hier im Brief auf das Alltagsleben der Christen übertragen und wird praktisch auf das Leben der Gläubigen angewendet. Der Verfasser spricht als Zeuge der Botschaft von Jesus Christus. Der geschichtliche Jesus ist „das Wort des Lebens". Die Jünger und Apostel sind Zeugen der Fleischwerdung Gottes. Und diese wird uns verkündigt, damit auch wir Gemeinschaft „mit dem Vater und seinem Sohn Jesus Christus haben".

Paul Geißendörfer

Wir beten Vater im Himmel, durch Deine Zeugen schenkst Du uns das Wort des Lebens. In ihm erfahren wir, dass Du Gemeinschaft mit uns hast und dass wir sie in der Gemeinde haben dürfen. Erhalte sie uns. Amen.

Johann der Beständige (* 13.6.1468 in Meißen, † 16.8.1532 auf Schloss Schweinitz) Von 1525 bis 1532 war er Kurfürst von Sachsen. Er hatte sich gegenüber der Reformation wie sein Bruder positiv verhalten. Als Luthers Landesherr unterhielt er eine sehr enge, fast freundschaftliche Beziehung zu ihm. Besonders für sein Verhalten auf dem Augsburger Reichstag 1530 lobte ihn Luther sehr: „Ich glaube gewiss, daß der Kurfürst Johann von Sachsen den Heiligen Geist gehabt hat. Das hat er in Augsburg durch sein Bekenntnis trefflich bewiesen." Durch sein Beharren auf dem protestantischen Glaubensbekenntnis soll er sogar die protestantischen Theologen davon abgehalten haben, sich zu nachgiebig gegenüber dem Kaiser zu verhalten.

1527 † Leonhard Kaiser, Märtyrer in Passau | 1532 † Johann der Beständige, Förderer der Reformation in Sachsen | 1659 † August Heinrich Held, Kirchenliederdichter | 1882 Auswanderermission gegründet | 2005 † Frère Roger Schutz, Gründer und Prior der ökumenischen Bruderschaft (Communauté) Taizé

17. August

Freitag | SA 06:11 SU 20:40 MA 13:32 MU 23:46

Wochenspruch: 1. Petrus 5,5b
Wochenlied: EG 299

Wir lesen 1. Johannes 1,5–10

Leben im Licht

„Gott ist Licht, das ist die Botschaft, die wir gehört haben, und in ihm ist keine Finsternis." Licht und Finsternis stehen sich gegenüber. Anscheinend ist die Gemeinschaft bei den Briefempfängern untereinander in Gefahr und somit auch mit Gott. Die Aussage ist eindeutig: Man kann nicht Gemeinschaft mit Gott haben und gleichzeitig einen Lebenswandel fernab von Gott führen. Die gegenteilige Behauptung wäre eine glatte Lüge. Man kann nicht Gott und anderen Göttern zugleich dienen. Der Johannesbrief fordert eine klare Entscheidung: Licht oder Finsternis. Wenn wir Kinder des Lichtes sind, also mit Gott Gemeinschaft haben, können wir nicht gleichzeitig die Gemeinschaft untereinander vernachlässigen oder sie sogar aufgeben, das wäre Sünde. Und wenn wir behaupten, wir hätten keine Sünde, betrügen wir uns selbst und zerstören die Gemeinschaft mit Gott und innerhalb der Gemeinde. Wenn wir dies nicht erkennen oder nicht wahrhaben wollen, ist dies Selbstbetrug, der schwer wiegt und Sünde ist. Sie kann uns aber vergeben werden, wenn wir erkennen und bekennen, dass wir uns im Bereich der Finsternis befinden, obwohl wir Kinder des Lichtes sind. Wenn wir behaupten wollten, dass dies nicht so sei, machten wir uns selbst zu Lügnern. Das Leben im Licht bedeutet beides: Gemeinschaft mit Gott und Gemeinschaft untereinander. *Paul Geißendörfer*

Wir beten

Herr Jesus Christus, Du schenkst uns ein Leben im Licht. Bewahre uns vor der Selbsttäuschung, als ob es die Finsternis nicht gäbe. Wir erkennen und bekennen dies und bitten um Vergebung. Amen.

Johann Gerhard (* 17.10.1582 o. 1583 in Quedlinburg, † 17.8.1637 in Jena)

Schon als Student verfasste er seine „Heiligen Meditationen". Seine „Standpunkte der Theologie" galten als Krone der lutherischen Orthodoxie. Das Luthertum des 16. und 17. Jh.s war fest davon überzeugt, in der Tradition der antiken und mittelalterlichen Kirche zu stehen. Darum bekommt auch Bernhard von Clairvaux einen festen Platz in den kirchlichen Kalendarien, den gymnasialen Lehrbüchern und den Traktaten über das Theologiestudium. Bei Gerhard rangierte er nach Augustin und den Aposteln auf Platz 3 der Autoritätenliste, galt als Zeuge der Rechtfertigung „sola fide" und der stellvertretenden Genugtuung durch den Kreuzestod Christi.

1637 † Johann Gerhard, Theologe in Jena | 1786 † Friedrich d. Gr. | 1895 Christlicher Studenten-Weltbund gegründet

18. August

Sonnabend | SA 06:12 SU 20:38 MA 14:40 MU –

Wochenspruch: 1. Petrus 5,5b
Wochenlied: EG 299

Wir lesen 1. Johannes 2,1–6

Sowohl-als-auch

Der Schreiber des Briefes neigt zum Philosophieren, wendet sich aber väterlich-liebevoll an seine Adressaten: meine Kinder. Er meint damit seine geistigen Zöglinge. Er rät dringend dazu, nicht schuldig zu werden, hat aber im gleichen Atemzug das Heil-Mittel gegen die Schuld bei der Hand. Christus kann das Heil zwischen Gott und den Menschen vermitteln. Er stiftet die Versöhnung beim Einzelnen und weltweit. Wer begriffen hat, was die Sünde für verheerende Auswirkungen zeigt, der wird sich an den Geboten Gottes orientieren. Wer die Gebote übertritt, hat die Wahrheit, die in Gott liegt, noch nicht gefunden. Wem es aber gelingt, die Gebote einzuhalten, in dem wird sich die Liebe Gottes entfalten können. Wer von Gottes Liebe umschlossen sein will, der soll sich am Vorbild Jesu Christi orientieren. Hier wird ein klares Bekenntnis gefordert. – Der Text erörtert in jedem Gedanken ein Sowohl-als-auch. Wirst du schuldig – gibt es Versöhnung. Versöhnung braucht es für Einzelne, aber auch für die ganze Welt. Die Liebe Gottes entfaltet sich in uns, umschließt uns aber auch. Die Ambivalenz macht deutlich, wie intensiv um

Genauigkeit gerungen wird. Mit dieser Eindringlichkeit der Gedankenführung lässt der Schreiber wissen, wie sehr ihm die Leser am Herzen liegen und wie gut er sie kennt. Man fühlt sich beim Lesen moralisch am Schopfe gepackt.

Dorothea Frey

Wir beten

Herr, unser Gott, wir werden schuldig und sind oft nicht auf Jesu Seite, obwohl er die unsere nicht verlässt. Schenke uns Vertrauen in seine Fürsprache und lass uns über die Brücke der Liebe zu Dir gelangen. Amen.

Wir erinnern an …

… Pfarrer Oskar Brüsewitz, * 30. Mai 1929, † 18. August 1976. Der aus Litauen gebürtige, mutige und regimekritische Pfarrer Brüsewitz machte mit vielen demonstrativen Aktionen auf die Missstände in der sozialistischen Diktatur aufmerksam. Er hatte viele Gegner, auch innerhalb der Kirche. Sein Kampf für Wahrheit und Gerechtigkeit gipfelte in der aufsehenerregenden Selbstverbrennung in Zeitz. Er wird im ökumenischen Heiligen-Lexikon neben Opfern des Nationalsozialismus, wie Dietrich Bonhoeffer, und Opfern des Bolschewismus, wie Traugott Hahn, aufgeführt.

1541 † Heinrich der Fromme, Herzog von Sachsen | 1756 † Erdmann Neumeister, Liederdichter in Hamburg | 1850 † Honoré de Balzac, Schriftsteller | 1976 † Oskar Brüsewitz, Selbstverbrennung in Zeitz

19. August

Sonntag | 12. Sonntag nach Trinitatis

Wochenspruch: Jesaja 42,3
Wochenlied: EG 289
Evangelium: Markus 7,31–37
Epistel: Apostelgeschichte 9,1–9.(10–20)
Altes Testament: Jesaja 29,17–24

Wir lesen Psalm 41

Glücklich ist …

Wer ist wirklich glücklich? Sind es die Menschen, die viel besitzen, hohes Ansehen genießen, großen Einfluss haben? Der Psalmbeter sieht es anders: „Wohl dem, der sich des Schwachen annimmt!" Wie kommt er zu dieser Ansicht? Es hängt mit seiner eigenen Lebenserfahrung zusammen. Er war selbst ein Schwacher und Armer. Er musste erleben: Nahestehende Menschen, seine besten Freunde sogar, ließen ihn im Stich, verleumdeten ihn, wünschten ihm den Tod. Gerade in schwerer Krankheit, als er sie besonders gebraucht hätte. Obwohl er sich keiner Schuld bewusst war, war er der Bosheit vieler Menschen ausgeliefert. Da schreit er zu Gott um Hilfe und macht die Erfahrung: Gott lässt mich nicht im Stich, er hat Gefallen an mir; meine Verleumder und Hasser behalten nicht Recht. Aus der schlimmen Situation errettet und wieder genesen, zieht er den Schluss: Wohl denen, die den Armen, den Schwachen nicht verachten; glücklich die, die sich der Kranken und Hinfälligen liebevoll annehmen. Gibt es ähnliche Lebenssituationen auch bei uns? Konfirmanden sollten einmal den Satz ergänzen: „… dann ist es dunkel in mir." Einer schrieb: „Wenn man mir wünscht, dass ich tot sei." Eine furchtbare Erfahrung für einen jungen Menschen. Wie gut, wenn er im Konfirmandenunterricht erfährt und spüren kann, dass Gott ihm das Leben von Herzen gönnt! Und selber ein Mensch wird, der sich des Schwachen annimmt. – Die Erfahrung des Psalmbeters hat auch einen globalen Aspekt. Z. B. bekommen viele Menschen in Afrika vom Reichtum ihrer Länder nichts mit und müssen ums Überleben kämpfen. Sie fühlen sich verlassen und verraten und flehen zu Gott um Hilfe. Wie gut, wenn sie Schwestern und Brüder erleben, die sich für sie einsetzen und ihnen helfen. Wer bei uns dazu beiträgt, macht die Erfahrung: „Glücklich, wer sich des Schwachen annimmt." Jesus hat es in den Seligpreisungen gesagt: „Selig sind die Barmherzigen, denn sie werden Barmherzigkeit erlangen." *Christian Schmidt*

Wir beten Gnädiger, barmherziger Gott, Du lässt uns nicht im Stich. In Deinem Sohn hast Du Dich uns schwacher Menschen angenommen. Mache uns dankbar und gib uns ein Herz für die armen, schwachen Menschen. Darum bitten wir durch Christus, unsern Herrn. Amen.

Orthodoxer Feiertag: Christi Verklärung | 1662 † Blaise Pascal, christlicher Denker in Frankreich | 1719 † Carl Hildebrand von Canstein, Gründer der ersten deutschen Bibelanstalt

20. August

Montag | SA 06:16 SU 20:34 MA 16:46 MU 00:47

Wochenspruch: Jesaja 42,3
Wochenlied: EG 289

Wir lesen 1. Johannes 2,7–11

Licht und Liebe

Der Schreiber erläutert seinen Lesern, dass das alte, mosaische Gebot nicht außer Kraft gesetzt werden soll, sondern um die Liebe zum Bruder erweitert wird, so wie er es aus Jesu Lehren übernommen hat: Die alten Gesetze brauchen Erneuerung, und die alles entscheidende Ergänzung, nämlich die Liebe zum Nächsten. Die Bruderliebe ist ein durchgängiges Thema sowohl im Alten als auch im Neuen Testament. Brüder lieben oder hassen sich, viel ist nicht dazwischen. Kain erschlägt seinen Bruder Abel. Joseph wird von seinen elf Brüdern in einen Brunnen geworfen. Jakob betrügt seinen Bruder Esau um das väterliche Erbe. Der Bruder des verlorenen Sohnes ist neidisch auf die Freude des Vaters, als der Taugenichts zurückkehrt. – Aber nicht nur leibliche Brüder, auch unsere Mitmenschen werden oft als Brüder bezeichnet, um Gemeinsamkeit zu signalisieren. Christus, unser Bruder, der oft mit dem Licht verglichen wird, ist von großer und beständiger Ausstrahlung und kann jederzeit wahrgenommen werden. In seiner Nähe kommen wir nicht zu Fall. Wer jedoch Hass in sich trägt, lebt im Reich der Finsternis und der bösen Mächte.

Wer hasst, ist verblendet und findet nicht zu Gottes Herrlichkeit. Wer hingegen zur Liebe fähig ist, wird zum seelischen Licht für andere, steckt ihnen sozusagen mit der Liebe ein Licht auf, das nun wieder auf andere seinen Schein wirft.

Dorothea Frey

Wir beten

Herr, unser Gott, Liebe und Hass liegen dicht beieinander und wir fühlen beides. Unsere Mitmenschlichkeit gerät schnell an ihre Grenzen. Erleuchte unsere Herzen, damit wir den Bruder sehen können. Amen.

Wir erinnern an ...

... Martin Opitz, Dichter, * 23. Dezember 1597, † 20. August 1639. Er war der Begründer der Schlesischen Dichterschule und ein bedeutender Theoretiker des Barock. Im Buch von der Deutschen Poeterey beschreibt er Regeln und Grundsätze einer neuen hochdeutschen Dichtkunst, die sich nicht an antiken Versmaßen ausrichtet, sondern vielmehr eine eigene, der deutschen Sprache gemäße metrische Form finden solle. Er stand im Dienste des Grafen Dohna, des Königs Wladyslaw IV. Wasa von Polen und des Grafen Johann von Liegnitz und Brieg, bis er an der Pest starb.

1153 † Bernhard von Clairvaux, Prediger aus Frankreich | 1639 † Martin Opitz, Dichter | 1884 Reformierter Bund gegründet

21. August

Dienstag | SA 06:17 SU 20:32 MA 17:40 MU 01:25

Wochenspruch: Jesaja 42,3
Wochenlied: EG 289

Wir lesen 1. Johannes 2,12–17

Vom Getriebensein

Jetzt kommen wir an den Stoff, aus dem religiöse Fehlauffassungen geflochten sind. Der Schreiber wendet sich an alle Generationen im Leserkreis. Er spricht die Väter an, die durch Lebensweisheit zur Erkenntnis Gottes gelangen. Er vertraut darauf, dass die jungen Männer das Böse überwunden haben, und er zählt die Kinder auf, die in ihrer Unvoreingenommenheit Gott als den Vater aller Dinge annehmen können. Er möchte seinen Lesern erklären, dass unser menschliches Leben sich oft von Gott entfernt. Insbesondere verweist er auf die Sexualität. Diese ist aber zur Erhaltung der Art von Gott gewollt und Teil der Schöpfung. Doch seit Menschengedenken ist die Fähigkeit zur Lust Anlass zu Übergriffen, Eifersucht und Hass bis hin zum Mord. Und wie es scheint, ist es auch für die Leute, an die der Brief gerichtet ist, ein immerwährendes Thema. Ein Problem, das deutlich angesprochen werden muss. Die Lust ist, nach Ansicht des Schreibers, der vergänglichen Welt zuzuordnen. Wenn wir aber Gottes Schöpfung als vollkommenes Ganzes verstehen, dann gehört auch die Lust dazu, die den Boden zur Fortpflanzung bereitet und als Himmelsgabe verstanden werden kann. Er meint natürlich nicht die Willkür der Triebe, die jedes Gebot missachtet. Der Willkür wird vom Schreiber konsequent jede Berechtigung abgesprochen. Damit setzt er einen Maßstab von zeitloser Gültigkeit.

Dorothea Frey

Wir beten

Herr, unser Gott, wir sind getrieben von Lust, Gier und Habsucht. Unser Wille ist schwach, deshalb neigen wir zu Willkür. Wir bekennen uns schuldig und bitten um Vergebung. Stärke die Liebe in uns. Amen.

Wir erinnern an ...

... Adelbert von Chamisso, * 30. Januar 1781, † 21. August 1838. Er war ein deutscher Dichter und Naturforscher französischer Herkunft. Am bekanntesten unter seinen Werken sind die Geschichte von Peter Schlemihl, der seinen Schatten und damit auch seine Seele an den Teufel verkauft, und die Ballade „Der rechte Barbier“. Er gehörte zum romantischen Dichterkreis „Nordsternbund“.

1384 † Geert Groote, Prediger in den Niederlanden (ev. Gedenktag: Sterbetag: 20.8.) | 1732 Erste Herrnhuter Missionare in Indien | 1838 † Adelbert von Chamisso, Dichter und Naturforscher

22. August

Mittwoch | SA 06:19 SU 20:30 MA 18:28 MU 02:10

Wochenspruch: Jesaja 42,3
Wochenlied: EG 289

Wir lesen 1. Johannes 2,18–29

Wissen, was kommt

Schon damals gab es Abspaltungen, die gefährlich waren; die die Lehre angriffen, Christus in Abrede stellten und die frühchristlichen Gemeinden verfolgten. Die Gemeinden lebten in der Naherwartung der Wiederkehr Christi: „… es ist die letzte Stunde!" und deuteten die Zeichen der Zeit in dieser Weise. Der Schreiber bezeichnet diese Christen als Gesalbte. Wenn Christus, als Gottes Sohn und Nachfolger des König David, sie gesalbt hat, dann besteht Herrschaftsanspruch. Die Salbung ist ein Krönungsritual. Standhaftigkeit und Durchsetzungswille sollen angesprochen werden. ‚Und ihr habt alle das Wissen.' Das Wissen haben nur die Eingeweihten. Was gab es für Geheimnisse? Welches Wissen wurde da weitergegeben? Es geht um die große Verheißung des ewigen Lebens. Diese Verheißung wird als Salbung bezeichnet. Der Volksmund spricht von „salbungsvollen Worten" oft etwas abfällig, weil das, was sie verheißen sollen, nicht immer in Erfüllung geht. Mit Inbrunst beschwört der Schreiber seine Leser, dass die Verheißung wahr ist und keiner Belehrung bedarf: Bleibt fest, damit ihr jederzeit, mit freiem Gewissen, den Glauben an Christus vertreten könnt. Denn damit habt ihr die Verbindung zu Gott. Verlasst euch auf seine Gerechtigkeit und fühlt euch, im Geist, wie von ihm geboren. Seid seine Kinder! Damit sind wir wieder bei der Anrede: liebe Kinder!

Dorothea Frey

Wir beten

Herr, unser Gott, unser Glaube ist vielen Anfechtungen unterworfen. Salbe uns mit der Gewissheit des ewigen Lebens. Schenke uns ein festes Herz und lass uns Kinder Deines Geistes sein. Amen.

Wir erinnern an …

… Rudolf Alexander Schröder, * 26. Januar 1878, † 22. August 1962. Er war Liederdichter, Architekt und Maler. Für Schröders Leben bestimmend waren Freundschaften mit Hugo von Hofmannsthal, Rudolf Borchardt, Rainer Maria Rilke, Gerhart Hauptmann und anderen Schriftstellern seiner Zeit. Theodor W. Adorno lud ihn 1961 zu einer Poetik-Vorlesung an der Frankfurter Goethe-Universität ein. Seine bekanntesten Lieder sind „Abend ward, bald kommt die Nacht" und „Wir glauben all an einen Gott". Ende der 1950er Jahre wurde er für den Nobelpreis vorgeschlagen.

178 † Symphorian, Märtyrer in Burgund | 1962 † Rudolf Alexander Schröder, Liederdichter

23. August

Donnerstag | SA 06:20 SU 20:28 MA 19:09 MU 03:01

Wochenspruch: Jesaja 42,3
Wochenlied: EG 289

Wir lesen 1. Johannes 3,1–10

Die Lücken füllen

Felix Mendelssohn Bartholdy erzählt in seinem Paulus-Oratorium die bewegende Lebensgeschichte des Apostels. Dabei orientiert er sich an den biblischen Texten, die von Paulus berichten, vor allem an der Apostelgeschichte. Da das Leben und Wirken des Paulus in der Bibel aber nicht lückenlos erzählt wird, illustriert er die biblischen Leerstellen auch mit eigenen Texten. Darüber hinaus deutet er das Leben des Apostels mit Hilfe von Versen aus anderen biblischen Büchern. Zum Beispiel am Ende des Oratoriums: Paulus verabschiedet sich von der Gemeinde in Ephesus. Es fließen viele Tränen. Ein Abschied für immer. Mendelssohn Bartholdy lässt den Solisten singen: „Und sie geleiteten ihn in das Schiff und sahen sein Angesicht nicht mehr." Anschließend singt der Chor einen Vers aus dem 1. Johannesbrief (3,1): „Sehet, welch eine Liebe, hat uns der Vater erzeiget, dass wir sollen Gottes Kinder heißen!" Der Komponist legt die Bibel mit der Bibel aus, setzt an eine Stelle – an der eigentlich nichts erzählt wird – einen anderen biblischen Vers. Und plötzlich leuchtet in der traurigen Leere der Menschen in Ephesus Dankbarkeit für die Liebe

Gottes auf. – Leerstellen in der Bibel. Leerstellen in unserem Leben. Ein Wort aus der Bibel kann deuten, trösten, eine neue Perspektive schenken. Biblische Verse können Lücken füllen, der Leere einen Sinn geben. *Ricarda Schnelle*

Wir beten

Gott, Du kennst die Lücken in meinem Leben. In meinem Gedächtnis, in meinem Wissen, in meinem Lebenslauf. Ich bitte Dich: Fülle die Leere zwischen den Zeilen mit Deiner lückenlosen Liebe. Amen.

Europäischer Gedenktag für die Opfer totalitärer Regime im 20. Jahrhundert

2008 legte das Europäische Parlament einen neuen Gedenktag fest: den Europäischen Tag des Gedenkens an die Opfer von Stalinismus und Nationalsozialismus. Er wird vor allem in den Ländern der ehemaligen Sowjetunion begangen. In Westeuropa ist er umstritten, wirft er doch die Frage auf, in welchem Verhältnis in der Geschichtsdeutung die Verbrechen des Nationalsozialismus zu denen des Stalinismus stehen. Der Gedenktag am 23. August erinnert auch an den deutsch-sowjetischen Nichtangriffspakt von 1939, den sogenannten Hitler-Stalin-Pakt.

1536 Calvins Institutio erschienen | 1572 Bartholomäusnacht in Frankreich | 1572 † Gaspard de Coligny, Märtyrer in Frankreich (ev. Gedenktag; Sterbetag: 24.8.) | 1948 Ökumenischer Rat der Kirchen gegründet

24. August

Freitag | SA 06:22 SU 20:26 MA 19:44 MU 03:57

Wochenspruch: Jesaja 42,3
Wochenlied: EG 289

Wir lesen 1. Johannes 3,11–18

Einfach machen!

In den gefühlten Top Ten der Bibelverse, die Eltern für ihre Kinder als Taufsprüche wählen, findet sich auch 1. Johannes 3,18: „Lasst uns nicht lieben mit Worten noch mit der Zunge, sondern mit der Tat und mit der Wahrheit." Warum gerade dieser Spruch? Julia und Florian, die ihren Sohn taufen lassen wollen, antworten auf diese Frage: „Uns hat der Vers spontan angesprochen. Es ist doch wichtig, nicht nur rumzureden, sondern auch zu machen. Das wollen wir unserem Sohn vorleben. Wir hatten auch noch andere Sprüche zur Auswahl, aber dann haben wir uns einfach für diesen entschieden." – Julia und Florian haben den Vers für sich ausgesucht. Sie zeigen mit dem Taufspruch, was ihnen wichtig ist. Wie sie sind und wie sie gerne als Christen leben wollen. Die Taufe war ein guter Anlass, darüber zu sprechen. Das junge Paar hat den Vers auch für seinen Sohn ausgesucht. Der Spruch soll ihn auf seinem Weg durchs Leben begleiten. Sie hoffen, dass er ein Mensch wird, der tatkräftig lieben kann. Und sie haben den Vers für ihre Familie und für die Gemeinde ausgesucht. Der Taufspruch wird das Thema der Predigt im Taufgottesdienst sein. – Als sich die Frage nach dem Taufspruch stellte, haben die Eltern sich Gedanken gemacht, sich dann aber intuitiv einen Vers ausgesucht, der für sie passt. Vielleicht kann es so gehen, das Lieben mit der Tat und mit der Wahrheit. Nicht nur rumreden, sondern nachdenken und dann einfach mal machen. *Ricarda Schnelle*

Wir beten

Gott, viele Bibelverse begleiten mich durchs Leben. Säumen die Straße. Scheinen plötzlich auf. Sind immer im Gepäck. Dein Wort ist meines Fußes Leuchte und ein Licht auf meinem Weg. Amen.

Einen Taufspruch finden

Etwa 180.000 Menschen werden jedes Jahr in der Evangelischen Kirche getauft. 180.000 Mal wird dafür ein Taufspruch ausgesucht. Viele Eltern übernehmen diese Aufgabe selbst. Auf der Internetseite taufspruch.de unterstützt die Evangelische Kirche Eltern und Interessierte auf der Suche nach einem Wort für die Taufe. Die Nutzerinnen und Nutzer können zwischen verschiedenen Einstellungen und Themen wählen. Fällt die Wahl zum Beispiel auf die Kategorien „Liebe schenken können“ und „lebensklug“, wird unter anderem 1. Joh 3,18 vorgeschlagen.

1919 † Friedrich Naumann, Pfarrer und Sozialethiker

25. August

Sonnabend | SA 06:23 SU 20:24 MA 20:14 MU 04:58

Wochenspruch: Jesaja 42,3
Wochenlied: EG 289

Wir lesen 1. Johannes 3,19–24

In der Liebe bleiben

In 1. Johannes 3,23–24 lesen wir: „Und das ist sein Gebot, dass wir glauben an den Namen seines Sohnes Jesus Christus und lieben uns untereinander, wie er uns das Gebot gegeben hat. Und wer seine Gebote hält, der bleibt in Gott und Gott in ihm." – Im Fernsehen und im Internet halten viele Prominente ein Herz in die Kamera. Sie formen es mit ihren beiden Händen, indem sie die Daumen und Zeigefinger aneinanderlegen. Das Herz ist das Symbol für die Liebe. Die Prominenten lassen ihre Hände sprechen: Wir bleiben in der Liebe zu unseren Fans. Selbst wenn der Ruhm eines Tages vorbei ist. – Wir formen ein Herz mit unseren Händen. An Tagen jenseits der Kamera, wo es nur wenige sehen. Wenn wir für den Kollegen einen Kaffee mitkochen. Einfach so. Wenn wir das Kind wickeln und deshalb anderes auf der Strecke bleibt. Wenn wir eine Spende in die Büchse stecken, weil wir etwas übrighaben. Wir formen ein Herz mit unseren Händen. Bleiben in der Liebe. Lassen sie mit unseren Händen sprechen. – Gott formt ein Herz mit seinen Händen. In der Nahaufnahme der Kamera kann man seine Wundmale erkennen. Gott bleibt in der Liebe zu den Menschen. Durch Jesu Hände lässt er sein Herz sprechen. Er hält das Herz selbst dann noch in die Kamera, wenn schon keiner mehr hinsieht. Wenn unsere ruhmreichen Tage längst vergangen sind. Seine Liebe hört niemals auf. *Ricarda Schnelle*

Wir beten

Gott, manchmal habe ich ein unruhiges Herz. Weiß nicht, ob es genügt, was ich tue. Du bist größer als mein Herz. In Dir möchte ich bleiben, in der Weite Deines Herzens finde ich mich selbst. Amen.

100. Geburtstag von Leonard Bernstein

Leonard Bernstein wurde am 25.8.1918 in Massachusetts (USA) geboren. Er arbeitete als Komponist, Dirigent und Pianist. Zu einem seiner erfolgreichsten Werke gehört das Musical West Side Story aus dem Jahr 1957. Darin verlegt Bernstein Shakespeares Romeo und Julia in das New York der 1950er Jahre und erzählt die unerfüllte Liebesgeschichte von Maria und Tony – inmitten der Kämpfe von Straßengangs. Die Verfilmung des Musicals wurde mit zehn Oscars ausgezeichnet. Leonard Bernstein starb am 14.10.1990 in New York.

775 † Gregor von Utrecht, Glaubensbote in Friesland | 1744 * Johann Gottfried Herder | 1854 Evangelische Diakonissenanstalt Stuttgart gegründet | 1900 † Friedrich Nietzsche

26. August

Sonntag | 13. Sonntag nach Trinitatis

Wochenspruch: Matthäus 25,40
Wochenlied: EG 343
Evangelium: Lukas 10,25–37
Epistel: 1. Johannes 4,7–12
Altes Testament: 1. Mose 4,1–16a

Wir lesen Psalm 93

Schöne Grüße

Eine kleine, neunzigjährige Dame besuchte unsere Tagespflege. Und immer, wenn sie sonntags die Einrichtung betrat, stützte sie sich mit beiden Händen auf ihren Gehstock, hob den Kopf und schaute mir direkt ins Gesicht, und mit dem Ausdruck, einen wichtigen Auftrag zu erfüllen, sagte sie zu mir: „Einen schönen Gruß vom Herrgott soll ich Ihnen heute sagen.“ Meine Freude darüber ließ ihr Gesicht aufleuchten, und zufrieden über ihren Erfolg wandte sie sich den anderen zu. – Nun kann ich selbst diesen Auftrag nicht persönlich bei Ihnen ausrichten, aber am heutigen Sonntag habe ich Gelegenheit, den Auftrag schriftlich zu erfüllen: „Einen heiligen Gruß vom Herrgott soll ich Ihnen heute sagen.“ Der Sonntag ist ja dazu da, sich Gott zu nähern. – Im 93. Psalm wird Gott, von dem wir uns ja kein Bild machen sollen, beschrieben als „… herrlich gekleidet“, und schon hat man die prächtigsten Gewänder vor Augen. Aber der Dichter des

Psalms nimmt noch einmal Anlauf: „… gekleidet und umgürtet mit Kraft." Jetzt hat er's! Die Schöpferkraft erhält nun genau die Poesie, die zur Schöpfung gebraucht wird. „Von Anbeginn" bis „… du bist ewig" spannt sich der göttliche Bogen, in dem der Erdkreis nicht wanken kann. Damit wird das damalige geozentrische Weltbild veranschaulicht. – Die Erde steht fest, aber das Wasser bewegt sich und schaukelt sich auf, Vers für Vers. Es gerät in Bewegung. Es beginnt zu rauschen. Die Wellen werden höher, sie brausen, sie tosen, man sieht, wie sich der Tsunami urwelthaft, unbesiegbar, als Maßstab für Kraft aufbäumt. Doch: Mächtiger ist der Herr in der Höhe. Die Gegenüberstellung macht das Meer klein und lässt die göttliche Machtfülle erstrahlen. Und nun findet der Psalmist vom kämpferischen „… gegürtet mit Kraft" zur „… Heiligkeit als Zierde des Hauses". Hier wird die Seele aufgefangen und in Empfang genommen. „… für alle Zeit."

Dorothea Frey

Wir beten

Herr, unser Gott, wir halten selten inne und das Leben schlägt hohe Wellen. Schenke uns Zeiten der Stille und der inneren Versenkung. Lass uns Deine Nähe fühlen, die uns über die Wasser trägt. Amen.

383 † Wulfila, Glaubensbote der Goten | 1813 † Theodor Körner, Dichter | 1942 † Werner Sylten, Märtyrer in Berlin | 1945 † Franz Werfel, Schriftsteller

27. August

Montag | SA 06:27 SU 20:19 MA 21:02 MU 07:07

Wochenspruch: Matthäus 25,40
Wochenlied: EG 343

Wir lesen 1. Johannes 4,1–6

Komm, du Geist der Wahrheit

Die Geister zu unterscheiden, ist eine wichtige, ernste Aufgabe. Nicht jeder Geist tut gut, mancher führt in die Irre, verblendet, dient nicht dem Leben, sondern der Zerstörung und dem Tod. Der 1. Johannesbrief gibt ein Unterscheidungskriterium: Der Geist der Wahrheit ist der Geist Jesu Christi. Er sagt, was Sache ist, wie Luther es 1518 in der Heidelberger Disputation ausdrückte. Er lässt uns mit den Augen Gottes sehen. Er zeigt uns Christus, den Gekreuzigten und Auferstandenen und schließt uns mit ihm zusammen. Wir müssen nicht mehr aus uns machen, als wir sind, und uns selbst nicht größer machen, indem wir andere erniedrigen. Im Leben, Sterben und Auferstehen Jesu Christi finden wir Gott und unser eigenes Leben. – Aber wie entdecken wir diesen Geist? Er weht, wo er will (Joh 3,8), wo und wann es Gott gefällt (Augsburger Konfession 1530, Art. 5). Wir haben ihn nicht und können ihn nur erbitten; besitzen ihn nicht und können ihn nur empfangen. Wir können uns ihm entziehen oder nach ihm suchen, indem wir uns das Evangelium verkündigen lassen. Wir sind darauf angewiesen, dass er kommt und in unseren Herzen sein Pfingstfeuer entzündet, damit wir die Geister zu unterscheiden lernen. Wir erkennen ihn daran, dass er der Geist der Liebe ist, die nicht um unsertwillen liebt, sondern um des anderen willen. Hoffen wir auf ihn, jeden Tag, für uns und für die ganze Kirche! *Sibylle Rolf*

Wir beten (mit EG 136)

O komm, Du Geist der Wahrheit, und kehre bei uns ein. Verbreite Licht und Klarheit, verbanne Trug und Schein. Gieß aus Dein heilig Feuer, zünd Herz und Lippen an, dass jeglicher Getreuer den Herrn bekennen kann. Amen.

Julius Kaftan (30.9.1848–27.8.1926)

Julius Wilhelm Martin Kaftan war ein deutscher evangelischer Theologe. Der Pfarrerssohn wurde Professor an der Universität Basel. 1883 übernahm er den früheren Lehrstuhl Friedrich Schleiermachers an der Universität Berlin. Er gehörte 1890 zu den Gründungsmitgliedern des Ev.-Sozialen Kongresses. 1904–1925 war er Mitglied des Ev. Oberkirchenrats der altpreußischen Landeskirche und seit 1921 dessen geistlicher Vizepräsident. Er zeigte sich beeinflusst von Immanuel Kant und dem Neukantianismus und prägte die These, dass „Kant der Philosoph des Protestantismus" sei.

387 † Monnica, Mutter Augustins in Nordafrika | 542 † Cäsarius von Arles, Bischof und Wohltäter in Südfrankreich | 1535 Reformation in Genf | 1576 † Tizian, Maler | 1926 † Julius Kaftan, Theologe

28. August

Dienstag | SA 06:28 SU 20:17 MA 21:24 MU 08:13

Wochenspruch: Matthäus 25,40
Wochenlied: EG 343

Wir lesen 1. Johannes 4,7–21

In der Liebe bleiben

An Kain und Abel erkenne ich, wie Menschen aus der Liebe herausfallen können. Kain tötet Abel, seinen Bruder, mit dem er aufgewachsen ist. – Furcht ist nicht in der Liebe, sondern die vollkommene Liebe treibt die Furcht aus. Auf einmal war sie da, die Furcht, dass Abel der Bessere ist, dass er mehr geliebt wird. Beide hatten geopfert, damit Gott sich darüber freut. Abel ein paar Ähren, Kain ein junges Schaf. Ein Opfer. Aber das eigentliche Opfer – Kain. Denn Gott nimmt sein Opfer nicht an. Kain sieht rot. – Wirkliche Liebe ist frei von Angst. Wer sich fürchtet und vor der Strafe zittert, der kennt wirkliche Liebe nicht. Kain zittert vor Scham und vor Angst. Was werden seine Eltern sagen? Was wird Gott sagen? Mit Abels Tod ist ein Stück seiner selbst gestorben. Ob er sich selbst vergeben kann? – Gott macht ein Zeichen an Kain, ein Schutzzeichen. Die Strafe bleibt aus. Sein Leben wird ein Leben mit Schuld sein. Aber er muss nicht sterben. – Kain ist aus der Liebe herausgefallen. Wer Gott liebt, der muss auch seinen Bruder und seine Schwester lieben. Er hat seinen Bruder getötet, ist nicht in der Liebe geblieben. Aber er bleibt am Leben. Gott macht ihn nicht zum Opfer, lässt ihn seine Schuld ansehen. Sieh, was du getan hast. Steh dazu. Du darfst weiterleben, darfst dir sogar vergeben. Auch wenn du aus der Liebe herausfällst: Ich lasse dich nicht fallen. Wir lieben, weil Gott uns zuerst geliebt hat. *Sibylle Rolf*

Wir beten

Gott, lass mich in der Liebe bleiben und die Menschen lieben, die mir zu Brüdern und Schwestern geworden sind. Stärke in mir die Gewissheit, dass Du mich immer zuerst liebst. Amen.

Augustinus von Hippo (13.11.354–28.8.430)

Er war einer der vier lateinischen Kirchenlehrer der Spätantike und ein wichtiger Philosoph an der Schwelle zwischen Antike und Frühmittelalter. Augustinus war zunächst Rhetor in Thagaste, Karthago, Rom und Mailand. Wie sein Vater war er Heide, unter dem Einfluss der Predigten des Bischofs Ambrosius von Mailand ließ er sich 387 taufen; von 395 bis zu seinem Tod 430 war er Bischof von Hippo Regius. Das Werk Bekenntnisse (Confessiones) gehört zu den einflussreichsten autobiographischen Texten der Weltliteratur. Er prägte den Satz: Liebe und tue, was du willst.

430 † Augustinus, Kirchenlehrer in Nordafrika | 1645 † Hugo Grotius, niederländischer Theologe, Jurist und Historiker

29. August

Mittwoch | SA 06:30 SU 20:15 MA 21:45 MU 09:21

Wochenspruch: Matthäus 25,40
Wochenlied: EG 343

Wir lesen 1. Johannes 5,1–5

Rücksicht

„20 Minuten Pause", sagt der Busfahrer, als wir auf die Raststätte einbiegen, der erste Halt unserer mehrtägigen Gemeindefahrt. Zur angegebenen Zeit sind alle wieder am Bus. Alle? Nein, eine Teilnehmerin fehlt, eine 85-jährige Dame. Wir warten, dann suchen wir. Wo kann einer auf einer Autobahnraststätte verschwinden. Meine Angst steigt. Ob sie etwa in einen anderen Bus eingestiegen ist? Schließlich machen sich noch einmal zwei Unentwegte auf den Weg. Da gibt es einen kleinen Feldweg, der von der Raststätte wegführt, den wollen sie gehen. Tatsächlich kommen sie nach gut zehn Minuten zu dritt zurück. Unsere Dame hatte die Orientierung verloren. Überall große Erleichterung. Mit Freuden wird sie im Bus empfangen, keiner macht einen Vorwurf. Die nächsten Tage werden schön, unauffällig achtet einer auf den anderen, damit er den Anschluss nicht verliert, die Zeiten nicht vergisst und nicht alleine bleibt. Bei der letzten Pause auf dem Rückweg nimmt mich unser Busfahrer beiseite: „Ihre Gruppe ist so anders", sagt er mir. „Was erlebe ich sonst an Drängelei, Rücksichtslosigkeit und Beschimpfungen." Wie bin ich froh über sein Urteil. Es ist nicht selbstverständlich, dass es in einer christlichen Gruppe anders ist. Aber es sollte so sein. Möge es uns auch im täglichen Leben gelingen.

Hans-Jürgen Sievers

Wir beten

Herr, unser Gott, wir danken für alle Menschen, die nicht verzweifeln vor dem Leid, der Gewalt und dem Unrecht in dieser Welt. Wir danken für alle, die sich nicht aufgeben und andere nicht aufgeben. Amen.

Sind Christen andere Menschen?

Ich lese diese Frage in einem Schaukasten. Beim Weitergehen schüttle ich den Kopf. Natürlich sind Christen keine anderen Menschen! Doch dann denke ich weiter: Sollten Christen nicht anders sein? Können Sie sich einen Christen vorstellen, der immer nur klagt und jammert, der nur das Negative sieht und meint, dass es heute keine Hoffnung mehr gibt? Von den Christen, den Kirchengemeinden wird erwartet, dass sie sich nicht abfinden mit Unfrieden und Ungerechtigkeit. Es ist schön, dass Christen anders sind, und es ist schade, dass es nicht mehr davon gibt.

1523 † Ulrich von Hutten, Mitkämpfer der Reformation | 1825 † Martin Boos, Erweckungsprediger im Rheinland | 1949 Kommunität von Taizé gegründet

30. August

Donnerstag | SA 06:31 SU 20:13 MA 22:07 MU 10:30

Wochenspruch: Matthäus 25,40
Wochenlied: EG 343

Wir lesen 1. Johannes 5,6–12

Vielfalt

Ich sitze und grüble: Wie lässt sich in wenigen Worten beschreiben, dass Vielfalt im Glauben bei allen Beschwernissen doch auch etwas sehr Schönes sein kann? Ich schreibe einen Satz, streiche ihn durch, schreibe einen neuen Satz. Auch dieser gefällt mir nicht. Schließlich lege ich meinen Stift ganz beiseite. Meine Frau ist inzwischen in mein Zimmer gekommen und macht sich an den Blumen zu schaffen. Heute ist nicht nur Gießen angesagt. Hier und da werden trockene Blätter abgebrochen oder einzelne Zweige entfernt. Dann muss gerückt werden, haben doch manche Pflanzen die Eigenschaft, die anderen in den Schatten zu stellen. Es muss dafür gesorgt werden, dass auch die Kleinen, die sich erst entfalten wollen, genügend Licht bekommen. Als ich wieder allein im Zimmer bin, freue ich mich beim Blick auf das Fenster. Wie bunt und vielfältig! Alles bekommt genügend Licht und hat Platz zur Entfaltung. Ich denke weiter: Was würde geschehen, wenn wir die Jalousie schließen? Ohne Licht würden alle Pflanzen eingehen. Vielleicht kann ich so die Vielfalt im Glauben erklären. Könnten wir uns nicht an

Jesus Christus, dem Licht der Welt, ausrichten, würde bald alles verkümmern. Haben wir aber in ihm unsere Kraftquelle, darf es ruhig auch Unterschiede geben in der Art und Weise, wie wir unseren Glauben leben. *Hans-Jürgen Sievers*

Wir beten

Herr, unser Gott, lass für uns alle Glauben und Vertrauen wie Brot des Lebens sein, Nahrung und Kraftquelle in den schönen und in den schwierigen Zeiten des Lebens. Amen.

Matthias Grünewald

Vor 490 Jahren starb der Maler Mathis Gothard Nithard, der unter dem Namen Matthias Grünewald bekannt geworden ist. Wer einmal die Stadt Colmar im Elsass besucht, wird auf das Museum Unterlinden hingewiesen, ein früheres Dominikanerkloster. Ein besonderer Anziehungspunkt ist der dort ausgestellte Altar, eines seiner Hauptwerke, das er 1515 für das Kloster Isenheim gemalt hat. Berühmtheit erlangte das Werk, eine Kreuzigungsszene, wegen seiner für die damalige Zeit ungewöhnlichen Farbgebung und der besonderen Darstellungskraft.

1528 † Mathis Gothard Nithart, gen. Grünewald, Maler im Elsass (ev. Gedenktag; Sterbetag: 31.8.) | 1563 † Wolfgang Meuslin, reformierter Prediger

31. August

Freitag | SA 06:33 SU 20:11 MA 22:30 MU 11:40

Wochenspruch: Matthäus 25,40
Wochenlied: EG 343

Wir lesen 1. Johannes 5,13–21

Gerade jetzt

Wir beenden heute die Auslegungen zum 1. Johannesbrief. Haben Sie nicht nur die Kalenderblätter gelesen, sondern auch die angegebenen biblischen Texte dazu, dann hat Ihnen sicher ein Lesezeichen geholfen, die Bibel immer wieder an der richtigen Stelle aufzuschlagen. So ein kurzer Brief kann leicht überschlagen werden. Fassen wir noch einmal zusammen: In den frühen christlichen Gemeinden gab es eine große Vielfalt an Meinungen und Glaubensrichtungen. Das führte zu vielen Diskussionen. Unermüdlich werden in diesem Brief die Gemeindeglieder gemahnt, sich auf die Mitte des Glaubens zu konzentrieren. Je stärker wir auf Jesus Christus ausgerichtet sind, umso leichter ist es, andere Meinungen zu tolerieren. Dann gab es die Erfahrung, dass die einen neu zum Glauben finden, andere sich aber wieder abwenden. Das begleitete nicht nur die Gemeinden in früheren Zeiten. Es ist, als ob zu uns heute gesprochen wird, wenn wir zwischen den Zeilen die Mahnungen finden, doch nicht gerade jetzt wegzugehen, wo wir so nötig gebraucht werden, nicht gerade jetzt müde im Glauben zu werden, wo so viel Unglaube zu spüren ist. Zeigen wir, dass wir etwas wissen von Glaube, Liebe und Hoffnung, gerade heute, wo es scheint, als ob die meisten Menschen damit nichts mehr anfangen können.

Hans-Jürgen Sievers

Wir beten

Herr, unser Gott, wir danken, dass uns allen aus dem Glauben immer neue Kraft wächst, dass wir wandern und nicht ermatten, laufen und nicht müde werden. Amen.

John Bunyan

Heute wird daran erinnert, dass vor 330 Jahren John Bunyan starb. Geboren 1628 in England in einfachen Verhältnissen, wurde er zu einem der bekanntesten Erweckungsprediger über die Grenzen seines Landes hinaus. Intensives Studium der Schrift bewahrte ihn davor, in Schwärmerei abzugleiten. Mehrfach war er inhaftiert, da er die Obrigkeit kritisierte. Seine Schrift „Die Pilgerreise“, im Gefängnis geschrieben, schildert die Wanderung von „Christian“ durch die Anfechtungen der Welt. Sie wurde in 70 Sprachen übersetzt und war eines der bekanntesten Bücher seiner Zeit.

1688 † John Bunyan, Erweckungsprediger in England | 1906 † Ludwig Zimmermann, Märtyrer in Lettland

1. September

Sonnabend | SA 06:35 SU 20:08 MA 22:58 MU 12:51

Ökumenischer Schöpfungstag

Wochenspruch: Matthäus 25,40
Wochenlied: EG 343

Wir lesen 2. Johannes 1–13

Die neue Wahrheit ist die gelebte Liebe

Ein paar kurze Zeilen. Nicht viel. Aber das Wichtigste eben. So, wie wir selbst schnelle Briefe schreiben – geschrieben haben?!? Kurz und knackig. Gruß und Erinnerung, was einen verbindet, die Wahrheit, die in uns gepflanzt wurde durch Gott. Die Wahrheit, das, was allem standhält, das, was bleibt, wenn alle daran herumgemäkelt haben und alles geprüft wurde und alles damit durchlebt worden ist und dann immer noch Bestand hat, ja: Das ist die neue Wahrheit, die durch Jesus Christus in unser Leben, in diese Welt gekommen ist. Die neue Wahrheit ist die gelebte Liebe – sonst nichts. Die Liebe hat sogar noch im Tode und durch den Tod hindurch Bestand, das ist die Wahrheit, von der dieser Brief hier spricht. Das ist die Wahrheit, die Gott gesetzt hat mit der Auferweckung seines Sohnes Jesus Christus. Mehr bleibt eigentlich nicht zu sagen, außer vielleicht, dass diese klare und schon brüskierend direkte Wahrheit von Anfang an nicht geliebt wurde. Dass sie verändert, verwässert, verschwiegen, verbogen wurde, nur damit sie etwas bequemer daherkommen möge.

Ja, diese klare und einfache Wahrheit ist unbequem, weil sie ohne juristische Hintertürchen, ohne Ausweichmöglichkeiten, ohne Wenn und Aber gilt und gelebt werden möchte. Darum geht es, wenn wir uns täglich entscheiden – für oder gegen Gott, für oder gegen den Glauben. *Christoph Wiesener*

Wir beten

Wahrer Gott, schenke uns den Mut zu Deiner Wahrheit, die unser Leben so viel konsequenter macht und klarer, die uns durch alles führt und trägt und niemals trügt, auch nicht im Tode – schenke uns den Glauben. Amen.

Sixt Karl Kapff (22.10.1805–1.9.1879)

Er war Sohn eines Pfarrers, studierte u. a. in Tübingen und war für seine Predigten berühmt. Deshalb berief man ihn zum Erweckungsprediger in die Brüdergemeine Korntal. 1843 wurde er Dekan in Münsingen, dann in Herrenberg und ab 1849 Mitglied der Ständeversammlung in Stuttgart. Von 1850 an war er Prälat in Reutlingen, und somit Mitglied der Kirchenleitung, und 1852 wurde er schließlich Prediger an der Stiftskirche in Stuttgart. Bis zu 3000 Menschen folgten seinen Predigten. „Brückenbauer auf dem Weg zum Glauben", so nannte er sich selbst.

1844 Agentur des Rauhen Hauses gegründet | 1879 † Sixt Karl Kapff, Seelsorger in Württemberg | 1939 Beginn des Zweiten Weltkrieges

2. September

Sonntag | 14. Sonntag nach Trinitatis

Wochenspruch: Psalm 103,2
Wochenlied: EG 365
Evangelium: Lukas 17,11–19
Epistel: Römer 8,(12–13.)14–17
Altes Testament: 1. Mose 28,10–19a

Wir lesen Psalm 146

Gottes parteiische Hilfe

Wer kann mir helfen in unsicheren Zeiten? Ist es ein starker Mann, der alle Probleme lösen wird? Viele setzen darauf, dass „Fürsten“ wie Trump, Putin oder Erdogan die Dinge in eine gute Richtung voranbringen werden. Sie erwarten sich eine Lösung aller Probleme von denen, die scheinbar die Macht haben. Aber können sie das? – Der Beter des 146. Psalms ist da mehr als skeptisch. Fürsten sind nur schwache, vergängliche Menschen. Gott dagegen ist der, der Himmel und Erde geschaffen hat. Aus neutestamentlicher Perspektive gesehen: … und der Jesus Christus von den Toten auferweckt hat. Auf ihn zu bauen, von ihm Hilfe zu erwarten, das ist darum der wahre Realismus. Gott kann helfen. Er hat die Macht dazu, auch wenn sie uns oft verborgen bleibt. In unsicheren Zeiten ist er derjenige, der wirklich Halt und Orientierung geben kann. Die sich darauf verlassen, erleben es immer wieder neu. – Gottes Hilfe allerdings ist dem Psalmisten zufolge parteiisch. Er liebt, die in einer Glaubensbeziehung zu ihm stehen. Er ist auf der Seite der Opfer von Gewalt und Ungerechtigkeit. Er stellt sich zu den Ausgegrenzten, Fremden und Schwachen in der Gesellschaft. Ihnen kann Gott wirklich helfen, aber er hilft anders, als „Fürsten" es tun würden. Seine Hilfe ist nicht wie von irdischer Macht. Die Hilfe Gottes äußert sich eher darin, die Augen geöffnet zu bekommen für seine Gnade und Güte, getröstet und aufgerichtet zu werden, Erfahrungen der Bewahrung und wunderbaren Führung zu machen und im Vertrauen auf ihn voller Zuversicht – auch in schwierigen Situationen – seinen Weg durch das Leben zu gehen. – Was hilft in unsicheren Zeiten? Sicherheit gibt es nicht bei den starken Männern. Gegen die Verunsicherung hilft das Vertrauen auf Gott, dessen schöpferische Macht unser Leben trägt, der an der Seite der Machtlosen ist und dessen Treue alle Zeiten überdauert! *Urs Ebenauer*

Wir beten

Gütiger Gott, stärke unser Vertrauen auf Deinen Beistand. Hilf uns, Dir nachzufolgen und wie Du auf der Seite der Entrechteten und Entwürdigten zu stehen. Gelobt seist Du, König der Welt. Amen.

1409 Universität Leipzig gegründet | 1872 † Nikolaj Frederik Severin Grundtvig, Reformer der Kirche in Dänemark | 1965 † Johannes Bobrowski, Schriftsteller

3. September

Montag | SA 06:38 SU 20:04 MA – MU 15:15

Wochenspruch: Psalm 103,2
Wochenlied: EG 365

Wir lesen 3. Johannes 1–15

Glaube ist erfreulich ansteckend

Das öffentliche Gespräch über den Glauben ist zum Erliegen gekommen. Darüber redet man nicht wie über einen Furunkel am Allerwertesten. Wann hat uns zuletzt jemand davon erzählt, wie er oder sie im Glauben steht? Was für ihn oder sie der Glaube bedeutet? Was ihm oder ihr geholfen hat, sich im Glauben zu bewähren? Schade, kann ich nur sagen. Zeugnis geben von dem Glauben und dem Leben der Mitgeschwister, das hilft Menschen manchmal mehr auf als alles offiziell geschriebene oder gepredigte Wort, mehr als alle kirchlichen Großereignisse oder Jubiläen. Ich zumindest habe die stärksten Glaubensimpulse von ebensolchen mutigen Menschen erfahren. Mein Glaube ist immer dort gewachsen, wo Menschen sich offen und öffentlich zu ihrem Glauben bekannt haben und ihn begründen konnten. – Es macht so viel mehr Freude, ja sogar Lust es nachzutun, wenn man hoffnungsfrohes und ermutigendes Leben geschildert bekommt. Führen Forderungen schnell zur Überforderung, so ist das etwas ganz anderes, sobald einer erzählt, was er tut oder getan hat und was er damit bewirkt hat – in sich, für sich, und in anderen und für andere. Das ist so konkret, dass es in meine kleine Vorstellungswelt passt. Das ist meine Schuhgröße. Das kann ich auch – das will ich auch. Diese Gefühle und Überlegungen sind dann nicht allzu weit weg. Glaube ist dann plötzlich erfreulich ansteckend. *Christoph Wiesener*

Wir beten

Herr, großer Gott, schenke uns Glaubenszeugen, die uns Mut machen, an Dir zu bleiben, wenn uns selbst der Mut schwindet, und lass uns selbst fröhlich Zeugnis geben von Deiner Wahrheit. Amen.

Oliver Cromwell

Geboren 1599, erhielt Oliver Cromwell eine strenge calvinistische Erziehung. Mit 30 Jahren verspürte er seine spirituelle Erweckung und sah sich als Auserwählter Gottes. Er wurde Mitglied des englischen Parlaments und es gelang ihm dank seines Charisma, ein Heer um sich zu scharen und in einer Reihe siegreicher Bürgerkriegsschlachten die englische Krone und später auch die Schotten und die Iren zu besiegen und in seiner Regierungszeit als Lordprotektor den Grundstein für ein England als See- und Handelsmacht zu legen. Mit seinem Tode kehrte die Monarchie wieder nach England zurück.

1658 † Oliver Cromwell, Staatsführer in England | 1883 † Iwan Turgenjew, russischer Schriftsteller

4. September

Dienstag | SA 06:39 SU 20:02 MA 00:11 MU 16:23

Wochenspruch: Psalm 103,2
Wochenlied: EG 365

Wir lesen Zefanja 1,1–9

Heil und Unheil

„Es ist das Heil uns kommen her von Gnad und lauter Güte." (EG 342) So hat es die evangelische Christenheit im Jahr des Reformationsgedenkens in den alten Worten und Melodien gesungen. Es sind auch neue Töne laut geworden: „Luther, der Gewissens-, der Freiheitsheld!" Darauf halten die christlich geprägten westlichen Gesellschaften große Stücke. – Heute lesen wir den Anfang des Prophetenbuches Zefanja. Um 630 v. Chr. hat Zefanja gewirkt, zur Zeit des Königs Josia, der etwas später seinen Tempel in Jerusalem zum einzigen im Land erheben wird: zu einer Opferstätte für den Einen, Ewigen. Kurz nach Zefanja wirkt Jeremia, der dann miterlebt, wie Gottes Tempel durch die babylonischen Truppen zerstört wird. Zefanja spricht von dem drohenden Unheil in erschreckenden Worten. Er nennt es den „Tag des Herrn". Weil die Menschen Mächte anbeten, die sich am Himmel zeigen (V. 5), weil sie einerseits im Namen Gottes schwören und zugleich im Namen ihres Königs – unter anderem deshalb droht ihnen die Vernichtung. Wird das nicht später von Jesus wiederholt, wenn er sagt „Ihr könnt nicht

Gott dienen und dem Mammon" (Mt 6,24)? Und heute? Was klingt auf, wenn wir Reformationslieder singen – und gleichzeitig haben wir nur „unsere Freiheit" im Blick, sind auf „unseren Wohlstand" bedacht? Darf dann vom „Heil" die Rede sein? *Hartwig Schulte*

Wir beten

Ja, es ist wahr, Du ewiger Gott: Du sprichst Recht und legst dafür Beweise vor. Du machst die Tatsachen bekannt und bezeugst sie. Verbirg Dich nicht; nimm Deinen Geist nicht von mir. Amen.

Der Tag des Zorns

Das Kapitel Zefanja 1 ist „vielleicht die erschreckendste aller Prophetien zum Tag des HERRN. Es weissagt die Verheerung, die Jerusalem treffen wird. V. 15 bildet die Grundlage des mittelalterlichen Hymnus ‚Dies irae' (‚Tag des Zorns'), der oft vertont worden ist. Weitere Propheten sprechen vom heiligen Rest, der übrig bleiben wird, doch hier wird alles ausgelöscht. Dieses Gedicht würde in den Kontext einer großen Reformbewegung, wie der von König Joschija, passen, kurz vor dem Ende des Königreichs von Juda."

(H. Wansbrough, Der Bibelguide, S. 215)

1553 † Giovanni Mollio, Märtyrer in Italien | 1907 † Edvard Grieg, Komponist | 1964 † Werner Bergengruen, Schriftsteller | 1965 † Albert Schweitzer, Theologe, Musiker, Arzt, Wohltäter in Afrika

5. September

Mittwoch | SA 06:41 SU 19:59 MA 01:02 MU 17:25

Wochenspruch: Psalm 103,2
Wochenlied: EG 365

Wir lesen Zefanja 2,1–7

Geborgen bei Gott

So lautet übersetzt der Name des Propheten: „Geborgen bei Gott“. Von einer mittelalterlichen Mystikerin überliefert:„Ich bin so geborgen wie die Feder im Sturm. Wenn ich auf die Wellen geweht werde, ertrinke ich nicht, wenn ich gegen die Felsen geschleudert werde, zerbreche ich nicht. Ich bin so geborgen wie die Feder im Sturm.“ Steht dafür auch der Name Zefanja? Seine Botschaft lässt kaum Hoffnung aufleuchten, und es geht ihm nicht um sein persönliches Geschick, wie es in dem Wort der Mystikerin anklingt. Aber für den Rest des Gottesvolkes sieht er einen schmalen Schimmer am Horizont. Mit den Worten der Lutherbibel ausgedrückt, heißt es in V. 3: „Suchet den Herrn, alle ihr Elenden im Lande, die ihr seine Rechte haltet! Suchet Gerechtigkeit, suchet Demut. Vielleicht könnt ihr euch dann bergen am Tage des Zorns des Herrn.“ – Wohin kann sich das Gottesvolk heute bergen? Neben uns ertrinken Flüchtlinge. Ist da nicht zuerst die Einsicht nötig, dass wir Christenmenschen aus den Wohlstandsvölkern über die Verhältnisse der anderen leben und also die Ursache für ihr Elend sind? Die „Elenden des

Gottesvolkes" sind verbunden mit dem Elend der Flüchtlinge. Die böse Ahnung wächst, dass Menschen, die viel haben, viel zu verlieren haben. Diese Menschen sind wir im Westen, im Norden. Wir sind nicht „geborgen wie die Feder im Sturm" – unser Wohlstand zerschellt. *Hartwig Schulte*

Wir beten

Du widerstehst den Hochmütigen, ewiger Gott, den Demütigen schenkst Du Gnade. Lass uns nicht die Augen vor dem Bösen verschließen, das in uns ist und um uns. Bei Dir allein sind wir geborgen. Amen.

Die Kirche ist (k)ein Kultverein!

Vor 50 Jahren wurde Werner Krusche Landesbischof in Magdeburg; er schreibt über diese Zeit: „Im April 1968 war die neue Verfassung der DDR in Kraft getreten … in der den Bürgern das Recht zugesprochen wurde, ‚sich zu einem religiösen Glauben zu bekennen und religiöse Handlungen auszuüben'." Damit „war der Kirche die Rolle eines Kultvereins zur Befriedigung ‚religiöser Bedürfnisse' zugedacht, – ihr Recht, sich vom Worte Gottes her zu den Lebensfragen des Volkes zu äußern, nicht mehr erwähnt". Doch es folgten Jahre prophetischer Zeichen der Christen in der DDR. Dafür sind wir dankbar!

1562 † Katharina Zell, Liederdichterin in Straßburg | 1857 † Auguste Comte, französischer Philosoph | 1997 † Mutter Teresa, Wohltäterin in Kalkutta

6. September

Donnerstag | SA 06:42 SU 19:57 MA 02:04 MU 18:17

Wochenspruch: Psalm 103,2
Wochenlied: EG 365

Wir lesen Zefanja 3,9–20

„Es ist das Heil uns kommen her …"

Nun singt der Prophet es doch – das Loblied der Erlösten! Aber Vorsicht: Das Gottesvolk geht zuvor durch ein unbarmherziges Gericht! Ich kann es für mich aufgrund der Botschaft des Zefanja nicht mehr unmittelbar und von Herzen so mitsingen, wie es der Dichter in dem Lied „Jesus, meine Zuversicht" (EG 526) in der dritten Strophe ausdrückt: „Ich bin durch der Hoffnung Band zu genau mit ihm verbunden, / meine starke Glaubenshand wird in ihn gelegt befunden …" Nein, auch mein ‚Glaube' wird im Gericht zerbrechen. Zefanja betont, dass es „ein armes und geringes Volk" ist, das „des Herrn Namen trauen" wird (3,5). Der Glanz des kommenden Morgens liegt also nicht schon über dieser Welt des Unrechts und der Gewalt. Mit dem, was in der reformatorischen Christenheit oft sehr selbstbewusst „Glaube" genannt wird, ist es nicht weit her. Die „starke Glaubenshand" ist die Hand eines Ertrinkenden! Nach dem letzten Weltkrieg hat Erich Kästner in dem Gedicht „Die Jugend hat das Wort" folgende Verse niedergeschrieben: „Ihr habt das wundervoll erledigt. / Vor einem Jahr schriet ihr noch ‚Heil!' / Man staunt, wenn ihr jetzt ‚Freiheit' predigt / wie kurz zuvor das Gegenteil." Jedoch: Nach der Freiheit sollen wir um Gottes Willen ‚schreien' – sein Heil aber können Gottesmenschen nur ‚predigen'. Der Schrei nach der Freiheit soll in die Ohren dringen – die Predigt des Heils soll ‚zu Herzen gehen'.

Hartwig Schulte

Wir beten (mit EG 194,1)

O Gott, Du höchster Gnadenhort, verleih, dass uns Dein göttlich Wort von Ohren so zu Herzen dring, dass es sein Kraft und Schein vollbring. Amen.

Die Wunde – die Liebe

„Es ist eine physische und wahrscheinlich auch eine seelische und auch eine vererbbare Krankheit. Das Exil ist eine Krankheit unter anderem deswegen, weil man das Gefühl hat, dauernd an einer Wunde zu leiden, die einen erinnert, dass man etwas verloren hat, dass einem etwas wehtut, – und man lebt also tags und schläft nachts mit dieser Wunde, die nicht loszukriegen ist." (Hilde Spiel, Schriftstellerin; 1911–1990) – „Lasst uns endlich die Wahrheit begreifen, dass nur die Liebe selig macht, der Glaube aber blind."

(Karl Emil Franzos, Schriftsteller; 1848–1904)

1525 † Matthias Waibel, Märtyrer in Schwaben

7. September

Freitag | SA 06:44 SU 19:55 MA 03:17 MU 19:00

Wochenspruch: Psalm 103,2
Wochenlied: EG 365

Wir lesen Habakuk 1,1–11

Krisenzeiten bergen Chancen

Wir wissen nicht viel über den Propheten Habakuk. Wahrscheinlich wirkte er kurz vor der großen Krise des jüdischen Volkes, als es zerrieben wird zwischen den Großmächten und ihren Machtgelüsten. Das kleine jüdische Volk muss sehen, wie es überleben kann. Falsche Kompromisse und Herumtaktieren – beides kennzeichnet diese Jahre. Kann es sich aber retten vor der Gewalt der Chaldäer? Wie ist da noch die befreiende Botschaft zu hören, dass Gott herausruft und befreit von Knechtschaft? Habakuks Zeit ist eine Krisenzeit. In Krisenzeiten droht der Mensch den Halt zu verlieren. Was kann man für eine Kraft dagegenhalten, wenn die Feinde – hier die Chaldäer – ihre Kraft zu ihrem Gott machen? Was wird, wenn die Kraft des Stärkeren letztlich doch siegt? Der Glaube und seine Kraft verdunkeln sich. Krisenzeiten bergen dennoch in sich die Chance, dass sie Positives hervorbringen können, um dann das Rechte zu tun. – Habakuk schreit seine Ohnmacht heraus. Er beklagt, dass das Recht verkehrt wird. Er kann es benennen, denn er weiß, was Recht ist und was Unrecht ist. Er hat einen Adressaten dafür. Er richtet seine

Klage an Gott. Und Gott gibt ihm eine Ausrichtung. Solche Kraft und Gelassenheit möge Gott uns allen schenken!

Enno Haaks

Wir beten (mit Worten des Theologen Reinhold Niebuhr)

Gott, gib mir die Gelassenheit, Dinge hinzunehmen, die ich nicht ändern kann, den Mut, Dinge zu ändern, die ich ändern kann, und die Weisheit, das eine vom anderen zu unterscheiden. Amen.

Die Erklärung der Rechte der Frau und Bürgerin

Sie wurde 1791 von Olympe de Gouges verfasst, um sie der französischen Nationalversammlung zur Verabschiedung vorzulegen. Die Schrift forderte die volle rechtliche, politische und soziale Gleichstellung der Frauen und war eine Reaktion auf die Erklärung der Menschen- und Bürgerrechte, die am 26.8.1789 kurz nach Beginn der Französischen Revolution verkündet worden war. Die darin enthaltenen Rechte und Pflichten galten nur für „mündige Bürger". Frauen hatten weder Wahlrecht noch Zugang zu öffentlichen Ämtern, weder Berufsfreiheit noch Eigentumsrechte oder Wehrpflicht.

1460 Universität Basel gegründet | 1534 † Lazarus Spengler, Förderer der Reformation in Nürnberg | 1912 † Martin Kähler, Theologe in Halle | 1948 † Julius Schniewind, Theologe

8. September

Sonnabend | SA 06:46 SU 19:53 MA 04:36 MU 19:36

Wochenspruch: Psalm 103,2
Wochenlied: EG 365

Wir lesen Habakuk 1,12–2,3

Aus Glauben leben

Wie kann man an Gott glauben in einer gottvergessenen Zeit? Wie kann man den Glauben vermitteln, der befreien will von falschen Abhängigkeiten? Das sind Fragen unserer Zeit und Fragen unseres Bibelabschnittes. Habakuk will Antworten finden. Er hat diesen Funken Glauben in sich, der darauf vertraut, dass Gottes „Augen zu rein sind, als dass du Böses ansehen könntest" (V. 13). Er weiß, dass Gott und gut zusammengehören. Nur – er sieht diesen Glauben verborgen hinter Unrecht und Bösem in der Welt. So steht er auf seiner „Warte", hält Ausschau und will hören, was Gott ihm sagen will. Der Glaube kommt aus dem Hören und will eine neue Sicht ins Leben schenken. Wenn doch in unserer oft gottvergessenen Zeit Menschen wieder beginnen, den Sinn des Lebens bei Gott zu suchen und nicht bei Wörtern wie Volk, Nation oder Rasse. Wenn sie doch wie Habakuk ausharren und warten, dass der Gott des Lebens sich in ihr Herz einschreiben möge! – Was ist eigentlich anders in unseren Zeiten als in den Zeiten Habakuks? Wie finden wir Halt und eine Haltung im Leben, die von Glauben, Hoffnung, Liebe gestärkt ist? Gott will, dass wir aus Glauben leben lernen und das Rechte tun. Er will uns dafür Kraft geben. Er will uns Halt geben, zu sagen: Hier stehe ich! Auch wenn es unbequem ist. Hier stehe ich auf meiner Warte – und suche nach Gerechtigkeit, denn der Gerechte wird aus Glauben leben.

Enno Haaks

Wir beten

Guter Gott, schenke uns Deinen Geist, dass er uns lehrt, in diesem Leben Halt zu finden und Haltung zu zeigen. Lehre uns, Dich zu lieben und unseren Nächsten wie uns selbst. Amen.

Das „Recht" zur Eroberung

Die Spanische Krone übertrug im Jahre 1528 dem Handelshaus der Welser in Augsburg die Rechte zur Eroberung und Erschließung des heutigen Gebietes von Venezuela. Am 8.9.1529 wurde durch Ambrosius Ehinger (um 1500 – 1533) Neu-Nürnberg an der Stelle des späteren Maracaibo gegründet. Er war der erste Gouverneur Venezuelas. Letztlich blieb das Vorhaben der Welser in Venezuela wirtschaftlich erfolglos. So gaben sie nach Rückschlägen und Verlusten im Jahre 1546 ihr Mandat auf. Der letzte General-Kapitän der Welser war Philipp von Hutten.

Röm.-kath. Feiertag: Mariä Geburt | 725 † Korbinian, Glaubensbote in Bayern | 1944 † Elisabeth von Thadden, Wohltäterin in Baden | 1949 † Richard Strauss, Komponist

9. September

Sonntag | 15. Sonntag nach Trinitatis

Wochenspruch: 1. Petrus 5,7
Wochenlied: EG 345 oder 369
Evangelium: Matthäus 6,25–34
Epistel: 1. Petrus 5,5c–11
Altes Testament: 1. Mose 2,4b–9.(10–14.)15

Wir lesen Psalm 49

Vergänglich wie das Vieh

Es ist offenbar schon immer so gewesen, dass es einige sehr reiche und damit einflussreiche Menschen gegeben hat. Oft ist es so, dass sie ihren Reichtum nicht in erster Linie zum Wohl anderer einsetzen. Der Beter des 49. Psalms sieht sich solchen Menschen ebenso gegenüber, wie wir es heute oft tun. Sein Trost ist es, dass Macht und Reichtum vergänglich sind. Sie zerschellen mit den Menschen, die sie in ihren Händen hielten, an der Klippe des Todes. „Das letzte Hemd hat keine Taschen", weiß der Volksmund. Dem setzt der Psalmbeter Glauben und Frömmigkeit entgegen. Das Leben derer, die Reichtum und Macht an die Stelle Gottes setzen, muss vergehen; der Glaubende aber hofft auf die Erlösung von dem Tod. – Hat Marx also Recht, wenn er von der Religion als dem Opium des Volkes spricht? Zementiert die Religion die Ungerechtigkeit auf der Welt, indem sie die Armen auf das Jenseits vertröstet? Nicht, wenn die Hoffnung auf Gottes

Reich in uns Christen lebendig ist. Denn sie bewegt uns, in dieser Welt Zeichen einer besseren Welt zu setzen: Christen tragen so dazu bei, dass es weniger Hunger auf der Welt gibt und dass es friedlicher und verträglicher für Gottes Schöpfung zugeht. – Die Hoffnung auf ein neues Leben bei Gott ist zugleich eine Mahnung: Wer in seinem irdischen Leben allein auf seinen Reichtum und seine Macht gebaut und beides missbraucht hat, wird vergehen müssen. Wer sich dagegen von seinem Vertrauen auf Gott hat leiten lassen – und deswegen Einfluss und Wohlstand verantwortlich eingesetzt hat –, wird eine Zukunft bei Gott haben. – Charles Dickens beschreibt in seinem Roman „Ebenezer Scrooge" einen sehr reichen Menschen. Durch einen Traum bekommt er die Folgen seines Geizes vor Augen geführt – und seinen Tod als die letzte Konsequenz. So ändert er sein Leben – und macht dadurch sich und seine Mitmenschen glücklich.

Urs Ebenauer

Wir beten

Gerechter Gott, lass uns verantwortlich umgehen mit den Mitteln, die uns zur Verfügung stehen. Hilf uns, unser Leben so zu führen, als müssten wir uns morgen vor Dir verantworten. Amen.

1560 † Luigi Pasquali, Märtyrer in Italien | 1569 † Pieter Brueghel d. Ä., Maler | 1828 * Leo N. Tolstoi, russischer Dichter | 2016 † Jörg Zink

10. September

Montag | SA 06:49 SU 19:48 MA 07:20 MU 20:32

Wochenspruch: 1. Petrus 5,7
Wochenlied: EG 345 oder 369

Wir lesen Habakuk 2,4–20

Der Gerechte aber wird durch seinen Glauben leben

Ich vermute, dass der Prophet Habakuk für viele Menschen ein unbeschriebenes Blatt ist. Dabei stellt er zentrale Fragen an Gott und erhält auch verlässliche Antworten. Es sind die alten und doch immer wieder neu aktuellen Fragen nach Gottes Gerechtigkeit, es sind die sogenannten Theodizee-Fragen. Die Fragen nach dem Warum. Warum lässt Gott zu, dass Reiche immer reicher und Arme immer ärmer werden? Warum werden gerade die ärmsten Länder der Erde immer wieder durch Naturkatastrophen erschüttert? Gottes Antwort ergeht durch Habakuk an alle, die so fragen: „Der Gerechte wird durch seinen Glauben leben." Aus dem Neuen Testament ist uns dieses Wort ebenfalls bekannt. Drei Mal wird es hier zitiert und auf Jesus Christus bezogen; auf die Gerechtigkeit, die aus dem Glauben an ihn kommt. Martin Luther vernahm diese Botschaft der Vergebung, die ihn frei machte, aus dem Römerbrief (1,17). Der Apostel Paulus hat ihm hier die Augen geöffnet für das Evangelium der Freiheit für alle Gotteskinder. Gott sagt uns kleingläubigen Menschen damit: Vertraut mir, glaubt nur! Auch, wenn ihr jetzt noch nicht alles versteht. Glaubt nur! Durch euer Vertrauen werdet ihr gerettet, dann werdet ihr leben – ewig leben. Denn ein neues Reich wird entstehen, das nicht von dieser Welt sein wird. Es wird Frieden bringen und ewig währen. *Silke Dantine*

Wir beten (mit Röm 1,16–17)
Ich schäme mich des Evangeliums nicht; denn es ist eine Kraft Gottes, die selig macht alle, die glauben. Denn darin wird offenbart die Gerechtigkeit, die vor Gott gilt. Amen.

Rosch HaSchana (Beginn des Jahres 5779)
Mit dem Neujahrsfest beginnt im Judentum das Jahr. Auf das 48 Stunden dauernde Fest folgen Bußtage, die mit dem Versöhnungsfest „Jom Kippur" abgeschlossen werden. Rosch HaSchana bedeutet „Kopf des Jahres". Ein Bestandteil in der Synagoge ist die „Schofar", ein Blasinstrument aus Widderhorn. Darauf wird geblasen, um die Menschen zur Besinnung aufzurufen und das Lob Gottes zu verkünden. Die Farbe in der Synagoge ist weiß, als Symbol der Reinheit. Nach dem Segen ist es Brauch, Apfelstücke in Honig zu essen, als Symbol der Hoffnung auf ein „süßes" Jahr.

Jüdischer Feiertag: Rosch Hachana (Neujahrsfest, Beginn des Jahres 5779) | 1606 † Leonhard Lechner, Kirchenmusiker (ev. Gedenktag; Sterbetag: 9.9.) | 1898 * Manfred Hausmann, Schriftsteller | 1921 † Fritz Binde, Prediger

11. September

Dienstag | SA 06:50 SU 19:46 MA 08:40 MU 20:56

Wochenspruch: 1. Petrus 5,7
Wochenlied: EG 345 oder 369

Wir lesen Habakuk 3,1–19

Aber ich will mich freuen des Herrn

Freude im Leben wünschen wir uns wohl alle, denn aus der Freude heraus nehmen wir die Kraft und die Motivation, das Leben auch in seinen schwierigen Momenten zu gestalten. Doch was ist wahre Freude, die auf Dauer Kraft gibt? Bei Habakuk können wir es lernen. Denn obwohl der Prophet angesichts des Leidens seines Volkes tief erschüttert war, versank er nicht in Angst und Verzweiflung, sondern kam zu dem starken Glaubenssatz: „Aber ich will mich freuen des Herrn." Wie ist das möglich? Wir reagieren oft ganz anders. Wenn in unserem Leben ernsthafte Probleme auftauchen, verlieren wir oft unsere Freude, unseren Lebensmut. Was macht Habakuk anders? Er zeigt uns in seinem dritten Gebet, dass er Gottes Willen und sein Werk nicht nur verstanden, sondern auch akzeptiert hat. In Treue gegenüber Gott harrt er aus, wendet sich nicht ab, sucht nicht woanders nach Freude. Er hält die Spannung, in der er lebt, aus – im Vertrauen auf das baldige Eingreifen Gottes. So kommt er dazu, nicht mehr zu kritisieren, sondern um Gottes Barmherzigkeit zu beten. Er hat Gott voll und ganz als seinen Heiland erkannt. Das macht ihn glücklich, dies ist seine Quelle der wahren Freude. Diese Freude am Herrn kann ihm kein Mensch und kann ihm keine Not nehmen. Habakuk ist im Beten bereit zu hören. So kann er Gottes Antwort erfahren und versuchen, danach zu leben.

Silke Dantine

Wir beten (mit Jes 40,31)

Die auf den Herrn harren, kriegen neue Kraft, dass sie auffahren mit Flügeln wie Adler, dass sie laufen und nicht matt werden, dass sie wandeln und nicht müde werden. Amen.

11. September 2001

„Die Welt wird nicht mehr die sein, die sie einmal war." Dieser Satz war nach den Anschlägen in New York und Washington mit ca. 3.000 Toten und zahllosen Opfern oft zu hören – und er hat sich leider bewahrheitet. Dieser Tag, mit vier koordinierten Flugzeugentführungen und anschließend bewusst herbeigeführten Abstürzen auf zivile und militärische Gebäude in den USA, hat das Gesicht der Welt verändert. Seitdem wird international Krieg gegen den Terrorismus geführt, dessen Ende bis heute nicht absehbar ist, dessen Folgen aber weltweit spürbar sind.

1570 † Johannes Brenz, Reformator in Württemberg | 1812 Privilegierte Württembergische Bibelgesellschaft gegründet | 2001 Terroranschlag auf das World Trade Center in New York

12. September

Mittwoch | SA 06:52 SU 19:44 MA 09:58 MU 21:21

Wochenspruch: 1. Petrus 5,7
Wochenlied: EG 345 oder 369

Wir lesen Prediger Salomo (Kohelet) 1,1–18

Alles ist vergänglich

Das Buch des Predigers Salomo stammt aus dem 3. Jahrhundert v. Chr. Es ist ganz anders als die prophetischen Texte gestimmt. Man könnte in ihm eine pessimistische Grundstimmung entdecken – ohne Hoffnung auf Veränderung und ohne Visionen für die Zukunft. Schon aus den ersten Versen klingt tiefe Verzweiflung angesichts der Vergänglichkeit: „Es ist alles ganz eitel, es ist alles ganz eitel!" Einige unserer Sprichwörter entstammen dem Prediger: „Es gibt nichts Neues unter der Sonne" oder „Alles ist Eitelkeit und ein Haschen nach dem Wind". Trotz immerwährender Veränderungen bleibt die Erde so, wie sie ist, der Kreislauf der Natur wiederholt sich, Menschen kommen und gehen, sind sie gestorben, erinnert sich niemand mehr an sie. Eine nüchterne Bilanz, eine depressive Weltsicht. Ist das übertrieben, einseitig oder steckt doch ein Körnchen Wahrheit in der klaren Feststellung, dass alles vergänglich ist? Die eigene Vergänglichkeit ist die größte Kränkung des Menschen. Sich damit auseinanderzusetzen und eine innere Haltung zu dieser Tatsache zu finden, gehört zu den drei großen Entwicklungsaufgaben im Älterwerden.

Andreas Gryphius greift in einem seiner Gedichte das Thema der Vergänglichkeit ebenso auf wie der Prediger: „Du siehst, wohin du siehst, nur Eitelkeit auf Erden." Und er schließt mit der Aussage: „Noch will, was ewig ist, kein einzig Mensch betrachten!"

Petra Müller

Wir beten

Gott, wir erschrecken immer wieder angesichts der Vergänglichkeit. Schenke uns einen neuen Blick. Denn unsere Vergänglichkeit führt uns nicht ins Nichts, sondern hin zur Ewigkeit. Amen.

Rauhes Haus in Hamburg gegründet

Zur Zeit der beginnenden Industrialisierung war die soziale Not in den Hamburger Stadtvierteln groß. Johann Hinrich Wichern wollte gefährdeten Kindern und Jugendlichen helfen. Seine Vision war ein „Rettungsdorf" vor den Toren von Hamburg. Er konnte Politiker für seine Idee gewinnen. Gefunden wurde ein Flurstück, zu dem auch eine Bauernkate gehörte: „Ruges Hus", rotes Haus, wurden solche Gebäude wegen ihrer Backsteine genannt. Was klein begann, besteht noch heute mit vielen Einrichtungen für Kinder und Jugendliche, Schulen und Ausbildungsstätten.

Jüdischer Feiertag: Tzom Gedaljah (Fasten) | 1627 † Matthäus Ulicky, Märtyrer in Böhmen | 1833 Rauhes Haus in Hamburg gegründet

13. September

Donnerstag | SA 06:54 SU 19:41 MA 11:13 MU 21:46

Wochenspruch: 1. Petrus 5,7
Wochenlied: EG 345 oder 369

Wir lesen Prediger Salomo (Kohelet) 2,1–11.24–26

Dankbar das Leben genießen

Der Prediger beschreibt in diesem Textabschnitt einen Lebensstil, der vielen von uns nicht fremd sein wird. Wir tun vieles, wir schaffen etwas, wir sind kreativ und gestalten unser Leben und unseren Lebensraum. Wir gehen unseren Bedürfnissen nach und gönnen uns das eine oder andere. Nach getaner Arbeit belohnen wir uns. Zutiefst wissen wir aber auch, dass es nicht gut ist, sich jeden Wunsch gleich zu erfüllen und dem Herzen jede Freude zu gönnen. Oft wird uns erst spät klar, dass wir unsere Energie hätten anders einsetzen sollen. Wir bedauern, wie wir unsere Prioritäten gesetzt haben. Hätte ich mir doch mehr Zeit für Familie und Freunde genommen, sagen wir dann vielleicht. Auch der Prediger kommt zu diesen Schlüssen. Und wieder wird ihm gewahr, wie vergänglich und nichtig alles ist. Und doch findet er auch noch zu einer anderen Einstellung. Natürlich können wir es uns gutgehen lassen nach allen Mühen, die Leben und Alltag von uns fordern, wir dürfen genießen und uns an den Dingen erfreuen, die unser Herz weit werden lassen, aber in einer Haltung der Dankbarkeit und im Wissen, dass wir alles aus Gottes Hand bekommen. Dankbarkeit ist Verkündigung, Dankbarkeit erfüllt, Dankbarkeit befreit. Dankbarkeit ist eine wichtige Ressource unseres Lebens, mit der die Vergänglichkeit ihren Schrecken verlieren kann. *Petra Müller*

Wir beten (mit Worten von Matthias Claudius)

Es geht durch unsre Hände, kommt aber her von Gott. Alle gute Gabe kommt her von Gott, dem Herrn, drum dankt ihm, dankt, drum dankt ihm, dankt und hofft auf ihn! Amen.

Johannes Chrysostomos (344/54–407 n. Chr.)

Er hieß Johannes, aber schon 100 Jahre nach seinem Tod wurde er Chrysostomos, Goldmund, genannt. Von seinen antiochinischen Predigten ging dieser Ruf um die Welt. 398 wurde er Bischof von Konstantinopel. Er war ein begnadeter Prediger und Seelsorger, ein wahrer Goldmund. Mehr als 700 Predigten und 236 Briefe sind überliefert. Weil er sich gegen den Luxus des Hofes wandte, wurde er 403 verbannt. Er starb mit den Worten: „Dank, Gott, in allem!" Auf ihn geht die bis heute im byzantinischen Ritus gefeierte Chrysostomos-Liturgie zurück.

407 † Johannes Chrysostomos, Kirchenlehrer in Konstantinopel (ev. Gedenktag; Sterbetag: 14.9.) | 1565 † Wilhelm Farel, Reformator der französischen Schweiz | 1838 Erstes Missionshaus in Berlin gegründet | 1872 † Ludwig Andreas Feuerbach

14. September

Freitag | SA 06:55 SU 19:39 MA 12:25 MU 22:14

Wochenspruch: 1. Petrus 5,7
Wochenlied: EG 345 oder 369

Wir lesen Prediger Salomo (Kohelet) 3,1–15

Die Ewigkeit ist uns ins Herz gelegt

Alles hat seine Zeit – der Prediger führt 14 Gegensatzpaare auf. Sie sind uns bekannt und vertraut. Alles hat seine Zeit: Gerne verwenden wir diesen Aphorismus. Er ziert Karten, Wohnzimmerwände und Grabstätten. Wer dies sagt, lässt los, vielleicht in einer gewissen Ergebenheit oder aber in der Ahnung, dass nur Gott die tiefen Zusammenhänge des Lebens und des Seins ergründen kann. Im Verlauf des Textes entdecke ich eine weitere Kostbarkeit – unglaublich, was da steht: Gott hat die Ewigkeit in unser Herz gelegt. „In der Tiefe meines Wesens hast du Wohnung genommen", heißt es in einem Gebet. Und Paulus spricht davon, dass Christus in uns lebt und unser Leib ein Tempel des lebendigen Gottes ist. Gott hat die Ewigkeit in unser Herz gelegt – kann ich das glauben in Anbetracht dessen, dass mir oft so vieles andere auf dem Herzen liegt? Erstaunlich, wo sich der Prediger doch in den letzten Kapiteln lang und breit über Nichtigkeit und Vergänglichkeit ausgelassen hat. Nun aber ein Stück Ewigkeit im Herzen eines jeden Menschen. Gott hat die Ewigkeit in unser Herz gelegt – mit dieser großen Aussage werde ich noch lange nicht am Ende sein. Ich habe sie auf ein kleines Stück Papier geschrieben und in die Hülle meines Terminkalenders geschoben. So fällt sie mir immer wieder einmal ins Auge. Vielleicht aber treffen in meinem Kalender auch Zeit und Ewigkeit aufeinander. *Petra Müller*

Wir beten

Gott, Du hast ein Stück Ewigkeit in unser Herz gelegt. Das zu glauben, ist fast zu groß für mich. Deshalb bitte ich Dich: Lass diese Wahrheit in mein Herz fallen, Stück um Stück. Amen.

Cyprian von Karthago

Cyprian stammte aus einer sehr vermögenden Familie in Karthago. Er wurde Redner und Advokat und übte diesen Beruf lange aus. Mit 46 Jahren kam er zum Glauben und ließ sich taufen. Nach biblischem Vorbild trennte er sich von seinem ganzen Besitz. Schon drei Jahre später wurde er zum Bischof gewählt. Wegen schwerer Christenverfolgungen verließ er im Jahr 250 n. Chr. Karthago. In den nächsten Jahren entstanden zahlreiche Schriften und Lehren. Während einer neuen Verfolgungswelle wurde er im Jahr 258 n. Chr. angeklagt, verurteilt und enthauptet.

Röm.-kath. Feiertag: Kreuzerhöhung | 258 † Cyprian, Kirchenlehrer und Märtyrer in Nordafrika | 1640 † Josua Wegelin, Theologe und Liederdichter

15. September

Sonnabend | SA 06:57 SU 19:37 MA 13:33 MU 22:45

Wochenspruch: 1. Petrus 5,7
Wochenlied: EG 345 oder 369

Wir lesen Prediger Salomo (Kohelet) 4,1–12

In Mitleidenschaft gezogen

Der Prediger beschreibt Zustände „unter der Sonne“, die auch uns nur zu gut vertraut sind. Er leidet an dem Unrecht, das auf unserer Welt geschieht. Er sieht Gewalt und viele Tränen. Er ist in Mitleidenschaft gezogen. Wenn etwas in Mitleidenschaft gezogen wird, dann geht es im deutschen Sprachgebrauch oft um Schadensfälle und Beeinträchtigungen. Mitleidenschaft lässt sich aber auch ganz anders verstehen. Menschliche Mitleidenschaft ist Zuwendung und Einsatz für andere. Es geht nicht um Mitleid, das herunterzieht, auch nicht um falsches Mitleid, sondern um das, was man im Englischen „compassion“ nennt: Mitgefühl. Das Wort Passion steckt in „compassion“. Der Gott, an den die Christen glauben, kennt das Leiden nur zu gut. Gerade deshalb wendet er sich uns Menschen mit leidenschaftlichem Mitgefühl zu. Wie gut, wenn wir in solchen Situationen nicht alleine sind, sondern Menschen an unserer Seite haben, die uns unterstützen, die für uns eintreten und mit uns anderen die Stirn bieten. „Eine dreifache Schnur reißt nicht leicht entzwei“, sagt der Prediger. Sie ist belastbar, wenn an ihr gezogen wird.

Dreifach – vielleicht ein Sinnbild dafür, wie wichtig es ist, Menschen an unserer Seite zu haben, aber nicht nur sie, auch Gottes Faden ist in die dreifache Schnur mit eingedreht. Ein dickes Tau steht mir vor Augen, das auch noch belastbar ist, wenn eine der Schnüre reißt. *Petra Müller*

Wir beten

Barmherziger Gott, Du bist uns nahe, wenn wir Unrecht, Not und Gewalt erleiden. Du kommst uns mit Mitgefühl entgegen. Wecke in uns Leidenschaft, wenn wir mitbekommen, was anderen widerfährt. Amen.

Stabat mater

Am 14.9. feiern katholische Christen das Fest der Kreuzerhöhung, an dem das Kreuz Jesu verehrt wird und der Baum des Lebens in den Blick kommt. Einen Tag später, am heutigen 15.9., wird das Gedächtnis der sieben Schmerzen Mariens begangen. Dieser Gedenktag wurde im Jahr 1814 eingeführt. Seine bildliche Darstellung findet das Gedächtnis in der sogenannten Schmerzensmutter, der „mater dolorosa“. Evangelischen Christen ist die Botschaft dieses Tages wahrscheinlich eher in musikalischer Weise schon begegnet: in den vielen Vertonungen des „Stabat mater“, wie z. B. von Pergolesi oder Dvoˇrák.

1525 † Jan van Woerden, Märtyrer in den Niederlanden | 1815 Basler Mission gegründet | 1935 Nürnberger Gesetze

16. September

Sonntag | 16. Sonntag nach Trinitatis

Wochenspruch: 2. Timotheus 1,10b
Wochenlied: EG 113 oder 364
Evangelium: Joh 11,1.(2.)3.17–27.(41–45)
Epistel: 2. Timotheus 1,7–10
Altes Testament: Klagelieder 3,22–26.31–32

Wir lesen Psalm 37,1–20

Umgang mit dem Bösen

Dank Paul Gerhardts Lied ist V. 5 des Psalms, „Befiehl dem Herrn deine Wege und hoffe auf ihn", immer noch sehr bekannt. Großartig hat Gerhardt den Aufruf zum Gottvertrauen nachempfunden, indem er zeigt, was Gott vertrauenswürdig macht. Der Psalm selber spricht aus, dass der Beter an Gott seine Lust haben kann (V. 4). Warum? Weil Gott die Seinen – wörtlich das hebräische Wort: – verwöhnt. Wodurch? Durch die Gaben seiner Schöpfung, sein unbedingt verlässliches Wort, seine wachsame Begleitung (V. 18). Gerhardt hält sich an den Psalm, indem er seine zwölf Strophen den einzelnen Worten von V. 5 folgen lässt. Auch übernimmt er Motive wie Verheißung neuer Freude für den Angefochtenen und Begrenzung der Zeit seiner Not. Aber es fehlt seinem Lied doch etwas: die Auseinandersetzung mit den Bösen und den Gottlosen in ihrem Glück (V. 7). Es ist zwar nicht ganz klar, wer damit gemeint ist. Aber an einen bösen Nachbarn, geizigen Vermieter, säumigen Schuldner, hochmütigen Kollegen, gehässigen oder missgünstigen Mitmenschen ist heutzutage durchaus zu denken. Reicht es da zu warten, bis diese Leute über sich selbst stolpern wie einer, der in sein eigenes Schwert stürzt (V. 14 f.)? Sich auf sich selbst zurückzuziehen und das Problem Gott zu überlassen? Oder wäre es besser, dem bösen Verhalten mit einem besseren zu begegnen? In der Straßenbahn forderte neulich eine ältere Frau mit vorgehaltenem Behindertenausweis von einem leicht verwahrlost aussehenden Mädchen ostentativ den Sitzplatz. Als das Mädchen sich trotzig und mit bösem Blick weigerte, beschimpfte die Frau dessen nicht anwesende Eltern als „Saueltern". Ein junger Mann, der ihr inzwischen Platz gemacht hatte, meinte: „So wird es nicht besser." Eben! Aber wie? Durch freundliches Bitten statt zu fordern, selbst wenn man im Recht ist? Durch Schweigen statt böser Entrüstung, wenn Freundlichkeit nicht fruchtet? *Wilhelm Hüffmeier*

Wir beten

Lieber Gott, ich weiß, dass Geduld eine große Tugend ist. Ich weiß auch, dass Du manche Probleme löst, indem ich abwarte. Aber von Dir habe ich auch gelernt, dass ein Wort des Verstehens und der Güte oft besser ist als Abwarten oder Widerworte. Hilf mir zu leben, was ich von Dir weiß. Amen.

1524 † Kaspar Tauber, Märtyrer in Wien (ev. Gedenktag; Sterbetag: 17.9.) | 1741 Synode der Brüder-Unität in London

17. September

Montag | SA 07:00 SU 19:32 MA 15:34 MU –

Wochenspruch: 2. Timotheus 1,10b
Wochenlied: EG 113 oder 364

Wir lesen Prediger Salomo (Kohelet) 4,17–5,6

Der Mund ist schneller, manchmal

Wir kennen uns schon lange, viele Jahre, wir kennen uns auch gut, sogar sehr. Wir sind, was man gute Freunde nennt. Wir kennen also auch die Schwächen voneinander. Wir wohnen nicht mehr im gleichen Ort, was ein Sehen rar macht, dafür aber das Telefonieren häufig. Heute ist es wieder so weit: Wir kommen ins Plaudern, ein Erlebnis wird zum anderen gefügt, ein Wort ergibt das andere und auf einmal ist der Mund schneller als der Kopf. Der Freund verletzt, das Gespräch wird eisig. Und alle im Minutentakt unternommenen Bemühungen um Wiederherstellung einer ausgelassenen oder gar warmherzigen Atmosphäre zielen daneben. Das wird heute nichts mehr. Lieber also auflegen und später einen neuen Versuch wagen. – So leicht kann es gehen, wenn der Mund schneller ist als der Kopf. Und Kohelet, der Prediger, weiß das auch. Vermutlich spricht er aus Erfahrung und hat schon häufiger seinen Gesprächspartner vor den Kopf gestoßen. Kohelet nimmt seine Erfahrung zum Anlass, auch etwas über unser Gespräch mit Gott zu sagen: „Sei nicht schnell mit deinem Munde, lass dein Herz nicht eilen, etwas zu reden vor

Gott!" Natürlich ist das nicht nur, aber doch wohl auch eine Anweisung für alle Prediger: zuerst denken und dann … Es ist nicht von Vorteil, immer sofort und explosiv zu reagieren, manchmal ist auch Zurückhaltung und Besonnenheit vonnöten. Doch wem gelingt es? *Teja Begrich*

Wir beten

Ewiger Gott, Du hast uns geschaffen mit Kopf, Herz und Mund! Gib uns das Herz füreinander, auf dass wir verzeihen können, wenn der Mund mal wieder schneller als der Kopf war. Amen.

Herz und Mund

Der Orden der Benediktiner weiß um die Gefahr der Rede und schreibt daher ein Wort aus dem Buch der Sprüche in seine Regel, die regula benedicti: „Beim vielen Reden wirst du der Sünde nicht entgehen." (Spr 10,19) Daher empfehlen die Benediktiner, der Schweigsamkeit zuliebe bisweilen sogar auf gute Gespräche zu verzichten. Auch die Benediktinerin Hildegard von Bingen, die auch Dichterin, Mystikerin, Komponistin oder einfach Universalgelehrte ihrer Zeit war und die heute vor 839 Jahren starb, hat sich daran gehalten.

1179 † Hildegard von Bingen, Mystikerin und Äbtissin | 1575 † Heinrich Bullinger, Reformator in Zürich | 1833 Asyl Kaiserswerth eröffnet

18. September

Dienstag | SA 07:01 SU 19:30 MA 16:25 MU 00:04

Wochenspruch: 2. Timotheus 1,10b
Wochenlied: EG 113 oder 364

Wir lesen Prediger Salomo (Kohelet) 5,9–19

Das letzte Hemd hat leider keine Taschen

Dieser Schlager aus den 50er Jahren des vorigen Jahrhunderts, von Hans Albers gesungen, erzählt von einem Menschen, der am Ende seines Lebens ohne jegliches Vermögen dastand. Als er um einen Lebensrat gefragt wurde, gab er seinen Mitmenschen folgende Weisheit mit auf den Weg: „Das letzte Hemd hat leider keine Taschen … Im Himmel braucht der Mensch bestimmt kein Geld, das war schon früher so, das is heut auch noch so." Wir könnten fast meinen, dies wäre eine moderne Auslegung zum Abschnitt unserer heutigen Bibellese: „Wie einer nackt von seiner Mutter geboren wird, fährt er wieder zurück und trotz seiner Mühe nimmt er nichts mit sich in seiner Hand!" Diese Feststellung des Predigers ist nichts anderes als die Besinnung auf das Leben! Nicht immerfort sammeln, sparen und anlegen. Wir müssen nichts vererben, jede Generation soll selber für sich sorgen! Das ist doch ein enorm entlastender Hinweis, denn Recht hat er, der Prediger: Wer viel hat, sorgt sich auch viel. Hier wird eine Besinnung auf das Leben gefordert, ein Leben, das sich nicht am Geiz erfreut, sondern mit viel Lebenslust die guten

Gaben Gottes genießt. Davor aber haben offensichtlich nicht nur Protestanten eine Scheu, und so werden wir eindrücklich dazu aufgerufen, das Essen, das Trinken und die Freude als Geschenke Gottes zu erkennen. Also auf, wollen wir es tun!

Teja Begrich

Wir beten

Ewiger Gott, Du hast uns mit Lust und Leidenschaft geschaffen, darum gib uns auch Lebenslust! Vertreibe dunkle Gedanken und schenk uns die Freude an den Gütern Deiner Schöpfung. Amen.

Bruder Josef (1704–1792)

So wurde August Gottlieb Spangenberg, der Bischof der Herrnhuter Brüdergemeine und Nachfolger von Nikolaus Ludwig von Zinzendorf, von den Herrnhutern genannt. Eben weil er sich wie Joseph, der seine Geschwister in Ägypten vor der Hungersnot bewahrte, um seine Schwestern und Brüder kümmerte. Spangenberg studierte in Jena Theologie und wurde Inspektor der Franckeschen Stiftungen zu Halle. Nachdem der preußische König ihn 1733 aus Halle vertrieb, schloss er sich den Herrnhutern an und wurde 1744 deren Bischof. Heute vor 226 Jahren starb dieser sich sorgende Bruder.

705 † Lambert, Bischof und Glaubensbote in Brabant (ev. Gedenktag; Sterbetag: 17.9.) | 1426 † Hubert van Eyck, Maler | 1792 † August Gottlieb Spangenberg, Bischof der Brüdergemeine | 1961 † Dag Hammarskjöld, UNO-Generalsekretär

19. September

Mittwoch | SA 07:03 SU 19:28 MA 17:08 MU 00:53

Wochenspruch: 2. Timotheus 1,10b
Wochenlied: EG 113 oder 364

Wir lesen Prediger Salomo (Kohelet) 6,1–12

Genieß den Augenblick

Wenn im politischen Betrieb eher unspektakuläre Entscheidungen in Sachen Personalia getroffen werden, spricht man gerne von Entscheidungen der Vernunft. Für gewöhnlich ist das der kleinste gemeinsame Nenner, also das gerade noch Erträgliche, das, worauf man sich allerhöchstens einigen kann. Unser Prediger Salomo scheint ebenso ein Entscheider der Vernunft zu sein! Also ein Prediger der Realität? Ein Realo also? Einer ohne Träume oder Hoffnungen? Das sei ferne, würde der Apostel Paulus sagen, und das Buch des Predigers Salomo beweist es uns: Auch der Prediger lebt nicht ohne Träume! Jedoch ist dieses biblische Buch eben auch eine Anweisung zum Leben. Und diese Anweisung ist klar und deutlich und liegt sehr offensichtlich vor unseren Augen: Genieß den Augenblick! Um diesen Augenblick zu genießen, dazu sind uns heute diese Verse vor Augen gelegt. Wir wissen doch: Viel zu selten genügt uns der Augenblick, der schöne Moment, das gute Gefühl des gerade Jetzt! Allzu oft denken wir weiter: Was passiert, wenn? Wie wird es sein, dann? Kann oder darf es überhaupt sein? All diese Fragen verstellen uns den Genuss des Augenblicks. Halten uns davon ab, das zu lieben, das vor Augen ist, halten uns davon ab, das Leben zu genießen. Darum schreibt uns der Prediger: „Es ist besser zu gebrauchen, was vor Augen ist, als nach anderem zu verlangen.“ *Teja Begrich*

Wir beten

Ewiger Gott, Du hast uns mit Augen zum Sehen geschaffen. Schenke uns einen freien Blick für die Lust des Augenblicks, auf dass wir unser Leben genießen. Amen.

Jom Kippur

Leschana towa tikatewu wetechatemu! – Möget ihr eingeschrieben werden und besiegelt (ins Buch des Lebens) für ein gutes Jahr. Dies ist der Gruß der Juden zu Jom Kippur. Jom Kippur ist der Versöhnungstag. Ein Tag der Buße und Umkehr, an dem die Verfehlungen des einzelnen Menschen gesühnt werden. Juden beten an diesem Tag um Vergebung der Sünden zwischen Menschen und Gott und bereuen fehlerhaftes Handeln und Vergehen im zwischenmenschlichen Bereich. Darum ist dieser Tag ein hoher Festtag und ein Fastentag.

Jüdischer Feiertag: Jom Kippur (Versöhnungstag) | 1698 Franckesche Stiftungen in Halle gegründet | 1905 † Thomas von Barnado, Wohltäter in London | 1954 † Paul Braune, Leiter von Lobetal | 1957 † Heinrich Held

20. September

Donnerstag | SA 07:05 SU 19:25 MA 17:45 MU 01:48

Wochenspruch: 2. Timotheus 1,10b
Wochenlied: EG 113 oder 364

Wir lesen Prediger Salomo (Kohelet) 7,1–14

Vom Bösen und Guten

Auch wenn uns häufig suggeriert wird, Traumurlaube gebe es nur auf Südseeinseln mit kilometerlangem Sandstrand, blauem Himmel und ganz viel Meer, wissen wir doch, dass es nicht nur unter sonnigem, sondern auch mit viel bewölktem Himmel Traumurlaube geben kann. Ähnlich wird uns suggeriert, das beste Leben sei ein sorgenfreies Leben! Solche Sehnsüchte will die Werbung jedenfalls oft erzeugen. Könnte private Lebensversicherung je erfolgreich sein ohne die Sehnsucht nach einem sorgenfreien Leben? In dieser Hinsicht wäre der Prediger für den Verkauf privater Versicherungspolicen gänzlich ungeeignet, denn er weiß es besser: Die sorgenvollen Tage nämlich, er nennt sie böse Tage, sind ein notwendiger Bestandteil des menschlichen Lebens. Und er argumentiert ganz einfach: Wie bitte sollen wir denn einen geglückten Tag erkennen, wenn es nicht genau auch das Gegenteil eines geglückten Tages gibt? Die bösen, die schlechten Tage sind Voraussetzung dafür, dass wir die guten, die geglückten Tage auch als solche genießen. Dass ebendiese Tage uns als besonders gelungen vorkommen. Daraus resultiert wieder eine praktische Lebenshilfe: Nehmt die Tage an, so wie sie sind, dem bösen Tage folgt das Glück – keine Sorge, so sagt es der Prediger Salomo! *Teja Begrich*

Wir beten

Ewiger Gott, wir kennen sie wohl, die bösen Tage. Öffne unsere Augen, die guten Tage zu sehen, die nach den bösen kommen. Auf dass wir in der Gewissheit leben, dass das Gute das Böse überwältigt. Amen.

Fritz Müller-Dahlem

Er war evangelischer Pfarrer, Hauptmann der Wehrmacht und Widerstandskämpfer. Seit 1933 wirkte er als Pfarrer in Berlin-Dahlem, war Mitbegründer des Pfarrernotbundes, Mitglied der Bekennenden Kirche und dort im Reichsbruderrat. Er unterzeichnete als Erster eine Denkschrift, die Konzentrationslager anprangerte, und gestaltete eine Liturgie, die sich gegen die Okkupation der Tschechoslowakei richtete. Nachdem er 1939 seines Amtes enthoben wurde, entschloss er sich, in der Wehrmacht als Gräberoffizier zu dienen. Am 20.9.1942 fiel er in der Sowjetunion.

1863 † Jacob Grimm, Sprachwissenschaftler | 1909 † Carl Heinrich Rappard, Glaubensbote in der Schweiz (ev. Gedenktag; Sterbetag: 21.9.) | 1942 † Fritz Müller-Dahlem

21. September

Freitag | SA 07:06 SU 19:23 MA 18:16 MU 02:47

Wochenspruch: 2. Timotheus 1,10b
Wochenlied: EG 113 oder 364

Wir lesen Prediger Salomo (Kohelet) 11,1–10

Den Tag nützen

„Denn erstens kommt es anders und zweitens, als man denkt." Wenn wir die Lebensgeschichte von älteren Menschen hören, können wir oft staunen. Der Lebensweg verlief nicht geradlinig. Kriegszeiten, berufliche Veränderungen, Krankheit gaben dem Leben eine neue Richtung. Die Lebensplanung, viele Wünsche und Vorstellungen mussten „über den Haufen" geworfen werden. Gespartes Geld wurde wertlos, die Sehnsüchte junger Paare ließen sich nicht erfüllen, die Heimat musste verlassen werden. Es kommt oft anders, als man denkt. Wir können uns gegen Unfall, Diebstahl und Brand versichern lassen, aber wir haben es letztlich nicht in der Hand, wie unser Leben verläuft. Alles ist eitel, alles ist vergänglich. Wir können uns nicht gegen alles absichern und erhalten keine Garantie für die Zukunft. Leben wir besser im Heute und gestalten es sinnvoll, sodass wir zufrieden darauf schauen können. In unserer Zeit können wir mit vielen zusätzlichen Lebensjahren gegenüber unserer Elterngeneration rechnen. Geschenkte Zeit, die wir täglich füllen können zu unserer Freude und in Gemeinschaft mit anderen. Carpe diem – nütze den Tag, den Gott dir schenkt.

Wir wissen, dass es auch schwere Zeiten geben wird, in denen wir nicht so viel schaffen und auf die Hilfe anderer angewiesen sein werden. In dieser Gewissheit sollen wir in der Gegenwart verantwortlich vor Gott handeln. Jeden Tag können wir aus Gottes Hand nehmen und darauf hoffen, dass Gott uns weiterhin geleiten wird. *Adelheid Schnelle*

Wir beten

Herr, unser Gott, Du willst uns sicher durch unser Leben führen und für uns sorgen. Aber oft wollen wir unser Leben selbst in die Hand nehmen und absichern. Lass uns auf Dich vertrauen. Amen.

Seemannsmission: Die Heimat im Hafen

Seit 1886 gibt es die Deutsche Evangelische Seemannsmission, aber erst 1923 wurde der Verband mit Sitz in Berlin gegründet. Heute werden in 15 deutschen und etwa ebenso vielen Häfen im Ausland Seeleute betreut. Der Verband gehört zur Diakonie der EKD und ist jetzt in Bremen zuhause. Ziel der Arbeit ist es, Seeleuten jeder Nationalität und Religion für die Zeit ihres Aufenthaltes in Wohnheimen und bei Bordbesuchen eine Heimat zu geben, ihrer Isolation zu begegnen und ihnen mit konkreter Hilfe ein menschenwürdiges Leben zu ermöglichen.

1522 Das Neue Testament in Deutsch (Septemberbibel) erschienen | 1923 Deutsche Evangelische Seemannsmission gegründet

22. September

Sonnabend | SA 07:08 SU 19:21 MA 18:43 MU 03:50

Wochenspruch: 2. Timotheus 1,10b
Wochenlied: EG 113 oder 364

Wir lesen Prediger Salomo (Kohelet) 12,1–14

Von der Jugend bis zum Alter mit Gott In poetischer Bildsprache werden hier die körperlichen Einschränkungen des alten Menschen und die Mühen des Altwerdens beschrieben: Gliedmaßen und Sinnesorgane versagen ihre Tätigkeit. Die Vergänglichkeit des Körpers ist nicht zu übersehen. Aus der Sicht des altgewordenen Predigers ist es eine böse Zeit, eine Zeit des Schreckens und der Entbehrungen. Heute stehen uns Hilfsmittel wie Brille, Hörgerät und Rollator zur Verfügung, bei Bedarf ist für die Pflege gesorgt. Lässt uns das gelassener in die Zukunft schauen? Wird uns die Weisheit des Alters eine Hilfe sein? Aber wie werden wir mit der drohenden Einsamkeit, der Hilfsbedürftigkeit, der Traurigkeit zurechtkommen? Haben wir vielleicht verpasst, uns um unsere Seele zu kümmern? Die Worte des Predigers sollen uns anstacheln, uns mit Gott auseinanderzusetzen. Manche meinen, es reiche aus, sich erst in späteren Jahren mit den Fragen von Alter und Tod zu beschäftigen. Hier wird das Gegenteil gesagt: Die Erfahrung des Lebens zeigt, wie wichtig es ist, sich schon als junger Mensch zu Herzen zu nehmen, dass das Leben ein Ende haben wird. Und es ist nicht gleichgültig, ob wir unser Leben mit Gott gelebt haben oder nicht. Gott ist unser Schöpfer, von ihm kommen wir und zu ihm gehen wir zurück. Gott hat uns seine Gebote gegeben, die uns helfen können, miteinander zu leben. Und Gott hat uns versprochen: „Ja, ich will euch tragen bis zum Alter hin und ihr sollt einst sagen, dass ich gnädig bin." (EG 380) *Adelheid Schnelle*

Wir beten Guter Gott, lass uns unser Leben als Dein Geschenk annehmen und nicht vergessen: Du willst uns Gutes tun und uns behüten von unserer Kindheit an, bis wir alt sind. Wir wollen mit unserem ganzen Leben zeigen, dass wir zu Dir gehören. Amen.

Die Schöpfung feiern Seit 2010 ruft die Arbeitsgemeinschaft Christlicher Kirchen in Deutschland (ACK) dazu auf, im September einen ökumenischen Tag der Schöpfung zu feiern. Ein Materialheft zum Motto des Tages und für einen Gottesdienst steht zur Verfügung (www.schoepfungstag.info). Darüber hinaus kann am heutigen Tag jeder seinen Beitrag zum Schutz der Schöpfung leisten, indem auf das Autofahren verzichtet wird, denn heute ist der autofreie Tag. Er wird in Europa jährlich als Aktionstag begangen, zu dem viele Organisationen, Kirchen und Umweltverbände aufrufen.

286 † Mauritius, Märtyrer aus Ägypten | 1530 Apologie der Confessio Augustana | 1533 † Veit Stoß, Bildhauer und -schnitzer in Nürnberg und Krakau | 1566 † Johann Agricola, Reformator in Brandenburg | 1826 † Johann Peter Hebel, Theologe in Baden

23. September

Sonntag | 17. Sonntag nach Trinitatis

Wochenspruch: 1. Johannes 5,4c
Wochenlied: EG 346
Evangelium: Matthäus 15,21–28
Epistel: Römer 10,9–17.(18)
Altes Testament: Jesaja 49,1–6

Wir lesen Psalm 37,21–40

Wer ist ein Gerechter?

Noch einmal der 37. Psalm. Eine Kaskade von Sentenzen, die sich einer lebenslangen Wahrnehmung des Verhaltens und des Schicksals von Gerechten und Ungerechten zu verdanken meint. So jedenfalls lässt es die Stilisierung als Zeugnis eines alt gewordenen Israeliten erscheinen (V. 25). Es gibt solche Gerechte in allen Religionen. Z. B. der Israeli namens Yuval Roth von der Bewegung „Frieden jetzt". Täglich fährt er einige kranke Kinder aus dem besetzten Palästina auf der „Straße der Genesung" zur Behandlung in ein Krankenhaus in Tel Aviv. Ein Gerechter, der „barmherzig ist und (Zeit) gibt" (V. 21) und das, obwohl sein eigener Bruder von einem Hamas ermordet wurde. Innerlich verwandt ist Roth mit Christen, die sich bei uns landauf, landab eines Flüchtlings oder gar einer ganzen Familie aus Syrien annehmen, sie zu sich einladen, im Deutschen unterrichten oder sie auf Ämter begleiten. Jeder von uns kennt solche Gerechte, die Gottes

Weisung im Herzen tragen (V. 31). So wie wir – durch die Medien – auch von denen wissen, die den „Gerechten auflauern“ und sie „zu töten suchen“ (V. 32). Ihre Ungerechtigkeit ist ihr Hass. Aber lässt sich die Welt schematisch in Gute und Böse einteilen? Nicht nur, dass in etlichen Psalmen und auch hier die Wand zwischen Gerechtigkeit und Selbstgerechtigkeit dünn werden kann. Wer könnte Jesu Worte gegen etliche der Schriftgelehrten und Pharisäer vergessen? Und auch in den schönsten Kirchenmauern steckt manche Selbstgerechtigkeit. Viel Geld kann geizig machen, sagt man, und viel Frömmigkeit eng. Eigentlich müsste es doch umgekehrt sein. Wer viel Geld hat, der kann viel schenken. Und wer fromm ist, dessen Herz sollte weit und groß sein. An einer Stelle durchbricht der Psalm jedoch seinen Schematismus. „Lass ab vom Bösen und tue Gutes“, heißt es in V. 27. Richtet sich der Satz an einen Ungerechten oder enthält er die Erkenntnis, dass auch ein Gerechter manchmal der Umkehr bedarf?

Wilhelm Hüffmeier

Wir beten

Himmlischer Vater, der Du Deine Sonne aufgehen lässt über Gute und Böse und es regnen lässt über Gerechte und Ungerechte, gib mir den Willen und die Kraft, wie Du zu denken und zu leben, dass auch mein Reden und Tun wie eine Sonne für Gerechte und Ungerechte scheine. Amen.

Herbstanfang | 1559 † Maria de Bohorques, Märtyrerin in Spanien (ev. Gedenktag; Sterbetag: 24.9.)

24. September

Montag | SA 07:11 SU 19:16 MA 19:29 MU 06:02

Wochenspruch: 1. Johannes 5,4c
Wochenlied: EG 346

Wir lesen Galater 1,1–5

Halt und Hoffnung in schwieriger Zeit

Briefe sind ein unangemeldeter Besuch. Paulus war den Christen im nördlichen Galatien über lange Zeit herzlich verbunden. Er hatte die Gemeinden im inneren Kleinasien gegründet. Als er dort krank wurde, pflegten sie ihn aufopferungsvoll. Sie folgten seiner Bitte, für die Christen in Jerusalem Geld zu sammeln. Aber die Adresse dieses Rundbriefes an die Gemeinden beginnt kantig. Ein Konflikt liegt in der Luft. Paulus betont, dass er durch Christus zum Apostel wurde, da man ihm neuerdings in Galatien abspricht, ein autorisierter Apostel zu sein. – Paulus wünscht Gnade und Frieden. Er meint das ehrlich. So wird der gesamte Brief zwischen dem Werben um das frühere Vertrauen und scharfer Zurechtweisung hin- und herpendeln. Paulus möchte, dass die Christusverkündigung in Galatien so bleibt, wie er sie begonnen hat. Deshalb ist in der ausführlichen Briefadresse zweimal ausdrücklich von Christus die Rede. Ohne den lebendigen Christusbezug verkümmert die Wahrheit des Evangeliums, die Paulus den Gemeinden gebracht hat. Jetzt und für alle Zukunft ist Christus der auferstandene und lebendige Herr. Er befreit von dem gegenwärtigen Wahn, sich vor Gott und den Menschen durch eigene gute Taten beweisen zu müssen. Was wir wirklich brauchen, verdanken wir Christus. Durch ihn können wir in dieser oft grausamen Welt zuversichtlich leben. *Christoph Münchow*

Wir beten

Guter Gott, Du schenkst uns, was wir brauchen. Nimm von uns, was uns von Dir und unseren Mitmenschen trennt. Gib uns Mut, in Verbundenheit mit Christus in der verwirrten Welt unverzagt zu leben. Amen.

Jüdischer Feiertag: Sukkot (Laubhüttenfest, 1. Tag)

Das Fest wird seit biblischer Zeit acht Tage aufgrund der Berichte vom Auszug der Israeliten aus Ägypten in die Freiheit gefeiert. Es gab keine festen Häuser. Bis heute ist mit dem Dank für die neue Ernte der Bau einer Laubhütte aus Zweigen verbunden – sei es auf dem Dach, auf dem Balkon oder im Garten. Hier wird mit Gästen fröhlich gefeiert. Dankpsalmen werden gesungen und dabei ein Feststrauß in alle Himmelsrichtungen geschwenkt. Manche nächtigen auch in der Laubhütte, durch deren lockere Abdeckung mit Zweigen die Sterne leuchten.

Jüdischer Feiertag: Sukkot (Laubhüttenfest, 1. Tag) | 1054 † Hermann der Lahme, Mönch und Lehrer in St. Gallen | 1541 † Theophrastus Bombastus von Hohenheim (Paracelsus), Arzt, Naturforscher, Philosoph | 1667 † Michael Franck, Liederdichter

25. September

Dienstag | SA 07:13 SU 19:14 MA 19:50 MU 07:10

Wochenspruch: 1. Johannes 5,4c
Wochenlied: EG 346

Wir lesen Galater 1,6–10

Bei der guten Botschaft bleiben

Zu freundschaftlichen Briefen gehört ein netter Ton. Üblicherweise folgt bei Paulus nach der Adresse ein Lob- und Dankgebet für die Treue der Gemeinde und ihren fröhlichen Glauben. Doch hier herrscht ein anderer Ton. Paulus kann nicht fassen, dass sich die Galater einem anderen Evangelium zuwenden, das nicht seiner Christusverkündigung entspricht. Andere christliche Missionare sind gekommen und stiften Verwirrung. Was Paulus verkündigt, sei unvollständig, sagen sie. Um Gott zu gefallen, sei nötig, auch die alten Gesetze zu beachten wie Speisegebote, Vorschriften über Festzeiten und die Anweisungen zur Beschneidung, die zusätzlich zur Taufe unverzichtbar sei. – Paulus zieht eine scharfe Trennlinie, weil diese Missionare das Evangelium von Christus verderben und so das Verderben über sich selbst ziehen. Ja, ihn selbst würde dieses Verderben ereilen, wenn er es ihnen gleichtäte. – Die Christusverkündigung des Paulus ist das Evangelium der Freiheit. Christus befreit von der Last der Schuld und Verfehlungen. Er nimmt dies auf sich und hat sich deshalb hingegeben aus Liebe. Das befreit vom Zwang, sich vor Gott bestätigen und als vollkommen darstellen zu müssen. Durch Wort und Tat bezeugt Christus das Wohlgefallen Gottes für uns Menschen. Das setzt Energie frei, um anderen Menschen gefällig zu sein, die auf Zuwendung, Nähe und Freundschaft warten. *Christoph Münchow*

Wir beten

Himmlischer Vater, leite uns, damit wir nicht abirren von Christus. Erfülle uns mit dem Geist der Beständigkeit, dass wir bei ihm bleiben, ihm vertrauen und folgen heute und allezeit. Amen.

Augsburger Religionsfriede 25.9.1555

Nach langen Verhandlungen wird in Augsburg das Fundament für die friedliche Koexistenz von Lutheranern und Katholiken im Heiligen Römischen Reich Deutscher Nation gelegt. Da keine Einigung über das Zusammengehen der Konfessionen möglich ist, einigt man sich auf rechtliche Regelungen, die ein Zusammenleben ermöglichen. Dadurch unterbleiben so grausame Religionskriege wie in Frankreich und den Niederlanden. Dieser Religionsfriede ist bis heute Modellfall für das Zusammenleben verschiedener Religionen, obwohl sie je andere Glaubenswahrheiten vertreten.

1392 † Sergej von Radonesch | 1555 Augsburger Religionsfriede | 1794 † Paul Rabaut, Glaubenszeuge in Frankreich

26. September

Mittwoch | SA 07:14 SU 19:11 MA 20:11 MU 08:20

Wochenspruch: 1. Johannes 5,4c
Wochenlied: EG 346

Wir lesen Galater 1,11–24

Mit Christus lebenslang verbunden

Gelegentlich erzählen oder schreiben wir den eigenen Lebenslauf. Es ist vermutlich eine Ausnahme, wenn dabei vorkommt, wie unser Leben durch den Glauben und durch Christus geprägt wurde. Paulus hingegen berichtet den Christen in Galatien, wie sein Lebenslauf nun schon über 20 Jahre durch Christus entscheidend bestimmt ist. Damit will er sich und seine Christusverkündigung verteidigen. Über seinem Leben sieht er jetzt von Anfang an die Verbindung mit Christus. Bei seiner Bekehrung bricht sie sich Bahn. Christus ergreift ihn und nimmt ihn in Dienst, besonders zu seiner Mission in Kleinasien. Dabei ist er unabhängig von den ersten Christen in Jerusalem, aber abhängig von Christus. – Paulus erwähnt, dass es eine Wende in seinem Leben gab. Es war ein Bruch und Neuanfang, als er vom Saulus zum Paulus wurde. Aber es zeigt sich ebenso eine Kontinuität der Führung Gottes in seinem Christenleben. Auch deshalb preisen die Leute in Jerusalem Gott angesichts des Lebenswegs des Apostels. – Im Lebenslauf vieler Christen gibt es Brüche und Neuanfänge oder eine ununterbrochene Beständigkeit der Verbindung zu

Christus. Beides ist je für sich oder zusammen eine Gnade. Wenn wir davon anderen erzählen, werden sie vielleicht nachdenklich. Oder sie kommen dazu, Gott zu loben für ihren eigenen Lebenslauf oder für die Führung anderer Menschen durch Gott. *Christoph Münchow*

Wir beten

Treuer Gott, ich danke Dir für Dein Geleit und Deine Führung in meinem Leben. Auch wenn ich es nicht gleich entdecke, so bist Du doch Herr meines Lebens. Habe Dank, Du führst mich zum Ziel. Amen.

1848 Innere Mission gegründet

Auf dem ersten evangelischen Kirchentag in Wittenberg zur Beratung über die Vereinigung der Landeskirchen Deutschlands fordert Johann Hinrich Wichern in einer fünfstündigen Stegreifrede, dass zum Glauben die tätige Liebe gehört. Das soll im Revolutionsjahr 1848 die Antwort auf die Verelendung und zunehmende Armut in den rasant wachsenden Städten sein. Auch heute hat die Kirche den Auftrag, in Kirchengemeinden, Beratungsstellen, Krankenhäusern und sozialen Einrichtungen Menschen in Not und am Rande der Gesellschaft zu unterstützen.

1559 † Antonio Herrezuelo, Märtyrer in Spanien | 1568 † Leonor de Cisnere, Märtyrer in Spanien | 1848 Innere Mission gegründet

27. September

Donnerstag | SA 07:16 SU 19:09 MA 20:34 MU 09:30

Wochenspruch: 1. Johannes 5,4c
Wochenlied: EG 346

Wir lesen Galater 2,1–10

Gegensätze in der Gemeinde

Mit großer Klarheit beschreibt Paulus der Gemeinde in Galatien, wie es zu dem Miteinander – für manche war es ein Nebeneinander, ja Gegeneinander – gekommen ist zwischen den in der von Christus geschenkten Freiheit Lebenden und denen, die die Vorschriften des alten Gottesvolkes weiterhin einhalten wollten. In den ersten Jahren seiner Missionsarbeit dachte Paulus, er sei über diesen Gegensatz erhaben. Doch das war nicht so. In der jungen Christenheit standen auf der einen Seite die, die mit dem Stolz des auserwählten Gottesvolkes alle Vorschriften halten wollten. Auf der anderen Seite standen Paulus und die, die aus dem Gesetz erfuhren, dass niemand sich selbst mit einem einwandfreien Leben das Himmelreich erwerben kann. Paulus lag daran, Klarheit zu gewinnen, dass auch die leitenden Köpfe der Gemeinde in Jerusalem die Botschaft, die er den Menschen brachte, anerkannten. Es durfte keinen Riss geben zwischen den von Paulus gegründeten Gemeinden und denen, die Jesus von Galiläa bis ans Kreuz begleitet und die Ostern erlebt hatten. Paulus wusste, dass das, was er predigte, dem Evangelium die

Türen in der Welt öffnete. – Er will durch ein persönliches Gespräch Klarheit gewinnen. Er reist nach Jerusalem. In der Überlieferung wird das Miteinander von Jakobus, Petrus und Paulus in Jerusalem Apostelkonzil genannt. Das Ergebnis? Die Führenden in der Jerusalemer Gemeinde und Paulus reichen sich die Hand und bestätigen so die Gemeinschaft, die beide Wege erträgt. *Hermann Beste*

Wir beten Barmherziger Gott, Du hast uns in Jesus Christus große Freiheit geschenkt. Gib, dass wir dies Geschenk der Freiheit im Miteinander mit anderen Konfessionen mit Leben füllen. Amen.

Das Fest der Kreuzerhöhung In der orthodoxen Kirche des Ostens wird am 27. September (nach dem alten Kalender ist dies der 14. September) das Fest der Kreuzerhöhung liturgisch gefeiert. Nach der Überlieferung ist die „Auffindung des wahren Kreuzes“ im 4. Jahrhundert der Ursprung dieses Festes. Nach der islamischen Eroberung Jerusalems wurde Konstantinopel/Istanbul Zentrum der Feier. An diesem Tag trug der Patriarch vom Kaiser begleitet in einer feierlichen Prozession eine Kreuzesreliquie in die Hagia Sophia.

Orthodoxer Feiertag: Kreuzerhöhung | 1660 Vinzenz vom Paul, Wohltäter in Südspanien | 1817 Kirchenunion in Preußen | 1898 Diakonenanstalt Martinshof in Rothenburg/Oberlausitz gegründet | 1970 † Hermann Maas, Pfarrer und Prälat in Baden, „Gerechter unter den Völkern“

28. September

Freitag | SA 07:17 SU 19:07 MA 21:00 MU 10:43

Wochenspruch: 1. Johannes 5,4c
Wochenlied: EG 346

Wir lesen Galater 2,11–21

Der andere Weg

Was in Jerusalem zwischen den Aposteln und Paulus als Übereinkunft verabredet war, erwies sich dann doch im Alltag der Gemeinde in Antiochia als brüchig. Bedingt wurde dies auch durch die Wankelmütigkeit des Petrus, der – das ist der Vorwurf des Paulus – aus ängstlicher Rücksichtnahme die Wahrheit des Evangeliums verleugnet hat. Worauf kommt es nun an? Woher nimmt der Mensch seinen Wert? Ist es nicht ein Privileg, durch das Leben nach dem Gesetz des Gottesvolkes ein besonderes Verhältnis zu Gott zu haben? Aber wer vor Christus steht, erlebt, dass es keinen Unterschied gibt zwischen Menschen aus dem alten Gottesvolk und denen, die diese Traditionen nicht kennen. Kein Mensch hört auf, ein Geschöpf zu sein, das gegen Gott streitet. Keiner wird aus eigenem Tun vor Gott gerecht. Es gibt keine Möglichkeit, durch großartige fromme Leistungen dahin zu kommen, von Gott als gerecht angenommen zu werden. Es gibt nur den anderen Weg, den Gott in Jesus Christus eröffnet hat. Auf Christus kommt es an, auf das Vertrauen zu ihm, nicht auf das Bauen auf die eigenen Leistungen. Paulus bekennt für sich:

In die Mitte meines Lebens ist Christus getreten. Paulus lebt nicht mehr in dem Raum, in dem er durch die Vorschriften des Gesetzes als Sünder überführt wird, sondern da, wo die geschenkte Gnade Leben und Freiheit schafft. Paulus und nach ihm Martin Luther werden nicht müde, herauszustellen, worauf es ankommt: allein Christus, allein der Glaube!

Hermann Beste

Wir beten

Gnädiger Gott, wir danken Dir, dass Du uns den Weg geöffnet hast, der uns von dem Zwang befreit hat, durch eigene Leistungen das Heil zu erarbeiten. Gib, dass wir dieses Geschenk nicht verlieren. Amen.

Ein Märtyrer in der Zeit der Reformation

Der 28.9.1529 ist als Todestag von Adolf Clarenbach überliefert. Ihm war schon als jungem Mann das Christusverständnis der Reformatoren wichtig geworden. In Münster, Osnabrück und im Bergischen Land predigte er im Sinne Luthers. Dann wurde er, gerade 30-jährig, der Ketzerei beschuldigt und in einem Prozess in Köln zum Tode verurteilt und verbrannt. Nach seinem Tod wurde eine Schrift von ihm veröffentlicht, die seinen Namen und sein Schicksal bekannt machten.

782 † Lioba, Glaubensbotin im Taubertal | 1529 † Adolf Clarenbach, Märtyrer in Köln | 1529 † Peter Fliesteden, Märtyrer der Reformation | 1859 † Karl Johann Philipp Spitta, Liederdichter

29. September

Sonnabend | Tag des Erzengels Michael und aller Engel (Michaelis) SA 07:19 SU 19:05 MA 21:31 MU 11:55

Spruch: Psalm 34,8
Lied: EG 143

Wir lesen Galater 3,1–14

Eine neue Kreatur in Christus

Die Großstädte im römischen Reich waren Sammelbecken für Menschen unterschiedlichster Herkunft. In einer solchen, in Tarsus, wuchs Paulus auf. In ihr wurde seine jüdische Identität herausgefordert. Er wurde zunächst ein orthodoxer Pharisäer, später aber auch ein strenger Verfolger der neuen Christenbewegung. Dann begegnete ihm der auferstandene Herr und Paulus machte eine Kehrtwende; er wurde zum Gründer christlicher Gemeinden unter den Heiden. Aus seiner Sicht waren diese Gemeinden mit dem Geist des lebendigen Christus begabte, dynamische Glaubensgemeinschaften, neue Geschöpfe Gottes, die im Vertrauen darauf leben sollten, dass Gottes Heilswille allen Völkern gleichermaßen gelte. Aus seiner Sicht waren diese Gemeinden Verkörperungen des gekreuzigten und auferstandenen Herrn, Ausdruck der Liebe Gottes für andere – für alle anderen (siehe 3,28)! Doch kamen bald andere Missionare daher, die anderes verkündigten, offenbar mit einigem Erfolg (O ihr Unverständigen: 3,1). Diese überzeugten die Galater davon, dass man erst gesetzestreuer

Jude werden müsse, bevor man als Christ gelten könne – als ob man den dynamischen Schöpferwillen Gottes in gesetzliche Schranken weisen dürfte! Paulus kämpft um die Seele seiner Gemeinden. Wer in Christus lebt, ist eine neue Kreatur der freien Gnade Gottes und vertraut fest darauf, dass jeder Mensch – wer er auch sei – geliebt ist und werden soll.

Tobias Schlingensiepen

Wir beten

Herr, befreie mich von der zwanghaften Sorge um mich selbst, damit ich mit anderen für andere leben kann. Amen.

Günter Jacob

Er zählte zu den Pfarrern, die sich während der NS-Zeit dem Arierparagraphen widersetzten, und auch zu den Mitbegründern des Pfarrernotbundes. Er wehrte sich gegen die antijüdische Rassenpolitik der Nationalsozialisten und gegen deren Versuch, die evangelischen Kirchen unter die Autorität des NS-Staates zu stellen und zu neutralisieren. Seine theologische Reflexion auf die konstantinische Wende formte seinen Widerstand gegen eine staatshörige kirchliche Verkündigung sowohl unter der NS-Herrschaft als auch später unter der kommunistischen Diktatur der DDR.

1521 Erstes evangelisches Abendmahl in Wittenberg | 1560 † Gustav I. Wasa, König von Schweden | 1874 Diakonissenanstalt Flensburg gegründet | 1993 † Günter Jacob, Mitbegründer des Pfarrernotbundes

30. September

Sonntag | 18. Sonntag nach Trinitatis

Wochenspruch: 1. Johannes 4,21
Wochenlied: EG 397 oder 494
Evangelium: Markus 12,28–34
Epistel: Römer 14,17–19
Altes Testament: 2. Mose 20,1–17

Wir lesen Psalm 56

Verbotene Gebete?

Ich bin erschrocken. „Gott, stoße diese Leute ohne alle Gnade hinunter!“, fleht tatsächlich der Beter dieses Psalms. Er will, dass Gott die Menschen vernichtet, die ihn quälen. Darf man das, für sich und gegen andere beten? Beten, so habe ich gelernt, heißt mit Gott reden in Lob und Dank, Bitte und Fürbitte. Da ist kein Platz für Gedanken und Worte, die anderen Übles wollen, und hat Jesus uns nicht auch geboten, unsere Feinde zu lieben und für die zu beten, die uns verfolgen? Verwundert nehme ich darum wahr, dass dieser Beter offensichtlich keine Bedenken hat, Gott die Vernichtung oder wenigstens die Bestrafung seiner Widersacher ans Herz zu legen. Meine Gebete sind da sehr viel zurückhaltender. Warum eigentlich? Was befürchte ich? In diesem Psalm erkenne ich einen Menschen, der an seine Grenzen gekommen ist. In einer solchen Lage verschieben sich die Werte. Da fragt man nicht mehr nach erlaubt oder verboten. Wer seine Feinde sind und was sie ihm antun, weiß ich nicht, nur, dass ihm niemand mehr helfen kann außer Gott. Dieser verzweifelte Mensch setzt seine ganze Hoffnung auf Gott und vertraut ihm so sehr, dass er nicht nur seine Rettung erwartet, sondern auch seine dunkle Seite nicht mehr kontrolliert und versteckt. Er mutet sich Gott zu, wie er ist, denkt und fühlt, und macht sich und Gott und auch uns nichts vor. Nicht Liebkind will er sein, sondern endlich erlöst, befreit; und gerecht soll es auch zugehen. Der Beter bittet Gott um Rettung, um sein Recht, und dazu gehört auch die Bestrafung der Übeltäter. Gott soll bestrafen, wer Unrecht tut, Gott, und nicht der Mensch selbst. Wer Gott um Bestrafung seiner Verfolger bittet, verzichtet darauf, es selber zu tun. An solchem Vertrauen und solchem Verzicht hat Gott ganz bestimmt mehr Gefallen als an einem „politisch korrekten" Gebet. *Gabriele Suck*

Wir beten

Gott, ich mache Dir und mir etwas vor, wenn ich beim Beten Gedanken zurückhalte, die ich für unwürdig erachte und derer ich mich schäme. Hilf mir bitte zu mehr Vertrauen und Ehrlichkeit. Amen.

Jüdischer Feiertag: Schmini Azteret (Laubhüttenfest, 8. Tag) | 420 † Hieronymus, Kirchenvater in Bethlehem | 1770 † Georg Whitefield, methodistischer Erweckungsprediger

1. Oktober

Montag | SA 07:22 SU 19:00 MA 22:55 MU 14:16

Wochenspruch: 1. Johannes 4,21
Wochenlied: EG 397 oder 494

Wir lesen Galater 3,15–18

In Christus sind alle eins

Der gesetzestreue Pharisäer Paulus begegnete dem auferstandenen Herrn und wurde hinfort zum Prediger des Glaubens unter den Heiden. Das tat er drei Jahre lang. Danach erst reiste er nach Jerusalem und lernte Petrus und Jakobus, Anführer der neuen Christenbewegung, persönlich kennen. Vereinbart wurde, dass Petrus christlicher Gesandter zu den Juden werden sollte, Paulus aber zu den Heiden. Bei einer späteren Begegnung mit Petrus und anderen Jüngern wurde diese Vereinbarung bekräftigt: Heidenchristen mussten sich nicht an Speisevorschriften halten, ihre Männer sich nicht beschneiden lassen, wie das weiterhin unter Judenchristen geschah und geschehen durfte. Es gab aber immer wieder Judenchristen, die solche Gesetzeswerke zur Bedingung des Christseins auch unter den Heiden machen wollten. Christ wird man aber laut Paulus durch den Glauben, durch Vertrauen auf die in Christus offenbarte Gnade Gottes für alle: Griechen wie Juden, Sklaven wie Freie, Frauen wie Männer. In Christus sind alle eins! Paulus liefert Schriftbeweise: Gottes Verheißungsbund (Abraham) sei nicht durch den

Sinaibund (Mose) aufgehoben, sondern gelte, wie ein Testament, unverändert fort: Abraham hat Gott geglaubt, und es ist ihm zur Gerechtigkeit gerechnet worden (1. Mose 15,6). Heidenchristen sind durch den Glauben, in Christus eben, auch Kinder Abrahams. *Tobias Schlingensiepen*

Wir beten

Hilf uns, Herr, mit unserem Unglauben; lehre uns, den Fremden in unserer Mitte ganz besonders zu lieben. Amen.

Jüdischer Feiertag: Simchat Thora (Thorafreudenfest)

Simchat Thora ist ein jüdisches Fest, das die Freude über die Thora zum Ausdruck bringt. Es werden der letzte Abschnitt aus dem Deuteronomium und der erste Abschnitt der Genesis vorgelesen und somit das Ende eines Schriftlesezyklus und der Beginn eines neuen markiert. Wer jemals dieses Fest erlebt hat, die Musik und das Tanzen mit der Thora, der muss unser traditionell-reformatorisches Ausspielen des Gesetzes gegen den Glauben kritisch hinterfragen. Dessen für das Judentum tödliche Folgen jedenfalls widersprechen der Absicht des Heidenapostels Paulus.

Jüdischer Feiertag: Simchat Thora (Thorafreudenfest) | 1386 Universität Heidelberg gegründet | 1571 † Petrus Herbert, Liederdichter in Böhmen

2. Oktober

Dienstag | SA 07:24 SU 18:58 MA 23:52 MU 15:19

Wochenspruch: 1. Johannes 4,21
Wochenlied: EG 397 oder 494

Wir lesen Galater 3,19–29

Die Grenze ist verschwunden

Was soll nun das Gesetz? Soll es bindende Geltung auch für Heidenchristen haben, wie es die judenchristlichen Gegner des Paulus behaupten? Anders gefragt: Wer darf als ein Kind Gottes gelten (3,26)? Es geht um die Identität, sozusagen darum, welchen Pass eine(r) vorlegen muss, um als Kind Gottes gelten zu dürfen. Im Galaterbrief befinden wir uns inmitten eines Grenzkontrollstreits. Die Gegner des Paulus behaupten, wer gesetzestreu lebt, darf passieren – beispielsweise der Beschnittene. Paulus hält hart dagegen. In Christus ist die Grenze selbst verschwunden; Pässe sind passé. Und überhaupt, entscheidet diese Frage nicht diejenige Instanz, die den Pass ausgestellt hat? Paulus argumentiert, Gott habe Heiden wie Juden vor langer Zeit schon die Grenzauflösung versprochen (3,8). Wechseln wir das Bild: Das Gesetz hat Gottes Volk, wie ein Boot, geholfen, die reißenden Gewässer der Sünde zu durchschiffen, ihm sicheres Geleit gewährt. Paulus will sagen: Gott hat, durch die Kreuzigung und Auferstehung Jesu Christi, diese Gewässer ein für allemal gestillt; alle sollen darauf vertrauen, dass sie auf der glatten Oberfläche wandeln und zum anderen Ufer gelangen können. Gott lässt uns nicht allein; Christus geht mit uns. Wer den anderen liebt, insbesondere den Feind, der glaubt recht.

Tobias Schlingensiepen

Wir beten

Herr, die Welt ändert sich radikal. Ich finde mich nur schwer in ihr zurecht. Behüte mich davor, anderen dafür die Schuld zuzuweisen. Geleite mich – Dich und andere liebend – in die verheißene Zukunft Deines Friedens. Amen.

Pietro Carnesecchi, Märtyrer in Italien

Carnesecchi war ein humanistisch gebildeter Italiener. Er stammte aus einer kirchlichen Familie und stieg zum Sekretär Papst Clemens' VII. auf. In dessen Umkreis lernte er Juan de Valdés kennen und folgte diesem alsbald nach Neapel. Carnesecchi wurde von Valdés in die Rechtfertigungslehre Martin Luthers eingeführt und wurde einer ihrer Vertreter (obwohl er ein Gegner der Kirchenspaltung blieb). Während der Gegenreformation wurde er deshalb verfolgt und dem Inquisitionsgericht ausgeliefert. Er wurde schließlich enthauptet und sein Leichnam wurde verbrannt.

1567 † Pietro Carnesecchi, Märtyrer in Italien (ev. Gedenktag; Sterbetag: 3.10.) | 1733 † Josef Schaitberger, führender Exulant aus Salzburg

3. Oktober

Mittwoch | SA 07:25 SU 18:56 MA – MU 16:13

Tag der Deutschen Einheit

Wochenspruch: 1. Johannes 4,21
Wochenlied: EG 397 oder 494

Wir lesen Galater 4,1–7

Unfreiheit und Freiheit

Den Tag der Deutschen Einheit zu feiern, heißt auch immer, sich den Gegensatz von Unfreiheit und Freiheit bewusst zu machen: Wir erinnern uns an die Bilder des Mauerfalls vom 9. November 1989 – die Unfreiheit wurde überwunden. Dann, am 3. Oktober 1990, hat die frei gewählte Volkskammer der DDR den Beitritt zum Grundgesetz der Bundesrepublik Deutschland erklärt. Unfreiheit wurde durch Freiheit überwunden. Ganz ähnliche Erfahrungen kann auch jeder Christ im Glauben machen: Jeder Mensch spürt, dass auch sein ganz normales und alltägliches Leben von Unfreiheit, von Zwang, manchmal von wenig Freiheit bestimmt wird. Diese Erfahrungen machen das Leben weder lebenswerter, noch lösen sie Freude am Leben aus. Wem erst einmal bewusst wird, dass solche Unfreiheiten und Zwänge die Natur unseres Lebens sind, wird sich nach Befreiung sehnen. Es gelingt uns aber selten, die Gesetze der Welt, der Gesellschaft etc. so zu verändern, dass wirkliche Freiheit und Freude am Leben das Ergebnis sind. Und wenn es dann doch einmal geschieht, ist es nicht immer von langer Dauer. Dass diese Gesetze durchbrochen werden, kann nur durch Gottes Kraft geschehen. Letztendlich ist es die Überwindung der Todesgrenze durch Jesus Christus, die uns das Reich der Freiheit, das ewige Leben schenkt. Im Glauben haben wir diese Freiheit schon als Kinder Gottes, die Erben Gottes sind. *Jörg Neijenhuis*

Wir beten

Gott, im Leben spüren wir Grenzen und Mauern, gar selbstgemachte Gefängnisse, die wir gerne überwinden wollen. Lass uns den Weg des Glaubens gehen, der uns diese Freiheit zeigt. Amen.

1990 – Beitritt der DDR zur Bundesrepublik Deutschland

Der 3. Oktober wurde im Einigungsvertrag zum gesetzlichen Feiertag in Deutschland bestimmt. Auf diese Weise ist er der einzige Feiertag, für den Bundesrecht gilt. Für alle anderen Feiertage gilt das Länderrecht. Die offizielle Feier zum Tag der Deutschen Einheit findet in jenem Bundesland statt, das den Vorsitz im Bundesrat innehat. Gefeiert wird natürlich auch in anderen Städten Deutschlands, herausragend sind die Feiern in Berlin am Brandenburger Tor und auf der Straße des 17. Juni. Erinnert doch der 17. Juni an den Volksaufstand 1953 in der DDR, der in der BRD von 1954 an bis 1990 offizieller Feiertag gewesen ist.

1226 † Franz von Assisi, Ordensgründer in Italien | 1990 Beitritt der DDR zur Bundesrepublik Deutschland

4. Oktober

Donnerstag | SA 07:27 SU 18:53 MA 00:59 MU 16:58

Wochenspruch: 1. Johannes 4,21
Wochenlied: EG 397 oder 494

Wir lesen Galater 4,8–20

Vertrauen ist kein Tauschgeschäft

Beziehungen von Mensch zu Mensch, z. B. Liebesbeziehungen, Geschäftsbeziehungen, Familienbeziehungen, können ganz unterschiedlichen Charakter haben. Sie gelingen je nach ihrer Eigenart, wenn man sich an ihre vorgegebenen Regeln hält. Sie misslingen, wenn man versucht, sie mit anderen Regeln zu gestalten. Eine Liebesbeziehung verträgt es nicht, wenn man sie nach Art von Geschäftsbeziehungen gestaltet. Denn bei einer Geschäftsbeziehung zählt der Tauschwert von Ware und Geld, bei einer Liebesbeziehung zählt das Vertrauen zueinander. – Die Beziehung zu Gott ist ebenso eine Vertrauensbeziehung. Oder, wie Paulus es ausdrückt: Ihr habt Gott erkannt, ja vielmehr: Ihr seid von Gott erkannt worden. Und weil wir von Gott wahrgenommen worden sind, können auch wir Gott aufgrund dieser von ihm ermöglichten Beziehungsebene erkennen. Es ist das vorbehaltlose gegenseitige Ja, das diese Beziehung des Vertrauens trägt. – Sie wird aber gefährdet oder zerstört, wenn nun an die Stelle des Vertrauens einzuhaltende Gesetze und Vorschriften treten. Nur wenn diese eingehalten werden – so sagte es der Unglaube, so fordert es der Aberglaube –, nur wenn diese Vorschriften eingehalten werden, dann wird uns Gott gnädig ansehen. Da ist aus dem Vertrauen ein Tauschgeschäft geworden! Diesen Götzenglauben bekämpft Paulus: Nicht Vorschriften machen den Glauben aus, sondern das Vertrauen, das wir zu Gott haben. *Jörg Neijenhuis*

Wir beten

Vertrauensvoller Gott, wir bitten Dich um das Bewahren von Beziehungen zu Dir, zu unseren Familien und vielen anderen Menschen. Lass diese Beziehungen uns nicht dazu verleiten, dass wir sie missbrauchen. Amen.

Eobanus Hessus, Humanist

Er hat an der Universität Erfurt Latein studiert, Gelegenheitsgedichte verfasst und sich intensiv mit humanistischen Studien befasst. In Erfurt verkehrte er in humanistischen Kreisen und übernahm eine Professur für lateinische Sprache. Martin Luther nannte ihn den berühmtesten Poeten seiner Zeit, einen frommen und reinen Sänger. Zu seinem Gedenken schreibt Erfurt seit 2001 den Eobanus-Hessus-Schreibwettbewerb aus, an dem sich junge Schriftsteller aus Thüringen beteiligen können, indem sie Prosatexte oder Lyrik einreichen. Es werden drei Hauptpreise ausgelobt, Schüler erhalten Förderpreise.

1540 † Eobanus Hessus, Humanist | 1582 Gregorianische Kalenderreform | 1669 † Rembrandt van Rijn, Maler in den Niederlanden

5. Oktober

Freitag | SA 07:29 SU 18:51 MA 02:14 MU 17:34

Wochenspruch: 1. Johannes 4,21
Wochenlied: EG 397 oder 494

Wir lesen Galater 4,21–31

Zwang und Freiheit

Am Beispiel von Sara und Hagar stellt Paulus Gesetz und Evangelium, Zwang und Freiheit einander gegenüber. Es handelt sich dabei aber nicht um ein Gesetz, das Menschen formulieren, um es durch eine demokratische Abstimmung in Geltung zu setzen. Solch ein Gesetz kann ja durchaus die Freiheit und das Wohlergehen der Bürger sichern. Bei Paulus geht es um ein Verständnis von Gesetz, das schon gilt, bevor wir überhaupt etwas wollen und tun können; in das wir sozusagen hineingeboren werden. Es sind z. B. die Gesetze der Natur, der Gesellschaft, der Kultur, auch der familiären Beziehungen. Darin erleben wir manchmal wenig Freiheit. Freiheit dagegen versteht Paulus als eine Möglichkeit, die nicht aus dem natürlichen Leben, sondern aus dem Geist Gottes kommt und im Glauben wirksam wird. Im Glauben an Gott ist unsere Beziehung zu ihm ganz frei. Sie ist nicht von einem Gesetz oder von besonderen Vorschriften bestimmt. Auch kein Mensch kann von außen einfach irgendwie auf den Glauben an Gott Einfluss nehmen. Diese Glaubensbeziehung wird ganz allein von jedem Einzelnen und Gott bestimmt – in aller Freiheit, die solch eine exklusive Beziehung ermöglicht. Oder wie Luther es in seinem Lied „Ein feste Burg" ausdrückt: Es mag uns das Leben mit all seinen Gesetzen noch so schwer werden, unser Glaube bleibt davon unbetroffen, denn er ist nicht durch Gesetze, sondern allein durch Gottes Gnade in uns gewirkt worden. *Jörg Neijenhuis*

Wir beten

Gnädiger Gott, oftmals macht uns viel Freiheit auch Angst, und dann greifen wir zu Gesetzen, weil wir denken, dass sie uns Sicherheit geben. Lass uns erfahren, dass das Gegenteil wahr und richtig ist. Amen.

1609 * Paul Fleming, Liederdichter

Er war Arzt, Schriftsteller und ein bedeutender Lyriker des Barockzeitalters. Johann Sebastian Bach nahm sein Lied „In allen meinen Taten" (EG 368) als Vorlage für eine Choralkantate (BWV 97). Fleming schrieb in deutscher und lateinischer Sprache und kam in der Welt weit herum: Er war in Moskau und reiste nach Persien. Seine Werke zeichnen sich dadurch aus, dass sie immer wieder die Treue zur Geliebten, zu sich selbst, auch zum Vaterland und zum Glauben thematisieren. Ein ausgeprägter Friedenswille durchzieht seine Gedichte. Er starb mit nur 30 Jahren.

1609 * Paul Fleming, Liederdichter | 1864 † Theodor Fliedner, Diakonissenvater im Rheinland, Begründer der Kaiserswerther Diakonie (ev. Gedenktag; Sterbetag: 4.10.) | 1886 Evangelischer Bund gegründet

6. Oktober

Sonnabend | SA 07:30 SU 18:49 MA 03:33 MU 18:05

Wochenspruch: 1. Johannes 4,21
Wochenlied: EG 397 oder 494

Wir lesen Galater 5,1–15

Freiheit und Sicherheit zugleich

Während ich diese Zeilen schreibe, beginnt meine Tochter damit, laufen zu lernen. Der für mich spannendste Moment ist dabei immer wieder das Loslassen und danach die ersten Schritte frei zu torkeln. Dann jubelt die Familie. In den nächsten Monaten werden wir Eltern bemüht sein, dem Kind zu zeigen und zu sagen, wo es hinlaufen kann und wo nicht. Diese Szene läuft in der Art überall auf der Welt in den Familien ab und sie gleicht dem Bibeltext sehr. Die Freude darüber, dass der Glaube das Leben eines Menschen erfüllt, ist groß. Anschließend gibt es immer wieder Regeln, Umgangsformen, gefühlte und echte Grenzen, die einschränken. – Paulus fordert uns dazu auf, in der Freiheit Christi zu leben und uns nicht von Gesetzen gefangen nehmen zu lassen. In uns steckt eine Sehnsucht nach Sicherheit. Gleich dem Kind, das die Hände der Eltern sucht. – Heute, wenn Sie diese Zeilen lesen, läuft meine Tochter seit einem Jahr. Für mich gilt, wie schon bei ihren Geschwistern, eine Atmosphäre der Neugier und Offenheit. Das Kind darf erkunden und ich begleite es. Die Offenheit dabei ist, dass ich Raum geben möchte zu verstehen, was meine Grenze ist. Nicht immer sind meine Grenzen auch die meiner Kinder, und ich lerne mit ihnen, die Welt anders zu bewerten. – In meinem Glauben freut es mich, dass Gott mich begleitet und jubelt, wenn ich freihändig durch mein Leben gehe, und ich will mir seiner haltenden Hand gewiss sein, ohne sie suchen zu müssen.

Falk Herrmann

Wir beten

Herr, befreie mich von meiner Suche nach Geländern, an die ich mich klammern kann. Schenke mir Deinen Geist, um mich in Freiheit in Deine Hände zu begeben und mich nicht zu verlaufen. Amen.

Den 6. Oktober 1582 – gab es nicht

Die Einführung des Gregorianischen Kalenders fand im Oktober des Jahres 1582 statt. Die Korrektur bedeutete eine Flexibilisierung des alten Kalenders. Der Julianische Kalender hinkte zu dieser Zeit im Vergleich zum 4. Jahrhundert bereits zehn Tage dem Sonnenlauf hinterher. Auf Donnerstag, den 4.10.1582 folgte Freitag, der 15.10.1582. Somit hat es die Tage dazwischen nie wirklich gegeben. Die Rolle des Sonntags wurde beibehalten, darum folgte auf den Donnerstag ein Freitag. Und alle Sonntage des alten Kalenders sind auch die Sonntage des neuen.

1536 † William Tindale, Märtyrer aus England | 1546 † Pierre Leclerc, Märtyrer in Frankreich | 1772 † David Nietschmann, Bischof der Brüdergemeine

7. Oktober

Sonntag | Erntedanktag/19. Sonntag nach Trinitatis

Spruch: Ps 145,15/Wochenspruch: Jer 17,14
Lied: EG 324 oder 502/Wochenlied: EG 320
Evangelium: Lk 12,(13–14.)15–21 Mk 2,1–12
Epistel: 2. Korinther 9,6–15/Epheser 4,22–32
Altes Testam.: Jes 58,7–12/2. Mose 34,4–10

Wir lesen Psalm 65

Gerechtigkeit im Herzen

Dieser Psalm passt zum Erntedank. Von Anfang bis Ende ist Jubeln angesagt. Das passt zum Schmuck in den Kirchen mit Blumen, Früchten, Erntekronen und Kürbissen. Wir haben es geschafft! Die Fülle und der Erntesegen sind ein guter Grund zu Jubel und Lobgesang. Denn wir singen: „Es geht durch unsre Hände, kommt aber her von Gott!" Daher verwendet der Psalmdichter nicht die nüchterne Feststellung „es regnet". Er betont, dass Gott es regnen lässt. „Ohne Gott und Sonnenschein bringen wir die Ernte ein", war eine Kampflosung zu DDR-Zeiten. Pfarrer Oskar Brüsewitz konterte: „Ohne Regen, ohne Gott geht die ganze Welt bankrott." Auch in einem aufgeklärten Zeitalter vertrauen wir auf die Stabilität der Schöpfung Gottes und seine Fürsorge. – Unser Psalm ist ein Gebet an Gott in seiner „wunderbaren Gerechtigkeit". Das steht im Gegensatz zu dem himmelschreienden Unrecht unter den Menschen und auf der Erde. Turbokühe werden als Milchproduktionsmaschinen gehalten, um gegen die Konkurrenz bestehen zu können. Es tobt ein Preiskampf und Verteilungskrieg. Wer sich dem entziehen will, kommt finanziell ins Trudeln oder gerät ins Abseits. Die skandalösen Arbeitsbedingungen und Anbaumethoden von Obst, Gemüse und Blumen in Monokulturen in den Ländern des Südens ernähren die Produzenten und ihre Familien nicht. Sie leben in bitterer Not. Uns werden diese Produkte zu Schnäppchenpreisen angeboten. – Trotzdem dürfen wir Loblieder singen. Der Dank muss sein. Aber auch das Gebet und das Engagement für Gerechtigkeit weltweit, für die Änderung unserer Sinne und unserer Lebensweise. Wir sollen nicht nur dankbar sein für das, was in unsere Hände gelegt ist. Wir haben auch die Möglichkeit, gerecht zu teilen und zu verteilen. Das ist der Wille unseres Gottes, von dem der Psalm singt: „Du machst fröhlich, was lebt im Osten und Westen."

Christoph Münchow

Wir beten

Guter Gott, wir danken Dir. Du beschenkst uns reich mit Gütern der Erde. Sie reichen für alle. Lass uns helfen, dass alle Menschen satt werden und in gerechten Verhältnissen fröhlich leben können. Amen.

Röm.-kath. Feiertag: Rosenkranzfest | 1787 † Heinrich Melchior Mühlenberg, Glaubensbote in Nordamerika | 1931 * Desmond Tutu, Bischof und Friedensnobelpreisträger in Südafrika | 1949 DDR gegründet

8. Oktober

Montag | SA 07:34 SU 18:45 MA 06:13 MU 18:56

Wochenspruch: Jeremia 17,14
Wochenlied: EG 320

Wir lesen Galater 5,16–26

Reiche Früchte ernten

Zu meiner frühen Kindheit gehört die Zeit der Ernte in den Spätsommertagen. In meiner Erinnerung haben wir wäschekörbeweise Äpfel aus unserem Garten nach Hause getragen. Sosehr es für mich als Kind eine Anstrengung war, im Garten zu helfen, so war ich stolz auf unsere Ernte. – Die Früchte aus dem heutigen Bibeltext sprechen mich genau in dieser Erinnerung an. Sie packen mich bei einer meiner elementaren Lebenserfahrungen. Etwas zu ernten, bedarf einer Anstrengung. Aber meine Erfahrung geht noch weiter. Es macht eigentlich nur Sinn, essbare Früchte zu ernten, die mich ernähren. Mit diesen Gedanken verweile ich bei den Anstrengungen in meinem Leben. Wonach eifere ich eigentlich? Was strebe ich an? – Im Strudel der Welt empfinde ich den Blick des Paulus als stärkend. Die Frucht des Geistes mit Liebe, Friede, Geduld, Güte und noch mehr schenkt mir einen Blick auf die Liebe Gottes und darauf, wie sie mein Leben bereichert. Ich möchte dies für mein Leben anstreben. Gleich den Wäschekörben voller Äpfel, die einer alleine niemals essen kann, zeigt sich hier etwas, das uns der Geist Gottes schenken möchte und was uns Menschen gemeinsam in dieser Welt bestehen lässt. Dieses Erleben beginnt mein Leben in einer Weise zu tragen, dass Hader, Zank und Zwietracht in mir kein Zuhause mehr finden können. *Falk Herrmann*

Wir beten

Herr, schenke mir Deinen Geist, damit ich von seinen Früchten leben kann. Deren Fülle ist nie genug, überschütte mich damit. Ich danke Dir, dass Du an mich denkst und mich bereicherst. Amen.

Das Konzil von Chalcedon (8.10.–1.11.451)

Auf diesem Konzil fand die Entscheidung in einer lang geführten Auseinandersetzung statt. Bei dem Disput ging es um die Frage: Ist Jesus Mensch oder Gott? Die Einigung des Konzils fand die Lösung in der Formulierung: „Ein und derselbe ist Christus", also wahrer Mensch und wahrer Gott. Dies führte zur Abspaltung der altorientalischen Kirche (Ägypten, Palästina und Syrien), die heute in ihren Ursprungsländern eine Minderheitenkirche ist, abgesehen von Armenien und Äthiopien. Im westlichen Kulturkreis fand eine Verbreitung statt.

1565 † Johann Mathesius, Prediger in Böhmen | 1844 Diakonissenhaus Nonnenweier gegründet

9. Oktober

Dienstag | SA 07:35 SU 18:42 MA 07:32 MU 19:20

Wochenspruch: Jeremia 17,14
Wochenlied: EG 320

Wir lesen Galater 6,1–10

Vom Umgang mit Menschen

Kelten, wie sie in der römischen Provinz Galatien vor 2000 Jahren lebten, sind wir nicht. Warum lesen wir dennoch das 6. Kapitel eines alten frommen Briefs? Weil wir darin vorkommen! Menschen, die einen Fehler (oder viele) machen, passen doch genau zu uns! Eine Wohltat sind Menschen, die mit Geduld, Sanftmut und geistlichem Geschick helfen können, weil sie selber wissen, wie das ist mit dem „Lastentragen". Paulus meint, es gehöre zum Glauben, die Probleme anderer Leute wahrzunehmen: Wie kommen sie mit ihrem Christenstand zurecht? Haben sie auch, was sie zum Leben brauchen? Unser Blick wird hier auf Bibellehrer gerichtet. In den jüdischen Siedlungen im Mittelmeergebiet wollten Menschen mit heidnischen Mythen brechen; um jüdische Proselyten zu werden, mussten sie viel lernen. Auch die junge Christenheit brauchte solche Bibelkenner, wie unsere Kinder Katecheten brauchen. Damals wie heute muss Lebensunterhalt sein: Die jedem Landmann vertraute Regel von Saat und Ernte wird geistlich gedeutet: Kärglich zu säen, wird zu gefährlichem Irrtum, der Gott verspottet. Ein Beispiel für

„Gutes tun an jedermann – vor allem an Glaubensgenossen“: Paulus zeigt uns heilsbedürftige Menschen und, wie die Zeit verrinnt, für Gott zu wirken. *Dietrich Wegmann*

Wir beten

Herr, immer wieder begegnet uns Dein Heil als Bewahrung und Hilfe in unserem Leben; wir bitten für alle, die das nicht wissen, aber es genauso brauchen wie wir. Amen.

Im 19. Jahrhundert: Kirche im Aufbruch

Zum 300. Jahrestag der Thesen Luthers vereinte König Friedrich Wilhelm III. Lutheraner und Reformierte Preußens zu einer Landeskirche. Hier wirkte der Kirchbaumeister, Pfarrerssohn aus Neuruppin, Karl Friedrich Schinkel; Architekt, Maler, „Designer“, Oberbaurat, der die Bauten Berlins und der neuen Unionskirche prägte. Bei viel Verständnis für griechisch-römische Kultur, für Kirchbauten der Vergangenheit, in preußischer Sparsamkeit und erstaunlichem Umgang mit neuen Techniken gestaltete er Gotteshäuser und neuen Kirchenbedarf. Er schuf die erste Denkmalsschutz-Behörde in Europa. Die geistliche Erneuerung der Landeskirche Preußens hat er mitgetragen.

1477 Universität Tübingen gegründet | 1555 † Justus Jonas, Theologe in Sachsen | 1841 † Karl Friedrich Schinkel, Baumeister | 1989 Montagsgebet und Friedensdemonstration in Leipzig

10. Oktober

Mittwoch | SA 07:37 SU 18:40 MA 08:49 MU 19:45

Wochenspruch: Jeremia 17,14
Wochenlied: EG 320

Wir lesen Galater 6,11–18

Es gilt nur eine neue Kreatur

Die Galater sollen merken, was das Kreuz Jesu für ihre Taufe bedeutet. Judenchristliche Bibellehrer hatten die Beschneidung eifrig erstrebt als jüdisches Heilszeichen und persönlichen „Missionserfolg". Was aber hatten die Apostel verkündet: nicht Riten, sondern Gottes Geist schafft aus Juden und Heiden die Gemeinde des Messias. Auch unbeschnittene Berufene gehören dazu. Die Christus-Taufe macht Menschen zur „neuen Kreatur". Für fromme Leute ist das schwer zu begreifen: Jesu Kreuz ist das Ende aller von Menschen gestalteten Religion. Paulus hat erfahren: Das Kreuz ist Leidenszeichen. Körperliche Stigmata kennt man erst seit Franz von Assisi († 1226). Sie sind psychologisch interessant, aber nicht wichtig für den Glauben an Christus. Ähnlich die Beschneidung, die im Galaterbrief so scharf zurückgewiesen wird. Es gibt sie auch bei den christlichen Kopten und Äthiopiern. Muslime hatten nach der arabischen Eroberung im 8. Jahrhundert den Kopten, obwohl der Koran es nicht fordert, ihre alten religiös-hygienischen Beschneidungsriten neu aufgezwungen. Trotzdem bekennt die Koptische Kirche in ihrer

Lehre gut paulinisch: nicht die Beschneidung (und einige bei uns bewahrte jüdische Bräuche), sondern die Wiedergeburt aus Wasser und Geist in der Taufe schenkt uns die neue Kreatur und macht uns zum wahren Israel. Friede mit allen, die dazugehören! Mit diesem Segen (der auch für uns gilt) endet eine Streitschrift im Neuen Testament. *Dietrich Wegmann*

Wir beten Herr, wir beugen uns vor Dir und erblicken mit Staunen Deine Friedensbotschaft in Deinem Wort, die verbunden ist mit allen guten Verheißungen für Dein Volk und Deine Kirche. Dank sei Dir. Amen.

Im 19. Jahrhundert: Britisch-Preußisches Bistum Jerusalem Das Bistum Jerusalem entstand im 19. Jahrhundert durch den erwecklich-romantischen Preußenkönig Friedrich Wilhelm IV. Die neugestaltete Preußische Kirche und die Anglikanische Kirche wollten abwechselnd Bischöfe stellen. Der von Preußen entsandte Bischof Samuel Gobat diente dort von 1845–1879. Seine Tochter war Dora Rappard (1842–1923), Botin der Pilgermission St. Chrischona. Ihre Erweckungslieder werden heute noch gern gesungen, z. B. das Lied „Welch ein Freund ist unser Jesus“. Wilhelm I. von Preußen hob 1886 die preußische Beteiligung am Bistum Jerusalem wieder auf.

965 † Bruno von Sachsen, Erzbischof von Köln (ev. Gedenktag; Sterbetag: 11.10.) | 1923 † Dora Rappard, Schriftstellerin | 1976 † Reinhold von Thadden-Trieglaff, erster Präsident des Deutschen Evangelischen Kirchentages

11. Oktober

Donnerstag | SA 07:39 SU 18:38 MA 10:04 MU 20:11

Wochenspruch: Jeremia 17,14
Wochenlied: EG 320

Wir lesen Offenbarung 1,1–8

Das Buch am Ende der Bibel

Die Offenbarung des Johannes ist das einzige prophetische Buch des Neuen Testaments, zugleich eine Trost- und Hoffnungsschrift für die im Römischen Reich unterdrückten Christen. Sie nimmt uns hinein in das Zwiegespräch des Johannes mit dem lebendigen Christus, der ihm seinen Engel gesandt hat. Wer das Zeugnis von Jesus Christus gehört hat, der wird auch erkennen, „was in Kürze geschehen soll" (V. 1). Johannes schreibt an die sieben Gemeinden in Kleinasien, die als Vertreter aller Gemeinden Jesu gelten können. So entfaltet er ihnen und uns in Sinnbildern, was sich künftig ereignen wird. – Der ewige Gott herrscht als der Allmächtige in der Fülle seines Geistes über die Menschen. Er wird für „alle Augen" (V. 7) den sichtbar machen, der die erlösende Liebe Gottes auf Erden verwirklicht hat. Das ist Jesus Christus. Seinen Gemeinden hat er diese Liebe schon jetzt zugewandt, sodass sie als Könige und Priester vor Gott mitten in den Bedrängnissen dieser Welt leben können. In der Allmacht seiner Liebe wird er sich aber allen Menschen zuwenden, sodass sie angesichts ihrer Sünden wehklagen und der erlösenden Liebe

Gottes Recht geben müssen. – Welch ein Trost! Gott tröstet uns durch seine Zuwendung in allen Bedrängnissen. Er macht uns darüber hinaus gewiss, dass einst alle Menschen, von denen solche Bedrängnis ausgeht – wozu auch wir immer mal wieder gehören –, der vergebenden Liebe Gottes Recht geben werden. *Thomas Koppehl*

Wir beten

Lieber Vater im Himmel, wir danken Dir, dass Du uns in Deiner Liebe auf unvergleichliche Weise tröstest. Wir danken Dir, dass Du uns gewiss machst, dass Deine tröstende Liebe den Sieg behalten wird in allen Bedrängnissen dieser Welt. Amen.

1962 Eröffnung des Zweiten Vatikanischen Konzils

Das 2. Vatikanische Konzil fand vom 11.10.1962 bis zum 8.12.1965 statt. Es wurde von Papst Johannes XXIII. mit dem Auftrag zu pastoraler und ökumenischer Erneuerung einberufen. Nach dem Tod Johannes' XXIII. im Jahr 1963 wurde das Konzil durch Papst Paul VI. fortgesetzt und 1965 beendet. Es votierte für die Religionsfreiheit innerhalb der bürgerlichen Staatsordnung und setzte sich für einen verstärkten Dialog mit Anders- oder Nichtgläubigen ein. Auch Nicht-Katholiken waren als Beobachter eingeladen. Das Konzil bedeutete einen wichtigen Impuls für die weltweite Ökumene.

1531 † Huldrych Zwingli, Reformator in Zürich | 1962 Eröffnung des Zweiten Vatikanischen Konzils

12. Oktober

Freitag | SA 07:40 SU 18:36 MA 11:15 MU 20:41

Wochenspruch: Jeremia 17,14
Wochenlied: EG 320

Wir lesen Offenbarung 1,9–20

Die Wirklichkeit der unsichtbaren Welt

Johannes führt uns in eine geistige Welt, die uns weitgehend entzogen ist. Das ist besonders für Menschen wichtig, die in dieser sichtbaren Welt große Bedrängnis erleiden müssen. In Sinnbildern und Gleichnissen wird ihnen die Wirklichkeit der unsichtbaren Welt erschlossen. Johannes wird als einer, der als Verbannter selbst bedrängt ist, beauftragt, den sieben bedrängten Gemeinden in der Provinz Kleinasien zu schreiben. Was er den Gemeinden schreiben soll, das hört er ergriffen vom Geist. Eine große Stimme wird in ihm laut wie von einer Posaune. Die sieben bedrängten Gemeinden erscheinen ihm als sieben goldene Leuchter. Golden sind die Leuchter, weil sie aus der Kraft Gottes leben. Licht haben sie, weil sie Gottes Gegenwart in sich tragen. In ihrer Mitte wandelt eine Person, die einem Menschensohn gleicht. Von ihm gehen das Licht, die Reinheit und die Kraft Gottes für die Gemeinden aus. Das scharfe, zweischneidige Schwert weist darauf hin, dass es zwischen der Liebe Gottes und allerlei menschlichen Verfälschungen dieser Liebe keinen Kompromiss gibt. Dieser Menschensohn, Jesus Christus, ist eins mit

Gott. Er hat die Fähigkeit und Vollmacht, Menschen aus den Verfälschungen des Bösen heraus in das Licht der heilsamen Wahrheit zu führen. Er hat die Schlüssel. In ihm vollziehen sich die Abwendung vom Tod und die Hinwendung zum Leben endgültig und für jeden Menschen. *Thomas Koppehl*

Wir beten

Lieber Vater im Himmel, wir danken Dir, dass Jesus Christus uns den Glanz Deiner Gegenwart zuträgt. Wir danken Dir, dass wir durch ihn geduldig und zuversichtlich werden in allen Bedrängnissen unseres Lebens. Bewahre uns in Deinem Frieden. Amen.

Carl Hilty, ein Schweizer Schriftsteller

Er war ein Schweizer Staatsrechtler und Laientheologe. In einem seiner damals populären Bücher heißt es: „Suche beständig in großen Gedanken zu leben und das Kleinliche zu verachten; das führt, im allgemeinen gesprochen, am leichtesten über die vielen Beschwerden und Kümmernisse des Lebens hinweg. Der größte und zugleich allgemein fassliche Gedanke ist der Glaube an Gott, wie Christus ihn gelehrt hat."

(Aus: Für schlaflose Nächte, Von der Kraft, die aus der Stille kommt, Leipzig 1901)

1492 Entdeckung Amerikas | 1845 † Elisabeth Fry, Wohltäterin in England | 1909 † Carl Hilty, Schweizer Schriftsteller

13. Oktober

Sonnabend | SA 07:42 SU 18:34 MA 12:23 MU 21:16

Wochenspruch: Jeremia 17,14
Wochenlied: EG 320

Wir lesen Offenbarung 2,1–7

Über den Schatten springen

Sieben Sendschreiben an sieben Engel in sieben Gemeinden. Der Verfasser der Offenbarung schreibt Positives und Kritisches. Lobt, ermutigt, beanstandet und mahnt. Als erster Ort begegnet uns Ephesus. Das „Böse“ hatte sich in die Gemeinde eingeschlichen und verschiedene Leute hatten sich als Apostel bezeichnet, was andere bestritten. Wie weit darf/soll der Streit um die eigene Glaubensüberzeugung in einer Gemeinde gehen? Für den Glauben einzustehen und in der Öffentlichkeit danach zu handeln – gehört das nicht zu einer lebendigen Gemeinschaft? Aber verschiedene Positionen zu beziehen birgt das Risiko, in Splittergruppen zu zerfallen. Fast 2000 Jahre später gibt es die Christen noch, und es ist in Glaubensfragen und im öffentlichen Handeln ruhig geworden. Doch welche Bedeutung hat der christliche Glaube, wenn er sich in der Komfortzone der Gesellschaft eingerichtet hat? Müssten wir Christinnen und Christen nicht aufrichtiger reden, selbstbewusster glauben und mutiger bekennen? Begeistert der Glaube uns noch oder sind wir zu besserwissenden Kritikern und Kritikerinnen geworden? Dem Engel von

Ephesus wird geraten, Buße zu tun. Das hört wohl niemand gerne. Darum: Über den eigenen Schatten zu springen, um z. B. mit Fremden an einem Tisch zu essen, ist vermutlich die anstrengendste Bewegung, die man im Glauben vollziehen kann. *Wilma Schlaberg*

Wir beten

Guter Gott, lass uns mutig werden durch Dich. Lass Dein Licht uns leuchten und lass uns erkennen, welche Schatten wir verursachen. Lass uns licht werden, dass wir das Dunkle in uns überwinden und den Weg an Deinen Tisch finden. Amen.

Das Toleranzedikt in Österreich

Das Toleranzedikt (Patent) vom 13.10.1781 ermöglichte den durch den Westfälischen Frieden anerkannten protestantischen Kirchen (Lutheranern und Reformierten) und den Orthodoxen in den Habsburger Kronländern erstmals seit der Gegenreformation wieder die Religionsausübung. Die Böhmischen Brüder blieben weiterhin illegal. Durch das Patent konnten ab 1781 evangelische Bethäuser errichtet werden. Diese protestantischen Bethäuser durften nicht die Bezeichnung „Kirche" tragen und mussten wie Bürgerhäuser (ohne Turm) aussehen.

1605 † Theodor Beza, Theologe in Genf | 1781 Toleranzedikt in Österreich | 1836 Diakonissenanstalt Kaiserswerth gegründet

14. Oktober

Sonntag | 20. Sonntag nach Trinitatis

Wochenspruch: Micha 6,8
Wochenlied: EG 295
Evangelium: Markus 10,2–9.(10–16)
Epistel: 1. Thessalonicher 4,1–8
Altes Testament: 1. Mose 8,18–22

Wir lesen Psalm 75

Ein Danklied vom Gericht Gottes?

Das ist kein gemütlich-fröhliches Sonntagslied zum Frühstücksei. Der Psalm vom Gericht Gottes beginnt mit einem Dank und endet mit dem Lob Gottes. Wie passt das zusammen? – Wir alle haben ein feines Gespür für erlittenes Unrecht. Es nagt lange in uns. Wer vor Gericht auf Gerechtigkeit hofft, beklagt sich, wenn er nur ein Urteil erhält. So ist Gerechtigkeit unter Menschen. Es steht zur Verhandlung, was vor Augen ist, und manchmal sind es nur Indizien. Uns schmerzen lieblose Beurteilungen durch andere Menschen. Zugleich sind wir nicht frei davon, dass wir andere zu Unrecht verurteilen. – Fest steht indes die Ankündigung Gottes, dass er recht richten wird. Das ist eine Entlastung für uns. Wir müssen nicht selbst Richter sein, sondern können auf Gottes endgültiges und gerechtes Gericht über uns und andere vertrauen. Aber der Psalmist fügt in der Art der Propheten eine Warnung an die Großmauligen und Unterdrücker an. Wenn sie die Mühseligen und Beladenen unterjochen und als „Hefe der Gesellschaft“ verachten, wird schicksalhaft der Kelch der Folgen ihres Tuns an ihnen nicht vorübergehen. Gottes Art hingegen ist es, den Mühseligen und Beladenen Recht zu verschaffen, sie zu stärken, um sich gegen die Bedrückung zu erheben. Er schenkt den Entwürdigten die ihnen zustehende Würde. Das gilt jetzt und für alle Zeit, auch wenn der Augenschein zunächst anderes nahelegt. – Seit der Schöpfung sorgt Gott für Stabilität auf der Erde. Seine Fürsorge wehrt dem Chaos. Am Ende werden die Gerechten nicht unter die Räder kommen. „Selig sind, die hungert und dürstet nach Gerechtigkeit, denn sie sollen satt werden“, ist die Ansage Jesu. Darum können wir Gott loben für sein zurückliegendes und künftiges Zurechtbringen. So wird auch der Einsatz für Recht und Gerechtigkeit, soweit es in unseren Kräften steht, nicht vergebens sein. *Christoph Münchow*

Wir beten

Barmherziger und gnädiger Gott, wir vertrauen Deiner Gerechtigkeit. Wir hoffen auf Deine Barmherzigkeit für alle, die unter Ungerechtigkeit leiden, und für uns selbst. Amen.

um 430 † Jakob der Notar, Märtyrer in Persien | 1867 Bethel bei Bielefeld als Anstalt für Epileptiker gegründet

15. Oktober

Montag | SA 07:45 SU 18:29 MA 14:19 MU 22:43

Wochenspruch: Micha 6,8
Wochenlied: EG 295

Wir lesen Offenbarung 2,8–11

Zuspruch zum Leben

Not und Lästerungen ertragen zu müssen ist fürchterlich. Keine Frage. Und es tut gut, wenn jemand von außen dies erkennt, zu einem steht und sagt: Fürchte dich nicht vor dem, was noch kommen wird! Sei getreu bis in den Tod, so will ich dir die Krone des Lebens geben. Dass mit so einem Zuspruch nicht alles gut wird, ist auch klar. Die Worte wollen Kraft geben, doch sind sie mehr als eine Vertröstung? Dieser Gedanke der Vertröstung auf eine Belohnung nach dem Tod ist in der Geschichte zu oft von den Herrschenden missbraucht worden. Darum zweifle ich. Zudem mischt sich eine zweite Wirkungsgeschichte hinein in die Worte: Sei getreu bis in den Tod, so will ich dir die Krone des Lebens geben – obwohl sprachlich nur an eine Person gerichtet, ist dieser Vers oft Paaren als Trauspruch zugesagt worden. Ja, es ist möglich, dass zwei Menschen sich treu sind und im Guten zusammen alt werden. Aber dieser Satz macht auch Druck, denn was ist, wenn ich mit meinem Partner nicht mehr zusammenleben kann? Habe ich dann keine Chance mehr auf die Krone des Lebens? Die Krone ist ein Symbol für einen aufrichtigen Menschen. So kann gerade auch eine Person, die sich aus einer einengenden Beziehung befreit und ihre Würde zurückerlangt, die Lebenskrone erwarten. Denn wenn man Bedrängnis und Not ändern kann, sollte man das auch tun, um nicht schon im Leben wie tot zu sein. *Wilma Schlaberg*

Wir beten Gott, hilf uns, aufrichtig und ehrlich mit uns und unseren Mitmenschen umzugehen. Löse uns aus den Verstrickungen der Lästerungen und Lügen. Hilf uns, die Wahrheit zu suchen, und stille unsere Sehnsucht nach Leben. Amen.

Hedwig von Schlesien Hedwig wurde 1174 in Andechs als Tochter des Grafen von Andechs geboren und in einem Benediktinerinnenkloster erzogen. Seit 1190 war sie verheiratet mit dem Herzog von Schlesien, Heinrich I. 1202 gründeten sie die Zisterzienserinnen-Abtei in Trebnitz. 1267 wurde sie aufgrund ihrer karitativen Werke heiliggesprochen. Der hl. Hedwig ist die St. Hedwigs-Kathedrale in Berlin geweiht, die Friedrich der Große als Hedwigskirche für die zugewanderten Katholiken aus Schlesien errichten ließ. Heute gilt die hl. Hedwig auch als Patronin der Versöhnung zwischen Deutschen und Polen.

1243 † Hedwig von Schlesien, Glaubensbotin | 1582 † Teresa von Avila, Kirchenlehrerin in Spanien | 1850 Neinstedter Anstalten gegründet | 1855 Evangelische Diakonissenanstalt Augsburg gegründet | 1905 Theologische Hochschule Bethel gegründet

16. Oktober

Dienstag | SA 07:47 SU 18:27 MA 15:06 MU 23:36

Wochenspruch: Micha 6,8
Wochenlied: EG 295

Wir lesen Offenbarung 2,12–17

Entwirrung durch Begegnung

Wenn Jugendliche dem Lehrer sagen: „Wir wissen, wo Sie wohnen“, dann ist das als Drohung gemeint, die sagt: Sie sind vor uns auch zuhause nicht sicher. Wenn der Verfasser dem Engel der Gemeinde schreibt: Ich weiß, wo du wohnst, dann ist das ein Wort, das Nähe und Mitgefühl ausdrückt. Denn zu wissen, wie es dort ist, wo der andere lebt, ermöglicht Verständnis für die Situation. Viele Kirchengemeinden, die Partnergemeinden z. B. in Afrika haben, verstehen die Sorgen der Menschen dort erst, wenn sie einmal da gewesen sind und die Verhältnisse selbst erlebt haben. – Zurückreisen in die Zeit der Offenbarung können wir nicht und so bleiben uns die damaligen Verhältnisse doch fremd. Wir erfahren aber, dass in Pergamon die Situation der christlichen Gemeinde verworren ist. Verschiedene Lehren werden vertreten und der Satan, der Diabolos, der alles durcheinanderwirft, hat seine Freude an diesem Wirrwarr. Klare, deutliche Worte wären wohl nötig. Aber welche? Neue Namen werden angekündigt. Neue Namen können eine neue Wirklichkeit beschreiben. Wenn Partnergemeinden einander besuchen, verändert die

Begegnung sie, weil man sich vernetzt hat. Es entsteht etwas Neues, das jede und jeder für sich annehmen kann. Dann hat der Satan keine losen Enden mehr, die er verwirren kann. Dann sind wir trotz unserer Unterschiedlichkeit sicher, dort, wo wir wohnen, denn die Netze tragen und halten es aus, dass wir verschieden sind. *Wilma Schlaberg*

Wir beten

Guter Gott, wir leben in einer Welt, die stark vernetzt ist. Hilf uns, diese Möglichkeit zum Guten zu nutzen. Lass nicht zu, dass Hass und Hetze die Beziehungen der Menschen aus verschiedenen Ländern vergiften. Gib uns eine neue Sprache der Wertschätzung füreinander. Amen.

Die Universität Greifswald

Sie ist die viertälteste durchgängig bestehende Universität auf dem Gebiet der Bundesrepublik Deutschland und die zweitälteste im Ostseeraum. Seit dem 2. Viertel des 19. Jahrhunderts gab es ein eigenes theol.-praktisches Institut. Ihren umstrittenen Namen Ernst-Moritz-Arndt-Universität (Arndt war 1801 Professor in Greifswald, Schriftsteller, Antisemit, Freiheitskämpfer) erhielt sie erstmals 1933 bis 1945 und wieder von 1954 bis 2017. In Zukunft soll der Name nur noch Universität Greifswald lauten.

645 † Gallus, Mönch und Glaubensbote am Bodensee | 1456 Universität Greifswald gegründet | 1553 † Lucas Cranach d. Ä., Maler in Wittenberg

17. Oktober

Mittwoch | SA 07:49 SU 18:25 MA 15:45 MU –

Wochenspruch: Micha 6,8
Wochenlied: EG 295

Wir lesen Offenbarung 2,18–29

Gönn dir Zeit

Liebe, Glaube und Geduld. Besonders Geduld ist angesichts der starken Bilder und heftigen Vorwürfe nötig, um Lob und Tadel der Gemeinden in diesem Abschnitt auszuhalten. Damals bedrohten Irrlehren die Gemeinde. Was bedroht heute unsere Gesellschaft? Vom Klimawandel in der Natur bis zum Klimawandel in den Herzen und in der Politik ließe sich vieles nennen. Beispielhaft denke ich an den Geschwindigkeitswahn. Es muss fast alles schnell gehen: essen in Schnellrestaurants, verkürztes Abitur, selbstverständliche Nutzung eines Fliegers auch für Inlandsreisen und der digitale Informationsfluss. Geschwindigkeit hat ganz offenbar ihren Reiz und zugleich macht die beständige Eile uns reizbar. Unser Herz und unsere Nieren – Symbole für unsere Körperlichkeit, mit der wir an Raum und Zeit gebunden sind – kommen aus dem Takt. Liebe, Glaube und Geduld erinnern daran, dass wir mit Leib und Seele Beziehungswesen sind. Wenn Liebe flüchtig und willkürlich wird, werden wir krank. Wenn wir die Rituale des Glaubens nicht mehr einüben, fehlt uns der Zugang zur Quelle des lebendigen Wassers. Und wenn wir keine Geduld mehr haben, verlieren wir, was uns guttut und heil macht. Dann hetzen wir von A nach B, hören verschiedenste Meinungen, wechseln unsere Standpunkte wie der Wind die Richtung und haben keine Ruhe in uns. – Zugegeben, das sind auch apokalyptische Bilder – und immer sind es nur Fragmente, die wir sehen. Denn das ganze Bild kennt nur der, aus dessen Hand wir Liebe, Glauben und Geduld erhoffen. *Wilma Schlaberg*

Wir beten

Guter Gott, Du schenkst uns die Zeit zum Leben, zum Hören, zum Reden, zum Trauern – schenke uns auch die Fähigkeit, heilsam zu trauern, die Wahrheit zu sagen, auf die leisen Töne zu hören und erfüllt zu leben. Amen.

Andreas Osiander, Reformator in Nürnberg

Osiander war Hauptverfasser der über Nürnberg hinaus einflussreichen Kirchenordnung von 1533. Er wurde 1549 als Theologieprofessor an die Universität Königsberg berufen. Dort geriet er mit den Anhängern Melanchthons in heftigen Streit um die Rechtfertigungslehre (Osiandrischer Streit). Er galt als Kenner der hebräischen Sprache und der jüdischen Mystik. Er suchte den Dialog mit den Juden, setzte sich für ihre Rechte ein und lehnte jede Form des Antijudaismus ab.

um 110 † Ignatius, Bischof und Märtyrer in Kleinasien | 1552 † Andreas Osiander, Reformator in Nürnberg

18. Oktober

Donnerstag | SA 07:51 SU 18:23 MA 16:18 MU 00:34

Wochenspruch: Micha 6,8
Wochenlied: EG 295

Wir lesen Offenbarung 3,1–6

Werde wach

Wir kennen das: Es läuft eigentlich ganz gut in der Gemeinde, im Leben. Sicher, der erste Schwung ist vorbei, vieles hat sich eingespielt, ist Routine geworden. Man kann ja auch nicht immer die Euphorie der Anfangszeit aufrechterhalten. So wird in Sardes Begeisterung zu Geschäftigkeit. Aber sind nicht auch wir müde geworden? Ist nicht manches in unserer Gemeinde unbemerkt eingeschlafen? Werde wach, ruft der Seher der Gemeinde zu. Dabei steht sie in dem Ruf, eine lebendige Gemeinde zu sein. Der Seher sieht tiefer. Er lässt sich nicht von den Aktivitäten täuschen. Es geht nicht um eifrige Lebendigkeit, es geht um Leben. Um das Leben aus dem Geist und in der Nachfolge Jesu. Und daran fehlt es. Da fehlt noch einiges, ehe der Engel sagen könnte: Das Werk ist erfüllt. Aber die Gemeinde kann etwas tun. Sie kann sich darauf besinnen, auf welche verändernde und befreiende Botschaft sie sich eingelassen hatte, als sie anfing. Sie kann das geistliche Leben wieder anfachen, denn noch ist es in Sardes nicht ganz erloschen. Noch gibt es einige, deren „Kleider weiß sind“, rein und weiß wie die Wolle, für die der Handelsplatz in Phrygien berühmt war. So gibt es Hoffnung für die Gemeinde in Sardes und für alle, die in der Gefahr stehen, die Form für den Inhalt, die Routine für das Leben und bloße Worte für das Evangelium zu halten. *Fritz Dorgerloh*

Wir beten

Erfülle uns, Herr, mit Deinem Geist, der immer wieder alle Routine aufsprengt und Leben schafft. Gib uns wachsame Augen für diejenigen neben uns, in denen Dein Evangelium zu erstarren droht. Amen.

1502 – Universität Wittenberg gegründet

Kurfürst Friedrich III. besaß auf seinem Gebiet nach der Leipziger Teilung 1485 keine Universität. Im Zeitalter des Humanismus ein ärgerlicher Mangel. So gründete er in dem vorher unbedeutenden Wittenberg seine Universität mit Johann von Staupitz, dem Förderer Luthers, als Gründungsdekan der Theologischen Fakultät. Zehn Jahre später wurde Luther dort mit 28 Jahren Doktor der Theologie und begann mit Vorlesungen. Durch ihn und Melanchthon wurde die Universität bald zum Anziehungspunkt für viele Studenten. 1817 wurde sie nach Halle verlegt.

19. Oktober

Freitag | SA 07:52 SU 18:21 MA 16:46 MU 01:36

Wochenspruch: Micha 6,8
Wochenlied: EG 295

Wir lesen Offenbarung 3,7–13

Schlüsselgewalt

Wer die Berechtigung hat, eine Tür aufzuschließen, ist Herr des Hauses. Darum ist es wichtig, dass die Schlüsselgewalt nicht in falsche Hände gerät. Wer schon verzweifelt an verschlossenen Türen gerüttelt hat, weiß, was das bedeutet. Es ist gut, dass Jesus die Schlüssel in der Hand hält. Er hat für die kleine Gemeinde in Philadelphia die Tür weit aufgemacht. Sie kann getrost ins Freie treten und ihren Glauben leben. Wir wissen nicht viel über die christliche Gemeinde an diesem kleinasiatischen Ort. Nur, dass es dort wie vielerorts damals eine jüdische Gemeinde gab. Die „kleine" Kraft der Gemeinde ist immerhin so groß, dass einige der Juden zur Erkenntnis kommen, dass die Christen von Gott Geliebte sind. Möglicherweise liegt darin eine Andeutung über die Bewegung, die an vielen Stellen damals zu beobachten war: Der christliche Glaube wirkt so anziehend und überzeugend, dass aus Juden Christen werden. Für viele bleibt allerdings dieser Weg verschlossen. Die Gemeinde bleibt klein, aber hat die Kraft, die schweren Zeiten durchzustehen, die kommen werden. Gut also, dass Jesus die Schlüsselgewalt in seine Hände genommen hat. Wir können sowohl in unserem Leben als auch im Leben der Gemeinde darauf vertrauen, dass er uns Wege eröffnet. Die sollten wir allerdings dann auch mutig gehen und nicht trotzig gegen verschlossene Türen anrennen.

Fritz Dorgerloh

Wir beten

Wir haben uns wundgestoßen an Türen, die sich nicht öffnen wollen. Dabei hast Du, Herr, das Tor zum Leben aufgestoßen. Lass uns mutig den Weg gehen, den Du auch für uns eröffnet hast. Amen.

1945 – Stuttgarter Schuldbekenntnis

„Durch uns ist unendliches Leid über viele Völker und Länder gebracht worden. … wir klagen uns an, daß wir nicht mutiger bekannt, nicht treuer gebetet, nicht fröhlicher geglaubt und nicht brennender geliebt haben." Das sind Kernsätze aus dem 1945 veröffentlichten Wort evangelischer Christen mit Blick auf den Nationalsozialismus. Dieses Bekenntnis ist inzwischen weit bekannt. Weniger bekannt ist, dass es zuerst wütende Proteste aus den Kirchen dagegen gab. Es brauchte einen langen Klärungsprozess in den Kirchen, ehe es akzeptiert wurde.

1694 Universität Halle/Saale gegründet | 1896 † Johann Ludwig Ludwig Schneller, Glaubensbote in Palästina (ev. Gedenktag; Sterbetag: 18.10.) | 1934 Bekenntnissynode in Dahlem | 1945 Stuttgarter Schuldbekenntnis

20. Oktober

Sonnabend | SA 07:54 SU 18:19 MA 17:11 MU 02:41

Wochenspruch: Micha 6,8
Wochenlied: EG 295

Wir lesen Offenbarung 3,14–22

Arme Reiche

Laodicea, im Jahre 62 durch ein Erdbeben schwer getroffen, hat sich offenbar schnell wieder erholt. Eine reiche Handelsstadt in Kleinasien, für ihre Banken und Wollindustrie berühmt. Die dortige Gemeinde, von Epaphras, einem Mitarbeiter des Paulus gegründet (siehe Kol 4,12.13), hält sich ebenfalls für reich. Offenbar auch reich an geistlichen Gaben. Daran zweifelt der Seher. Er bietet denen Gold an, die meinen, gar nichts nötig zu haben. Gold, weiße Gewänder und Augensalbe sollen sie kaufen, weil sie im Grunde jämmerlich arm sind und blind für ihre Schwächen. Eine Kirche, die – vielleicht sogar mit Recht – vieles an geistlichem Leben vorweisen kann, steht offenbar besonders in der Gefahr, blind zu werden für das, was ihr fehlt. In Laodicea war es die Entschiedenheit, an der es mangelte. Viele liebäugelten nur mit dem Glauben. Ein halbes Christsein aber ist ein Unding. Man kann nicht mit einem Bein am Alten hängen und mit dem anderen Jesus nachfolgen wollen. Heiß oder kalt! Ein halbherziger Glaube ist deshalb schlechter als keiner, weil Glaube heißt: loslassen und sich Gottes Hand anvertrauen.

Wer diesen Sprung nicht immer wieder wagt, verfehlt den christlichen Glauben. Haben wir uns klar entschieden? Sehen wir, woran es in unserer Gemeinde fehlt? Wo können wir die Augensalbe kaufen, die sicher auch unsere Kirche nötig hat?

Fritz Dorgerloh

Wir beten

Gib uns klare Augen, o Gott, damit wir sehen, was uns fehlt. Hilf uns zu mutigen Entscheidungen, das zu lassen, was uns fesselt und lähmt. Mach uns reich an dem, was sich nicht kaufen lässt. Amen.

Anders Nygren

Anders Nygren, 1890 im schwedischen Göteborg geboren, war der erste Vorsitzender des Lutherischen Weltbundes, der 1947 gegründet wurde. Der Professor für Ethik war in vielen ökumenischen Gremien, vor allem in der Kommission „Glaube und Kirchenverfassung", tätig. 1930 bzw. 1937 erschien sein zweibändiges Hauptwerk „Eros und Agape" auf Schwedisch und gleichzeitig auch auf Deutsch. Für seinen Einsatz für die deutsche Bekennende Kirche wurde er 1955 mit dem Bundesverdienstkreuz geehrt. 1949 wurde Nygren Bischof in Lund, wo er 1978 starb.

1889 Pfeiffersche Stiftungen Magdeburg-Cracau gegründet | 1896 † Karl Segebrock und Ewald Ovir, Missionare und Märtyrer in Ostafrika | 1978 † Anders Nygren, schwedischer Theologe

21. Oktober

Sonntag | 21. Sonntag nach Trinitatis

Wochenspruch: Römer 12,21
Wochenlied: EG 273 oder 377
Evangelium: Matthäus 5,38–48
Epistel: Epheser 6,10–17
Altes Testament: Jeremia 29,1.4–7.10–14

Wir lesen Psalm 38

Ohne Gott kann ich nicht leben

Ist Gott mein Feind? Oft wird oberflächlich von dem „gütigen Gott“, dem Helfer, Beschützer, Bewahrer geredet. Aber kennen wir nicht Zeiten in unserem Leben, da erleben wir das ganz anders? Da ist nichts von einer Gnadenerfahrung. Hoffnungen sind zerstört. Kein Trost ist in Sicht. Überall Dunkel, Bedrohung, Schmerzen. Luther sprach da von dem „verborgenen Gott“. Uns bleibt nur der Schrei: Wo bist du, Gott? Der Psalmbeter erlebt solche qualvollen Fragen. „Ich schreie vor Unruhe meines Herzens“. Viele Menschen haben mit dem verborgenen Gott gehadert, haben gerufen, gebetet, gefleht. Aber als alles ohne Antwort zu bleiben scheint, tut sich überraschend eine Tür auf. Ich ahne Zukunft und bitte: „Eile mir beizustehen, Herr, meine Hilfe!“ Hilf mir, Jesus Christus, der du am Kreuz gestorben bist, alle Qualen der Verlassenheit erlitten hast und am Ostersonntag auferstanden bist. – Ist Gott mein Feind? Der Psalmbeter ist schwerkrank.

„Es ist nichts Gesundes an meinem Leibe. Meine Wunden stinken und eitern. Ich gehe krumm und gebückt.“ Doch ein neues Fragen beginnt. Bin ich in die Falle der Gottesferne getappt? „Meine Sünden gehen über mein Haupt.“ Die Klage wandelt sich zu einem Suchen nach Gott. Ich sehe auf Jesus, den Schmerzensmann von Golgatha. „Herr, sei und bleibe bei mir!“ Ich bin nicht verlassen. Mein Gebet wird zum Bekenntnis: Dennoch bleibe ich bei dir. Ist der Gekreuzigte für mich, dann kann mich nichts von Gottes Liebe scheiden. Wie sollte Gott unser Feind sein? Täglich hören wir von Gräueltaten, die Menschen anderen antun. Nicht wenige halten sich dabei für Retter der Menschheit. Die Realität ist anders. Ja, wir erwarten Gottes Hilfe und Nähe und die Zukunft, die Gott schenkt und schafft. Dann wandelt er alles. Es gilt das Bekenntnis: „Jesus Christus, König und Herr. Sein ist das Reich, die Kraft, die Ehr. Gilt kein ander Namen. Heut und ewig. Amen. *Hans-Dietrich Schneider*

Wir beten

Alles Fragen, Suchen und Sehnen lege ich Dir, Herr, zu Füßen. Führe mich auf meinem Weg. Gib mir die Kraft für jeden neuen Schritt. Lass mich Deine Nähe erfahren. Durch Jesus Christus, Deinen lieben Sohn. Amen.

1710 Cansteinsche Bibelanstalt gegründet | 1913 † Elias Schrenk, Erweckungsprediger in Süddeutschland

22. Oktober

Montag | SA 07:57 SU 18:15 MA 17:54 MU 04:55

Wochenspruch: Römer 12,21
Wochenlied: EG 273 oder 377

Wir lesen Offenbarung 4,1–11

Gottes Herrlichkeit

Gibt es noch Visionen und Träume in unserem Leben? Johannes, der Seher von Patmos, hat sie. Er darf den Saal des himmlischen Thrones schauen. Er ist anzusehen wie ein Jaspis und Sarder. Letzteres ist wahrscheinlich ein Karneol, nach seinem Fundort Sardis genannt. 24 Älteste sitzen auf dem Thron, mit Kronen und weißen Kleidern angetan. Blitze und Donner und sieben brennende Fackeln umgeben den Thron Gottes. Lichtglanz und Feuersäule kennen wir aus dem Alten Testament, um Gottes Erscheinung und Herrlichkeit zu beschreiben. Auch bei Hesekiel und Jesaja gibt es ähnliche Visionen. Während der Christenverfolgung unter dem Kaiser Domitian war es umso wichtiger, den Gemeinden Mut zuzusprechen. Kaiser Domitian nannte sich selbst „Unser Herr und Gott“. Die Christen lehnten diese Anmaßung ab, denn für sie war der lebendige Gott der alleinige Herrscher, dem solche Herrlichkeit, Ehre und Anbetung gebührte. – Im Anhang unseres Gesangbuches finden wir die Theologische Erklärung der Bekenntnissynode von Barmen 1934. Auch dort haben sich Christen in der Nazizeit gegen

Hitlers Machtanspruch und Verherrlichung seiner Person und Ideologie gewandt. Viele von ihnen mussten diesen Standpunkt sehr teuer bezahlen. *Christine Heinrich*

Wir beten

Herr, wir bitten Dich für die Regierenden dieser Welt, dass sie sich für Menschlichkeit und Gerechtigkeit einsetzen. Lass sie die Einsicht zu friedlichem Handeln finden. Amen.

Jeremias Gotthelf

Sein richtiger Name war Albert Bitzius. Er wurde 1897 als Sohn des reformierten Pfarrers Sigmund Bitzius in der Schweiz geboren. Er studierte in Bern und Göttingen Theologie und setzte sich sehr für sozial Schwache und Arme im Kanton Bern ein. 1840 erschien sein Buch „Die Armennoth", das Julius Springer verlegte. Pädagogisch stand er Pestalozzi sehr nahe, engagierte sich für die Volksschule und war neben seiner pfarramtlichen Tätigkeit Schulkommissar über 18 Grundschulen. Er war Mitbegründer der Armenerziehungsanstalt Trachselwald.

1854 † Jeremias Gotthelf, Pfarrer und Dichter in der Schweiz (ev. Gedenktag; Sterbetag: 21.10.) | 1906 † Paul Cézanne, Maler | 1965 † Paul Tillich, Theologe

23. Oktober

Dienstag | SA 07:59 SU 18:13 MA 18:15 MU 06:04

Wochenspruch: Römer 12,21
Wochenlied: EG 273 oder 377

Wir lesen Offenbarung 5,1–5
Die versiegelte Buchrolle
Jeder kennt die Redewendung vom „Buch mit sieben Siegeln". Wenn uns Sinn und Inhalt unverständlich bleiben, verwenden wir diese Worte. Woher stammt dieser Ausdruck? Er hat im römischen Recht seinen Ursprung. Eine Buchrolle war beidseitig beschriftet und zu lesen. Mit sieben Siegeln wurde sie unter Zeugen versehen. Die Zahl Sieben steht für göttliche Bestimmung. Wenn nun der Engel ausruft, wer ist würdig, diese Buchrolle zu öffnen, so wird Christus damit als Weltenherrscher proklamiert. Johannes nennt ihn den „Löwen von Juda" und den „Sprößling Davids". Wir kennen die Weissagungen aus dem Alten Testament in der Weihnachtszeit. Mit diesen alten Verheißungen tritt im Neuen Testament die Erfüllung durch Jesus Christus in Kraft. Der Löwe von Juda steht für Macht und Stärke und wurde vom Judentum auf den Messias bezogen. Beide Aussagen, „Löwe von Juda" und „Wurzel Davids", wurden in der jüdischen Gemeinde von Qumran als messianische Verheißung gewertet. Jesus stammte aus Juda und wurde dem Stammbaum Davids zugeordnet. Nur er ist würdig, als Gesalbter diese Buchrolle

zu öffnen. Die versiegelte Buchrolle musste nach damaligem Recht durch ein Gericht geöffnet werden. Das Verfügte trat unverzüglich in Kraft. Johannes will uns Lesern sagen, Christus möchte das Siegel in unserem Leben sein. Ihm dürfen wir uns anvertrauen. *Christine Heinrich*

Wir beten

Herr, wir bitten Dich, schenke uns immer wieder Kraft und Mut für unseren Glauben, gib uns Zuversicht und Mut, unserem Nächsten in Liebe zu begegnen. Mache uns zu Deinem Werkzeug. Amen.

Johannes Zwick

Er wurde 1496 in Konstanz geboren, studierte Theologie und Rechtswissenschaft. Er war ein Anhänger der Reformation und wurde wegen seines Glaubens 1522 als Pfarrer aus Riedlingen an der Donau ausgewiesen. Er galt als Bahnbrecher des evangelischen Gesangbuches in Konstanz, verfasste Lieder und Gebete, die er 1533/34 in Konstanz veröffentlichte. Bekannt sind „All Morgen ist ganz frisch und neu" und „Du höchstes Licht, Du ewiger Schein". 1540 entstand in Zürich „Das Neu Gesangbüchle". Zwick starb 1542 in der Schweiz an der Pest.

1542 † Johannes Zwick, Liederdichter in Konstanz und in der Schweiz | 1844* Wilhelm Leibl, Maler | 1956 Volksaufstand in Ungarn

24. Oktober

Mittwoch | SA 08:01 SU 18:11 MA 18:38 MU 07:15

Wochenspruch: Römer 12,21
Wochenlied: EG 273 oder 377

Wir lesen Offenbarung 5,6–14

Das Lamm

Wir Menschen setzen in unserem Leben eigene Akzente. Johannes stellt in diesem Text Christus als das Lamm Gottes in den Mittelpunkt. Der Begriff „Lamm" kommt in der Offenbarung 28 Mal vor. Er beschreibt das Lamm mit sieben Hörnern und sieben Augen. Mancher denkt dabei auch an einen Widder als Zeichen der Kraft und Stärke. Vierundzwanzig Älteste knien vor dem Lamm mit Harfen und goldenen Schalen. Dieser feierliche Akt wird wie eine königliche Thronbesteigung beschrieben. Harfen und Weihrauchschalen gehören zu den königlichen Instrumenten am Hof. Mit einem Hymnus preisen der gesamte Kosmos und die Völkerwelt Gott und das Lamm. – Gott ist nicht nur der Schöpfer, sondern auch der Erlöser in Jesus Christus. Das Lamm, das der Welt Sünde trägt, erinnert an Karfreitag: Christus litt und starb für uns. Es erinnert auch an das Passahlamm. Sein Blut war das Zeichen der Errettung der Israeliten vor den Nachstellungen der Ägypter. Das Lamm zeigt sowohl Stärke und Ehre als auch Schwäche. Es ist würdig, das Buch mit den sieben Siegeln zu öffnen. Ein neues Lied als endzeitlicher

Lobgesang wird angestimmt, in dem die einzigartige Würde und Weisheit des Lammes mit Hymnen gepriesen wird, wie in einem Festgottesdienst. Als Christen dürfen wir hier und heute Gott loben, preisen und ihm danken.

Christine Heinrich

Wir beten

Herr, wir danken Dir für alles, was Du uns gibst und schenkst: die Familie, die Nachbarn, Freunde und Kollegen. Wir danken für den Frieden in unserem Land. Amen.

Starez Leonid

1768 wurde der Mönch im russischen Kaiserreich geboren. Wegen seiner Gewissenhaftigkeit in Askese und Gebet war er Vorbild für andere Mönche und wurde Abt in der Einsiedelei Walaam und Optina. Er war ein geistlicher Vater, ein Altmönch (Starez), der Schüler lehrte und Ratsuchende seelsorgerlich betreute. Für ihn war die Gnade Gottes der Mittelpunkt in seinem Leben. Am 11.10.1841 empfing er die Kommunion zum letzten Mal. Die Reliquien des 1998 heiliggesprochenen Starez ruhen jetzt in der Kirche der Gottesmutter zu Wladimir.

1648 Westfälischer Friede | 1841 † Starez Leonid, Mönch und Seelsorger in Russland | 1938 † Ernst Barlach, Bildhauer, Grafiker, Dramatiker in Norddeutschland | 1945 Inkrafttreten der Charta der Vereinten Nationen

25. Oktober

Donnerstag | SA 08:02 SU 18:09 MA 19:02 MU 08:29

Wochenspruch: Römer 12,21
Wochenlied: EG 273 oder 377

Wir lesen Offenbarung 6,1–8
„Horse Wars"
Ort: das Himmelsszenarium rund um den göttlichen Thron. Möchte der Seher Johannes mit dem himmlischen Thronsaal den allgegenwärtig zu spürenden römischen Kaiserkult überbieten? An den verweisen, dem in Wahrheit alle Macht gegeben ist im Himmel und auf Erden? Nur dem Lamm kommt es zu, das Buch mit den sieben Siegeln zu öffnen. Dem Lamm, das mit seinem Blut den Weg in die Freiheit gewiesen hat, das die göttliche Gerechtigkeit neu auf den Plan ruft. Das Lamm öffnet die ersten vier der sieben Siegel, eines nach dem andern. Die vier Wesen, die später den Evangelisten als Symbole zugeordnet werden, laden zum Schauen ein. Komm! Vier Pferde als Streitrösser. Wie Kyros sich einst für die nach Babylon Verschleppten als erlösender Fremdherrscher gezeigt hat, so soll das weiße Pferd an die Siege der Parther über die Römer erinnern. Die Parther waren für ihre berittenen Bogenschützen berühmt. Die anderen Reiter beschwören mit den Farben ihrer Pferde die Folgen der römischen Herrschaft: Kriege, Mord, Vergewaltigungen. Inflation, Hunger, Seuchen. Tod. Zuerst trifft es immer die Armen. Komm! Diese Macht

soll untergehen. Diese Macht wird untergehen. – Menschliches Leben bedrohende und zerstörende Herrschaftsverhältnisse bestehen bis heute. Wird sich Gottes Gerechtigkeit auch ihnen gegenüber als mächtiger erweisen? Wann wird der Krieg der Pferde ausgestanden sein? *Ulrike Schilling*

Wir beten Gott, Du lässt viel Unheil zu. Wir sind Mitbetroffene an den Folgen. Wir leiden daran. Auch weil wir die Bilder Deiner Gerechtigkeit in uns tragen. Es ist schwer, ohnmächtig Deiner Macht zu trauen. Amen.

Philipp Nicolai (10.8.1556 in Mengeringhausen – 26.10.1608 in Hamburg) Als Sohn eines lutherischen Pfarrers soll Philipp Nicolai wie seine Brüder Prediger werden. 1580 beendet er sein Studium in Wittenberg. Als linientreuer Lutheraner gerät er zwischen die Fronten von Katholiken und Calvinisten und verfasst polemische Streitschriften. Aus der Pfarrstelle in Herdecke vertrieben, wird er 1596 Pfarrer in Unna. Erst die Pest, die 1597 in Unna und in seiner hessischen Heimat wütet, macht ihn zum Poeten (EG 70, EG 141). In seinem Trostbuch (1599) entwirft er als Gegenbild die Vision des ewigen Lebens und der Herrlichkeit im himmlischen Jerusalem. 1601 wird er Hauptpastor an St. Katharinen in Hamburg.

451 Konzil von Chalcedon | 1608 † Philipp Nicolai, Liederdichter in Westfalen und Hamburg (ev. Gedenktag; Sterbetag: 26.10.) | 1902 Universität Münster gegründet

26. Oktober

Freitag | SA 08:04 SU 18:07 MA 19:32 MU 09:43

Wochenspruch: Römer 12,21
Wochenlied: EG 273 oder 377

Wir lesen Offenbarung 6,9–17

Wie lange, Herr?

Wann wirst du, Gott, uns und allen, die für dich gestorben sind, Gerechtigkeit widerfahren lassen? Wann wird das Leiden und Sterben unzähliger Männer, Frauen und Kinder ein Ende haben? Die leben wollen, überleben, im Vertrauen auf dich, im Vertrauen auf eine, auf deine höhere Gerechtigkeit? Syrien, Kleinasien – die Regionen decken sich. Die Geschichten der Flüchtlinge und Opfer ähneln sich und doch betrifft jede einzelne individuelles Schicksal. Wie lange, Herr? Die Frage der Dahingeopferten ist wieder/immer noch bedrängend. Endzeit seit 2000 Jahren? Die Leidenszeit ist noch nicht vorbei, bekommen die Seelen zu hören, die Johannes nach Öffnung des fünften Siegels unter dem Altar liegen sieht. Aber ihr Schrei wird gehört. Jede einzelne Seele wird bekleidet. Das weiße Gewand als Zeichen des Sieges und der Erlösung. Der Zugehörigkeit zur messianischen Herrschaft. Die Verse 9–11 weisen voraus auf das Ende, das Ziel der Offenbarung. – Mit dem sechsten Siegel wird es ganz furchtbar. Die Welt, Himmel und Erde geraten aus den Fugen. Da kommt er, der Tag des Zorns, des Gerichts, der Strafe über alle Menschen. Keine Chance, sich vor Gottes Angesicht zu verbergen. Berge beben, Felsen fallen. Wer kann bestehen? Eine offene Frage? Eine offene Frage. Für die Angesprochenen bleibt Zeit zur Bewährung. Gott wird eingreifen. Und das Lamm. Noch ist das siebte Siegel geschlossen.

Ulrike Schilling

Wir beten

Wie lange, Gott, müssen Menschen Grausames erleiden? Wo bleibt sie, Deine Gerechtigkeit? Wann gibst Du denen Recht, die auf Dich trauen? Es ist schwer, geduldig zu sein, bis ans Ende auszuharren. Amen.

Frumentius (* in Tyrus; † um 383 in Äthiopien)

Frumentius und sein Bruder Aedesius sollen als Kinder dem König von Aksum in Äthiopien als Sklaven verkauft worden sein. Frumentius wurde Erzieher des Prinzen Ezana. Der Patriarch Athanasius weihte ihn 343 in Alexandria zum Bischof für Äthiopien. Er taufte Ezana, der inzwischen König geworden war, ließ zahlreiche Kirchen bauen und verbreitete das Christentum im Land. Der Überlieferung nach übersetzte er das Neue Testament ins Äthiopische. Sein Titel Abba Salama, Vater des Friedens, ist bis heute die Bezeichnung für das Oberhaupt der Äthiopischen Kirche.

um 383 † Frumentius, Glaubensbote in Äthiopien | 1863 Rotes Kreuz in Genf gegründet

27. Oktober

Sonnabend | SA 08:06 SU 18:05 MA 20:07 MU 10:58

Wochenspruch: Römer 12,21
Wochenlied: EG 273 oder 377

Wir lesen Offenbarung 7,1–8

Stürmische Zeiten für Christen

Wieder spricht Johannes in Bildern zu den bedrängten Mitchristen seiner Zeit. Lange schon sind die Jahrzehnte vorüber, in denen sie Christen wurden. Die Gegenwart ist schwierig geworden. Verfolgung droht überall. Verleumder und Denunzianten gibt es selbst unter den nächsten Angehörigen und sogar innerhalb der Gemeinden. Die Christen sind mutlos geworden: Es kann nur noch schlimmer kommen, fürchten sie. Und viele Anzeichen staatlicher Gewalt geben ihnen dabei Recht. Johannes, ein führender Christ und Seelsorger in den Gemeinden Anatoliens, will seinen Mitchristen helfen, standhaft zu bleiben. Trotz der Bedrohung durch den verlangten Kaiserkult und trotz der Konflikte zwischen den Gemeinden, sogar in den Gemeinden. Er sieht ganz klar, was da kommen wird: Stürme brechen los an allen vier Enden der Erde gleichzeitig. Keiner wird dem entkommen können. Schon hat Gott vier Engel bestimmt, um das Unheil über die Erde zu bringen; aber noch wartet er. Denn alle, die Christen sind, sollen vor diesem Sturm bewahrt werden. Sie bekommen sozusagen ein Siegel, das sie in den Stürmen der

Zeit bewahren wird. Darauf haben sich die Christen in allen Jahrhunderten verlassen können. Das gilt bis heute. Christsein ist nicht einfacher geworden. Stürme der Verfolgung und des Abfalls vom Glauben drohen. Aber Christus hält die schützende Hand über die, die zu ihm gehören.

Ekkehard Runge

Wir beten

Herr Jesus Christus, überall ist Deine Gemeinde bedroht. Viele werden mutlos und verlieren den Glauben; aber Du umgibst uns von allen Seiten und hältst Deine schützende Hand über uns. Wir danken Dir. Amen.

Gnadauer Gemeinschaftsverband

Ungefähr 300.000 Mitglieder und Freunde in 27 regionalen Gliederungen gehören dem deutschen Gemeinschaftsverband an. Er fühlt sich innerhalb der Evangelischen Kirche dem Erbe des Pietismus verpflichtet, das mit den Namen Spener, Zinzendorf, August Hermann Francke und vielen anderen verbunden ist. Der Pietismus war und ist als Reformationsbewegung in der Kirche bemüht, das oberflächliche Christsein zu einem bewussten, engagierten Leben mit Jesus Christus zu führen. Nach einer ersten Zusammenkunft 1888 in Gnadau bei Magdeburg wurde 1897 der Deutsche Verband für evangelische Gemeinschaftspflege und Evangelisation gegründet.

1552/1574 † Olaus und Lorenz Petri, Reformatoren in Schweden | 1553 † Michael Servet, reformierter Theologe in der Schweiz | 1897 Gnadauer Gemeinschaftsverband gegründet

28. Oktober

Sonntag | 22. Sonntag nach Trinitatis

Wochenspruch: Psalm 130,4
Wochenlied: EG 404
Evangelium: Matthäus 18,21–35
Epistel: Philipper 1,3–11
Altes Testament: Micha 6,6–8

Wir lesen Psalm 143

Meine Seele dürstet nach Gott

Der Psalm ist das Klagegebet eines frommen Menschen. Er dürstet nach Gott. Durst will gestillt werden, sonst bedroht er das Leben. So hat der Beter immer wieder nach Gott gesucht. Er hat Antworten empfangen, wurde aber auch in Anfechtungen geführt und vor Rätsel gestellt. Sein Dürsten nach Gott reifte zu dem Bekenntnis: „Du bist mein Gott". Damit wird dieses Gebet Teil unseres Lebens: „Du bist mein Gott". Ein zugleich trotziges und mutiges Bekenntnis von Menschen, die durch Leiden und Anfechtungen gegangen sind: wenn ein Arzt eine bittere Diagnose mitteilt. Wenn ein Unfall Lebensplanung zerstört. Wenn Traurigkeit allen Lebensmut raubt. Gottes Stimme scheint verstummt. Wir verstehen seinen Weg mit uns nicht. In solchem Dürsten erwächst aus tiefstem Herzen die Bitte: „Herr, erhöre mich bald!" „Du bist mein Gott." Das Jahr hat schon lange seinen Höhepunkt überschritten. Die Tage sind kurz und die Nächte lang geworden. Viele

Lebensfragen und mancherlei Rätsel lassen nach Weg und Ziel fragen. Luther sagt dazu im Großen Katechismus: „… den alten Menschen mit Ernst angreifen und in ein neues Leben treten." Schon sind wir in unserer Gegenwart. Mit uns suchen viele Menschen nach Weg und Sinn. Wir spüren die Leere vieler lautstarker Reden, erkennen die Haltlosigkeit der Ideologien des Zeitgeistes: Kommt es zur Entscheidung, zerbröckelt Selbstverwirklichung und enttarnt sich als Illusion. Es bleibt die bittere Erkenntnis: „Vor dir ist kein Mensch gerecht". – „Meine Seele dürstet nach dir. Du bist mein Gott." Dieses Zeugnis, die Frucht bitterer Anfechtung, öffnet die Augen für meine Zukunft. Ich bete zuversichtlich: „Dein guter Geist führe mich auf ebner Bahn." Ich höre das Wort der Gnade für mich. Ich bin davon befreit, mir selber einen Weg suchen zu müssen. Er, der der Weg ist, ist bei mir. Ich bitte: „Herr, erquicke mich um deines Namens willen." Gott stillt meinen Durst nach Leben, Freiheit und Liebe. Er ist die Quelle des Lebens. *Hans-Dietrich Schneider*

Wir beten

Bleibe bei uns, Herr, in allem Suchen und Fragen, in allen Auseinandersetzungen. Gib uns die Freiheit, Dich zu loben und zu preisen. Durch Jesus Christus, Deinen lieben Sohn, unseren Tröster. Amen.

298 † Marcellus und Cassius, Märtyrer in Nordafrika | 1635 † Bartholomäus Helder, Liederdichter | 1951 † Karl Koch, Präses der Evangelischen Kirche in Westfalen

29. Oktober

Montag | SA 07:09 SU 17:01 MA 20:45 MU 12:15

Wochenspruch: Psalm 130,4
Wochenlied: EG 404

Wir lesen Offenbarung 7,9–17

Gotteslob aus der Tiefe

Ein Lichtblick in der stürmischen Zeit der Verfolgung, in der nicht wenige Christen als Märtyrer ihr Leben verloren haben. Johannes beschreibt einen Gottesdienst vor Gottes Thron in der jenseitigen Welt. Die bedrängten Christen der Gegenwart können zu ihrem Erstaunen sehen, dass sie nicht allein sind. Menschen aus allen Völkern und Kulturen sind vor Gott und Jesus Christus, dem Lamm, versammelt. Es ist eine unzählbar große Schar. Wenn die Gegenwart auch große Drangsal mit sich bringt, manche den Märtyrertod erleiden müssen und viele den Glauben verlieren: Die am Glauben festhalten, gehören schon jetzt zu den Auserwählten, die in das Gotteslob einstimmen. Ihre Gegenwart hat sich verändert. Mitten in den Verfolgungen, mitten in den Zeiten des wuchernden Atheismus, mitten in quälenden Glaubenszweifeln können sie Lob- und Danklieder singen. Aber sie lernen auch, dass sie mit ihrer kleinen Kraft das Christsein nicht schaffen. Oft sind sie ja ganz allein: in der Familie, in der Nachbarschaft, bei der Arbeit, in der Schule, im Sportverein. Das Christsein gelingt nur gemeinsam mit anderen, mit denen, die sie in der

Gemeinde regelmäßig treffen können, und mit denen, die zur großen Schar der Vollendeten aller Zeiten gehören. Und schon jetzt erfahren sie dann und wann, dass Gott ihr Leben erhält und sogar die Tränen der Trauer von ihren Augen abwischt.

Ekkehard Runge

Wir beten Guter Gott, mache uns frei, auch in Zeiten, die es dem Glauben schwermachen, gemeinsam mit allen Christen fröhlich Dein Lob zu singen. Gib uns auch heute dazu das Vertrauen in Deine Allmacht. Amen.

Edikt von Potsdam Das Toleranzedikt des „Großen Kurfürsten" Friedrich Wilhelm hieß 1685 die evangelischen Flüchtlinge aus Frankreich nicht nur willkommen, sondern gewährte ihnen auch weitreichende Privilegien: Ackerland, die Befreiung von Steuern und Zöllen, Förderung von Wirtschaftsunternehmen und vieles andere, was den Neid der Einheimischen hervorrief. Über 20.000 Hugenotten nutzten dieses Angebot, 6.000 allein kamen nach Berlin. Sie hinterließen in dem durch den 30-Jährigen Krieg zerstörten Land viele Spuren. Der Berliner Französische Dom ist ein Zeichen dafür.

1525 erster deutschsprachiger Gottesdienst in Wittenberg | 1675 † Andreas Hammerschmidt, Komponist | 1685 Toleranzedikt von Potsdam | 1910 † Henri Dunant, Gründer des Roten Kreuzes aus der Schweiz (ev. Gedenktag; Sterbetag: 30.10.)

30. Oktober

Dienstag | SA 07:11 SU 16:59 MA 21:49 MU 13:12

Wochenspruch: Psalm 130,4
Wochenlied: EG 404

Wir lesen Offenbarung 8,1–5

Stiller Lobgesang

Vision des Sehers Johannes: Das Buch Gottes über die Weltgeschichte ist geöffnet. Die sieben Siegel zerbrochen. Das geheimnisvolle Ziel allen Lebens offenbar. Für den, der es sehen will. Gericht vollzieht sich über alle von Gott abtrünnigen Menschen. Die Engel stehen bereit. Umfassendes Heil für alle Erlösten. „Eine Stille entstand im Himmel etwa eine halbe Stunde lang." (V. 1) Der Augenblick, da ein Punkt alles umfasst, den Atem anhaltend, weil alles unabweisbar klar erscheint. Die Stille, die sich einsenkt und für einen Moment alle Wirklichkeit als einen Lobgesang auf Gott zum Klingen bringt: Gericht und Heil. Diese Offenbarung ungebrochen für sich in Anspruch genommen, macht überheblich. Wem Erlösung geschenkt ist, hat die Welt nicht hinter, sondern vor sich: mit Bedrängnissen, Schmerzen und Leiderfahrungen. Im Glauben dieses nicht als Gericht, als Absage Gottes misszuverstehen, sondern zu verstehen als Teilhabe an der noch unerlösten Welt – das ist vielleicht im eigenen Leben die geistlich anspruchsvollste Aufgabe. Da ist es wunderbar: Die Engel, die „guten Mächte" Gottes (Dietrich Bonhoeffer), tun alles, damit die Gebete aller Heiligen (V. 3) zu jeder Zeit unfehlbar zu Gott gelangen. Doch: Die Glut des himmlischen Altars oben, die Gebete wie Weihrauch emporhebt, erschüttert unten die Welt (V. 5). So, wie Lärm erst durch Stille entsteht. *Dietrich Bauer*

Wir beten

Herr Jesus Christus, noch leidet Gottes Schöpfung unter Schmerzen, steht Unheil vor der Tür, sind Gebete viel zu oft Schreie, doch Du bist Anfang, Mitte und Ziel aller Welt und meines Lebens. Amen.

Christus meine Hoffnung

Gottschalk, sächsischer Grafensohn, zum Mönch gemacht, glaubte „sicher und trotzig" der Wahrheit. Er starb in Klosterhaft. Gottschalk dichtete folgende Zeilen: „Spes mes Christus / rex benedicte / lux pia vita / duxque perite / Pastor amande / seu venerande / summe creator / et reparator." – „Christus meine Hoffnung / hochgelobter König / treues Licht des Lebens / kennst genau den Weg. / Liebenswerter Hirte / hoch auch zu verehren / allerhöchster Schöpfer / stellst mich wieder her." *(Nachdichtung: Ludwig Burmeister)*

868 † Gottschalk, Mönch und Theologe in Frankreich | 1553 † Jacob Sturm, Bürgermeister in Straßburg | 1954 † Hermann Ehlers

31. Oktober

Mittwoch | Reformationstag

Spruch: 1. Korinther 3,11
Lied: EG 341 oder 351
Evangelium: Matthäus 5,1–10.(11–12)
Epistel: Römer 3,21–28
Altes Testament: Jesaja 62,6–7.10–12

Wir lesen Offenbarung 8,6–13

Reformation: alles Geschenk

Wir feiern heute 501 Jahre Reformation. In vielen Gottesdiensten wird dankbar der reformatorischen Erkenntnis Martin Luthers gedacht: Gott schenkt uns im Glauben seine Gnade wegen Jesus Christus umsonst. „Gnade" ist heute ein kaum noch gebräuchlicher Begriff. Ab und an begnadigt ein Bundespräsident einen Verurteilten, sodass dieser eher aus dem Gefängnis in die Freiheit entlassen wird. Gnade heißt: Das ergangene Urteil ist richtig und rechtskräftig, aber es wird außer Kraft gesetzt. Die Person, der allein diese Autorität zukommt, ist der höchste Würdenträger eines Landes. Das heißt auf die Schöpfung übertragen: Gott besitzt die höchste Autorität, das Urteil zu sprechen und Strafe in Freiheit umzuwandeln. Martin Luther ist in seiner reformatorischen Erkenntnis nicht zu begreifen ohne seine Ehrfurcht vor der höchsten Autorität Gottes. „Wir sollen Gott über alle Dinge fürchten, lieben und vertrauen", so schreibt er im Kleinen

Katechismus. Für Martin Luther ist Gott kein „Kumpel", mit dem Scherze getrieben werden. Auch kein „Schoßhündchen", das nach Belieben gerufen oder fortgeschickt wird und dafür sein „Leckerchen" bekommt. Ihm wäre auch nicht einsichtig gewesen, wieso es Gott nicht geben sollte. Gott ist als höchste Autorität so real wie die Verheerung der Schöpfung, Naturkatastrophen und das Blutvergießen unter Menschen, vergleichbar den Schilderungen unseres biblischen Textes. Wo solches geschieht, hat Gott seine bewahrende Hand „abgezogen" und die Welt wendet sich ins Arge. Vielleicht können wir diesen Glauben Martin Luthers nicht mehr teilen. Doch auf diesem Hintergrund wird ganz deutlich, was Gnade in Jesus Christus meint: die durch keine Lebensleistung zu verdienende Lebenszeit, Gesundheit, Familie und Hoffnung, dass mit dem Tod nicht alles aus ist. Alles Geschenk der höchsten Autorität: Gnade! *Dietrich Bauer*

Wir beten

Herr Jesus Christus, Du bist für uns gestorben und auferstanden. Was Du für Gott bist, das sind wir für Gott durch Dich. Denn der Glaube verbindet uns wie eine Hochzeit. Dafür von Herzen Dank. Amen.

994 † Wolfgang, Bischof von Regensburg | 1517 Reformation | 1731 Vertreibung der evangelischen Salzburger | 1811 † Christian Gotthilf Salzmann, Pädagoge | 1844 Diakonenanstalt Duisburg gegründet | 1971 † Gerhard von Rad, Theologe

1. November

Donnerstag | SA 07:15 SU 16:56 MA – MU 14:37

Gedenktag der Heiligen

Spruch: Epheser 2,19
Lied: EG 351

Wir lesen Offenbarung 9,1–12

Das Siegel des Glaubens

Die detailliert beschriebenen apokalyptischen Bilder erschrecken beim ersten Lesen oder Hören. Tröstliches und Hoffnungsvolles kann ich nicht entdecken, noch nicht einmal „zwischen den Zeilen". Die bedrohliche Szenerie des Abgrundes und der kriegsgerüsteten Heuschrecken wirkt beängstigend und erinnert an gegenwärtiges, von Völkern und unzähligen Frauen, Männern und Kindern erlebtes Leid. Und sie berührt auch meine eigene Furcht vor Ereignissen, die das Leben bedrohen. Es können Lebenszeiten und Situationen, z. B. durch den Verlust eines Menschen, eintreten, in denen es auch gläubigen Christinnen und Christen nicht (mehr) gelingt, beherzt aus der Hoffnung des Evangeliums zu leben. Menschen machen diese Erfahrung, wenn sie trauern und der erhoffte befreiende Zustand des Getröstetseins trotz allen Bittens nicht eintritt. Martin Luther soll in solchen Zeiten des Bangens und Zweifelns drei Worte vor sich aufgeschrieben haben, die ihn in diesem Moment an seine unverbrüchliche Geborgenheit und Beheimatung bei Gott erinnerten: „Ich bin getauft." Solche Vergewisserung, dass ich durch meine Taufe zu Christus, dem Auferstandenen, gehöre und in seiner Wirklichkeit lebe, kann in Zeiten erschreckender und verstörender Realitätserfahrungen zum helfenden Herzenssiegel werden, das Christenmenschen auf ganz unterschiedliche Weise in sich tragen: betend oder sprachlos, (er-)wartend oder resigniert. Damit sie überwintern in Zeiten, die trostlos sind.

Anne Straßberger

Wir beten

Herr, hilf mir in Zeiten meiner eigenen Sprachlosigkeit und meiner Zweifel, damit ich Deine Gegenwart spüren kann. Schenke mir Begegnungen, die mir helfen, Dir und dem Leben zu trauen. Amen.

Gedenktag der Heiligen (katholisch: Allerheiligen)

Dieses ökumenische Fest hat seinen Ursprung in der Ostkirche, wo zu verschiedenen Terminen ein Gedächtnis aller Märtyrer gefeiert wurde. Bis heute ist in der Orthodoxen Kirche der Sonntag nach Pfingsten „Sonntag aller Heiligen". Der Gedenktag am 1. November ist zuerst für England und Irland Mitte des 8. Jahrhunderts bezeugt. Vielleicht hängt sein Ursprung mit dem Bau der Kapelle zu Ehren aller Heiligen in St. Peter in Rom unter Gregor III. (731–741) zusammen.

1539 Reformation in Brandenburg | 1558 † Erhard Schnepff, Reformator in Württemberg | 1942 † Hugo Distler, Komponist | 1971 † Gertrud von Le Fort, Schriftstellerin

2. November

Freitag | SA 07:16 SU 16:54 MA 00:18 MU 15:09

Wochenspruch: Psalm 130,4
Wochenlied: EG 404

Wir lesen Offenbarung 9,13–21

Wodurch gelingt Gottesbeziehung?

In gesellschaftlichen Krisen- und Umbruchzeiten versammeln sich immer wieder Menschen in Kirchen, Kerzen werden angezündet für Opfer von Gewalttaten und Unfällen. Menschen suchen in Krisenzeiten nach Halt und Sinn. Diese Erfahrung mache ich auch als Seelsorgerin im Gefängnis. „Kommt, atmet auf, ihr sollt leben", singen wir im Gottesdienst. Dort sitzt auch Frau D., die sich wegen einer Gewalttat unter Drogeneinfluss schon länger in Haft befindet. In ihrer Kindheit hat sie selbst Gewalt erlebt, so sagt sie. Und trotzdem, so erzählt sie, hat das Beten, das ihr die Oma „beigebracht" hat, für sie immer wieder eine Rolle gespielt. „Ich fühlte mich schon als Kind, wenn ich Angst hatte, durch das Beten ruhiger, auch wenn es mich vor den Schlägen meines alkoholisierten Vaters nicht geschützt hat." Mit Ende vierzig lässt sie sich nach einem Glaubenskurs im Gefängnis taufen. Nicht die beschwerlichen Bedingungen ihres Lebens an sich sind es, die für sie zu dieser Entscheidung geführt haben, sondern die Erfahrung der tröstlichen Zuwendung Gottes inmitten dieser Umstände. Jesus bewertet Menschen nicht nach ihrem

Tun oder Lassen, sondern er nimmt sie an und ist ihnen in Liebe zugewandt. Diese Zuwendung bewegt Menschen in lebensbedrohlichen Situationen zur Umkehr – und andere wiederum nicht, wie die Heilungsgeschichte der zehn Aussätzigen (Lk 17,11 ff.) andeutet. – Es ist und bleibt letztlich ein Geheimnis des Glaubens, wie Menschen einen Zugang zu Gott finden. *Anne Straßberger*

Wir beten (mit Psalm 36,8.10) Wie köstlich ist Deine Güte, Gott, dass Menschenkinder unter dem Schatten Deiner Flügel Zuflucht haben! Denn bei Dir ist die Quelle des Lebens, und in Deinem Lichte sehen wir das Licht. Amen.

Christen und Heiden „Menschen gehen zu Gott in ihrer Not, flehen um Hilfe, bitten um Glück und Brot, um Errettung aus Krankheit, Schuld und Tod. So tun sie alle, alle, Christen und Heiden. Menschen gehen zu Gott in Seiner Not, finden ihn arm, geschmäht, ohne Obdach und Brot, sehn ihn verschlungen von Sünde, Schwachheit und Tod. Christen stehen bei Gott in Seinen Leiden. Gott geht zu allen Menschen in ihrer Not, sättigt den Leib und die Seele mit Seinem Brot, stirbt für Christen und Heiden den Kreuzestod, und vergibt ihnen beiden.“ *(Aus: Dietrich Bonhoeffer, Widerstand und Ergebung, 5. Aufl., Berlin 1982, S. 382)*

Röm.-kath. Feiertag: Allerseelen | 1752 † Johann Albrecht Bengel, Theologe in Württemberg

3. November

Sonnabend | SA 07:18 SU 16:52 MA 01:36 MU 15:35

Wochenspruch: Psalm 130,4
Wochenlied: EG 404

Wir lesen Offenbarung 10,1–11

Zuversicht in bedrängten Zeiten

Das Buch der Offenbarung ist ein gewaltiges Bilderbuch. In eindrücklichen Bildern beschreibt es die Schrecken der Weltgeschichte und hält zugleich an der Hoffnung auf Gottes Heilshandeln fest. Im Mittelpunkt des 10. Kapitels steht das Bild eines aufgeschlagenen Buches: das Buch der Geschichte, in dem immer wieder neue Seiten aufgeschlagen werden. Ein solches Buch hält der geheimnisvolle „starke Engel" in der Hand – ein Bote Gottes. Dieser Bote bringt für die unter Verfolgung leidenden Christen eine gute Nachricht: Der Zeitpunkt der Erlösung ist nahe. – Der Prophet Johannes soll dieses Buch essen. Wieder ein Bild! Wir sagen manchmal: „Das Buch war so spannend. Ich habe es geradezu verschlungen." Und wenn das Buch von grauenvollen Geschichten handelt, dann sagen wir vielleicht: „Das liegt mir schwer im Magen." Wie ein spannendes Buch soll also der Prophet dieses Buch der Weltgeschichte verschlingen und in sich aufnehmen. Es wird ihm im Munde süß schmecken wie Honig, denn es kündigt das ewige Heil an, das am Ende der Zeiten auf die Glaubenden wartet. Aber im Magen wird es ihm bitter aufstoßen, denn vor dieser Vollendung stehen noch bittere Zeiten und schwere Prüfungen bevor. So will diese Geschichte den Christen Mut machen, auch in schweren Bedrängnissen am Glauben festzuhalten und die Hoffnung auf Gottes Reich nicht aufzugeben. *Karl-Heinrich Lütcke*

Wir beten

Gnädiger Gott, auch wir stehen oft fassungslos vor all den blutigen Anschlägen und Kriegen in der Welt und vor dem Hass, der sich immer mehr ausbreitet. So rufen wir zu Dir: Dein Reich komme. Amen.

Christenverfolgung

Das Buch der Offenbarung entsteht in Kleinasien am Ende des 1. Jahrhunderts n. Chr., in einer Zeit schwerer Christenverfolgung. Was das für die Christen bedeutete, zeigt ein Brief des römischen Autors Plinius. Der war von 111 bis 113 n. Chr. Statthalter in der Provinz Bithynien. Er schreibt in einem Brief an den Kaiser Trajan: „Ich fragte sie, ob sie Christen wären. Gestanden sie das ein, so fragte ich sie unter Androhung der Todesstrafe zum zweiten und zum dritten Male; blieben sie dann noch verstockt, so ließ ich sie hinrichten."

753 † Pirmin, Glaubensbote in Südwestdeutschland | 1625 † Adam Gumpelzhaimer, Komponist

4. November

Sonntag | 23. Sonntag nach Trinitatis

Wochenspruch: 1. Timotheus 6,15b.16a.c
Wochenlied: EG 275
Evangelium: Matthäus 22,15–22
Epistel: Philipper 3,17.[18–19.]20–21
Altes Testament: 1. Mose 18,20–21.22b–33

Wir lesen Psalm 39

Sterbegeschick

Angesichts von großem Leid, von Sterben, Tod und Trauer verstummt der Beter. Es ist, als wolle er sich hüten vor lautem und verzweifeltem Geschrei, das womöglich in wüste Beschimpfungen ausarten könnte. Er will sich nicht versündigen mit Worten und unbedachten Äußerungen, er wird stumm und still, er nimmt sein Leiden ganz nach innen. Aber dann bricht es mit Macht aus ihm heraus: zuerst in tiefem Seufzen, dann in eindrucksvollen Worten, die nicht Zorn, sondern Einverständnis mit dem Geschehen ausdrücken. – Es gibt kaum realistischere Worte als diese in Psalm 39,5–7, die das Todesgeschick des Menschen beschreiben. Deshalb werden gerade sie sehr oft bei Trauerfeiern gebetet: „Ach, wie gar nichts sind alle Menschen, die doch so sicher leben. Sie gehen daher wie Schatten und machen sich viel vergebliche Unruhe." – Aus der tiefen Einsicht in die Realitäten des menschlichen Lebens erhebt sich die unabweisbare Frage nach dem Trost. Der Beter weiß, nur Gott allein kann helfen: „Nun, Herr, wes soll ich mich trösten? Ich hoffe auf dich." Viermal bittet der Beter Gott um seine Hilfe und bietet ihm als Gegengabe seine menschliche Einsicht an:

Errette mich von aller meiner Sünde
– ich will schweigen, denn du hast es getan.
Wende deine Plage von mir
– du verzehrst des Menschen Schönheit wie Motten ein Kleid.
Höre mein Gebet, Herr, und vernimm mein Schreien
– ich bin ein Gast bei dir, ein Fremdling wie alle meine Väter.
Lass ab von mir, dass ich mich erquicke
– ehe ich dahinfahre und nicht mehr bin.

In keinem Psalm wird der Trauerprozess des Menschen vom Nichtwahrhaben-Wollen über den (unterdrückten) Zorn und die ausbrechenden Gefühle bis hin zur Wahrheit der Annahme so präzise beschrieben wie in diesem Psalm. Er tröstet uns gerade im November mit der Erinnerung an so viele Verstorbene auf besondere Weise. *Peter Godzik*

Wir beten

„Herr, lehre doch mich …" – Wir hören die Worte dieses Psalms in der tief berührenden Requiem-Vertonung von Johannes Brahms. Schenke unseren Gefühlen der Trauer den Ausdruck, den sie brauchen. Amen.

1698 † Claude Brousson, Märtyrer in Frankreich | 1847 † Felix Mendelssohn Bartholdy, Komponist

5. November

Montag | SA 07:22 SU 16:49 MA 04:11 MU 16:22

Wochenspruch: 1. Timotheus 6,15b.16a.c
Wochenlied: EG 275

Wir lesen Offenbarung 11,1–2

Worauf es ankommt

Wieder ein neues Bild: ein Messstab, um den Tempel auszumessen. Was wir ausmessen, das ist uns wichtig. Wir messen z. B. ein Zimmer aus, um es mit Möbeln einzurichten. Dem Propheten wird also gesagt, worum er sich vor allem kümmern soll: um den Tempel Gottes und die in ihm lebende Gemeinde. Alles andere soll ihn nicht interessieren. Im Hintergrund steht wohl eine historische Erfahrung. Als die Römer im Jahre 70 n. Chr. Jerusalem eroberten, da hofften die Juden, dass jedenfalls das unangetastet blieb, was ihnen das Heiligste war, ihr Tempel. Leider hofften sie vergebens, der Tempel wurde zerstört. Auch die Christen lebten in jenen Jahren, in denen Johannes seine Offenbarung empfing, in großer Gefahr vor der Verfolgung durch die kaiserlichen Beamten. Paulus hat die christliche Gemeinde einmal als „Tempel Gottes" bezeichnet. Die Aufforderung, nur den Tempel auszumessen, meint daher: In dieser Lage kümmere dich um nichts anderes als um die Gottesdienst feiernde Gemeinde. In all der Unruhe und Bedrohung, die in der Welt ist, soll sie treu im Glauben bleiben und bewahrt werden. – Was kann das uns heute sagen? Vielleicht dies: Setzt die Schwerpunkte in eurem Leben richtig. Kümmert euch nicht so sehr um die unermessliche Zahl von Angeboten und Verlockungen, die es heute gibt. Stellt ins Zentrum die Frage, wie ihr verantwortlich vor Gott lebt. *Karl-Heinrich Lütcke*

Wir beten

Gnädiger Gott, es ist heute schwer, den richtigen Weg im Leben zu finden. So viel stürmt täglich auf uns ein. Lass uns Dein Wort hören und erkennen, wie wir als Christen leben sollen. Amen.

Der Tempel in Jerusalem

Er wurde in der Zeit des Königs Salomon um 965 v. Chr. gebaut. Als die Babylonier unter König Nebukadnezar Jerusalem eroberten und die Oberschicht ins Exil führten, zerstörten sie 568 v. Chr. auch diesen Tempel. Im Jahr 515 konnten die Juden in ihre Heimat zurückkehren und bauten den Tempel wieder auf. Dieser zweite Tempel wurde zur Zeit des Herodes noch erweitert, aber im Jüdischen Krieg 70 n. Chr. durch die Römer zerstört. Heute ist aus dieser Zeit nur noch die Westmauer des Tempelplateaus erhalten – die Klagemauer.

1414 Konzil zu Konstanz | 1758 † Hans Egede, Missionar in Grönland

6. November

Dienstag | SA 07:23 SU 16:47 MA 05:27 MU 16:46

Wochenspruch: 1. Timotheus 6,15b.16a.c
Wochenlied: EG 275

Wir lesen Offenbarung 11,3–14

„Wer zuletzt lacht …"

Zugegeben, die Worte der Offenbarung sind alles andere als eine erbauliche Lektüre – so auch die Worte des heutigen Bibelabschnittes. Die Bilder, die diese Worte entstehen lassen, sind nicht mit bunten Farben gemalt; die Szenarien lassen sich nur schwer aushalten. Immer wieder lassen sie sich nur verstehen, wenn man sich das Ergehen derer vor Augen führt, an die diese Worte insgesamt gerichtet waren: Christen, die um ihres Glaubens willen verfolgt, gedemütigt, ja auch hingerichtet und getötet wurden. Ihre Lebenssituation damals war dramatisch; nicht wenige werden sie als aussichtslos erlebt haben. Gegen diese „Endzeitstimmung" versucht Johannes als der Verfasser der Zeilen ein Zeichen der Hoffnung zu setzen. Dieses Zeichen wird zu einer zeitlosen Brücke in unsere Gegenwart. Die geschichtliche Lage ist zwar eine andere, aber dennoch gilt es uns ebenso: Auch wenn alles aussichtlos ist, auch wenn aller Glauben keinen Sinn zu machen scheint, weil andere über einen lachen, weil andere stärker sind, weil man selbst am Boden liegt und weil andere mit den Fingern auf uns zeigen – das alles ist noch nicht das Ende. Am Ende, so die Hoffnung, wird Christus siegen. Am Ende wird Gott seine Macht zeigen und die Letzten werden die Ersten sein. Im Volksmund gesagt: Wer zuletzt lacht, lacht am besten.

Christoph Seele

Wir beten

Herr, unser Gott, Du bist unsere ganze Hoffnung, vor allem dann, wenn wir nicht mehr weiterwissen. Hilf Du uns auf und schenke uns Hoffnung, die über unsere Horizonte hinausreicht. Amen.

Heinrich Schütz (* 18.10.1585 in Köstritz; † 6.11.1672 in Dresden)

Was Worte nicht sagen können und Bilder nicht auszudrücken vermögen – spätestens die Musik schafft es, manch Unsagbarem und nicht Darstellbarem einen Klang zu geben. Dabei inspiriert sowohl das erlebte Glück als auch erfahrenes Leid die unterschiedlichen Melodien. Musik vermag es, Menschen aufzufangen, ihren Gefühlen Ausdruck zu verleihen, Hoffnung zu geben. Heute denken wir an den Todestag eines Komponisten, dessen Musik es bis auf den heutigen Tag schafft, Menschen aufzuhelfen, sie in ihren Gefühlen abzuholen und Hoffnung zu geben: Heute vor 346 Jahren starb Heinrich Schütz.

1632 † Gustav Adolf, König von Schweden | 1672 † Heinrich Schütz, Kirchenmusiker in Sachsen | 1832 Gustav-Adolf-Verein gegründet | 1893 † Peter Tschaikowsky, Komponist

7. November

Mittwoch | SA 07:25 SU 16:45 MA 06:42 MU 17:10

Wochenspruch: 1. Timotheus 6,15b.16a.c
Wochenlied: EG 275

Wir lesen Offenbarung 11,15–19

Was ist Ewigkeit?

„Das dauert ja eine Ewigkeit …" – wie schnell beurteilen wir mit diesen wenigen Worten eine Situation, in der wir zum Warten gezwungen sind. Unsere Ungeduld kommt damit zur Sprache. Doch was bedeutet „die Ewigkeit"? In Raum und Zeit können wir sie uns nicht vorstellen. Sie übersteigt unser Denken und Handeln. Vieles war schon einmal im Verlauf der Geschichte für die Ewigkeit bestimmt. Herrscher haben sich Tempel und Pyramiden errichtet, Könige und Diktatoren haben sich Reiche aufgebaut und meinten, diese seien nun für die Ewigkeit bestimmt. Alles aber hat seine Zeit: Tempel sind zerstört, gigantisch angelegte Bauwerke sind zu Ruinen geworden oder es lassen sich gar keine Spuren mehr von ihnen finden, Könige und Diktatoren sind gekommen, geblieben und wieder gegangen. Ehrlich gesagt – nichts lässt sich für die Ewigkeit schaffen, alles ist vergänglich. Wie anders aber ist es mit Gott, dem Grund unseres Lebens und der Zuversicht unseres Glaubens? Ihm trauen wir zu, dass er von Ewigkeit zu Ewigkeit bleibt. Er war und ist und wird sein – über unsere Vernunft und alles, was wir zu denken vermögen, hinaus.

Selbst die aussichtlosesten Situationen sind allesamt kein Zeichen für Gottes Abwesenheit. Gott ist in allem zu finden und zu entdecken. All das kann und darf uns einstimmen lassen in das große Dankgebet (V. 18) – von Ewigkeit zu Ewigkeit.

Christoph Seele

Wir beten

Herr, wie oft übersteigt Dein Dasein unsere Vernunft! Du bist größer und mächtiger als alles, was in unserer Macht steht. Du bist und Du wirst sein – heute und in Ewigkeit. Das ist uns Trost und Zuversicht. Amen.

Was ist Ewigkeit?

Seit drei Milliarden und 430 Millionen Jahren gibt es Leben auf unserem Planeten. Allein erst seit 2.400.000 Jahren existieren wir als Menschen. Setzen wir diese Zahlen symbolisch in ein Verhältnis, dann würde die Existenz des Lebens eine Strecke von 3.430 Kilometern ergeben und die des Menschen gerade einmal 2,4 Kilometer ausmachen. In Anbetracht dieser Zahlen merken wir schnell, wie überschaubar das Leben als Mensch auf unserem Planeten ist; was Ewigkeit ist, können wir nur annähernd ahnen.

739 † Willibrord, Glaubensbote in Friesland | 1917 Revolution in Russland | 1924 † Hans Thoma, Maler

8. November

Donnerstag | SA 07:27 SU 16:44 MA 07:56 MU 17:38

Wochenspruch: 1. Timotheus 6,15b.16a.c
Wochenlied: EG 275

Wir lesen Offenbarung 20,1–6

Die Bindung des Bösen

Die Bilder, welche die Offenbarung des Johannes für uns bereithält, schildern auch die böse Gegenmacht, die in der Bibel als Teufel und Satan beschrieben wird. Hier in unserem Text wird sie für einen gewissen Zeitabschnitt gebunden. Es kommt immer wieder vor, dass Menschen sich nicht erklären können, warum sie schlecht gehandelt haben. Es kann sich hierbei um die Wirkung des Gegenspielers des Guten, um die Einflüsse des Gegners Gottes handeln. In der Offenbarung wird nun die Hoffnung auf die Bindung des Bösen zum Ausdruck gebracht. Die Ankündigung eines tausendjährigen Zeitabschnittes soll aber nicht geschichtsphilosophischen Spekulationen Nahrung geben, sondern kann aus den damaligen Zusammenhängen als ein besonderes Trostwort für die ersten Christen verstanden werden, die unter Verfolgung litten. Schon vor Anbruch der neuen Welt Gottes sollen sie mit Christus zusammenkommen. So wurde damals die leidende Kirche getröstet. Es war eine deutliche Naherwartung der Wiederkunft Jesu Christi vorhanden. Für diejenigen, welche es besonders schwer haben, stellte sich der Seher Johannes eine Verkürzung der Leiden durch die Bindung des Bösen vor. Heute ist der Blick weiterhin auf die Wiederkunft Jesu Christi und die Aufrichtung des Reiches Gottes gerichtet. Wann dies geschehen wird, weiß Gott allein.

Peter Amberg

Wir beten

Allmächtiger Gott, wir danken Dir, dass Du Leiden beenden und das Böse binden willst. Wir bitten Dich: Stärke unseren Glauben an die Auferstehung und schenke Lichtblicke für diejenigen, die traurig und niedergeschlagen sind. Amen.

Ein Missionar im Norden

Willehad wurde 740 in England geboren. Er wirkte als Missionar im Emsland und absolvierte eine Pilgerreise nach Rom. 788 wurde er Bischof in Bremen und weihte am 1.11.789 den Dom zu Bremen. Eine Woche später starb Willehad in Blexen.

789 † Willehad, Bischof in Bremen | 1920 † Abraham Kuyper, reformierter Theologe, Staatsmann, Wissenschaftler

9. November

Freitag | SA 07:29 SU 16:42 MA 09:06 MU 18:11

Wochenspruch: 1. Timotheus 6,15b.16a.c
Wochenlied: EG 275

Wir lesen Offenbarung 20,7–10

Die letzte Auseinandersetzung

Das letzte Buch der Bibel, die Offenbarung des Johannes, hat die Vorstellung von einer letzten Auseinandersetzung mit den bösen Gegenmächten nach einem Zeitraum von 1000 Jahren. Doch auf welche Weise und wann sich alles endgültig zum Guten wenden wird, ist Gott überlassen. In der Geschichte hat sich manches zum Guten gewendet, das verdeutlicht besonders dieser Tag, an dem der Erste Weltkrieg beendet wurde und 1989 ein menschenverachtendes Grenzregime und damit die Teilung Deutschlands ein Ende fand. Doch die Zerstörung vieler Synagogen in der Reichspogromnacht am 9. November 1938 zeigt, dass in dieser Welt die Macht des Bösen noch nicht vollständig besiegt ist. Deshalb sind wir aufgerufen, dem Hass und der Gewalt zu widerstehen. Gott wird sein Reich vollenden und Jesus wird zurückkehren, aber dies entbindet uns nicht davon, in dieser Welt den Zehn Geboten entsprechend zu leben, Nächstenliebe zu üben und uns den Schwachen zuzuwenden. Es ist dabei ein Rückhalt, dass wir gewiss sein können, Gott und Jesus Christus auf unserer Seite zu haben. Auf unserem Lebensweg sind wir nicht allein, der dreieinige Gott, Vater, Sohn und Heiliger Geist, steht hinter unserem Leben und macht es zukunftsfähig über den irdischen Bereich hinaus. *Peter Amberg*

Wir beten

Himmlischer Vater, hab Dank für die Zukunft, die Du für uns bereithältst. Sei bei allen Menschen, die ohne Hoffnung sind. Gib ihnen neuen Mut und schenke ihnen Nächste, die Zuwendung zuteilwerden lassen. Amen.

Ein Prediger und Volksschriftsteller

Emil Frommel wurde am 5.1.1828 in Karlsruhe geboren. Er studierte in Halle, Erlangen und Heidelberg Theologie und wurde Pfarrer in Barmen und später an der Garnisonskirche in Berlin. Emil Frommel veröffentlichte eine Reihe von Volksschriften, durch die er aufgrund ihrer Frömmigkeit und auch ihres Humors bekannt wurde. Am 9.11.1896 starb er in Plön.

1896 † Emil Frommel, Prediger in Baden und Berlin | 1897 Deutscher Caritasverband gegründet | 1918 Novemberrevolution in Deutschland | 1938 Reichspogromnacht | 1989 Öffnung der innerdeutschen Grenze

10. November

Sonnabend | SA 07:30 SU 16:41 MA 10:11 MU 18:49

Wochenspruch: 1. Timotheus 6,15b.16a.c
Wochenlied: EG 275

Wir lesen Offenbarung 20,11–15

Das Buch des Lebens

Wenn einst Gottes schöne neue Welt, sein Reich, vollendet wird, dann kann die Auferstehung zum ewigen Leben geschehen. In der Offenbarung des Johannes ist vom Buch des Lebens die Rede. Es besteht die Vorstellung, dass alle, deren Namen in diesem Buch aufgeschrieben sind, auferstehen werden zum ewigen Leben. Es ist gewiss: Es wird sich verantwortet werden müssen vor Gott und Jesus Christus. Unabhängig davon befinden sich alle, die glauben, durch ihre Taufe in der Nähe Gottes und sind ein Glied am Leibe Christi. Diese Gliedschaft ist unverlierbar. Man kann sich nur durch das eigene Handeln von Gott entfernen, er selbst wird sich nie von seinen Geschöpfen wegbewegen. Es kann sein, dass Menschen ihre Zugehörigkeit zu Gott verkümmern lassen, den mit der Taufe durch den Heiligen Geist geschenkten Glauben nicht mit Leben erfüllen oder sich von der Gemeinschaft der Christinnen und Christen abwenden. Was mit ihnen geschieht, wenn sie sich gegenüber Gott zu verantworten haben, ist seine Entscheidung. Die Botschaft von der Menschwerdung seines Sohnes Jesus Christus lässt uns jedoch auf Gottes barmherzige Zuwendung hoffen. Die Offenbarung des Johannes gibt einen Ausblick auf die Endlichkeit dieser Welt und der irdischen Zusammenhänge. Indem sie vom Buch des Lebens spricht, hält sie die Zukunft in der Geborgenheit Gottes und Jesu Christi offen.

Peter Amberg

Wir beten

Gott, wir danken Dir für die Auferstehung Deines Sohnes und die Hoffnung auf das ewige Leben. Wecke in uns immer wieder die Verantwortung, den Glaubens- und Lebensweg nach Deinem Willen zu gestalten. Durch Jesus Christus, unseren Herrn. Amen.

Ein Märtyrer in Lübeck

Karl Friedrich Stellbrink wurde am 28.1.1894 in Münster geboren. Er studierte an der Kunstakademie in Düsseldorf und wandte sich später der Theologie zu. 1921 wurde er für die Mission in Brasilien ordiniert. 1930 wurde er Pfarrer in Steinarto in Thüringen und gehörte zu den Deutschen Christen. Später wurde er ein Gegner der Nationalsozialisten und leistete durch seine Predigten Widerstand. Im Juni 1943 wurde er vor dem Volksgerichtshof angeklagt, zum Tode verurteilt und am 10.11.1943 in Hamburg ermordet.

461 † Leo d. Gr., Bischof in Rom | 1483 * Martin Luther | 1943 † Karl Friedrich Stellbrink, Lübecker Märtyrer, hingerichtet zusammen mit den röm.-kath. Geistlichen Hermann Lange, Eduard Müller, Johannes Prassek

11. November

Sonntag | Drittletzter Sonntag des Kirchenjahres

Wochenspruch: 2. Korinther 6,2b
Wochenlied: EG 152 oder 518
Evangelium: Lukas 17,20–24.(25–30)
Epistel: Römer 14,7–9
Altes Testament: Hiob 14,1–6

Wir lesen Psalm 52

Wie ein grünender Ölbaum

Der Psalm 52 ist einer von insgesamt acht Psalmen, die durch ihre Überschriften mit dem Erleben des späteren Königs David auf der Flucht vor Saul in Zusammenhang gebracht werden. Wir sehen daran, wie für die Gemeinde des Alten Testaments das Leben Davids in die betende Betrachtung einbezogen war. Doeg der Edomiter hatte den flüchtenden David verraten (1Sam 21 und 22) und wird zum Urbild des verräterischen Betrügers, den Gott für immer zerstören wird. Der Beter aber, der sich auf Gottes Güte verlässt, wird bleiben wie ein grünender Ölbaum im Hause Gottes. – Es gibt manche Ausleger, die sich an solchen holzschnittartigen Unterscheidungen stoßen. Recht verstanden aber ist unser Psalm wie eine Ikone, die uns in den Glanz der göttlichen Klarheit und Liebe hineinstellt. Wir müssen uns nur vergegenwärtigen, dass Gott den betrügerischen Menschen, „der das Böse mehr liebt als das Gute" (V. 5), von dem Menschen, den er geschaffen hat, unterscheidet. Ihn wird er auch bewahren, erretten und vollenden. Der betrügerische Mensch wird also von Gott für immer zerstört werden (V. 7). Der von Gott geschaffene Mensch dagegen verlässt sich auf Gottes Güte. Das ist seine wesentliche Eigenschaft. Ihn wird Gott retten. Er wird bleiben wie ein grünender Ölbaum. Das Spannende an dieser biblischen Sicht vom Menschen ist, dass wir beide Menschen in uns tragen, dass beide Menschen in uns im Streit liegen. Deshalb ist es so wichtig, dass Gott sich aus diesem Streit nicht heraushält. Er wird den betrügerischen Menschen, der sich uns immer wieder als so erfolgreiches Lebensmodell empfiehlt, zur Strecke bringen. Wie gut. Der Gott vertrauende Mensch dagegen wird in der Welt oft belächelt und muss manches einstecken. Wie gut, dass Gott ihn schützt und bleiben lässt in alle Ewigkeit. *Thomas Koppehl*

Wir beten

Lieber Vater im Himmel, wie danken Dir, dass Du uns geschaffen hast und immer wieder erneuerst. Lass uns alle Wege trügerischen Menschseins verlassen und schenke uns die Freude an Deiner beständigen Güte. Amen.

397 † Martin von Tours, Bischof und Wohltäter in Gallien | 1855 † Sören Kierkegaard, dänischer Philosoph und Schriftsteller | 1947 † Martin Dibelius

12. November

Montag | SA 07:34 SU 16:38 MA 12:01 MU 20:24

Wochenspruch: 2. Korinther 6,2b
Wochenlied: EG 152 oder 518

Wir lesen Offenbarung 21,1–8

Wenn alles neu wird

Eigentlich finde ich alles spannend an dieser Vision, alles an dem „und ich sah … und ich hörte … und der auf dem Thron saß, sprach“. Besonders aufregend ist aber das: „Siehe, ich mache alles neu.“ Neu ist die Abwesenheit des Todes und seiner Vorboten: Leid, Schmerz, Geschrei. Kurz all dessen, was uns diese Erde als so vorläufig und unvollkommen und Gott als so fragwürdig erscheinen lässt. Was für eine Welt, was für ein Himmel und was für eine Erde, wenn uns der Tod nicht mehr droht! Neu ist auch die anhaltende Nähe Gottes. „Wohnen“, schreibt Johannes, und meint damit verlässliche Nähe, immerwährende Erreichbarkeit. Was für eine Welt, in der uns Gott nicht mehr verborgen ist. Neu ist auch die Nachhaltigkeit des Neuen. Keiner stellt mehr die Gemeinschaft der Lebenden in Frage. Es ist nicht nur alles neu – es ist auch alles gut. Irgendwie unvorstellbar. Aber schön. Was ich nicht verstehe, ist: Warum steht da „ich mache alles neu“, wenn doch die Übeltäter Gefangene des Todes bleiben? Hört der Wille Gottes zum neuen Anfang da auf, wo sich ihm Menschen widersetzen? Das zu glauben, fällt mir schwer.

Hier wird es wohl zur Ermutigung und zum Trost für die Verfolgten gesagt, doch bedeutender ist die Verheißung, dass Gott alles neu machen wird. *Eva Böhme*

Wir beten

Wunderbarer Gott, die Vision des Johannes klingt so schön. So hoffnungsvoll. Und ist uns im täglichen Leben doch so fern. Hilf uns im Hier und Heute. Hilf an allen Orten, an denen noch geschrien, geklagt und verwundet wird. Amen.

Der zweite Tod

Es ist schnell erklärt, was mit der Vorstellung vom zweiten Tod gemeint ist, nämlich, dass nach dem ersten, leiblichen Tod das Gericht kommt. Erst im Gericht entscheidet sich, ob der Weg ins ewige Leben oder in den ewigen Tod führt. Das wäre dann der zweite Tod. Viel schwerer ist die Frage zu beantworten: Was ist, wenn es diesen zweiten Tod wirklich gibt? Wäre es dann so, wie es Psalm 1 beschreibt: Der Weg des Gottlosen verliert sich im Nichts. Aber was ist mit der Beziehung des Schöpfers zu seinem Geschöpf? Kann sich die ganz verlieren? Die Offenbarung des Johannes eröffnet Fragen, deren Beantwortung noch aussteht.

1419 Universität Rostock gegründet | 1560 † Caspar Aquila, Mitarbeiter der Reformation | 1862 † Christian Gottlob Barth, Missionsprediger in Württemberg | 1869 † Friedrich Overbeck, Maler

13. November

Dienstag | SA 07:36 SU 16:36 MA 12:44 MU 21:20

Wochenspruch: 2. Korinther 6,2b
Wochenlied: EG 152 oder 518

Wir lesen Offenbarung 21,9–14

Was für eine Stadt!

Während ich diese Zeilen schreibe, wird in Syrien eine Stadt zerstört – Aleppo. Bilder zeigen: zerstörte Häuser, staubige Straßen. Von der einmal blühenden Stadt sind nur noch Trümmer übrig. Wer kann, flieht. Das alles ist ein schreckliches Beispiel dafür, dass Menschen das, was andere einmal mühsam aufgebaut haben, mit voller Absicht zerstören können. Seltsam, wenn eine Stadt ihre schützende Kraft verliert; wenn von der Kulturleistung des Menschen fast nichts übrig bleibt. Vielleicht hängt der Seher Johannes deswegen so am Bild der Stadt – der Stadt Jerusalem. Wobei deutlich wird, was die Grundfesten einer Stadt ausmacht. Besonders wichtig ist das Fundament, über dem sich die Mauern erheben. Hier sind es die Apostel, diejenigen, die Jesus noch gesehen und von ihm erzählt haben. Ebenso wichtig sind die Tore. Das neue Jerusalem hat wohl Mauern, aber es gibt ein Hinein und Heraus, ein Innen und Außen. Das muss wohl so sein, wenn diejenigen, die in der Stadt leben, sich frei fühlen sollen. Und es ist hell in dem neuen Jerusalem. Alle finsteren Ecken, alle geglaubte, erdachte oder von Menschen zu verantwortende

Dunkelheit sind gewichen. Wer in dieser Stadt lebt, braucht sich nicht vor den Mächten der Finsternis zu fürchten. Die Kulturleistung des Menschen erreicht, indem Gott sie in seine Hand nimmt, eine neue Dimension. Das neue Jerusalem ist das Urbild der Stadt und gleichzeitig ihr Ziel. *Eva Böhme*

Wir beten

Großer Gott, auch heute wieder verlieren Menschen ihr Zuhause, müssen zusehen, wie ihnen das, was ihnen das Leben wertvoll gemacht hat, zerbricht. Wir klagen Dir ihr Leid. Amen.

Zahlen und ihre Bedeutung.

Sieben Engel, vier Himmelsrichtungen, zwölf Tore: Die Zahlen sind bewusst gewählt. Auf ihre Weise erzählen sie etwas von der Vollendung. Sieben – das erinnert an den siebten Tag, den Tag, der alles bisher Dagewesene krönt. Vier – das meint jede Richtung, wohin du auch schaust. Und zwölf – das könnte eine Anspielung auf die zwölf Tierkreiszeichen sein. Offensichtlich hat der Seher Johannes keine Scheu, auch Bilder aus anderen Religionen zu verwenden, solange es dem einen Ziel gilt: den höchsten Grad der Vollendung zu versinnbildlichen.

354 * Augustinus, Kirchenvater | 1618 Dordrechter Synode (bis 29.5.1619) | 1862 † Ludwig Uhland, Dichter | 1865 † Ludwig Harms, Missionar in Niedersachsen (ev. Gedenktag; Sterbetag: 14.11.)

14. November

Mittwoch | SA 07:37 SU 16:35 MA 13:19 MU 22:21

Wochenspruch: 2. Korinther 6,2b
Wochenlied: EG 152 oder 518

Wir lesen Offenbarung 21,15–27

Gloria sei dir gesungen!

Wie soll man Worte finden für das noch nie Dagewesene? Der Seher Johannes versucht es in seinen Briefen. Immer neue Bilder findet er, um das Unfassbare zu fassen. Die ausgewiesenen Dimensionen sagen immer dasselbe. Quadrat und Würfel und Kubus gelten in der damaligen Zeit als Maß der Vollkommenheit und Ausmaß höchster Vollendung. Die Edelsteine, das Gold sprechen für sich. Und trotzdem: So wirklich überspringen will der Funke bei mir nicht. Obwohl der Seher betont, wie viele Verehrer kommen, um anzubeten, bleibt das Bild doch weit weg von mir. Es will sich bei mir einfach kein Lebensgefühl einstellen. Allein die Anhäufung von Superlativen genügt nicht, um meine Freude zu wecken. Anders geht es mir mit jenem Lied, in dem unsere Bibelstelle zitiert wird: Wachet auf, ruft uns die Stimme (EG 147). Philipp Nicolai, dem Dichter, gelingt die Verschränkung der Zeiten. Das für die Zukunft Geschaute und ich selbst finden zusammen. Menschen und Engel bilden zusammen einen Chor und singen mal Halleluja, mal Hosianna, mal Gloria. Und einer von den Singenden bin ich und stimme jubelnd ein in das, was kein Auge je gesehen und kein Ohr je gehört hat. Und ich weiß: Ich muss es nicht begreifen. Ich darf mich mitnehmen lassen von der Musik, die mich über die Grenzen meines Verstandes führt, dorthin, wo staunender Jubel mich und alle andern ganz ausfüllt. *Eva Böhme*

Wir beten

Ewiger Gott, manchmal, wenn ich singe und Dir danke, wird alles weit in mir und um mich herum. Schenke mir immer wieder solche Augenblicke. Rühr mich an mit Deiner Kraft – und andere auch. Amen.

Ein Bild für die Kirche

An einigen Stellen „klemmt es" mit dem Bild des himmlischen Jerusalem. Wie soll man es verstehen, dass Apostel, also Menschen, als tragendes Fundament beschrieben werden? Dahinter ist eine andere Absicht zu spüren: Es geht auch um ein Bild von Kirche. Die baut auf dem Zeugnis der Apostel auf. Die versammelt sich um den, der auf dem Thron saß, und seinen und unseren Christus. Die lobt Gott für alles, was er so wunderbar gemacht hat. Die freut sich am Licht und bekennt: „Licht ist das Kleid, das du anhast."

1716 † Gottfried Wilhelm Leibniz, Gelehrter, Philosoph in Hannover | 1825 † Jean Paul, Dichter | 1831 † Georg Wilhelm Friedrich Hegel, Philosoph in Berlin

15. November

Donnerstag | SA 07:39 SU 16:33 MA 13:49 MU 23:24

Wochenspruch: 2. Korinther 6,2b
Wochenlied: EG 152 oder 518

Wir lesen Offenbarung 22,1–5

Große Klarheit

Der Engel zeigt Johannes ein letztes Bild: Er sieht lauter Licht, alles ist voller Klarheit geklärt, erklärt, verklärt. Von Gott und dem Lamm her fließt ein Lebenswasserstrom, durchsichtig, kristallklar. Leben aus Gott, Heil und Segen in Fülle, jederzeit erreichbar. Ein Lebensbaum wächst, mit Früchten, die jeden Monat reifen. Sogar seine Blätter sind heilsam. Das ist das Paradies. Und keine Schlange ist da, die Zweifel sät, ob Gott es gut mit mir meint. Gebannt ist, was schaden könnte. Immerwährender Gottesdienst wird gefeiert. – Ein Bild, das manchen schon zu schön scheint. Fehlt da nicht gerade das, was das Leben interessant macht? Wenn da nur noch ewiges Leuchten und Licht und Halleluja ist? Aber Johannes sieht: Auch die Menschen werden neu: Hineingetaucht in Gottes Licht, schauen sie nun wirklich Gott von Angesicht zu Angesicht, werden verklärt, wahre Ebenbilder Gottes, ihm ähnlich. Ihm dienen sie. Mit ihm herrschen sie von Ewigkeit zu Ewigkeit. Und als neuen Menschen im Licht Gottes ist für sie endlich alles geklärt, verstehen sie ihr Leben und die Welt, verstehen sie alles, was ihnen im Augenblick noch so dunkel erscheint. Das Ende und die Ewigkeit – da ist die große Klarheit. *Ulrike Magirius-Kuchenbuch*

Wir beten

Ewiger Gott, Deine Klarheit wird am Ende stehen, wird Erde und Menschen und mich selbst verwandeln. Lass mich die Hoffnung darauf nicht verlieren und daraus jeden Tag fröhlich und geduldig leben. Amen.

Wilhelm Raabe (8.9.1831–15.11.1910)

Der Schriftsteller Wilhelm Raabe brach als junger Mann sowohl die Schule als auch eine Buchhändlerlehre ab. Aber dann zog er nach Berlin, studierte auch ohne Abitur und schrieb sein erstes Buch, die „Chronik der Sperlingsgasse". Es war ein Erfolg, dem noch viele andere folgten, sodass er mit seiner Familie davon leben und seinen vier Töchtern eine gute Ausbildung ermöglichen konnte. Sein Buch „Pfisters Mühle" über eine Zuckerfabrik, die mit ihrem Abwasser den Fluss verschmutzt und vergiftet, gilt als der erste Umweltroman.

1280 † Albert d. Gr., Kirchenlehrer in Paris und Köln | 1630 † Johannes Kepler, ev. Theologe, Mathematiker und Astronom in Österreich | 1910 † Wilhelm Raabe, Schriftsteller

16. November

Freitag | SA 07:41 SU 16:32 MA 14:15 MU –

Wochenspruch: 2. Korinther 6,2b
Wochenlied: EG 152 oder 518

Wir lesen Offenbarung 22,6–15

„… weil täglich Mut vonnöten ist“

„Glauben Sie das wirklich?“, wurde ich einmal nach einem Trauergottesdienst gefragt. Und einmal sprach mich eine Frau auf dem Weg vom Friedhof zurück ins Dorf an. „Ich bewundere, ja, beneide Menschen, die das so glauben können. So eine Hoffnung zu haben wäre schön. Aber ich kann es nicht glauben.“ Was ist mit den schönen Bildern, wenn ich wieder im Alltag ankomme, wenn die Gemeinde des Johannes die Zerreißproben neu bestehen muss, wenn Verfolgung, Angst und Bedrängnis wieder den Alltag bestimmen, wenn mich heute der Mut verlässt, wenn die Leere im Haus der Trauernden nun fast körperlich spürbar ist? „Diese Bilder darf man nicht verschließen oder versiegeln“, sagt der Engel zu Johannes. „Sie treffen ein, schon bald.“ – Wenn ich die Hoffnungsbilder vor Augen habe, kann ich mutiger, gelassener, fröhlicher leben, sehe ich die Welt jetzt schon umgeben von Gottes Licht. Das ändert alles. Das gibt Mut für jeden Tag. Und für das Ende. „Dann werden mich die Bilder aus meinen Kindertagen tragen“, sagte mir einmal eine alte Pastorin. Wer solche Hoffnungsbilder malt, dem könnte man vor die

Füße fallen und danken. „Nicht mir sollst du danken“, sagt der Engel, „Gott wollte dir Mut machen.“ Gott – der Anfang und Ende umfasst und in dem auch aufgehoben ist, wer so gern glauben würde und es noch nicht kann.

Ulrike Magirius-Kuchenbuch

Wir beten

Naher Gott, schenke mir heute Hoffnung und den Blick, der Deine Spuren in meinem Leben sieht, Deinen Glanz ahnt, der hinter allem leuchtet. Gib mir Worte, die anderen Mut machen. Amen.

Otto Riethmüller (26.2.1889–16.11.1935)

Dem Pfarrer und Liederdichter Otto Riethmüller verdanken wir die Idee einer „Jahreslosung“, die erstmals 1930 veröffentlicht wurde: „Ich schäme mich des Evangeliums von Christus nicht.“ (Römer 1,16) An acht Liedern unseres Gesangbuches hat Riethmüller als Textdichter gearbeitet, darunter „Sonne der Gerechtigkeit“. Seine Lieder sollten Mut machen und für den Glauben kämpfen. Besonders lag ihm die Jugend am Herzen, für die er zwei Liederbücher herausgab, damit die jungen Menschen glauben und beten lernen, auch in schwerer Zeit.

1548 † Caspar Cruciger, Mitarbeiter und Freund Luthers | 1670 † Johann Amos Comenius, Bischof der Brüdergemeine (ev. Gedenktag; Sterbetag: 15.11.) | 1938 † Otto Riethmüller, Liederdichter

17. November

Sonnabend | SA 07:42 SU 16:31 MA 14:37 MU 00:29

Wochenspruch: 2. Korinther 6,2b
Wochenlied: EG 152 oder 518

Wir lesen Offenbarung 22,16–21

Was bleibt, ist das Gebet

„Maranatha!" – „Ja, komm, Herr Jesu!", so sprechen sie alle, so sollen wir bitten, so sagt es Gott zu. „Ja, ich komme bald." Und so beten und singen wir bis heute: „Komm, o mein Heiland Jesus Christ!" – „Komm, Herr, segne uns!" Das ist unsere Hoffnung: Gott kommt, Jesus ist nahe, jeden Tag und am Ende ganz. „Ohne dich, wo käme Mut und Kraft mir her?" Wir werden wenige in unseren Gemeinden, es gibt weniger Pfarrer in Dörfern und Städten. So erleben es viele. Was bleibt dann? Was wäre das Wichtigste? „Das Gebet", sagte letzthin eine Frau. „Vieles andere können auch andere. Aber das Gebet, das ist die ureigenste Aufgabe der Christen, worin sie niemand vertreten kann." Und es tut gut, wenn Menschen in meinem Ort für mich und andere beten. Ein Pfarrer erzählte von einer bettlägerigen Frau, die er regelmäßig besuchte. Jedes Mal bat sie ihn, ihm zu erzählen, was im Dorf gerade so los ist, nicht aus Neugier, sondern weil sie für alle beten wollte: Wer krank ist, wo Kinder unterwegs sind, was im Gemeinderat zu entscheiden ist, wo es Probleme gibt. „Das kann ich noch", sagte sie. Man merkt es, wenn

Menschen im Ort so beten. Dann ist Gott mitten unter uns. Dann kommt er, wie er es zugesagt hat, kommt mit seiner Liebe und seiner Kraft. Die treuen Beter verändern etwas. Solange gebetet wird, ist noch Hoffnung, denn dann ist Gott mitten unter uns. So hat er es versprochen.

Ulrike Magirius-Kuchenbuch

Wir beten

Maranatha, komm, lebendiger Gott, komm zu uns. Du bist es, der uns umgibt und trägt und hält. Du gibst uns Hoffnung. Bei Dir werden wir sein für immer, Du Anfang und Ende der Zeit. Amen.

David Zeisberger (2.3.1721–17.11.1808)

David Zeisberger kam 5-jährig mit seinen Eltern in die Lausitz und wuchs in der Brüdergemeine in Herrnhut auf. Man entsandte ihn zur Mission nach Nordamerika. Er sprach schon bald die Sprache der Indianer, erforschte ihre Grammatik, schrieb Wörterbücher und predigte. Er verkündigte ein Leben in Gewaltlosigkeit. Und dann musste er erleben, wie gewalttätig sich die Briten verhielten und die Rechte der Indianer mit Füßen traten. Zeisberger stand ein für die Rechte der Indianer und wurde deswegen mehrfach inhaftiert.

1624 † Jakob Böhme, Mystiker in Schlesien | 1808 † David Zeisberger, Missionar der Indianer in Nordamerika | 1850 Brüderhaus Züllschow gegründet | 1917 † Auguste Rodin, Bildhauer | 1947 † Ricarda Huch, Dichterin

18. November

Sonntag | Vorletzter So. d. Kirchenjahres/Volkstrauertag

Wochenspruch: 2. Korinther 5,10
Wochenlied: EG 149
Evangelium: Matthäus 25,31–46
Epistel: Römer 8,18–23.(24–25)
Altes Testament: Jeremia 8,4–7

Wir lesen Psalm 50

Gott beim Wort nehmen

Der Volkstrauertag stellt uns Menschen in unserer Trostbedürftigkeit vor Gott. Er hält die Erinnerung wach an das Versagen der Vergangenheit. Und er fordert uns heraus, alles zu tun, was dem Frieden dient, und alles zu unterlassen, was Menschen ins Unglück des Krieges stürzt. Der 50. Psalm stellt uns Menschen in unserer Unfähigkeit vor Gott, so zu leben, dass unser Leben Gott recht ist. Er räumt mit dem Irrtum auf, dass Gott es uns schon gelingen lassen wird, solange wir unsere Gottesdienste mit den überlieferten Worten korrekt feiern. Ein gefährlicher Irrtum ist das, wenn dabei die rechte innere Haltung zu kurz kommt. Gott hat kein Interesse daran, dass alles nur seinen formal-korrekten Gang geht. Gott ist auf unsere Opfer nicht angewiesen. Anderes ist Gott wichtig: dass wir unser Leben – und Jahre des Friedens – als Geschenk begreifen und Gott unseren „Dank opfern“. Dass wir begreifen, dass wir auf Gott angewiesen sind und von ihm erwarten dürfen, was unser Leben wertvoll und schön macht: „Wenn ihr mich um Hilfe anruft, dann errette ich euch auch!" Gerade der Volkstrauertag stellt diesen Glauben immer neu auf eine harte Probe. Immer wieder haben Menschen in Bedrohung und Gefährdung um Gottes Unterstützung gerungen. Und der ersehnte Frieden hat sich nicht eingestellt. Diese Lücke bleibt und schmerzt. Aber sie kann uns am Ende nur zu noch stärkerem Einsatz verlocken. Wir haben keine bessere Möglichkeit, der Welt Gutes angedeihen zu lassen, als die, Gott beim Wort zu nehmen. Und ihm auch den Frieden und die Gerechtigkeit ans Herz zu legen. Das entbindet uns aber nicht davon, uns mit allen unseren Kräften selber darum zu bemühen, dass wir irgendwann keinen Tag der Trauer über versäumte Schritte zum Frieden mehr brauchen. Dies ist auch eine Weise, Gott für das Geschenk unseres Lebens „Dank zu opfern". *Traugott Schächtele*

Wir beten

Deine Welt, Gott, hat den Frieden bitter nötig. Den großen – da, wo Krieg herrscht. Und den kleinen im Zusammenleben Tür an Tür. Verwandle Deine Welt zum Guten, wo unsere Kräfte nicht ausreichen. Amen.

1575 † Johannes Aurifaber, Herausgeber der Jenaer Ausgabe von Luthers Gesamtwerk | 1827 † Wilhelm Hauff, Märchendichter | 1828 † Ludwig Hofacker, Erweckungsprediger in Württemberg

19. November

Montag | SA 07:46 SU 16:28 MA 15:18 MU 02:44

Wochenspruch: 2. Korinther 5,10
Wochenlied: EG 149

Wir lesen Jesaja 1,1–9

Vergangenheit, die nicht vergeht

Heute beginnt eine Reihe von Abschnitten aus dem ersten Teil des Jesajabuches. Der Prophet gehört zu den großen Glaubenszeugen des Alten Bundes. Über 700 Jahre vor der Geburt Jesu hat er im Königreich Juda gelebt, seine Verkündigung ist dennoch unverändert aktuell, bewegend, oft aufwühlend, aber am Ende sehr tröstlich. Vielleicht liegt es an den bewegten Zeiten, in denen Jesaja lebte, dass uns seine Worte so unmittelbar ansprechen. Das in zwei Hälften geteilte Königreich Davids war in eine bedrohliche Lage geraten. Große Nachbarstaaten schickten sich an, das Land zu erobern. Die Feindschaft zwischen Nord und Süd wuchs, militärische Bündnisse wurden geschmiedet, die Sicherheit geben sollten, letztlich aber nur zu Krieg und Untergang führten. So stehen anklagende Gerichtsworte Gottes an sein abtrünniges Volk am Anfang des Buches. Mit eindringlichen Bildern beschreiben sie, wohin es führt, wenn die Geschöpfe ihren Schöpfer vergessen und auf eigene Faust leben wollen. Selbst ein Esel kennt die Krippe seines Herrn, aber ihr vergesst, was gut für euch ist. So lesen wir und dürfen dabei an die Krippe denken, in der nach Jahrhunderten die Zeitenwende beginnen wird. Jesaja bezeugt, dass Gott der Verirrung nicht gleichgültig zusieht. Er ruft wie ein treuer Vater zu Umkehr und Besinnung, ehe es zu spät ist. Was auch geschieht: Gottverlassen sind wir nicht. *Christoph Ehricht*

Wir beten

Allmächtiger Gott, wir danken Dir für die Zeugen des Glaubens, Männer und Frauen, die uns Deine Wahrheit und Deine Liebe verkündigen. Lass ihre Botschaft auch bei uns auf fruchtbaren Boden fallen! Amen.

Franz Schubert (31.1.1797–19.11.1828)

Heute denken wir an den Todestag des Wiener Komponisten Franz Schubert. Der Komponist lebte unter zeitweise sehr ärmlichen Verhältnissen in der Zeitenwende von der Klassik zur Romantik. Er schuf neben seinen bekannten Liedern und Sinfonien zahlreiche geistliche Werke. Am bekanntesten aus diesem Bereich ist seine Deutsche Messe, die er zwei Jahre vor seinem Tod vollendete und die bis heute durch ihre ergreifende Musikalität viele Menschen erreicht. Viele seiner großen Orchesterwerke hat Schubert selbst nie hören können, weil sich Aufführungen nicht finanzieren ließen.

1231 † Elisabeth von Thüringen, Wohltäterin in Hessen (ev. Gedenktag; Sterbetag: 16. oder 17.11.) | 1828 † Franz Schubert, Komponist | 1938 † Wilhelm Flor, Jurist der Bekennenden Kirche im Kirchenkampf

20. November

Dienstag | SA 07:47 SU 16:27 MA 15:40 MU 03:54

Wochenspruch: 2. Korinther 5,10
Wochenlied: EG 149

Wir lesen Jesaja 1,10–20

Gottes Wort hören

Wie ein roter Faden zieht sich durch die gesamte Botschaft der Bibel die Einsicht: Hören ist die wichtigste Tätigkeit des Glaubens. Durch sein Wort hat Gott die Welt erschaffen. Sein Wort gibt uns Orientierung und Trost. In Jesus Christus hat dieses Wort menschliche Gestalt angenommen. Wir dürfen ihm folgen und es weitersagen. Wenn das Hören auf Gottes Wort nicht am Anfang unseres Glaubensweges und in der Mitte unseres Lebens steht, ist alles andere umsonst. Jesaja lässt keinen Zweifel daran, dass er diese Überzeugung teilt. Die Gottesdienste und priesterlichen Opferhandlungen im Tempel sind leer und helfen nicht, weil sie keine Antwort auf das zu hörende Gotteswort sind. Sie sind zum Selbstzweck verkommen. Die Bewährungsprobe für rechten Glauben ist der Alltag. Ihn sollen wir nach Gottes Weisungen gestalten, nach Gerechtigkeit trachten, den Unterdrückten helfen, Witwen und Waisen ihr Recht geben. Das klingt gewaltig. Entlastend ist auch hier, dass wir vor allem Tun das Hören nicht vergessen sollen. Gottes Wort selbst wird dann seine verwandelnde und erneuernde Kraft entfalten. In unserem täglichen Gebet dürfen wir auf Gott hören. Jochen Klepper hat das in seinem Lied zur Mittagszeit (EG 457) ganz schlicht und klar gesagt: Wie laut dich auch der Tag umgibt, jetzt halte lauschend still. Die Hände, die zum Beten ruhn, die macht er stark zur Tat. *Christoph Ehricht*

Wir beten

Lieber Gott, öffne uns immer neu die Ohren und das Herz für Dein gutes Wort. Es schenkt uns Trost und Orientierung. Öffne uns auch die Lippen und die Hände, dass wir weitersagen und weitergeben, was wir von Dir empfangen. Amen.

Leo Tolstoi (9.9.1828–20.11.1910)

Heute ist der Todestag von Leo Tolstoi. 1910 ist er gestorben, wenige Jahre vor Beginn der großen Tragödien in Russland und Europa. Seine literarischen Werke, die großen Romane und die eindringlichen Novellen, finden mit ihrer tiefen psychologischen Kenntnis und wegen der zeitlos gültigen Schau auf die Menschen und ihre Geschichte bis heute viele Leserinnen und Leser. Zu seinen Lebzeiten genoss Tolstoi fast religiöse Verehrung. Die von ihm erträumte moralische Erneuerung bleibt eine noch uneingelöste Herausforderung auch für unsere Zeit.

1022 † Bernward von Hildesheim, Bischof | 1541 Calvins Kirchenordnung in Genf | 1910 † Leo N. Tolstoi, russischer Dichter | 1947 † Wolfgang Borchert, Dichter und Dramatiker | 1972 Berliner Missionswerk in West-Berlin gegründet

21. November

Mittwoch | Buß- und Bettag

Spruch: Sprüche 14,34
Lied: EG 144 oder 146
Evangelium: Lukas 13,(1–5.)6–9
Epistel: Römer 2,1–11
Altes Testament: Jesaja 1,10–17

Wir lesen Jesaja 1,21–31

Jerusalem – ein Ort der Umkehr

Heute ist Bußtag. Mit dem Aufruf Martin Luthers vor einem halben Jahrtausend in seinen 95 Thesen, dass unser ganzes Leben Buße sein soll, begann die Reformation der Kirche. Gemeint ist damit, dass wir ständig kritisch und nüchtern Rückschau halten sollen auf unser Tun und Lassen und daraus lernen. Denn immer wieder bestätigt sich in vielen Lebensbereichen die Allgemeingültigkeit der Regel für Autofahrer: Wer nicht in den Rückspiegel schaut, gefährdet sich und andere und wird nicht zum Ziel kommen. Angeregt durch die heutige Bibellesung, nehmen wir Jerusalem in das Zentrum unserer Rückschau. Die Stadt ist für Juden, Christen und auch für Muslime eine heilige Stadt. Hier erleben sie in ganz besonderer Weise die Gegenwart Gottes. Der Tempel aus Salomos Zeit beherbergte die Bundeslade, das Zeichen der Verbundenheit Gottes mit Israel. Jerusalem war nach den Worten Jesajas ein Ort der Gerechtigkeit und des Rechts.

Jetzt aber, zu seiner Lebenszeit, war Jerusalem von Untreue beherrscht und geprägt. Nur ein verheerendes, jedoch reinigendes Gericht wird Erlösung bringen und die Stadt zu ihrer Bestimmung zurückführen. Jahrhunderte später wird Jesus die Zerstörung der Stadt voraussagen und darüber in Weherufe ausbrechen. Die Zerstörung beginnt mit seiner Kreuzigung, die verwandelnde Erlösung mit seiner Auferstehung. Heute leben Angehörige der drei Weltreligionen hier zusammen, oft und glücklicherweise in dem guten Geist gegenseitigen Respekts und versöhnter Verschiedenheit, leider aber oft auch in schweren Konflikten. Die Stadt mahnt bis heute zu Buße und Umkehr aus Verblendung und Verirrung. Sie steht zugleich für die Gewissheit, dass Gott die Mächte des Todes besiegt und das Wunder neuen Lebens vollbringt, wo wir Ausweglosigkeit sehen. Wenn Jerusalem in unserem Rückspiegel auftaucht, erkennen wir: Nicht auf Menschen, aber auf Gott ist Verlass! *Christoph Ehricht*

Wir beten

Vater im Himmel, schenke uns heute am Bußtag Ruhe und Kraft zur nüchternen Rückschau. Lass uns nicht verzagen, wenn wir an Schuld und Versäumnisse denken. Stärke unser Vertrauen darauf, dass Deine Güte zurechtbringt, was wir verfehlt haben. Durch Jesus Christus. Amen.

1541 † Wolfgang Capito, Theologe in Straßburg | 1811 † Heinrich von Kleist, Dramatiker

22. November

Donnerstag | SA 07:51 SU 16:25 MA 16:30 MU 06:22

Wochenspruch: 2. Korinther 5,10
Wochenlied: EG 149

Wir lesen Jesaja 2,1–5

Der Traum vom Frieden

Hier träumt einer – so könnte man sagen. Jesaja, der Prophet, träumt einen großen Traum für die Welt. In ihm überragt der Berg Zion, auf dem der Tempel steht, alle anderen Berge. Und überall aus den Völkern strömen die Menschen dorthin und holen sich von Gottes Wort, das da gepredigt wird, Orientierung. Sie leben danach. Und so kommt es, dass eine Zeit des Friedens anbricht: umfassender Frieden, in dem keinerlei Kriegsgerät mehr gebraucht wird. Aus Schwertern werden Pflugscharen gemacht, aus Spießen Sicheln. Aus Panzern Beregnungsfahrzeuge – wie es ein Kind einmal malte. Vorn am Kanonenrohr eine große Brause. Welch ein Traum! Darf er geträumt werden, obwohl die Wirklichkeit so ganz anders aussieht? Damals zur Zeit des Jesaja, heute in unserer Welt? Er muss geträumt werden, um ein Ziel vor Augen zu haben! Wenn wir uns keine bessere, friedlichere Welt mehr ersehnten, bliebe nur noch die Resignation. Und es ist ein Ziel, hinter dem Gott mit seiner guten Absicht für seine Menschheit steht. Seit Jesus Christus wissen wir: Gott hat Frieden mit uns gemacht. Er will nicht, dass wir und unsere Welt zugrunde gehen. Er will einen universalen Frieden. Der Prophet sieht ihn verwirklicht, wo Gott universal anerkannt wird und die Menschen nach seiner Friedensbotschaft leben. Es ist ein Frieden, der nicht im Sieg über andere erreicht wird, sondern durch Vertrauen und die Einsicht, dass Gottes Weisung richtig ist. *Wilfried Blümner*

Wir beten

Herr, lass uns das große Ziel eines umfassenden Friedens nicht aus den Augen verlieren. Du weißt, dass wir oft zu resignieren drohen. Gib uns die Kraft, nach Frieden zu streben, im Großen wie im Kleinen. Amen.

Schwerter zu Pflugscharen

1959 schenkte die Sowjetunion der UNO eine Bronzefigur des Künstlers Jewgeni Wiktorowitsch Wutschetitsch. Sie steht im Garten des UNO-Hauptgebäudes in New York und zeigt, wie ein muskulöser Mann ein Schwert in eine Pflugschar umschmiedet. Dieses Motiv wählte 1980 die evangelische Jugend in der DDR als Zeichen für die Friedensdekade, die angesichts der atomaren Hochrüstung in Ost und West zu Friedensgebeten aufrief. Auf Vlies gedruckt, trugen die Jugendlichen das Emblem als Aufnäher an ihren Jacken oder benutzten es als Lesezeichen. Die Staatsführung der DDR jedoch stufte dieses Zeichen als subversiv ein und versuchte massiv, es zu verhindern.

um 230 † Cäcilia, Märtyrerin in Rom | 1963 † John F. Kennedy

23. November

Freitag | SA 07:52 SU 16:24 MA 17:03 MU 07:39

Wochenspruch: 2. Korinther 5,10
Wochenlied: EG 149

Wir lesen Jesaja 2,6–22

Gottes Maßstab ist ein anderer

Wenn auch Handel und Wandel im Lande blühen, bieten Wohlstand und Reichtum doch keine Sicherheit. In einer scharfen Rede geißelt der Prophet den Hochmut und die sozialen Missstände seiner Zeit sowie den Götzendienst, den er überall sieht. Vermutlich rief er im Tempel der versammelten Festgemeinde diese Worte zu. Er spricht vom Tag Gottes. Wenn Gott kommt in seiner Heiligkeit und Majestät, kann keiner vor ihm bestehen. Was den Menschen Schutz zu bieten scheint, hohe Türme und steile Mauern, wird umgerissen von einem mächtigen Sturm kosmischen Ausmaßes. Über die ganze Natur wird dieser dahinfegen. Da kann man sich nur noch zu den Maulwürfen und Fledermäusen in die Felsspalten verkriechen – was aber wohl ironisch gemeint ist. – Welche Sichtweise auf die Dinge haben wir? Wie weit lassen wir uns von dem Zeitgeist beeinflussen, der uns umgibt? Ist Karrieredenken angesagt und dass sich angeblich alles rechnen muss – auch in der Kirche? Wo suchen wir unsere Sicherheit? Die Worte des Propheten können auch zu uns sprechen. Sie lehren uns, die Dinge der Welt richtig zu beurteilen, und warnen vor pseudoreligiöser Vergötzung. Die Gegenwart Gottes rückt die Perspektiven zurecht. Am Ende unseres Abschnittes ist eine Schlussfolgerung hinzugefügt: Auf Gott sollten wir uns verlassen und nicht auf Menschen, die „nur ein Hauch" sind. *Wilfried Blümner*

Wir beten

Herr, wir sind immer in Gefahr, egoistisch festzuhalten, was wir besitzen. Lass uns abgeben können von unserem Reichtum. Lehre uns erkennen, dass es nur bei Dir letzte Geborgenheit gibt. Amen.

Clemens von Rom

Er erlangte durch den später viel gelesenen 1. Clemensbrief Bekanntheit. Was darüber hinaus aus seinem Leben berichtet wird, ist weithin Legende. Sein Brief ist ein ausführliches Schreiben an die Gemeinde in Korinth, in der es über die Bedeutung der verschiedenen Ämter zu einem Streit gekommen war. Mit der Autorität eines Bischofs aus der Welthauptstadt Rom weist Clemens darin auf das Liebesgebot Christi hin, das keine Spaltung zulässt. Auch das Martyrium des Petrus und Paulus wird im 1. Clemensbrief erwähnt.

um 100 † Clemens von Rom, Bischof | 615 † Kolumban, Glaubensbote aus Irland | 1685 † Kaspar Friedrich Nachtenhöfer, Liederdichter

24. November

Sonnabend | SA 07:54 SU 16:23 MA 17:44 MU 08:54

Wochenspruch: 2. Korinther 5,10
Wochenlied: EG 149

Wir lesen Jesaja 3,1–15

Liebe Deinen Nächsten!

Wenn ich die Nachrichten im Fernsehen oder im Radio auf mich wirken lasse, kann mir schon angst und bange werden. Die negativen Meldungen überwiegen in hohem Maße. Da erfahre ich eine Menge über das, was Menschen anderen Menschen antun und zufügen. Die Hemmschwelle scheint immer mehr zu sinken. Es gibt kaum noch Tabubereiche. Es ist unwürdig, wie manche Zeitgenossen miteinander umgehen. Dabei heißt es nicht nur in unserer Verfassung „Die Würde des Menschen ist unantastbar". Auch die Zehn Gebote machen die Würde des Menschen zu einem wichtigen Thema, denn wie wir bei Matthäus lesen, hat Jesus dazu gesagt: „Liebe Deinen Nächsten, so wie du dich selber liebst" (Mt 22,29). Aber wenn der Prophet Jesaja gut 800 Jahre vor der Zeitenwende bereits darauf hinweist, dass die Menschen einander bedrängen werden, dann werden die negativen Meldungen der Jetztzeit bereits vorhergesagt. „Homo homini lupus" (Der Mensch ist der Wolf des Menschen), sagte bereits im 2. vorchristlichen Jahrhundert der römische Dichter Plautus. Immer wieder haben Menschen einander bedrängt und sie unterdrückt. Jung gegen Alt, Reich gegen Arm, Mächtig gegen Ohnmächtig – ich könnte diese Reihe beliebig lange fortsetzen. Aber sie belegt nur, wie aktuell Jesus mit seiner Forderung auch heute noch ist, wenn er sagt: „Liebe deinen Nächsten, so wie du dich selber liebst!" *Willi Everding*

Wir beten

Guter Gott, was Menschen einander antun können, macht uns oftmals ratlos. Gib uns den festen Blick auf das, was Du in Deinen Geboten und Jesus durch sein Leben und Sterben deutlich gemacht hat: Wir sollen unsere Mitmenschen lieben, wie wir uns selbst lieben. Amen.

John Knox (1514–1572)

Neben Martin Luther, der in Deutschland wirkte, gab es etwa zur gleichen Zeit in Europa andere Männer, denen an der Erneuerung der Kirche lag. Einer von ihnen war John Knox, der am 24.11.1572 im schottischen Edinburgh starb. Knox, der als Mitbegründer der Presbyterianischen Kirchen gilt, zerstörte die Heiligenbilder und reformierte die Altäre in Schottland. An der Festsetzung und am Prozess gegen Maria Stuart war er entscheidend beteiligt. Sie wollte ja den katholischen Gottesdienst wieder einführen, was Knox zuwider war. Der Reformator wurde in Edinburg begraben.

1531 † Johannes Oekolampad, Reformator in Basel (ev. Gedenktag; Sterbetag: 23.11.) | 1572 † John Knox, Reformator in Schottland | 1943 † Helmut Hesse

25. November

Sonntag | Letzter So. d. Kirchenjahres/Ewigkeitssonntag

Wochenspruch: Lukas 12,35
Wochenlied: EG 147
Evangelium: Matthäus 25,1–13
Epistel: Offenbarung 21,1–7
Altes Testam.: Jes 65,17–19.(20–22.)23–25

Wir lesen Psalm 90

Einsicht, die klug macht

In den Gottesdiensten erkenne ich sie meist sofort, auch wenn ich in einer Gemeinde fremd bin. Menschen, die gekommen sind, weil sie in der vorangegangenen Woche von einem Angehörigen Abschied genommen haben. Nicht nur die gedeckte Farbe der Kleidung deutet darauf hin. Es sind die veränderten Augen, mit denen trauernde Angehörige die Welt in Blick nehmen. Er zeugt von einem zumindest in diesen Tagen aufleuchtenden Wissen, dass unser Leben hier ein endliches ist. Aber dass da noch etwas aussteht. Angehörige kommen in den Gottesdienst nicht nur, um der Menschen zu gedenken, die sie verloren haben. Sie lassen sich nicht selten gerade jetzt darauf ein, auch von der Zukunft jenseits unseres Lebens hier etwas zu erwarten. Eine besondere Form der Lebensklugheit ist das, auch wenn sie oft nach der Trauer wieder verdunstet. Lebensklugheit, die aus der Einsicht in unsere Sterblichkeit erwächst. Dass wir sterben müssen, ist eine bittere Wahrheit. Es mag eine Erkenntnis meiner Vernunft sein, sich die Endlichkeit meines Lebens immer wieder neu vor Augen zu führen. Aber die Klugheit, die ich in den Augen der Zurückbleibenden entdeckt zu haben glaube, meint noch einmal etwas anderes. Sie ist Ausdruck der Hoffnung, ich könnte mit diesem Wissen mein Leben besser und sinnvoller gestalten. Eigentlich ist das ein Paradox. Meine Endlichkeit macht mich nicht klein und unbedeutend, schon gar nicht vor Gott. In ihr ist vielmehr meine Würde begründet. Sie speist sich nicht aus der Zahl der Jahre meines Lebens, das heute nicht selten ein Alter von neunzig oder noch mehr Jahren erreicht. Sie liegt darin begründet, dass Gott ist, ehe ich war. Und dass Gott sein wird, nachdem ich zwar hier auf Erden nicht mehr bin, aber aufgehoben bleibe in Gottes Ewigkeit. Dies zu wissen, macht klug – nicht weltklug, sondern „gotteskdug“. *Traugott Schächtele*

Wir beten

Unsere Tränen sind nicht das Letzte, was uns beim Abschied von einem lieben Menschen bleibt. Verwandle unsere Trauer in Hoffnung auf ewiges Leben bei Dir, Gott. Für andere und für mich selber. Amen.

um 307 † Katharina, Märtyrerin in Ägypten | 2015 † Klaus-Peter Hertzsch, evangelischer Theologe, Dichter und Buchautor

26. November

Montag | SA 07:57 SU 16:21 MA 19:38 MU 11:08

Wochenspruch: Lukas 12,35
Wochenlied: EG 147

Wir lesen Jesaja 4,2–6

Es gibt noch Hoffnung

Der Prophet lässt in seinem Bemühen um die Menschen nicht nach und gibt nicht auf. Nachdem wir vorgestern davon gelesen haben, was Menschen immer wieder einander antun, wird in dieser Verheißung deutlich, wie langmütig Gott mit seinen Geschöpfen ist: „Wer übrig ist und übrig bleibt, der wird heilig heißen" (V. 3). Gott gibt also denen eine Chance, die seinen Geboten folgen und den Mitmenschen so akzeptieren, wie er ist: als Bruder und als Schwester, die neben mir sind und ein gleiches Recht haben zu existieren. Gott selbst hat das, was bei den Menschen nicht in Ordnung ist, „abgewaschen und weggespült" (V. 4). Der Prophet überspringt rund 800 Jahre und wagt einen Blick in die Zukunft: Gott selbst wird durch das Leiden und Sterben seines Sohnes Jesus Christus all das „abwaschen und wegspülen", was die Menschen von ihm trennt. Wahrhaft eine Verheißung, die deutlich macht, dass das Alte Testament die Botschaft des Neuen Testamentes bereits aufnimmt. Im Brief an die Gemeinde in Galatien schreibt nämlich der Apostel: „Als die Zeit erfüllt war, sandte Gott seinen Sohn" (Galater 4,4). Wir können also sicher sein: Jesus, der Mann aus Nazareth, der Sohn Gottes, hat all das abgewaschen und weggespült, was uns von Gott zu trennen vermag. Das ist eine wahrhaft Gute Nachricht und Frohe Botschaft – also ein wirkliches Evangelium, das wir bei Jesaja bereits angekündigt sehen. *Willi Everding*

Wir beten

Guter Gott, immer wieder ertappen wir uns dabei, dass wir nicht so sind, wie es Deinen Geboten entspricht. Darunter leiden wir. Mit großer Freude erfahren wir, dass Du durch Deinen Sohn Jesus Christus bereits alles für uns getan hast und unsere Schuld von uns nehmen willst. Wir danken Dir. Amen.

Joseph von Eichendorff (1788–1857)

Zu den bedeutendsten deutschen Lyrikern der Romantik gehört wohl der Dichter Joseph von Eichendorff, der am 26.11.1857 im oberschlesischen Ort Neisse starb. Neben seinen Gedichten, von denen übrigens viele vertont wurden, zählt die Novelle „Aus dem Leben eines Taugenichts“ zu seinen bekanntesten Werken. Das Hauptmotiv dieser Novelle ist die Wanderschaft. Der Dichter macht deutlich, dass das Leben eines Menschen aus einer permanenten Wanderschaft besteht. Er befindet sich ständig auf der Suche und pendelt zwischen den Welten hin und her.

975 † Konrad von Konstanz, Bischof von Konstanz | 1857 † Joseph von Eichendorff, Lyriker und Erzähler

27. November

Dienstag | SA 07:58 SU 16:20 MA 20:50 MU 12:00

Wochenspruch: Lukas 12,35
Wochenlied: EG 147

Wir lesen Jesaja 5,1–7

Entgleistes Liebeslied

Jesajas Lied beginnt wie ein harmloser Bänkelgesang. Der Weinberg galt als Umschreibung für die Geliebte und als erotisches Bild in der damaligen Liebespoesie. Wir kennen das z. B. aus dem Hohelied der Liebe (3,13; 8,1.13). Was zunächst wie ein Liebeslied beginnt, wird schnell ernst und geht in eine ganz andere Richtung: Es wird zum Anklagelied gegen den Weinberg. Trotz guter Pflege bleibt er unfruchtbar. Die Zuhörer werden aufgefordert zu richten. Der Freund (Gott) hat am Ende vor, den Weinberg sich selbst zu überlassen und freizugeben. Gott wird sehr menschlich wie ein enttäuschter Geliebter geschildert. Er ist mit seiner Geduld am Ende. Die guten Erwartungen und Hoffnungen in sein Volk – enttäuscht. Sind wir heute so viel anders als das Volk Israel und Juda damals? Trägt unser Glaube Früchte? – Gott erwartet etwas von mir. Der „liebe Gott“ erwartet Gegenliebe. Der „liebe Gott“ erwartet meinen Einsatz für Recht und Gerechtigkeit. Ist mir mein Glaube ernst oder dient er mir nur als Wellness-Baustein für mein Leben, in dem ich mich möglichst unbehelligt wohlfühlen möchte? Nehme ich

Gottes „Liebesmüh“ für mich überhaupt wahr? Bin ich dafür dankbar? Was ist aus dem anfänglichen Liebeslied geworden? Den liebenden Gott gibt es noch. Er sandte seinen Sohn (Mt 21,37). Den Weinberg gibt es noch. Wir dürfen uns zu Gottes Volk zählen. *Friederike Hasse*

Wir beten

Gott, Du hast uns zuerst geliebt. Dein Sohn hat kein Leid und keinen Schmerz gescheut und ich wähle bei Kleinigkeiten den bequemen Weg. Verzeih und erbarme Dich meiner. Amen.

Virgilius von Salzburg

Virgil wurde um 700 in Irland geboren. Im Kloster Iona erhielt er seine Ausbildung und ging als Missionar aufs Festland. Nach zwei Jahren Aufenthalt am Hofe Pippins des Kleinen sandte dieser ihn nach Bayern. 746 wurde er Abt im Kloster St. Peter in Salzburg und 749 Bischof. Er ließ den Salzburger Dom errichten und setzte sich für die Missionierung Kärntens ein. Mit Bonifatius, dem Mainzer Bischof, stritt er um die Kugelgestalt der Erde, deren Rückseite er sich auch von Menschen bewohnt vorstellte. Er wurde der Ketzerei verdächtigt, entging aber durch den Tod des damaligen Papstes der weiteren Verfolgung.

511 † Chlodwig, König der Franken | 784 † Virgilius von Salzburg, Bischof und Glaubensbote in Kärnten

28. November

Mittwoch | SA 08:00 SU 16:19 MA 22:06 MU 12:41

Wochenspruch: Lukas 12,35
Wochenlied: EG 147

Wir lesen Jesaja 5,8–24

Schluss mit lustig!

Sechs Weherufe prangern in eindrücklichen Bildern Missstände im Handeln und Lebenswandel der Oberen an. Es erinnert mich an heutige „Immobilienhaie", Spekulationen mit Land und Lebensmitteln, Korruption, Verschleuderung wertvoller Ressourcen für Luxus. Doch alles Recht kommt von Gott. Niemand darf es sich zum eigenen Vorteil hinbiegen, wie es ihm passt. All denen, die so handeln, droht Jesaja Gottes Gericht an. Die Reichen sollen nicht noch reicher werden auf Kosten der Armen. Gott setzt Grenzen mit seinem Gericht. Die Menschen selbst können es scheinbar nicht. Auch in der heutigen Welt, die ständig vom grenzenlosen Wachstum spricht, uns einredet, wir könnten alles erreichen und mit Hilfe der Technik alles lösen, wenn wir nur weiter so wie bisher wirtschaften, wird man leicht als ewig gestrig eingestuft, wenn man vom Verzicht redet oder fragt, ob denn tatsächlich das selbstfahrende Auto das ist, was unsere Welt in naher Zukunft am dringlichsten braucht. Eigentlich brauchen wir gar kein göttliches Strafgericht: Die Hölle schaffen wir uns selber. Da wir in unserem Land auch zu den Reichen der Welt gehören, können wir nicht so tun, als ginge uns das nichts an. Jeder kann z. B. im Alltag mit seinem Konsumverhalten an dem Ort, wo er ist, etwas tun. Auch wir entkommen nicht der Verantwortung und dem Gottesgericht.

Friederike Hasse

Wir beten

Herr, erinnere uns daran, dass wir endlich sind und Grenzen haben. Vergib uns unseren Hochmut und Größenwahn und schenke uns Kraft zum sinnvollen Verzicht und zum Teilen mit den Armen. Amen.

Margareta Blarer

Die 1493 geborene Kaufmannstochter genoss eine humanistische Bildung. Nach dem Tod des Vaters übernahm sie dessen Leinenhandel, blieb bewusst unverheiratet und lebte ein für die damalige Zeit ungewöhnlich eigenständiges Leben. Durch ihre Brüder bekam sie Kontakt zu Reformatoren wie Martin Bucer und trug zur Reformation in der Stadt Konstanz bei. Nach der Auflösung vieler Frauenklöster stand es schlecht um Armen- und Krankenpflege. Sie baute eine öffentliche Krankenpflege auf, kümmerte sich um verarmte Mädchen und Frauen, nahm Waisen in ihr Haus auf, die sie auch unterrichtete. 1541 steckte sie sich mit der Pest an und starb 47-jährig.

1541 † Margareta Blarer, Gemeindemutter in Konstanz, Vorläuferin des Diakonissenamtes (ev. Gedenktag; Sterbetag: 27.11.) | 1898 † Conrad Ferdinand Meyer, Dichter

29. November

Donnerstag | SA 08:01 SU 16:19 MA 23:24 MU 13:14

Wochenspruch: Lukas 12,35
Wochenlied: EG 147

Wir lesen Jesaja 6,1–13

Funkenflug

Man stelle sich das alles einmal wirklich bildlich vor: Gottes Thron, erhabene Engel, ein himmlischer Chor, glühende Kohlen – und dann dieser winzig kleine Mensch. Keiner, dem da nicht Augen, Ohren und Mund offen stünden. Staunend umfasst mich dieses Bild. Ich kann mich nicht entziehen. Was geht es mich an, wenn ein Prophet in alter Zeit Feuer fangen soll? Zu leuchtend sind die Farben, zu strahlend der Gesang, zu offen steht der Himmel. Gott zieht mich hinein in seine Geschichte. Der Funke springt über. Doch die Botschaft zündet nicht. Die Erde verschließt sich dem offenen Himmel, muss sich alles verkleben, verstopfen und verhärten lassen, weil sie nichts versteht. Der Prophet brandmarkt mit seinem Auftrag das tödliche Missverständnis menschlicher Unvernunft. Herzen, Augen und Ohren verdunkeln, abgewandt vom göttlichen Licht. Das muss ein Ende haben. Das kann nicht ewig dauern. Der Himmel hat nicht zugemacht. Gott ist gegenwärtig. Der Gottesfunke bleibt. Er fliegt seit jenen Tagen und lässt sich da und dort auf den Lippen nieder, springt über, setzt Leuchtpunkte in die Dunkelheit. Die prophetischen Worte bleiben als heilige Samen in dieser Welt, angestrahlt vom Himmel her. Solange die göttlichen Funken fliegen, ist Hoffnung, und im Staunen darüber breitet sich ein heller Friede aus. Man stelle sich das einmal wirklich bildlich vor. *Doris Hiller*

Wir beten

Gott, Du bist gegenwärtig. Dreimal heilig lässt Du in die Welt rufen, auf dass Deine Botschaft gehört werde. Verstopfe unsere Ohren nicht. Halte uns wach, damit bei uns der Funke überspringt. Amen.

Hans Holbein der Jüngere

Bildliches Vorstellen war das Kennzeichen der Malerei von Hans Holbein d. J., der am 29.11.1543 in London starb. Als Mitglied der Basler Malerzunft zählt er zu den bedeutendsten Renaissance-Malern. Neben „weltlichen" Porträts sind es vor allem seine Madonnenbilder, aber auch ein Porträt des Leichnams Christi, die ihn berühmt machten. Obwohl in der Porträt-Malerei der Mensch das bildliche Zentrum markiert, zeichnen die religiösen Motive doch auch etwas vom Göttlichen in die Welt.

250 † Saturnius, Märtyrer in Rom | 1543 † Hans Holbein d. J., Maler in Basel und England | 1975 † Heinrich Grüber, Propst in Berlin, Helfer der Juden

30. November

Freitag | SA 08:03 SU 16:18 MA – MU 13:42

Wochenspruch: Lukas 12,35
Wochenlied: EG 147

Wir lesen Jesaja 7,1–9

Verbrannte Erde – glühende Hoffnung

Wie durch ein Brennglas sehen wir im Prophetenwort die Welt. Wieder und wieder ziehen Völker gegeneinander. Terror, Angst und Schrecken lassen keinen klaren Gedanken fassen. Alles bebt in uns, Kriegsgeschrei verwirrt Regierungen, beißender Rauch vernebelt die Sinne. Verbrannte Erde, so weit das Auge reicht, seit Anbeginn der Geschichte, mitten in der Zeit, jetzt. Der Prophet schreitet, ein Kind an der Hand, die Brandherde ab. Die Welt braucht Ruhe und die Gewissheit, dass sie nicht endgültig vergehen wird. Es gibt noch Nachwuchs. Söhne und sicher auch Töchter erhalten Hoffnungsnamen: Ein Rest wird bleiben, umkehren, glauben. Das lässt aufmerken. Verbrannte Erde wird wieder fruchtbar. Ein Funken Hoffnung bleibt. Der Glaube steckt an. Im ihm werden Gedanken entwirrt, der Blick klärt sich, das Zittern hat ein Ende. Alles wird still. Göttliche Ruhe breitet sich aus. Lebensruhe, die Gräber überdauert. In dieser Ruhe liegt die Kraft. Sie wächst jedem zu, der glaubt. Und sie hält den Bedrohungen und der Gefahr stand. Sie versteckt sich nicht. Sie bleibt. Wer bleibt, erstarrt nicht. Wer im Glauben bleibt, in dem brennt das göttliche Feuer. Wo Gottes Liebe brennt, verbrennt nichts: kein verbrannter Busch, keine verbrannte Erde. Das wusste schon Mose. Jesaja erzählt neu davon und strahlt Gottes Ruhe aus. Was bleibt, sind Menschen, die vor Hoffnung glühen. *Doris Hiller*

Wir beten

Gott der Hoffnung! Die Nebelschwaden im November gleichen dem kriegerischen Rauch in der Welt. Nimm uns an der Hand, führe uns auf das Feld des Friedens, nach dem wir uns so brennend sehnen. Amen.

Alexandre Roussel

Mit nur 26 Jahren verstarb 1728 der hugenottische Wanderprediger Alexandre Roussel. Von ihm wird überliefert, dass er sich als Prediger des Evangeliums mit Wohnsitz unter dem freien Himmel verstand. Seine Mutter, die ihn im Glauben erzog, trauerte nicht, als er unter der Hugenottenverfolgung den Märtyrertod starb. Sie sah ihn standhaft im Glauben bis zuletzt. Wer heute in friedlichen Zeiten im Glauben und am Leben bleiben darf, wird erinnert an die Brandherde der Welt damals und heute, wo Menschen bitteren Glaubenskriegen zum Opfer fallen.

1728 † Alexandre Roussel, Märtyrer in Frankreich

1. Dezember

Sonnabend | SA 08:04 SU 16:17 MA 00:42 MU 14:06

Wochenspruch: Lukas 12,35
Wochenlied: EG 147

Wir lesen Jesaja 7,10–17

Glimmender Docht

Der erste Advent kündigt sich an, weil Gott nicht müde zu kriegen ist. Die Erde ist wüst und leer. So, wie am Anfang. So, wie immer, wenn das Chaos herrscht, wenn Menschen herrschen. Am Ende verödet alles. Der Tod zeichnet sich ab. Morgen schon lassen sich die Fliegen nieder. Längst kriegsmüde ist diese Welt und dennoch bleiben diese Tage der Gewalt. Es wäre so einfach, das Gute zu wählen, wenn wir dies von klein auf täten. Menschen leben im Konjunktiv und Leben wird irreal. Unwirklich scheint Gottes Möglichkeit, denn: Gottes Kraft ist nicht im Konjunktiv mächtig, sondern im Schwachen. Ein Kind, klein und schwach, aber lebensfähig und lebensmächtig. Sein Name setzt nicht auf Hoffnung, sondern auf Gewissheit: Gott mit uns. Wieder springt ein Funke des Himmels über in die Welt. Ein glimmender Docht, der nicht verlischt, sondern das einzig mögliche Lebenszeichen aufleuchten lässt: Gott kommt in die Welt. Sein Kommen kündigt sich an. Sein Kommen erzählt sich in die Welt hinein. Im Kommen ist er da. Er hat das Gute gewählt. Er gesellt sich zu den Menschen. Das lässt sich nicht fordern, aber schenken. In kleinen Lichtern, die sich nach und nach entzünden und das Erschrecken aller Tage in den Schatten stellen. Es wird Zeit, die Kerzen aus den Schubladen zu holen, denn schon heute sei es gesagt: Es wird göttlich hell werden für uns. *Doris Hiller*

Wir beten

Gott, Du wirst nicht müde, uns Menschen entgegenzukommen. Unser Dank leuchtet auf. Entfache das Leben in uns. Stärke uns, das Gute zu wählen. Komm und bleibe bei uns, damit es hell werde. Amen.

Frauenmission Malche

Wenn schon von der jungen Frau, die den Immanuel austrägt, zu lesen ist, dann sei an die Gründung des Bibelhauses Frauenmission Malche im Jahre 1898 erinnert. Frauen als Missionarinnen trugen von dort das Evangelium in die Welt. Heute ist ein Bildungswerk der Evangelischen Kirche daraus geworden. Ihm rechnen sich die Schwestern und Brüder der evangelischen Kommunität in Bad Freienwalde/Oder zu. Sie wissen sich der Diakonie verpflichtet. Ihr Zeichen ist das Christusmonogramm, das dort, wo sie leben und arbeiten, vom göttlichen Licht kündet.

660 † Eligius, Bischof und Wohltäter in Franken | 1709 † Abraham a Santa Clara, Prediger | 1898 Frauenmissionsschule Malche gegründet

2. Dezember

Sonntag | 1. Sonntag im Advent

Wochenspruch: Sacharja 9,9
Wochenlied: EG 4 oder 16; neu: EG 1 oder 4
Evangelium: Matthäus 21,1–9
Epistel: Römer 13,8–12.(13–14)
Altes Testament: Jeremia 23,5–8

Wir lesen Psalm 24

Die Herzenstüren öffnen

„Macht hoch die Tür, die Tor macht weit." Diese Botschaft aus Psalm 24 erklingt in vielen Gottesdiensten am ersten Advent. Jetzt beginnt sie wieder, die Zeit besonderer Hoffnung und Vorfreude. Die Herzen öffnen sich für die Stimmungen der Adventszeit, Lichter werden angezündet, Sterne aufgehängt und wohlriechende Plätzchen gebacken. Und so manche Herzenstür, die man verschlossen hielt, öffnet sich in diesen Zeiten weiter als sonst. Man sehnt sich vielleicht danach, einen Streit zu beenden, und geht aufeinander zu. Im Psalm 24 wird noch auf eine andere Weise beschrieben, was es bedeutet, die Tore weit und die Türen in der Welt hoch zu machen. Wer unschuldige Hände und einen reinen Sinn hat, wer nicht lügt und nicht falsch schwört, der wird den Segen Gottes empfangen, heißt es im Psalm. Und in mir klingen dazu die Worte Jesu aus der Bergpredigt: „Selig sind die Sanftmütigen, denn sie werden das Erdreich besitzen.

Selig sind die Friedfertigen, denn sie werden Gottes Kinder heißen." Diese Worte verwandeln die ganze Welt, in ihnen spiegelt sich die große Hoffnung auf Gerechtigkeit und Frieden. Wir sehen und erleben unsere Welt oft anders. Gerade deshalb ist es so wichtig, dass wir die großen Worte der Verheißung, die große Sehnsucht nach Frieden und Gerechtigkeit, mit unserem konkreten Leben verbinden. Denn da fängt es an, das versöhnliche Leben, das gute Miteinander und die Wahrhaftigkeit in dem, was man sagt und tut. Da beginnen Friede und Gerechtigkeit. Und in einem solchen Leben steckt Segen, sagt der Psalm. Der Advent kann dabei helfen, konkret zu werden. Jedes Licht, das wir anzünden, jeder Stern, den wir aufhängen, ist ein sichtbares Zeichen für das, was kommt. Und ein Ausdruck der Hoffnung, dass Gott endlich unsere Herzen öffnen möge. „Komm, o mein Heiland Jesu Christ, meins Herzens Tür dir offen ist." *Markus Dröge*

Wir beten

Barmherziger Gott, öffne die Türen unserer Herzen und mache die Tore weit für Deine Liebe, mit der Du uns berührst, mitten in dieser Welt und mitten in unserem Leben. Jetzt und alle Zeit. Amen.

Jüdischer Feiertag: Chanukkah (Reinigung des Tempels, 1. Kerze) | 1381 † Jan van Ruysbroek, Seelsorger in den Niederlanden | 1810 † Philipp Otto Runge, Maler

3. Dezember

Montag | SA 08:07 SU 16:16 MA 03:13 MU 14:51

Wochenspruch: Sacharja 9,9
Wochenlied: EG 4 oder 16; neu: EG 1 oder 4

Wir lesen Jesaja 8,1–15

Prophetische Stimmen und Botschafter des Friedens

Der Prophet gilt nichts im eigenen Land. Wie schnell sage ich das einfach so dahin. Was es aber im schlimmsten Fall bedeuten kann, wird mir selten bewusst. Da braucht es einen wie Jesaja. Da braucht es die Erinnerung an diese verhängnisvolle politische Konfliktsituation, die am Ende zum Krieg führt. Nicht nur zu Lebzeiten des Propheten. Wieder und wieder führten fehlendes Vertrauen in Gott und die vernachlässigte völkerverbindende Verständigung zwischen den Menschen zu Krieg und Katastrophen. Auch im Ersten Weltkrieg, an dessen Ende vor 100 Jahren wir in diesen Wochen erinnern. – Noch heute stehen an vielen Orten auf den Friedhöfen Gedenktafeln mit den Namen der damals ums Leben gekommenen Soldaten und Zivilisten. Es lohnt, einmal genauer zu lesen. Gottfried oder Gotthelf hießen sie. Was für ein Ausweis von Vertrauen in Gott! Und trotzdem haben viele dieser Männer militärischer Macht so viel Vertrauen geschenkt. Mehr als ihrem Gott. Die warnenden Stimmen gegen den Krieg, die werbenden Worte um Vergebung und für Versöhnung fanden damals aber einfach kein Echo. Friedensstifter hatten es schwer. Am 10. Dezember 1918 wurde kein Friedensnobelpreis verliehen. – Lassen wir es uns eine Mahnung sein, den prophetischen Stimmen der Heiligen Schrift und den Botschaftern des Friedens heute unser Ohr zu geben. Und sie uns mit ihrer Botschaft des Friedens zu Herzen zu nehmen. *Sebastian Feydt*

Wir beten

Du Gott des Friedens, öffne unsere Ohren und Herzen für Dein Wort, das zu uns kommt durch Deine Boten: Prophetinnen und Propheten Deines Willens, die unsere Füße auf den Weg des Friedens führen. Amen.

Kein Werbeblock ...

... und doch die Ermutigung zu einem Weihnachtsgeschenk der besonderen Art im 502. Jahr der Reformation. Dr. Martin Luthers Hauspostille oder: Predigten über die Evangelien auf die Sonn- und vornehmsten Festtage des ganzen Jahres. Jahrhunderte hat Luther damit die Predigten nicht nur der lutherischen Geistlichen angeregt und beeinflusst.

1544 Luthers Hauspostille erschienen | 1706 † Ämilie Juliane von Schwarzburg-Rudolstadt, Liederdichterin in Thüringen

4. Dezember

Dienstag | SA 08:08 SU 16:16 MA 04:27 MU 15:14

Wochenspruch: Sacharja 9,9
Wochenlied: EG 4 oder 16; neu: EG 1 oder 4

Wir lesen Jesaja 8,16–23

Es wird nicht dunkel bleiben

„Das ist doch unerhört!" – Wer so spricht, fühlt sich oft genug selbst nicht gehört. Zu wenig wahrgenommen, wieder einmal nicht wertgeschätzt. „Was ich denke, interessiert doch eh niemanden." Und dann? Vollziehen wir dann den Rückzug in die private Innerlichkeit? Wie Jesaja? Der redet nicht mehr öffentlich. Und doch zieht er sich nicht völlig zurück. Im Gegenteil. Jesaja erweist sich in seinem verzweifelten Ringen als wegweisend. Er hat ein neues Medium gefunden, sein Anliegen zu vermitteln. Ganz kurz ist es. Er braucht dafür nur ein paar wenige Buchstaben. Viel weniger als 140 Zeichen. Seine prophetische Botschaft, Gottes Wort spricht aus den Namen seiner Kinder. Sage mir, wie du deine Kinder genannt hast, und ich kann erkennen, was dir wichtig ist! – Es ist gar nicht alles unerhört, wie wir mitunter meinen. Es offenbart sich vielmehr ganz schnell neu: wenn wir den Hinweisen des Propheten folgen. Sein Buch wieder öffnen. Die von Jesaja festgehaltene Botschaft neu lesen. Gerade in unruhigen Zeiten. Gerade jetzt am Anfang des Advents. Verlassen wir uns nicht auf tote Geister und falsche Götter! Daraus lässt sich keine neue Kraft schöpfen. Trauen wir Gott einen neuen Anbruch mit uns zu. Denn es wird nicht dunkel bleiben über denen, die in Angst sind. Der Morgen bricht an. Das ist gewiss. Gott sei Dank! *Sebastian Feydt*

Wir beten

Guter Gott, das ist gewiss: Deine Gnade ist alle Morgen neu und Deine Barmherzigkeit ist groß. Geh mit uns in diesen Tag. Vom Aufgang der Sonne bis zu ihrem Niedergang. Und darüber hinaus. Amen.

Wenn es nur einmal so ganz stille wäre

Rainer Maria Rilke, am 4.12.1875 geboren, beginnt sein beeindruckendes Gedicht mit diesen Worten. Die Stille um uns und die Stille in uns zu hören und neu kennenzulernen, kann eine gute Übung sein. Um Gottes Stimme in der Stille zu vernehmen. Gerade jetzt im Advent. Und um dann am Heiligen Abend von Herzen einstimmen zu können, wenn alle singen: Stille Nacht, heilige Nacht …

306 † Barbara, Märtyrerin in Kleinasien | 1409 Universität Leipzig gegründet | 1563 Konzil von Trient beendet (seit 1545) | 1875 * Rainer Maria Rilke, Dichter | 1865 † Adolf Kolping, Organisator der katholischen Sozialen Bewegung | 1916 Kaiserswerther Verband gegründet

5. Dezember

Mittwoch | SA 08:09 SU 16:15 MA 05:40 MU 15:39

Wochenspruch: Sacharja 9,9
Wochenlied: EG 4 oder 16; neu: EG 1 oder 4

Wir lesen Jesaja 9,1–6

Hoffnungsträger Kind

Auf einem Kind liegt die große Hoffnung. Mit einem Kind versucht das Paar seine Beziehung zu retten, die am Abgrund steht. Wenn wir ein Kind haben, werden wir wieder zueinanderfinden, hofft es. Ein Kind macht unser Glück vollkommen, verspricht sich das Paar, das weder Kosten noch Mühen scheut und die Dienste der Fortpflanzungsmedizin in Anspruch nimmt, weil der natürliche Weg erfolglos blieb. Nicht immer werden diese großen Erwartungen erfüllt. Beziehungen scheitern trotz Wunschkind; auch nach wiederholten Versuchen bleibt eine Schwangerschaft aus. Um die Hoffnung betrogen, macht Enttäuschung sich breit. War die Hoffnung auf das Kind der richtige Weg? Hat man darüber andere Chancen übersehen, nicht genutzt? Auf einem Kind liegt die große Verheißung. Es wird Finsternis in gleißendes Licht verwandeln, von Last und Not befreien, große Freude bewirken, für Frieden und Gerechtigkeit sorgen und herrliche Titel tragen. Diese Verheißung kommt zu uns in einer Zeit, in der die Finsternis auf Erden immer noch mächtig ist und immer noch Menschen von Menschen unterjocht, gejagt, bekriegt, getötet werden. Frieden scheint unerreichbar. Wir sind von der Erfüllung dieser Verheißung weit entfernt. Gilt sie noch? Wie lange müssen wir noch warten? Was erwarten wir, wenn wir nicht erkennen, dass Gott mit jedem Kind seine Verheißung erfüllt? *Gabriele Suck*

Wir beten

Gott, mit jedem Kind, das geboren wird, rufst Du zum Frieden. So erfüllst Du Deine Verheißung. Lass nicht ab, uns zu rufen, und segne alle, die Deinen Ruf verstehen, annehmen und befolgen. Amen.

1862 † Aloys Henhöfer, Erweckungsprediger in Baden

Ursprünglich katholischer Priester, trat Henhöfer 1823 zum Protestantismus über. Seine Kirche hatte ihn ausgeschlossen, weil ihr seine Predigt von der Rechtfertigung durch den Glauben missfiel. Er stand dem Pietismus nahe, wurde zum Führer einer Erweckungsbewegung in Baden und gründete mehrere Waisen- und Rettungs- und zwei Diakonissenhäuser sowie den Ev. Verein für Innere Mission Augsburgischen Bekenntnisses, örtlich auch Stadtmission genannt. Der Henhöfertag in Baden als Impulstag für Gemeinde und Glauben heißt heute Innovationstag.

1791 † Wolfgang Amadeus Mozart | 1862 † Aloys Henhöfer, Erweckungsprediger in Baden

6. Dezember

Donnerstag | SA 08:11 SU 16:15 MA 06:50 MU 16:09

Wochenspruch: Sacharja 9,9
Wochenlied: EG 4 oder 16; neu: EG 1 oder 4

Wir lesen Jesaja 9,7–10,4

Gottesvorstellungen

Wieder erschreckt mich ein Bibeltext. Was soll ich zu diesen fürchterlichen Unheilsworten des Propheten über Gottes geliebtes Volk sagen? Enttäuschte Liebe schlägt oft in ihr Gegenteil um; aber lässt Gott sich von solchen menschlichen Regungen leiten? Wer sein Kind liebt, züchtigt es, wurde früher gesagt; aber solch barbarische Gedanken haben wir doch längst überwunden. Hängt Gott ihnen noch nach? „Lass den Text weg!", riet mir mein Mann, der nach dem Lesen ganz verstört war. „Das geht nicht", antwortete ich, „ich kann mir nicht die Rosinen aus der Bibel herauspicken, weglassen, was mir nicht gefällt, und mir einen Glauben nach meinem Wohlgefallen zurechtlegen." Viele machen das ja. Sie blenden aus, was ihnen unverständlich, widersprüchlich und unangemessen in der Bibel scheint. Dazu gehört auch ein so zürnender Gott. Wir reden gerne vom lieben Gott und wollen nicht wahrhaben, dass Gott wohl auch Seiten hat, die uns nicht trösten, sondern erschrecken. Wir schrumpfen Gott auf ein menschlich verständliches Maß, wenn wir Zorn, Vernichtung und auch Willkür bei ihm ausschließen und vor seiner Macht und Heiligkeit nicht mehr erschrecken. Einen Gott, den die Menschen verstehen, der ist, wie sie ihn haben möchten, gibt es nicht. Der Gott der Bibel ist nicht der ideale Mensch. Er ist, wie er ist, und nicht, wie wir ihn uns vorstellen.

Gabriele Suck

Wir beten

Gott, wir möchten Deine Liebe und fürchten Deinen Zorn. Erhalte uns Deine Liebe und bewahre uns davor, Deinen Zorn hervorzurufen. Seine Folgen erschrecken und vernichten uns. Willst Du das? Amen.

1564 † Ambrosius Blarer, Reformator in Konstanz

Ambrosius Blarer aus Konstanz, der während seines Studiums Melanchthon kennenlernte und mit ihm in Kontakt blieb, lebte als Mönch und Prior in Alpirsbach. In dieser Funktion machte er seine Mitbrüder mit den Ideen Martin Luthers bekannt und musste deshalb das Kloster verlassen. Er wurde mit der Mission im südlichen Württemberg beauftragt, wegen seiner Radikalität – er neigte eher Zwingli als Luther zu – aber auch von dieser Aufgabe entbunden. Seine Lebensgeschichte steht beispielhaft für die Umwälzungen in der Zeit der Reformation.

um 350 † Nikolaus, Bischof und Wohltäter in Kleinasien | 1564 † Ambrosius Blarer, Reformator in Konstanz

7. Dezember

Freitag | SA 08:11 SU 16:15 MA 07:58 MU 16:44

Wochenspruch: Sacharja 9,9
Wochenlied: EG 4 oder 16; neu: EG 1 oder 4

Wir lesen Jesaja 11,1–10

Große Visionen

Große Visionen malen uns das Bild von einer besseren Zukunft vor Augen. Wir glauben sogar den ganz großen Versprechen. Zum Beispiel „mehr Netto vom Brutto". Oder Helmut Kohls „blühenden Landschaften". Wir trauten Barack Obama den großen Wechsel zu. Und Donald Trump, Amerika wieder groß zu machen? – Der Prophet Jesaja versprach dem Volk Israel einen starken, gerechten Anführer. Weise, weil auf besondere Art mit Gott verbunden. Ein göttlicher Hoffnungsträger. Der Messias? – Und dieser unglaubliche Friede. Eine wirklich große Vision. Etwas, das wir auch mit Weihnachten verbinden. Und doch haben wir so einen Frieden noch nicht erlebt. Für das Volk Israel haben sich die Verheißungen zumindest teilweise erfüllt. Erst rückblickend ergaben Jesajas ermahnende Worte Sinn. Im Exil deutete das Volk seine Lage im Lichte von Gottes Horizont. Sie glaubten nun an den versprochenen Hoffnungsträger. Später kehrten sie in ihre Heimat zurück. Gottes Friedensreich? Ich hoffe darauf. Mit Jesus brach es schon an. Auf seine Vollendung warten wir zusammen mit dem jüdischen Volk. – Nur Gott selbst kann sein Reich herbeiführen. Ich kann mich aber dafür einsetzen und mich in seinen Dienst stellen. Indem ich mein Leben im Lichte Gottes deute. Indem ich immer wieder aufmerksam bin für Gottes Wirklichkeit. So gelingt es vielleicht im Kleinen, sein Reich schon jetzt zu spüren.

Michael Hinderer

Wir beten

Herr, öffne mein Herz! Für Deine Wirklichkeit. Deinen Frieden. Hilf mir zu lernen, Dir mein Leben anzuvertrauen. Zeige mir jeden Tag neu den Weg. Danke, dass Du mir Hoffnung gibst! Amen.

Konstantin von Tischendorf

Lobegott Friedrich Konstantin von Tischendorf (* 18.1.1815 in Lengenfeld; † 7.12.1874 in Leipzig) war evangelischer Theologe und Bibelforscher. Zeit seines Lebens suchte er nach alten Bibelhandschriften. Er wollte ein griechisches Neues Testament zur Verfügung stellen, dessen Text auf den ältesten Handschriften basierte. Seine größte Entdeckung gelang Tischendorf im Kloster St. Katharinen auf der Sinai-Halbinsel, wo er 1844 den „Codex Sinaiticus“ fand. Dies ist die älteste vollständig erhaltene Handschrift des Neuen Testaments.

1724 † Märtyrer des Thorner Blutgerichts in Polen | 1874 † Konstantin von Tischendorf, Erforscher biblischer Quellen

8. Dezember

Sonnabend | SA 08:13 SU 16:14 MA 09:00 MU 17:25

Wochenspruch: Sacharja 9,9
Wochenlied: EG 4 oder 16; neu: EG 1 oder 4

Wir lesen Jesaja 12,1–6

Ein Fest nach langer Trauer

Manchmal lade ich Schuld auf mich. Indem ich meine Mitmenschen mit Worten, mit meinem Schweigen verletze. Wenn ich schlechte Laune habe. Oder in einem unachtsamen Moment auf der Straße andere gefährde. – Manchmal ärgere ich mich über das Verhalten meiner Mitmenschen. Ich bin zornig. Und ich glaube, selbst nahe Menschen meiden zu müssen. Sie dadurch zu bestrafen. Auch auf andere Weise. Es kann zum Bruch einer Beziehung führen. – So oder so. Ich habe mich in Schuld verstrickt. Irgendwann kommt die Einsicht, das war ein Fehler. Ich spüre Trauer. Wie komme ich da wieder heraus? Kann es sein, dass Gott mich nicht mehr mag? – Der Prophet Jesaja hat das Volk Israel ermahnt, auf dem richtigen Weg zu bleiben. Sie sollten nur dem einen Gott vertrauen. Die Armen und Schwachen nicht ausnutzen. Sie hörten nicht darauf. Dennoch war Gott bereit zu vergeben. – Die Verstrickung in Schuld ist keine Einbahnstraße! Weil Leben Beziehung zu Menschen und zu Gott ist, geschehen Fehler. Aber weil Gottes Liebe stärker ist als sein Zorn über mein Verhalten, vergibt er mir. Das macht mich dankbar!

Frei! Ich fühle mich wie bei einem „Fest nach langer Trauer“! Denn Gott stärkt mir den Rücken. Ich kann wieder offen und ehrlich meinen Mitmenschen begegnen. Meine Fehler eingestehen, um Vergebung bitten. So beginnt Versöhnung. – Und ihr werdet sagen: Danket dem Herrn!

Michael Hinderer

Wir beten

Gott, Du tust mir gut! Das hatte ich ganz vergessen, entschuldige! Ja, Gott, Du hast mich stark gemacht! Jetzt kann ich aufatmen. Wieder aus dem Vollen schöpfen. Ich danke Dir! Amen.

Zorn und Liebe

Es ist schwierig, von einem zornigen Gott zu reden. Handelt Gott nach Emotionen? Bestraft sein Volk und lässt seinen eigenen Sohn leiden? Gott hat uns als seine Ebenbilder geschaffen. So ist es legitim, von ihm als einer Wirklichkeit, ja, einer Person zu sprechen, die in Beziehung zu uns Menschen steht. Die sich verhält und nicht statisch bleibt. In der Auferweckung Jesu wird deutlich: Seine Liebe ist größer als sein Zorn. Weil wir ihm wichtig sind! Gott identifizierte sich mit Christus, wurde Mensch und gab sein Leben für uns.

Röm.-kath. Feiertag: Mariä Empfängnis | 1649 † Martin Rinckart, Liederdichter in Sachsen

9. Dezember

Sonntag | 2. Sonntag im Advent

Wochenspruch: Lukas 21,28
Wochenlied: EG 6; neu: EG 7 oder 20
Evangelium: Lukas 21,25–33
Epistel: Jakobus 5,7–8
A. T.: Jes 63,15–16.(17–19a.)19b; 64,1–3

Wir lesen Psalm 1

Das Wort Gottes ist wie ein Baum

Als Kind bin ich auf Bäume geklettert. Ich erinnere mich noch an die harte, raue Rinde, die ich mit meinen Händen gepackt habe. Und die Furchen, die meinen Füßen den nötigen Raum gaben, um den Stamm hochzukommen. Wenn ich oben war, konnte ich lange Zeit einfach dasitzen. Die Aussicht genießen. Das Rauschen der Blätter im Wind. Die sich wiegenden Äste. Ich war mir sicher, dieser Baum würde niemals umfallen. Und ich selbst fühlte mich dann fest, stark und groß. Ein Gefühl, wie es im Psalm 1 beschrieben wird: „Er ist wie ein Baum, gepflanzt an den Wasserbächen, der seine Frucht bringt zu seiner Zeit, und seine Blätter verwelken nicht." Der Baum ist ein uraltes Symbol. Der Weltenbaum gehört zur Mythologie vieler Völker und repräsentiert die kosmische Ordnung, weil er im Zentrum der Welt steht und ihre Achse bildet. Seine Wurzeln reichen tief in die Erde und seine Wipfel berühren oder tragen den Himmel. Somit verbindet er die drei Ebenen Himmel, Erde und Unterwelt. Wer wie ein Baum ist, erkennt also die innere Ordnung dieser Welt und ist wie ein weiser Mensch. Im ersten Psalm wird nun diese Bedeutung des Baumes auf das Wort Gottes und seine Gebote übertragen. Darin finden wir Halt und erkennen darin die tiefe Ordnung der Schöpfung und des menschlichen Zusammenlebens. Mit dieser Hochachtung des Wortes und der Gebote wird der gesamte Psalter eröffnet. Wer auf Gottes Wort vertraut und sich daran hält, der wird fest stehen wie ein Baum. Der wird die Verbindung zur Quelle des Lebens nicht verlieren und sein Lebenssinn wird nicht verwelken. Mit Gottes Wort können wir gestärkt die Bäume des Lebens erklimmen. Da wartet so manche raue Rinde auf uns, wir schlagen uns das Knie an oder reißen uns die Hände auf. Manchmal fallen wir vielleicht auch herunter und sind voller Schrecken. Das Wort Gottes aber bleibt, wie ein Baum. Und die Quelle des Lebens wird niemals versiegen.

Markus Dröge

Wir beten

Barmherziger Gott, Dein Wort macht mich beweglich, wie die Äste eines Baumes im Wind. Dein Wort macht mich fest, wie die Wurzeln tief in der Erde. Dein Wort ist die Quelle, aus der ich Mut zum Leben schöpfe. Amen.

Jüdischer Feiertag: Chanukkah (Reinigung des Tempels, 8. Kerze) | 1691 † Richard Baxter, Glaubenszeuge in England

10. Dezember

Montag | SA 08:15 SU 16:14 MA 10:41 MU 19:08

Wochenspruch: Lukas 21,28
Wochenlied: EG 6; neu: EG 7 oder 20

Wir lesen Jesaja 14,1–23

Spottlieder auf die Unterdrücker

Wenn Gott in das Weltgeschehen eingreift, dann kehren sich die Verhältnisse um. Dann werden die Gefangenen frei sein und die Unterdrücker müssen die Herrschaft der anderen erdulden. Wenn Gott gnädig eingreift, dann wird sein erwähltes Volk sich ausruhen können und getröstet sein. Kummer und Leid der Menschen sind vorbei und alle werden jubeln. Dann können die Befreiten Spottlieder singen auf den Bedränger. Kein gutes Haar wird an ihm bleiben, gnadenlos wird abgerechnet. Das ist die Hoffnung aller, die in Unterdrückung leben müssen. Das Leid ist nur auszuhalten mit der Hoffnung auf ein Ende der Gewalt. Für das Volk Israel kam die Kraft zum Durchhalten immer wieder aus der Vorstellung, dass Gott sein erwähltes Volk nicht im Stich lassen würde und auf seiner Seite war. Die Menschen haben sich eine Zukunft in Freiheit und in Frieden ausgemalt und auf die gerechte Strafe des Unterdrückers gehofft. Uns ist heute der Rachegedanke fern. Aber auch wir hoffen, dass die unterdrückten Völker überall auf der Welt befreit und die Gewaltherrscher gestürzt werden. Sie sollen eine gerechte Strafe erhalten.

Dabei denken wir besonders an die Christen in der ganzen Welt, die unter Verfolgung leiden müssen. Das Bibelwort aus dem Lukasevangelium für diese 2. Adventwoche drückt Hoffnung und Zuspruch aus, denn alle Menschen warten auf Erlösung und Befreiung: „Seht auf und erhebt eure Häupter, weil sich eure Erlösung naht." *Adelheid Schnelle*

Wir beten Herr, unser Gott, angesichts von Leid und Unterdrückung in der Welt bitten wir Dich um Frieden. Dass nicht Menschen über andere herrschen wollen, sondern jeder in Freiheit und im Glauben an Dich leben kann. Wir brauchen Deine Hilfe und Stärke. Amen.

Karl Barth Barth wurde 1886 in Basel als Sohn eines Theologen geboren. Er studierte Theologie in Bern, Berlin, Tübingen und Marburg. Als Professor für Dogmatik und neutestamentliche Exegese lehrte er in Göttingen, Münster, Bonn und Basel. Seine umfangreichen Schriften, darunter die „Kirchliche Dogmatik", machten ihn zu einem der wichtigsten Theologen des 20. Jahrhunderts. 1933 griff er in die Auseinandersetzungen des deutschen Kirchenkampfes ein und gehörte 1934 zu den Unterzeichnern der Barmer Theologischen Erklärung. Vor 50 Jahren starb er in Basel.

1524 † Heinrich Zütphen, Märtyrer in Dithmarschen | 1929 † Franz Rosenzweig, jüdischer Schriftsteller und Theologe | 1948 Erklärung der Allgemeinen Menschenrechte | 1968 † Karl Barth, Theologe

11. Dezember

Dienstag | SA 08:16 SU 16:14 MA 11:20 MU 20:07

Wochenspruch: Lukas 21,28
Wochenlied: EG 6; neu: EG 7 oder 20

Wir lesen Jesaja 19,16–25

Jesaja prophezeit Gottes Erbarmen

Die Ägypter wurden hart geprüft. Nun sieht Jesaja einen Wandel im Land kommen. Städte bekehren sich zu dem einen Gott und bauen Altäre, auf denen sie opfern. Die bedrängten Ägypter werden sich in ihrer Not zu Gott bekennen, von dem sie Hilfe erwarten. Und Gott wird sich ihnen in seiner Stärke zu erkennen geben. Es ist nicht aussichtlos für die Ägypter. Wenn sie sich zu Gott wenden, dann wird er ihre Bitten hören und ihnen einen Retter schicken. Ja, Gott lässt sich umstimmen, denn er ist barmherzig. Gott bleibt nicht hart, sondern er lässt sich „erweichen". Aber er erwartet auch, dass die Menschen sich bewegen. Sie werden umkehren und ihr Verhalten ändern müssen. Denen verspricht Gott Heil und Segen, die sich an seine Gebote halten. Jesaja sieht einen Bund der drei Völker Assur, Ägypten und Israel. Diese Völker, die verfeindet waren und sich erbittert bekämpften, werden sich nun aber annähern und miteinander verbunden sein. Und der Herr, der Gott Israels, wird ihr Gott sein. Auf diesem Bund soll Gottes Segen liegen. Dann werden alle in Frieden miteinander leben. – Wann wird sich die Weissagung des Propheten erfüllen? Wann wird Frieden auf Erden sein? In der Zeit des Advents warten wir darauf, dass der Retter kommt, der uns Heil und Leben und Frieden mit Gott bringt. Wenn wir ihn aufnehmen und auf ihn hören, dann haben wir die Verheißung, dass sich Gott auch über uns erbarmt. Dann kann Friede auf Erden werden. *Adelheid Schnelle*

Wir beten Barmherziger Gott, wir bitten Dich, mache uns heil an Leib und Seele. Lass uns den Frieden suchen, wo wir arbeiten und leben. Schenke uns Deinen Segen und lass uns zum Segen werden für andere Menschen. Amen.

Max von Schenkendorf, Freiheitsdichter Am 11.12.1783 in Tilsit geboren, studierte er in Königsberg Jura. Nach der Teilnahme an den Befreiungskriegen gegen Napoleon und an der Völkerschlacht bei Leipzig schuf er Freiheitslieder, die ihn bekannt machten und einen Freiheitsenthusiasmus bei der Bevölkerung erweckten. Berühmt wurde das Lied: „Freiheit, die ich meine, die mein Herz erfüllt". Er umgab sich mit einem Zirkel pietistischer Frauen, die ihn anregten, geistliche Lieder zu schreiben. Seine Heirat führte ihn nach Karlsruhe. An seinem 34. Geburtstag starb er als Regierungsrat in Koblenz.

1817 † Max von Schenkendorf, Liederdichter | 1910 † Lars Olsen Skrefsrud, Missionar in Indien | 1942 † Jochen Klepper, Liederdichter, Schriftsteller | 1982 † Erhard Mauersberger, Thomaskantor

12. Dezember

Mittwoch | SA 08:17 SU 16:14 MA 11:52 MU 21:10

Wochenspruch: Lukas 21,28
Wochenlied: EG 6; neu: EG 7 oder 20

Wir lesen Jesaja 25,1–12

Das wunderbare Festmahl

Der heutige Lesetext besteht aus zwei unabhängigen Abschnitten. Die Verse 1–6 sind ein Danklied, ein Psalmgebet. Das Volk Israel dankt Gott für die Zerstörung einer ungenannten Stadt eines übermächtigen Feinds. Viele Vermutungen wurden angestellt, welche die Stadt sei: Assur? Babylon? Oder ist die große Stadt nur ein Sinnbild vergehender Macht? Im zweiten Abschnitt finden wir eine der berührendsten prophetischen Aussagen zum zukünftigen Verhältnis Israels zu den Völkern. Die ehemals feindlichen Völker werden nach Jerusalem kommen, um mit Israel ein üppiges Festmahl zu feiern. Gott wird den Schleier des Nichtwissens von ihren Augen nehmen. Sie werden die gerechten Gebote Gottes verstehen. Israel wird getröstet, das gedemütigte Volk wieder aufgerichtet. Gott wird als verborgener Herr der Geschichte für alle offenbar werden. Wie wunderbar ist das Friedensbild vom gemeinsamen Festmahl versöhnter Feinde. Kaum eine andere prophetische Heilszusage des Alten Testaments sieht das Heil so universal wie hier. Sie wird im letzten Buch der Bibel wieder aufgegriffen: Gott wird abwischen alle Tränen, der Tod wird nicht mehr sein … (Offb 21). Nur das Volk der Moabiter wird als warnendes Beispiel zurückbleiben und am zukünftigen Heil nicht teilnehmen. Warum Jesaja den Nachbarn Moab vom Festmahl so entschieden ausschließt? Wir wissen es nicht. *Till Hüttenberger*

Wir beten

Gott, lass uns im Bild des Festmahls Hoffnung finden für Völker, die in Feindschaft leben. Schenke Deinem Volk Israel Frieden unter den Völkern. Bei Dir ist alles möglich. Amen.

Johann Christoph Gottsched

Dichtkunst und Philosophie im Geist der Aufklärung vereinen sich im Werk Johann Christoph Gottscheds, der am 12.12.1766 im Alter von 66 Jahren in Leipzig verstarb. Er war in alle literarischen und philosophischen Auseinandersetzungen seines Zeitalters verstrickt. Als Vertreter der Aufklärung und Verfechter einer „vernünftigen" Dichtkunst kritisierte er den für ihn schwülstigen Stil des Barock und setzte sich für eine deutsche Normsprache ein, zu deren Vorbild er das Sächsische nahm. Sein Drama „Sterbender Cato" war in seiner Zeit ein riesiger Erfolg.

1154 † Vicelin, Glaubensbote in Holstein | 1766 † Johann Christoph Gottsched | 1836 Gossner Mission gegründet

13. Dezember

Donnerstag | SA 08:18 SU 16:14 MA 12:18 MU 22:14

Wochenspruch: Lukas 21,28
Wochenlied: EG 6; neu: EG 7 oder 20

Wir lesen Jesaja 26,1–6

Mächte kommen und gehen

Als Jubellied des Volkes Gottes sind diese Verse überschrieben. Voller Stolz berichten sie von den starken und schützenden Mauern der wieder aufgebauten Stadt Jerusalem, durch deren Tore das tapfere Volk der Israeliten nach einer Zeit der Demütigung und Gefangenschaft wieder einziehen kann. Während die „hohe Stadt" im Staube liegt, erstrahlt die Stadt der Geringen in neuem Glanz. Die hohe Stadt ist die Stadt der Mächtigen, die auf ihre eigene Stärke setzt, statt Gott zu vertrauen. Wie ist ihr Name? Assur oder Ninive, die bedeutendsten Städte der damaligen Weltmacht Assyriens? Babylon, das Assur besiegte und Jerusalem im Jahr 586 erobert hatte? Das Heilige Land war immer schon ein Spielball der Mächtigen. 539 wurde das babylonische Reich von den Persern unterworfen. Dann besiegten die Griechen die Perser, später die Römer die Griechen, es folgten Byzantiner, Araber, Osmanen. Großreiche, die sich unantastbar fühlen, gehen unter, aber das kleine, militärisch und politisch schwache Volk Israel bleibt erhalten und kehrt in seine Stadt und sein Land zurück. Jedoch, liest man genau, ist der Jubel auf Verheißung aufgebaut. Es ist von zukünftigen Ereignissen die Rede, vom Traum eines unterdrückten Volkes nach Heimkehr. In den fröhlichen Klang des Jubels mischt sich der Aufruf, standhaft zu bleiben und Gott die Treue zu halten.

Till Hüttenberger

Wir beten

Gott, gib uns Verstand und Bereitschaft, in allen politischen und gesellschaftlichen Herausforderungen immer wieder nach Deinem Willen zu fragen und nicht nur nach unseren Interessen. Amen.

1545 Eröffnung des Konzils von Trient

Das Reformkonzil von Trient, das Papst Paul III. 1545 eröffnete und das erst 1563 beendet wurde, ist die Geburtsstunde einer modernen einheitlich geführten katholischen Kirche. Das Konzil suchte nach Antworten auf die Herausforderungen der Reformation in der Gnadenlehre, beim Abendmahl und der Organisation der Kirche. In Abgrenzung gegen den evangelischen Aufbruch begann mit dem Konzil eine umfassende Reform der katholischen Kirche. Sein Ziel war Klarheit in der Lehre, moralische Glaubwürdigkeit und bessere Bildung für Priester und Laien. Die Reformation hat hier Spuren hinterlassen.

303 † Lucia, Märtyrerin in Syracus | 720 † Odilia, Äbtissin im Elsass | 1545 Eröffnung des Konzils von Trient | 1769 † Christian Fürchtegott Gellert, Liederdichter in Sachsen | 1863 † Friedrich Hebbel, Dichter

14. Dezember

Freitag | SA 08:19 SU 16:14 MA 12:42 MU 23:19

Wochenspruch: Lukas 21,28
Wochenlied: EG 6; neu: EG 7 oder 20

Wir lesen Jesaja 26,7–21

Hoffen auf Gottes Gerechtigkeit

Der Abschnitt erzählt von der Hoffnung auf Gottes Gerechtigkeit, die offenbar werden wird. Noch ist das Volk in Bedrängnis, doch es hat in der Not die Sehnsucht nach seinem Gott nicht verloren und auch nicht den Glauben, dass Gottes Herrlichkeit erneut über seinem Volk aufscheinen wird. Es gilt die schwierige Situation auszuhalten, weiterhin auf Gott zu vertrauen und seinen Geboten die Treue zu halten. Der Gerechte wird am Ende von Gott ins Recht gesetzt werden. Zwei Aussagen dürfen besonders hervorgehoben werden: Lasst uns Gott die Treue halten, obwohl sich andere Mächte im Moment als stärker zeigen (V. 13). Einzigartig ist das Bekenntnis zur Auferstehung von den Toten (V. 19), wie es sonst nur noch beim Propheten Hesekiel im Kapitel 37 zu finden ist. Die Toten sollen Gott rühmen, denn er wird sie auferstehen lassen. Jedoch bedeutet dieses Bekenntnis, wie es der Blick auf den Propheten Hesekiel zeigt, nicht unbedingt eine zukünftige allgemeine Jenseitshoffnung. Es bleibt offen, ob Jesaja an eine leibliche Auferstehung am Ende der Zeiten denkt oder ob Auferstehung ein Bild für das wieder in das Recht und in Gottes Herrlichkeit gesetzte Volk Israel ist. Aber auf jeden Fall bedeutet es ein Bekenntnis zur unverbrüchlichen Treue Gottes. Denn die Toten der Vergangenheit und die Lebenden der Zukunft gehören untrennbar zusammen. *Till Hüttenberger*

Wir beten

Gott, lass uns in allen unseren Ängsten auf Deine Gnade vertrauen. Lass uns nicht an Dir zweifeln, wenn wir das Gefühl haben sollten, dass sich alles gegen uns verschworen hat. Du bist treu. Amen.

Die sogenannte Jesaja-Apokalypse

Die Kapitel 24–27 des Jesaja unterscheiden sich deutlich vom Rest des Buches. Zeitgeschichtliche Hinweise auf Ereignisse der Gegenwart und zeitgenössische Kritik des Propheten an den Mächtigen treten zurück. Stattdessen entfalten diese Kapitel des Jesajabuches eine großartige Verheißung zukünftigen Heils für das Volk Israel. Die Forschung hat diesen Kapiteln den Titel „Jesaja-Apokalypse" gegeben. Die frühen Christen deuteten diese Verheißungen Jesajas auf Christus. Kein prophetisches Buch wird im Neuen Testament so oft zitiert wie Jesaja.

1272 † Berthold von Regensburg, Volksprediger in Süddeutschland | 1417 † John Oldcastle, Märtyrer in England | 1788 † Carl Philipp Emanuel Bach, Musikdirektor in Hamburg | 1990 † Friedrich Dürrenmatt, Schriftsteller

15. Dezember

Sonnabend | SA 08:20 SU 16:14 MA 13:02 MU –

Wochenspruch: Lukas 21,28
Wochenlied: EG 6; neu: EG 7 oder 20

Wir lesen Jesaja 28,14–22

Bündnis mit dem Leben

Mit diesem Abschnitt haben wir die „Jesaja-Apokalypse" verlassen und kehren wieder in die Gegenwart des Propheten zurück. Um seine Aussage zu verstehen, ist es notwendig, schon ab Vers 7 zu lesen. Jesaja kritisiert die Mächtigen des eigenen Volkes, vor allem die religiösen Autoritäten, die Priester und Propheten, die Gottes Gebote missachten, das Recht mit Füßen treten und Gottes Wort verdrehen. Mit ihrem „trunkenen" Tun und Lügen verspotten sie Gott. Statt Gottes Bund zu halten, haben sie ein Bündnis mit dem Tod geschlossen. Hochmut und Gottesvergessenheit kennzeichnen die Mächtigen. In einem großartigen und bewegenden Bild sagt Jesaja ihnen das göttliche Gericht an: Von einer Sturmflut wird ihre vermeintlich so sichere Festung überflutet werden, von tosenden Wassern und Hagel wird ihre Lüge weggespült werden. Für sie gibt es keine Komfortzone, wenn Gott sie zur Rechenschaft ruft. Die Bettdecken werden zu kurz sein, um sich im Bett unter der Decke zu verkriechen, wenn Gottes Zorn wie ein Unwetter toben wird. Gegen ihre Willkür setzt Gott ein neues Fundament, einen Grund- und

Eckstein für den Bund mit seinem Volk. Der Bau, der auf ihm errichtet wird, soll durch Recht und Gerechtigkeit ausgelotet werden. Sie sind der Maßstab guter Führung. Sie stehen für ein Bündnis mit dem Leben und für das Leben. Es ist dafür nie zu spät. *Till Hüttenberger*

Wir beten

Gott, schenke unseren Verantwortlichen in Gesellschaft und Kirche, dass sie nach Gerechtigkeit suchen und das Wohl aller Menschen im Blick behalten. Sei bei ihnen mit Deinem guten Geist. Amen.

Der Eckstein

Der Vers 16 vom Eckstein wird im 1. Petrusbrief 2,6 zitiert, jedoch mit einer kleinen Veränderung: Wer an den Eckstein glaubt, wird nicht zuschanden werden. Hier, wie überall im Neuen Testament, ist Christus der Stein, den die Bauleute verworfen haben und der zum Eckstein geworden ist (Ps 118,22 bei Mt 21,42 und öfter). Jesajas Bild zielt aber nicht auf den zukünftigen Christus, sondern sagt schlicht: Wer Gott treu ist und seine Gebote hält, muss das kommende Gericht über das untreue Volk nicht fürchten. Er braucht nicht zu fliehen.

1891 † Friedrich Oser, christlicher Schriftsteller | 1901 † Gerhard Uhlhorn, Theologe in Niedersachsen | 1911 † Eberhard von Rothkirch, Förderer des CVJM

16. Dezember

Sonntag | 3. Sonntag im Advent

Wochenspruch: Jesaja 40,3.10
Wochenlied: EG 10
Evangelium: Matthäus 11,2–6.(7–10)
Epistel: 1. Korinther 4,1–5
Altes Testament: Jesaja 40,1–8.(9–11)

Wir lesen Psalm 33

Ein Lied der Freude

„O du fröhliche", pfiff ein Mann in der Adventszeit gedankenverloren vor sich hin. Noch ein bisschen früh für dieses Lied, habe ich insgeheim bei mir gedacht. Gleichzeitig habe ich mich gefreut, weil der Mann so beschwingt seinen Weg gegangen ist. Und auch mein Schritt wurde leichter. Musik und Lieder stimmen uns auf die Weihnachtszeit ein. Sie nehmen uns mit hinein in den Glanz und die Freude, die sich mit dem nahenden Fest verbindet. Ein solches Lied des Glanzes und der Freude ist auch der Psalm 33. „Ein Loblied auf Gottes Allmacht und Hilfe", überschreibt Martin Luther ihn. Da wird ein weiter Bogen gespannt: von der Aufforderung zum Singen und Musizieren über Gottes Wirkmacht in seinem Reden und Handeln bis hin zu seiner liebevollen Begleitung in der Not. Zusammengehalten wird all das durch die zuversichtliche Freude des Beters. Er erkennt Gottes Handeln in der ganzen Schöpfung und im ganzen Leben. In jedem

Atemzug ist Gott präsent und scheint hinein in sein Leben. Es sind solche Momente, in denen wir die fast leibliche Erfahrung machen können, dass nichts uns von Gott und von seiner Liebe trennen kann. Wir können nicht immer so zuversichtlich und fröhlich beten, wie es im Psalm geschieht. Und es gibt ja auch die anderen Psalmen, die von Buße, Wut und Traurigkeit erzählen. Alles hat seine Zeit. Eben auch die Freude. Manchmal erfüllt sie uns, ohne dass wir wüssten, warum. Dann liegt uns vielleicht ein Lied auf den Lippen oder wir bewegen uns leichter. „O du fröhliche" kommt uns womöglich in den Sinn, obgleich doch noch gar nicht die Zeit dafür ist. Was soll's, denke ich, und ich erinnere mich an den vor sich hin pfeifenden Mann. Für ein solches Weihnachtslied der Freude ist es doch eigentlich nie zu früh.

Markus Dröge

Wir beten

Gott, manchmal vergeht mir die Freude angesichts dieser Welt. Und dann wieder spüre ich Deine Nähe in allem, was ist, und mein Herz wird fröhlich. In alledem begleitest Du mich, Gott. Dank sei Dir dafür! Amen.

999 † Adelheid, Kaiserin, Gemahlin Ottos I. | 1770 * Ludwig van Beethoven | 1859 † Wilhelm Grimm, Sprachwissenschaftler | 1878 † Karl Gutzkow, Schriftsteller

17. Dezember

Montag | SA 08:22 SU 16:14 MA 13:43 MU 01:33

Wochenspruch: Jesaja 40,3.10
Wochenlied: EG 10

Wir lesen Jesaja 29,1–8

Der Weg der Weisheit und Einsicht

Gott kündigt Jerusalem wegen seiner Vergehen ein großes Strafgericht an. Ein Gottesbild, das viele von uns ablehnen werden. Vielleicht sind wir sogar mit einem strafenden Gott erzogen worden. Doch Gott bekommt noch einmal „die Kurve" und kündigt der bedrängten Stadt seine göttliche Hilfe an. Eins zumindest wird dabei deutlich: Advent ist eine Zeit der Buße und Umkehr. Nach einem alten liturgischen Brauch wird im Abendgebet der Kirche zwischen dem 17. und 23. Dezember das Magnifikat von den sogenannten O-Antiphonen eingerahmt. Durch sie werden die letzten Tage des Advents geprägt. In ihnen wird der ganze Motivreichtum des Alten Testaments entfaltet. Alle sieben O-Antiphonen haben denselben Aufbau. Sie beginnen mit dem „O", dem Ausruf des Staunens. Dann schließt sich ein Herrschaftstitel Gottes an, der aus dem Alten Testament kommt. Es folgt eine Aussage über das, was Gott tut. Oft sind es Erinnerungen an das Wirken Gottes im Alten Testament. Sie enden mit dem drängenden Bittruf: O komm! Die O-Antiphonen können helfen, uns in den letzten Tagen vor Heiligabend innerlich zu sammeln auf den hin, um dessentwillen wir Weihnachten feiern. In der ersten O-Antiphone geht es um die Weisheit Gottes. Sie wird im Alten Testament auch als Erzieherin Israels bezeichnet. Vielleicht hat die Ankündigung des Strafgerichtes auch etwas mit dieser Weisheit zu tun.

Petra Müller

Wir beten

O Weisheit, hervorgegangen aus dem Munde des Höchsten – die Welt umspannst Du von einem Ende zum andern, in Kraft und Milde ordnest Du alles: O komm und offenbare uns den Weg der Weisheit und Einsicht. Amen.

Die erste O-Antiphone: O Weisheit

Immer wieder bin ich mit meiner Weisheit am Ende, manchmal ist der Weisheit letzter Schluss noch nicht da. Wenn ich nach einer Lösung suche, kann ich meinen Blick auf Gott richten, der die Welt vom einen zum anderen Ende umspannt. Unter diesem Bogen leben wir wie unter einem Regenbogen. Mir das vorzustellen, beseitigt nicht meine Fragen, aber es gibt ihnen einen weiten Horizont. Ich darf vertrauen, dass die göttliche Weisheit kraftvoll und milde alles ordnet und mir die richtigen Einsichten gibt, die mich weise und umsichtig handeln oder entscheiden lassen.

779 † Sturmius von Fulda, Glaubensbote und Abt | 1939 † Einar Billing, schwedischer Bischof

18. Dezember

Dienstag | SA 08:22 SU 16:15 MA 14:04 MU 02:43

Wochenspruch: Jesaja 40,3.10
Wochenlied: EG 10

Wir lesen Jesaja 29,9–16

Befreiung aus Verblendung

Die in dem Text Angesprochenen hatten sich jeder Einsicht verschlossen, sie hörten schon lange nicht mehr auf die Worte der Propheten und die Erscheinungen der Seher. Nun lässt Gott sie in ihrem Zustand der Verblendung. Sie selber wollten es so. „O komm und offenbare uns den Weg der Weisheit und Einsicht", wurde gestern in der O-Antiphone zum Magnifikat drängend gefleht. Ob Gott dieses Flehen gehört hat? Denn sie feierten einen Bittgottesdienst. Not lehrt ja bekanntlich manchmal das Beten. In diesem Fall aber scheint es ein leeres Ritual gewesen zu sein. Gott bedauert, dass sie nicht mit ganzem Herzen dabei gewesen sind. Auch wir erleben in unserem Glaubensleben immer wieder Zeiten, wo unser Innerstes weit weg ist von dem Gott, der uns schon so nahe war. Die Ursachen können verschieden sein. Was könnte in solchen Situationen helfen? Die damaligen Menschen haben immer wieder erinnernd erzählt, was Gott getan und wie er gehandelt hat. Damit haben sie das Heilshandeln Gottes nicht nur von Generation zu Generation weitergetragen, sondern sie haben auch einander im Glauben gestärkt. Auch die O-Antiphonen können neue Vergewisserung schenken. Heute erinnern wir die Erscheinung Gottes im Dornbusch. Gott hat sein Volk befreit und aus der Knechtschaft herausgeführt. „O komm und befreie uns mit deinem starken Arm", damit auch mein Herz wieder für Gott zu schlagen beginnt.

Petra Müller

Wir beten

O Adonai, Herr und Führer des Hauses Israel – im flammenden Dornbusch bist Du dem Mose erschienen und hast ihm auf dem Berge das Gesetz gegeben: O komm und befreie uns mit Deinem starken Arm. Amen.

Die zweite O-Antiphone: O Adonai

Herr, mein Herr!, ist die Bedeutung der Anrufung „O Adonai". Sie ist ein Glaubensbekenntnis: Dir, Gott, gehöre ich, dich achte ich. Adonai ist ein Gott der Geschichte – damals und heute. Die Geschichte der Völker liegt in seinen Händen, aber auch unsere je eigene Lebensgeschichte, die eine Biographie mit Gott ist. Darum zu wissen, kann besonders in Wüstenzeiten wichtig sein. Denn schon Israel hat erfahren, wie lange ein Weg durch die Wüste dauern kann. Befreiung geschieht oft nicht über Nacht, sondern am Ende eines Weges. Aber wir dürfen wissen: Gott ist treu.

761 † Wunibald und 787 † Willibald, Glaubensboten in Franken | 1737 † Antonio Stradivari, italienischer Geigenbauer | 1803 † Johann Gottfried Herder, Theologe und Dichter

19. Dezember

Mittwoch | SA 08:23 SU 16:15 MA 14:28 MU 03:56

Wochenspruch: Jesaja 40,3.10
Wochenlied: EG 10

Wir lesen Jesaja 29,17–24

Es wird ein Ende haben

Der heutige Abschnitt ist ein Einschub, der in keinem Zusammenhang zu dem steht, was vorangegangen ist, und dem, was folgen wird. Ein Text, der Hoffnung macht. Noch eine kleine Weile, dann wird alles anders werden. Was wüst liegt, wird fruchtbar werden; die, die Not leiden, werden aus ihrem Elend herausfinden; Traurige werden wieder lachen können und die, die von Gott nichts mehr haben wissen wollen, werden sich ihm wieder zuwenden. Denn allen Verbrechern, die uns bedrohen, und allen Spöttern, die uns das Leben schwermachen, wird das Handwerk gelegt werden. Es wird ein Ende mit ihnen haben. Von dieser Vision spricht auch die heutige O-Antiphone: „Vor dir verstummen die Herrscher der Erde", heißt es da in Anlehnung an Jesaja 52. Das ist eine Umkehrung der Werte. Wir finden diese Umkehrung auch im Magnifikat, dem Lobgesang der Maria: „Er stößt die Gewaltigen vom Thron und erhebt die Niedrigen. Die Hungrigen füllt er mit Gütern und lässt die Reichen leer ausgehen." Steckt darin nicht der große Wunsch nach Frieden, Freiheit und Gerechtigkeit? Mit Blick auf das, was sich in der Welt ereignet, aber auch in unseren Beziehungen und in unserem eigenen Inneren, kann man nur aus tiefstem Herzen um Veränderung flehen, und zwar stürmisch, ungeduldig: „O komm und errette uns! Erhebe dich! Säume nicht länger!“ Darin steckt unsere Sehnsucht nach Heil, die nie enden möge.

Petra Müller

Wir beten

O Spross aus Isais Wurzel, gesetzt zum Zeichen für die Völker – vor Dir verstummen die Herrscher der Erde, Dich flehen an die Völker: O komm und errette uns, erhebe Dich, säume nicht länger! Amen.

Die dritte O-Antiphone: O Spross aus Isais Wurzel

Das Bild von dem Zweig, der aus dem abgehauenen Stamm heraustreibt, von dem Spross, der aus dem ausgedörrten Erdreich hervorbricht, findet sich auch in dem Weihnachtslied „Es ist ein Ros entsprungen“. Die Wurzel ist ein Symbol für den tiefen Anfang, aber auch für das, mit dem man tief und fest verbunden ist und woraus man seine Nahrung bekommt. „O Spross aus Isais Wurzel“. Ich finde meine Identität, wenn ich in dem wurzele, der mich geschaffen hat, der mich durchs Leben führt. Erinnern wir uns an die Barbara-Zweige, wie aus einem scheinbar toten Zweig Leben aufbricht.

um 215 † Clemens von Alexandrien, Kirchenvater | 1838 † Christian Gottlieb Blumhardt, pietistischer Pfarrer | 1944 † Paul Blau, Theologe in Polen

20. Dezember

Donnerstag | SA 08:24 SU 16:15 MA 14:58 MU 05:11

Wochenspruch: Jesaja 40,3.10
Wochenlied: EG 10

Wir lesen Jesaja 32,1–8

O wohl dem Land, o wohl der Stadt, so diesen König bei sich hat

Gleich zu Beginn werden wir aufgefordert, deutlich aufzumerken: „Siehe", heißt es da. Diese Aufforderung begegnet uns häufig in der Adventszeit. „Siehe, dein König kommt zu dir", hören wir in der ersten Adventswoche. Eine Woche später werden wir noch drängender aufgefordert: „Seht auf und erhebt eure Häupter." Und am dritten Advent heißt es: „Siehe, der Herr kommt gewaltig." Die Verheißung spricht von einem Herrscher, mit dem eine neue Zeit eröffnet wird. Er bringt Gerechtigkeit und schafft ein Umfeld, in dem man sicher, geborgen und gut versorgt leben kann. Welche Auswirkungen das auf das Leben eines jeden Einzelnen und das der Gemeinschaft haben wird, wird im Weiteren beschrieben. An dieser Stelle geht mir das Lied „Macht hoch die Tür, die Tor macht weit" nicht mehr aus dem Kopf. In seiner dritten Strophe beschreibt es einen solchen Herrscher: „O wohl dem Land, o wohl der Stadt, so diesen König bei sich hat. Wohl allen Herzen insgemein, da dieser König ziehet ein. Er ist die rechte Freudensonn, bringt mit sich lauter Freud und

Wonn. Gelobet sei mein Gott, mein Tröster früh und spat." Die O-Antiphone besingt: „O Schlüssel Davids, Zepter des Hauses Israel." Wer den Schlüssel besitzt, trägt Verantwortung. Er kann Eintritt gewähren oder ihn verwehren. Wem das Zepter verliehen wurde, dem ist alle Macht gegeben. Ja, o wohl dem Land, o wohl der Stadt, so diesen König bei sich hat! *Petra Müller*

Wir beten

O Schlüssel Davids, Zepter des Hauses Israel – Du öffnest, und niemand kann schließen, Du schließt und keine Macht vermag zu öffnen: O komm und öffne den Kerker der Finsternis und die Fessel des Todes. Amen.

Die vierte O-Antiphone: O Schlüssel Davids

Der Komm-Ruf der vierten Antiphone wendet sich von der Herrlichkeit des Königs ab und zeigt auf die tiefe Verzweiflung und Verlassenheit der Menschen. Dies sei die erschütterndste Adventsbitte, habe ich gelesen. In ihr kann sich jeder und jede wiederfinden. Für jeden Menschen gibt es Zeiten von Dunkelheit. Wir kennen die Fragen, die kein Mensch uns beantworten kann, es gibt Zweifel, die an uns nagen, es gibt innere Zerrissenheit, Einsamkeit und die Nächte des Todes. Aus solcher Not erwächst der Schrei: „O komm und öffne den Kerker der Finsternis und die Fessel des Todes."

1550 † Matthias Greiter, Mitarbeiter der Reformation | 1552 † Katharina von Bora, Luthers Ehefrau

21. Dezember

Freitag | SA 08:24 SU 16:16 MA 15:34 MU 06:28

Wochenspruch: Jesaja 40,3.10
Wochenlied: EG 10

Wir lesen Jesaja 33,17–24

Schrecken und Erinnerung werden verblassen

Gestern haben wir in der O-Antiphone aus tiefem Herzen um Befreiung aus dem Kerker der Finsternis gefleht. Heute lässt der prophetische Text unsere Augen den König in seiner Schönheit sehen und das Land in einer befreienden Weite – wie ein Fest nach langer Trauer. Wer Befreiung in seinem Leben erlebt hat, wird nachempfinden können, was im Text beschrieben wird. Mit Abstand wird unser Herz an Finsternis und Schrecken zurückdenken. Mit Abstand und fortschreitender Heilung darf die Erinnerung verblassen. „Wieder ein Morgen ohne Gespenster", beginnt ein Gedicht von Rose Ausländer, das gut zu dem passt, was Jesaja beschreibt. „Du darfst dich freuen über den vollkommenen Bau der Rose." Am meisten bewegt mich aber die Formulierung: „Der Morgentraum erzählt dir Märchen, du darfst Dinge neu ordnen, Farben verteilen und wieder schön sagen." Der Morgenstern, von dem die heutige O-Antiphone spricht, ist ein Symbol der Hoffnung. Von ihm geht ein Glanz ohne Versehrtheit aus. Immer heller leuchtet der Tag. Er ist das Licht, das neue Verhältnisse schafft. Er allein kann Erfahrungen der Grenze, des Scheiterns, der Sorgen und der Nöte hell machen. In den Erfahrungen von Dunkelheit fordert uns die Adventsbotschaft heraus: „Mache dich auf, werde licht, denn dein Licht kommt!“ (Jes 60,1) *Petra Müller*

Wir beten

O Morgenstern, Glanz des unversehrten Lichtes, der Gerechtigkeit strahlende Sonne: Komm und erleuchte die da sitzen in Finsternis und im Schatten des Todes. Amen.

Die fünfte O-Antiphone: O Morgenstern

Der Morgenstern geht auf, klar und funkelnd; noch kämpft er mit der Dunkelheit, aber die Nacht ist vorbei. Bald wird die Sonne durchbrechen. Zwei weitere Bilder schließen sich an: „Glanz des unversehrten Lichtes“ und „Sonne der Gerechtigkeit“. Die fünfte O-Antiphone bringt uns ins Singen. Zacharias besingt im Benedictus das „aufstrahlende Licht aus der Höhe“. Aber auch vertraute Lieder aus dem Gesangbuch nehmen die Motive auf, wie z. B. Die Nacht ist vorgedrungen, der Tag ist nicht mehr fern (EG 16), Morgenglanz der Ewigkeit (EG 450) und Sonne der Gerechtigkeit (EG 262).

Winteranfang | 882 † Hinkmar von Reims, Kirchenfürst des Frankenreiches

22. Dezember

Sonnabend | SA 08:25 SU 16:16 MA 16:21 MU 07:43

Wochenspruch: Jesaja 40,3.10
Wochenlied: EG 10

Wir lesen Jesaja 35,1–10

Hoffnung auf Erlösung und Erfüllung

Der Prophet ist erfüllt von der Vision, dass das, was lange wüst gelegen hat, blühen und sich zu einem Brunnquell verwandeln wird. Er sieht die leidenden und verzagten Menschen. Er ermutigt sie und versucht, in ihnen die Hoffnung und das Vertrauen auf eine bessere Zeit zu wecken. Er kündigt an, dass Gott ihrem Leid Recht und Vergeltung schaffen wird. Er ist sich sicher, dass Schmerz und Seufzer ein Ende finden werden und Freud und Wonne in ihre Herzen einziehen werden. Diese Motive tauchen bei Jesaja immer wieder auf, hier jedoch sind sie wie in einem großartigen Gemälde zusammengebracht. Die sechste O-Antiphone ruft Gott als den König aller Völker an. Auf ihn setzen die Menschen ihre Hoffnung, auf ihn richtet sich ihre Sehnsucht durch die Jahrtausende hindurch bis heute. Die Geschichte von der Anbetung der Weisen aus dem Morgenland und ihre Geschenke sind ein Hinweis auf das messianische Königtum Jesu. Jesus selbst versteht sein Königtum aber als „nicht von dieser Welt“. Wieder schließt sich eine flehende Bitte an: „O komm und errette den Menschen, den du aus Erde gebildet.“

Jesaja schildert in visionären Farben die Heimkehr der Verbannten und nunmehr Erlösten. Die Erfüllung steht noch aus, unsere Sehnsucht bleibt wach. In ihr können wir bergen, was wir einst erlitten haben, worunter wir jetzt leiden und worauf wir unsere ganze Hoffnung setzen. *Petra Müller*

Wir beten

O König aller Völker, ihre Erwartung und Sehnsucht; Schlussstein, der den Bau zusammenhält: O komm und errette den Menschen, den Du aus Erde gebildet. Amen.

Die sechste O-Antiphone: O König aller Völker

„O König" – die Verheißungen, die in Israel auf dem Königtum lagen, gehen später auf Christus über. Der Engel Gabriel verkündigt Maria: „Er (Jesus) wird König sein über das Haus Jakob in Ewigkeit" (Lk 1,33). Auch der Einzug Jesu in Jerusalem ist ein königlicher Akt: „Siehe, dein König kommt zu dir sanftmütig" (Mt 21,5). Mir steht die Darstellung von Christus als dem Pantokrator in der Kirche der Abtei St. Hildegard in Eibingen vor Augen: Christus als erhabener König und Herrscher, zugleich aber auch als Bruder, der seine offenen Arme ausbreitet.

1857 † Marie von Nathusius | 1899 † Dwight L. Moody, Erweckungsprediger in Nordamerika

23. Dezember

Sonntag | 4. Sonntag im Advent

Wochenspruch: Philipper 4,4.5b
Wochenlied: EG 9; neu: EG 11 oder 19
Evangelium: Lukas 1,(39–45.)46–55.(56)
Epistel: Philipper 4,4–7
Altes Testament: Jesaja 52,7–10

Wir lesen Psalm 130

Richte uns auf, unser Gott

Wie gut, wenn man aus dem tiefsten Innern seine Not herausschreien kann: „Aus der Tiefe rufe ich, Herr, zu dir", fleht der Beter. Mit seiner Klage bleibt er nicht allein, er wendet sich an Gott und bittet darum, dass er ihn hören und sich ihm zuwenden möge. Er drängt – höre, wende, achte –, er setzt sein ganzes Vertrauen in Gott, obwohl er um seine Schuld weiß. Sicherlich könnte er gut einstimmen in den sehnsuchtsvollen Ruf der siebten O-Antiphone: „O komm, eile und schaffe uns Hilfe, du, unser Herr und unser Gott." Der Beter klagt in seiner Not Gott nicht an, so wie es uns oft in solchen Situationen über die Lippen kommt – wie kann Gott das zulassen –, vielmehr weiß er um das, was er selber verschuldet hat. Er hofft, nein, er wartet sehnsüchtig auf ein Wort, das ihn erlösen und aufrichten wird. „O Emmanuel", Gott mit uns. Das ist ein Name ganz großen Vertrauens. Das kleine Kind in der Krippe wird zu unserer Hoffnung in den

Hoffnungslosigkeiten unserer Tage. Der Psalmbeter wächst in der Sicht der Dinge über sich und seine individuelle Not hinaus und stellt das Handeln Gottes in einen kollektiven Zusammenhang: „Er wird Israel erlösen.“ So ist auch Emmanuel der „Heiland der Völker“. Die letzte O-Antiphone scheint wie eine Zusammenfassung all dessen zu sein, was in den vergangenen Tagen gesungen und gebetet worden ist, fast ein Abschlussfeuerwerk: „O Emmanuel, unser König und Lehrer, du Hoffnung und Heiland der Völker“ – vor allem die vertrauensvolle und persönliche Anrede ist besonders: du, du unser, du Hoffnung, du Heiland. Ein Mensch, der Hoffnung hat, hat schon ein Stück Heil. Der Heiland kommt. Die siebte Kerze wird beim Singen der letzten O-Antiphone angezündet. Alles drängt auf den morgigen Tag hin: „Heute sollt ihr wissen, dass der Herr kommt, und morgen werdet ihr schauen seine Herrlichkeit.“ *Petra Müller*

Wir beten

O Emmanuel, unser König und Lehrer, Du Hoffnung und Heiland der Völker: O komm, eile und schaffe uns Hilfe, Du, unser Herr und unser Gott! Amen.

1559 † Anne Dubourg, Märtyrerin in Frankreich

24. Dezember

Montag | Heiliger Abend

Spruch: Johannes 1,14a
Lied: EG 23; neu: EG 30 oder 37
Evangelium: Lukas 2,1–20
Epistel: Titus 2,11–14
Altes Testament: Jesaja 9,1–6

Wir lesen Matthäus 1,1–17

Heilsgeschichte in Kurzform

Der Stammbaum Jesu – wie langweilig! Eine Aufzählung von Namen, sonst nichts. Wirklich sonst nichts? Mir fallen verschiedene Dinge auf: 1. Zu Beginn steht das Wichtigste, die beiden entscheidenden Ahnen werden genannt: David und Abraham. Als Sohn Davids ist Jesus der lang ersehnte Messias. Er hat Anspruch auf den Thron. Doch warum auch Sohn Abrahams? Abraham ist der Urvater. Er ist der Inbegriff des Glaubens. Er folgte Gottes Ruf in die Fremde. Er vertraute Gott auf besondere Weise. Er ist der Träger der Verheißung. Durch ihn ist dies auch Jesus. – 2. Manchmal werden nicht nur die Männer, sondern auch Frauen genannt. Spannend ist, dass es die ausländischen Frauen mit einer besonderen Geschichte sind: Tamar, eine Kanaaniterin und Schwiegertochter des Juda, die ihn als Hure verkleidet überlistet, ihr für ihren verstorbenen Mann Nachkommen zu schenken (1. Mose 38). Rahab, eine Hure in Jericho. Sie versteckt zwei

Kundschafter, die Josua ausgesandt hat, vor dem dortigen König. Sie wird deshalb bei der Einnahme Jerichos verschont (Josua 2). Rut, die Moabiterin, die mit Noomi, ihrer Schwiegermutter, zurück nach Bethlehem geht und dort für sie sorgt und schließlich den ihnen verwandten Boas zur Ehe bewegt (Rut). Bathseba, hier nur als Frau des Uria bezeichnet, der Hethiter war, was vermuten lässt, dass auch sie Hethiterin war. Sie nimmt David zum Geliebten. Als sie schwanger ist und ihr Mann beim Heimaturlaub den Beischlaf verweigert, lässt David ihn in die vorderste Frontreihe stellen, damit er fällt und David Bathseba zur Frau nehmen kann (2. Sam 11). – 3. Die Davidsohnschaft Jesu wird auf Josef zurückgeführt und das, wo doch Jesus durch den Heiligen Geist gezeugt wurde. Gottes andere Wege werden schon im Stammbaum Jesu sichtbar, der als Messias und Träger der Verheißung so ganz anders ist, als es die Menschen erwarten.

Hiltrud Schneider-Cimbal

Wir beten

Gott, Du zeigst Dich, wo wir Dich nicht vermuten, und handelst anders, als wir es erwarten. Lass uns Dich heute im Kind in der Krippe neu entdecken und aufmerksam werden für Deine anderen Wege. Amen.

1541 † Andreas Karlstadt, erst Freund, dann Gegner Luthers | 1928 † Mathilde Wrede, Wohltäterin in Schweden (ev. Gedenktag; Sterbetag: 25.12.) | 1996 † Gottfried Forck, Bischof in Berlin-Brandenburg

25. Dezember

Dienstag | 1. Christfesttag

Spruch: Johannes 1,14a
Lied: EG 23
Evangelium: Lukas 2,(1–14.)15–20
Epistel: Titus 3,4–7
Altes Testament: Micha 5,1–4a

Wir lesen Matthäus 1,18–25

Ein ganz anderes Kind

Anders als bei Lukas kommt kein Engel zu Maria, um ihr die Schwangerschaft anzukündigen. Matthäus erzählt mit ein paar dürren Worten, dass Maria schwanger ist vom Heiligen Geist. Dagegen erzählt er ausführlich über Josefs Reaktion. Eine verständliche Reaktion. Ein Engel erscheint Josef im Traum und erklärt ihm die Schwangerschaft. Er bekommt den Auftrag, das Kind Jesus zu nennen, Gott rettet, „denn er wird sein Volk retten von ihren Sünden". Josef nimmt daraufhin Maria zu sich und stellt keine weiteren Fragen. Jedenfalls erzählt Matthäus nichts davon. Was er uns allerdings nennt, ist eine Begründung, warum das so geschieht, und bezieht sich dabei auf Jesaja 7,14. Dort wird die Geburt eines Sohnes durch eine Jungfrau angekündigt, der Immanuel, Gott mit uns, heißt. Für uns heute ist diese Geburt durch eine Jungfrau unverständlich, denn wir bringen sie mit unserem naturwissenschaftlichen Denken nicht überein. Das brauchen wir auch nicht, denn hier geht es nicht um eine biologische, sondern um eine theologische Aussage. Zum einen bedeutet das hebräische Wort, das Jesaja verwendet, junge Frau und meint nicht das, was wir biologisch unter dem Begriff Jungfrau verstehen. Zum anderen möchten uns die Evangelisten, indem sie von der Zeugung durch den Heiligen Geist berichten, deutlich machen: Dieses Kind ist anders. Es ist nicht aus dem männlichen Herrschaftsprinzip, das unter den Menschen herrscht, gezeugt, sondern durch das göttliche Prinzip. Es bringt Neues in die Welt. Ein anderes Denken und Handeln. Das hat Jesus mit seinem Leben, seinem Tod und seiner Auferstehung dann auch gezeigt. Wenn also die Evangelisten von der Jungfrauengeburt reden, dann wollen sie unterstreichen, dass Jesus anders ist, dass er uns aus unserem üblichen Denken und Handeln herausholt. Jesus rettet uns von dem, was uns bindet. *Hiltrud Schneider-Cimbal*

Wir beten

Jesus, Du bist anders. Das ist für mich oft schwer zu begreifen. Hilf mir zu sehen, wie sich mein Leben durch Dich verwandelt, wie Du mich rettest von dem, was mich in dieser Welt bindet. Amen.

498 Taufe Chlodwigs in Reims | 785 Taufe Widukinds | 800 Kaiserkrönung Karls d. Gr.

26. Dezember

Mittwoch | 2. Christfesttag/Stephanus

Wochenspruch: Johannes 1,14a
Wochenlied: EG 23 o. 38; neu EG 32 o. 39
Evangelium: Johannes 1,1–5.(6–8.)9–14
Epistel: Hebräer 1,1–3.(4–6)
Altes Testament: Jesaja 11,1–9

Wir lesen Matthäus 2,1–12

Dem Stern vertrauen

Drei weise Männer machen sich auf und folgen einem Stern, um dem neugeborenen König der Juden zu huldigen. Der Stern ist ihr Wegweiser. Er bringt sie dazu, sich auf den Weg zu machen. Er weist ihnen das Ziel. Kurz vor diesem Ziel geschieht nun das Erstaunliche: Sie beachten nicht mehr den Stern, sondern folgen ihrer Vorstellung davon, wo ein König geboren wird: in einer Königsstadt in einem Palast. Folglich gehen sie nach Jerusalem in den Palast. Doch dort weiß niemand etwas von einem neugeborenen König. Sind sie etwa einem Trug aufgesessen? Sollten sie sich in dem Stern getäuscht haben? Die Schrift weiß Rat: In Bethlehem, der Davidstadt, soll der geboren werden, der in Israel Herr ist (Micha 2,1). Also machen sie sich wieder auf den Weg. Nun an einen Ort, der außerhalb ihrer bisherigen Vorstellung liegt. Kaum sind sie auf diesem Weg, finden sie auch den Stern wieder. Er bleibt über einem Haus stehen – Matthäus kennt anders als Lukas noch nicht die Geschichte vom Stall. So merkwürdig ihnen dies auch erscheinen mag, sie treten ein und finden das gesuchte Kind. Vor ihm beugen sie ihre Knie, was sie übrigens vor König Herodes nicht getan haben. Sie haben gelernt, auf den Stern zu vertrauen anstatt auf ihre Vorstellungen. – Ich mag diese Geschichte, weil sie mich daran erinnert, wie es mir so oft geht. Gott schickt mich auf einen Weg. Ich gehe los und lass mich von ihm leiten. Doch irgendwann kommt der Punkt, an dem ich meine zu wissen, was Gott will, und dann tue ich das, was ich mir vorstelle. Geht es dann schief, bin ich verwundert. Ich brauche Zeit und die Hilfe der Bibel, bis ich begreife: Gottes Weg ist ein anderer. Folge ich wieder dem „Stern", komme ich ans Ziel und staune. – Wann werde ich es begriffen haben, dass Gottes Wege andere Wege sind als unsere Wege? Wann werde ich einfach dem „Stern" vertrauen? *Hiltrud Schneider-Cimbal*

Wir beten

Vater, Du führst und leitest mich, doch ich habe oft andere Vorstellungen, wie mein Weg aussieht. So gehe ich manches Mal in die Irre. Danke, dass ich dann Orientierung an Deinem Wort finde. Amen.

27. Dezember

Donnerstag | SA 8:26 SU 16:20 MA 22:29 MU 11:47

Wochenspruch: Johannes 1,14a
Wochenlied: EG 23 oder 38; neu EG 32 oder 39

Wir lesen Matthäus 2,13–23

Herausgeführt

Flucht nach Ägypten und wunderbare Führung aus diesem Land durch Gott – das sind große Themen im Alten Testament. Schon im 1. Buch Mose wird dreimal sehr ähnlich eine sonderbare Geschichte darüber erzählt. Abraham und Sarah (Kap. 12 und 20), aber auch Isaak und Rebekka (Kap. 26) werden nach ersehnter Flucht nach Ägypten nur durch Gottes starkes Eingreifen wieder heil herausgeführt. Damit wird Israels Weiterleben erst ermöglicht. Im 2. Buch Mose, auch genannt „Exodus" (der Auszug), werden Mose, der Abkömmling von Flüchtlingen nach Ägypten, und alle die Seinen nur durch Gottes eigene Führung aus dem Land gerettet. Matthäus verknüpft als Einziger der vier Evangelisten diese Geschichten von Gottes Führung mit dem Leben Jesu. Wir sollen erkennen, dass Gott das Kind Jesus – so wie Mose – heil durch die frühen Jahre brachte, weil er Großes vorhatte: Jesus sollte Retter werden. Gott selbst führt auch uns durch Jesus, den Retter. „Es ist der Herr Christ, unser Gott, der will euch führn aus aller Not", so singen und sangen wir in diesen festlichen Tagen. „Der Sohn des Vaters, Gott von Art, ein Gast in der Welt hier ward und führt uns aus dem Jammertal und macht uns Erben in seim Saal." Beides (EG 24,3 und 23,5) hat Luther zum Weihnachtsfest gedichtet. Er hat damit das aufgenommen, was Matthäus aus dem Alten Testament herausgehört hat. Wir werden „herausgeführt" wie die Erzväter, Mose und Jesus. *Ludwig Burmeister*

Wir beten

Kurz vor dem Jahresende bitten wir Dich, Herr: Führe uns ohne Ängste aus dem zu Ende gehenden Jahr in ein neues unter Deinem Schutz. Amen.

Tag des Apostels und Evangelisten Johannes

Evangelische und später auch katholische Forschung zum Neuen Testament machten es höchstwahrscheinlich, dass der Apostel und der Evangelist nicht dieselbe Person sind. Aber „Johannes" ist zu verschiedenen Zeiten der Kirche hoch verehrt worden. Die Tradition – aber erst seit dem 2. Jahrhundert – sagt: „Johannes" war in Ephesus Gemeindeleiter, wurde unter Kaiser Domitian auf die Insel Patmos verbannt, kam wieder nach Ephesus, wo er auch begraben sei. Die Gemeinde in Rom ersetzte durch den „Johannestag" (am 27.12.) den heidnischen „Janustag" am Jahreswechsel.

1543 † Georg der Fromme, Markgraf von Brandenburg-Ansbach | 1878 † Johann Tobias Beck, Theologe in Basel und Württemberg

28. Dezember

Freitag | SA 08:27 SU 16:20 MA 23:47 MU 12:12

Wochenspruch: Johannes 1,14a
Wochenlied: EG 23 oder 38; neu EG 32 oder 39

Wir lesen Matthäus 3,1–12

Wie Feuer und Wasser

Johannes fällt auf. Natürlich kommen sie wegen der Taufe zu ihm. Aber Täufer gab es damals mehr als einen. Doch wie sieht er aus? Sein Gewand aus Kamelhaar wird von einem ledernen Gürtel um seine Hüften zusammengehalten. Ähnlich wird in 2. Könige 1,8 ein anderer geschildert. „Er hatte langes Haar und einen Ledergurt um seine Hüften." Das ist der „Gottesmann Elia". Dessen Wiederkunft wurde für das Ende der Zeiten von vielen Menschen erwartet. Ist Johannes der wiedergekommene Elia? Jesus wird ja auch gefragt, ob er es sei. Und er selbst sagt laut Matthäus 11,14 über Johannes: Wenn ihr's annehmen wollt: Er ist Elia, der kommen soll. Dann ist also eine einzigartige Zeit erschienen. Der Himmel ist auf die Erde gekommen. Die „Herrschaft des Himmels" ist ganz nah bei uns Menschen. „Himmel", sagt Jesus von Gott selbst. Wie neu alles ist, erkennen wir daran, dass Johannes von einem Unterschied wie von Feuer und Wasser spricht. Mit Wasser bemühen wir uns, etwas in Ordnung zu bringen und zu halten. Wir schrubben und putzen. Aber immer wieder wird alles schmutzig. So sieht Johannes auch seine Taufe. Jesus dagegen ist das Feuer. Er tauft mit Gottes eigenem Geist. Der ist belebend, wie an anderer Stelle des Neuen Testaments vom pfingstlichen Geist in der Gestalt des Feuers gesprochen wird. Johannes darf diesen starken Jesus ankündigen. Eine Zeit mit ihm ist Aufbruch, auch für uns.

Ludwig Burmeister

Wir beten

Wir bitten Dich, Herr, um die Erneuerung durch Dich. Verwirf uns nicht wegen unserer lauen Art. Erwecke in uns immer wieder den Glauben wie eine leuchtende Flamme. Amen.

Johann von Staupitz

Auf einem Porträt ist er so dargestellt: ein rundliches Gesicht mit kaum angedeutetem Lächeln. Seine aufmerksamen Augen sehen am Betrachter vorbei auf einen unsichtbaren Zeitgenossen. Er trägt die Mönchsfrisur seiner Zeit. Vom Haar blieb nur ein Löckchen über der Stirn. Johann von Staupitz war der Landesleiter der Augustinermönche in Sachsen. Er unterrichtete zugleich an der damals neuen Universität in Wittenberg. Luther sah ihn dort zeitweise täglich und wurde dann sein Nachfolger als Professor für „Biblische Fächer“. Von Staupitz war ihm ein guter Seelsorger in Tagen der Anfechtung.

1524 † Johann von Staupitz, Luthers Seelsorger | 1704 † Reinhard Hedinger, Prediger in Württemberg

29. Dezember

Sonnabend | SA 08:27 SU 16:21 MA – MU 12:35

Wochenspruch: Johannes 1,14a
Wochenlied: EG 23 oder 38; neu EG 32 oder 39

Wir lesen Matthäus 3,13–17

Du kommst zu mir

„Zu der Zeit kam Jesus zu Johannes." Da ist eine sonderbare Zeit, in der alles kopfsteht. Der, den Johannes fast unterwürfig verehrt, kommt zu ihm wie alle bußbereiten Sünder. Wie alle sicher sehr sonderbaren „Klienten" von Johannes will sich auch Jesus von ihm taufen lassen. Warum nur? Um „alle Gerechtigkeit zu erfüllen". Das muss eine sonderbare Gerechtigkeit sein. Menschen waren schuldig geworden, wenn sie sich zu Johannes aufmachten. Giftig waren sie zueinander gewesen, Schlangenbrut, abschreckend. Dem künftigen Zorn Gottes würden sie nicht entgehen. In diese Gesellschaft mischt sich Jesus. „Du kommst zu mir?", fragt Johannes, und hört: „Lass es jetzt geschehen", und lässt diese sonderbare Taufe zu. Jesus steigt in den Fluss wie alle, die schwer an ihrer Vergangenheit zu tragen haben. Die anderen zeigen zumindest, dass es ihnen leidtut. Sie lassen sich die sehr persönlichen schweren Mahnungen gefallen und geben Johannes damit Recht. Sie sind wie Gefangene, die die Strafe zu erwarten haben. Jesus steht mittendrin. Er bringt eine unvorstellbare „Gerechtigkeit". Es ist wie ein Gefangenenaustausch. Menschen werden freigesprochen. Jesus wird gegen sie ausgetauscht. Er übernimmt die große Schuld der anderen und die Strafe. Gott wird ihn gerecht und der Schuld entsprechend richten. Für die anderen ist alles gut. „Du kommst zu mir?" – Jesus aber hört: „Mein lieber Sohn." *Ludwig Burmeister*

Wir beten

Herr, Du bist an unsere Stelle getreten und trägst unsere Sünde und ertrugst unsere Strafe. Wir danken Dir, dass Du uns zu Gottes Kindern und zu Deinen Geschwistern gemacht hast. Amen.

Martin Albertz

Er hat 1933 seinem damals 18-jährigen Bruder Heinrich „mittels einer Ohrfeige klargemacht, dass – ein Albertz nie Nationalsozialist werden" könne. 1934 bereits aus dem Dienst eines Superintendenten entfernt, warnte er 1935 vor Hitlers Kirchenpolitik. 1936, als Leitungsmitglied der Bekennenden Kirche, unterschrieb er eine Denkschrift an Hitler, die die Partei und die Gestapo nicht schonte. 1938, als Mitautor der „Evangelischen Christenlehre", forderte er erstmals eine Unterweisung in der Gemeinde statt schulischem Religionsunterricht. Nach 1945 bekam er kein kirchliches Amt mehr.

1170 † Thomas Becket, Bischof und Märtyrer in England | 1926 † Rainer Maria Rilke, Dichter | 1956 † Martin Albertz, Theologe

30. Dezember

Sonntag | 1. Sonntag nach dem Christfest

Wochenspruch: Johannes 1,14a
Wochenlied: EG 25 o. 34; neu: EG 34 o. 41
Evangelium: Lk 2,(22–24.)25–38.(39–40)
Epistel: 1. Johannes 1,1–14
Altes Testament: Jesaja 49,13–16

Wir lesen Matthäus 4,1–11

Versuchung und Freiheit

Noch unter dem Eindruck der Weihnachtsbotschaft und der erst kürzlich verklungenen Weihnachtslieder begegnet uns hier eine befremdliche Erzählung. Ist es wirklich notwendig, dass der Sohn Gottes auf die Probe gestellt wird, bevor er öffentlich auftritt und seine Botschaft vom nahenden Gottesreich verkündet? Jesus erweist sich jedenfalls dem Auftrag Gottes gegenüber als gehorsam, lässt sich in die Wüste führen und widersteht den Versuchungen des Teufels. Nicht als ein mit Machtfülle ausgestatteter unverletzlicher Superheld wird der Sohn Gottes seine Herrschaft aufrichten, sondern indem er der Welt dienen wird. Gottes Sohn ist verletzlich, und dem Hunger und der Gewalt menschlicher Herrscher ausgeliefert. Aber es steckt noch mehr in dieser Geschichte. Die 40 Tage, die Jesus in der Wüste verbringt, verweisen auf die 40 Jahre, die das Volk Israel auf seinem Weg aus der Sklaverei in Ägypten in das gelobte Land und in die Freiheit durch die Wüste wandert. Bevor Jesus also öffentlich auftritt, wird deutlich, dass sein Wirken sich auf die Glaubenserfahrungen des Volkes Israel bezieht. Diese Grunderfahrung mit dem Gott Israels heißt: Gott ist ein Gott der Freiheit, Gott befreit aus der Sklaverei. Genau diese Freiheit stellt der Versucher in Frage, wenn er Jesus auffordert, sich ihm zu unterwerfen. Freiheit, wie Gott sie will, verzichtet bewusst auf Macht und Gewalt, sondern achtet gerade die Freiheit anderer. Wer sich von Gott befreit weiß, braucht nicht Allmacht anzustreben, um der Welt dienen zu können und so die Welt zu verändern. Die Geschichte von der Versuchung Jesu ist somit ein wichtiges Bindeglied zwischen den Weihnachtsgeschichten und den Erzählungen von seinem Wirken. Gott wird Mensch, verzichtet auf jegliche Macht, damit wir Menschen die Freiheit bekommen, unsere Welt zu einem besseren Ort zu machen.

Olivier Dantine

Wir beten

Gott, wir danken Dir für das Geschenk der Freiheit und bitten Dich: Lass uns erkennen, wo wir uns selbst Zwängen unterwerfen, und hilf uns, diese von Dir geschenkte Freiheit zu bewahren. Amen.

Röm.-kath. Feiertag: Fest der Heiligen Familie | 1608 † Martin Schalling, Liederdichter in der Oberpfalz und in Nürnberg | 1819 * Theodor Fontane, Dichter

31. Dezember

Montag | Altjahrsabend/Silvester

Spruch: Psalm 103,8; neu: Psalm 31,16a
Lied: EG 59 oder 64; neu: EG 58 oder 64
Evangelium: Lukas 12,35–40
Epistel: Römer 8,31b–39
Altes Testament: Jesaja 30,(8–14.)15–17

Wir lesen Matthäus 4,12–17

Rückblick und Ausblick

Der letzte Tag des Jahres ist für viele Menschen der Anlass, auf das vergangene Jahr zurückzuschauen. Für die Erinnerungen an Ereignisse des Weltgeschehens helfen die unzähligen Jahresrückblicke der vergangenen Tage und Wochen. Manche dieser Ereignisse verbinden wir mal stärker, mal schwächer mit eigenen Erlebnissen oder Gefühlen. Auch der ganz persönliche Rückblick auf das vergangene Jahr ist vielen an diesem Tag wichtig. Schöne Ereignisse und Erfolge spielen genauso eine Rolle wie Misserfolge und Trauriges. Die eigene Bilanz wird für jeden und jede unterschiedlich ausfallen. Bedrückend kann diese Rückschau vor allem dann werden, wenn Konflikte mit anderen Menschen ungelöst sind oder das Bewusstsein von eigener Schuld auf einem lastet. Gerade für diese Situation kann die Erzählung vom ersten öffentlichen Auftreten Jesu durchaus hilfreich sein. Da ist zum einen der Inhalt der Predigt Jesu: „Tut Buße, denn das Himmelreich ist nahe herbeigekommen!" Das darf nicht allein als moralische Forderung verstanden werden. Denn auch diese Predigt steht unter der Verheißung aus dem Buch des Propheten Jesaja: „Das Volk, das in Finsternis saß, hat ein großes Licht gesehen." Die Predigt Jesu ist daher keineswegs als Drohung zu verstehen, sondern eröffnet eine große Chance: Weil das Reich des Gottes nahe ist, der mit einem barmherzigen Blick auf uns herabsieht, können wir Menschen getrost auch auf unsere Fehler, auf unser Scheitern und offene Konflikte sehen; nicht um uns selbst zu zermürben und in Sack und Asche zu gehen, sondern um neue Wege zu suchen, die zur Versöhnung und neuer Gemeinschaft führen. Genau das ist mit dem aus der Mode gekommenen Wort „Buße" gemeint. Was Jesus also predigt, ist nichts weniger als die Chance, Vergangenes hinter sich zu lassen, von Schuld befreit zu werden und im neuen Jahr neue Wege gehen zu können.

Olivier Dantine

Wir beten

Gott, mit unterschiedlichen Gefühlen denken wir an das vergangene Jahr zurück. Bewahre das Gute, nimm uns das Schwere ab. Lass uns mit Hoffnung und Zuversicht in das neue Jahr gehen. Amen.

1384 † John Wyclif, Glaubenszeuge in England | 1948 Vereinigte Evangelisch-Lutherische Kirche Deutschlands konstituiert | 1951 † Gerhard Ringeling, Schriftsteller

Mitarbeiterinnen und Mitarbeiter Sonne und Schild 2018

Abromeit, Dr. Hans-Jürgen, Bischof	Greifswald
Amberg, Dr. Peter, Pfarrer	Leipzig
Arnold-Geißendörfer, Susanna, Pfarrerin	Aschaffenburg
Bauer, Dietrich, Oberlandeskirchenrat	Dresden
Begrich, Elfriede Teresa, Pröpstin i.R.	Berlin
Begrich, Teja, Pfarrer	Mühlhausen
Bertheau, Karin, Pfarrerin	Müncheberger Land
Beste, Hermann, Landesbischof i.R.	Schwerin
Blümner, Wilfried, Pfarrer i.R.	Magdeburg
Böhme, Eva, Pfarrerin	Sulzburg
Bohl, Jochen, Landesbischof i.R.	Radebeul
Bräuer, Prof. Dr. Siegfried	Berlin
Buchwitz, Jan-Christian, Vikar	Wiefelstede
Burmeister, Adelheid, Pfarrerin i.R.	Berlin
Burmeister, Ludwig, Pfarrer i.R.	Berlin
Burmeister, Martin, Pfarrer	Schönwalde
Caiza-Andresen, Jenny, Pfarrerin	Werben
Crins, Tobias, Pfarrer	Königslutter-Lelm
Dantine, Olivier, Superintendent Mag.	Innsbruck, Österreich
Dantine, Silke, Pfarrerin	Innsbruck, Österreich
Dorgerloh, Fritz, Pfarrer i.R.	Potsdam
Dröge, Dr. Markus, Bischof	Berlin
Ebenauer, Urs, Dompfarrer	Freiberg
Ehricht, Dr. Christoph, Oberkonsistorialrat i.R.	Greifswald
Elmer, Karin, Pfarrerin i.R.	Berlin
Esselbach, Leopold, Generalsuperintendent i.R.	Neuruppin
Everding, Willi, Pfarrer i.R.	Dorsten
Feydt, Sebastian, Pfarrer	Dresden
Frauenlob, Bernd, Pfarrer	Leipzig

Frey, Dorothea	Leipzig
Freybe, Peter, Pfarrer	Berlin
Geißendörfer, Paul, Pfarrer i. R.	Heilsbronn
Godzik, Peter, Propst i. R.	Sterley OT Kogel
Gorgas, Barbara, Pfarrerin	Berlin
Haaks, Enno, Pfarrer, Generalsekretär GAW	Leipzig
Hahn, Max-Friedrich, Dipl.-Theol.	Lüneburg
Hasse, Friederike, Pfarrerin	Mühlenbeck
Heimann, Hillard, Pfarrer	Elbingerode
Hein, Dwight C., Pastor	Campbelltown/Pennsylvania, USA
Heinrich, Christine, Pfarrerin i. R.	Halle/Saale
Helbig, Anne, Pfarrerin	Leipzig
Herrmann, Falk, Jugendwart	Freiberg
Hiller, PD Dr. Doris, Pfarrerin, Seminardirektorin	Heidelberg
Hinderer, Michael, Pfarrer	Kempten
Hirschler, D. Horst, Altbischof	Rehburg-Loccum
Hoffmann, Roland, Altbischof	Jena
Hüffmeier, D. Dr. h. c. Wilhelm	Potsdam
Hüttenberger, Till, Pfarrer	Mönchengladbach
Karzek, Thomas, Pfarrer	Teltow
Klaiber, Dr. Walter, Bischof i. R.	Tübingen
Kohlenberg, Guido, Pfarrer	Speicher
Koppehl, Dr. Thomas, Superintendent	Niesky
Lütcke, Dr. Karl-Heinrich, Propst i. R.	Berlin
Magirius-Kuchenbuch, Ulrike, Pfarrerin	Heideland OT Königshofen
Marcus, Claus, Pfarrer	Teltow
Meixner, Heinz, Pfarrer i. R.	Michendorf OT Wilhelmshorst
Meyns, Dr. Christoph, Landesbischof	Wolfenbüttel
Morkel, Bettina, Pastorin	Koserow

Motel, Hans-Beat, Pfarrer i.R.	Königsfeld
Müller, Horst, Bischof	Pretoria, South Africa
Müller, Petra, Diplom-Pädagogin	Kiel
Münchow, Dr. Christoph, Oberlandeskirchenrat i.R.	Radebeul
Neijenhuis, Prof. Dr. Jörg, Pfarrer	Heidelberg
Panzig, Dr. Erik A., Pfarrer, Leiter der Ev. Erwachsenenbildung Sachsen	Dresden
Pappai, Reinhard, Superintendent i.R.	Bautzen
Passauer, Martin-Michael, Generalsuperintendent a. D.	Berlin
Petzoldt, Tobias, Dozent f. ev. Bildungsarbeit m. Jugendlichen, Leiter des Instituts f. Berufsbegleitende Studien	Moritzburg
Reichardt, Ulrike, Pfarrerin	Berlin
Rentzing, Dr. Carsten, Landesbischof	Dresden
Rolf, Prof. Dr. Sibylle, Pfarrerin	Oftersheim
Rostalsky, Carsten, Pfarrer	Dahme/Mark
Runge, Ekkehard, Pastor	Hohen Neuendorf OT Bergfelde
Sablotny, Dieter, Dipl.-Theol., Prädikant	Mannheim
Sandkaulen, Marianne, Pfarrerin i.R.	Berlin
Schächtele, Prof. Dr. Traugott, Prälat	Schwetzingen
Schilling, Ulrike, Pfarrerin, Krankenhausseelsorgerin	Kiel
Schlaberg, Wilma, Pastorin	Schönberg
Schlingensiepen, Tobias, Pfarrer	Topeka/Kansas, USA
Schmidt, Christian, Regionalbischof i.R.	Nürnberg
Schmidt, Martina, Pfarrerin	Calau
Schneider, Hans-Dietrich, Pfarrer i.R., Kirchenrat	Glienicke/Nordbahn

Schneider-Cimbal, Hiltrud, Dekanin	Konstanz
Schnelle, Adelheid, Religionspädagogin	Süpplingenburg
Schnelle, Ricarda, Pfarrerin, Wissenschaftl. Mitarbeiterin	Göttingen
Schöntube, Dr. Ulrich, Pfarrer	Berlin
Schulte, Hartwig, Pfarrer i.R.	Lienen
Schuppan, Dr. Christoph, Pfarrer i.R.	Berlin
Seele, Christoph, Oberkirchenrat, Beauftragter d. Ev. Kirchen b. Freistaat Sachsen	Dresden
Siebert, Helmut, Pfarrer, Schulreferent	Bonn
Sievers, Dr. Hans-Jürgen, Pfarrer i.R.	Leipzig
Sievers, Sebastian, Dipl. Theol., Kreisjugendreferent	Berlin
Söffing, Martin, Pastor	Hasede
Spangenberg, Prof. Dr. Volker	Berlin
Straßberger, Anne, Pfarrerin	Chemnitz
Suck, Gabriele, Pfarrerin i.R.	Heidelberg
Vögele, PD Dr. Wolfgang, Pfarrer	Karlsruhe
Vogel, Prof. Dr. Manuel	Jena
Wajemann, Dr. Heiner, Ev. Hochschulpfarrer	Clausthal-Zellerfeld
Wegmann, Dietrich, Pastor i.R.	Ragow
Weidhas, Dr. theol. Annette, Verlagsleiterin	Leipzig
Weißflog, Dr. Kay, Pfarrer, Studienleiter	Halle/Saale
Wiesener, Christoph, Pfarrer	Reichenbach
Winde, Eckehart, Pfarrer	Blankenburg/Harz
Winkler, Prof. Dr. Eberhard	Petersberg OT Gutenberg
Wollenweber, Klaus, Altbischof	Bonn
Wulz, Gabriele, Prälatin	Ulm

Übersicht der Bibeltexte Sonne und Schild 2018

Der Prediger Salomo (Kohelet)

Der Prophet Jesaja

5,1–7	27.11.
5,8–24	28.11.
6,1–13	29.11.
7,1–9	30.11.
7,10–17	1.12.
8,1–15	3.12.
8,16–23	4.12.
9,1–6	5.12.
9,7–10,4	6.12.
11,1–10	7.12.
12,1–6	8.12.
14,1–23	10.12.
19,16–25	11.12.
25,1–12	12.12.
26,1–6	13.12.
26,7–21	14.12.
28,14–22	15.12.
29,1–8	17.12.
29,9–16	18.12.
29,17–24	19.12.
32,1–8	20.12.
33,17–24	21.12.
35,1–10	22.12.

Der Prophet Hosea

1,1–9	21.6.
2,1–3	22.6.
2,4–15	23.6.
2,16–25	25.6.
3,1–5	26.6.
4,1–14	27.6.
5,8–15	28.6.
6,1–6	29.6.
8,1–14	30.6.
9,10–17	2.7.
10,1–15	3.7.
11,1–11	4.7.
12,1–11	5.7.
13,1–14	6.7.
14,2–10	7.7.

Der Prophet Amos

1,1–2; 3,3–8	7.6.
3,1–2.9–15	8.6.
4,1–13	9.6.
5,1–17	11.6.
5,18–24	12.6.
6,1–14	13.6.
7,1–9	14.6.
7,10–17	15.6.
8,1–10	16.6.
8,11–14	18.6.
9,1–10	19.6.
9,11–15	20.6.

9,13–23	8.8.
9,24–34	9.8.
9,35–41	10.8.
10,1–10	11.8.
10,11–21	13.8.
10,22–30	14.8.
10,31–42	15.8.
11,1–16	26.2.
11,17–31	27.2.
11,32–45	28.2.
11,46–57	1.3.
12,1–11	2.3.
12,12–19	3.3.
12,20–26	5.3.
12,27–36	6.3.
12,37–50	7.3.
13,1–11	8.3.
13,12–20	9.3.
13,21–30	10.3.
13,31–38	12.3.
14,1–14	13.3.
14,15–26	14.3.
14,27–31	15.3.
15,1–8	16.3.
15,9–17	17.3.
15,18–16,4	19.3.
16,5–15	20.3.
16,16–24	21.3.
16,25–33	22.3.
17,1–11a	23.3.
17,11b–26	24.3.
18,1–11	26.3.
18,12–27	27.3.
18,28–40	28.3.
19,1–16a	29.3.
19,16b–30	30.3.
19,31–42	31.3.
20,1–10	1.4.
20,11–18	2.4.
20,19–23	3.4.
20,24–31	4.4.
21,1–14	5.4.
21,15–19	6.4.
21,20–25	7.4.

Der Brief des Paulus an die Galater

1,1–5	24.9.
1,6–10	25.9.
1,11–24	26.9.
2,1–10	27.9.
2,11–21	28.9.
3,1–14	29.9.
3,15–18	1.10.
3,19–29	2.10.
4,1–7	3.10.
4,8–20	4.10.
4,21–31	5.10.
5,1–15	6.10.
5,16–26	8.10.

3,7–19	5.5.
4,1–13	7.5.
4,14–5,10	8.5.
5,11–6,8	9.5.
6,9–20	11.5.
7,1–10	12.5.
7,11–22	14.5.
7,23–28	15.5.
8,1–13	16.5.
9,1–10	17.5.
9,11–15	18.5.
9,16–28	19.5.
10,1–18	22.5.
10,19–25	23.5.
10,26–31	24.5.
10,32–39	25.5.
11,1–7	26.5.
11,8–22	28.5.
11,23–31	29.5.
11,32–40	30.5.
12,1–11	31.5.
12,12–17	1.6.
12,18–24	2.6.
12,25–29	4.6.
13,1–14	5.6.
13,15–25	6.6.

Die Offenbarung des Johannes

1,1–8	11.10.
1,9–20	12.10.
2,1–7	13.10.
2,8–11	15.10.
2,12–17	16.10.
2,18–29	17.10.
3,1–6	18.10.
3,7–13	19.10.
3,14–22	20.10.
4,1–11	22.10.
5,1–5	23.10.
5,6–14	24.10.
6,1–8	25.10.
6,9–17	26.10.
7,1–8	27.10.
7,9–17	29.10.
8,1–5	30.10.
8,6–13	31.10.
9,1–12	1.11.
9,13–21	2.11.
10,1–11	3.11.
11,1–2	5.11.
11,3–14	6.11.
11,15–19	7.11.
20,1–6	8.11.
20,7–10	9.11.
20,11–15	10.11.
21,1–8	12.11.
21,9–14	13.11.
21,15–27	14.11.
22,1–5	15.11.
22,6–15	16.11.
22,16–21	17.11.